신정판

법인론

Die juristische Person

– 송호영 –

박영사

머리말

2013년 「법인론」이 세상에 나온 지 10년이 훌쩍 지났다. 필자의 법인론에 대한 연구는 1994년 독일에서 관련주제로 박사학위논문을 쓰기 시작한 된 때로 소급한다. 이때부터 법인제도라는 거대한 법리적 미궁에 빠져 한참을 헤매다가 가까스로 탈출하여 그동안 필자가 경험한 법인의 세계를 기행문처럼 남긴 책이 바로 2013년 신론사에서 간행된 「법인론」이다. 즉, 「법인론」은 필자가 본격적으로 법인에 관한 연구를 시작한 지 20년 만에 펴낸 책이다. 필자는 이 책을 통해 강호제현들로부터 과분한 평가를 받았다. 책은 2014년도 대한민국학술원 우수학술도서에 선정되어 이내 초판은 모두 소진되어 2015년에 제2판을 발간하였다. 이 책도 몇 년 사이 모두 소진되었고 신론사와의 출판계약 기간도 종료되어 더 이상 서점의 서가에서 볼 수 없게 되었다. 이후에도 필자는 주위 분들로부터 언제 다시 책이 출간되느냐는 질문을 자주 듣게 되었다. 이러던 차에 박영사는 필자의 「법인론」에 관심을 갖고서 책이 계속 간행될 수 있도록 길을 마련해주었다. 필자는 이를 계기로 다시 한 번 힘을 모아 그동안 미진했던 부분을 보완하면서 전체적으로 책을 손질하여 신정판(新訂版)으로 출간하기로 하였다. 신정판은 필자가 법인에 관한 연구를 시작한 지 30년 만에 나오는 책인 셈이다.

금번 박영사에서 간행되는 신정판은 이전의 「법인론」에서 필자가 가졌던 서술방향을 기본적으로 유지하였다. 이전 판의 서문을 접하지 못한 독자들을 위해 본서의 서술방향을 간단히 설명한다. 첫째, 고전적 법인이론을 오늘날의 관점에서 재해석하여 현재의 법인제도에도 유효한 시사점을 생각하면서 책을 서술하였다. 본서에서 가장 큰 영향을 받은 고전문헌은 1840년에 간행된 사비니(Savigny)의 「현대로마법체계

(System des heutigen römischen Rechts)」제2권이다. 둘째, 민법학계에서는 비영리법인만을 그리고 상법학계에서는 영리법인만을 연구대상으로 삼는 경향이 있는데, 본서는 이러한 이분론적 방식에서 벗어나서 영리법인과 비영리법인을 특별히 구별하지 않고 공히 '법인'이라는 큰 틀에서 통합적으로 법인문제를 다루고자 노력하였다. 그러한 서술방식을 채택한 대표적인 책이 카스텐 슈미트(Karsten Schmidt) 교수의 「회사법(Gesellschaftsrecht)」이다. 그의 책은 '회사법'이라기보다 '단체법'으로 번역하는 것이 적절할 정도로 영리법인인 회사뿐만 아니라 협동조합, 비법인사단, 재단법인, 나아가 국제기구인 UN에 이르기까지 거의 모든 단체를 다루고 있다. 필자의 법인에 관한 관념은 그의 회사법 책에서 얻은 교훈에 터 잡은 것이다. 셋째, 본서는 법인에 관한 문제를 모두 다룬 교과서라기보다 필자가 '법인'이라는 거대한 미궁을 탐험하면서 약 20개의 구역을 집중적으로 탐구하고 분석한 연구결과물을 묶은 학술서적이라고 할 수 있다. 이러한 서술방식을 채택한 책이 플루메(Flume) 교수의 「법인(Die juristische Person)」이다. 그의 책은 민법총칙 교과서라는 표제가 붙어 있음에도 실제로는 모든 주제들을 다루지 않고 깊숙한 연구주제들을 묶어서 편찬한 학술서적이다. 필자도 그의 책을 흉내 내고 싶었음을 고백한다.

이러한 기본적인 서술방향에도 불구하고 이전에 간행되었던 「법인론」과는 달리 금번 박영사에서 간행되는 신정판에서는 다음과 같은 내용들이 추가되거나 반영되었다. ① 그동안 개정된 국내 법률 및 관련 하부법령 등을 반영하였다. ② 최근에 간행된 문헌과 그동안 내려진 판결들을 반영하였다. ③ 인공지능(AI)과 동물의 법인격에 관한 설명을 추가하였다. ④ 공법인과 사법인의 구별에 관한 설명을 보충하였다. ⑤ 영리법인과 비영리법인의 구별에 관한 문제를 더욱 상세히 다루었다. ⑥ 국내법인과 외국법인의 구별 문제에 대한 설명을 보완하였다. ⑦ 비영리법인과 사회적기업에 관한 문제를 추가하였다. ⑧ 공익법인에 관한 설명을 보충하였다. ⑨ 사단과 조합의 준별에 관한 독일민법의 변화를 반영하였다. ⑩ 법인의 퍼블리시티권에 관한 설명을 추가하였다. ⑪ 법인의 불법행위책임에 관한 새로운 판례이론을 반영하여 설명을 보완하였다. ⑫ 종래 법인격부인론을 본서에서는 법인의 책임제한부인론으로 칭하여 서술하면서 이와 관련하여 최근까지 간행된 문헌과 새로운 판례들을 모두 반영하였다. ⑬ 법인의 점유에 관한 문제를 보완하였다. ⑭ 인식의 귀속에 관한 최근의 판례와 문헌들을 반영하여 수정하였다. ⑮ 법인설립 허가취소의 문제를 별도의 절에서 추가하였다. ⑯ 2002년 독일채권법개혁에 따른 개정민법과 2021년 「인적회사법 현대화에 관한 법률(MoPeG)」 제정에 따라 2023년부터 개정·시행된 독일 민법의 상황을 반영하여 관련 부분을 수정하였다.

「법인론」이 처음 출간된 이후 근 10년 만에 다시 이곳저곳을 공사하다 보니 손댈 곳이 제법 많아졌다. 그럼에도 아쉬운 부분은 여전히 많이 있지만, 부족한 부분은 결국 필자가 평생 동안 씨름해야 할 운명적인 숙제라고 생각하고 이것으로 신정판은 일단락을 짓기로 하였다. "인간의 본질이 지금껏 규명되지 아니한 것처럼 법인의 본질도 아직까지 규명되지 않았다"고 주장한 제릭(Rolf Serick) 교수의 발언으로부터 필자는 금번 신정판을 출간함에 있어서도 여전히 위안과 용기를 얻었다. 앞으로는 그의 위안에 안주하지 않고 더욱 자신감을 가지고 법인의 실체를 규명하는 데 노력할 것임을 다짐한다.

마지막으로 본서를 출간함에 있어서 감사의 말씀을 드리고자 한다. 우선 잠자고 있던 본서에 새로운 활력을 불어넣어 주신 박영사 안종만 회장님과 안상준 대표님께 감사드린다. 또한 본서를 기획해주신 박영사 최동인 대리와 세심하면서도 격조 있게 본서를 편집해주신 사윤지 님께도 감사드린다. 처음부터 끝까지 본서를 읽으면서 성실하게 교정작업을 맡아 준 제자 최동일 법학박사와 멘티 우희성 변호사에게도 감사를 표한다. 앞으로 최소한 이분들에 대한 감사의 마음에 보답할 수 있도록 독자들로부터 사랑받는 책이 되기를 소망한다.

2024년 8월 10일
송 호 영

목차 개관

제5장 법인의 활동 메커니즘

제6장 법인의 합병 · 분할 및 소멸

제7장 법인관련 민법개정안

세부 목차

제1장 법인론 서설

제2장 법인의 성립

제3장 법인의 능력

제4장 법인의 책임제한 부인론

제5장 법인의 활동 메커니즘

제6장 법인의 합병 · 분할 및 소멸

제7장 법인관련 민법개정안

제1장

법인론 서설

"사람이 사람인 것은
사람과 사람의 결합에 있다."

오토 폰 기르케(Otto von Gierkt)

제1장
법인론 서설

제1절 법인과 법

I. 자연인과 단체 및 법인

1. 자연인과 단체

태초에 사람이 있었을진대, 분명 혼자만이 존재하지는 않았을 것이다. 사람은 출생과 더불어 권리와 의무의 주체가 되고(민법 제3조), 생존하는 동안 여러 법률관계를 맺으면서 삶을 영위하게 된다. 자연인이 살아가는 동안 맺게 되는 일상의 법률관계는 고립된 개개의 자연인 사이에서만 이루어지는 것이 아니다. 적어도 자연인은 출생과 더불어 가족의 한 구성원이 되며, 어느 사회 혹은 국가의 구성원으로 편성된다는 점에서 고립적인 존재가 아니라 결합적인 존재라고 할 수 있다. 인류의 역사를 돌이켜 보더라도 예로부터 인간은 가족·씨족·부락·종족 등의 단체생활을 영위하여 왔으며, 오늘날에도 자본을 매개로 한 인적 결합인 회사, 동업을 위한 집단인 조합, 노동자의 권익을 위한 결사체인 노동조합 등 각종의 단체를 통하여 사회생활을 영위하고 있다.[1] 이러한 점을 간파하여 독일 단체법론의 아버지인 오토 폰 기르케(Otto v. Gierke)는 "사람이 사람인 것은 사람과 사람의 결합에 있다"[2]고 단언한 바 있는데, 인류의 문화가 사람들 사이의 공동생활에 의해서 이루어지고 계승·발전된다는 점에

---

1) 장경학, 민법총칙, 법문사, 1995, 266면.
2) Otto v. Gierke, Das deutsche Genossenschaftsrecht, Bd. I: Rechtsgeschichte der deutschen Genossenschaft, Berlin 1868, S. 1.

서 그의 명제에 이의를 제기할 수는 없을 것이다. 경제적 활동의 규모에서나 법률문제의 복합적인 측면에서 볼 때에도 고립된 개인 사이의 법률관계보다는 단체와의 법률관계가 훨씬 큰 비중을 차지하고 있고 중요하게 다루어짐은 물론이다. 이를테면 한 개인이 그가 가진 자본으로는 1평 정도의 땅을 구입할 수밖에 없다고 할 때 그에 따라 이루어지는 거래는 고작 1평 규모의 부동산거래에 그치겠지만, 부동산투자를 위한 단체(펀드 혹은 회사)가 설립되어 그 단체가 1평 규모의 투자금액을 각각 만 명의 회원으로부터 모집하였다면, 그 단체는 투자금으로 스스로 건물을 지어 분양하든지 혹은 다른 사회간접자본에 투자하여 수익을 거두어 회원들에게 이익을 배분할 수도 있을 것이다. 이때 그러한 단체가 대외적으로 맺는 법률관계는 경제적인 규모 면에서 고립된 개인의 거래보다 훨씬 클 뿐만 아니라, 법적인 측면에서도 대외적인 권리·책임주체가 누구인지 혹은 대내적으로 회원들 사이의 이해관계를 어떻게 조정할 것인지 등 훨씬 복잡하고 중요한 문제들을 지니고 있다. 이처럼 인간은 고립된 개인으로서는 하기 힘든 일을 단체를 구성하여 성취함으로써 인류사회와 문화의 발전을 이루어왔고 앞으로도 새로운 형태의 단체를 끊임없이 고안·형성하면서 발전할 것으로 예상된다. 이와 아울러 단체와 관련한 법률문제는 자연인과 관련한 법률문제보다 훨씬 더 복잡하고 어려운 양상으로 전개될 것임이 분명하다.

2. 단체와 법인

가족이나 씨족 혹은 부락처럼 사람이 태어나는 순간부터 자신의 의지와 관계없이 속하게 되는 단체도 있지만,[3] 그러한 단체들의 법적 의미는 오늘날에 있어서는 그다지 크지 않다. 오히려 고립된 개개의 자연인들이 사회적·경제적인 필요에 의해서 인위적으로 결합하여 만든 단체들이 법적으로나 실생활에서도 중요한 의미를 갖는다. 그런데 개개의 자연인들이 모여서 단체를 만드는 목적이나 그로 인해 형성된 단체의 형태 등은 실로 다양하다. 단체의 규모 면에서 2~3인이 모여 만들어진 소규모의 것으로부터 회원수를 파악하기 어려울 정도의 대규모 단체도 있으며, 단체의 회

---

3) 이러한 의미에서 곽윤직 교수는 "개인보다도 부락이나 가족단체가 먼저 법률생활의 단위로서 나타났다고 말할 수 있다. 즉 권리주체로서는 법인이 자연인보다도 앞선다."고 설명한다 (곽윤직·김재형, 민법총칙, 제9판, 박영사, 2017, 155면).

원에 관해서도 회원이 자연인으로만 구성된 것도 있지만 단체들만으로 회원을 가진 단체[4]도 존재한다. 따라서 여러 모습의 단체들에 대한 특성을 한마디로 요약하기는 대단히 어려운 일이다. 또한 일상의 언어관습으로나 법률용어에서도 단체, 사단, 법인, 회사, 조합 등은 엄격히 구분되지 않고 혼용되는 경우가 있어서 단체나 법인에 대한 개념파악을 더욱 어렵게 하고 있다. 그럼에도 불구하고 다양한 단체들의 모습으로부터 특수한 성질들을 추출하여 이를 유형화하고 개념적으로 정리하는 것은, 법인에 관한 규정의 적용과 해석을 위해서도 필요한 일이다. 단체와 법인의 관계를 정리하면 다음과 같다.

우선 자연인과 대비되어 자연인 이외의 권리주체로서의 속성을 가지는 모든 조직체를 통칭하여 우리는 최상위개념으로 결사체(Vereinigung) 혹은 흔히 단체(Verband)라고 부른다. 물론 민법은 권리주체로서 제2장에 자연인과 제3장에 법인만을 인정하고 있을 뿐이지만, 법현실에서는 민법 제3장이 규정한 법인 이외의 조직체도 제한된 범위에서 권리 · 의무의 주체가 되는 경우가 있다. 그러한 결사체 내지 단체는 사람을 중심으로 한 인(人)[5]의 결합으로 구성된 것일 수도 있고 인적 결합없이 일정한 재산만으로 이루어진 것일 수도 있다. 전자를 인적 결사체(Personenvereinigung)라고 하고, 후자를 재산집합체(Vermögensmasse)라고 부른다.[6] 흔히 단체(Verband)라고 하면 일반적으로는 사람들의 결합인 인적 단체(Personenverband)의 의미로 사용된다.

사람들의 결합인 인적 단체는 단체의 구성원들 사이에 맺어지는 결합의 정도에 따라 외부적으로 다른 모습으로 나타날 수 있다. 즉 어떤 단체는 구성원들 사이의 결합으로 말미암아 구성원들의 개성은 엷어지면서 외부적으로 단일의 조직체로 나타나기도 하고, 어떤 단체는 구성원들 사이의 결합에도 불구하고 여전히 개별 구성원들의 개성이 강하게 남아있어서 외부적으로 단일의 조직체라고 하기에는 다소 미약한 단체상태로 머물기도 한다. 전자처럼 외부적으로 단일의 조직체로 나타나는 인적 단체를 사단체(Körperschaft[7])라고 하고, 후자처럼 구성원의 개성이 남아있는 느

---

4) 예컨대, 사단법인 대한축구협회, 사단법인 전국은행연합회 등.
5) 여기서 "사람"이란 자연인(Mensch)만을 지칭하는 하는 것이 아니라 그 외의 조직체 특히 법인을 포함하는 뜻에서의 人(Person)을 의미한다.
6) Hans Brox, Allgemeiner Teil des BGB, 26. neu bearbeitete Aufl., Köln u.a., 2002, S. 329~330.
7) 독일의 Köperschaft에 상응하는 우리의 적절한 표현은 찾기 힘들다. 이를테면 Köperschaftsteuer는 우리의 법인세에 해당하는데, 그렇다고 Köperschaft를 "법인"이라고 표기할 수는 없다.

슨한 형태의 인적 결합을 조합(Gesamthandgesellschaft)이라고 한다. 어떤 조직은 조합보다도 인적 결합강도가 더욱 엷어서 구성원들이 공동목적에는 관심이 없고 지분을 공유하는 이해관계 때문에 결합되어 있는 것뿐인 경우도 있는데, 이를 단순한 권리공동체(schlichte Rechtsgemienschaft: communio incidens)라고 한다.[8]

사단체(Köperschaft)는 다시 단체가 추구하는 목적에 따라 구성원의 자격이나 지위 등이 달라질 수 있는데, 이에는 영리 아닌 목적으로 결합된 단체인 사단(Verein), 영리추구를 목적으로 하는 단체인 물적회사(Kapitalgesellschaft) 및 단체구성원들의 상호부조나 권익추구를 목적으로 하는 단체인 협동조합(Genossenschaft) 등이 속한다. 이들 중에서 물적회사나 협동조합은 법인격을 가지고 있지만, 사단의 경우에는 권리능력을 가진 단체도 있고 권리능력을 갖지 못한 단체로 머무는 경우도 많이 있다. 조합은 원래 구성원 간의 공동사업을 위한 계약관계에 불과한 것이지만, 대외적으로는 단체의 모습을 띠고 있는 조직체이다. 조합에는 민법상 조합(BGB-Gesellschaft)이 대표적이고 합명회사(oHG)나 합자회사(KG)도 이에 해당한다. 단순권리공동체의 예로는 대표적으로 공유관계(Miteigentum)를 떠올릴 수 있는데, 이러한 조직의 단체성은 대단히 희박하므로 이에 대해서는 단체법관계보다 계약법관계 내지 물권법관계로 파악하는 것이 더욱 바람직하다.

한편 재산집합체(Vermögensmasse)는 그것이 특정한 목적을 위해 단순히 재산이 집적된 상태에 불과한 경우도 있고 특정한 목적을 추구하는 사업을 위해 출연된 재산일 수도 있다. 전자를 집적(集積)재산(Sammelvermögen)이라고 하고 후자를 재단(Stiftung)이라고 한다. 이를테면 수재민을 돕기 위해 특정 기간 방송사를 통해 모인 수재의연금은 집적재산에 해당하는 데 반해, 해마다 어려운 학생들을 선별하여 그들에게 장학금을 지급하기 위해 출연된 재산은 재단에 해당한다. 전자는 단기간의 특정목적을 위해 재산이 모여 있는 상태에 불과한 것이라면, 후자는 일정한 지속적 사업을 위해 재산 외에도 일정한 조직이 구성되어 있다는 점에서 차이가 있다. 사단의

일본에서 간행된 獨和法律用語辭典에서도 Köperschaft를 단체 또는 사단으로 혼용해서 번역하고 있는데, 이것도 정확하지 않다. 일반적으로 단체란 조합과 사단을 포괄하는 의미이지만 Köperschaft에 분명히 조합은 포함되지 않는다. 또한 사단이라 함은 일반적으로 Verein을 의미하는데, Köperschaft는 이보다도 넓은 개념이다. 이러한 점 등을 고려하여 필자는 Köperschaft를 사단체(社團體)로 번역할 것을 제안한다.

8) Hübner, Allgemeiner Teil des BGB, 2. Aufl., Berlin u.a. 1996, S. 111.

경우와 마찬가지로, 재단은 권리능력을 가진 형태로 존재하는 것이 원칙이지만 권리
능력을 갖지 않은 경우도 많이 있다.

　단체를 속성에 따라 이와 같이 분류하였을 때, 그중에서도 법률의 규정에 따라 권
리능력을 갖춘 단체를 법인(juristische Person)이라고 한다. 그러면 나머지 권리능력
을 갖지 않은 단체, 즉 조합,9) 권리능력없는 사단, 집적재산 및 권리능력없는 재단
등은 법인이 아닌 것으로 된다. 따라서 단체 중에서 법인이냐 아니냐는 해당단체가
권리능력을 가졌느냐 그렇지 않느냐가 관건이다. 그런데 오늘날에는 단체의 권리능
력을 상대적으로 이해하거나10) 단체의 실제적인 활동성에 비중을 두어 법인과 비법
인의 구별에 의미를 부여하지 않으려는 견해11)도 등장하고 있어, 오늘날 법인의 개
념은 새로운 도전을 받고 있다.12)

참고

　단체법을 독일어로는 Verbandsrecht라고 한다. 이 말의 의미를 살펴본다. 'Verband'
라는 단어를 사전에서 찾아보면 단체 외에도 붕대라는 의미가 있다. 영어로는 'band'에
해당한다. 즉, 단체란 관념적으로 붕대나 끈으로 묶인 하나의 무리라고 할 수 있다. 온라
인 플랫폼회사인 네이버는 가입자들을 대상으로 밴드(BAND)라는 프로그램을 제공하고
있는데, 밴드는 온라인상의 붕대로 묶여진 하나의 무리인 셈이다.

II. 법인의 의의와 목적

　위에서 살펴본 바와 같이 자연인 이외의 권리주체의 속성을 지닌 단체의 모습은
다양한데, 그중에서도 어떤 단체는 권리능력을 부여받아 법인(juristische Person)이

---

9) 합명회사나 합자회사는 성질상 조합이지만, 우리 상법에서는 법인으로 인정되어 있음은 물
　론이다. 이에 반해 독일상법상 합명회사(oHG)와 합자회사(KG)는 법인이 아니다.
10) 특히 Fritz Fabricius, Relativität der Rechtsfähigkeit, Ein Beitrag zur Theorie und Praxis
　des privaten Personenrechts, München/Berlin 1963. 이에 관한 상세한 설명은 제3장 제2
　절에서 후술한다.
11) 남기윤, "사법상 법인개념의 새로운 구성 －새로운 법인이론의 제안－",「법학논문집」통권
　제70호, 한국법학원, 2002. 12, 166~206면.
12) 이에 관한 문제는 본장 제3절「법인의 종류」에서 상세히 다룬다.

되기도 하고 어떤 단체는 법인 아닌 단체로 머물기도 한다. 여기서 어떤 단체를 법인이라고 보기 위해서는 해당 단체에 존재하는 일정한 개념적 징표에 터잡아 귀납적으로 법인이라고 하기보다는 오히려 법이 요구하는 일정한 요건을 충족시켰는가에 따른 연역적 심사에 따라 판단하여야 한다. 달리 말하자면 법이 어떤 단체에게 법인격을 부여할 것인가는 입법자의 판단의 문제이며, 단체가 만약 법인이 되고자 한다면 법이 요구하는 준칙에 부합하여 조직되어야 하고 그에 따른 절차를 완비하여야만 한다(민법 제31조 및 민법 제32조 참조).[13) 그러한 점에서 법인이란 법이 사회적·경제적 현실을 감안하여 일정한 목적을 가진 단체에게 법인격을 부여한 조직체라고 정의할 수 있다.[14) 따라서 어떤 형태의 단체를 법인으로 할 것이냐는 각 나라마다 차이를 나타내게 된다. 예컨대 단체의 성질이 조합인 합명회사나 합자회사의 경우 독일법에서는 법인이 아니지만 우리나라, 일본 및 프랑스법에서는 법인으로 인정된다. 또한 상법에서는 1人 회사에 대해서 그리고 「부동산투자회사법」에서는 이른바 명목회사(Paper Company)의 경우도 법인으로 인정되는데, 이는 전형적으로 법이 필요에 따라 특수한 목적을 위해서 기술적인 개념으로서 법인성을 인정한 대표적인 예라고 할 수 있다.

그렇다면 법은 어떠한 목적으로 법인이라는 법형상(Rechtsfigur)을 인정한 것일까? 그것은 크게 보아 법률관계의 단순화와 개인책임의 제한에 있다고 할 수 있는데,[15) 이를 살펴보면 다음과 같다.

첫째, 구성원과는 별개로 단체 자신에 법인격이 인정되기 때문에 권리·의무를 법인의 것으로 귀속시킴으로써 법률관계를 단순화시킬 수 있다. 예컨대 300명의 회원으로 구성된 학술단체가 사무실을 마련하기 위해서 건물을 임대하려고 할 때, 만약 자연인에게만 권리능력이 인정된다면 300명의 회원 전원이 임대계약의 당사자로 나서야 하고 상대방과의 분쟁 시에는 전체 회원이 원고가 되든지 혹은 반대로 상대방은 전체 회원을 상대로 소송을 제기하여야 하는 불편함이 있다. 또한 건물을 매수할

---

13) 이와 같은 취지의 설명으로는 SoergelKomm BGB — Hadding, Vor § 21 Rz. 6.

14) Larenz/Wolf, Allgemeiner Teil des Bürgerlichen Rechts, 9. Aufl., München 2004, S. 147; MünchKomm BGB — Reuter, Vor § 21 Rz. 2.

15) Dieter Medicus, Allgemeiner Teil des BGB, 8. Aufl., Heidlelberg 2002, § 65 Rz. 1085~1087; Wolfgang Brehm, Allgemeiner Teil des BGB, 2. Aufl., Stuttgart u.a. 1994, § 23 Rz. 662~663.

경우에도 전체회원의 명의로 등기해야 할 것이며, 은행에서 계좌를 개설하더라도 전체회원의 명의로 해야 하는 등 그 불편함은 이루 막심하다. 그러나 법은 이러한 경우를 위해서 단체가 법인으로 될 수 있는 길을 열어두고 있으며, 단체가 법인격을 취득하여 법인이 되면 이제는 각자의 회원들로부터 독립하여 단체 자체가 자연인과 마찬가지로 자신의 명의로 계약을 체결하거나 소송에서 원·피고가 될 수 있으며, 단체명의의 부동산등기나 계좌개설 등이 가능하게 됨으로써 법률관계를 크게 단순화시킬 수 있다. 거래상대방의 입장에서도 법인으로 인정되지 않은 단체의 경우에는 거래주체가 불분명하므로 그러한 단체와의 거래를 망설일 수 있으나, 법인으로 인정된 단체에 대해서는 권리·의무의 주체가 명확하므로 구성원의 변동에 신경 쓸 필요 없이 거래를 할 수 있는 장점이 있다.

둘째, 단체 자체에 독립된 법인격이 인정됨으로써 단체에 귀속하는 재산과 구성원 개인에 귀속하는 재산을 구별할 수 있다. 만약 위의 단체에 법인격이 부여되어 있지 않다면 단체의 영역과 구성원 개인의 영역이 명확하지 않으므로 단체의 공동목적을 위해서 부담하게 된 채무에 대해서도 단체의 구성원은 자신의 재산으로 개인적인 책임을 부담하여야 할 것이다. 그러나 단체가 법인격을 취득하여 법인으로 인정되면, 법인의 법인격과 구성원의 법인격은 구별되고 이에 따라 법인의 재산과 구성원 개인의 재산은 엄격히 분리되어야 한다. 이를 분리의 원칙(Trennungsprinzip)이라고 한다. 그에 따라 단체가 부담하는 채무에 대해 단체재산만이 책임재산으로 될 뿐이므로 법인과 거래한 상대방은 비록 법인재산으로부터 만족을 얻지 못하였더라도 구성원 개인의 재산에 대해서는 강제집행을 할 수 없다.

이상을 종합해 볼 때, 법인의 가장 중요한 기능이란 구성원의 재산으로부터 기술적으로 분리된 단체의 특별재산에 대해서 독립성을 인정함으로써 책임을 제한하는 것이라고 할 수 있으며,[16] 법인은 그 본질에 관한 논란을 떠나서 법기술적인 성격 (rechtstechnicher Charakter)을 가진 존재임은 분명하다고 할 수 있다.[17] 그러나 법인의 목적에 관한 위의 설명은 원칙론을 언급한 것일 뿐, 실제로는 이와 다른 경우가 있음을 주의하여야 한다. 예컨대 이른바 권리능력없는 사단 혹은 재단은 비록 법인

---

16) 이와 같은 취지의 글로서는 Franz Wieacker, Zur Theorie der Juristischen Person des Privatrechts, Festschrift für Ernst Rudolf Huber, Göttingen 1973, S. 358 f.
17) MünchKomm BGB — Reuter, Vor § 21 Rz. 2.

은 아니지만, 단체명의로 부동산등기를 하거나(부동산등기법 제26조) 민사소송에서 당사자가 될 수 있다(민사소송법 제52조). 또한 법인의 재산과 구성원의 재산은 엄격히 구분되는 것이 원칙이지만, 법인제도가 악용된 경우에는 법인의 재산이외에도 법인의 배후에 존재하는 사원의 재산에 대해서도 책임을 묻는 경우가 있다.[18]

III. 법인에 관한 법

1. 법인법과 단체법

권리주체에 관한 법을 통칭하여 人法(Personenrecht)이라고 한다. 이때의 人이란 자연인과 법인을 포함한다. 사비니(Savigny)에 의하면 권리주체라는 개념은 자연인을 중심으로 형성된 것이기 때문에 권리주체는 원래 자연인의 개념과 일치한 것이었다고 한다.[19] 권리주체 중에서 자연인에 관한 법은 특별히 문제될 것이 별로 없다. 자연인은 출생과 더불어 육체에 의해서 그 존재가 공시되기 때문에 거래의 안전에 크게 문제되지 않는다. 다만 판단능력이 부족한 사람의 보호를 위해 제한행위능력자 제도가 그리고 자연인의 존재에 대해 의문이 있는 경우를 위해 부재와 실종에 관한 제도를 두고 있다. 문제는 법인에 관한 법이다. 법인은 자연인과 달리 그 존재성의 여부에 관계없이 법기술적 개념이므로 자연인보다 훨씬 복잡한 설명이 요구된다. 이를테면 자연인의 등장은 출생으로 간단히 밝혀지는 것이지만, 법인은 법에서 요구하는 설립절차와 공시를 완료해야지만 생성된다. 또한 자연인은 사망으로 인해 권리능력을 상실하게 되지만 법인은 해산 및 청산과정을 거쳐 청산종결등기를 마치고서도 그 존재가 완전히 소멸한 것인지가 문제되는 경우도 있다. 다른 예로 자연인의 의사표시는 한 사람의 내심적 효과의사가 외부로 표시됨으로써 이루어지는 것이지만, 법인은 의사표시를 위해 사원총회의 결의나 이사회의 결의를 통해 단체의 의사가 형성되고 이것을 대표기관을 통해 외부로 표시하는 순서로 이루어진다. 이처럼 법인에 관한 법은 자연인에 관한 법보다 훨씬 법기술적으로 복잡한 성격을 지니고 있다. 법

---

18) 이러한 분리의 원칙을 예외적으로 제한하는 논리가 이른바 법인격부인의 법리이다. 법인격부인의 법리에 관해서는 본서 제4장 「법인격부인론」에서 자세히 다룬다.

19) Friedrich Carl von Savigny, System des heutigen römischen Recht, II. Band, Berlin 1840, S. 2.

인에 관한 법을 통칭해서 법인법(Recht der juristischen Person)이라고 한다. 법인에 관한 법, 즉 법인법은 비영리법인을 중심으로 하는 민법, 영리법인인 회사를 규율하는 상법을 포함하여 학교법인에 관한 사립학교법, 의료법인에 관한 의료법, 사회복지법인에 관한 사회복지사업법, 공익법인에 관한 공익법인의 설립·운영에 관한 법률 등 특수한 비영리법인에 관한 각종의 법률뿐만 아니라, 은행에 관한 은행법, 보험에 관한 보험업법, 신탁회사에 관한 신탁법 등 특수한 영리법인에 관한 법률 및 한국은행법, 한국산업은행법, 한국교직원공제회법, 한국전력공사법, 재외동포재단법, 지역신용보증재단법, 각종의 협동조합에 관한 법률 등 특수법인에 관한 일체의 법률 등을 모두 포함한다. 이처럼 법인에 관한 법률은 매우 많은데, 그중에서도 많은 법률들은 각기 법인에 관한 고유한 법적 원리들을 규율하고 있는 것이 아니라, 일정한 조직에 대해 법인격을 부여하는 데 그치고, 법인으로서의 규율은 민법이나 상법의 규정을 준용하고 있다. 따라서 법인법이라고 하더라도 법인에 관한 핵심적인 원리는 민법이나 상법이 담당하고 있는 셈이다. 한편 권리주체란 권리와 의무가 귀속될 수 있는 주체라는 의미를 가지고 있는데, 그러한 점에서는 법인 이외의 단체도 권리주체성을 가지고 있을 수 있다. 법인보다 상위의 개념은 단체이다. 단체 중에는 법인인 단체도 있고 법인이 아닌 단체도 있다. 단체라는 개념은 자연인 이외의 권리주체성을 가질 수 있는 모든 조직체라고 할 수 있고, 그러한 단체를 규율하는 법의 총체를 단체법(Verbandsrecht)이라고 할 수 있다. 따라서 단체법이라고 할 때, 그것은 법인법의 영역을 뺀 나머지 단체(즉 법인 아닌 단체)만을 규율하는 법으로 제한적으로 이해해서는 안 된다. 오히려 단체법은 법인을 포함한 비법인단체나 조합 등 권리주체는 아니지만 권리의 담지능력(Rechtsträgerschaft)을 가진 모든 조직체를 아우르는 법을 포함하는 의미로 이해해야 한다.

2. 민법과 법인법 및 단체법

앞서 본 바와 같이, 단체 내지 법인에 관한 사항은 여러 법률에 흩어져서 규정되어 있다. 민법 제3장은 법인에 관한 여러 규정을 두고 있는데, 총칙(제1절: 제31조~제39조), 설립(제2절: 제40조~제56조), 기관(제3절: 제57조~제76조), 해산(제4절: 제77조~제96조) 및 벌칙(제5절: 제97조) 등이 그것이다. 그런데 민법이 일반사법으로서 기능하듯이, 법인에 관한 민법 제3장은 모든 종류의 법인 나아가 모든 종류의 단체에 적용되는, 말하자면 일반법인법 내지 일반단체법이라고 할 수 있다.[20) 따라서 단체나 법인에 관한 다른 특별법이 있으면 그 특별법이 우선적으로 적용되고, 그 특별법에 해당하는 특별한 규정이 없는 때에는 민법 제3장 이하의 규정이 준용되거나 유추적용된다.[21) 예컨대 영리법인에 관해서는 상법이나 은행법과 같은 특별법이 우선적으로 적용되고, 비영리법인 중에서도 공익법인에 대해서는 「공익법인의 설립·운영에 관한 법률」이 민법에 우선한다. 그러나 그러한 특별법에 대표기관의 불법행위에 관한 특별한 규정이 없는 때에는 민법 제35조가 그들 법인에게도 적용된다.

또한 민법 제3장은 법인에 한정해서만 적용되는 것이 아니라, 법인격을 취득하지 못한 권리능력없는 사단이나 권리능력없는 재단에 대해서도 준용된다. 따라서 법인격없는 단체의 설립, 운영 및 활동에 관해서도 민법 제3장 이하의 규정이 준용되기 때문에 민법 제3장은 단체에 관한 기본법이라고 부를 수 있다. 그런데 민법 제3장 이하의 규정의 적용을 받는 단체는 법인격없는 단체 중에서도 사단 및 재단에 준하는 조직에 한하고, 조합의 성격을 가진 조직은 민법 제3장 이하가 아니라 조합에 관한 민법 제703조 이하의 규정이 적용된다. 어느 한 단체를 사단으로 볼 것이냐 아니면 조합으로 볼 것이냐 하는 단체의 성격규정은 대단히 어려운 문제이며, 이는 단체 구성원의 책임범위와도 깊은 관련이 있다. 오늘날의 유력한 학설은 조합에 대해서도 일률적으로 조합에 관한 규정을 적용할 것이 아니라, 문제된 법률관계의 특성에 따라 조합에 대해서도 사단에 관한 규정을 유추적용할 수 있다고 한다.[22) 따라서 그러한 범위 내에서는 민법 제3장 이하의 규정은 조합에 관해서도 단체의 기본법으로서의 역할을 하는 셈이다.

---

20) 同旨 송오식, 단체법, 전남대학교출판부, 2015, 24면. 이에 반해 양창수(편집대표) – 권철, 민법주해 Ⅱ, 박영사, 2022, 21면은 민법총칙편 제3장의 법인규정을 '비영리법인'의 기본법이라고 이해하는 것이 합당하다고 주장하지만, 이는 잘못이다. 민법 제3조의 사람의 권리능력에 관한 규정은 좁은 의미의 민법뿐만 아니라 상법이나 각종 경제법 등 모든 특별법에도 적용되는 일반원칙이듯이 법인에 관해서는 민법 제31조에 터잡아 각종 특별법상 법인이 존립할 수 있는 근거가 되는 것이다.
21) 법률에 따라서는 이러한 사항을 명시한 경우도 있는데, 예컨대 「도시 및 주거환경정비법」 제27조는 "조합에 관하여는 이 법에 규정된 것을 제외하고는 민법중 사단법인에 관한 규정을 준용한다"고 명시하고 있으며, 「사립학교법」 제9조는 "학교법인의 권리능력과 불법행위 능력에 관하여는 민법 제34조 및 제35조의 규정을 준용한다"고 정하고 있다.
22) Karsten Schmidt, Gesellschaftsrecht, 4. Aufl., Köln u.a. 2002, S. 735 f.

Ⅳ. 본서의 논의범위

앞서 본 바와 같이 민법 제3장은 법인을 포함한 단체에 관한 일반법이다. 단체 중에서도 법인격을 취득한 법인(juritiche Person)에 관한 규율이 핵심임은 물론이다. 그런데 자연인과 달리 법인은 그 종류나 형태가 아주 다양하기 때문에 모든 법인에 공통적으로 적용되는 특성이나 법리들을 추출하여 이를 체계적으로 논술하는 것은 매우 힘든 작업이다. 그럼에도 불구하고 민법 제3장은 모든 법인에 적용되는 일반법적 성격을 가지고 있으므로, 영리법인이나 비영리법인 등을 가릴 것 없이 가급적 법인 일반에 적용될 수 있는 제도의 특성이나 공통의 법적 문제점 등에 대해서 논구하는 것이 본서의 과제이다. 본서의 기본적인 착상은 민법상 비영리법인과 상법상 영리법인을 구분하지 않고서 '법인'이라는 권리주체에 관해서 공통적으로 작동하는 단체법상 기본원리들을 탐구하는 것이다. 그러한 시각에서 본서는 다음과 같은 세부적인 테마들로 전개된다.

우선 법인제도에 관한 일반적인 고찰로써, 법인이라는 제도를 설명하기 위해서 법인본질론에 관한 고전적 이론들을 살펴보고 그러한 이론이 오늘날 어떠한 의미를 가지는지 그리고 다양하게 등장하는 법인의 형태와 그들 법인의 제도적 특성에 대해서 알아본다(제1장). 다음으로 법인의 성립에 관한 제반 법률적 쟁점들에 대해 살펴보고, 특히 민법상 법인의 성립과정에 등장하는 특수한 문제들을 고찰한다(제2장). 이어 법인의 기본권주체성과 인격권, 법인의 권리능력·행위능력·불법행위능력 등 법인의 제반능력에 대해서 고찰하고(제3장), 기관인의 법인격과 구분되는 독자적인 법인격을 가진 법인의 한계점, 즉 이른바 법인격부인론이 이론적으로나 실무적으로 어떻게 발전해왔는지에 대해 알아본다(제4장). 또한 자연인과 달리 법인은 어떻게 활동하는가에 관한 이론적 고찰과 함께, 법인의 인식의 귀속에 관한 법리와 관련판례에 대해 그리고 법인내부의 활동에 해당하는 소속사원에 대한 징계권에 대해서 탐구한다(제5장). 이어서 법인의 조직변경의 한 모습에 해당하는 법인의 합병·분할과 법인의 활동이 끝을 맺는 법인소멸의 현상에 대해서 살펴본다(제6장). 마지막으로 최근 법무부산하 민법개정위원회에서 안출한 법인관련 민법개정안에 대해서 개관한 후, 법정책적 관점에서의 평가를 시도해본다(제7장).

제2절 법인이론

I. 고전적 법인본질론

1. 서언

자연인 이외에 법이 인정한 또 다른 권리주체인 법인의 본질은 무엇인가? 이 질문에 답하기 위하여 19세기 독일에서는 이른바 법인본질논쟁이라 하여 사법학에서 큰 관심의 대상이 되었다. 그것은 크게 보아 법인의 본질을 자연인과 달리 의제된 주체로 볼 것이냐 아니면 자연인과 마찬가지의 생명체적 존재로 볼 것이냐 하는 다툼이다. 이러한 논쟁에는 다음과 같은 두 가지 배경이 깔려 있다.

첫째는 법인이라는 권리주체를 개인주의가 바탕이 된 로마법적인 시각에서 볼 것인가, 아니면 단체주의가 강조되는 게르만법적인 시각에서 볼 것인가 하는 점이다.23) 이에 따라 개인(즉 자연인)을 중심으로 한 로마법주의자들의 시각에서는 법인은 자연인과 이질적인 존재이고 그것은 자연인과 달리 법의 승인을 통하여 만들어진 인위적인 권리주체이다. 그에 반해 유목과 농경을 중심으로 촌락공동체를 형성하면서 발전한 게르만의 법전통을 연구하는 학자들의 시각에서는 개인뿐만 아니라 단체도 엄연히 하나의 독자적인 조직체이므로 법인의 본질도 자연인의 그것과 다를 바 없다고 주장한다.

둘째는 당시 사회의 변화에 따라 단체의 출현이 늘어나게 됨에 따른 국가의 법인정책의 이론적인 기반을 제공하기 위함이었다. 법인이론은 한편으로 근대사회로 진입하면서 우후죽순처럼 등장하는 각종 단체에 대해서 국가가 일정한 요건을 갖춘 단체에 한해서 법인으로 허가함으로써 그 존재성을 공시해야 한다는 사회적 요청과, 다른 한편으로 인간의 다양한 사회적 욕구와 경제적 활동의 자유를 증진하기 위하여 등장하는 법인의 사회적 실체를 인정하고 국가는 법인에 대해서도 자연인 못지않은 보호를 할 의무가 있다는 시대적 요구를 반영하였던 것이다.

이러한 배경에서 출발한 법인이론은 이른바 법인의제설과 법인실재설로 나누어져 이들 학설을 중심으로 발전하게 되었고 이후 전 유럽에 전파되고, 각국의 人法

---

23) 법제사적인 측면에서 단체의 발전과정을 다룬 글로는 최병조, "사법상 단체에 관한 일반론 −단체법론의 역사적 발전과정을 중심으로−", 「민사판례연구」 제19권, 민사판례연구회, 1997, 523면 이하 참고.

(Personenrecht)과 회사법에 많은 영향을 미치게 되었다. 그런데 오늘날 법인이론의 가치에 대해서는 그다지 크게 주목받지 못하고 있다. 그 이유에 대해서 오늘날에는 입법과 학설·판례의 노력으로 법인이론이 확립되어 있기 때문에 법인의 본질에 관한 여러 학설의 논의는 별로 실익이 없다고 한다.[24] 그럼에도 불구하고 법인본질론은 오늘날에 있어서도 법인제도를 이해하는 데 중요한 이론적 근거를 제시해줄 뿐만 아니라, 실제로도 오늘날의 단체법론이 해결해야 할 많은 과제에 대해 중요한 해결의 실마리들을 제공하고 있으므로 이에 대한 가치는 결코 경시할 수 없다.

2. 종래의 설명

가. 법인의제설

흔히 법인의제설(Fiktionstheorie)은 프리드리히 칼 폰 사비니(Friedrich Carl von Savigny)가 주창한 것으로 알려져 있다.[25] 법인의제설에 의하면 권리·의무의 주체가 될 수 있는 것은 원래 자연인뿐이지만, 후세 사람들의 사회적 필요에 따라 일정한 단체에 대해서도 법률의 힘에 의하여 자연인과 같은 권리주체로 인정한 것이 바로 법인이라는 것이다. 즉 법인은 법률이 자연인에 의제(Fiktion)한 것에 지나지 않는다는 것이다. 이 학설은 구체적으로 다음과 같은 법인관으로 정리된다.

첫째, 법인은 법기술적인 의제에 의하여 구성원과 분리·독립한 권리·의무의 귀속주체이다. 둘째, 법인의 성립여부나 존재유무를 확인하기 위해서는 공시가 필요한데, 법인의 공시는 국가권력의 특허나 허가를 통하여 이루어진다. 셋째, 법인은 법률에 의해서 인정된 권리주체이므로 법인이 향유하는 권리능력의 내용은 자연인의 그것과 다르고 권리능력의 범위도 법률과 정관에 따라 정해진다. 넷째, 의제된 권리주체인 법인에게는 스스로 행위할 수 있는 능력이 없으며, 대리인의 행위를 통하여 법

---

24) 곽윤직·김재형, 민법총칙, 156면.
25) 그러나 과연 사비니가 주장한 법인학설을 법인의제설이라고 할 수 있는 것인지에 대한 비판적 반론이 제기되고 있다. 그에 관한 글로는 Flume, Allgemeiner Teil des Bürgerlichen Rechts, I. Band, 2. Teil, Die juristischen Person, Berlin u.a. 1983(이하 Flume, Juristische Person으로 표기), S. 3이하. 플루메교수는 Savigny를 의제설 주장자로 보는 것은 명백한 오해라고 주장하면서 진정한 의미에서 법인의제설을 주장한 학자는 Savigny가 아니라 빈트샤이트(Windscheid)라고 한다(Flume, Juristische Person, S. 17).

인의 행위로 표출될 뿐이다. 다섯째, 법인 스스로의 행위능력이 없기 때문에 법인의 불법행위능력도 부정되지만, 대표기관이 한 불법행위는 법률의 규정에 의하여 법인이 그에 따른 책임을 지게 된다.

나. 법인부인설

법인의제설이 법인을 자연인을 의제한 것으로 보는 데 반해, 소수의 학자들은 법인의제설이 사회적 실체로서의 법인의 존재성을 부정하는 것에 불만을 가지고서 법인을 구성하는 특징적인 요소에 포커스를 맞추어 법인의 본질을 설명하려고 하였다. 그러한 일련의 학설을 법인부인설이라고 칭하는데, 법인부인설이란 법인의 존재성 자체를 부인한다는 의미가 아니라, 법인의 본질을 파악하기 위하여 권리·의무의 귀속주체로서의 법인제도의 형식을 보지 않고 오히려 보다 구체적으로 법인의 실질이나 법인을 구성하는 핵심적인 요소를 밝혀냄으로써 법인의 실체성을 증명하려고 한 학설이다.

여기에는 다음과 같은 학설들이 있다. 법인의 본체를 일정한 목적에 바쳐진 무주(無主)의 재산으로 보는 목적재산설(Zweckvermögenstherie),[26] 법인은 권리·의무의 형식적인 귀속자일 뿐, 법인의 실질적인 본체는 법인으로부터 이익을 얻고 있는 다수의 개인이라고 하는 향익자주체설(Genießertheorie),[27] 현실적으로 법인재산을 관리하고 있는 자를 법인의 본체라고 하는 관리자주체설(Amtstheorie)[28] 등이 그것이다. 이들 학설은 법인의 본질을 보다 구체적인 요소에서 찾으려했다는 점에서는 법인의제설보다 진일보한 시도였다고 할 수 있다. 그러나 법인부인설은 재단에 관한 설명에는 수긍되는 바가 있을지라도, 사단에 대해서는 적용되기 어려운 학설이다. 왜냐하면 재단에는 목적재산(Zweckvermögen)이 반드시 필요하지만 비영리를 목적으로 사단에는 목적재산이 반드시 필요한 것은 아니며, 법인재산을 관리하는 관리자라는 것도 사단에는 반드시 필요한 것이 아니기 때문이다. 한편 향익자주체설에 대해서도 만약 동물보호를 목적으로 하는 법인의 향익자는 동물들이 되어야 할 것인

---

26) Brinz, Alois, Lehrbuch des Pandekten, 1. Band, I, 2. Aufl., Erlangen 1873. §§ 59, 61.
27) Jhering, Rudolf von, Geist des römischen Rechts, III/1, Leipzig 1924, S. 336 ff. 예링(Jhering)의 법인이론에 관한 상세한 글로는 최병조, "Rudolph von Jhering의 법인이론", 「법학」 28권 3·4호, 서울대학교 법학연구소, 1987, 219면 이하 참고.
28) Hölder, Eduard, Natürliche und juristische Personen, Leipzig 1905, S. 341.

제1장 법인론 서설 · **17**
데, 동물들을 법인의 본질이라고 볼 수 없다는 비판이 가능하다.

다. 법인실재설

법인의제설이 로마법학자들을 중심으로 주장된 학설이라면, 법인실재설은 단체법을 위주로 하여 연구하는 게르만법학자들에 의해서 주장된 학설이다. 동 학설은 게르만의 단체주의적 관습법을 연구한 베젤러(Beseler)에 의하여 처음 주장되었다가,[29] 그의 제자인 오토 폰 기르케(Otto v. Gierke)가 실재적 단체인격설(Theorie der realen Verbandspersönlichkeit)로 정립시킨 것이다.[30] 기르케가 주장하는 법인이론의 핵심은 법인은 의제되거나 허구적인 존재가 아니라, 자연인과 마찬가지로 스스로 움직이고 생각하고 생명력을 가진 실존하는 유기적인 조직체라는 것이다. 기르케의 예를 보면, 교회에는 머리에 해당하는 조직과 손발이 존재하는 조직 등이 서로 유기적으로 작용함으로써 교회의 활동이 이루어지는데, 이는 자연인의 신체활동과 차이가 없고 또한 정신적으로도 자연인에게는 지각력·감정 등이 있듯이 교회에도 영적 정신이 교회를 지배한다고 한다. 그래서 자연인은 개별인(Einzelperson)임에 반하여 법인은 개별인의 합성으로 이루어진 단체인(Verbandsperson)일 뿐, 그 속성에는 차이가 없다고 주장한다.[31] 이러한 법인실재설은 다음과 같은 법인관으로 정리된다.

첫째, 법인은 법기술적인 의제나 허구적 존재가 아니라, 구성원들의 유기적인 조직으로 합성된 독자적인 실재체이다. 둘째, 자연인은 출생만으로도 곧 권리주체성을 인정받듯이, 법인은 일정한 자격요건을 충족하여 그 존재성이 인정되는 한, 국가권력의 특허나 허가가 없더라도 성립이 인정된다. 셋째, 법인은 천연적인 성질에 의해서 제한되는 것이 아닌 한, 자연인과 같은 내용과 범위의 권리능력을 향유한다. 넷째, 법인을 구성하는 人(즉 기관인)은 법인의 器官(Organ)에 해당하며, 법인은 이들 기관의 활동을 통하여 스스로 행위할 수 있는 능력을 가지고 있다. 다섯째, 법인의 행위능력이 인정되는 것과 마찬가지로, 법인은 대표기관을 통하여 스스로 불법행위

---

29) Beseler, Georg, Volksrecht und Juristenrecht, Leipzig 1843, S. 173 ff.
30) Gierke, Deutsches Privatrecht, 1. Band: Allgemeiner Teil und Personenrecht, Leipzig 1895(이하 Gierke, Deutsches Privatrecht I로 표기함); ders., Die Genossenschaftstheorie und die Deutsche Rechtsprechung, Berlin 1887(이하 Gierke, Genossenschaftstheorie 로 표기함); ders., Das Wesen der menschlichen Verbände, Berlin 1902 등.
31) Gierke, Deutsches Privatrecht I, S. 470.

를 할 수 있고 그에 따라 법인은 당연히 책임을 지게 된다.

3. 사비니(Savigny)와 기르케(Gierke)의 법인론

가. 종래 법인학설의 문제점

오늘날 대부분의 문헌에서는 법인의 본질을 기술함에 있어서 법인의제설과 법인실재설을 대립시키면서 각 학설의 내용에 대해서 설명한다. 학설의 내용은 주로 사비니(Savigny)와 기르케(Gierke)가 주장한 고전적인 법인이론을 개괄적으로 소개하는 선에서 그친다. 그리고는 법인본질에 관해서 여러 근거를 들어 법인실재설이 타당하다는 결론을 내린다. 이러한 점에서 오늘날 법인이 과연 허구의 존재를 의제한 것에 불과한 것이냐(법인의제설의 입장), 아니면 허구가 아닌 실제로 존재하는 것이냐(법인실재설의 입장)에 관한 논쟁은 이제 더 이상 전개되지 않고 있다.[32] 따라서 오늘날에는 여러 문헌에서 법인의제설과 법인실재설의 내용을 소개하는 것은, 플루메(Flume) 교수가 지적하듯이, 그저 의무적으로 하는 것(Pflichtübung)[33]으로 되어 버린 느낌이다. 법인본질논쟁은 19세기 독일에서 민법전의 제정을 앞두고 활발히 전개된 적이 있지만, 20세기에 들어서는 세인들의 관심으로부터 차츰 멀어지게 되었다. 그 이유는 첫째로 법인과 관련한 문제는 실무적으로 법인의제설이나 법인실재설의 논리에 따라 큰 차이가 있는 것은 아니라는 점과, 둘째로 19세기와는 달리 20세기에 들어서서 법인의 경제활동의 비중이 점점 커짐으로 인해서 이제 법인은 더 이상 그 실재성을 의심받지 않을 정도로 성숙한 개념으로 자리 잡았기 때문이라 생각된다. 그렇다면 법인본질에 관한 고전적인 학설은 오늘날에는 단지 학설사적인 가치밖에 없는 것이며, 법학자들이 그러한 학설을 설명하는 것은 플루메 교수의 지적처럼 지식전달을 위한 통상적인 의무에 머무는 것일 뿐인가? 이러한 물음에 대해서 '그렇지 않다'라는 것이 필자의 생각이다. 그 이유는 고전적 법인학설은 현재의 민법상 법인론과 상법상 회사법이론의 발전에 지대한 기여를 하였을 뿐만 아니라, 현재까지도 법인과 관

---

32) 다만 이영준 교수와 이은영 교수는 법인본질론을 법인의 실재성여부에 관한 논의로 보지 않고 법인의 법인격부여근거에 관한 논의로 파악한다. 그러한 시각에서 자신들의 학설을 법인의제설로 규정하고 있다(이영준, 민법총칙, 903면; 이은영, 민법총칙, 234면 참조).

33) Flume, Juristische Person, S. 24.

련하여 논란이 있는 여러 문제에 대해서 해결의 실마리를 여전히 제공하고 있기 때문이다. 따라서 여기서는 과연 어떠한 점에서 고전적 법인학설이 오늘날의 단체법론에도 영향을 미치고 있는지를 살펴봄으로써, 우리의 관심에서 멀어져가고 있는 고전적 법인학설의 의미를 다시 조명해본다.

종래 법인의제설의 대표자로는 사비니(Friedrich Carl von Savigny: 1779~1861)로, 법인실재설의 대표자로는 기르케(Otto von Gierke: 1841~1921)로 알려져 있다. 그러나 로마법학자인 플루메 교수의 연구에 의하면 Savigny를 의제설주장자로 보는 것은 명백한 오해라고 한다.[34] 여하튼 Savigny와 Gierke는 근대민법의 제정에 즈음하여 법인이론을 구축한 대표적 이론가들이며 그들의 이론이 각국의 법인논쟁의 전개에도 큰 영향을 미쳤으므로, 그들의 법인이론에 대해 학설의 명칭에 집착하지 않고보다 상세히 살펴볼 필요가 있다.[35]

나. 사비니(Savigny)의 법인론

(1) 권리주체의 개념과 법인

사비니의 법인관을 파악할 수 있는 저작은 「현대 로마법체계」 제2권[36]이다. 사비니의 법인이론을 이해하기 위해서는 우선 그가 권리주체를 어떻게 파악하였는가를 살펴볼 필요가 있다. 사비니가 생각하는 권리주체, 즉 人(Person)의 개념은 다분히 철학적인 개념으로,[37] 그는 칸트의 윤리적, 철학적 인성론(Persönlichkeit)으로부터 많은 영향을 받았다. 이러한 점은 그의 다음 표현에서 엿볼 수 있다: "모든 권리는 개개인에 내재하는 도덕적인 자유를 위하여 존재한다(Alles Recht ist vorhanden um der sittlichen, jedem einzelnen Menschen inwohnenden Freiheit willen.)."[38] Savigny는 권

---

34) Flume, Juristische Person, S. 3.
35) 아래에서 설명하는 사비니와 기르케의 법인이론과 그 현대적 의미에 대해서는 송호영, "고전적 법인논쟁이 현대의 단체법론에 주는 의미와 영향 −Savigny와 Giekrke의 이론을 중심으로−, 「현대민사법학의 과제」 (관원 정조근교수 화갑기념문집), 동남기획, 2001, 25면 이하 참고.
36) Friedrich Carl von Savigny, System des heutigen Römischen Rechts, II. Band, Berlin 1840(이하 Savigny, System des heutigen Römischen Rechts II로 표기함).
37) Wieacker, Zur Theorie der Juristischen Person des Privatrechts, in: Festschrift für E. R. Huber, Göttingen 1967, S. 362.
38) Savigny, System des heutigen Römischen Rechts II, S. 2.

리를 인간(Mensch)의 도덕적인 자유를 실현하기 위한 의사의 지배(Willensherrschaft) 로 본다. 따라서 그는 권리를 향유할 수 있는 주체, 즉 권리주체에 관해서 "원래의 人 내지 권리주체의 개념은 인간의 개념과 일치하게 된다(Darum muß der ursprüngliche Begriff der Person oder des Rechtssubjekts zusammenfallen mit dem Begriff des Menschen)"고 설명한다.[39] 이러한 양 개념의 동일성은 다음의 표현으로 정리된다: "누구나 각자는 그리고 오직 그 각각의 사람들만이 권리능력이 있다(Jeder einzelne Mensch, und nur der einzelne Mensch, ist rechtsfähig)."[40] 즉 그에 의하면 진정한 권리주체의 개념은 인간(menschliche Person)의 개념과 일치하게 된다. 그러나 각각의 개인의 이익을 넘어서 자연적 권리주체들이 모여 하나의 다수(Mehrheit)로서 특정한 목적을 실현할 필요도 있기 때문에, 실정법은 특정한 집합체에게(dem bestimmten Gebilde) 거래에 참여할 수 있도록 하기 위하여 고유한 권리능력을 부여하였다. 즉 본래 권리능력이란 자연인의 개념과 연결되어야 하는 것이지만, 의제에 의해서 인정된 인공적인 주체(künstliche, durch bloße Fiktion angenommene Subjekte)에도 권리능력이 확장되었다. 즉 권리관계에서 자연인 이외의 이러한 주체를 법인 (juristische Person)이라고 하며, 법인은 순전히 법률적인 목적 때문에(bloß zu juristischen Zwecken) 인정된 人(Person)이다.[41]

(2) 법인의 분류

사비니는 법인의 종류를 두 가지 그룹으로 나눈다. 즉 자연적 또는 필수적 존재 (ein natürliches oder auch notwendiges Dasein)라고 할 수 있는 법인과 인공적 또는 자의적인 존재(ein künstliches oder willkürliches Dasein)라고 할 수 있는 법인이 그 것이다.[42] 전자에는 부락(Gemeinde), 도시(Städte), 마을(Dörfer) 등이, 후자에는 재단(Stiftung) 및 회사(Gesellschaft) 등이 해당한다.

또한 사비니는 법인에 구성원이 존재하느냐의 여부에 따라 단체(Korporation)와 재단(Stiftung)으로 나눈다. 단체에는 부락(Gemeinde), 수공업조합(Innungen) 그리고 회

---

39) Savigny, System des heutigen Römischen Rechts II, S. 2.
40) Savigny, System des heutigen Römischen Rechts II, S. 2.
41) Savigny, System des heutigen Römischen Rechts II, S. 236.
42) Savigny, System des heutigen Römischen Rechts II, S. 242.

사(Gesellschaft) 등이 속한다.[43] 단체의 특징은 법인이 각각의 개인으로 구성되어 있으면서도 그 구성원들이 하나의 전체로서 뭉쳐져서(als ein Ganzes zusammengefaßt) 법인을 형성한다는 점이다.[44] 단체와 구성원의 관계에 관해서 Savigny는 "모든 단체의 본질은 권리의 주체가 각 구성원에게 존재하는 것이 아니라 관념적 총체에 존재한다는 점에 있다(Das Wesen aller Korporation besteht aber darin, daß das Subjekt der Rechte nicht in den einzelnen Mitgliedern besteht, sondern in dem idealen Ganzen)"[45] 라고 설명한다. 따라서 구성원의 교체(Mitgliederwechsel)는 단체의 본질과 단일성에 전혀 영향을 미치지 않는다고 한다.[46] 이에 반해 재단(Stiftung)은 단체와 달리 인적 기질(基質)(das Substrat der Personen)이 결여되어 있는, 설립목적에 기초하는 훨씬 관념적인 존재(eine mehr ideale Existenz)라고 한다.[47]

(3) 법인설립에 대한 국가의 승인

사비니에게 있어서 부락(Gemeinde)처럼 국가상태 이전에 존재하였던 단체의 경우에는 그 설립의 승인이 요구되지 않는다는 것은 당연한 것이었다. 마찬가지로 국고(Fiskus) 또한 그 설립의 방법에 관하여 문제되지는 않는다.[48] 그러나 그 외의 법인에게는 법인 설립 시에 국가의 승인(Staatsgenehmigung)이 요구된다. 법인의 설립에 있어서 국가의 승인이 필요한 이유에 대해서 사비니는 자연인의 권리능력과 법인의 권리능력은 발생과정상 서로 다른 모습을 띠고 있기 때문이라고 설명한다. 즉 자연인은 출생으로 인하여 눈으로 볼 수 있는 육체 자체가 공시를 함으로써 권리능력의 요구(Anspruch auf Rechtsfähigkeit)를 수반하지만, 법인에게는 그러한 자연적인 증명(natürliche Beglaubigung)이 결여되어 있다고 한다.[49] 따라서 사비니는 "이러한 결여된 자연적 증명은 가장 높은 권력의 의지만이 인공적인 권리주체를 만듦으로써 보충될 수

---

43) 특이한 점은 Savigny가 법인의 종류에 관하여 언급한 대목(§ 86: Juristische Personen – Arten)에 주식회사(Aktiengesellschaft)에 관한 설명이 빠져있다. 주식회사에 관한 설명은 소지인증권(Inhaberpapier)과 관련하여 그의 채무법교과서(Obligationsrecht II, Berlin 1853, S. 112 ff.)에 언급되어 있다.
44) Savigny, System des heutigen Römischen Rechts II, S. 243.
45) Savigny, System des heutigen Römischen Rechts II, S. 243.
46) Savigny, System des heutigen Römischen Rechts II, S. 244.
47) Savigny, System des heutigen Römischen Rechts II, S. 243.
48) Savigny, System des heutigen Römischen Rechts II, S. 275.
49) Savigny, System des heutigen Römischen Rechts II, S. 278.

있다(Nur der Wille der höchsten Gewalt kann dieselbe —즉 natürliche Beglaubigung— ersetzen, indem er künstliche Rechtssubjekte schafft.)"고 한다.[50] Savigny가 생각하는 법인의 '의제'는 구체적으로 법인설립에 있어서 국가의 승인을 의미한다고 할 수 있다.

(4) 법인의 권리능력 · 행위능력 · 불법행위능력

그렇다면 국가의 승인을 통하여 법인에게 부여되는 권리능력과 자연인의 권리능력의 내용은 같은 것인가? 사비니는 우선 법인의 권리능력의 내용을 사법관계(die Verhältnisse des Privatrechts)의 범위 내로 국한시킨다.[51] 사법관계 중 가족관계는 자연인과 관련한 법률관계이기 때문에, 법인의 법률관계는 논리적으로 재산관계(Vermögensverhältnis)에만 한정된다. 따라서 법인이 누리는 권리능력의 내용은 재산능력(Vermögensfähigkeit)으로 제한된다고 한다.[52] 여기서 사비니는 법인을 다음과 같이 정의한다: "법인은 재산능력을 갖춘 인공적으로 인정된 주체이다[Sie (즉 juristische Person) ist ein des Vermögens fähiges künstlich angenommenes Subjekt]."[53]

의제를 통한 법인으로의 기술적인 권리능력의 이전이 바로 법인의 행위능력 인정을 의미하는 것은 아니다. 간단히 말하자면 사비니는 법인의 행위능력을 부정한다. 왜냐하면 모든 행위는 생각하고 의욕하는 존재(ein denkendes und wollendes Wesen)를 전제로 하는데, 단지 의제에 불과한 법인에게는 이러한 존재가 없기 때문이다.[54] 그렇다면 법인은 권리능력(정확하게는 재산능력)은 가지면서 행위능력은 없다는 이론적 모순에 빠지는 것은 아닌가 하는 의문이 있을 수 있다. 이에 대하여 사비니는 정신박약자의 경우를 예로 들면서 그들에게도 완전한 행위능력은 없지만 광범위한 권리능력은 있으며 이러한 권리능력과 행위능력의 불일치(Widerspruch)는 결국 대리제도(Vertretung)를 통하여 해결된다고 설명한다. 이러한 점은 자연인에게는 후견제도(Vormundschaft)를 통하여 나타나는 데 비해, 법인의 경우는 그 법인의 구성(durch ihre Verfassung)을 통하여 나타난다고 한다.[55] 사비니는 마찬가지 이유로 법

---

50) Savigny, System des heutigen Römischen Rechts II, S. 278.
51) Savigny, System des heutigen Römischen Rechts II, S. 236.
52) Savigny, system des heutigen Römischen Rechts II, S. 238.
53) Savigny, System des heutigen Römischen Rechts II, S. 239.
54) Savigny, System des heutigen Römischen Rechts II, S. 282.
55) Savigny, System des heutigen Römischen Rechts II, S. 283.

인의 불법행위능력도 부정한다. 불법행위는 고의나 과실(dolus oder culpa)이 전제되는데, 이러한 것들을 법인에게서 기대하기는 어렵기 때문이라고 한다.[56] 이와는 달리 법인은 계약관계에서 발생하는 대리인의 고의나 과실에 대하여는 책임을 져야 한다. 왜냐하면 대리인의 과책에 따른 책임은 주채무로부터 분리될 수 없는 변형태(eine von der Hauptobligation unzertrennliche Modifikation)이기 때문이다.[57]

다. 기르케(Gierke)의 법인론

(1) 기르케 법인이론의 기저(基底)

법인은 현실 속에서 실제로 존재한다는 것을 내용으로 하는 실재적 단체인격설(Theorie der realen Verbandspersönlichkeit)을 처음으로 주장한 게르만법학자는 게오르그 베젤러(Georg Beseler)이다.[58] 그의 제자인 오토 폰 기르케는 베젤러의 이론적 기반 위에 인류학적·심리학적 방법론을 동원하여 법인이 결코 허구가 아닌 실재하는 인간적인 단체(menschliche Verbände)임을 정치하게 설명한다. 그의 이론은 그의 대표적인 저작인 「협동체이론과 독일판례」,[59] 「독일사법 제1권」[60] 그리고 1902년 베를린대학의 총장취임연설문(Rektoratsrede)인 「인적 단체의 본질」[61]에 체계적으로 정리되어 있다. 특히 기르케는 총장취임연설문에서 법인은 가공된 것이 아니라 실제로 존재하는 본질체라는 것이 그의 이론의 출발점(Ausgnagspunkt)이자 자신의 학문적 평생작업의 중심점(Mittelpunkt)이라고 스스로 밝힐 정도로[62] 평생을 법인론 연구에 바친 인물이다. 단체인(Verbandsperson)은 개별인(Einzelperson)과 마찬가지로 실재하는 완전한 人(wirkliche volle Person)인데, 다만 개별인과는 달리 하나의 합성된 人(eine zusammengesetzte Person)이다.[63] 이 단체인의 실재성은 우리의 외적 경험과 내적 경험을 통해서 증명이 가능하다고 한다. 우리는 외적 경험(äußere Erfahrung)을

---

56) Savigny, System des heutigen Römischen Rechts II, S. 317.
57) Savigny, System des heutigen Römischen Rechts II, S. 317.
58) Beseler, Volksrecht und Juristenrecht, Leipzig 1843, S. 173 ff.
59) Gierke, Die Genossenschaftstheorie und die Deutsche Rechtsprechung, Berlin 1887 (이하 Gierke, Genossenschaftstheorie로 표기함).
60) Gierke, Deutsches Privatrecht, 1. Band: Allgemeiner Teil und Personenrecht, Leipzig 1895(이하 Gierke, Deutsches Privatrecht I로 표기함).
61) Gierke, Das Wesen der menschlichen Verbände, Berlin 1902.
62) Gierke, Das Wesen der menschlichen Verbände, S. 6.
63) Gierke, Deutsches Privatrecht I, S. 470.

통해서 민족이나 공동체(Gemeinschaft)가 세계를 형성하고 문화를 창조했음을 알 수 있다. 이 공동체에는 단순한 구성원의 집합을 넘어서는 여러 요소가 존재하는데, 그 예로 법, 도덕, 경제, 언어 등을 들 수 있다. 결국 이 공동체는 개개인의 단순한 총합이 아니라 그 자체가 하나의 초개인적인 생명체(überindividuelle Lebenseinheit)이다.[64] 이러한 공동체의 실재성은 우리의 내적 경험(innere Erfahrung)을 통해서도 확인될 수 있다. 즉 인간은 민족, 국가, 신앙공동체, 교회, 직업단체, 가족 그리고 기타 단체 등에 소속감을 가지게 되는데, 이는 이들 단체가 우리 개개인 외에 또 다른 하나의 생명력을 가지고 실재함을 의미한다.[65]

한편 기르케는 단체는 초개인성을 특징으로 하기 때문에, 단체에는 개인주의적인 법(Individualrecht)이 아닌 사회법(Sozialrecht)의 원리가 적용되어야 한다고 주장한다. 대표적인 예가 단체의 설립행위에 관한 것인데, 기르케는 단체설립행위의 성질을 개인주의적 법원리가 작용하는 계약(Vertrag)이 아니라, 사회법적 원리가 작용하는 편면적인 합동행위(einseitiger Gesammtakt)로 본다.[66]

(2) 단체인의 의미와 종류

특이한 사실은 기르케가 권리주체를 설명함에 있어서 법인(juristische Person)이라는 표현을 의식적으로 피하고 단체인(Verbandsperson)이라는 표현을 쓰고 있다는 점이다. 필자의 분석에 의하면 기르케가 표현한 단체인(Verbandsperson)은 내용상 법인(juristische Person)과 별 차이가 없다. 그럼에도 불구하고 기르케가 구태여 Verbandsperson이라는 표현을 쓴 이유는 무엇일까? 그것은 사비니 이래로 기존의 판덱텐법학자들이 "법인(juristische Person)"이라는 표현을 쓰면서 그 본질을 "가공의 또는 허구의 人(vorgestellte oder erdichtete Person)"이라고 했는데, 이에 대한 반발로 기르케가 의식적으로 "단체인(Verbandsperson)"으로 표현함으로써 용어상 차별을 두려한 것으로 생각된다. 실제로 기르케는 "법인은 내용이 없고(nichtssagend) 혼란스러운(irreführend) 용어"라고 비판하였다.[67] 기르케의 단체인을 이렇게 이해해야만 그가 재단(Stiftung)이나 영조물(Anstalt)도 Verbandsperson에 편입시켜 설명함을 납

---

64) Gierke, Das Wesen der menschlichen Verbände, S. 24.
65) Gierke, Das Wesen der menschlichen Verbände, S. 24.
66) Gierke, Genossenschaftstheorie, S. 133 f.
67) Gierke, Deutsches Privatrecht I, S. 469.

득할 수 있다.

기르케는 단체인의 종류를 사단적 단체(Körperschaften)와 재단적 단체(Anstalten)로 나눈다. 그중 재단적 단체는 공법상의 영조물(öffentlichrechtliche Anstalt)과 사법상의 재단(Stiftung)을 포함하는 개념이다. 기르케는 단체인을 마치 자연인처럼 비유적으로 설명한다. 즉 사단적 단체는 단체 스스로 자생적으로 유래한 인격체인데, 사단적 단체의 정신은 통일화된 공동의 의사이고, 그 육체는 사단의 조직(Vereinsorganismus)이라고 한다. 그에 반해 재단적 단체는 외부로부터 이식된 인격을 가진 단체로써, 그 영혼은 단일화된 기부의사이고, 그 육체는 기부의사를 지속적으로 수행해나갈 수 있는 기관적 조직(organische Einrichtung)이다. 단체인은 크게 사단적 단체와 재단적 단체로 나뉘지만, 양자의 성질을 모두 갖춘 중간형태(Mischformen)도 존재할 수 있다고 한다.[68] 그 예로 '대학'이나 '국가'를 든다.

(3) 단체인의 법인격 취득

기르케의 단체인은 그 실재성으로 말미암아 당연히 법인격을 취득하는 것인가? 그렇지는 않다. 기르케는 단체인격(Verbandspersönlichkeit)의 취득을 위해서는 법의 승인이 필요하며 여기에서 "법"이란 실정법뿐만 아니라 관습법을 포함한다.[69] 만약 단체가 금지법규(Verbotsgesetz)에 위반한 경우에는 단체의 법적 승인은 인정될 수 없다. 기르케는 단체인격의 승인방법을 세 가지 경우로 나눈다.

첫째로 단체의 존재로 말미암아 인격을 취득하는 경우이다(Persönlichkeit kraft Daseins). 이것은 마치 자연인의 경우에 출생과 더불어 당연히 법인격이 인정되듯이, 법규정이 단체의 존재 자체를 전제로 하여 설정된 경우를 말한다. 부락이나 대부분의 공공사단이 여기에 해당한다.[70]

둘째로 특별한 공시를 통하여 단체인격을 취득하는 경우이다(Persönlichkeit kraft besonderer Kundmachung). 이것은 법이 특정한 종류의 단체에 대하여 공적인 장부에 등록을 하게 함으로써 단체의 존재를 공시하는 경우이다. 당시의 제국법에 의하면 주식회사, 유한회사 및 영리협동조합 등이 이 경우에 해당한다.[71]

---

68) Gierke, Deutsches Privatrecht I, S. 474.
69) Gierke, Deutsches Privatrecht I, S. 487 ff.
70) Gierke, Deutsches Privatrecht I, S. 488.
71) Gierke, Deutsches Privatrecht I, S. 489.

셋째로 허가를 통하여 단체인격을 취득하는 경우이다(Persönlichkeit kraft Verleihung). 이는 법이 단체를 人으로 승인함에 있어서 허가라는 국가의 포고(staatliche Erklärung)를 통하여 이루어지는 경우이다. 당시의 제국법에서는 수공업단체 및 식민회사가 여기에 해당한다.[72]

(4) 단체인의 권리능력 · 행위능력 · 불법행위능력

기르케에 의하면 단체인이란 가공된 것이 아니라 실재하는 존재이기 때문에, 단체인이 권리능력을 가지는 것은 당연한 것이다.[73] 단체인의 권리능력은 사비니의 설명과는 달리 재산능력에만 제한되는 것이 아니라, 개별인(Einzelperson)과 마찬가지로 공법과 사법에 모두 미친다.[74] 다만 단체인의 권리능력의 범위와 개별인의 그것은 항상 일치하는 것은 아니다. 즉 단체인은 개별인의 권리능력과 비교해볼 때, 가족권과 같은 권리는 가질 수 없으므로 개별인의 권리능력보다 좁을 경우도 있고, 반대로 사단징계권(Körperschaftsgewalt)은 단체인만이 가지므로 개별인의 권리능력보다 넓을 수도 있다.

단체인은 사비니의 설명처럼 대리를 필요로 하는 그런 존재가 아니라, 그 자체가 살아 있는 존재로서 무언가를 의욕할 수도 있고 그 의욕한 것을 행동으로 옮길 수도 있다.[75] 즉 행위능력을 가지고 있다. 그 단체인의 행동은 자연인으로 구성된 器官(Organ)[76]의 행위에 의해 밖으로 표출된다. 그 결과 단체인은 스스로 불법행위도 행할 수 있다. 따라서 단체인의 기관이 저지른 불법행위의 효과는 자연인인 기관에 미치지 않고 직접 단체인에게 미친다.[77]

---

72) Gierke, Deutsches Privatrecht I, S. 490.
73) Gierke, Deutsches Privatrecht I, S. 472; ders, Genossenschaftstheorie, S. 141 f.
74) Gierke, Deutsches Privatrecht I, S. 472.
75) Gierke, Deutsches Privatrecht I, S. 472; ders, Das Wesen der menschlichen Verbände, S. 15.
76) 독일어에서의 Organ은 器官으로 혹은 機關으로도 번역될 수 있다. 여기서는 전자의 의미로 이해하는 것이 올바르다고 생각한다. Gierke의 학설은 인류학적 내지 생물학적 요소에 토대를 두고 있기 때문에, Gierke가 표현하는 Organ은 마치 인간의 장기(臟器) 내지 신체조직(Werkzeug)과 같은 의미를 지닌 器官으로 번역하여야 할 것이다. 하지만 사족을 붙인다면 흔히 독일문헌에서 볼 수 있는 Organhaftung처럼 일반적인 의미로 Organ이란 표현이 사용되는 경우에는 집합체의 일부조직을 의미하는 機關으로 번역하여야 할 것이다.
77) Gierke, Genossenschaftstheorie, S. 762 f.

II. 법인이론의 전개

1. 법인이론의 전파

19세기 중반부터 20세기 초 사이에 당시 경제적·사회적 구조의 변화와 함께 우후죽순처럼 등장하는 각종 단체(특히 회사)에 대하여 당시의 법학자들은 법인이라는 법현상을 어떻게 법리적으로 정립할 것인가에 집중하였다. 특히 당시 민법전의 제정에 즈음하여 어떠한 법인관을 가지고서 법인을 규율할 것인가에 대하여 많은 논의들이 있었다. 그에 따라 등장한 법인의제설, 법인부인설, 법인실재설은 각각의 논리를 가지고 법인제도를 설명하면서, 일견 서로 대립되는 모습을 띠고 있지만, 각각의 학설은 당시의 사회상을 반영하여 나름대로 고유한 학설적 가치를 가지고 있다. 즉, 법인의제설은 18~19세기 당시 국가중심주의의 시대에서 자연인인 개인의 존재를 강조하기 위하여 자연인을 권리주체의 중심으로 내세우면서도 사회·경제의 발전에 따른 다양한 단체의 등장을 인정하여 국가에 특허나 허가를 통하여 법인의 관리·감독의무를 부과하려 한 것이다.[78] 법인부인설은 법인의 실체성을 좀 더 구체적으로 규명하기 위하여 법인의 특징적 요소를 부각시켜 일반인들로 하여금 법인을 좀 더 현실적인 존재로 받아들일 수 있도록 한 점은 큰 업적이라고 할 수 있다. 그러나 학설이 대상으로 삼는 법인이 주로 재단에 한정되어 있어서 보편적인 법인이론으로 발전하는 데 한계를 가지게 된다. 법인실재설은 과감하게 법인을 자연인과 같은 수준의 생물체로 설명하고 있는데, 그것은 19세기 말부터 급격히 늘어난 단체에 대해 국가가 금압적인 태도를 취하려 하자, 국가권력으로부터 단체를 보호하기 위하여 인류학적·생물학적 방법론을 법학에 도입하여, 마치 자연인에 대해 국가가 함부로 탄압하지 못하는 것처럼 법인도 마찬가지의 보호를 받아야 함을 강조하기 위함이었다. 따라서 법인본질론은 단순히 법인이 허구적인 존재인가 아니면 실존하는 존재인가를 다투는 낮은 수준의 문제가 아니라, 국가와 개인 그리고 그 중간에 존재하는 단체 사이의 긴장관계를 법학이 어떻게 풀어주고 조정해줄 것인가를 고민하는 고차원적인 문제이다. 법인이론이 진화하는 사회적 현실을 반영한 것이라면, 법인의제설보

---

78) 흔히 법인의제설을 절대주의적 중앙집권 국가의 반단체적 사상을 배경으로 하여 등장한 학설로 설명하는데, 이는 Savigny가 상대적으로 단체보다 개인의 가치를 강조했을 뿐, 반단체적 사상을 가진 것은 아니다.

다 법인실재설이 후세의 학자들로부터 더 많은 지지를 받게 되었음은 당연한 일이다.

19세기 독일에서 비롯한 고전적인 법인이론은 이후 유럽각국을 거쳐 퍼지게 되고[79] 일본을 경유하여 우리나라에도 영향을 미치게 된다. 그러한 과정에서 법인이론은 약간의 새로운 버전으로 각색되면서 주장되기도 한다. 이를테면 법인실재설은 프랑스에서는 샬레이유(Saleilles)와 미슈(Michoud)가 기르케의 생물학적 방법론에서 벗어나서 법인을 유기체가 아니라 법인격을 부여받기 적합한 일정한 조직체라고 주장하는 이른바 조직체설로 발전시켰고,[80] 이태리에서는 페라라(Ferrara)가 법인을 실정법을 통하여 조직체로서 작용하는 하나의 규율형태로 보았다.[81] 또한 일본의 와가츠마 사카에(我妻 榮) 교수는 독일의 코올로(Kohler)와 프랑스의 듀기(Duguit)의 영향을 받아, 법인의 본질은 법인격을 부여할 만한 사회적 가치를 가지고 독자적인 사회적 작용을 하는 데 있다고 하는 이른바 사회적 가치설을 주장하였다.[82] 그의 법인학설은 이후 한동안 일본 민법학에서의 법인학설을 지배하였으며, 우리나라에도 많은 영향을 미쳤다. 그러나 일본에서는 1960~1970년대에 법인이론을 둘러싸고 기존의 '본질론'에 대신하여 일종의 '기능론'으로 관점이 이동하면서, 이전까지의 법인실재설의 논조를 대신하여 '신'법인의제설이라고 말할 수 있은 논조가 유력하게 주장되고 그에 따라 법인의 기술적 계기를 강조하는 견해가 우월하게 되었다고 한다.[83]

2. 우리나라의 법인학설

우리나라에서도 고전적 법인이론은 계승되어 오늘날의 학설에도 영향을 미치고 있다. 과거에는 법인실재설이 압도적인 다수설이었지만, 최근에는 법인의제설이 새롭게 등장하는가 하면 법인학설을 종래와 다른 시각에서 접근해야 한다는 견해도 주장되고 있다.

---

79) 독일에서 시작된 법인이론이 유럽 각국으로 전파된 과정에 대해서는 Coing, Europäisches Privatrecht 1800 bis 1914, Band II 19; Jahrhundert, München 1989, S. 344 ff.
80) Saleilles, Raymond, De la personnalite juridique. Histoire et theories, 1910; Michoud, La theorie de la personnalite morale, I~II, 1906~1909.
81) Ferrara, Francesco, Teoria delle persone giuridiche, Napoli 1916.
82) 我妻 榮, 新訂 民法總則, 1965, 126面.
83) 권철, "일본민법학의 법인본질론 계수사 一斑", 「성균관법학」 제20권 제1호, 성균관대학교 비교법연구소, 2008. 4, 181면 이하.

법인실재설을 주장하는 우리나라의 학설은 주로 我妻 榮 교수의 영향을 받은 사회적 가치설84)을 따르거나 사회적 유기체설85)을 취하고 있다. 또한 법인실재설을 기반으로 하면서도 현재 독일 통설에 따라 법인의 본질을 일정한 목적을 위하여 인적·물적 요소가 결합된 목적구속적 조직체라고 하는 주장도 있다.86) 그에 반해 최근에는 법인의제설의 입장에서 법인은 권리주체임에 적합한 조직체에 대하여 법인격을 부여한 것으로서 법률관계를 간명하게 처리하기 위한 법기술이라고 하거나,87) 법인의 본질을 법학 고유의 논점에서 고찰하면 현행법 및 거래질서와 조화를 이루는 법인의제설이 타당하다고 주장하는 견해도 있다.88) 또한 법인의제설과 법인실재설의 절충적 입장에서 법인이 가지는 법기술적 측면과 실체를 갖춘 사회적 실체라고 하는 기능적 측면, 즉 법인의 양면성을 고려하여야 한다는 견해89)와 더불어 이와 유사하게 종래의 법인학설에 구애받지 않고 법인의 본질을 구성하는 세 가지 계기, 즉 실체적 계기(사회경제적 계기)·가치적 계기(법정책적 계기)·기술적 계기(법기술적 계기)를 고려하여 개개의 구체적인 문제마다 타당한 해결을 꾀하여야 한다는 견해도 주장된다.90)

III. 고전적 법인이론의 재해석과 현대적 의미

1. 서설

오늘날 모든 자연인은 출생과 더불어 권리능력을 취득한다(민법 제3조 참조). 이러한 명제는 오늘날에는 지극히 당연한 것처럼 여겨지지만, 자연인에 대한 법적 지위가 오늘날과 같이 확립되기까지 인류는 많은 역사를 거쳐야만 했다. 하물며 법인에 대한 관념은 오늘날에도 정립되어 있지 않은 마당에, 과거에 주장된 법인학설에 대

---

84) 김현태, 민법총칙론, 교문사, 1985, 153면; 서광민, 민법총칙, 신론사, 2007, 180면 등.
85) 김증한·김학동, 민법총칙, 제10판, 박영사, 2013, 177면.
86) 김상용, 민법총칙, 화산미디어, 2009, 210~211면; 백태승, 민법총칙, 제5판, 집현재, 2011, 195면.
87) 이영준, 민법총칙, 2007, 903면.
88) 이은영, 민법총칙, 제5판, 2009, 234면 이하.
89) 고상룡, 민법총칙, 제3판, 2003, 법문사, 173면 이하; 곽윤직(편집대표) – 이주흥, 민법주해 I, 박영사, 1992, 462면.
90) 장경학, 민법총칙, 282면 이하; 김주수·김상용, 민법총칙, 제6판, 삼영사, 2011, 155면.

해 오늘날의 시각에서 당부를 판단하는 것은 옳지 않다. 과거에 주장된 법인학설들은 당시의 시대적 상황과 사회적 배경을 가지고서 주장된 것이므로 그러한 전체적인 맥락을 도외시하고서 이론적 타당성만을 따지는 것은 아무런 의미가 없다. 오히려 과거의 법인학설이 주장하고자 했던 진정한 의미를 탐구함으로써, 오늘날의 법인문제에 대한 해법을 찾아보는 것이 더욱 의미있는 일이다. 그러한 이유에서 고전적 법인학설의 대표적 주장자였던 사비니와 기르케의 법인론이 오늘날의 법인론에 어떤 점을 시사해주는지를 살펴보자.

필자의 연구에 의하면, 사비니는 오늘날 오해의 소지가 있는 '의제(Fiktion)'를 통해 법인이 자연인에 대해 어떠한 역할을 해야 하는지를 생각하게 하고, 또한 법인의 존재에 대한 공시를 위해 국가가 어떠한 역할을 하여야 하는지를 교시해주고 있다. 또한 기르케는 법인본질에 대한 생물학적 비유를 통하여 이념적으로는 단체에 대한 자유주의적 태도를 신장하였을 뿐만 아니라, 그의 이론을 통해 오늘날 단체법의 난제인 '설립중인 회사'와 '하자있는 회사'에 대한 중요한 이론적 착상을 제공해주고 있다. 아래에서 그 내용을 좀 더 자세히 살펴본다.[91]

2. 사비니와 기르케의 법인론의 재해석

가. 사비니의 법인론에 대한 재평가

(1) 자연인 존중의 사고

사비니의 법인학설은 흔히 법인의제설(Fiktionstheorie)이라고 불린다. 그것은 사비니가 법인을 "의제에 의해서 인정된 인공적인 주체(künstliche, durch bloße Fiktion angenommene Subjekte)"라고 표현한 데서 기인하는 것으로 보인다. 그러나 사비니가 생각하는 법인관을 전반적으로 이해하지 않고서, 단지 "의제(Fiktion)"라는 표현에만 집착하여 그의 학설의 성격을 판단하는 것은 매우 옹색한 태도이다. 사비니는 재단이나 회사와 같이 "인공적 또는 자의적"인 존재에 한해서 의제적인 것으로 생각했었다. 그렇다면 사비니가 일정한 법인을 "인공적 또는 자의적인 존재(주로 사법인

---

91) 이하 송호영, 전게논문("고전적 법인논쟁이 현대의 단체법론에 주는 의미와 영향"), 35면 이하 참고.

이 이에 해당한다)"로 파악한 이유는 어디에 있을까? 이것은 그가 바라보는 권리주체에 관한 시각으로 소급된다. 사비니는 원래의 권리주체의 개념은 자연인의 개념과 일치된다고 하면서도, 다만 "법률적인 목적 때문에" 권리주체의 개념이 확장되어 자연인 이외의 권리주체로서 법인이 인정될 필요가 있다고 본 것이다. 바로 이 부분은 보는 이의 시각에 따라서 사비니의 학설이 의제설로 나아갈 수밖에 없는 기본사고쯤으로 평가될 수도 있을 것이다. 그러나 필자는 사비니의 권리주체에 관한 설명은 그의 강한 법윤리적 사상의 발로라고 생각한다. 상식적으로 생각하여도 인간은 권리나 권리주체의 개념보다도 선재하는 원초적 개념이다. 사비니는 권리의 존재목적은 인간의 도덕적인 자유실현을 보장하기 위한 것이라는 설명과 아울러, 모든 인간은 누구든지 그러한 권리를 향유할 수 있음을 분명히 하고 있다. 따라서 "원래의" 권리주체의 개념은 인간의 개념과 일치한다는 사비니의 설명은 전혀 잘못된 것이 아니다. 또한 법인이란 개념은 "나중에" 인간의 필요에 의하여(즉 "법률적인 목적 때문에") 특정한 집합체에도 권리주체의 개념이 확장된 것이라는 사비니의 설명 역시 충분히 수긍할 수 있다. 여기서 사비니는 권리주체로 자연인과 법인을 인정하지만, 원칙적으로 자연인 개개인의 권리주체성을 우선적으로 존중한다. 물론 이것은 그가 사상적으로는 칸트(Kant)의 인성론의 영향을 받았음은 물론, 학문적으로는 개인주의적 성향이 강한 로마법을 연구하였음과 무관하지 않다. 그의 법윤리적인 자연인존중의 사고는 법실증주의를 넘어서 법만능주의로 기우는 오늘날의 현실에 법인의 존재의의에 대하여 다시금 생각해보게 한다. 또한 오늘날에는 사비니나 기르케의 당시와는 달리 단체설립의 자유라는 미명아래 법인의 설립이 비교적 용이하여, 무분별하게 남설(濫設)된 법인 가운데 일부는 오히려 개개인의 자유와 권리를 위협하는 존재로 등장하고 있다. 여기에 오늘날에도 무엇을, 어떻게, 어떠한 조건하에서 법인으로 인정할 것인가 하는 근본적인 물음이 여전히 제기된다.[92] 그 물음에 대한 답변의 중심에는 권

---

92) 예컨대 최근 회원들로부터 공제회비를 횡령하여 사회적 물의를 일으킨 유사금융기관인 교수상조회의 경우를 생각해보자. 영리법인인 교수상조회는 상법상 주식회사로서 금융당국의 인·허가 없이 설립될 수 있었다. 그러나 투자자들의 입장에서 볼 때에 그 활동의 실질은 신탁업무를 하는 은행이나 기타 제2금융권의 업무와 크게 다르지 않는데도 다른 금융기관과 달리 주식회사의 설립절차만으로 법인으로 인정되는 것이 타당한지 의문이다. 또 다른 예로 오늘날 회사법학에서 자주 논의되는 회사의 "법인격부인론" 내지 "실체파악이론"도 법인의 존재를 형식적으로만 보지 말고 법인의 구성을 실질적으로 파악하자는 반성적 태도의 一端이라고 할 수 있다.

리주체로서 자연인이 우선적으로 존중되어야 하고 법인은 자연인의 권리신장에 유익을 주는 선에서 인정되어야 한다는 사비니의 가르침이 여전히 지배하고 있다.

(2) 법인성립의 공시의 필요성

사비니는 법인의 설립 시에 국가의 승인이 필요하다고 주장한다. 이 같은 사비니의 설명은 기존의 학자들로부터 그의 이론이 의제설이라는 오해를 충분히 살 만하다. 플루메 교수는 바로 이 점을 지적하면서 사비니는 결코 집합체의 실재성(Wirklichkeit)을 부정하지는 않았고, 사비니가 법인설립에 있어서 국가의 승인이 필요하다고 말한 것은 집합체의 법인으로서의 특성(Eigenschaft als juristische Person)을 강조한 것이라고 풀이한다.[93] 다시 말하면 사비니에게서 집합체 자체는 결코 국가의 인공적인 피조물은 아니지만, 그 집합체가 법인으로서의 특성을 지닐 수 있도록 하기 위해서는 국가의 승인이 필요함을 의미한다.[94] 특정한 단체를 법인으로 인정함에 있어서 국가의 승인이 필요하다고 하여 그것을 마치 허구의 존재를 실재하는 것처럼 조작하는 것은 아니다. 법인의 설립 시에 국가의 승인과 관련하여 사비니가 말하는 "의제(Fiktion)"의 의미는 인간은 출생과 더불어 자연스럽게 그 존재가 증명되지만, 법인의 경우는 자연인과는 달리 국가의 권리능력의 수여(Verleihung)를 통한 인증(Beglaubigung)으로 그 실체가 확인된다는 것이다. 물리적으로 자연인과 구별될 수밖에 없는 법인을 법률적으로 자연인과 동등한 지위를 가진 주체로 인정하기 위하여 어떤 확인절차가 필요할진대, 사비니는 확인의 주체로 권력의 정점에 있는 국가를 그리고 확인의 방법으로 허가(Konzession)를 생각한 것이다. 사비니가 법인설립에 있어서 국가의 승인이 필요하다고 주장했다고 해서, 그가 법인에 대한 국가의 권위적 입장을 옹호하거나 허구의 실체를 의제하였다고 평가할 것은 아니다. 오히려 사비니의 주장은 오늘날에도 법인설립에 대하여 국가가 어떠한 역할을 하여야 하는가 하는 점을 시사하고 있다. 이에 관하여 카스텐 슈미트(Karsten Schmidt) 교수는 법기술적 관점에서 사비니의 주장을 새롭게 평가한다. 즉 권리능력이란 주체의 동일성(Identität)과 공시성(Publizität)을 전제로 하는데, 이러한 특성은 자연적인 의미에서 인간에게만 주어진다. 따라서 법인에게도 그러한 특성을 부여하기 위하여 국가는 공시행위(Publizitätsakt)를 통하여 특정

---

93) Flume, Juristische Person, S. 11.
94) Flume, Juristische Person, S. 11.

한 법인이 존재함을 명확하게 밝혀주어야 할 의무가 있는 것이다.[95] 법인과 거래하는 상대방은 공시를 통해 단체의 존재를 확인할 수 있고, 그로 인한 거래주체에 대한 불확실성의 제거로 말미암아 원활한 법적 거래가 유지될 수 있기 때문이다. 그러한 공시방법으로는 허가뿐만 아니라 등기나 등록(회사와 같은 영리법인의 경우)도 인정되는데, 어떠한 공시방법을 채택하느냐는 입법정책적 내지 합목적성의 문제일 뿐이다.

나. 기르케의 실재적 단체인격설의 영향

(1) 단체에 대한 자유주의적 태도

기르케의 실재적 단체인격설의 핵심은 법인은 의제된 허구의 것이 아니라 자연인과 마찬가지로 실재하는 존재이기 때문에, 법인에게도 의사능력이나 행위능력이 주어진다는 것이다. 그의 학설에 대해서 플루메 교수는 법인을 마치 인간과 동일한 구조로 설명하는 기르케의 학설이야말로 오히려 "의제설(Fiktionstheorie)"이라고 비판한다.[96] 물론 플루메 교수의 비판처럼 자연인과 법인은 엄연히 그 실체가 다른 것임에도 불구하고, 법인을 인간과 동일한 구조로 대비시켜 설명함은 과장된 면이 있다. 그러나 법인은 엄연히 우리사회에서 실재하는 존재로서 활발한 거래활동을 영위하고 있다는 사실은 부인할 수 없다. 법률가의 시각에서 기르케의 학설내용 중 주목할 대목은 실제로 법인(정확히 말하자면 단체)이 어떻게 이 사회에 등장하여 활동하는가 하는 사회학적 측면보다는 실존하는 단체를 법적으로 어떻게 대우할 것인가 하는 점이다. 이에 대하여 카스텐 슈미트 교수는 기르케의 이론은 법정책적으로 매우 중요한 요소를 지니고 있다고 평가한다. 즉 기르케는 사상적으로 자유주의를 신봉하는데, 그것은 법인설립에 있어서도 그대로 반영된다는 것이다. 기르케에 의하면 실존하는 단체가 법인이 되기 위해서는 법적으로 의인화되는 과정(즉 법인격취득과정)이 필요하지만, 그것은 국가의 자의(Staatswilkür)에 따르는 것이 아니라 법문(Rechtssatz)에 따라 이루어진다. 중요한 사실은 기르케가 법인을 승인하는 법문을 실정법(Gesetzesrecht)만으로 제한하지 않고 관습법(Gewohnheitsrecht)까지도 포함시켰다는 점이다.[97] 그것이 가지는 의미에 대해서 카스텐 슈미트 교수는 설명하기를, 기르케는 단체가 실정법

---

95) Karsten Schmidt, Gesellschaftsrecht, S. 191.
96) Flume, Juristische Person, S. 18.
97) Gierke, Deutsches Privatrecht I, S. 487.

뿐만 아니라 관습법에 의해서도 법인격을 취득할 수 있다고 함으로써, 단체를 통제하려는 입법자들의 권한범위를 좁게 해석하려고 하였다는 점과 관습법에 의해서도 법형성(Rechtsfortbildung)을 가능케 하는 초석을 마련하였다는 점이다.[98]

(2) 설립중인 회사

오늘날에도 "설립중인 법인"에 관한 문제는 "수수께끼(Rätsel)"[99]로 여겨지는 난제 중 하나이다. 특히 회사법학에서는 "설립중인 회사(Vorgesellschaft)"라는 논제로 중요하게 다루어 진다. 설립중인 회사와 설립 후의 회사와의 관계를 설명함에 있어서 예전에는 양자간의 법적 성질을 서로 다른 것으로 이해하는 분리설(Trennungstheorie)이 주장되기도 하였다.[100] 분리설이란 회사설립등기 전에는 설립중인 회사라는 별도의 권리주체는 존재하지 않으며, 설립등기시를 기준으로 한 설립등기전의 단체와 설립등기된 회사 사이에는 아무런 연속성이나 동일성이 존재하지 않는다고 보는 학설이다. 그러나 이러한 주장은 독일제국법원[101]과 독일연방재판소[102]의 지속적인 판결에 의해 다음과 같이 극복되었다. 즉 설립중인 회사는 이미 설립등기 전에 그 실체가 존재하며, 설립중인 회사와 설립후의 회사는 등기전후에 관계없이 동일한 존재이므로 설립중인 회사의 권리·의무는 설립등기와 함께 설립후의 회사에 자동적으로 귀속한다는 것이다(이른바 동일성설: Identitätstheorie). 동일성설은 현재 우리나라의 학계에서도 광범위하게 지지를 받고 있다.[103] 동일성설의 논거는 매우 간단명료하고 현재로서는 당연한 것처럼 받아들여지고 있지만, 현재의 동일성설의 궤적을 찾다보면 결국은 기르케의 단체이론에서 유래한 것임을 발견하게 된다.

기르케는 단체의 설립행위는 설립자들 사이의 계약이 아니라 형성중인 공동체의 합동행위(Gesamtakt)인데, 그것은 계약처럼 일회적인 행위가 아니라 그 스스로 연속

---

98) Karsten Schmidt, Gesellscaftsrecht, S. 190.
99) Flume, Zur Enträtselung der Vorgesellschaft, NJW 1981, S. 1753 ff.; 정동윤, "설립중의 회사 -그 수수께끼의 해결을 위하여-",「법학논집」제22권, 고려대학교 법학연구원, 1984, 31면 이하.
100) 예컨대 Erich Brodmann, Aktienrecht, Berlin/Leipzig 1928, § 200 A I a.
101) RGZ 82, 288, 290; 105, 228, 229; 143, 368, 372; 151, 86, 91 등 참조.
102) BGHZ 21,242, 246; 80, 129, 132 등 참조.
103) 곽윤직·김재형, 민법총칙, 175면; 김상용, 민법총칙, 229면; 이철송, 회사법강의, 제32판, 박영사, 2024, 236면; 정동윤, 회사법, 제7판, 법문사, 2001, 152면; 최기원, 신회사법론, 제14대정판, 박영사, 2012, 144면; 동일성을 부인하는 견해로는 이영준, 민법총칙, 937면.

적으로 전개되고 화체되는 성질을 가지고 있다고 한다. 따라서 사단의 형성을 위한 합동행위는 구상단계부터 최종적인 마무리단계까지 영향을 미친다고 한다.104) 기르케는 합동행위의 개념으로부터 단체의 형성에서 법인의 완성단계까지의 진행과정을 간단(間斷)없이 연속적으로 파악하려 했던 것이다. 자연인의 경우에 출생 전의 태아와 출생 후의 자연인의 동일성은 당연하듯이, 법인의 경우에도 기르케는 마치 단체를 자연인처럼 비유적으로 표현하면서 다음과 같이 설명한다: "법이 성립이 완료된 사단 자체를 승인한다면 성립중인 사단 자체도 거부할 수 없는 일이다. 단체의 내부적 생명을 규율하는 법문의 특별한 효력은 배태과정에 있는 단체의 생명에게까지도 미치게 된다."105) 기르케의 이러한 설명은 최근 학자들의 연구에서 이미 1세기 전에 오늘날의 동일성설의 구상을 최초의 제공한 자로 새롭게 평가받고 있다.106)

(3) 하자있는 회사

하자있는 회사(fehlerhafte Gesellschaft)란 회사의 설립을 위한 정관작성과정에서 무효나 취소사유가 존재함에도 불구하고 일정한 범위 내에서 마치 법률적으로 유효하게 성립된 회사처럼 다루어지는 실체를 말한다. 우리 문헌에서는 주로 사실상의 회사(faktische Gesellschaft)라는 표현으로 설명된다.107) 하자있는 회사 또는 사실상의 회사의 핵심은 회사의 정관작성을 위한 구성원 간의 합의과정에서 무효나 취소의 사유가 존재하였다고 하더라도, 하자를 주장하는 자의 무효나 취소의 주장으로 회사설립이 당연히 무효나 취소로 되는 것이 아니라, 訴로써 회사설립의 무효나 취소를 다투어서 판결이 확정되면 비로소 장래에 회사설립이 부정된다는 점에 있다. 이것은 정관작성을 통한 회사의 설립행위에는 법률행위의 무효·취소에 관한 일반원칙이 적

---

104) Gierke, Genossenschaftstheorie, S. 133 f.
105) „Wenn daher das Recht die fertige Körperschaft als solche anerkennt, so kann es auch die Anerkennung der werdenden Körperschaft als solcher nicht ablehnen: das eigenartige Gebiet der Rechtssätze, welche das innere Leben der Gemeinwesen normieren, erstrekt sich auf deren embrynales Lebensstadium(Gierke, Genossenschaftstheorie, S. 135 f.)."
106) Karsten Schmidt, Einhundert Jahre Verbandstheorie im Privatrecht, −Aktuelle Betrachtungen zur Wirkungsgeschichte von Otto v. Gierkes Genossenschaftstheorie−, Göttingen 1987, S. 24; Robert Scheyhing/Matthias Wilhelm, Betrachtungen zur Theorie der realen Verbandspersönlichkeit von Otto von Gierke, Festschrift für Horst Locher zum 65. Geburtstag, Düsseldorf 1990, S. 497.
107) 예컨대 이철송, 회사법강의, 283면; 정동윤, 회사법, 157면; 최기원, 신회사법론, 216면 등.

용되지 않음을 의미함과 동시에 정관작성을 통하여 일단 성립한 회사는 비록 설립과 정상 하자가 있었다고 하더라도 무효나 취소의 판결이 날 때까지는 회사의 진정성립이 인정됨을 의미한다. 현재 독일이나 일본 및 우리나라의 법은 하자있는 회사 내지 사실상의 회사의 존재를 인정하는 태도를 취하고 있다(§ 277 Abs. 2 AktG; 일본 상법 제110조, 제136조 제3항, 제142조, 제428조 제3항; 우리나라 상법 제184조, 제185조, 제190조, 제269조, 제328조, 제552조 등). 그런데 문제는 어떠한 근거나 이유에서 회사설립의 경우에는 일반적인 법률행위의 무효나 취소에 관한 규정의 적용을 배제하고 회사가 유효하게 성립된 것으로 보는가 하는 점이다. 이에 관해서는 몇 가지 학설들이 주장된다. 첫째는 사실적 계약론(Lehre von den faktischen Vertragsverhältnissen)에서 찾는 견해이다.[108] 우리나라 학설이 "사실상의 회사"라는 용어를 주로 사용함도 이 견해에 기반을 두고 있는 것으로 추측된다. 그러나 이 견해는 근자에 사실적 계약론의 유용성 자체가 의심을 받으면서 쇠퇴하는 학설이다. 둘째는 권리외관책임(Rechtsscheinhaftung)에서 찾는 견해이다.[109] 이는 하자있는 회사의 유효성은 부정하지만, 회사의 실체를 신뢰한 선의자보호를 위하여 유효하게 설립된 것과 같게 다루어야 한다는 학설이다. 그러나 이 학설은 하자있는 회사는 단순히 "외관(Rechtsschein)"으로만 존재하는 것이 아니라, 엄연히 내·외부적으로 실체를 형성하고 있는 존재라는 점을 경시하고 있다는 비판이 있다. 셋째는 회사의 존립보호(Bestandsschutzes der Gesellschaft)와 거래안전(Verkehrsschutz)에서 그 근거를 찾는 견해이다.[110] 이 견해는 앞의 두 견해의 단점을 보완한 학설이다. 즉 정관작성행위는 사실(Faktum)이 아닌 법률행위이기 때문에 원칙적으로 민법의 무효·취소에 관한 규정의 적용을 받지만, 정관작성에 의하여 회사의 실체가 형성된 이상 그 회사의 존립과 회사와 거래한 상대방을 보호하여야 하기 때문에 단체법에 특수한 무효·취소의 절차를 거쳐야 하고, 무효·취소의 효력이 발생할 때까지는 회사의 존립을 인정하여야 한다고 설명한다. 현재 독일에서는 이 견해가 가장 유력하다. 그런데 상대적으로 젊은 학설이라고 할 수 있는 세 번째 견해는 그 유래를 따지고 보면 결코 최근

---

108) Siebert, Die „faktische" Gesellschaft, in: Festschrift für Hedemann, Jena 1938, S. 266 ff.
109) Canaris, Die Vertrauenshaftung im deutschen Privatrecht, München 1971, S. 120 ff., 167 ff., 447 ff.; Möschel, Das Außenverhältnis der fehlerhaften Gesellschaft, in: Festschrift für Hefermehl, München 1976, S. 187 f.
110) BGHZ 55, 5, 8.; Karsten Schmidt, Gesellschaftsrecht, S. 147.

의 학설이 아니라, 기르케가 이미 오래 전에 이에 대한 중요한 아이디어를 제공하였다고 할 수 있다.[111]

기르케는 사단의 설립행위(즉, 정관작성행위)의 성질을 계약(Vertrag)이 아닌 편면적 합동행위(einseitiger Gesammtakt)로 본다.[112] 합동행위의 효과로 구성원과 분리된 독자적인 단체가 등장하게 되는데, 비록 어느 구성원이 행한 의사표시에 하자가 있다고 하더라도 그것은 계약의 경우처럼 나머지 구성원이 행한 의사표시의 효력에 영향을 주는 것이 아니다. 비록 어느 구성원의 하자있는 의사표시가 있었다고 하더라도 구성원전체의 합동행위에 의하여 등장한 단체의 존재는 부인되지 않는다는 것이다. 즉 내부적으로 하자있는 의사표시가 있었다고 해서 외부적으로 하자있는 단체(회사)의 존재자체는 부정되지 않는다. 나아가 그러한 하자는 국가의 공시행위에 의해서 치유된다고 한다.[113] 기르케의 이러한 설명은 현재의 학설이 설명하는 내용과 근본적인 차이가 없다고 할 수 있다. 비록 오늘날에는 합동행위의 개념을 인정할 필요가 있는가 하는 점에 대해서는 논란이 있지만, 단체의 경우에 의사표시의 하자에 관한 규정이 바로 적용될 수 없다는 점과 설립과정상 하자가 있음에도 불구하고 회사가 존립할 수 있는 이유를 나름대로 체계적으로 제시한 공적은 결코 경시될 수 없을 것이다.

3. 법인이론의 오늘날 의미

헬무트 코잉(Helmut Coing) 교수의 설명에 의하면 19세기 중반부터 독일에서 활발하였던 법인본질에 관한 논쟁은 20세기에 접어들어서는 종식되었지만, 논쟁은 본질적으로 종결된(abgeschlossen) 것이라기보다는 포기된(aufgegeben) 것으로 보는 편이 더욱 옳을 것이라고 한다.[114] 그의 표현대로 법인본질논쟁이 "포기"된 것이라는 말은 아직까지도 법인본질에 관해서 구명되기 어려운 요소들이 많음을 간접적으로 시사함을 의미한다.[115]

---

111) Karsten Schmidt, Einhundert Jahre Verbandstheorie im Privatrecht, S. 21; ders, Gesellschaftsrecht, S. 148; Robert Scheyhing/Matthias Wilhelm, Betrachtungen zur Theorie der realen Verbandspersönlichkeit von Otto von Gierke, S. 497.
112) Gierke, Genossenschaftstheorie, S. 133 f.
113) Gierke, Genossenschaftstheorie, S. 472 ff.
114) Coing, Europäisches Privatrecht, Band II, München 1989, S. 343.
115) Rolf Serick 교수는 "법인의 본질은 아직도 여전히 인간의 본질만큼이나 연구되지 않았다"

오늘날 법인본질론을 법인이 허구적·의제적 존재인가 아니면 사회적으로 실재하는 조직체인가의 다툼으로 보는 것은 전혀 의미가 없다. 오늘날 우리 사회에 수많은 회사나 기업이 존재하고, 그러한 조직체는 자연인에 비교가 되지 않을 만큼 월등한 규모로 경제활동 및 각종의 사회활동을 영위하고 있음을 생각해보면 법인은 실재한다는 것에 대해서는 누구도 부인하지 못할 것이다. 또한 고전적 법인본질론은 당시의 시대적 배경에 따라 법인이라는 제도를 설명하기 위해서 고안된 기교적인 논리의 산물일 뿐이다. 따라서 다른 시대적 배경에서 등장한 법인학설을 오늘날 동일한 평면위에 올려놓고 학설의 시비를 가린다는 것도 옳지 않을 뿐만 아니라,[116] 과거의 법인이론이 법인의 본질을 둘러싸고 마치 커다란 논쟁을 벌였던 것으로 생각하는 것은 잘못이다. 사비니와 기르케의 학설은 법인제도를 설명하는 방법이 서로 다를 뿐, 내용상으로는 본질적인 차이가 있는 것이 아니다. 이들의 학설은 후세의 학자들에 의해서 법인의제설과 법인실재설로 선명하게 대립 지워지면서, 원래의 주장자의 의도와는 달리 강학상의 도식에 맞추어 논리적으로 다듬어진 것일 뿐이다.[117] 그렇다고 해서 과거의 법인이론이 오늘날에 있어서 전혀 의미가 없는 것은 아니다. 오히려 고전적 법인이론은 법인제도에 관한 기본적인 인식의 틀을 거의 완비하였다고 해도 과언이 아니며, 오늘날에도 단체법이 해결해야 할 여러 중요한 문제들에 대해서 주요한 착상들을 여전히 전해주고 있다. 따라서 오늘날 고전적 법인이론을 접함에 있어서 중요한 과제는 학설주장자들의 진정한 의도를 탐구하여 오늘날의 시각에서 학설을 재해석하고 이로부터 현재 당면한 단체법에 유용한 시사점을 찾는 것이다. 그와 같은 생각에서, 독일의 플루메 교수가 사비니의 법인이론을 새롭게 해석하여 오늘날의 단체법론을 정립하는 데 이를 활용하고 있음은 우리에게 시사하는 바가 크다. 플루메 교수에 의하면 그동안 일반화된 설명과는 달리 사비니는 법인의 실체성 자체를 부인한 적이 없으며,[118] 그가 말하는 의제(Fiktion)란 출생과 더불어 신체에 의해 자연스럽게 그 존재가 증명되는 인간과 달리 법인은 가시적인 조직체가 아니므로 법인의 실재성은

고 한다. 그의 정교수 자격논문 Rechtsform und Realität juristischer Personen, Berlin 1955 (2. unveränderte Aufl. 1980), S. 156 참조.

116) 同旨 김용한, 민법총칙론, 재전정판, 박영사, 1997, 150면.

117) 송호영, "법인의 활동과 귀속의 문제 －법인본질논쟁의 극복을 위한 하나의 시론－",「민사법학」제31호, 한국민사법학회, 2006. 3, 5면.

118) Flume, Juristische Person, S. 11.

국가의 권리능력의 수여(Verleihung)를 통한 인증(Beglaubigung)으로 그 실체가 확인
된다는 것이다.[119] 카스텐 슈미트 교수도 이러한 해석론을 이어받아 법기술적 관점
에서, 사비니의 법인관은 법인과 거래하는 상대방으로 하여금 법인의 존재에 대한 불
확실성을 제거하여 원활한 법적 거래가 유지될 수 있도록 국가는 법인의 공시행위를
관리할 의무가 있음을 시사한다고 설명한다.[120] 한편 기르케의 법인이론은 법인의
존재를 자연인과 마찬가지의 유기체로 보고 있는데, 이것은 오늘날 회사법학에서 난
제에 꼽히는 이른바 "설립중인 회사"의 동일성이론이나 "하자있는 회사"의 설립 후
존속문제를 설명하는 데 하나의 중요한 아이디어를 제공하고 있다.[121] 또한 기르케
의 법인이론은 사회에서 거래주체가 될 수 있는 조직체에 대해서는 법인성을 인정해
야 한다는 것이므로, 법인의 종류는 실정법상 인정되는 사단과 재단에 국한될 필요가
없음을 시사하고 있다. 기르케의 법인관에 착안하여 토마스 라이저(Thomas Raiser)
교수는 기업(Unternehmen)을 법인의 한 종류로서 인정할 것을 주장한다.[122]

결론적으로 오늘날 법인의 사회적 실재성에 대해서는 의심할 여지가 없다. 한편으
로 법인은 일정한 조직체에 권리·의무의 귀속능력을 인정한 법기술적 산물이다. 이
러한 점에서 법인은 자연인 이외의 조직체로써, 권리·의무의 귀속주체가 될 수 있
는 법률효과의 귀속단일체(Zurechnungseinheit)라고 할 수 있다. 그러한 법인은 사회
적 실재성을 가진 존재이면서도 법률효과의 귀속이라는 법기술적인 제도라는 양면
성을 가진다. 법률효과의 귀속단일체로서의 성질은 권리능력없는 사단·재단의 경우
에도 나타나는 것이므로, 이들 단체들에 대해서는 완전한 권리능력을 전제로 한 것
을 제외하고는 법인에 관한 법률규정이 준용된다. 법률효과의 귀속단일체로서의 법
인에게는 일정한 법률적 행위(예, 계약이나 불법행위 등)에 따른 효과가 사회적 실체이
기 때문에 당연히 귀속되는 것이 아니라, 일정한 법률적 근거에 의해서 귀속이 인정
되는 것이다. 그러한 법률적 근거와 귀속의 정당성을 찾는 노력의 일환으로 법인이

---

119) 바로 이 점을 들어 Wieacker 교수는 "Savigny가 말하는 의제는 국가의 허가(staatliche
   Konzession)와 서로 얽혀 있다(verschränkt)"라고 설명한다(Wieacker, Zur Theorie der
   Juristischen Person des Privatrechts, S. 366).
120) Karsten Schmidt, Gesellschaftsrecht, S. 191.
121) 이에 관하여는 송호영, "고전적 법인논쟁이 현대의 단체법론에 주는 의미와 영향 -Savigny
   와 Giekrke의 이론을 중심으로-", 「현대민사법학의 과제」 (관원 정조근교수 화갑기념문
   집), 38면 이하.
122) Thomas Raiser, Das Unternehmen als Organisation, Berlin 1969, S. 166 ff.

론은 오늘날에도 여전히 의미가 있는 것이다.[123][124]

🔍참고 인공지능(AI) 및 동물의 법인격

최근 인공지능(AI)의 발전에 따라 인공지능에 대해서도 법인격을 인정할 수 있을 것인지에 대해 논란이 많이 되고 있다. 인공지능에게도 법인격을 부여할 수 있다는 주장에서 가장 쉽게 접근할 수 있는 논리가 법인이론을 차용하는 것이다. 기본적으로 법인이란 법의 힘에 의해 법인격이 인정되는 것이기 때문에 인공지능에 대해서도 새로운 법인격으로써 이른바 '전자인격'을 입법적인 방식에 의해 얼마든지 부여할 수 있다고 한다. 법인격을 부여받은 전자인격은 권리능력을 인정받고 자율적 판단능력에 기초하여 독자적인 의사능력이 인정되며 물리적 현존을 통하여 행위능력이 인정될 수 있다고 한다.[125]

한편 포스트휴머니즘 또는 토마스 베리(Thomas Berry)에 의해 주창된 이른바 지구법학(Earth Jurisprudence)의 관점에서 동물에 대해서도 법인격을 부여하여야 한다는 주장도 등장하고 있는바, 무생물인 재산 위에도 법인격을 부여할 수 있는데(즉, 재단법인), 하물며 생명체인 동물에 대해서도 법인격을 부여하지 못할 이유가 없다는 것이다. 이러한 주장의 연장선상에서 특정 종(種)이나 생태계 등 자연물에 특정 목적을 위하여 법인격을 부여하여 이른바 '생태법인(eco legal person)'을 인정하는 주장[126]도 등장하였다.

그러나 이러한 주장들은 법인(juristische Person)의 의미와 그 구조적 특성을 제대로 파악한 것으로 보기 어렵다. 법인이란 단순히 입법자의 결단에 의해 자연인 이외의 대상에 대해 법인격을 부여하면 인정될 수 있는 권리주체라는 식으로 쉽게 생각해서는 안 된다. 법인은 자연인과는 다른 법기술적 존재라고 하더라도 법인은 정관에 의해 운영되는 조직체이다. 여기서 정관이란 사람들의 집단적인 의사(사단법인의 경우) 또는 설립자의 의사(재단법인의 경우)에 의해 운영원리가 정해지는 것이어서 법인을 자연인의 인적 기

---

123) 이은영, 민법총칙, 229면은 의제설과 실재설은 역사적 의미에서가 아니라 법해석론적 관점에서 현대에도 의미가 있다고 한다.

124) 법인에 있어서 '귀속'이 가지는 법적 의미와 그에 관한 제반 문제에 대해서는 본서 제5장 「법인의 활동메커니즘」에서 상설한다.

125) 신현탁, "인공지능(AI)의 법인격 − 전자인격(Electronic Person) 개념에 관한 소고 −", 「법조」 제478호, 대한변호사협회, 2018, 54면.

126) 대표적으로 박태현, "자연물의 법인격: '생태법인' 연구", 「환경법과 정책」 제31권 3호, 강원대학교 비교법학연구소, 2023, 35면 이하.

127) 송호영, "인공지능 로봇은 법인격을 가질 수 있는가?", 「저스티스」 통권 제184호, 한국법학원, 2021, 105면.

질(基質)이 완전히 절연된 별개의 인격체로 이해하는 것은 잘못이다.[127] 인공지능 로봇에 대해서 법인의 지위를 인정하기 어려운 이유도 자연인의 인적 기질이 관류(貫流)되지 않기 때문이며 또한 같은 이유에서 동물에 대해서도 법인의 지위를 인정하기 어렵다.[128] 만약 자연인의 인적 기질과 완전히 절연된 새로운 유체물에 대해 법인격을 인정한다고 하면 이는 현재 통용되는 법인 개념과는 다른 새로운 형태의 인(예, 전자인, 동물인)으로 분류해야 할 것이다.

---

128) 송호영, "동물은 법인격을 가질 수 있는가?", 「법학논총」 제39집 제1호, 한양대학교 법학
    연구소, 2022, 211면.

제3절 법인의 종류

Ⅰ. 공법인과 사법인

1. 구별기준

법인의 종류를 공법인과 사법인으로 나누는 것은 가장 기본적인 분류 중 하나이다. 실정법상 공법인이라는 용어는 상법 제2조에서 공법인의 상행위에 대해서는 법령에 다른 규정이 없는 경우에 한하여 상법이 적용된다는 규정에서 찾아볼 수 있다. 그런데 법률에서는 공법인과 사법인을 구별하는 기준이나 방법에 대해서 언급된 바가 없으므로, 이들 법인의 구별은 전적으로 학설에 맡겨져 있다.

공법인과 사법인의 구별기준에 관한 학설을 살펴보면, (i) 법인설립의 준거법을 표준으로 하여 공법에 의해 설립된 법인은 공법인, 사법에 의해 설립된 법인은 사법인이라고 하는 견해,129) (ii) 법인의 존립목적에 따라 공공사무의 집행을 목적으로 하는 법인을 공법인, 그 이외의 것을 사법인이라고 하는 견해,130) (iii) 법인의 설립 또는 관리에 대하여 국가의 공권력이 관여하는 법인을 공법인이라고 하고, 그렇지 않은 법인을 사법인이라고 하는 견해,131) (iv) 사적자치의 원칙이 적용되는 법인을 사법인, 그렇지 아니한 법인을 공법인이라고 하는 견해,132) (v) 설립준거법과 목적에 따라 공익목적의 수행을 위하여 공법을 준거법으로 하여 설립된 법인은 공법인이고, 사적 목적을 위하여 사법에 의하여 설립된 법인을 사법인이라고 하는 견해,133) (vi) 특정한 기준에 따라 공법인과 사법인을 구별하지 않고 구체적 법률관계를 검토하여 종합적으로 판단하여야 한다는 견해134) 등이 주장된다. 생각건대 우선 설립준거법이나 존립목적을 기준으로 하게 되면, 다시금 공법과 사법 혹은 공공 목적과 사적 목적을 어떻게 구별해야 하는가라는 또 하나의 구별기준이 필요하게 되는 문제가

---

129) 지원림, 민법강의, 제19판, 홍문사, 2022, 102면.
130) 김주수·김상용, 민법총칙, 158면.
131) 고상룡, 민법총칙, 177면; 김용한, 민법총칙론, 151면.
132) 김형배·김규완·김명숙, 민법학강의, 제11판, 신조사, 2012, 128면; 백태승, 민법총칙, 197면; 이영준, 민법총칙, 904면; 이은영, 민법총칙, 222면.
133) 김상용, 민법총칙, 212면.
134) 곽윤직·김재형, 민법총칙, 160면; 김증한·김학동, 민법총칙, 180면; 장경학, 민법총칙, 287면.

있으므로 이들 기준은 양 법인의 구별에 큰 도움을 주지 못한다. 법인의 등장형태나 활동목적 등은 실로 다양하기 때문에 특정한 기준에 따라 공법인과 사법인으로 양분하기는 힘들지만, 법인설립의 계기가 사적자치에 따른 것이냐의 여부는 법인의 성격을 특징지우는 중요한 요소임은 분명하다. 즉 법인의 설립이 구성원의 자율적인 단체결성의 의사에 의하여 이루어지거나(사단의 경우에 사단자치) 설립자의 자유로운 재산출연(재단의 경우에 재산출연의 자유)으로 말미암은 것은 그러한 법인의 목적이 공공의 이익과 관련되더라도 사법인으로 볼 수 있다. 반면 법인설립이 특별법에 의하거나 국가의 행정행위 등에 의해서 비자발적으로 이루어진 법인은 원칙적으로 공법인의 카테고리로 분류될 수 있다. 예컨대 총포·화약안전기술협회는 총포·화약류의 판매업자·임대업자·화약류사용자나 보안책임자 등으로 구성된 조직인데, 이 협회는 그 구성원들의 자율적인 의사에 의해 법인으로 설립된 것이 아니라, 「총포·도검·화약류 등의 안전관리에 관한 법률」에 의해 설립이 정해져 있기에(협회를 설립한다) 그 법적 성질은 공법상 법인으로 보아야 한다.135)

공법인으로 보기 위해서는 그 외에도 구성원이나 직원의 지위가 공무원 혹은 그에 준하는 신분으로 인정되는지, 법인의 설립·운영·관리에 국가의 공권이 관여되어 있는지 등도 고려하여야 할 것이다. 이러한 기준에 의해서도 공법인의 요소와 사법인의 요소가 혼재하여 있다면 일종의 중간법인136)으로 볼 수 있다. 판례에서는 뚜렷한 구별기준을 찾아보기 힘들지만 토지개량조합,137) 수리조합,138) 산림계,139) 갱생보호회140) 등은 공법인으로, 지구별어업협동조합,141) 산림조합142) 등은 사법인으로 이해되고 있다.

---

135) 대법원은 총포·화약안전기술협회의 법적 성질을 공법상 재단법인으로 보고 있다(대법원 2021. 12. 30. 선고 2018다241458 판결).
136) 헌법재판소는 축협중앙회를 공법인으로서의 성격과 사법인으로서의 성격을 겸유한 특수한 법인으로 보았다(헌재 2000. 6. 1. 99헌마553).
137) 대법원 1966. 12. 6. 선고 66다2015 판결; 대법원 1967. 1. 31. 선고 66다2270 판결.
138) 대법원 1962. 5. 31. 선고 61다1544 판결.
139) 대법원 1984. 12. 11. 선고 83누291 판결.
140) 대법원 1978. 7. 11. 선고 78다591 판결.
141) 대법원 1966. 4. 26. 선고 66누27 판결.
142) 대법원 1970. 3. 24. 선고 69다2170 판결.

2. 구별의 실익

흔히 공법인과 사법인을 구별하는 실익으로 다음과 같은 사항들이 거론된다.[143] (i) 공법인에 관한 쟁송은 행정소송으로 하는 반면, 사법인에 대한 소송은 민사소송으로 한다. (ii) 법인의 구성원으로부터 각종의 부담을 징수하는 데 있어서 공법인은 세법상의 강제징수절차에 의하고 사법인은 민사소송법상 강제집행절차에 의한다. (iii) 법인의 불법행위책임에 관하여 공법인은 국가배상법상의 배상책임을 지고, 사법인은 민법상의 불법행위책임을 진다. (iv) 구성원의 범죄에 관하여, 공법인의 경우에는 직무에 관한 죄가 성립하고, 사법인의 경우에는 일반범죄가 성립한다. (v) 문서위조의 경우에 공법인의 경우에는 공문서위조죄, 사법인의 경우에는 사문서위조죄가 성립한다. 또한 (vi) 공법인과 사법인이 기본권의 주체가 될 수 있는지가 문제될 수 있는데, 기본적으로 헌법상 결사의 자유는 사법인에 국한해서 인정된다.[144] 그러나 이러한 구별실익은 공법인과 사법인이라는 이론적으로 선명한 양극단의 법인모델을 상정하면(예, 국가 vs 개인회사) 분명히 존재한다. 그렇지만 오늘날에는 소위 중간법인의 빈번한 출현으로 이러한 구별의 실익을 명확히 분간하기가 매우 어렵게 되었다. 따라서 어떤 법인과 관련한 법률문제에서 그 법인이 공법인으로 아니면 사법인으로 분류되느냐에 따라 적용되는 법규를 달리할 것이 아니라, 문제된 법률관계를 검토하여 그 법률관계의 공·사법적 성질에 따라 문제를 탄력적으로 해결하려는 태도가 바람직하다.[145] 이를테면 한국방송공사의 부당한 시청료부과에 대한 쟁송은 행정쟁송으로 다툴 것임에도(공법인의 성격), 공사 임직원이 공사를 대표하여 직무상 행한 불법행위에 대해서는 민법상 불법행위책임(제35조)을 물으면 될 것이다(사법인의 성격). 다른 예로, 「도시 및 주거환경정비법」상 재개발조합이나 재건축조합의 법적 지위에 대해 다툼이 있다. 대법원은 "행정청이 도시 및 주거환경정비법 등 관련 법령에 근거하여 행하는 조합설립인가처분은 단순히 사인들의 조합설립행위에 대한 보충행위

---

143) 곽윤직·김재형, 민법총칙, 159면; 김용한, 민법총칙론, 151면; 김증한·김학동, 민법총칙, 180면; 장경학, 민법총칙, 287~288면; 김주수·김상용, 민법총칙, 158면; 고상룡, 민법총칙, 178면; 김상용, 민법총칙, 212~213면; 이은영, 민법총칙, 222면 등.

144) 윤진수, "사법상의 단체와 헌법", 「비교사법」 제15권 제4호, 한국비교사법학회, 2008. 12, 4면 참고.

145) 곽윤직·김재형, 민법총칙, 160면; 김용한, 민법총칙론, 152면; 백태승, 민법총칙, 197면.

로서의 성질을 갖는 것에 그치는 것이 아니라 법령상 요건을 갖출 경우 도시 및 주거환경정비법상 주택재건축사업을 시행할 수 있는 권한을 갖는 행정주체(공법인)로서의 지위를 부여하는 일종의 설권적 처분의 성격을 갖는다고 보아야 한다"146)고 하여 재개발·재건축조합의 법적 성질을 공법인으로 전제하고 있다. 다수의 행정법 학자들은 이에 찬동하는 데 반해, 도시정비사업이 당해 정비구역 내 토지 등의 소유자들에 의해 추진되는 경우에 재개발·재건축조합은 재산권적 이해관계를 공유하는 사인들 간의 결사라고 보는 견해가 있다.147) 필자도 이 견해를 찬동한다. 「도시 및 주거환경정비법」은 도시정비사업에 관한 공법적 내용을 주로 담고 있지만, 실제 재개발조합이나 재건축조합에서 주로 다투어지는 재산권에 대한 분쟁이나 조합의 선거에 관한 분쟁 등은 공법인의 성질과는 무관한 것으로써 이에 관해서는 사법의 일반적인 법리에 따라 해결하면 되는 것이다. 그에 반해 행정주체의 지위에 있는 재개발·재건축조합을 상대로 한 다툼에서는 공법상 법인으로 다뤄지게 된다. 판례에 의하면, 행정주체인 재건축조합을 상대로 사업시행계획 또는 관리처분계획(이하 '관리처분계획 등'이라 한다)에 관한 조합 총회결의의 효력 등을 다투는 소송은 행정처분에 이르는 절차적 요건의 존부나 효력 유무에 관한 소송으로서 그 소송결과에 따라 행정처분의 위법 여부에 직접 영향을 미치는 공법상 법률관계에 관한 것이므로, 이는 행정소송법상의 당사자소송에 해당한다.148) 나아가, 관리처분계획 등에 관한 관할 행정청의 인가·고시까지 있게 되면 이제는 관리처분계획 등이 행정처분으로서의 효력을 갖게 되므로, 관리처분계획 등에 관한 조합 총회결의의 하자를 이유로 그 효력을 다투려면 재건축조합을 상대로 항고소송의 방법으로 관리처분계획 등의 취소 또는 무효확인을 구하여야 하고, 이와는 별도로 행정처분에 이르는 절차적 요건 중 하나에 불과한 총회결의 부분만을 따로 떼어내 그 효력을 다투는 확인의 소를 제기하는 것은 허용되지 않는다.149)

---

146) 대법원 2009. 9. 24. 선고 2008다60568 판결.
147) 김해룡, "도시정비사업법제의 개선을 위한 쟁점 ―대법원의 최근 판례에 대한 비판적 시론―", 「부동산법학」 제17집, 한국부동산법학회, 2010. 12., 95면.
148) 대법원 2009. 9. 17. 선고 2007다2428 전원합의체 판결.
149) 대법원 2009. 9. 17. 선고 2007다2428 전원합의체 판결; 대법원 2009. 10. 15. 선고 2008다93001 판결 등 참조.

민법의 법인에 관한 규정은 원칙적으로 사법인만을 대상으로 한 것이라는 설명이 지배적이지만,[150] 사견에 의하면 민법 제3장 법인편의 규정은 공·사법인 또는 중간법인을 막론하고 모든 종류의 법인이나 단체에 대해서 준용이 가능한 일반법인법 혹은 일반단체법의 성격을 가진다. 따라서 특별법이 특정 법인에 대한 해당 규정을 가지고 있으면 그 규정이 먼저 적용되겠지만, 그렇지 않을 경우에는 민법 제3장 이하의 규정이 적용된다.

II. 내국법인과 외국법인

1. 구별기준

법인의 국적의 내외에 따라 내국법인과 외국법인으로 구별된다. 이러한 구별은 주로 영리법인인 회사의 영역에서 다루어지지만(상법 제614조~제621조 참조), 오늘날은 특히 국제적인 활동을 하는 NPO(Non-Profit Organizations)들의 설립이 활발하므로 비영리법인의 영역에서도 소홀하게 다룰 수 없는 문제이다. 내국법인과 외국법인을 어떻게 정의할 것인가는, 양 법인의 구별표준이 무엇인가에 따라 달라진다. 이에 대하여 종래에는 (i) 법인설립의 준거법에 따라서 한국법에 의하여 설립된 법인을 내국법인, 외국법에 의하여 설립된 법인을 외국법인으로 보는 준거법설, (ii) 법인의 주된 영업소가 국내에 있느냐 아니냐를 기준으로 구별하는 주소지설, (iii) 설립자가 내국인인가 외국인인가에 의하여 구별하는 설립자국적표준설, (iv) 준거법설과 주소지법설의 합일주의를 취하는 절충설 등이 주장되어왔다. 그러나 2001년 개정된 국제사법(법률 제6465호) 제16조 전단은 "법인 또는 단체는 그 설립의 준거법에 의한다"고 하여 설립준거법설을 명문으로 채택함으로써, 종래의 학설대립은 종식된 셈이다. 따라서 내국법인과 외국법인은 법인설립의 준거법이 무엇이냐를 기준으로, 한국의 법률에 의거하여 설립된 법인은 내국법인이고 그 이외의 법률에 의거하여 설립된 법인은 외국법인이다. 다만 국제사법 제16조 후단은 설립준거법설을 따를 경우 발생할 수 있는 내국거래의 불안정을 예방하기 위하여[151] 외국법에 의해 설립된 법인 또는 단체라도 대한민국에 주된 사무소를 두거나 대한민국에서 주된 사업을 하는 경우

---

150) 고상룡, 민법총칙, 178면; 김주수·김상용, 민법총칙, 159면; 장경학, 민법총칙, 288면.
151) 석광현, 2001년 개정 국제사법 해설, 제2판, 지산, 2003, 138면.

에는 설립준거법이 아니라 대한민국법에 의하도록 하는 예외를 규정하고 있다.

 참고 **쿠팡은 내국법인인가, 외국법인인가?**

우리에게 온라인쇼핑회사로 잘 알려진 쿠팡(COUPANG)이 2021년 2월 미국 뉴욕증권거래소(NYSE)에 상장되었다는 소식이 국내 뉴스를 통해 알려지면서, 이를 두고 쿠팡이 내국법인인지 아니면 외국법인인지가 논란이 된 적이 있다. 결론부터 말하자면, 국내에서 '로켓배송' 등 영업활동을 하고 있는 회사는 '쿠팡 주식회사'이고, 미국 뉴욕증권거래소에 상장된 회사는 미국 델라웨어주법에 따라 설립된 'Coupang, Inc.'로써 양자는 별개의 회사이다. 'Coupang, Inc.'는 국제사법 제16조 전단이 취하고 있는 설립준거법설에 의하면 외국법인에 해당한다. 다만 'Coupang, Inc.'는 '쿠팡 주식회사'의 주식 전부를 보유하면서 한국에 주된 사무소를 두고 있다는 점에서 국제사법 제16조 후단에 해당될 수 있다.[152]

2. 외국법인의 능력

상법은 외국회사의 국내에서의 영업활동에 관한 일부규정을 두고 있지만(상법 제614조~제621조), 민법은 외국법인의 지위나 능력에 관하여 아무런 규정을 두고 있지 않다. 외국법인의 능력은 외국자연인의 능력에 준하여 해석하여야 할 것이다. 즉 자연인의 경우 원칙적으로 내외국인 평등주의가 인정되는 것과 마찬가지로 법인의 경우도 원칙적으로 내외국법인 평등주의가 인정된다고 할 것이다. 다만 예외적으로 특별법에 의하여 자연인인 외국인에 대하여 권리능력이 제한되는 경우가 있듯이, 외국법인의 권리능력도 법률 또는 조약에 의하여 제한될 수 있다.[153]

---

152) 자세한 내용은, 석광현, "쿠팡은 한국회사인가: 쿠팡의 뉴욕 증시 상장을 계기로 본 국제회사법", 국제사법과 국제소송[정년기념], 서울대학교 법학연구소 08, 박영사, 2022, 316면 이하 참고.
153) 곽윤직(편집대표) ─ 이주흥, 민법주해 I, 466면; 곽윤직·김재형, 민법총칙, 217면; 김상용, 민법총칙, 216면; 김주수·김상용, 민법총칙, 161면; 장경학, 민법총칙, 291면.

Ⅲ. 사단법인과 재단법인

1. 양자의 차이

단체를 구성하는 요소가 무엇이냐에 따라서 사단과 재단으로 나누어지는데, 민법도 그에 따라 사단법인과 재단법인을 구별하고 있다(제32조, 제40조, 제43조 등 참조). 사단법인이란 일정한 목적을 위하여 결합된 인적 결합체(즉 사단)를 그 실체로 하는 법인이고, 재단법인은 일정한 목적을 위하여 바쳐진 재산의 집합(즉 재단)이 그 실체를 이루는 법인이다.

사단법인과 재단법인은 구성요소의 상이성으로 말미암아 다음과 같은 특징상의 차이를 나타낸다. 첫째 인적 기초의 유무이다. 사단법인의 경우에는 성질상 사단을 구성하는 사원이 반드시 존재하여야 하나, 재단법인의 경우에는 사원이라는 것이 없고 다만 재단의 활동을 수행하는 기관이 존재할 뿐이다. 이러한 차이점은 특히 법인격부인(혹은 실체파악)의 법리에서 두드러지는데, 사단법인의 경우는 법인의 '배후에 존재하는 사원'에 대해서 책임을 물을 수 있는 구조로 이루어져 있지만, 재단법인의 경우는 배후에 존재하는 사원이라는 것이 없으므로 실체파악법리가 적용되지 않는다.154) 둘째 사적자치의 원칙이 운용되는 범위에서 차이가 있다. 사단법인의 경우에는 사원들에 의해서 단체의 설립, 법인의 형태, 조직의 구성 및 정관의 작성 등 사단자치가 폭넓게 이루어진다. 그에 반해 재단법인에 있어서 사적자치의 원칙은 단지 재산출연행위(Stiftungsgeschäft)에 한해서 의미를 가질 뿐이다. 특히 이러한 차이는 법인의 의사형성에서 차이가 있는데, 사단법인의 경우는 사원들이 사원총회를 통하여 법인의 단체의사를 자율적(autonom)으로 형성하는 데 반하여, 재단법인의 경우는 기관이 설립자의 의사에 의하여 타율적(heteronom)으로 구속되는 법인의사를 형성함에 그친다.155) 이러

---

154) 법인격부인론은 "사원"의 존재를 전제로 하는 것으로 재단법인에는 사원이 존재하지 않으므로 재단의 기관인이나 재단설립자에 대해서 법인격부인에 의한 책임을 물을 수 없다는 것이 통설이다(Seifart/v. Campenhausen−Hof, Handbuch des Stiftungsrechts, 2. Aufl., München 1999, §7 Rz. 45; Ebersbach, Handbuch des deutschen Stiftungsrechts, Göttingen 1972, S. 71.). 그렇지만 법인과 사원의 구별에 관한 분리의 원칙(Trennungsprinzip)은 재단법인과 설립자 및 운영자 사이에서도 적용될 수 있으므로, 그러한 범위 내에서 재단법인에 대해서도 법인격부인론은 적용될 여지가 있다고 본다. 대법원도 이른바 재단법인 중남미문화원 사건에서 법인격부인론의 적용을 긍정한 바 있다(대법원 2010. 1. 28. 선고 2009다73400 판결).

155) Flume, Juristische Person, S. 97. 또한 고상룡, 민법총칙, 178면; 곽윤직·김재형, 민법총

한 차이로부터 사단법인과 재단법인은 설립행위 · 목적 · 정관의 변경 · 의사결정기관 · 해산사유 등에서 차이를 나타낸다. 이에 관한 설명은 관련부분에서 상설하기로 한다.

2. 양자의 혼합형

사단법인과 재단법인은 위에서 본 바와 같이 상이한 특징을 보이고 있지만, 법인 중에는 양자의 요소나 특징을 모두 가지고 있는 것들도 있다. 공법상에서는 이를 영조물(Anstalt)이라고 하여 사단법인 및 재단법인 이외의 제3종의 법인유형으로 분류되지만,[156] 사법상으로는 그러한 개념이 인정되지 않고, 다만 강학상으로 이를 중간법인이라고 부르고 있다.[157] 실제로 종교법인 · 학교법인 · 의료법인 등은 인적 요소와 물적 요소를 겸비한 조직체라고 할 수 있다. 그러나 실정법상으로는 중간법인의 형태를 인정하기 않기 때문에, 이들 중간법인들도 사단법인 혹은 재단법인 중 어느 하나의 형태로 설립되어야 한다. 어떤 법인이 외부로 드러난 형태로는 사단과 재단의 요소가 혼재해 있더라도, 그 법인이 법률상 사단법인인지 재단법인인지의 판별은 결국 그 법인이 사원의 존재를 존립기반으로 하느냐 그렇지 않느냐가 결정적인 기준이 될 수밖에 없다(민법 제40조 제6호 참조). 한편 전형적으로 사단법인으로 분류되는 것에도 재단적인 요소가 있을 수 있으며, 그 반대로 전형적인 재단법인의 경우에도 사단적인 요소가 있을 수 있는데, 이 경우에도 사원의 존재성이 법인의 성격을 판가름하는 중요한 판단기준임은 물론이다. 예컨대 사단법인의 대표적인 형태인 주식회사의 경우에 1인 사원이 주식을 모두 취득하거나(일인회사), 주주들이 모두 사망한 경우(무인회사)에는 사단으로서의 인적 결합은 별의미가 없고 오히려 주식을 통해 집중된 자본이 더욱 중요한 의미를 가진다. 이러한 경우에는 사단법인인 주식회사가 재단적인 성질을 가지는 것은 사실이나,[158] 그러한 주식회사의 경우에도 언제든지

칙, 161면; 김대정, 민법총칙, 도서출판 fides, 2012, 297면; 장경학, 민법총칙, 268면.

156) 공법상 영조물은 물적 기반시설에다가 이를 관리하는 인력이 결합된 형태인데, 이들 관리 인력이 조직체의 사원(Mitglieder)이 아니라는 점에서 사단법인과 구별되고(Larenz/Wolf, Allgemeiner Teil des Bürgerlichen Rechts, S. 148). 재단법인에도 출연된 재산에 대한 관리 및 운영조직은 존재하므로, 공법상 영조물은 성격상 재단법인에 가깝다.

157) 고상룡, 민법총칙, 179면; 김상용, 민법총칙, 212면; 김주수 · 김상용, 민법총칙, 159면은 이를 중간적 특수법인이라고 한다.

158) 일본의 八木 弘 교수는 현대의 주식회사의 한 현상으로, 사원인 주주가 사채권자화하는 점에 착안하여 주식회사는 사단이 아니라 영리재단법인으로 보아야 한다고 주장한다(株式會

새로운 사원의 가입[159] 및 증감변동의 가능성이 열려있는 한, 사단법인으로서의 인적 기질은 여전히 존재하는 것이다.[160] 또 다른 예로 대한적십자사는 「대한적십자사조직법」에 의해 설립된 사단법인이지만(동법 제2조 및 제3조 참조), 실제역할은 적십자회비로 각종 구호사업을 한다는 점에서 재단법인의 역할과 크게 다르지 않다.

Ⅳ. 영리법인과 비영리법인

1. 양자의 구별실익

법인의 존립목적이 영리추구를 위한 것이냐, 그렇지 않느냐에 따라 영리법인과 비영리법인으로 나뉜다. 과거 구민법 제34조는 법인을 공익법인과 영리법인으로 나누었기 때문에, 비영리면서 비공익을 목적으로 하는 단체(예, 동창회)는 법인이 될 수 없고 권리능력없는 사단 혹은 재단으로 머물 수밖에 없는 문제가 있었다. 현행민법은 독일민법(제21조, 제22조)과 스위스민법(제60조)을 본받아 법인을 비영리법인(제32조)과 영리법인(제39조)으로 나눔으로써, 위와 같은 문제는 입법적으로 해결되었다.

법인을 영리법인과 비영리법인으로 나누는 이유는, 세법상의 이유는 별론으로 하고(법인세법 제1조 제2호 및 제3조 등 참고), 민사법상 영리법인과 비영리법인의 법인격 취득과정이 다르다는 것에 있다.[161] 비영리법인의 경우에는 법인성립을 위해서 주무관청의 허가를 얻어야 하는 데 반하여(민법 제32조), 영리법인의 경우에는 상법상 회사설립의 조건에 좇아 본점소재지에 설립등기를 함으로써 법인이 성립한다(민법 제39조, 상법 제172조). 이것은 법인의 법적 등장형태(Rechtsform)와 관련하여 다음과 같은 의미를 갖는다. 어떤 단체가 권리능력없는 사단 혹은 재단으로 머물지 않고 법인으로 성립되기 위해서는 법이 인정한 일정한 법적 형태를 취하여야 하는데, 단체가 비영리를 추구할 경우에는 민법상 사단법인 혹은 재단법인의 형태를 취하고 단체가

社財團論, 1963 참고).

159) 예, 주식의 양도·양수 혹은 주식의 상속 등에 의한 새로운 사원의 가입.

160) 2011년 개정된 상법 제169조는 [회사의 의의]에서 영리를 목적으로 하여 설립된 '사단'을 삭제하고 그 자리에 '법인'으로 대체되었다. 이는 1인회사의 법적 성질을 설명하기 어려움을 피하기 위한 얕은 술책에 불과하고 이로 인해 회사의 사단성 자체가 부정되는 것은 결코 아니다.

161) 김용한, 민법총칙론, 152면은 영리법인·비영리법인을 구별하는 실익은 그 법인이 민법상의 법인인가 또는 상법상의 법인인가를 구별하는 데 있다고 한다.

영리를 추구할 경우에는 상법상 다섯 가지 회사형태(합명·합자·유한책임·유한·주식회사) 중 하나만이 인정될 뿐, 다른 형태의 변칙적인 법인설립은 인정되지 않는다. 그 외의 법적 형태는 특별법상 인정되는 형태, 예컨대 협동조합기본법에 따른 협동조합 등이 인정될 뿐이다. 이것은 법이 법인으로 되려는 단체에게 일정한 법적 형태를 강제(Rechtsformzwang)함으로써, 각각의 법인형태에 따라 법인내부의 사원관계와 법인외부의 책임관계를 규격화하여[162] 법적 안정성을 확보하려는 것이다.[163] 요컨대 현행법상 영리법인은 사단에 한해서 인정되므로(민법 제39조), 재단은 비영리에 한해서만 법인으로 인정될 수 있고(민법 제32조), 사단은 영리법인과 비영리법인이 모두 가능하되, 영리를 목적으로 하는 경우에는 상사회사에 관한 규정이 준용되므로(민법 제39조 제2항), 상법상 인정된 다섯 가지 회사 중의 한 형태의 법인으로 하여야 하며, 비영리를 목적으로 하는 경우에는 민법의 규정에 따라 법인으로 할 수 있다. 다만 비영리법인 중 일정한 공익적 사업을 목적으로 하는 법인은 「공익법인의 설립·운영에 관한 법률」(1975년 법률 제2814호)에 정한 일정한 요건을 갖추어 주무관청으로부터 공익법인으로 설립허가를 받으면 공익법인이 될 수 있다.

2. 구별기준

문제는 영리법인과 비영리법인을 어떠한 기준에 따라 구분할 것인가 하는 것이다. 이것은 실무적으로 다음과 같은 의미를 지닌다. 가령 어떤 단체가 수익사업을 하면서도 세제상의 이익을 위하여 상법상 회사의 형태를 취하지 않고 민법상 비영리법인의 형태로 법인설립허가를 신청할 경우에 주무관청은 설립허가신청을 반려하여야 할 것이고 아울러 그 단체가 영리성을 이유로 한 주무관청의 허가거부처분에 이의가 있을 경우에는 행정소송의 방법으로 다툴 수 있다는 점에서 적절한 구별기준이 필요하다.

민법은 영리법인과 비영리법인의 구별기준에 대한 특별한 언급 없이, 단지 제32조에서 "학술, 종교, 자선, 기예, 사교 기타 영리아닌 사업을 목적으로 하는 사단 또는 재단"을 비영리법인으로 하고 제39조에서는 "영리를 목적으로 하는 사단"을 영

---

162) 예컨대 합자회사의 경우에는 무한책임사원과 유한책임사원으로 구성되는 데 반하여, 주식회사의 경우는 주식금액을 한도로 출자의무를 지는 주주만으로 구성된다.

163) Karsten Schmidt, Gesellschaftsrecht, S. 97.

리법인이라 한다. 우리나라의 통설은 법인사업에서 발생한 이익을 구성원에게 분배함을 목적으로 하느냐 그렇지 않느냐에 따라 영리법인과 비영리법인으로 나눈다(이익분배목적설).164) 그에 따라 교통·통신·보도·출판 등의 공공사업을 목적으로 하더라도 구성원의 이익을 목적으로 하는 것은 영리법인이고, 반대로 법인의 경제활동을 통하여 발생한 이익이 발생하더라도 구성원에게 이익분배를 목적으로 하지 않는다면 비영리법인이며, 재단법인의 경우는 이익을 분배할 구성원이 없으므로 영리법인이 될 수 없다.165) 그에 반해 단체의 주관적 목적과 객관적 활동의 두 측면을 종합적으로 고려하여, 실질적인 주목적, 경제활동여부, 구성원에 대한 이액배당여부 등에 비추어 영리성·비영리성이 판단되어야 한다는 견해가 있다(절충설).166) 절충설의 취지는 충분히 공감되지만, 양 학설의 실질적인 차이는 그리 크지 않다. 왜냐하면 어떤 단체의 성격이 영리법인인지 아니면 비영리법인인지에 대한 판단은 우선 법인설립당시 허가를 맡은 주무관청이 하여야 하는데, 주무관청으로서는 설립허가신청시에 단체가 제출한 정관에 나타난 단체의 설립목적, 단체의 사업내용, 사원의 자격, 출자방법이나 자산상태 등을 종합적으로 살펴서 구성원의 이익분배가능성을 파악하고 그에 따라 법인의 영리성을 판단할 수밖에 없기 때문이다. 비영리법인으로 허가를 받은 단체가 당초의 정관목적과는 달리 정작 영리활동을 하는 법인인지의 여부는 주무관청의 설립허가이후의 상황으로, 이때의 영리성여부는 법인의 실제적인 활동을 통해서 객관적으로 판단되어야 할 것이다.167) 만약 비영리법인으로 설립허가를 받은

---

164) 고상룡, 민법총칙, 179면; 곽윤직·김재형, 민법총칙, 160면; 김상용, 민법총칙, 213면; 김준호, 민법강의, 제24판, 법문사, 2018, 118면; 김증한·김학동, 민법총칙, 181면; 백태승, 민법총칙, 197면; 이영준, 민법총칙 905면; 장경학, 민법총칙, 289면.

165) 이익분배목적설에 대해 '구성원'에 대한 이익분배뿐만 아니라 '구성원이 아닌 법인관계자'에 대한 공연한 혹은 은밀한 이익분배(예, 과다한 임금지급이나 시가보다 저렴하게 법인재산을 양도)의 경우도 이익분배로 보아 법인의 영리성을 인정해야 한다고 주장하는 견해가 있다. 이 견해는 이익분배 여부가 비영리성을 판단하는 결정적인 징표라고 하면, 그것은 재단을 포함한 모든 비영리단체에 동일하게 적용되어야 한다고 주장한다(김진우, "영리법인과 비영리법인의 구별 —사회적 기업에 대하여 특수한 법인격을 부여할 것인지를 포함하여 —", 「재산법연구」 제36권 제3호, 한국재산법학회, 2019. 11, 16면).

166) 이은영, 민법총칙, 223면.

167) 대법원은 수산업협동조합은 그 목적달성을 위하여 수익사업 등을 할 수 있음에 비추어 법인세법 제1조에서 말하는 "비영리 내국법인"에 해당하지 아니한다고 하고(대법원 1978. 3. 14. 선고 77누246 판결), 상호신용금고는 합명회사, 합자회사 또는 주식회사 등 영리법인의 형태를 취하도록 되어 있다는 점에서(상호신용금고법 제3조) 영리법인이라고 하고(대법원 1985. 11. 26. 선고 85다카122 전원합의체 판결), 건설공제조합은 특별법에 의하여 설립된

단체가 추후 실제 활동에 있어서 영리법인으로 판명되면 주무관청은 설립허가를 취소할 수 있다(민법 제38조 참조). 판례는 서울특별시 개인택시운송조합,[168] 의료법인,[169] 신용협동조합,[170] 새마을금고,[171] 수산업협동조합[172] 등은 비영리법인으로 보는 데 반해, 상호신용금고[173]는 영리법인으로 보고 있다.

한편 비영리법인이라고 하더라도 비영리사업의 목적을 달성하는 데 필요하여 그 본질에 반하지 않을 정도의 영리행위를 하는 것은 무방하다.[174] 예를 들면 비영리법인인 학술단체가 전람회를 개최하면서 입장료를 징수하거나 운영경비를 마련하기 위하여 저술한 책을 일반인에게 판매하는 행위 등은 가능하다. 이를 비영리법인이 누릴 수 있는 「부수목적의 특전」(Nebenzweckprivileg)[175]이라고 한다. 즉 비영리법인은 비영리사업이라는 주된 사업목적을 달성하기 위한 방편으로 부수적인 수익사업을 할 수 있다는 의미이다. 대법원도 "원고 조합(수산업협동조합)과 같은 비영리법인이라도 반드시 적극적으로 공익을 목적으로 하는 비영리사업만을 수행하여야 하

법인이기는 하지만 민법 제32조의 규정에 의한 비영리법인과 유사한 설립목적을 가진 법인이라 볼 수 없다고 판시하였다(대법원 1983. 12. 13. 선고 80누496 판결).

168) 대법원 1992. 11. 24. 선고 91다29026 판결: "서울특별시 개인택시운송사업조합은 서울특별시장으로부터 개인택시자동차운송사업면허를 받은 차주 겸 운전사들을 구성원으로 하고 그 상호간의 공동복리와 친목도모 등을 설립목적으로 하여 1983.6.21. 결성된 비영리법인으로서…"

169) 대법원 2003. 4. 22. 선고 2003다2390,2406 판결: "의료법은 제30조 제2항에서 의료인이나 의료법인 등 비영리법인이 아닌 자의 의료기관 개설을 원천적으로 금지하고…"

170) 대법원 2004. 1. 15. 선고 2003다56625 판결: "법이 신용협동조합의 조합원에 대한 대출에 관하여 이사회의 결의를 거치도록 규정한 것은, 비영리법인인 신용협동조합의 특수성을 고려하여…"

171) 대법원 1999. 7. 27. 선고 99다6272 판결: "새마을금고는 새마을금고법에 의하여 설립된 비영리법인으로서…"

172) 대법원 1999. 10. 8. 선고 99다27231 판결: "원고 조합(수산업협동조합)과 같은 비영리법인이라도 반드시 적극적으로 공익을 목적으로 하는 비영리사업만을 수행하여야 하는 것이 아니라…"

173) 대법원 1985. 11. 26. 선고 85다카122 전원합의체 판결: "상호신용금고법 제3조의 규정에 의하면 상호신용금고는 합명회사, 합자회사 또는 주식회사등 영리법인의 형태를 취하도록 되어 있으나…"

174) 곽윤직·김재형, 민법총칙, 160면; 김상용, 민법총칙, 214면; 김증한·김학동, 민법총칙, 181면; 백태승, 민법총칙, 197면; 이영준, 민법총칙, 905면; 이은영, 민법총칙, 224면.

175) 부수목적의 특전(Nebenzweckprivileg)이라는 표현은 독일의 카스텐 슈미트 교수가 처음 사용한 것으로 독일에서는 이제 학문적으로 정착된 용어가 되었다. 이에 관한 설명으로는 김진우, "영리법인과 비영리법인의 구별에 관한 법비교적 고찰", 「비교사법」 제10권 제3호, 2003. 9, 99, 122면; 송호영, "법인론과 관련한 독일 사법학계의 최근동향", 「비교사법」 제4권 제2호, 1997. 12, 597, 627면 참고.

는 것이 아니라 그 목적을 달성하는 데 필요한 범위 내에서 주된 목적인 비영리사업에 부수하여 영리사업[176]을 수행할 수 있고, 그로 인한 수익을 비영리사업의 목적에 충당하는 이상 비영리법인으로서의 본질에 반한다고 할 수 없"다고 하여 부수목적의 특전을 인정한다.[177]

　문제는 어떤 기준에 따라 비영리법인에게 부수목적의 특전을 허용할 수 있는가 하는 점이다. 이에 대해서 일률적으로 대답하기는 매우 어렵지만, 부수목적의 특전은 단순히 비영리법인의 주된 활동과 부수적 활동의 단순한 양적 비교에 의할 것이 아니라 목적과 수단의 관계에 따라 그 부수적 활동이 주된 활동에 기능적으로 종속될 때에 한해서 허용된다고 할 것이다.[178]

참고　민ㆍ상법상 구분과 세법상 구분

　전술한 바와 같이 비영리법인과 영리법인의 구분은 실질법상 민법에서 명문으로 구분된다(민법 제32조 및 제39조). 또한 영리를 목적으로 하는 사단법인에 관해서는 모두 상사회사에 관한 규정을 준용하는바(민법 제39조), 영리법인에 대해서는 상법상 회사에 관한 규정이 적용된다. 상법 제169조에 의하면 "회사"란 상행위나 그 밖의 영리를 목적으로 하여 설립한 법인을 말한다. 그런데 상법에서도 무엇이 "영리"행위인지 대해서는 아무런 규정이 없다.

　한편 법인세법 제2조 제2호는 "비영리내국법인"이란 내국법인 중 다음 각 목의 어느 하나에 해당하는 법인을 말한다고 정의하고 있다.

> 가. 「민법」 제32조에 따라 설립된 법인
> 나. 「사립학교법」이나 그 밖의 특별법에 따라 설립된 법인으로서 「민법」 제32조에 규정된 목적과 유사한 목적을 가진 법인(대통령령으로 정하는 조합법인 등이 아닌 법인으로서 그 주주(株主)ㆍ사원 또는 출자자(出資者)에게 이익을 배당할 수 있는 법인은 제외한다)
> 다. 「국세기본법」 제13조제4항에 따른 법인으로 보는 단체(이하 "법인으로 보는 단체"라 한다)

---

176) 판례는 "영리사업"이라고 표현하였지만, 의미상 '수익사업'을 의미한 것으로 보인다.
177) 대법원 1999. 10. 8. 선고 99다27231 판결.
178) Karsten Schmidt, Verbandszweck und Rechtsfähigkeit im Vereinsrecht, Heidelberg 1984, S. 189ff.; Reichert, Handbuch Vereins— und Verbandsrecht, 10. Aufl., München, Neuwied 2005, Rz. 147ff.; Staudinger BGB—Weick, §21 Rz. 12ff.

법인세법 제2조 제2호 나목은 "「사립학교법」이나 그 밖의 특별법에 따라 설립된 법인으로서 민법 제32조에 규정된 목적과 유사한 목적으로 가진 법인"을 비영리법인에 해당하는 것으로 보되, "대통령령으로 정하는 조합법인 등이 아닌 법인으로서 그 주주(株主)·사원 또는 출자자(出資者)에게 이익을 배당할 수 있는 법인"은 비영리법인에서 제외된다고 규정하고 있다.

법인세법 시행령 제2조(정의) ① 「법인세법」(이하 "법"이라 한다) 제2조제2호나목에서 "대통령령으로 정하는 조합법인 등"이란 다음 각 호의 법인을 말한다.
1. 「농업협동조합법」에 따라 설립된 조합(조합공동사업법인을 포함한다)과 그 중앙회
2. 「소비자생활협동조합법」에 따라 설립된 조합과 그 연합회 및 전국연합회
3. 「수산업협동조합법」에 따라 설립된 조합(어촌계 및 조합공동사업법인을 포함한다)과 그 중앙회
4. 「산림조합법」에 따라 설립된 산림조합(산림계를 포함한다)과 그 중앙회
5. 「엽연초생산협동조합법」에 따라 설립된 엽연초생산협동조합과 그 중앙회
6. 삭제 〈1999.12.31.〉
7. 삭제 〈1999.12.31.〉
8. 「중소기업협동조합법」에 따라 설립된 조합과 그 연합회 및 중앙회
9. 「신용협동조합법」에 따라 설립된 신용협동조합과 그 연합회 및 중앙회
10. 「새마을금고법」에 따라 설립된 새마을금고와 그 연합회
11. 「염업조합법」에 따라 설립된 대한염업조합

그리고 법인세법 제2조 제2호 다목은 "「국세기본법」 제13조 제4항에 따른 법인으로 보는 단체"를 비영리법인에 해당하는 것으로 규정하고 있고, 국세기본법 제13조 제4항은 "법인으로 보는 법인 아닌 단체"로서 동법 제13조 제1항과 제2항에서 규정하는 단체를 의미하는 것으로 규정하고 있는데, 동법 제13조 제1항과 제2항에서도 법인으로 보는 단체에 관하여 비영리성을 가리는 기준으로 수익을 구성원에게 분배하지 아니하는 것을 그 요건으로 삼고 있다.

국세기본법 제13조(법인으로 보는 단체 등) ① 법인(「법인세법」 제2조제1호에 따른 내국법인 및 같은 조 제3호에 따른 외국법인을 말한다. 이하 같다)이 아닌 사단, 재단, 그 밖의 단체(이하 "법인 아닌 단체"라 한다) 중 다음 각 호의 어느 하나에 해당하는 것으로서 수익을 구성원에게 분배하지 아니하는 것은 법인으로 보아 이 법과 세법을 적용한다.
1. 주무관청의 허가 또는 인가를 받아 설립되거나 법령에 따라 주무관청에 등록한 사단, 재단, 그 밖의 단체로서 등기되지 아니한 것
2. 공익을 목적으로 출연(出捐)된 기본재산이 있는 재단으로서 등기되지 아니한 것

② 제1항에 따라 법인으로 보는 사단, 재단, 그 밖의 단체 외의 법인 아닌 단체 중 다음 각 호의 요건을 모두 갖춘 것으로서 대표자나 관리인이 관할 세무서장에게 신청하여 승인을 받은 것도 법인으로 보아 이 법과 세법을 적용한다. 이 경우 해당 사단, 재단, 그 밖의 단체의 계속성과 동질성이 유지되는 것으로 본다.

1. 사단, 재단, 그 밖의 단체의 조직과 운영에 관한 규정(規程)을 가지고 대표자나 관리인을 선임하고 있을 것
2. 사단, 재단, 그 밖의 단체 자신의 계산과 명의로 수익과 재산을 독립적으로 소유 · 관리할 것
3. 사단, 재단, 그 밖의 단체의 수익을 구성원에게 분배하지 아니할 것

위와 같이 법인세법상 비영리법인은 법인세법 시행령 제2조 제1항에서 열거하고 있는 조합법인 외에는 그 이익 또는 수익을 그 구성원에게 분배하지 아니할 것으로 요건으로 한다는 점에서 민사법상의 비영리법인과 동일하므로, 결국 민사법상 영리법인과 비영리법인을 구별하는 기준으로서 통설(이익분배설)을 취하는 이상, 법인세법 시행령 제2조 제1항에서 열거하고 있는 조합법인(법인세법 제2조 제2호 나목)과 "법인으로 보는 법인 아닌 단체"를 비영리법인으로 보는 것(법인세법 제2조 제2호 다목) 외에는 민사법상 비영리법인과 법인세법상 비영리법인은 그 범위가 대체로 일치한다고 볼 수 있다. 이 점에서 법적 안정성과 법률상호간의 조화라는 측면에서 민법의 비영리성과 조세법상의 비영리개념을 달리 해석할 이유가 없다는 견해[179]가 어느 정도 수긍이 된다.

법인세법상으로는 법인세법 시행령 제2조 제1항에서 열거하고 있는 조합법인을 비영리법인으로 분류하고 있다(법인세법 제2조 제2호 나목). 바로 이 때문에 실무적으로는 이들 조합법인이 민사법상 영리법인인지 비영리법인인지 문제된 사례가 많은 것으로 보인다.

법인세법상 비영리법인으로 보도록 규정하고 있는 법인세법 시행령 제2조 제1항에서 열거하고 있는 조합법인(법인세법 제2조 제2호 나목)이 민사법상 영리법인인지, 비영리법인인지는 구별기준에 따른 검토가 별도로 필요하고(다만 이들은 모두 특별법에 의하여 설립된 법인들이므로 영리법인인지, 비영리법인인지 민사법적으로는 구별할 실익이 없을 것으로 보인다), "법인으로 보는 법인 아닌 단체"(법인세법 제2조 제2호 다목)는 법인이 아니므로 민사법상 비영리법인이 될 수는 없을 것이다.

179) 양재모, "비영리법인 성립요건으로서 비영리성", 「법과 정책연구」 제4집 제2호, 2004, 422면.

V. 비영리법인과 공익법인

1. 비영리법인과 공익법인의 관계

인간의 활동이 일어나는 제도적 영역을 흔히 제1섹터(정부, 공적영역), 제2섹터(시장, 민간영역, 기업), 제3섹터(시민사회, 비영리영역, NGO, NPO)로 구분한다. 이 중 최근 제3섹터의 정의, 내용, 기능, 다른 영역과의 관계 그리고 현대사회에서 그 존재목적이나 활동의 중요성에 대한 논의가 활발히 펼쳐지고 있다. 현대사회에서는 제3섹트, 즉 비영리영역의 중요성이 대두되는 가운데, 그중에서도 문화, 예술, 학술, 의료 등의 분야에서 사인이나 시민단체의 활동을 장려하여 공공의 이익에 기여하도록 하기 위한 제도로서 공익법인제도와 공익신탁제도가 활용된다. 대륙법계에서는 공익법인제도가 발전한 반면 영미에서는 상대적으로 공익신탁제도의 이용이 활발한데, 우리나라는 대륙법계의 전통을 이어받아 공익법인제도를 중심으로 운용되고 있다.[180] 우리 민법에서는 비영리법인에 대해 "학술, 종교, 자선, 기예, 사교 기타 영리아닌 사업을 목적으로 하는 사단 또는 재단"으로 정의하고 있다. 이러한 비영리의 사업 중에서 특히 공익을 목적으로 하는 경우에는 공익법인으로 인정될 수 있다. 즉 '공익'은 '비영리'의 개념에 포함되는데, 법인의 사업이 공익을 목적으로 하는 경우에는 민법상 비영리법인의 설립으로도 가능하지만, 「공익법인의 설립·운영에 관한 법률」(이하 '공익법인법'이라 한다)에 의하여 공익법인의 설립으로도 가능하다. 다시 말하자면, 공익을 추구하기 위한 법인설립은 반드시 공익법인법에 좇아야 하는 것은 아니고 민법에 좇아서도 가능하다. 다만, 공익법인법에 따라 설립된 법인은 민법상 비영리법인에 비해 각종 세제상의 혜택을 받게 된다.

구민법에서는 현행민법과 달리 영리법인과 비영리법인으로 구분하지 않고, 공익법인과 영리법인으로 구분하였다. 그리하여 영리를 목적으로 하지 않으면서 공익을 목적으로도 하지 않는 비영리·비공익의 단체는 법인으로 될 수 없었다. 현행민법 제32조는 독일민법 제21조와 스위스민법 제60조를 본받아 공익 아닌 비영리사업을 목적으로 하는 단체(예, 동창회, 산악회 등)도 법인으로 될 수 있도록 하였다. 이하에서는 공익법인법상 공익법인의 특성에 대해 좀 더 살펴본다.

---

180) 이준성, "공익신탁에 관한 연구", 「동국대학교 논문집」 제7권, 동국대학교, 1988, 99~100면.

2. 공익법인

가. 공익법인의 의의

공익법인법은 무엇이 공익법인인지에 대해 직접적으로 정의하지 않고, 위에서 본 바와 같이 그 제2조(적용범위)에서 "이 법은 재단법인이나 사단법인으로서 사회 일반의 이익에 이바지하기 위하여 학자금·장학금 또는 연구비의 보조나 지급, 학술, 자선(慈善)에 관한 사업을 목적으로 하는 법인(이하 "공익법인"이라 한다)에 대하여 적용한다"고 하여 공익법인을 간접적으로 규정하고 있다. 즉, 일반적인 의미의 '공익'과는 달리 공익법인이란 민법상 설립된 비영리법인 중에서 실질적으로는 사회 일반의 이익에 이바지하기 위하여 학자금·장학금 또는 연구비의 보조나 지급, 학술, 자선(慈善)에 관한 사업을 목적으로 하는 법인이면서, 형식적으로는 주무관청으로부터 공익법인 설립허가를 받은 법인을 말한다. 그런데 공익법인법 시행령 제2조는 공익법인법 제2조 등 법률에서 위임한 사항이 아님에도 공익법인의 정의에 대해 구체적으로 규정하고 있다.[181] 공익법인법 및 동 시행령에 정한 공익법인의 정의에 의하면, 비영리법인이 "사회일반의 이익에 이바지"하기 위한 목적만으로는 공익법인이 될 수 없고 구체적으로 "학자금·장학금 또는 연구비의 보조나 지급, 학술·자선에 관한 사업을 목적"으로 하여야 하는데, 그 종류는 시행령에서 정한 것에 한정된다. 따라서 예컨대 어느 비영리법인이 사회 일반의 이익에 이바지하기 위한 목적이라도 그것이 양성평등을 목적으로 한다거나, 인권개선을 목적으로 하는 사업이더라도 현행 공익법인법에서 규정된 문언상으로는 공익법인이 될 수 없다.

---

181) 1. 학자금·장학금 기타 명칭에 관계없이 학생 등의 장학을 목적으로 금전을 지급하거나 지원하는 사업(금전에 갈음한 물건·용역 또는 시설을 설치·운영 또는 제공하거나 지원하는 사업을 포함), 2. 연구비·연구조성비·장려금 기타 명칭에 관계없이 학문·과학기술의 연구·조사·개발·보급을 목적으로 금전을 지급하거나 지원하는 사업(금전에 갈음한 물건·용역 또는 시설을 제공하는 사업을 포함), 3. 학문 또는 과학기술의 연구·조사·개발·보급을 목적으로 하는 사업 및 이들 사업을 지원하는 도서관·박물관·과학관 기타 이와 유사한 시설을 설치·운영하는 사업, 4. 불행·재해 기타 사정으로 자활할 수 없는 자를 돕기 위한 모든 자선사업, 5. 제1호 내지 제4호에 해당하는 사업의 유공자에 대한 시상을 행하는 사업 등이다(동 시행령 제2조 제1항). 또한 공익법인에는 앞서 열거된 사업과 그 이외의 사업을 함께 수행하는 법인을 포함한다(동 시행령 제2조 제2항).

대법원은 어느 법인이 공익법인에 해당하는지가 문제된 사례에서 종교법인인 재단법인 태극도는 공익법인법 제2조에서 말하는 공익법인에 해당한다고 할 수 없다고 하였다.[182] 또한 의료재단이 공익법인에 해당하는지에 대해 "공익법인의 설립·운영에 관한 법률이 규제대상으로 하는 위 법 제2조 소정의 공익법인은 민법 제32조 소정의 비영리법인 중 순수한 학술, 자선 등 공익법인의 설립·운영에 관한 법률 시행령 제2조 제1항 각호 소정 사업을 목적으로 하는 법인이거나 주로 위와 같은 학술, 자선 등의 사업을 목적으로 하면서 그와 함께 부수적으로 그 이외의 사업을 함께 수행하는 법인만을 말한다"고 하면서 해당 의료재단은 "의료기관의 설치·운영을 목적으로 하면서 그 목적 등을 위하여 부수적으로 보건의료에 관한 연구 개발 등을 하는 비영리법인일 뿐 공익법인의 설립·운영에 관한 법률 제2조 소정의 공익법인에는 해당하지 않는다"고 판시하고 있어서,[183] 대체적으로 대법원은 공익법인의 해석을 엄격하게 하고 있다.

 공익법인의 수혜자 지정 문제

공익법인법상 '공익'법인으로 인정될 수 있는 사업을 하더라도 그 사업의 수혜자를 특정하여 법인의 사업을 영위할 수 있는지가 문제될 수 있다. 예컨대 노벨상수상을 할 인재를 양성하는 장학사업을 목적으로 하는 공익법인이 장기적인 인력양성을 위해 특정한 수혜자를 지정해서 장학사업을 할 수 있는지가 문제될 수 있다. 이에 관해 살펴본다.

공익법인법 제4조 제2항은 설립허가 기준에 대해 "주무관청은 공익법인의 설립허가를 할 때 대통령령으로 정하는 바에 따라 회비 징수, 수혜(受惠) 대상에 관한 사항, 그 밖에 필요한 조건을 붙일 수 있다"고 규정하고 있다. 이에 따라 동법 시행령 제6조 제1항은 주무관청이 공익법인 설립허가를 함에 있어 다음 각 호의 조건을 붙일 수 있다고 규정하면서, 그 제2호에서 "수혜자의 출생지·출신학교·직업·근무처 기타 사회적 지위나 당해 법인과의 특수관계 등에 의하여 수혜자의 범위를 제한할 수 없다는 뜻"을 열거하고 있고, 동조 제2항은 "주무관청은 공익법인의 설립허가를 함에 있어서 제1항 제2호의 조건을 반드시 붙이되, 주무관청이 수혜자의 범위를 특히 한정할 필요가 있다고 인정되는 때에는

182) 대법원 1978. 6. 13. 선고 77도4002 판결.
183) 대법원 2010. 9. 30. 선고 2010다43580 판결.

그 한정할 범위에 관하여 미리 기획재정부장관[184)과 합의하여야 한다"고 규정하고 있다. 이들 규정들의 정확한 입법취지는 입법이유서가 없는 이상 알 수 없으나, 일응 공익법인의 수혜자가 특정인에게 집중되는 것을 막음으로써, 공익법인의 원래 취지인 "사회 일반의 이익에 이바지"[185)할 수 있도록 하기 위함으로 보인다. 위와 같이 공익법인법 시행령은 제6조 제1항에서 주무관청이 공익법인의 설립허가를 함에 있어서 "… 수혜자의 범위를 제한할 수 없다는 뜻"을 조건으로 "붙일 수 있다"고 하여 재량사항인 것처럼 규정하면서도, 정작 동조 제2항에서는 공익법인 설립허가를 함에 있어서 수혜자의 범위를 제한할 수 없다는 뜻의 조건을 "반드시 붙이"도록 하여 기속사항인 것처럼 규정하고 있다. 따라서 처음부터 사업목적을 특정인을 위하여 장학사업을 하는 것으로 정하여 법인설립허가신청을 한다면 주무관청으로서는 공익법인법 시행령 제6조 제2항을 들어 그 허가신청을 반려할 수도 있다. 그런데 공익법인의 설립허가 신청 당시에는 노벨상을 수상할 인재를 위한 장학사업 정도로 다소 추상적으로 사업목적을 정하여 설립허가를 받은 후 실제로 장학사업을 영위함에 있어서 선발위원회를 통해 특정인을 수혜자로 정해 장기간 장학혜택을 주는 경우에 그것이 공익사업법 시행령 제6조에 위배된 것인지가 문제될 수 있다. 공익법인법 제16조 제1항은 ① 거짓이나 그 밖의 부정한 방법으로 설립허가를 받은 경우(제1호), ② 설립허가 조건을 위반한 경우(제2호) 등에 대해서는 주무관청은 공익법인에 대한 설립허가를 취소할 수 있다고 규정하고 있다. 이들 규정들을 종합해보면, 공익법인법 시행령 제6조의 취지는 장학사업의 수혜자가 출생지, 출신학교, 직업, 근무처, 법인과의 특수관계 등에 의해 정해져서는 안 된다는 뜻이므로, 장학대상자를 엄정하게 심사한 결과 선발된 특정인에게 지속적으로 수혜하도록 하는 것이 법인의 설립목적과 부합한다면 공익사업법 시행령 제6조에 위배된다고 할 수는 없다. 요컨대 특정인에 대해 지속적인 수혜를 주더라도 그것이 특정인을 지원하거나 이를 통해 법인의 수익을 유출하려는 의도가 아니라 실제로 수혜대상자로 적합한 자격을 갖추어 선발된 자에게 수혜가 이루어지고 있는 것이라면, 공익법인은 그러한 사업을 계속 영위할 수 있다고 생각된다.

---

184) 「행정권한의 위임 및 위탁에 관한 규정」에 의하여 공익법인의 설립허가에 관한 권한이 지방자치단체의 장등에게 위임된 경우에는 설립이 허가되는 공익법인의 주된 사무소의 소재지를 관할하는 세무서장을 말한다(공익법인법 시행령 제6조 제2항).
185) 공익법인법 제2조 참조.

나. 공익법인법의 주요 내용

(1) 공익법인의 설립요건

(가) 정관의 작성

공익법인의 설립자는 법인의 정관을 작성하여야 하는데, 목적, 명칭, 사무소의 소재지, 설립 당시의 자산의 종류 · 상태 및 평가액, 자산의 관리방법과 회계에 관한 사항, 이사 및 감사의 정수(定數) · 임기 및 그 임면(任免)에 관한 사항, 이사의 결의권 행사 및 대표권에 관한 사항, 정관의 변경에 관한 사항, 공고 및 공고 방법에 관한 사항, 존립시기와 해산사유를 정한 경우에는 그 시기와 사유 및 잔여재산의 처리방법, 업무감사와 회계검사에 관한 사항을 필수적 기재사항으로 기재해야 한다(공익법인법 제3조 제1항). 또한 구체적으로 명확하게 정한 사업에 관한 사항, 사단법인의 경우에는 사원 및 사원총회에 관한 사항, 기타 공익법인의 운영에 관한 기본적 사항 등도 기재되어야 한다(동법 시행령 제3조).

(나) 재산의 출연

공익법인이 설립되기 위해서는 일차적으로 재원이 필요하다. 공익법인법 제4조 제1항은 재단법인은 출연재산의 수입, 사단법인은 회비 · 기부금 등으로 조성되는 재원(財源)의 수입으로 목적사업을 원활히 수행할 수 있어야 한다고 규정한다. 그러한 출연재산 또는 재원을 기본재산이라고 한다. 공익재단법인의 경우 출연된 재산에서 창출되는 과실로 그리고 공익사단법인의 경우에는 회비나 기부금등의 재원으로 사업목적을 달성할 수 있어야 허가를 취득할 수 있기 때문에 이와 같은 '출연재산에 의한 사업목적달성' 요건은 '사업의 목적'과 함께 중요한 설립요건이 된다.[186]

(다) 주무관청의 허가

공익법인의 설립허가를 받고자 하는 자는 법인설립 허가신청서와 함께 설립발기인의 성명 · 주소 · 약력(설립발기인이 법인인 경우에는 그 명칭, 주된 사무소의 소재지, 대표자의 성명 · 주소 · 정관 및 최근의 사업활동)을 기재한 서류, 설립취지서, 정관, 재단법인인 경우에는 출연재산의 종류 · 수량 · 금액 및 권리관계를 명확하게 기재한 재산목록(기본재산과 보통재산으로 구분하여 기재하여야 한다) 및 기부신청서 1부, 사단법인인

---

186) 윤철홍, "공익법인의 설립 · 운영에 관한 법률의 주요내용과 문제점", 「동서연구」 제8권, 연세대학교 동서문제연구원, 1996, 29면.

경우에는 회비징수예정명세서 또는 기부신청서, 부동산·예금·유가증권 등 주된 재산에 관한 등기소·금융기관 등의 증명서, 사업개시예정일 및 사업개시 이후 2 사업연도분의 사업계획서 및 수지예산서, 사단법인인 경우에는 창립총회회의록 및 사원이 될 자의 성명 및 주소를 기재한 사원명부(사원명부를 작성하기 곤란한 때에는 사원의 총수를 기재한 서류)를 주무관청에 제출하여야 한다(공익법인법 시행령 제4조).

위의 서류를 제출받은 주무관청은 "관계 사실을 조사하여 재단법인은 출연재산의 수입, 사단법인은 회비·기부금 등으로 조성되는 재원(財源)의 수입으로 목적사업을 원활히 수행할 수 있다고 인정되는 경우에만" 설립허가를 해야 하고(공익법인법 제4조 제1항), 판단기준에 대해서는 동법 시행령 제5조 제1항에서 규정하고 있으나,[187] 그 기준이 추상적이고 주무관청의 자의가 개입할 여지가 크다는 점이 문제이다.

(라) 임원의 구성

공익법인의 경우 민법상 비영리법인과 달리 임원의 구성에 있어서 엄격한 요건을 요구받는다. 5명 이상 15명 이하의 이사와 2명의 감사를 두어야 하고, 주무 관청의 승인을 받아 그 수를 증감할 수 있다(공익법인법 제5조 제1항). 그러나 이사회를 구성할 때 대통령령으로 정하는 '특별한 관계가 있는 자'의 수는 이사 현원(現員)의 5분의 1을 초과할 수 없다(동조 제5항). '특별한 관계가 있는 자'란 출연자, 출연자 또는 이사의 일정 범위 내의 친족, 출연자 또는 이사의 사용인 기타 고용관계에 있는 자, 출연자 또는 이사의 금전 기타의 재산에 의하여 생계를 유지하는 자와 생계를 함께 하는 자, 당해 출연자가 재산을 출연한 다른 공익사업을 영위하는 법인의 이사 등을 말한다(동법 시행령 제12조 제1항).

(2) 설립등기 및 법인설립 후의 절차

(가) 설립등기

주무관청으로부터 법인설립의 허가를 받은 때에는 3주 내에 주된 사무소 소재지

---

187) 공익법인법 시행령 제5조(설립허가) ① 주무관청은 법인설립허가신청의 내용이 다음 각호의 기준에 적합한 경우에 한하여 이를 허가한다.
  1. 목적사업이 구체적이며 실현가능하다고 인정되는 경우
  2. 재단법인에 있어서는 출연재산의 수입, 사단법인에 있어서는 회비·기부금등으로 조성하는 재원의 수입으로 목적사업을 원활히 달성할 수 있다고 인정되는 경우
  3. 목적사업이 적극적으로 공익을 유지·증진하는 것이라고 인정되는 경우

에서 설립등기를 하여야 한다(민법 제49조 제1항). 이러한 법인설립등기를 한 공익법인은 등기를 완료한 날로부터 7일 이내에 등기보고서에 등기부 등본 1부를 주무관청에 제출하여야 한다(공익법인법 시행령 제9조).

(나) 재산이전의 보고

공익재단법인의 설립허가를 받은 자는 그 허가를 받은 후 지체 없이 출연재산을 법인에 이전하고 3월 내에 재산이전을 증명하는 등기부등본 또는 금융기관의 증명서를 첨부하여 재산이전보고서를 주무관청에 제출하여야 한다(공익법인법 시행령 제8조).

(다) 수익사업의 승인신청

공익법인이 수익사업경영의 승인을 신청하는 경우에는 수익사업승인신청서에 ① 사업계획서, ② 추정손익계산서 및 부속명세서, ③ 사업에 종사할 임원명부, ④ 행정관청의 허가를 요하는 사업인 경우에는 당해 사업에 대하여 허가를 받은 사실을 증명하는 서류 등을 첨부하여 주무관청에 제출하여 승인신청을 하여야 한다(공익법인법 시행령 제11조).

(3) 공익법인의 재산

(가) 기본재산과 보통재산

공익법인의 재산은 기본재산과 보통재산으로 구분한다(공익법인법 제11조 제1항). 기본재산에는 ① 설립시 기본재산으로 출연한 재산, ② 기부에 의하거나 기타 무상으로 취득한 재산(다만, 기부목적에 비추어 기본재산으로 하기 곤란하여 주무관청의 승인을 얻은 것은 예외로 함), ③ 보통재산 중 총회 또는 이사회에서 기본재산으로 편입할 것을 의결한 재산, ④ 세계잉여금 중 적립금이 속한다(공익법인법 시행령 제16조 제1항). 기본재산 이외의 모든 재산은 보통재산에 해당한다(공익법인법 시행령 제16조 제2항).

(나) 기본재산의 처분 등

공익법인은 목적사업을 수행하기 위하여 그 재산을 선량한 관리자의 주의를 다하여 관리하여야 한다(공익법인법 제11조 제5항). 공익법인은 원칙적으로 법인의 물적 영속성을 위해 기본재산은 유지한 채 보통재산으로 사업을 꾸려가게 된다. 그렇지만 공익법인을 운영하면서 보통재산만으로 사업을 영위하기 어려운 경우에는 불가피하게 기본재산을 활용할 수밖에 없다. 그렇더라도 기본재산을 함부로 사용하게 되면 공익법인의 존립자체가 위태로울 수 있다. 그래서 공익법인법은 일정한 경우에 주무관청의 허가를 받아 기본재산을 사용할 수 있도록 하고 있다. 즉, 공익법인이 기본재산에 관하여 ① 매도·증여·임대·교환 또는 용도변경하거나 담보로 제공하려는 경우, ② 대통령령으로 정하는 일정 금액 이상을 장기차입(長期借入)하려는 경우, ③ 기본재산의 운용수익이 감소하거나 기부금 또는 그 밖의 수입금이 감소하는 등 대통령령으로 정하는 사유로 정관에서 정한 목적사업의 수행이 현저히 곤란하여 기본재산을 보통재산으로 편입하려는 경우에는 주무관청을 허가를 받아야 한다.

(4) 설립허가의 취소

공익법인의 설립요건을 까다롭게 정한 공익법인법은 허가를 취소할 수 있는 사유에 있어서도 설립허가를 한 주무관청에 광범위한 취소권한을 부여하고 있다. 즉 주무관청은 ① 거짓이나 그 밖의 부정한 방법으로 설립허가를 받은 경우, ② 설립허가 조건을 위반한 경우, ③ 목적 달성이 불가능하게 된 경우, ④ 목적사업 외의 사업을 한 경우, ⑤ 공익법인법 또는 그에 따른 명령이나 정관을 위반한 경우, ⑥ 공익을 해치는 행위를 한 경우, ⑦ 정당한 사유 없이 설립허가를 받은 날부터 6개월 이내에 목적사업을 시작하지 아니하거나 1년 이상 사업실적이 없을 때에 설립허가를 취소할 수 있다(공익법인법 제16조). 공익법인의 목적사업이 2개 이상인 경우에 그 일부분에 위와 같은 사유가 발생한 때에도 그 설립허가를 취소할 수 있다(동조 제1항 단서).

다. 공익법인 관련 조세제도

공익법인의 설립과 활동을 지원하기 위해서 조세상의 혜택이 주어진다. 그 내용으로서 첫째, 공익법인에 재산을 출연하는 출연자에게는 상속세를 면제해 주며(상속세 및 증여세법 제16조), 재산을 출연받는 공익법인에 대해서는 증여세를 면제해 준다(상속세 및 증여세법 제48조). 출연재산에 대한 상속·증여세의 면제가 공익법인 관련 과세제도의 핵심이다. 둘째, 공익법인이 그 법인의 고유목적사업 또는 지정기부금에 지출하기 위하여 고유목적사업준비금을 손금으로 계상한 경우에는 일정한 범위 내에서 당해 사업연도의 소득금액 계산상 손금에 산입할 수 있다(법인세법 제29조 및 조세특례제한법 제74조). 셋째 공익법인이 그 고유의 사업목적을 위하여 공급하는 재화 및 용역에 대하여는 부가가치세가 면제된다(부가가치세법 제12조 제1항 및 동법 시행령 제37조).

VI. 비영리법인과 사회적기업

민사법상 공익법인을 포함한 비영리법인의 개념과 아울러 최근 '사회적기업'이라는 용어가 자주 등장한다. 사회적기업[188]의 개념에 대해서는 다양한 의견들이 주장되고 있지만, 이윤추구를 목적으로 하는 기업의 형태를 이용해서 사회서비스의 창출을 목적으로 하는 조직체라고 정의할 수 있다. 2007년 제정된 「사회적기업 육성법」은 사회적기업을 다음과 같이 정의하고 있다. 즉 사회적기업이란 취약계층[189]에게 사회서비스[190] 또는 일자리를 제공하거나 지역사회에 공헌함으로써 지역주민의 삶의 질을 높이는 등의 사회적 목적을 추구하면서 재화 및 서비스의 생산·판매 등 영업활동을 하는 기업으로서 동 법률이 정한 소정의 요건에 따라 고용노동부장관으로부터 인증받은 자를 말한다(동법 제2조 제1호). 따라서 우리나라의 법률상 "사회적기업"이란 일반적 의미에서 사회전반의 공공이익을 위한 기업이 아니라, 일정한 사회적 목적 실현을 위해 설립된 단체로서 고용노동부장관으로부터 "인증"받은 기업에 한정된다. 기업이 사회적기업으로 인증을 받게 되면 정부로부터 경영지원, 교육훈련 지원, 시설비 등의 지원, 생산물에 대한 공공기관의 우선구매, 조세감면 및 사회보험료 등 각종 지원과 혜택을 받게 된다(동법 제10조~제16조).

기업이 사회적기업으로 인증받기 위해서는 다음과 같은 요건을 갖추어야 한다(동법 제8조 제1항). ① 일정한 단체 형태를 갖출 것, ② 유급근로자를 고용하여 재화와 서비스의 생산·판매 등 영업활동을 할 것, ③ 취약계층에게 사회서비스 또는 일자리를 제공하거나 지역사회에 공헌함으로써 지역주민의 삶의 질을 높이는 등 "사회적

---

188) 일반적인 언어용례상으로는 '사회적 기업'이라고 표기하는 것이 맞지만, 우리나라의 「사회적기업 육성법」에서는 '사회적기업'이라고 하여 띄어쓰기를 하지 않고 있다. 따라서 본고에서는 일반적인 의미로 사용할 경우에는 '사회적 기업'이라고 표기하고 「사회적기업 육성법」에 따른 경우에는 '사회적기업'이라고 표기한다.

189) "취약계층"이란 자신에게 필요한 사회서비스를 시장가격으로 구매하는 데에 어려움이 있거나 노동시장의 통상적인 조건에서 취업이 특히 곤란한 계층을 말하며(사회적기업 육성법 제2조 제2호), 그 구체적인 기준에 관해서는 동법 시행령 제2조에 열거되어 있다.

190) "사회서비스"란 교육, 보건, 사회복지, 환경 및 문화 분야의 서비스, 그 밖에 이에 준하는 서비스로서 대통령령으로 정하는 분야의 서비스를 말한다(사회적기업 육성법 제2조 제3호). 동법 시행령이 정하는 서비스로는 보육 서비스, 예술·관광 및 운동 서비스, 산림 보전 및 관리 서비스, 간병 및 가사 지원 서비스, 문화재 보존 또는 활용 관련 서비스, 청소 등 사업시설 관리 서비스, 「직업안정법」 제2조의2 제9호에 따른 고용서비스, 그 밖에 고용노동부장관이 정책심의회의 심의를 거쳐 인정하는 서비스 등이다(제3조).

목적"의 실현을 조직의 주된 목적으로 할 것, ④ 서비스 수혜자, 근로자 등 이해관계자가 참여하는 의사결정 구조를 갖출 것, ⑤ 영업활동을 통하여 얻는 수입이 일정한 기준191) 이상일 것, ⑥ 정관이나 규약 등을 갖출 것, ⑦ 회계연도별로 배분 가능한 이윤이 발생한 경우에는 이윤의 3분의 2 이상을 사회적 목적을 위하여 사용할 것,192) ⑧ 그 밖에 운영기준에 관하여 대통령령으로 정하는 사항을 갖출 것 등이다.

사회적기업 자체가 고유한 단체모델을 가지고 있는 것은 아니며, 단체가 사회적서비스를 제공하는 데 적합한지의 기준에 따라 고용노동부장관의 인증을 받은 조직체가 사회적기업이다. 「사회적기업 육성법」 및 동법 시행령에 의하면 다음과 같은 단체가 사회적기업의 조직형태로 인정될 수 있다. ① 「민법」상 사단법인·재단법인 및 조합, ② 「상법」상 회사(합명회사·합자회사·유한책임회사·유한회사·주식회사) 및 합자조합, ③ 「공익법인법」상 공익법인, ④ 「비영리민간단체 지원법」상 비영리민간단체, ⑤ 「사회복지사업법」상 사회복지법인, ⑥ 「소비자생활협동조합법」상 소비자생활협동조합, ⑦ 「협동조합기본법」상 협동조합, 협동조합연합회, 사회적협동조합 및 사회적협동조합연합회, ⑧ 그 밖에 다른 법률에 따른 법인 또는 비영리단체 등이다(동법 제8조 제1항 제1호 및 동법 시행령 제8조 참조). 요컨대 공익법인을 포함한 비영리법인이 '사회적기업 육성법'상 일정한 요건을 갖추면 사회적기업으로 인증되는 것인바, 사회적기업으로 인증될 수 있는 단체는 비영리법인뿐만 아니라 회사를 포함한 영리법인도 포함되므로 '비영리법인'과 '사회적기업'은 별개의 개념으로 이해해야 한다.

VII. 기타 법인유사단체

1. 비법인사단과 조합

가. 의의

법인은 아니지만, 법인과 유사한 실체를 형성하고 있는 단체 중에도 일정한 목적을 위하여 형성된 인적 결합체를 실체로 하는 것과 일정한 목적을 위하여 바쳐진 재

---

191) 그 기준에 대해서는 대통령령으로 정하는 바 동법 시행령에 의하면 사회적기업의 인증을 신청한 날이 속하는 달의 직전 6개월 동안에 해당 조직의 영업활동을 통한 총수입이 같은 기간에 그 조직에서 지출되는 총 노무비의 100분의 30 이상인 경우를 말한다(제10조).
192) 이 요건은 사회적기업의 단체형태가 「상법」에 따른 회사·합자조합인 경우만 해당한다.

산의 집합이 그 실체를 이루는 조직체가 있다. 그중 전자와 같은 단체에는 비법인사단과 조합이 해당한다.

판례는 사단으로서의 실질을 갖추고 있으면서도 아직 법인이 되기 위하여 법률이 정한 절차를 밟지 아니한 사단을 "비법인사단",[193] "권리능력없는 사단",[194] "법인격없는 사단"[195] 또는 "법인아닌 사단"[196] 등으로 부른다. 학설도 이와 같이 혼용해서 부르고 있다.[197] 이때 「권리능력」 또는 「법인격」이 없다는 것은 법인과 같은 완전하고 포괄적이면서 혼일한 권리능력 내지 법인격이 없다는 의미이지 제한적 또는 개별적 권리능력마저도 가지지 못한다는 의미가 아니다. 그러한 점에서 비법인사단은 완전한 법인격을 취득하지 못했을 뿐, 사단으로서의 조직체를 형성하고 있다는 점에서는 사단법인과 큰 차이가 없다. 이 때문에 비법인사단을 "준사단법인"[198] 또는 "등기없는 법인"[199]으로 부르자는 주장도 있다. 또한 독일에서는 권리능력없는 사단이라는 표현 대신 등기없는 사단(nichteingetragener Verein)이라고 부르기도 한다. 우리나라에서 "등기없는 법인"이라고 부르는 견해는 여기에서 본받았다고 추측된다. 그러나 우리나라에서 비법인사단·재단을 '등기없는' 법인이라고 하는 것은 다소 무리가 있다. 왜냐하면 독일에서는 비영리사단법인의 설립은 준칙주의가 적용되어 설립요건을 갖추고 區法院(Amtsgericht)에 등기만 하게 되면 쉽게 법인으로 될 수 있기 때문에(§ 21 BGB), '등기없는 사단'이란 용어에는 쉬운 법인설립에도 불구하고 구태여 등기를 하지 않았다는 자발성이 내포되어 있는 반면, 우리나라에서는 비영리사단법인의 설립을 위해서는 주무관청의 허가를 받아야 하므로 비법인사단이란 ① 요건미비로 주무관청으로부터 허가를 받지 못하였거나 ② 허가를 받았지만 등기를 아직 하지 않았거나 아니면 ③ 처음부터 허가절차조차도 꾀하지 않는 단체 등 다양한 모습으로 존재할 수 있기 때문이다.

193) 대법원 2012. 10. 25. 선고 2010다75723 판결 등 다수.
194) 대법원 2003. 7. 8. 선고 2002다74817 판결 등 다수.
195) 대법원 2011. 9. 29. 자 2011마62 결정 등 다수.
196) 대법원 1993. 5. 25. 선고 92다35950 판결 등 다수.
197) 독일에서는 일반적으로 이를 권리능력없는 사단(nichtrechtsfähiger Verein)이라고 하고(§ 54 BGB 참고), 스위스에서는 법인격없는 사단(Verein ohne Persönlichkeit)이라고 한다(Art. 62 ZGB).
198) 김교창, "준사단법인인 교회의 분할", 「저스티스」 제98호, 한국법학원, 2007. 6, 248면 이하.
199) 남기윤, "사법상 법인개념의 새로운 구성 ─새로운 법인이론의 제안─", 「저스티스」 통권 제70호, 한국법학원, 2002. 12, 167면 이하.

법인 아닌 사단을 비법인사단이라고 하면 도대체 "사단"이 무엇인지, 달리 표현하면 사단의 본질은 무엇인지가 문제된다. 이에 대해 일찍이 독일 제국법원은 "사단이란 공동목적의 달성을 위해 존재하는 지속적인 다수인의 결합으로, 그것은 정관에 따라 인체적으로(körperschaftlich) 조직되고 독자적 명칭을 사용하고 사원의 변경을 예정하고 있다"고 기술한 바 있다.200) 그 후 이 판례의 표현은 독일연방재판소(BGH)에도 계속 인용되고201) 학자들로부터도 지지를 받고 있다. 우리의 판례도 이와 같은 취지의 표현으로 정의한 바 있다. 즉 "비법인사단은 구성원의 개인성과는 별개로 권리 · 의무의 주체가 될 수 있는 독자적 존재로서의 단체적 조직을 가지는 특성이 있다 하겠는데, 어떤 단체가 고유의 목적을 가지고 사단적 성격을 가지는 규약을 만들어 이에 근거하여 의사결정기관 및 집행기관인 대표자를 두는 등의 조직을 갖추고 있고, 기관의 의결이나 업무집행방법이 다수결의 원칙에 의하여 행하여지며, 구성원의 가입, 탈퇴 등으로 인한 변경에 관계없이 단체 그 자체가 존속되고, 그 조직에 의하여 대표의 방법, 총회나 이사회 등의 운영, 자본의 구성, 재산의 관리 기타 단체로서의 주요사항이 확정되어 있는 경우에는 비법인사단으로서의 실체를 가진다."고 한다.202) 여기서 어떤 단체가 사단으로 인정될 수 있는지를 판가름하는 표지(Merkmal)로는 ① 사단적 성격의 규약(즉 정관)의 존재, ② 의사결정기관 및 집행기관 등 조직의 형성, ③ 다수결 원칙에 의한 의사결정, ④ 사원의 변경에 영향을 받지 않는 단체의 존속 등으로 요약할 수 있다.

이에 반해 법인 아닌 인적 결합체 중에서 조합은 사단보다는 단체성이 약하고 구성원(즉 조합원)의 인격이 더 중시되는 조직체이다. 민법은 조합에 대해 2인 이상이 상호출자하여 공동사업을 경영할 것을 약정함으로써 생기는 계약관계로 보고 있다(민법 제703조 참조). 그러나 그러한 조합계약으로부터 조합이라는 단체가 출현하는 것이다. 그렇지만 그러한 조합은 사단에 비해 단체의 개성보다 구성원의 개성이 더 중시된다는 점에서 차이가 있다.203) 구체적으로는 ① 조합은 구성원 사이의 계약에

200) RGZ 143, 212, 213: „ daß eine auf Dauer angelegte Verbindung einer größeren Anzahl von Personen zur Erreichung eines gemeinsamen Zwecks vorhanden sein muß, die nach ihrer Satzung körperschaftlich organisiert ist, einen Geasamtnamen führt und auf einen wechselnden Mitgliederbestand angelegt ist."
201) 예컨대 BGHZ 90, 332.
202) 대법원 1999. 4. 23. 선고 99다4504 판결.
203) 대법원 1999. 4. 23. 선고 99다4504 판결에서 "조합은 2인 이상이 상호간에 금전 기타 재

의해서 형성되고, ② 조직이 분화되지 않아 각 조합원이 업무집행권을 가지며, ③ 의사결정은 만장일치제에 의해서 이루어지며, ④ 조합원의 가입과 탈퇴에 의해 조합의 존속이 영향을 받게 된다. 이러한 점에서 조합은 조합원의 개성이 인적 결합체에 몰입되지 않는 특성을 가지고 있다. 그렇지만 이러한 사단과 조합의 표지는 단체의 이념형(Idealtypus)이 그러하다는 것이고, 각 나라의 입법에 따라 그 내용은 다를 수 있다.[204]

나. 비법인사단과 조합의 구별

비법인사단이나 조합은 법인 아닌 인적 단체라는 점에서는 공통점을 가지지만, 앞서 본 바와 같이 단체의 세부적인 특질 내지 표지에서는 차이가 있다. 법문에서도 비법인사단과 조합은 구별된다. 예컨대 우리 민법은 공동소유에 있어서 「조합체」가 소유하는 합유(민법 제271조 참조)와 「법인이 아닌 사단」이 소유하는 총유(민법 제275조 참조)를 구별하고 있으며, 종래 독일민법 제54조는 「권리능력없는 사단」에 대하여는 「조합」의 규정을 준용하는 바, 이는 양자의 구별을 전제로 한 것이다.[205] 그 외에도 비법인사단과 조합은 개별적 권리능력이나 대내외적 법률관계에서도 차이가 있다. 민사소송법은 비법인사단에 대하여 당사자능력(동법 제52조)을 그리고 부동산등기법은 부동산등기능력(동법 제26조)을 인정하고 있으나, 조합에는 그러한 능력이 인정되지 않는다. 또한 비법인사단은 대표기관에 의하여 행동하고 그 법률효과도 직접 사단에게 발생하기 때문에 사단의 자산이나 부채도 모두 사단 자체의 것으로 귀속된다. 이에 반해 조합은 구성원 전원 또는 그로부터 대리권을 수여받은 자에 의하여 행동하고 그 법률효과도 조합원 전원에게 발생하며, 조합의 재산은 조합원이 합유하며 조합의 채무는 조합원 전원이 공동으로 부담한다. 이와 같이 단체의 표지나

산 또는 노무를 출자하여 공동사업을 경영할 것을 약정하는 계약관계에 의하여 성립하므로 어느 정도 단체성에서 오는 제약을 받게 되는 것이지만 구성원의 개인성이 강하게 드러나는 인적 결합체"라고 한다.

204) 예컨대 조합은 원래 만장일치를 전제로 하여 合手(Gesamthand)단체라고 하지만, 우리 민법은 다수결원리를 취하고 있다.

205) 2024. 1. 1.부로 시행된 개정 독일민법전은 영리 추구를 목적으로 하지 않으면서 사단등기부에 등기하지 않아 법인격을 취득하지 못한 사단에 대해서는 사단법인의 규정을 준용하고, 영리 추구를 목적으로 하면서 국가의 허가를 통한 법인격을 취득하지 못한 사단에 대해서는 조합에 관한 규정을 준용하도록 정하고 있다.

법적 특성에 의하여 양자는 구별되지만, 실제로 어떤 단체가 비법인사단인지, 아니면 조합인지를 구별하는 것은 쉽지 않다. 양자의 구별의 어려움을 잘 보여주는 대표적인 사례가 이른바 "포럼 스테글리쯔(Forum Steglitz)"사례이다.[206]

원고는 피고에게 1970년 1월 9일부터 8월 13일까지 원고 소유의 쇼핑센터인 "Forum Steglitz"에 속한 한 가게를 임대하였다. 이 쇼핑센터에 속해 있는 모든 임차인들과 체결된 임대차계약의 한 구성요소인 부가계약에는 다음과 같은 사항이 있다. ① Forum의 개점과 지속적인 선전을 위해 광고조합을 조직한다. ② Forum의 모든 임차인은 이 광고조합의 회원으로 가입할 의무가 있다. ④ 회원은 임대차계약의 종료로 자동으로 탈퇴하게 되고 그 회원에게는 지분상환청구권이 주어진다. ⑤ 각 회원의 출자비용은 총수익의 1%를 넘지 않는다. ⑥ 기관으로는 총회와 이사회가 있다. ⑦ 회원들로 구성된 총회에서 이사들의 선출과 해임 및 광고를 위한 분담금(Werbebeitrag) 그리고 정관의 변경 등이 결정된다. ⑧ 이 총회는 이사들의 요구나 일정수의 회원의 요구로 최소한 1년에 한 번 이상 개최되어야 하고, 결정은 다수결로 한다. ⑨ 여러 명으로 구성된 이사회는 광고공동체의 사업목표를 정하고 광고에 관한 조치를 결정하며 광고의 손익계산을 관리한다.

피고가 임대차계약의 존속에도 불구하고 광고조합으로부터 탈퇴를 통지하자, 원고는 다음과 같은 이유로 탈퇴무효확인의 소를 제기하였다. 즉 피고는 광고조합의 회원이고 임대계약서의 부가합의사항에 근거하여 광고공동체에 가입할 의무가 있다는 것이다. 이에 대해 1심과 2심은 소를 기각하였지만, 연방최고재판소(BGH)는 원심을 파기환송하였다.[207]

위 사례의 광고조합은 비법인사단인가 아니면 조합인가? 사원총회와 이사회가 광고조합의 기관이라는 점은 분명 사단적 요소이다. 동시에 임대차관계의 종료와 함께 회원은 자동적으로 탈퇴하게 되고 그 회원에게는 지분상환청구권이 주어진다는 점은 분명 조합적 요소이다. 결과적으로 이 광고공동체는 사단과 조합이 혼합된 형태이다. 연방최고재판소(BGH)는 Forum-S의 사단적 요소에도 불구하고 사단법인의 사원탈퇴(§ 39 BGB)가 아니라 조합원의 임의탈퇴(§ 723 BGB)의 적용이 더 타당하다고 보아, 피고는 특별한 이유없이 임의탈퇴를 할 수 없다고 판시하였다. 여기서 관

---

206) BGH, NJW1979, 2304 = JuS 979, 901. 이에 관한 자세한 설명은, 송호영, "법인론과 관련한 독일 사법학계의 최근동향", 「비교사법」 제4권 제2호, 한국비교사법학회, 1997. 12, 597면, 특히 631면 이하 참고.

207) 이 판결에 대한 상세한 평석은 Dieter Reuter, Zur Abgrenzung von Vereins- und Gesellschaftsrecht -Besprechung der Entscheidung des BGH vom 2. 4. 1979-, ZGR 1981, S. 364 이하 참조.

심을 끄는 것은 동 판례에서 다음과 같은 설시한 부분이다: "조합의 규정을 준용함에 있어서 고려되지 않을 수 없는 것은 민법상 조합과 법인격없는 사단 사이에는 법률관계의 임의적인 형성을 가능케 하는 상당한 자유공간이 존재한다는 사실이다. (중략) 따라서 사단에 가까운 형태로부터 조합과 유사한 형태까지 자유로운 왕래를 특성으로 하는 단체도 가능하다." 이러한 관점에서 어떤 문제된 '단체가 사단이냐 아니면 조합이냐'라는 식의 양자택일적으로 구분하여 오직 사단법으로 혹은 오직 조합법으로만 문제를 해결하려는 태도는 옳지 않다. 왜냐하면, 어떤 단체가 직면한 법률문제에 있어서 때로는 사단법의 규범이 더 적절할 수도 있고 때로는 조합법의 규범이 더욱 잘 어울릴 수 있는 데다가 그러한 유연한 적용을 통해 단체뿐만 아니라 보호가치있는 구성원의 이익에 더욱 적합한 해결책을 제시해줄 수 있기 때문이다.

기본적으로 우리 판례도 '사단 또는 조합'이라는 양분논리에서 벗어나 단체를 실질적으로 파악하여 문제해결에 접근하는 태도를 취하고 있다고 보인다. 이를테면 선어중매조합의 조합장이 상무와 공모하여 타인의 사업자금조달을 위해 조합명의의 약속어음을 발행하였는데, 그 어음을 취득한 원고가 어음이 부도나자 선어중매조합이 민법상 조합임을 전제로 조합원들을 상대로 어음금의 지급을 청구한 사건에서, 판례는 "민법상 조합의 명칭을 가지고 있는 단체라 하더라도 고유의 목적을 가지고 사단적 성격을 가지는 규약을 만들어 이에 근거하여 의사결정기관 및 집행기관인 대표자를 두는 등의 조직을 갖추고 있고, 기관의 의결이나 업무집행방법이 다수결의 원칙에 의하여 행해지며, 구성원의 가입, 탈퇴 등으로 인한 변경에 관계없이 단체 그 자체가 존속되고, 그 조직에 의하여 대표의 방법, 총회나 이사회 등의 운영, 자본의 구성, 재산의 관리 기타 단체로서의 주요사항이 확정되어 있는 경우에는 비법인 사단으로서의 실체를 가진다"는 이유로 원고의 주장을 기각하였다.[208] 이 사례에서 판례는 일단 단체의 명칭에 구애받지 않고 단체의 실질을 파악하는 데 주력하여, 해당 단체의 사단성을 인정하여 조합원의 책임을 제한한 것이다. 그렇지만 똑같은 단체에서도 쟁점을 바꾸어 가령 조합원의 적법한 탈퇴여부가 문제된다면, 사단법이 아니라 조합법의 규정이 적용될 수도 있음을 인정하여야 한다.

---

208) 대법원 1992. 7. 10. 선고 92다2431 판결.

독일 「인적회사법 현대화에 관한 법률」

사단과 조합의 준별은 그동안 독일 단체법학의 큰 특징으로 알려져 왔다. 그런데 독일은 2021년 「인적회사법 현대화에 관한 법률」(Gesetz zur Modernisierung des Personen-gesellschaftsrechts: 약칭 MoPeG)을 제정하여 2024. 1. 1.부터 시행하게 되었는데, 동 법률에 의해 조합법에 큰 변화를 맞이하게 된다. 동 법률의 제정에 따른 민법상 조합의 변화를 요약하면 다음과 같다.

첫째 민법 제705조 제2항을 신설하여 권리능력을 가지는 조합(외적 조합)과 그렇지 않은, 권리능력없는 조합(내적 조합)을 구분하여 조합을 이원화하여 규율하였다. 둘째, 종전에는 합명회사나 합자회사에 대해서만 상업등기부에 등기를 할 수 있었고 민법상 조합은 등기할 방법이 없었으나, 개정된 독일민법에 의하면 조합등기부에 등기할 수 있게 되었다(제707조 이하). 셋째, 종래 독일민법은 조합재산(제718조), 조합 지분의 처분 금지(제719조), 조합채권임을 알지 못했던 채무자의 보호(제720조)와 같이 조합재산의 합수성을 보여주는 규정을 두고 있었으나, 개정된 독일민법은 이러한 규정들을 모두 삭제하여 재산은 조합자체에 귀속되고 더 이상 조합원들의 합유재산으로 인정하지 않는다. 이에 따라 사단과 조합의 준별론은 크게 약화되었다고 할 수 있다.

그렇지만 이러한 변화는 2000년 개정된 독일민법전 제14조 사업자(Unternehmer)의 개념에 권리능력있는 인적회사(rechtsfähige Personengesellschaft)라는 표현이 들어오게 되고, 2001년 독일연방재판소(BGH)에 의해 민법상 조합에 대해서 소송상 당사자능력을 인정한 독일연방재판소 판결(BGHZ 146,341)과 2008년 부동산등기능력(BGHZ 179, 102)을 인정한 독일연방재판소 판결(BGHZ 179, 102)에 의해 이미 그 기반이 마련되었다고 할 수 있다.

2. 비법인재단과 신탁

법인은 아니지만 일정한 목적을 위하여 바쳐진 재산의 집합체로는 비법인재단과 신탁을 들 수 있다. 재단(Stiftung)이란 설립자에 의해 출연된 재산을 통해 특정한 목적을 지속적으로 추구하는 사람으로 구성된 단체가 아닌 조직체이다.[209] 여기서 학

---

209) Ebersbach, Handbuch des deutschen Stiftungsrechts, Göttingen 1972, S. 15; Seifart-
    Seifart, Handbuch des Stiftungsrechts, München 1987, S. 2; Larenz/Wolf, Allgemeiner
    Teil des Bürgerlichen Rechts, S. 190; Hübner, Allgemeiner Teil des BGB, Rz. 274;

자들은 이러한 정의로부터 법적인 의미의 재단이 갖추어야 할 세 가지 표지를 도출한다. 즉 ① 재단의 목적(Stiftungszweck), ② 재단의 재산(Stiftungsvermögen), ③ 재단의 조직(Stiftungsorganisation)이 그것이다. 이 세 요소를 모두 갖추지 않고 하나라도 결핍된 조직이라면 그것은 법적인 의미의 재단이 아니다. 예컨대 지진피해로 인한 이재민들을 돕기 위해 방송국에서 국민들로부터 모금을 한 경우, 성금의 목적과 재산은 있더라도 이러한 사업목적이 지속적이지 않고 또한 그러한 목적을 지속적으로 추구할 조직이 결여되어 있을 뿐만 아니라 그러한 성금은 재단이 아니라, 단지 집적재산(Sammelvermögen)에 불과한 것이다.

비법인재단이란 상기한 법적인 재단의 요소를 모두 갖추었지만, 법인으로 인정받기 위한 법정의 절차를 거치지 아니한 조직체를 의미한다. 비법인사단에서와 마찬가지로 이를 "법인격없는 재단", "권리능력없는 재단" 또는 "법인아닌 재단" 등으로 부른다.

비법인사단에서와 마찬가지로, 비법인재단에 있어서도 소송상 당사자능력(민사소송법 제52조)과 부동산등기능력(부동산등기법 제26조)이 인정된다. 부동산에 관한 권리는 비법인재단의 명의로 등기할 수 있으므로 비법인재단이 단독소유하는 것이 된다. 그러나 그 밖의 재산권의 귀속에 대해서는 아무런 규정이 없어서 문제가 된다. 재단은 사단과 달리 구성원이 없으므로 총유관계나 합유관계를 인정할 수 없다. 이에 대해 비법인재단도 하나의 독립된 실체이므로 기타의 재산권도 역시 비법인재단에 귀속한다고 설명하는 견해가 있다.[210] 기본적으로 타당하지만, 사원도 없고 공시방법도 없는 단체에게 현실적으로 어떻게 재산권을 귀속시킬 것인가 하는 문제는 여전히 남는다. 이에 따라 부동산물권 이외의 권리의 형식적인 귀속관계는 「신탁」의 법리로 설명하여야 한다는 견해가 유력하다.[211]

신탁이란 위탁자가 신임관계를 기초로 수탁자에게 재산권을 이전하거나, 수익자 혹은 특정목적을 위하여 그 재산권을 관리·처분하게 하는 법률관계를 말한다(신탁법 제1조 참조). 신탁은 계약상의 법률관계이지만, 수탁자를 특정목적을 위해 재산을 관리·처분할 수 있는 기관으로 본다면 일종의 조직체와 같은 구조를 띠게 된다. 그러한 점에서 비법인재단은 신탁의 구조와 유사한 면이 있다. 흔히 재단은 대륙법계

MünchKomm BGB—Reuter, Vor § 80 Rz. 11; Staudinger BGB—Rawert, Vorbem. zu §§ 80 ff. Rz. 3; Berndt, Stiftungen und Unternehmen, 5. Aufl., Herne/Berlin 1995, S. 39.
210) 이영준, 민법총칙, 933면.
211) 곽윤직·김재형, 민법총칙, 169면.

에서 발전한 제도인 데 반하여 신탁은 영미법계에서 발전한 제도로 알려져 있다. 실제로 독일민법전(BGB)에는 신탁에 관한 규정이 없다. 독일의 학계에서는 비법인재단을 흔히 비독립적 재단(unselbständige Stiftung)이라고 부른다. 여기서 '비독립적'이란 스스로 법인격을 가지지 못하여 다른 권리주체에 의탁하여 출연재산의 목적사업을 꾸려간다는 의미이다. 이것은 곧 신탁의 모습과 다를 바 없기에 이를 신탁적 재단(treuhänderische Stiftung)이라고도 한다. 그러한 점에서 비법인재단은 신탁과 구조적으로 접근하고 있다. 다만 출연자가 출연재산에 영향을 미치는 방법과 영향에 대해 비법인재단에서는 정관을 통해 기관에 간접적으로 영향력을 행사하는 데 반해, 신탁에서는 신탁계약을 통해 수탁자에게 직접적으로 영향력을 행사한다는 데 차이가 있다.

VIII. 민사법상 비영리법인과 구별되는 단체

1. 「법인세법」상 비영리내국법인

「법인세법」 제2조는 비영리법인을 내국법인과 외국법인으로 구분하면서, 비영리내국법인을 내국법인 중 민법 제32조에 따라 설립된 법인, 사립학교법이나 그 밖의 특별법에 따라 설립된 법인으로서 민법 제32조에 규정된 목적과 유사한 목적을 가진 법인(대통령령으로 정하는 조합법인 등이 아닌 법인으로서 그 주주·사원 또는 출자자에게 이익을 배당할 수 있는 법인은 제외한다), 국세기본법 제13조 제4항의 규정에 의한 법인으로 보는 단체를 말한다고 규정하고 있다.

법인세법의 경우 법인세법 시행령 제2조 제1항에서 열거하고 있는 법인은 그 이익을 주주 등에게 배당하더라도 비영리법인으로 보도록 규정하고 있고, 국세기본법 제13조 제4항의 규정에 의한 '법인으로 보는 단체'에 대해서도 비영리내국법인으로 보도록 규정하고 있다. 이 두 가지 점이 민법상 비영리법인과 다른 점이다. 결국 비영리법인에 관해서는 민법상 개념과 법인세법상의 개념이 서로 차이가 있으며, 법인세법상의 비영리내국법인의 개념이 민법상 비영리법인의 개념보다 다소 넓다고 할 수 있다.

2. 「비영리민간단체 지원법」상 비영리민간단체

「비영리민간단체 지원법」제2조는 '비영리민간단체'를 영리가 아닌 공익활동을 수행하는 것을 주된 목적으로 하는 민간단체로서 다음의 요건을 갖춘 단체로 정의하고 있다.

⚖️ 비영리민간단체 지원법

제2조(정의) 이 법에 있어서 "비영리민간단체"라 함은 영리가 아닌 공익활동을 수행하는 것을 주된 목적으로 하는 민간단체로서 다음 각호의 요건을 갖춘 단체를 말한다.
1. 사업의 직접 수혜자가 불특정 다수일 것
2. 구성원 상호간에 이익분배를 하지 아니할 것
3. 사실상 특정정당 또는 선출직 후보를 지지·지원할 것을 주된 목적으로 하거나, 특정 종교의 교리전파를 주된 목적으로 하여 설립·운영되지 아니할 것
4. 상시 구성원수가 100인 이상일 것
5. 최근 1년 이상 공익활동실적이 있을 것
6. 법인이 아닌 단체일 경우에는 대표자 또는 관리인이 있을 것

비영리민간단체 지원법은 상기와 같은 요건을 갖춘 '비영리민간단체'에 대해서는 자발적인 활동을 보장하고 건전한 민간단체로의 성장을 지원함으로써 비영리민간단체의 공익활동증진과 민주사회발전에 기여함을 목적으로 하는데(동법 제1조), 여기서의 '비영리민간단체'는 법인(민법상 비영리법인, 공익법인법상 공익법인)뿐만 아니라 법인이 아닌 단체에 대해서도 "공익활동을 수행하는 것을 주된 목적으로 하는" 단체라면 지원대상에 해당한다. 따라서 비영리민간단체 지원법상 비영리민간단체는 비영리법인과는 다른 개념이며, 민법상 개념이 아닌 행정법상 개념이다.

동 법률이 정한 지원을 받고자 하는 비영리민간단체는 그의 주된 공익활동을 주관하는 중앙행정기관의 장이나 특별시장·광역시장·특별자치시장·도지사 또는 특별자치도지사(이하 "시·도지사"라 한다)에게 등록을 신청하여야 하며, 등록신청을 받은 중앙행정기관의 장이나 시·도지사는 그 등록을 수리하여야 하는데(동법 제4조 1항), 이것은 민법에서 법인설립을 위해 주무관청의 허가를 받아 주된 사무소의 소재

지에 설립등기를 하는 것과는 다른 것이다.

3. 「상속세 및 증여세법」상 공익법인등

「상속세 및 증여세법」 제16조는 '공익법인등에 출연한 재산에 대한 상속세 과세가액 불산입'에 관하여 규정하면서 제1항에서 "공익법인등"의 의미를 "… 종교·자선·학술관련 사업 등 공익성을 고려하여 대통령령으로 정하는 사업을 하는 자(이하 "공익법인등"이라 한다)"라고 표현하고 있다. 여기에 해당하는 '대통령령으로 정하는 사업'에 대해 「상속세 및 증여세법 시행령」 제12조는 '공익법인등의 범위'에 대하여 다음과 같은 사업을 들고 있다.

⚖️ 상속세 및 증여세법 시행령

제12조(공익법인등의 범위) 법 제16조제1항에서 "대통령령으로 정하는 사업을 하는 자"란 다음 각 호의 어느 하나에 해당하는 사업을 하는 자(이하 "공익법인등"이라 한다)를 말한다. 다만, 제9호를 적용할 때 설립일부터 1년 이내에 「법인세법 시행령」 제39조제1항제1호바목에 따른 공익법인등으로 고시된 경우에는 그 설립일부터 공익법인등에 해당하는 것으로 본다.

1. 종교의 보급 기타 교화에 현저히 기여하는 사업
2. 「초·중등교육법」 및 「고등교육법」에 의한 학교, 「유아교육법」에 따른 유치원을 설립·경영하는 사업
3. 「사회복지사업법」의 규정에 의한 사회복지법인이 운영하는 사업
4. 「의료법」에 따른 의료법인이 운영하는 사업
5. 삭제
6. 삭제
7. 삭제
8. 「법인세법」 제24조제2항제1호에 해당하는 기부금을 받는 자가 해당 기부금으로 운영하는 사업
9. 「법인세법 시행령」 제39조제1항제1호 각 목에 따른 공익법인등 및 「소득세법 시행령」 제80조제1항제5호에 따른 공익단체가 운영하는 고유목적사업. 다만, 회원의 친목 또는 이익을 증진시키거나 영리를 목적으로 대가를 수수하는 등 공익성이 있다고 보기 어려운 고유목적사업은 제외한다.

10. 「법인세법 시행령」 제39조제1항제2호다목에 해당하는 기부금을 받는 자가 해당 기부금으로 운영하는 사업. 다만, 회원의 친목 또는 이익을 증진시키거나 영리를 목적으로 대가를 수수하는 등 공익성이 있다고 보기 어려운 고유목적사업은 제외한다.
11. 삭제

4. 「소득세법 시행령」상 공익단체

'공익단체'라는 개념은 「소득세법 시행령」에서 등장하는데, 동 시행령 제80조(공익성을 고려하여 정하는 기부금의 범위) 제1항 제5호에서 "「비영리민간단체 지원법」에 따라 등록된 단체 중 다음 각 목의 요건을 모두 충족한 것으로서 행정안전부장관의 추천을 받아 기획재정부장관이 지정한 단체"를 공익단체라고 한다.

⚖️ **소득세법 시행령**

제80조(공익성을 고려하여 정하는 기부금의 범위) ① 법 제34조제3항제1호에서 "대통령령으로 정하는 기부금"이란 다음 각 호의 어느 하나에 해당하는 것을 말한다.

5. 「비영리민간단체 지원법」에 따라 등록된 단체 중 다음 각 목의 요건을 모두 충족한 것으로서 행정안전부장관의 추천을 받아 기획재정부장관이 지정한 단체(이하 이 조에서 "공익단체"라 한다)에 지출하는 기부금. 다만, 공익단체에 지출하는 기부금은 지정일이 속하는 과세기간의 1월 1일부터 3년간(지정받은 기간이 끝난 후 2년 이내에 재지정되는 경우에는 재지정일이 속하는 과세기간의 1월 1일부터 6년간) 지출하는 기부금만 해당한다.

가. 해산시 잔여재산을 국가·지방자치단체 또는 유사한 목적을 가진 비영리단체에 귀속하도록 한다는 내용이 정관에 포함되어 있을 것

나. 수입 중 개인의 회비·후원금이 차지하는 비율이 기획재정부령으로 정하는 비율을 초과할 것. 이 경우 다음의 수입은 그 비율을 계산할 때 수입에서 제외한다.
   1) 국가 또는 지방자치단체로부터 받는 보조금
   2) 「상속세 및 증여세법」 제16조제1항에 따른 공익법인등으로부터 지원받는 금액

다. 정관의 내용상 수입을 친목 등 회원의 이익이 아닌 공익을 위하여 사용하고 사업의 직접 수혜자가 불특정 다수일 것. 다만, 「상속세 및 증여세법 시행령」 제38조제8항제2호 단서에 해당하는 경우에는 해당 요건을 갖춘 것으로 본다.

라. 지정을 받으려는 과세기간의 직전 과세기간 종료일부터 소급하여 1년 이상 비

영리민간단체 명의의 통장으로 회비 및 후원금 등의 수입을 관리할 것

마. 삭제

바. 기부금 모금액 및 활용실적 공개 등과 관련하여 다음의 요건을 모두 갖추고 있을 것. 다만, 「상속세 및 증여세법」 제50조의3제1항제2호에 따른 사항을 같은 법 시행령 제43조의3제4항에 따른 표준서식에 따라 공시하는 경우에는 기부금 모금액 및 활용실적을 공개한 것으로 본다.

  1) 행정안전부장관의 추천일 현재 인터넷 홈페이지가 개설되어 있을 것

  2) 1)에 따라 개설된 인터넷 홈페이지와 국세청의 인터넷 홈페이지를 통하여 연간 기부금 모금액 및 활용실적을 매년 4월 30일까지 공개한다는 내용이 정관에 포함되어 있을 것

  3) 재지정의 경우에는 매년 4월 30일까지 1)에 따라 개설된 인터넷 홈페이지와 국세청의 인터넷 홈페이지에 연간 기부금 모금액 및 활용실적을 공개했을 것

사. 지정을 받으려는 과세기간 또는 그 직전 과세기간에 공익단체 또는 그 대표자의 명의로 특정 정당 또는 특정인에 대한 「공직선거법」 제58조제1항에 따른 선거운동을 한 사실이 없을 것

제2장

법인의 성립

"단체가 설립되어 존재하는 것과
그 단체에 권리능력을 부여하는 것은
분리가능한 표지이다."

카스텐 슈미트(Karsten Schmidt)

제2장
법인의 성립

제1절 단체의 설립과 법인의 성립

I. 단체의 설립과 국가의 조력(助力)

독일의 리트너(Fritz Rittner) 교수는 법인이 생성되는 모습에 따라 일시적 내지 비단계적 생성(Entstehung uno actu)과 단계적 생성(Entstehung durch Prozeß)으로 나눈다.[1] 전자는 법인이 법률 또는 행정법령에 근거하여 단계적 과정을 거치지 않고 곧바로 성립되는 경우를 말한다.[2] 이 경우에는 법인의 설립과정상 발생하는 여러 법적 문제들이 다투어질 여지는 거의 없다. 법인설립의 일반적인 모습이면서, 이론적으로나 실무적으로 중요한 의미를 지니는 쪽은 후자의 경우이다. 대다수의 문헌이 법인설립문제와 관련하여 후자의 경우를 주로 다루는 이유도 바로 여기에 있다. 비단계적(uno actu)으로 생성되는 법인의 경우를 논외로 하면, 일반적으로 법인은 단계적으로 생성되며 생성과정상 크게 두 가지 단계를 거치게 된다. 즉 (i) 단체의 설립단계와 그러한 (ii) 단체의 법인으로의 완성단계가 그것이다.

우선 단체의 설립단계에서는 법인을 설립하고자 하는 주체들이 자율적인 의사에 의해서 일정한 조직을 만들고 이를 기반으로 법인생성을 지향하는 여러 활동(예, 정

---

1) Fritz Rittner, Die werdende juristische Person, Untersuchungen zum Gesellschafts- und Unternehmensrecht, Tübingen 1973, S. 17 이하 참고.
2) 우리나라의 강학상 특허주의(법인설립을 위하여 특별법의 제정을 필요로 하는 입법주의)에 의하여 설립하는 법인이 이에 해당한다.

관작성, 기관구성 등)을 하게 된다. 이 단계에서는 설립행위(Gründungsgeschäft)가 핵심적인 내용을 이루고 거기에는 사적 자치(사단자치 혹은 정관자치)의 원칙이 지배하게 된다. 이 단계에서의 설립행위를 통하여 단체는 이른바 설립중인 법인3)(설립중인 사단, 설립중인 회사, 설립중인 재단 등)으로 등장한다.

설립중인 법인으로 있는 단체의 운명은 이후 갈림길에 서게 되는데, 만약 설립자들이 법인으로 진전되는 것을 포기하거나 법정의 요건을 갖추지 못하여 법인으로 될 수 없다면 권리능력없는 사단·재단으로 머물 수밖에 없지만, 만약 법인으로 진전되기를 원한다면 국가의 조력(staatliche Mitwirkung)을 통하여 법인으로 생성될 수 있다. 단체의 법인으로의 완성단계에서는 설립중인 법인이 국가의 조력을 통하여 법인으로 생성이 마무리된다. 이 단계는 구체적으로 설립중인 법인이 권리능력을 취득하여 법적으로 완전한 권리주체가 되는 과정을 의미한다. 이때 국가는 단체의 권리능력취득과정에서 개입하게 되는바, 단체에게 일정한 법정요건(즉 준칙)을 요구하거나, 인가나 허가 등을 통하여 권리능력의 부여에 조력하게 되고, 종국적으로는 등기나 등록을 통하여 법인의 생성을 국가가 공시함으로써 새로운 권리주체의 탄생은 완성된다.4)

II. 이른바 「설립중인 법인」의 문제

1. 설립중인 사단법인

가. 개설

앞서 본 바와 같이, 일반적으로 사단법인은 두 단계를 거쳐 완성된다. 첫 번째는 단체의 설립을 위한 단계이고, 두 번째는 권리능력의 취득을 위한 단계이다. 첫 번째 단계에서는 사적자치의 원칙이 지배하는 설립행위가 핵심적 내용을 이루고, 두 번째

---

3) 설립단계상태에 있는 단체를 통설은 "설립중의 법인"이라고 부른다. 그러나 "설립중의 법인"이라는 용어 대신 "생성중인 법인"으로 부르는 것이 더 정확한 표현이다. 그 이유는 설립단계에서는 법인이 설립과정 중에 있는 것이 아니라, 설립된 단체(errichteter Verband)가 법인으로 완성(Vollendung)되는 과정이기 때문이다. 이에 관한 상세한 설명은 송호영, "단체의 설립과 권리능력의 취득에 관한 일고", 「신세기의 민사법과제」(인제임정평교수화갑기념), 법원사, 2001, 35면 이하 참고.

4) 이하 법인성립에 관한 독일법과 한국법에 관한 비교법적 설명으로는 송호영, "법인의 생성에 관한 새로운 이해", 「법학논고」 제16집, 경북대학교 법학연구소, 2000, 189면 이하 참고.

단계에서는 법인이 완성되는 데 있어서 국가의 조력이 작용하게 된다. 첫 번째 단계, 즉 단체의 설립단계에서는 먼저 설립을 계획하는 몇몇 사람들이 모여 특정한 목적을 실현하기 위해서 법인을 설립하기로 약속하고(설립전단계: Vorgründungsstadium), 이어서 법인설립을 위해서 조직을 갖추고 장차 탄생할 법인의 근본규칙인 정관을 작성하는 등 법인설립에 필요한 여러 행위를 하게 된다(설립단계: Gründungsstadium). 그런 다음 두 번째 단계, 즉 권리능력의 취득을 위한 단계에서는 국가로부터 법인의 설립을 공적으로 확인받고(민법상 법인은 주무관청의 허가를 얻어야 함), 새로운 법인의 존재를 공시하기 위해 설립등기를 함으로써 법인의 생성은 마무리된다(완성단계: Vollendungsstadium). 이러한 법인설립단계에서 완성단계에 이르지 못한 상태의 사단을 설립중인 사단법인(회사법에서는 「설립중인 회사」)이라고 한다. 좀 더 구체적으로는 법인의 「설립전단계」를 지나서, 「설립단계」로부터 「완성단계」 직전까지의 상태에 있는 사단을 말한다. 설립중인 사단법인의 본질은 무엇인지 그리고 장차 완성될 사단법인과는 어떤 관계에 있는지에 대해서는 논란이 많다.

나. 설립전단계 – 발기인조합

대개의 경우에 법인설립에 관심을 가지는 자들은 우선 법인설립을 위해서 함께 일을 준비하고 도모해 나간다는 서로 간의 약속을 하게 된다. 그들, 즉 발기인들 사이의 약속은 채권법상의 부담행위(Verpflichtungsgeschäft)이고,[5] 이들이 참여하는 설립모임이 바로 발기인조합(Vorgründungsgesellschaft)이다. 단체설립을 위한 발기인들 사이의 부담행위의 법적 성질은 한편으로는 채권법상의 조합계약인 동시에(민법 제703조 참조), 다른 한편으로는 발기인 상호간에 단체설립을 위해 서로 협조한다는 것을 내용으로 하는 일종의 설립예약(Gründungsvorvertrag)이다.[6] 따라서 발기인조합의 법적 성질은 일반적으로 민법상 조합으로 이해되고 있다.[7] 발기인조합을 민법상 조합으로 이해한다면, 그 발기인조합이 설립준비행위과정에서 부담하게 된 채무도 발기인조합 자체[8]가 아니라, 그 구성원인 발기인들이 직접 무한책임을 진다고 해석

---

5) Karsten Schmidt, Gesellschaftsrecht, S. 290.
6) Karsten Schmidt, Gesellschaftsrecht, S. 2991 Flume, Die Werdende juristische Person, Festschrift für Ernst Geseler zum 65. Geburtstag, München 1971, S. 3, 17 ff.
7) 곽윤직·김재형, 민법총칙, 175면; 정동윤, 회사법, 103면 등 참조.
8) 곽윤직·김재형 교수는 "… 발기인조합이 행한 행위는 준비행위에 지나지 않으며, … 그 준

하여야 할 것이다.

발기인조합은 법인설립목적을 실현하기 위해서 설립자들의 모임이 정관의 작성을 통하여 설립중인 사단법인으로 나아가게 되면 발전적으로 소멸하게 된다. 이때 발기인조합과 설립중인 사단법인은 구분되어야 한다. 발기인조합과 설립중인 사단법인 사이에는 단체의 동일성이 존재하지 않기 때문에[9] 발기인조합의 권리나 의무는 설립중인 사단법인에게 자동적으로 이전되는 것은 아니다. 하지만 법인의 설립작업이 정상적으로 진행된다면 발기인조합의 재산은 채권양도나 채무인수 등의 절차를 통하여 설립중인 사단법인에게로 이전하게 될 것이다. 그렇지 않은 경우에는 발기인조합의 재산은 청산절차를 밟게 된다(민법 제721조 이하 참조).

다. 설립단계 – 설립중인 사단법인

(1) 의의

발기인들이 법인정관의 작성을 완료하게 되면 설립중인 사단법인(Vorverein)이 성립한다. 법인의 정관을 작성한다는 것은 법인의 목적·사무소·기관·회원구성·자산 등 장차 독자적인 권리주체가 될 수 있는 법인의 기본적인 골격의 형성이 마무리되었으며, 단체의 성질도 발기인조합 당시의 조합(Gesellschaft)과는 달리 이제는 엄연한 사단(Verein)으로 완전히 달라졌음을 의미한다. 다만 물적 회사의 경우에는 정관작성 외에도 물적 회사의 성질상 자본의 출자가 있을 때 설립중인 법인(설립중인 회사)이 성립한다. 설립중인 사단법인은 실제로는 물적 회사에 있어서 설립중인 회사가 주로 문제된다. 그런데 설립중인 회사의 창립시기에 대해서는 다툼이 있다. 물적 회사 중에서도 유한회사의 경우에는 설립중인 회사의 창립시기가 비교적 명확하다. 상법 제543조는 유한회사의 설립에 있어 정관을 작성하면서, 그 정관에 각 사원의 출자좌수를 명기하도록만 요구하고(제2항 제4호), 사원이 출자하여야 함을 규정하지 않고 있기 때문에 유한회사의 경우에는 정관의 작성만으로 설립중인 회사가 성립한다고 해석할 수 있다. 문제는 주식회사의 경우인데, 발기설립에 의해 주식회사를 설립하는 경우에는 상법 제295조 제1항에 의해 설립중인 회사의 창립시기는 정관작성

비행위에 대하여서는 조합 자체가 책임을 진다고 해석하여야 한다"고 주장한다(곽윤직·김재형, 민법총칙, 175면).

9) BGHZ 91, 148, 151.

및 발기인이 주식총수를 인수한 때라고 해석할 수 있을 것이다. 따라서 설립중인 회사의 창립시기는 모집설립의 경우에 문제된다. 이에 관하여는 정관의 작성시라는 설,[10] 정관의 작성과 회사설립시에 발행하는 주식의 총수가 인수된 때라는 설[11] 및 발기인이 정관을 작성하고, 또 각 발기인이 1주 이상을 인수한 때라는 설[12] 등이 대립한다. 판례는 제3설의 입장을 취하고 있다.[13] 생각건대 민법상 비영리사단법인의 경우는 비록 민법 제40조 제4호가 정관의 필요적 기재사항으로 "자산에 관한 규정"을 작성토록 요구하고 있지만, 이것이 바로 발기인의 출자의무를 요구하는 것은 아니므로 정관의 작성만으로 설립중인 사단법인이 성립한다고 할 수 있다. 그에 반해 모집설립에 의해 주식회사를 설립하는 경우는 정관작성 외에도 발기인의 자본출자는 회사설립의 본질적 요소라고 할 수 있다. 후술하는 바와 같이 설립중인 회사는 추후 법인으로 자격이 부여된 회사와 법률적으로 동일한 지위를 영위하게 되는데, 이러한 높은 법률적 지위를 보장받기 위해서는 비록 설립중인 회사라 하더라도 최소한 일정수준 이상의 책임재산이 확보되어 있어야 할 것이다. 이는 우리 회사법이 회사의 채권자보호를 위해 곳곳에 자본에 관한 원칙을 규정하고 있는 것과도 결코 무관하지 않다. 그러한 점에서 제2설이 타당하다.

(2) 법적 성질 및 권리능력

설립중인 법인의 법적 성질이 무엇인가에 대해서 견해가 대립된다. 과거 독일에서는 민법상 조합,[14] 합명회사[15] 또는 권리능력없는 사단[16]으로 보는 견해 등이 주장되었다. 현재는 1956년 7월 12일에 독일연방재판소[17]가 설립중인 법인을 특수한 성질의 단체(eine Vereinigung sui generis)로 본 이후로 대다수의 학설은 이를 따르고

---

10) 이기수·최병규, 회사법, 제9판, 박영사, 2011, 152면; 이철송, 회사법강의, 238면; 최준선, "설립중의 회사의 성립전 취득재산의 귀속과 이전", 「저스티스」 제31권 제2호, 한국법학원, 1998. 6, 190면 등.
11) 정동윤, 회사법, 139면.
12) 강위두, 회사법, 288면; 박상조, 신회사법론, 219면; 서돈각, 상법강의(上), 제3전정, 법문사, 1985, 292면; 손주찬, 상법(上), 제13정 증보판, 박영사, 2002, 560면; 정희철·정찬형, 상법원론(上), 박영사, 1997, 521면; 최기원, 신회사법론, 148면.
13) 대법원 1994. 1. 28. 선고 93다50215 판결; 대법원 2000. 1. 28. 선고 99다35737 판결 등.
14) RGZ 58, 55, 56; 83, 370, 373; 105, 228, 229; 151, 86, 91.
15) OLG Hamburg JZ 1952, 436; BayObLG BB 1978, 1685 = WM 1979, 317.
16) Dilcher, Rechtsfragen der sog. Vorgesellschaft, JuS 1966, S. 89, 90.
17) BGHZ 21, 242.

있다. 독일의 판례와 학설이 설립중인 법인을 특수한 성질의 단체로 보는 이유는 설립중인 법인에게도 법인격을 전제로 하는 것을 제외하고는 앞으로 성립될 법인에 관한 규정이 모두 준용될 수 있다고 해석하기 때문이다. 이러한 독일의 판례와 학설을 좇아 우리나라에서도 설립중인 법인을 특수한 성질의 단체 또는 독자적인 조직형태로 보는 소수의 견해가 있다.[18] 그에 반해 우리나라의 판례[19]와 통설[20]은 설립중인 법인을 권리능력없는 사단으로 보고 있다. 이러한 논의는 우리 법에서 실익이 별로 없다. 그 이유는 다음과 같다. 독일에서 설립중인 법인을 특수한 성질의 단체로 보는 결정적인 이유는 민법상 권리능력없는 사단에 대하여 과거 독일민법 제54조가 민법상 조합의 규정을 적용하였기 때문이다.[21] 독일민법의 입법자들은 단체설립에 있어서 설립등기를 간접적으로 강제하기 위해서 등기하지 않은 사단, 즉 권리능력없는 사단에게는 조합규정이 적용되게 함으로써 권리능력없는 사단의 법적 지위를 불리하게 규정하였다. 따라서 만약 설립중인 법인의 법적 성질을 권리능력없는 사단으로 보게 되면, 설립중인 법인은 조합법의 규정 아래 놓이게 되므로, 이러한 불합리를 구제하려는 노력으로 독일판례가 설립중인 법인의 법적 성질을 특수한 성질의 단체로 보았던 것이다.

그러나 우리나라의 경우는 이와 사정이 다르다. 왜냐하면 우리 민법은 권리능력없는 사단에 관하여 독일민법 제54조와 같은 조합준용규정을 두지 않았을 뿐만 아니라, 학설도 권리능력없는 사단에게도 법인격을 전제로 하는 것을 제외하고는 성립이 완성된 법인에 관한 규정을 준용할 수 있음을 널리 인정하고 있다.[22] 더구나 우리나라의 경우는 부동산등기법 제26조와 민사소송법 제52조가 명문으로 권리능력없는 사단의 부동산등기능력과 소송상 당사자능력을 인정하고 있다. 따라서 독일의 경우

---

18) 정동윤, 회사법, 141면.
19) 대법원 1970. 8. 31. 선고 70다1357 판결.
20) 곽윤직·김재형, 민법총칙, 175면; 김상용, 민법총칙, 222면; 송덕수, 민법총칙, 제7판, 박영사, 2024, 641면; 이영준, 민법총칙, 937면; 이철송; 회사법강의, 236면 이하; 정찬형, 상법강의(상), 제26판, 박영사, 2023, 671면; 최기원, 신회사법론, 146면.
21) 독일민법의 입법 당시에는 제54조(권리능력없는 사단)에서 "권리능력이 없는 사단에 대하여는 조합에 관한 규정이 적용된다"고 규정하였었는데(제1문), 2024년부터 시행되는 개정된 민법 제54조에서는 권리능력없는 사단의 성격을 둘로 나누어 비영리를 목적으로 하는 비법인사단은 사단법인에 관한 규정을 준용하고, 영리를 목적으로 하는 비법인사단은 조합에 관한 규정을 준용하도록 하고 있다.
22) 곽윤직·김재형, 민법총칙, 166면; 김상용, 민법총칙, 269면; 이영준, 민법총칙, 908~909면 등 통설이다.

와 비교할 때 우리나라에서는 설립중인 법인을 권리능력없는 사단으로 보아도 문제
될 이유가 거의 없다. 다만 독일의 다수설 및 우리나라의 소수설, 즉 설립중인 법인
이 특수한 성질의 단체라고 하는 견해가 우리 법에 주는 의미를 굳이 찾는다면, 설
립중인 법인과 일반적인 권리능력없는 사단을 비교해 보면, 설립중인 법인은 앞으로
도 계속해서 권리능력없는 사단이라는 법적 형태로 머물러 있는 것이 아니라 법인으
로 되어가는 과도기상의 단체형태에 불과하다는 의미에서 특수한 모습(sui generis)
을 띠고 있음을 강조하는 것뿐이다.

  법인 아닌 사단이 권리능력이 없다는 뜻은 법인과 같은 포괄적 권리능력을 부여받지
못하였다는 것이지, 권리능력없는 사단이 아무런 권리능력도 없다는 뜻이 아니다. 즉
권리능력없는 사단은 완전한 권리능력은 아니지만, 부분적 권리능력(Teilrechtsfähigkeit)
또는 제한된 권리능력(beschränkte Rechtsfähigkeit)을 가지고 있다. 예컨대 앞서 말한
바와 같이 권리능력없는 사단에 대해 부동산등기법에서는 부동산등기능력(동법 제26
조)을 그리고 민사소송법에서는 소송상 당사자능력(동법 제52조)을 명문으로 인정하고
있다. 따라서 설립중인 법인의 법적 성질이 권리능력없는 사단이라면 이들에게도 특정
한 법률관계에서 부분적 또는 제한된 권리능력이 인정되는 것이다. 이때 설립중인 법
인이 도대체 어떠한 개별적 능력을 가지는가를 밝히는 것이 문제로 남는데, 이것은 부
동산등기법 제26조나 민사소송법 제52조와 같은 명문규정이 없는 한, 앞으로 판례를
통하여 구체화될 것이다. 예컨대 설립중인 법인에게도 영업능력, 예금거래능력, 어음
능력, 파산능력 등은 인정될 수 있을 것이다. 그밖에 대법원은 설립중인 회사도 권리
능력없는 사단으로서 증여 등의 법률행위를 할 수 있다고 판시한 바 있다.[23]

(3) 권리 · 의무의 이전

  설립중인 사단법인은 마치 자연인에게 있어서 태아와 마찬가지로 장차 생성될 법
인의 전신(前身)으로써, 다만 완전한 법인격만을 갖추지 않은 상태에 머물러 있을 뿐
이다. 설립중인 사단법인과 추후 설립이 완성된 법인과의 관계를 어떻게 볼 것인가에
대해서 과거 독일에서는 양자가 서로 다른 것이라고 하는 분리설(Trennungstheorie)이
주장되기도 하였다.[24] 분리설이란 설립등기 전에는 설립중인 법인이라는 별도의 권

---

23) 대법원 1992. 2. 25. 선고 91누6108 판결.
24) 예컨대 Erich Brodmann, Aktienrecht, Berlin/Leipzig 1928, § 200 A I a.

리주체도 존재하지 않고 또 설립등기시를 기준으로 설립등기전의 단체와 설립등기된 법인 사이에는 아무런 연속성이나 동일성이 존재하지 않는다고 보는 학설이다. 그러나 이러한 주장은 제국법원[25]과 연방재판소[26]의 지속적인 판결에 의해 다음과 같이 극복되었다. 즉 설립중인 회사는 이미 설립등기 전에 존재하며, 설립중인 회사와 설립후의 회사는 등기전후에 관계없이 동일한 존재이므로 설립중인 회사의 권리·의무는 설립등기와 함께 별도의 절차없이 설립후의 회사에 자동적으로 귀속한다는 것이다(이른바 동일성설: Identitätstheorie). 동일성설은 현재 우리나라의 학계에서도 광범위하게 지지를 받고 있다.[27] 설립중인 회사와 설립후의 회사가 동일성이 유지된다는 것은 결국 설립중인 회사가 부담하는 채무를 설립후의 회사가 전적으로 부담하여야 하는 문제와 결부된다. 이 문제에 대해서는 동일성설을 지지하더라도 선뜻 동의하기가 주저되는 점이 있다. 만약 설립중인 회사가 부담한 온갖 채무를 설립후의 법인이 그대로 떠안아야 한다면 법인은 설립등기와 더불어 출발부터 부실한 자본상태를 가진 법인으로 전락할 것이기 때문이다. 이에 대해 우리 판례는 설립중의 법인의 행위에 대하여 설립후의 법인이 책임을 지는 것은 그 법인의 "설립 자체를 위한 행위"에 한하는 것으로 보고 있다.[28] 독일에서도 비교적 최근까지 판례는 설립중인 법인은 추후의 법인설립에 '필요한(notwendig)' 또는 '정관에 부합하는(satzungsgemäß)' 법률행위만 할 수 있다고 판시하였다.[29] 법인설립에 '필요한' 행위가 아니라는 이유로 설립후의 법인에 대하여는 효력이 없는 설립등기전의 법률행위는 독일민법(BGB) 제177조 이하의 규정에 따라 추인되었을 경우에 한하여 설립후의 법인에게 그 효과가 주어지는 것으로 논리구성을 하였다. 이를 제한적 동일성설(eingeschränkte Identitätstheorie)[30] 또는 부분적 동일성설(Teilidentitätstheorie)[31]

25) RGZ 82, 288, 290; 105, 228, 229; 143, 368, 372; 151, 86, 91 등 참조.
26) BGHZ 21,242, 246; 80, 129, 132 등 참조.
27) 곽윤직·김재형, 민법총칙, 175면; 김대정, 민법총칙, 353면; 김상용, 민법총칙, 222면; 정동윤, 회사법, 152면; 정찬형, 상법강의(상), 674면; 최기원, 신회사법론, 145면; 동일성을 부인하는 견해로는 이영준, 민법총칙, 937면.
28) 대법원 1965. 4. 13. 선고 64다1940 판결.
29) RGZ 58, 55, 56; 83, 370, 373; 105, 228, 229; 134, 121, 122; 141, 204, 209; 151, 86, 91; BGHZ 45, 338, 342; 53, 210, 212; 65, 378, 383.
30) Hueck, Vorgesellschaft, in: Festschrift 100 Jahre GmbH–Gesetz, Köln 1992, S. 127, 150.
31) Flume, Juristische Person, S. 150 ff.

이라고 부른다. 제한적 동일성설에 의하게 되면 설립중인 법인은 이른바 사전채무부담금지의 원칙(Prinzip des Vorbelastungsverbots)[32]에 위배되지 않는 범위 내에서 설립후의 법인이 동일한 것으로 이해되므로 이 원칙을 고수하게 되면 설립중인 법인이 관여할 수 있는 법률관계는 현저히 제한될 수밖에 없다. 따라서 기존의 동일성설은 결국 법인완성전의 단체의 경제적 활동의 필요성과 법률적으로 요구되는 전제조건사이의 모순관계 속에서 명쾌한 논리를 제공하는 데 그 한계가 있게 된다. 이에 새로운 해결책으로 등장한 설명모델이 1981년 3월 9일에 독일연방재판소 민사2부의 판결[33]에 제시된 이른바 차액책임론(Differenzhaftung)이다.[34] 이 판결에서 독일연방재판소는 설립이 완성된 유한회사의 설립전의 책임에 관하여 설립전 회사의 사전채무부담금지의 원칙을 부인하고 그 대신 사전채무부담을 통해 설립후의 회사에게 발생하는 차액에 대해서는 독일유한회사법(GmbHG) 제9조에 의거하여 사원들이 지분의 비율에 따라 책임을 지도록 함으로써, 회사의 책임에 있어서 설립중인 법인과 설립후의 법인의 완전한 연속성(vollständige Kontinuität)[35]을 관철시켰다. 이 판결에 대해서 독일의 학설은 대체로 긍정적인 반응이다.[36] 우리나라에서도 위의 판례를 소개한 정동윤 교수에 의해서 차액책임론의 도입이 주장된 바 있다.[37] 설립중인 법인과 설립후의 법인에 관해서 제한된 동일성이 아니라 완전한 동일성으로 이해해야 한다는 입장에서 보면 원론적으로는 찬성할 만한 이론이다. 다만, 차액책임을 지우는 근거와 책임의 주체에 관해서 그리고 동 이론이 모든 법인(영리법인이든 비영리법인이든)에 공히 적용될 수 있을 것인지에 대해서는 앞으로 더욱 깊이있는 논의가 필요하다.[38]

---

32) 사전채무부담금지의 원칙이란 설립등기로 인해 완성된 새로운 법인은 설립등기 전에 발생한 채무의 부담을 가능한 지지 않아야 한다는 것이다.

33) BGHZ 80, 129.

34) 이 판례에 대한 소개는 정동윤, 회사법, 149면; 정동윤, "설립중의 회사 -그 수수께끼의 해결을 위하여-", 「법학논집」 제22권, 고려대학교 법학연구원, 1984, 31면 이하 이하 참고.

35) Karsten Schmidt, Gesellschaftsrecht, S. 311; ders., Theorie und Praxis der Vorgesellschaft nach gegenwärtigem Stand, Rechtsfortbildung am Ziel oder noch auf dem Wege?, GmbHR 1987, S. 77, 78.

36) KölnKomm-Kraft, § 41 AktG Rz. 118 ff.; Karsten Schmidt, Gesellschaftsrecht, S. 797 등 참조.

37) 상세한 설명은 정동윤, 전게논문 및 그의 회사법 152면 이하 참조.

38) 정찬형 교수는 정동윤 교수의 차액책임론에 대해서 "유한회사에서는 그 적용가능성이 있다고 볼 수 있겠으나, 주주에게 엄격한 유한책임을 인정하는(상법 제331조) 주식회사에 이 이론을 적용하는 것은 실정법상 명문규정이 없는 점에서 보나 또 주식회사의 본질면(주주의 유한책임)에서 보아 무리라고 생각된다"고 한다[정찬형, 상법강의(상), 676면 참고].

2. 설립중인 재단법인

「설립중인 사단법인」의 경우와 마찬가지로 이른바 「설립중인 재단법인」이 인정되는지가 문제된다. 독일에서는 설립중인 재단(Vorstiftung)의 존재를 인정할 것인가를 두고 다툼이 있다. 이를 긍정하는 견해에 의하면,[39] 사단법인의 경우와 마찬가지로 재단법인에 있어서도 개념상 설립중인 재단(Vorstiftung)을 인정할 수 있으며, 설립중인 재단의 존재를 인정함으로써 설립중인 사단(또는 회사)에서 형성된 여러 법원칙들이 설립중인 재단에도 준용될 수 있다고 한다. 즉 재단법인의 설립이 완성되기 전, 즉 관할관청의 승인이 있기 전에 재단의 이름으로 이루어진 권리·의무관계는 재단법인이 성립하는 순간에 자동적으로 재단법인의 권리·의무로 귀속되기 때문에 권리·의무의 이전을 위한 별도의 법률행위가 필요하지 않다는 것이다. 그러나 설립중인 재단의 존재를 인정하자는 주장은 현행 독일법상 그다지 설득력이 없다.[40] 그 이유는 다음과 같다. 설립중인 사단 내지 설립중인 회사에는 이미 등기 전에 독자적인 권리주체성을 인정할 수 있는 데 반하여, 재단법인의 경우는 법인 이전의 단계를 인정하기 어렵다. 왜냐하면 재단법인은 권리능력을 취득함으로써 비로소 재단설립자와 설립자의 재산으로부터 분리된 독자적인 권리주체성이 인정되기 때문이다.[41] 이러한 점은 독일민법 제81조 제2항과 제82조에 반영되어 있다. 즉 재단설립자로부터 출연이 예정된 재산과 설립자의 고유한 재산은 관할관청의 설립인가이전에는 분리되지 않는다. 따라서 설립자는 관할관청의 설립인가이전에는 자신의 출연행위를 철회할 수 있고(제81조 제2항), 설립자는 관할관청의 설립인가가 있은 때에 비로소 출연행위에서 약속한 재산을 재단에 이전시킬 의무를 질 뿐이다(제82조 제1문). 또한 관할관청의 설립인가의 성질도 정확하게 파악할 필요가 있다. 관할관청은 재단의 설립을 "승인(anerkannt)"한다고 하지만, 정확하게 표현하자면 재단의 설립을 "확정(feststellt)"하게 된다. 이러한 의미에서 관할관청의 설립인가는 권리형성적(rechtsbegründend)이고

---

39) Schwinge, Die Stiftung im Errichtungsstadium, BB 1978, S. 527 ff.; Palandt－Heinrich, § 80 Rz. 2; Ebersbach, Handbuch des Stiftungsrechts, Göttingen 1982, S. 66 f.
40) 부정설로는 MünchKomm BGB－Reuter, § 80 Rz. 11; Staudinger BGB－Rawert, § 80 Rz. 42; Seifart－Hof, Handbuch des Stiftungsrechts, § 7 Rz. 197; Kronke, Stiftungstypus und Unternehmensträgerstiftung, Tübingen 1988, S. 47, 48; Karsten Schmidt, Gesellschaftsrecht, S. 185, 186 등.
41) Kronke, Stiftungstypus und Unternehmensträgerstiftung, S. 48.

창설적(konstitutiv)인 성격을 가진다. 따라서 출연행위와 설립승인의 중간에 "설립중인" 재단이 존재한다는 것은 거의 상상할 수 없을 뿐만 아니라, 이 시기에는 권리능력없는 재단도 존재할 여지가 없고 관할관청이 설립인가를 거부하였을 때 비로소 존재할 수 있다. 이처럼 권리능력을 가질 수 있는 재산의 조직체(즉 재단)의 발생과 권리능력의 취득시점을 일치시킨 것은 독일민법의 입법자들이 의도적으로 규율한 독일 재단법인법의 가장 큰 특징이다.[42]

독일의 경우와 달리 우리나라에서는 설립중인 재단의 존재를 인정함에 별 어려움이 없다. 그 이유는 우리 민법의 경우 재단법인의 설립에 있어서 독일의 재단법인설립규정과는 달리 여러 단계의 절차를 밟도록 되어 있고, 각 절차마다 시간적인 간격이 존재할 수 있음을 예정하고 있기 때문이다. 즉 재단설립자의 출연행위로부터 주무관청의 허가 사이에는 일정한 시간 간격이 존재할 수도 있고, 주무관청의 허가를 받았다고 하더라도 설립등기를 마칠 때까지는 최고 3주일의 시간이 걸릴 수도 있기 때문이다(민법 제49조 제1항 참고). 따라서 우리나라의 경우는 설립자가 재산을 제공하였고 이를 관리 운영하는 조직을 갖추고 있음에도 (i) 아직 주무관청의 허가를 얻지 못한 상태에 있거나, (ii) 주무관청의 허가를 받았으나 아직 설립등기를 마치지 않은 상태에 있는 목적재산의 실체를 설립중인 재단이라고 할 수 있다.

설립중인 재단의 법적 성질은 설립중인 사단의 경우와 마찬가지 논리로 권리능력없는 재단으로 파악하면 될 것이다. 따라서 설립중인 재단의 법률관계도 권리능력없는 재단에 준하여 법인격을 전제로 한 것이 아닌 한 민법의 재단법인에 관한 규정을 준용할 수 있다. 기타 설립중인 재단이 가지는 능력이나 지위에 관하여는 설립중인 사단의 경우와 마찬가지로 새길 수 있을 것이다.

Ⅲ. 인·허가 및 설립등기의 법률효과

단체가 법인으로 되는 데 있어서 거쳐야 하는 인·허가나 등기·등록과 같은 국가의 조력은 비록 절차적 요소라고 하더라도 단체가 법인으로 되는 데 있어서 필수불가결한 요소이다(자유설립주의는 예외). 인·허가 및 설립등기가 가져다주는 효과를

---

42) Karsten Schmidt, Verbandszweck und Rechtsfähigkeit im Vereinsrecht, Heidelberg 1984, S. 17.

살펴보면 다음과 같다.

독일에서는 인가 또는 허가를 통한 국가의 단체에 대한 법인격부여행위는 사권을 형성하는 수익적 행정행위(ein zivilrechtsgestaltender begünstigender Verwaltungsakt)라고 이해되고 있다.[43] 그 이유는 법인격없는 설립중인 사단은 국가의 인·허가를 통하여 비로소 권리능력이 있는 사단(즉 법인)으로 되기 때문이다. 독일의 상황과는 달리 우리나라에서는 민법 제32조에서 요구하는 주무관청의 허가와 제33조가 요구하는 법인설립등기와의 관계가 문제될 수 있다. 민법 제32조가 요구하는 주무관청의 허가는 권리형성적 행정행위라고 볼 수는 없다. 왜냐하면 단체는 주무관청의 허가로 말미암아 법인으로 성립되는 것이 아니고, 주무관청의 허가가 있은지 3주 내에 주된 사무소소재지에 설립등기를 하여야 비로소 법인으로 되기 때문이다(민법 제32조, 제49조). 따라서 우리나라에서는 주무관청의 허가가 아니라 법인설립등기행위가 권리형성적 또는 창설적 효력을 가진 것으로 볼 수밖에 없다.[44] 독일의 경우와 달리 우리 민법이 법인성립에 있어 주무관청의 허가 외에 또다시 설립등기를 요구하는 것이 바람직한지는 의문이다. 물론 법인은 설립등기를 통하여 대외적으로 그의 권리주체성을 확실하게 공시한다는 점에서 일면 타당성을 지니기도 한다. 그러나 그러한 법인에 대한 공시기능도 주무관청이 허가를 할 때에 직권으로 바로 등기를 함으로써 충분히 그 목적을 달성할 수 있는 것이다. 현행법 아래에서는 한 단체가 주무관청으로부터 법인설립허가를 받은 후에도 법인설립등기까지 ─길게는 3주까지─ 권리능력없는 사단이나 재단으로 머물 수밖에 없다. 법인의 성립이 완성되느냐의 여부는 법정책상 설립등기단계가 아니라 인·허가 단계에서 결정되도록 하는 것이 더욱 합목적적일 것이다.

다음으로 등기(등록)의 효력에 관한 것인데, 우리 민법에서 법인설립등기의 효력은 창설적이다. 등기를 마치게 되면 단체는 설립중인 법인에서 하나의 법인으로 비로소 완전한 권리주체로 인정받게 된다. 법인은 법인설립등기를 통하여 그의 존재성을 공시할 뿐만 아니라, 존립의 다툼에 있어서도 보다 강한 보호를 받게 된다. 즉 주식회사의 경우, 회사가 일단 설립등기를 마치게 되면 사원의 주관적 하자(예, 착오·사기·강박 등)는 치유된다(상법 제320조). 또한 회사설립의 무효는 설립무효의 소의 제

---

43) Reichert, Handbuch des Vereins─ und Verbandsrechts, Rz. 220.
44) 곽윤직(편집대표)─홍일표, 민법주해 I, 박영사, 1992, 564면.

기를 통하여 주장될 수밖에 없다(상법 제184조, 제269조, 제328조, 제552조). 설립무효의 소에서 무효판결이 확정되면 그 효력은 소급효가 없고 장래에 향해서만 영향을 미친다. 즉 회사는 무효판결이 확정될 때까지는 유효하게 설립된 것으로 인정되고, 무효판결이 확정되는 순간부터 해산의 경우에 준하여 청산절차를 밟게 된다(상법 제193조). 만약 법인의 설립이 무효로 판명되었다면 처음부터 법인은 존재하지 않은 것으로 보아야 할 것인데도 불구하고, 법이 청산절차를 밟도록 하는 것은 창설적 효력을 가진 등기를 통하여 법인으로 인정된 단체에 그만큼 높은 보호를 해준다는 의미를 내포하고 있는 것이다.

제2절 민법상 법인성립의 특수 문제

I. 법인성립법정주의

앞서 살펴본 바와 같이, 법인의 성립은 일반적으로 「단체의 설립단계」와 설립된 단체에 「법인격을 부여하는 단계」를 거쳐 이루어지게 된다. 단체의 설립단계에서는 사적자치의 원칙, 즉 사단의 경우에는 사단결성의 자유(사단자치: Vereinsautonomie)가 그리고 재단의 경우에는 재산처분의 자유(재단행위: Stiftungsgeschäft)가 적용되는 영역으로서, 이 단계에서는 외부적인 법적 강제성이나 국가의 공권력이 개입될 수 없다. 그러나 설립된 단체가 독립된 권리주체인 「법인」으로 인정되기 위해서는 법적 안정성 및 거래안전을 담보하기 위해서 법률상 인정된 일정한 요건을 충족시킬 필요가 있다. 이를테면 단체가 주식회사라는 법인의 형식으로 성립·활동하기 위해서는 법률에서 주식회사라는 법인에 요구하는 일정한 요건을 충족하여야 하고, 특정한 목적을 위하여 출연된 재산이 재단법인으로서 독자적인 법인격을 인정받기 위해서는 법률에서 정하는 요건에 부합하여야 한다. 이것은 법인실재설에도 불구하고 법인은 자연인과 달리 설립주체들이 다양한 목적을 실현하기 위한 방편으로 활용될 수 있는 피조물의 성격이 있으므로 법인이라는 권리주체가 악용되는 것을 방지하기 위해서 법률은 미리 법인의 성립요건과 형식을 정함으로써 법적 안정성을 확보하여야 하는 것이다.

이러한 취지에서 민법 제31조는 [법인성립의 준칙]이라는 표제 아래에 "법인은 법률의 규정에 의함이 아니면 성립하지 못한다."라고 규정하고 있다. 이 조문의 의미에 대해서 이를 민법 제32조와 함께 민법 이전부터 존속하여 왔던 단체(법인)들로 하여금 법인설립의 절차를 밟거나 특별법적 근거를 갖지 않으면 법인이 될 수 없도록 함으로써 단체설립을 금압하려는 입법자의 불순한 의도가 깔려 있는 조문으로 보는 견해가 있다.[45] 동 조문이 과거 일제식민지시대의 구민법에서 유래하였다는 점에서는 그것이 일제입법의 잔재 내지 맹목적 계수의 결과로서 개정되어야 할 문제의 조항이라는 비판[46]은 법제사적으로 충분한 설득력이 있다. 그러나 국민의 기본권이 민법의 제정 당시와는 비교할 수 없을 정도로 급격히 신장된 오늘날에는 동 조문에 대한 의미도 오늘날의 의미에 맞게 재해석될 필요가 있다.

---

45) 박준서(편집대표) – 정환담, 주석민법(1), 제3판, 한국사법행정학회, 2002, 587면.
46) 박준서(편집대표) – 정환담, 상게서, 587면.

오늘날에는 법인의 설립이 국가의 호·불호에 맞추어서 제한적으로 인정되는 권위주의적인 시대는 극복되었으며, 오히려 법인의 남설에 의해서 법인제도 본연의 의미가 왜곡되고 자유로운 시장경제질서를 해하는 현상까지도 나타나고 있다(명목뿐인 페이퍼컴퍼니에 의한 시장교란을 생각해보라). 이러한 문제점을 미연에 방지하기 위한 안전장치로 법은 단체가 법인으로 승인받기 위해서 필요한 요건과 형식을 미리 정하여야 하는 것이고 그러한 법정의 요건을 충족한 법인에게는 권리주체로서 독자적인 법인격이 부여됨으로써 거래안전이 확보되는 것이다. 이를 「법인성립법정주의」라고 부를 수 있다. 이는 마치 물권은 법률 또는 관습법에 의하는 외에는 임의로 창설하지 못한다는 「물권법정주의」와 유사한 의미를 가지고 있다.[47] 다만 법인의 성립에 관한 사항은 국회에서 제정한 "법률"에서만 규정될 수 있다는 점에서 차이가 있다. 표제에서 법인성립의 "준칙"이란 후술하는 법인설립주의의 한 모습인 준칙주의와는 관계가 없고 법인성립을 위해서는 법률의 규정에 좇아야 한다는 것을 의미할 뿐이다. 이때 법인성립을 위해서 법률의 규정이 요구하는 바는 법인의 형태이다(numerus clausus der Rechtsform). 즉 설립된 단체가 영리법인의 형태로 갈 것인지, 아니면 비영리법인의 형태로 갈 것인지 나아가 영리법인 중에서도 주식회사 형태를 취할 것인지 혹은 합자회사 형태를 취할 것인지 등에 따라 법률은 각각의 법인형태에 설립요건의 준칙을 요구하고 그에 따른 책임의 범위도 달리 정하게 된다. 국가의 공권력(흔히 주무관청 혹은 법원)은 설립된 단체가 법인으로 나아가고자 할 때 「법인격을 부여하는 단계」에서 그러한 법인이 법률이 정한 바에 따른 준칙에 부합하는 지를 심사하는 과정을 통하여 법인성립에 영향을 미치게 된다.

II. 법인설립에 관한 입법주의

1. 개설

통설은 사단이나 재단에 법인격을 부여하는 모습을 "법인설립에 관한 입법주의"라 하여 ① 자유설립주의, ② 준칙주의, ③ 인가주의, ④ 허가주의, ⑤ 특허주의, ⑥ 강제주의로 나누어 설명한다.[48] 그러나 통설의 설명은 다음과 같은 문제점이 있다.

---

47) 이은영, 민법총칙, 252면.
48) 가령 곽윤직·김재형, 민법총칙, 170면 이하; 곽윤직(편집대표)—홍일표, 민법주해 I, 545면 등.

첫째, 통설이 열거하는 입법주의라는 것은 엄밀하게 말하자면 법인 "설립"에 관한 입법주의가 아니라, 이미 설립된 단체가 고유한 법인격을 부여받아 법인으로 승인되고자 할 때 국가가 어떠한 방식으로 조력(Mitwirkung)을 할 것인가에 관한 분류이다. 이것은 법인격부여에 있어서 국가의 영향력이 미친다고 해서 단체에 대한 국가의 부당한 간섭이나 개입으로 볼 것이 아니라, 다양한 목적과 형태로서 등장하는 단체에 대해서 그 단체가 법률이 정형화한 법인의 형태와 내용에 부합하는지를 가려 국가가 이에 대해서 어떻게 법인격을 부여할 것인가 하는 기술상·방법상의 문제에 불과하다. 즉 통설이 명명하는 법인설립에 관한 입법주의라는 것은 법인설립에 관한 것이 아니라 설립된 단체에게 법인격을 부여하는 방법에 관한 입법주의이다.[49]

둘째, 통설은 자유설립주의·준칙주의·인가주의·허가주의·특허주의와 더불어 강제주의를 같은 카테고리에서 병렬적으로 설명하고 있다. 이러한 설명방법으로는 상공회의소의 설립은 인가주의에 속하는지 아니면 강제주의에 속하는지 혼란스럽게 된다. 그러나 강제주의는 법인격부여방법에 관한 입법주의와는 관계가 없고 법인설립이 강제되느냐 아니면 자발적이냐 하는 분류의 한 체계일 뿐이다. 즉 구별기준이 다른 입법주의이다. 따라서 상공회의소는 법인격부여에 있어서 인가주의에 해당하면서 회원가입이 강제되기 때문에 강제주의가 적용되는 법인인 것이다.

따라서 법인설립에 관한 입법주의는 설립된 단체에 법인격을 부여하기 위해서 국가가 어떻게 조력을 하는가에 따라 ① 자유설립주의, ② 준칙주의, ③ 인가주의, ④ 허가주의, ⑤ 특허주의로 나누어지고, 법인설립에 강제성이 있느냐에 따라 ① 강제주의와 ② 임의주의로 나뉜다.

2. 국가의 조력에 따른 분류

가. 자유설립주의

법인의 설립에 아무런 제한을 두지 않고 법인으로서의 실질만 갖추면 당연히 법인격을 인정하는 주의이다. 이러한 입법주의를 취하는 나라는 거의 없고, 다만 스위스민법이 비영리사단법인의 설립에 관하여 이 주의를 취하고 있다고 전해진다(동법

---

49) 엄밀하게 말하자면 「법인설립」의 입법주의라기보다 「법인성립」의 입법주의라고 부르는 것이 타당하다.

제60조).50) 통설은 우리나라 민법 제31조가 "법인은 법률의 규정에 의함이 아니면 성립하지 못한다"고 규정함으로써 자유설립주의를 배제함을 명확하게 정하고 있다고 풀이한다. 그러나 민법 제31조는 자유설립주의의 배제를 명확히 하기 위한 조문이라기보다는 법인성립법정주의를 선언한 조문으로 보아야 한다. 현행 우리 민법이 자유설립주의에 따른 법인을 인정하고 있지 않음은 물론이다. 그러나 현실에서는 법률상 "법인"으로 인정되지는 않았지만, 그 실질에 있어서는 법인과 별반 차이없이 활동하는 단체들, 즉 이른바 권리능력없는 사단·재단이 많이 있다. 이들 단체는 사실상 그 설립에 아무런 제한을 받지 않고 있으며 그 실질에 있어서 흡사 법인과 별 차이가 없으므로, 그러한 단체들은 사실상 자유설립주의의 효과를 누리고 있다고 할 수 있다.51)

나. 준칙주의

준칙주의는 법률에서 법인설립에 필요한 요건이 미리 정해져 있고, 그 요건이 충족되는 때에는 당연히 법인으로 성립이 인정되는 주의이다. 다만 이 주의에 의하게 되면 법인의 성립여부를 외부에서 파악하기 어렵기 때문에 그 조직과 내용을 공시하도록 하기 위하여 등기 혹은 등록을 성립요건으로 하는 것이 보통이다. 민법상 영리법인(제39조), 상법상 회사(동법 제172조), 노동조합 및 노동관계조정법에 따른 노동조합(동법 제6조 참조), 상호저축은행법상 상호저축은행(동법 제3조) 등이 이에 해당한다. 이들 법인은 모두 등기를 성립요건으로 하고, 법인성립 후 특정한 업무의 영위를 위해서 영업인가를 받도록 규정한 경우도 있다(상호저축은행법 제6조).

---

50) 그러나 스위스민법도 비영리사단이 법인으로 인정되는 것에 대해서 아무런 제약을 두지 않는 것은 아니고, 정관작성을 필수적으로 요구하고 있다. 다만 정관이 작성되고 대표가 선임되면 사단은 "상업등기부에 등기를 청구할 수 있는 권한을 가진다"고 표현함으로써(제61조), 준칙주의에 가까우면서도 등기가 필수요건이 아니라는 점에서 일반적인 준칙주의보다 더 느슨한 입법주의라고 할 수 있다.

51) 법인격없는 사단·재단에 대한 대표적인 입법적 조치는 민사소송법 제52조 및 부동산등기법 제26조인데, 그곳에서 법인격없는 사단·재단은 각각 소송상 당사자능력과 부동산등기능력을 인정받음으로써 법인과 더욱 가까운 지위를 보장받고 있는 셈이다.

다. 인가주의

법률이 정한 일정한 요건을 갖추고, 주무관청의 인가를 얻음으로써 법인으로서 성립하게 하는 주의이다. 인가주의는 법인설립시 법률이 정한 일정한 요건을 갖추어 신청한 경우에는 반드시 인가를 해주어야 한다는 점에서 실질적으로 준칙주의와 거의 차이가 없다고 하지만,[52] 법인설립에 주무관청의 사전심사를 반드시 필요로 하고 요건 해당 여부의 판단이 주무관청에게 위임되어 있다는 점에서 차이가 있다.

인가주의에 의하여 설립되는 법인으로는 법무법인·지방변호사회·대한변호사협회(변호사법 제41조, 제65조, 제79조 참조), 공인회계사회(공인회계사법 제41조), 수의사회(수의사법 제24조), 특허법인(변리사회 제6조의3), 상공회의소(상공회의소법 제6조), 농업협동조합(농업협동조합법 제15조), 축산업협동조합(농업협동조합법, 제107조, 제15조), 수산업협동조합(수산업협동조합법 제16조), 중소기업협동조합(중소기업협동조합법 제32조), 여객자동차운수사업조합(여객자동차운수사업법 제53조), 해운조합(한국해운조합법 제9조) 등을 들 수 있다.

라. 허가주의

법인의 설립을 위해서 주무관청의 자유재량에 의한 허가를 필요로 하는 주의이다. 인가주의의 경우에도 주무관청의 심사가 필요하지만 인가주의에서 주무관청의 인가 여부에 대한 심사는 법률의 규정에 따른 기속재량인 반면, 허가주의에서는 주무관청의 허가여부가 자유재량이므로 주무관청이 법인설립을 불허하는 경우에도 불허가결정을 재판에 의하여 다툴 수 없다.[53] 따라서 허가주의 아래에서는 법인설립의 자유는 크게 제한될 수밖에 없다.

민법은 비영리법인의 설립에 있어서 허가주의를 취한다(제32조). 그 밖에 사립학교법인(사립학교법 제10조), 한국거래소(자본시장과 금융투자업에 관한 법률 제373조의2), 사회복지법인(사회복지사업법 제16조), 의료법인(의료법 제48조), 의사회·치과의사회·한의사회·조산사회·간호사회(의료법 제29)의 설립도 주무관청의 허가를 요한다.

허가주의에 대해서는 법인격의 부여여부를 행정관청의 자유재량에 일임한다는 것

---

52) 김증한·김학동, 민법총칙, 184면; 곽윤직(편집대표)―홍일표, 민법주해 I, 547면.
53) 곽윤직(편집대표)―홍일표, 민법주해 I, 547면.

은 특권적이며 단체형성의 자유에도 반한다는 비판이 있다.[54]

마. 특허주의

특허주의는 법인설립을 위하여 그에 따른 특별법의 제정을 필요로 하는 입법주의이다. 이를 개별입법주의라고 부르기도 한다.[55] 이는 법인의 활동이 국가의 재정·금융·산업 등에 관하여 국가정책에 중요한 영향을 미칠 경우에 특별법에 의하여 법인을 설립하도록 하는 것이다.[56] 이 주의에 해당하는 법인으로는 한국은행(동법), 한국산업은행(동법), 한국수출입은행(동법), 중소기업은행(동법), 대한석탄공사(동법), 한국토지주택공사(동법), 한국방송공사(방송법 제43조), 한국교육방송공사(동법), 한국전력공사(동법), 한국도로공사(동법), 한국조폐공사(동법), 한국마사회(동법), 한국과학기술원(동법), 한국교직원공제회법(동법), 한국연구재단(동법) 등을 들 수 있다.

3. 설립의 강제성에 따른 분류

가. 강제주의

이는 법인의 설립을 국가가 강제하는 주의이다(설립강제). 또한 일정한 유자격자는 설립행위에 참여하지 않았어도 당연히 그 회원이 되는 것으로 하는 이른바 가입강제도 강제주의의 일종에 해당한다.[57]

설립강제의 예로는 지방변호사회 및 대한변호사회(변호사법 제64조, 제79조), 변리사회(변리사법 제9조), 공인회계사회(공인회계사법 제41조), 의사회·치과의사회·한의

---

54) 고상룡, 민법총칙, 188면. 또한 김학동 교수는 허가주의를 규정한 민법 제32조는 법인설립 자체를 통제하는 것으로 위헌이라고 한다(김증한·김학동, 민법총칙, 186면). 한편 정환담 교수는 민법 제32조는 비영리법인이 영리법인인 회사와 설립에 있어서 차별을 받아야 할 이유가 없음을 지적하면서, 허가주의를 준칙주의로 개정할 것을 제안한다(정환담, "민사법인설립제도에 관한 비교법적 고찰", 「비교사법」 제5권 제1호(통권 제8호), 한국비교사법학회, 1998. 6, 91면 이하).
55) 서광민, 민법총칙, 184면.
56) 김용한 교수는 "특허주의는 국책적 견지에서 국가가 스스로 그 법인설립을 적극적으로 원하는 경우이며, 역사적으로 근세 초기에 볼 수 있었던 이른바 특허주의와는 실질적으로 다르다"고 설명하면서, "특허"라는 표현보다는 "특설"로 부름이 적당할 것이라고 한다(김용한, 민법총칙론, 155면).
57) 곽윤직·김재형, 민법총칙, 171면.

사회·조사사회·간호사회의 중앙회와 그 지부(의료법 제28조), 약사회 및 한약사회 (약사법 제11조, 제12조), 수의사회(수의사법 제23조)를, 가입강제의 예로는 상공회의소 (상공회의소법 제6조) 및 변리사회(변리사법 제11조)를 든다. 헌법재판소는 등록한 변리 사로 하여금 변리사회에 의무적으로 가입하도록 규정한 변리사법 제11조는 변리사 의 결사의 자유나 직업의 자유를 침해하는 것이 아니라고 판단하였다.[58]

나. 임의주의

강제주의와는 달리 일정한 유자격자들로 구성된 법인의 설립이 강제되지 않고 단 체의 자율에 맡겨져 있는 주의이다. 여기에서는 그러한 유자격자들의 가입여부도 강 제되지 않는다. 임의주의에 해당하는 예로 공인중개사협회를 들 수 있다(공인중개사 법 제41조).

III. 민법상 비영리법인의 설립요건

1. 목적의 비영리성

어떤 단체(즉 사단 또는 재단)가 비영리법인으로 인정되기 위해서는 그 목적이 학 술, 종교, 자선, 기예, 사교 기타 영리아닌 사업을 목적으로 하여야 한다. "영리아닌 사업"이란 법인사업에서 발생한 이익이 구성원에게 분배되는 것이 아닌 사업을 말하 는 것이며, 반드시 공익(즉 사회일반의 이익)을 목적으로 할 필요도 없다.[59] 구성원에 게 이익분배가 있게 되면 그것은 영리목적의 법인이 된다(민법 제39조 참조). 따라서 구조적으로 이익을 분배할 구성원이 없는 재단에 있어서는 언제나 비영리재단법인 만 인정되고, 사단법인의 경우는 이익분배유무에 따라 영리사단법인과 비영리사단법 인으로 나누어진다. 어떤 단체의 성격이 영리법인인지 아니면 비영리법인인지에 대 한 판단은 우선 법인설립당시 허가를 맡은 주무관청이 하여야 하는데, 주무관청은 설립허가신청시에 단체가 제출한 정관에 나타난 단체의 설립목적, 단체의 사업내용, 사원의 자격, 출자방법이나 자산상태 등을 종합적으로 살펴서 구성원의 이익분배가

---

58) 헌재 2008. 7. 31. 2006헌마666.
59) 다만 비영리법인 중 일정한 공익적 사업을 목적으로 하는 법인은 「공익법인의 설립·운영 에 관한 법률」(1975년 법률 제2814호)의 적용을 받게 된다.

능성을 파악하고 그에 따라 법인의 영리성을 판단하여야 한다. 만약 비영리법인으로 설립허가를 받은 단체가 추후 실제 활동에 있어서 영리법인으로 판명되면 주무관청은 설립허가를 취소할 수 있다(민법 제38조 참고). 그러나 비록 비영리법인이라고 하더라도 이른바 부수목적의 특전(Nebenzweckprivileg)에 의하여 비영리사업의 목적을 달성하는 데 필요하여 그 비영리법인의 본질에 반하지 않을 정도의 영리행위를 하는 것은 무방하다.[60] 예컨대 비영리사단법인인 학술단체가 전시회를 개최하면서 입장료를 징수하거나 운영경비를 마련하기 위하여 간행된 잡지를 일반인에게 유상으로 판매하는 행위 등은 가능하다. 그러나 그러한 영리행위를 하였을 경우에도 그 수익은 법인의 사업목적에 충당되어야 하고 어떠한 형식으로든지 구성원에게 분배되어서는 안 된다.

2. 설립행위

사단법인에 있어서 설립행위는 곧 법인의 정관작성을 일컫는 것이지만, 재단법인에 있어서 설립행위란 법인의 정관작성과 함께 재산의 출연을 의미한다.

가. 설립행위의 의미

(1) 비영리사단법인의 설립행위

(가) 설립행위의 의의

사단법인의 설립행위란 설립자(발기인)가 장차 성립될 사단법인의 근본규칙인 정관을 작성하는 행위를 말한다. 민법은 설립자가 정관을 서면에 작성하여 기명날인할 것을 요구함으로써, 설립행위를 일종의 요식행위로 하고 있다.[61] 설립자의 기명날인이 없는 정관은 효력이 없다. 설립자의 수에 대해서는 민법에 언급이 없다. 따라서 사단의 성질상 2인 이상이면 족하다고 해석된다.[62] 이와 같이 2인 이상의 설립자가 사단법인의 근본규칙인 정관을 작성하는 행위가 사단법인의 설립행위인 것이다.

---

60) 곽윤직·김재형, 민법총칙, 171면; 김상용, 민법총칙, 218면; 김증한·김학동, 민법총칙, 187면; 백태승, 민법총칙, 221면; 이영준, 민법총칙, 935면; 이은영, 민법총칙, 224면.
61) 서광민, 민법총칙, 186면.
62) 영리법인인 회사의 설립에 있어서는 상법의 규정에 따라 1인 설립도 인정된다(상법 제288조 참조).

(나) 설립행위의 법적 성질

사단법인의 설립행위는 2인 이상의 설립자가 서면에 의한 정관작성이라는 요식행위를 통하여 설립자로부터 독립한 별개의 권리주체의 생성을 의욕하는 수개의 의사표시의 합치로 이루어진 법률행위이다. 그런데 이러한 사단법인의 설립행위의 법적 성질을 어떻게 볼 것인가에 대해서 학설상 다툼이 있다.

1) 합동행위설

이 학설은 사단법인의 설립행위는 2개 이상의 의사표시가 요구된다는 점에서 단독행위와 구별되면서도 계약과 달리 수개의 의사표시가 상호대립하는 것이 아니고 사단설립이라는 공통의 구심점을 향한 동일한 의사표시들이 결합됨으로써 이루어지기 때문에 계약과는 구별되는 합동행위(Gesamtakt)라고 한다.

합동행위의 개념은 1892년 독일의 쿤체(Kuntze) 교수가 처음으로 창안하여 발표한 것으로 알려져 있다. 그에 의하면 합동행위란 대립적·교환적 의사표시가 합치하여 성립하는 계약과는 달리 수인의 협력에 의해서만 성립하는 어떤 법률행위에서 수인이 통일적인 법률효과를 얻기 위하여 대립하지 않고 공동으로 하는 행위를 말하는 것으로, 구체적으로는 사단법인의 설립행위 외에도 수인이 하나의 재단법인을 공동으로 설립하는 행위, 수인의 공동대리인에 의한 공동대리행위, 공유자의 공유물의 처분행위 등도 합동행위의 예로 들고 있다.

독일의 합동행위설은 우리나라에도 수입되어 다수설을 형성하고 있다.[63] 사단법인의 설립행위를 합동행위로 보는 견해에 의하면 계약으로 보는 견해와 달리 다음과 같은 차이가 있다고 한다.

첫째, 설립행위를 합동행위로 보게 되면 민법 제124조의 쌍방대리 금지에 관한 규정이 적용되지 않는다고 한다. 즉 쌍방대리는 계약에 대해서 적용되는 것인데, 설립행위는 계약이 아니므로 설립자 중 한 사람이 다른 설립자를 위하여 대리하는 것도 무방하다고 한다.

둘째, 설립행위는 계약을 전제로 한 의사표시흠결에 관한 일반적 원칙이 적용되지 않는다고 한다. 즉 설립자 중 한 사람이 제한행위능력자이거나 의사흠결에 따른 무효·취소의 사유가 있더라도(민법 제107조, 제109조, 제110조) 다른 설립자의 의사표시의 효력에 당연히는 영향을 미치지 않으므로 나머지 설립행위자만의 설립행위로써

---

63) 고상룡, 민법총칙, 186면; 곽윤직·김재형, 민법총칙, 173면; 김상용, 민법총칙, 227면; 백태승, 민법총칙, 230면; 지원림, 민법강의, 116면.

사단설립행위는 유효하다고 한다. 나아가 통정허위표시에 관한 민법 제108조에 대해서도 동 조문은 계약이나 상대방 있는 단독행위에만 적용되고 합동행위에는 상대방이 없으므로 사단법인의 설립행위에는 그 적용이 없다고 한다.

2) 특수계약설

이 학설은 사단법인의 설립행위는 사단법인의 설립이라는 법률효과를 의욕하는 다수 설립자의 의사표시가 합치됨으로써 성립하므로 일종의 계약이라고 본다.[64] 다만 통상의 계약은 대립하는 상대방과의 의사표시의 합치에 의해서 성립하는 데 반해, 사단법인의 설립행위는 수인의 설립자가 공동으로 자신들과 법적으로 분리된 단체를 창설함을 의욕하면서 동시에 그들 스스로가 그 단체의 구성원으로 되는 것을 내용으로 하는 특수한 계약이라고 한다.

이 학설에 의하면 사단법인의 설립행위는 그 성질이 계약이지만, 단체창설을 목적으로 하는 계약의 특수성 때문에 민법 제124조의 적용은 없고 자기계약 또는 쌍방대리가 허용된다고 한다. 그러나 의사표시의 흠결이 있는 경우에는 법률행위에 관한 민법 제5조 제2항 및 제107조 내지 제110조의 규정은 여기에도 적용되지만, 단체가 사회적으로 활동을 개시한 후에는 1인의 의사표시의 결함을 이유로 그 설립행위 전체가 소급적으로 무효로 되지는 않으며, 단지 그 표의자만이 장래에 향해 탈퇴의 형식으로 그 의사표시의 구속으로부터 벗어날 수 있을 뿐이라고 한다.[65]

3) 소결

우선 바로 잡아야 할 것은 흔히 합동행위라는 개념은 1892년 쿤체가 처음 주장한 것으로 알려져 있으나, 실제로는 오토 폰 기르케(Otto v. Gierke)가 처음 사용하였다. 기르케는 이미 1887년 "협동체이론과 독일판례"라는 그의 저서에서 단체설립행위의 성질을 개인주의적인 법원리가 작용하는 계약(Vertrag)이 아니라, 사회법적 원리가 작용하는 편면적인 합동행위(einseitiger Gesammtakt)라고 주장한 바 있다.[66] 기르케는 단체의 형성에서 법인의 완성단계까지의 진행과정을 간단(間斷)없이 연속적으로 설명할 수 있기 위해서 합동행위의 개념을 정립한 것이다.[67]

---

64) 김증한·김학동, 민법총칙, 189면; 이영준, 민법총칙, 935면; 이은영, 민법총칙, 258면.
65) 김증한·김학동, 민법총칙, 199면.
66) Otto v. Gierke, Genossenschaftstheorie und die Deutsche Rechtsprechung, 1887 Berlin. S. 133 f.
67) 그의 학설이 가지는 의미에 관해서는 송호영, "고전적 법인논쟁이 현대의 단체법론에 주는

합동행위설은 종래의 계약개념으로 설명하기 어려운 단체설립에서 발생하는 특수한 법적 현상들을 손쉽게 설명해줄 수 있는 편리한 점이 있음은 사실이다. 그러나 계약의 개념을 양 당사자 사이의 대칭적 구조(Synallagma)로만 보는 시각에서 벗어나서 계약은 수인 사이에서도 다면적으로 성립할 수 있다는 것을 인정한다면, 구태여 합동행위설을 원용하지 않더라도 사단법인의 설립행위는 설명될 수 있는 것이다.

합동행위설은 사단법인의 설립행위를 「정관작성」이라는 정태적인 현상에 국한하여 설립자들이 행하는 의사표시의 특성(즉 자기계약·쌍방대리의 금지, 의사흠결에 관한 규정의 미적용 등)을 파악하려 한 학설이다. 그러나 사단법인의 설립행위에서 중요한 것은 설립자들의 정관작성을 통한 법률행위의 내용과 효과를 동태적으로 분석하는 일이다. 즉 정관작성이라는 법률행위를 통하여 두 가지 효과가 발생하는데, ① 설립자로부터 독립된 단체(즉 사단)가 탄생하게 됨과 동시에, ② 정관작성에 간여한 설립자들은 그들 스스로 단체의 구성원으로 되어 정관상의 권리·의무규정에 따르게 된다.[68] 이를 분설하면:

첫 번째 효과, 즉 단체의 탄생이라는 현상은 합동행위에 의하든 계약에 의하든 설립자들의 의사의 합치에 의해서 나타나는 효과라는 점에서 큰 차이가 없다. 또한 합동행위설은 사단법인의 설립행위를 합동행위로 보게 되면 설립행위에는 자기계약·쌍방대리금지에 관한 민법 제124조나 의사표시의 흠결에 관한 민법 제107조 내지 제110조 이하의 규정이 적용되지 않는다고 주장하지만, 그러한 결과는 계약을 대칭적 구조로만 한정해서 보지 않는다면 계약설에 의해서도 같은 결론에 도달할 수 있다. 즉 단체의 설립을 목적으로 하는 수인의 다면적 계약에서는 통상의 양 당사자 사이의 대립적인 계약관계와는 달리 다른 설립자를 대신해서 의사표시를 하더라도 나머지 설립자의 이익을 해하는 것이 아닌 한, 자기계약·쌍방대리를 금지해야 할 필요가 없으며 또한 비록 어느 설립자의 의사표시에 흠결이 있었더라도 그 의사표시 및 다

의미와 영향 −Savigny와 Giekrke의 이론을 중심으로−", 「현대민사법학의 과제」(관원 정조근교수 화갑기념문집), 2001, 38면 이하 참고.

[68] 이러한 설명과 유사하게 김대정 교수는 사단법인 설립행위를 계약으로 보지 않는 견해는 사단법인의 근본규범을 설정하는 '설립행위'와 이러한 설립행위의 결과물인 사단법인의 근본규범인 '정관'의 개념을 혼동한 것이라고 하면서, 정관을 자치법규로 보아야 한다고 하여 정관작성행위인 설립행위의 본질이 계약과는 다르다는 논리는 성립할 수 없다고 비판하는 바, 타당한 지적이다(김대정, 민법총칙, 344~345면 참고). 이와 관련해서는 아래 나. [정관작성과 관련한 문제] (1) [정관작성의 의미]에서 상론한다.

른 설립자의 의사표시의 합치에 의하여 설립자들로부터 이미 독립한 단체가 탄생한 이상 의사표시의 흠결에 얽매이지 않고 그 단체설립의 효과는 일응 인정하여야 하므로 계약설에 의하더라도 민법 제107조 이하의 규정이 당연히 적용되어야 하는 것은 아니다. 이때 설립행위에 하자가 발견되어 설립의 의사표시의 무효나 취소의 주장이 있었다 하더라도 그러한 의사표시의 무효·취소는 단체의 설립 자체를 소급적으로 부인하는 효력은 없으며, 장래에 향하여 단체설립의 의사표시를 거두어들이는 것(즉 탈퇴나 해산주장)으로 보아야 한다. 다만 특수계약설을 주장하면서도 비진의표시나 착오·사기·강박으로 인한 의사표시흠결과는 달리 허위표시를 무효로 하는 민법 제108조는 사단설립행위에 적용되어야 한다는 견해가 있으나,[69] 이를 의사표시흠결에 관한 다른 제도들과 달리 취급할 필요는 없다고 생각한다.

그런데 두 번째 효과, 즉 설립자들이 그들의 합의에 의해 탄생된 단체에 소속되어 지속적으로 정관규정을 준수해야 한다는 법적 효과는 합동행위설보다 계약설에 의할 때 더 잘 설명될 수 있다. 합동행위설에 의하면 정관작성을 통한 단체설립의 효과 외에 그 설립행위로부터 설립자들의 권리·의무관계를 설명하지 못하고, 오히려 계약설에 의할 때, 구성원들 상호간의 지속적인 권리·의무관계를 도출할 수 있다.[70] 이를테면 설립자들이 사단의 구성원으로서 사원권을 행사하는 것 혹은 설립자들이 사단의 설립·운영을 위한 비용분담의무를 지는 것 등은 설립자 상호간에 정관상의 합의(즉 계약)에 따른 것으로 보아야 한다.

요컨대, 사단법인의 설립행위를 통하여 단체가 탄생하는 법적 현상을 설명하기 위해서 구태여 합동행위라는 개념을 상정할 필요는 없고 단체의 설립을 목적으로 하는 다수당사자의 다면적인 합의의 결과로 단체가 탄생하는 특수한 단체계약으로 이해하면 족하다.

부언하면, 설립행위를 합동행위로 보느냐 아니면 특수한 계약으로 보느냐는 곧 정관의 법적 성질을 무엇으로 보느냐 하는 문제와도 연관되어 있다. 후술하는 바와 같이 정관의 법적 성질에 대해서는 규범설과 계약설이 대립하는데, 설립행위를 합동행위로 보게 되면 설립자들에 의해 작성된 정관은 일종의 규범(Norm)으로 보게 될 것이고 설립행위를 계약으로 보게 되면 정관은 일종의 계약(Vertrag)으로 보게 될 것이다.

---

69) 이은영, 민법총칙, 259면.
70) 同旨 이은영, 민법총칙, 258면.

(2) 비영리재단법인의 설립행위

재단법인에서의 설립행위란 설립자가 재산을 출연하고 정관을 작성하는 것이다 (민법 제43조). 즉 재단법인의 설립행위란 사단법인의 경우와 마찬가지로 정관의 작성행위가 필요하지만, 그 외에도 법인의 목적을 실현하기 위해 필요한 재산의 출연행위가 요구된다는 점에서 사단법인의 경우와 차이가 있다.

정관의 작성행위에 관해서는 사단법인의 설립에 있어서의 그것과 차이가 없다. 즉 재단법인에서의 정관작성은 설립자가 이를 작성하여 기명날인함으로써 성립하는 요식행위이다. 다만 재단법인에는 사단법인과 달리 사원이 존재하지 않으므로 사원과 관련한 사항은 정관의 내용이 되지 못한다(민법 제43조 참조). 재단법인의 설립행위에는 정관작성 외에도 정관에 기재된 법인설립목적을 실현할 수 있는 재산의 출연이 필수적이다. 재단법인의 설립은 생전처분으로 할 수 있고 유언으로도 할 수 있는데, 생전처분으로 재단법인을 설립하는 때에는 증여에 관한 규정이 그리고 유언으로 재단법인을 설립하는 때에는 유증에 관한 규정이 준용된다(민법 제47조). 재산의 출연이란 자기의 재산을 감소시키고 타인의 재산을 증가케 하는 효과를 발생시키는 것을 말한다. 그런데 재단법인에서 출연행위란 설립자가 단순히 재산을 타인에게 기증(증여나 유증)한다는 의미를 넘어서서 기증한 재산으로 새로운 권리주체를 생성케 한다는 의미를 가지고 있다. 따라서 이미 수증자가 현존하는 상태에서 행해지는 일반적인 증여나 유증의 경우와는 그 의미나 내용이 다를 수밖에 없다. 재단법인에 있어서는 출연된 재산을 토대로 설립자와 분리된 독립된 권리주체를 만드는 작업과 법인격을 취득한 그 권리주체에 재산권을 넘겨주는 작업이 바로 설립행위로서의 출연행위인 것이다. 이때 설립자의 출연재산이 언제 재단법인의 것으로 귀속되느냐는 재단법인의 성립과 관련하여 대단히 중요한 문제이다(민법 제48조).

재단법인의 설립행위의 법적 성질에 대해서는 다툼이 있다. 압도적인 다수설[71]과 판례[72]는 이를 상대방없는 단독행위로 본다. 그런데 단독행위설 주장자들은 설립자 1인의 설립행위는 상대방 없는 단독행위라고 보는 데 일치하지만, 2인 이상의 설립

---

71) 곽윤직·김재형, 민법총칙, 194면; 김기선, 한국민법총칙, 법문사, 1985, 141면; 김용한, 민법총칙론, 161면; 김증한·김학동, 민법총칙, 179면; 김현태, 민법총칙론, 176면; 백태승, 민법총칙, 226면; 이영준, 민법총칙, 942면.
72) 대법원 1999. 7. 9. 선고 98다9045 판결.

자가 공동으로 재단법인을 설립하는 것에 대해서는 단독행위의 경합으로 보는 견해,[73] 합동행위라고 보는 견해[74] 등으로 나뉜다. 합동행위라고 보는 견해는 사단법인의 설립행위는 필요적 합동행위이지만, 수인에 의한 재단법인의 설립행위는 임의적 합동행위라고 한다. 단독행위의 경합이라고 하는 견해는 임의적 합동행위라고 하는 것도 결국은 재단법인의 설립행위가 본질적으로 단독행위라는 것을 의미하는 것으로 이를 구태여 우회적으로 표현할 필요가 없다고 비판한다. 결국 단독행위의 경합으로 보든 (임의적) 합동행위로 보든 결과에 있어서는 차이가 없는 학설이다.

이에 반해 재단법인의 설립행위를 계약으로 보는 소수설이 있다.[75] 계약설은 출연행위는 설립자가 그의 재산권을 재단에 양도하는 법률행위인데, 이러한 양도행위는 양도인(설립자)과 양수인(재단) 사이의 계약으로 이루어지는 것이 원칙이라고 하면서, 다만 설립자가 재단법인의 설립을 위하여 재산을 출연하는 시점에는 아직 재단법인은 설립되기 전이므로, 설립자는 장래 설립될 재단법인과 계약을 체결할 수밖에 없다고 한다.

생각건대, 재단법인의 설립행위의 특징은 설립자의 출연행위당시에 출연재산을 받을 대상(주체)이 없다는 것이다. 즉 재단법인의 설립을 위한 출연행위는 수령을 요하지 아니하는 편면적 의사표시(eine einseitige, nicht empfangsbedürftige Willenserklärung)이다.[76] 그러한 점에서 생전처분에 의하든 유언에 의하든 재단법인의 설립행위는 상대방없는 단독행위로 봄이 타당하다. 한편 2인 이상의 설립자가 재단법인을 설립하는 경우에도 각 설립자의 단독행위가 경합하는 것으로 보더라도 무방하다.

나. 정관작성과 관련한 문제

(1) 정관작성의 의미

정관이란 단체의 내부를 규율하는 근본규칙 또는 그러한 근본규칙을 기재한 서면을 말한다. 사단법인이 되려고 하는 단체에게 있어서 정관의 작성은 곧 법인의 설립을 위한 행위(Gründungsgeschäft)를 의미한다.

---

73) 김용한, 민법총칙론, 161면; 김증한·김학동, 민법총칙, 194면; 김현태, 민법총칙론, 176면; 백태승, 민법총칙, 226면; 이영준, 민법총칙, 942면.
74) 김기선, 한국민법총칙, 141면.
75) 이은영, 민법총칙, 264면.
76) Seifart/v. Campenhausen, Handbuch dees Stiftungsrechts, 2. Aufl., S. 94.

우리나라에서는 사단설립행위의 성질을 둘러싸고 계약설과 합동행위설이 대립함은 앞서 살펴본 바와 같다. 설립행위의 성질에 관하여 계약을 쌍무계약적 대칭구조로만 고집하지 않는다면, 설립자들의 합의는 계약의 개념 속에 충분히 포섭될 수 있다. 이 때 설립행위는 이행의 교환을 위한 것이 아니라, 공동의 목적실현을 위한 다면적 의사표시로 이해하면 충분하다. 이러한 합의를 독일법은 설립계약(Gründungsvertrag)이라고 부른다. 그렇지만 설립계약은 다른 일반적인 계약과는 달리 단체법적 특수성을 가지고 있다. 예컨대 설립자 중 일인의 의사표시의 흠결이나 하자가 곧바로 설립계약의 무효나 취소사유로서 다른 의사표시의 효력에 당연히 영향을 미치는 것은 아니다. 왜냐하면 설립계약을 통하여 등장한 사단은 각각의 구성원으로부터 독립해서 존재하는 초개인적인 조직체이기 때문이다. 결국 사단설립행위는 단체구성을 내용으로 하는 조직계약(verbandskonstituierender Organisationsvertrag)[77]으로 이해하는 것이 타당하다.

설립행위와 관련하여 정관의 법적 성질에 관하여도 논란이 많다. 독일학설의 영향을 받아 한국에서도 현재 세 가지 학설이 주장되고 있다. 규범설, 계약설 및 양 학설의 절충설이라고 할 수 있는 수정규범설이 그것이다. 현재 독일의 학계에서는 계약설이 우세하고 실무에서는 수정규범설에 치중되는 편이다. 그에 반해 우리나라의 학계와 실무에서는 규범설이 다수설적 위치를 점하고 있다.[78] 규범설의 주된 논거는 설립자나 기관뿐만 아니라 장래에 단체가입을 하려는 불특정인들도 정관에 구속된다는 점이다. 그러나 이러한 논거는 그다지 설득력 있게 보이지 않는다. 왜냐하면 장래의 구성원 또한 단체가입으로 말미암아 정관상의 여러 규칙을 준수하여야 한다고 해서 정관자체가 마치 국가권력에 근거한 법률(Gesetz)처럼 규범적 성질을 띤다고 할 수는 없기 때문이다. 자세히 살펴보면, 장래 구성원의 가입문제는 이미 작성된 정관의 내용을 받아들이고 이를 준수하겠다는 새로운 구성원의 합의일 뿐이다. 바로 이 점에서 플루메 교수가 적절히 지적한 바와 같이, 사단구성원이 정관을 변경

---

77) Karsten Schmidt, Gesellschaftsrecht, S. 77. 김증한·김학동 교수는 사단법인 설립행위를 공동으로 단체를 창립하고 표의자는 스스로 그 단체의 구성원으로 되는 단체적 효과의 발생을 목적으로 하는 특수한 계약이라고 설명한다(김증한·김학동, 민법총칙, 189면).

78) 판례는 "사단법인의 정관은 이를 작성한 사원뿐만 아니라 그 후에 가입한 사원이나 사단법인의 기관 등도 구속하는 점에 비추어 보면 그 법적 성질은 계약이 아니라 자치법규로 보는 것이 타당하다"고 판시하고 있다(대법원 2000. 11. 24. 선고 99다12437 판결).

할 수 있다고 하더라도 이것이 입법자와 같은 법제정권한이 부여되는 것은 아니라는 것을 상기할 필요가 있다.[79] 이러한 지적 때문에 수정규범설이 주장되었는데, 이 학설은 정관의 작성행위와 작성된 정관의 성질문제를 분리하여 생각하는데, 즉 정관의 작성행위에 대해서는 계약설을 그리고 작성된 정관의 성질에 대해서는 규범설의 내용을 수용하여 양자를 결합한 학설이다. 수정규범설의 대표적 주장자인 카스텐 슈미트 교수는 독일연방재판소 판례의 일부표현을 인용하면서,[80] 정관의 작성이 아니라 작성된 정관의 법적 상태에 규범성이 있음을 주장한다. 그러나 이 또한 정확한 분석은 아니다. '정관의 법적 성질이 무엇인가'에 대한 질문의 대답은 분명히 계약이다. 이와는 차원을 달리하는 또 하나의 문제는 '정관작성은 무엇을 목적으로 하고, 그 정관작성으로 인해 어떠한 효과가 발생하는가' 하는 것이다. 그에 대한 대답은 정관작성은 설립자들이 추구하는 사단의 조직을 목적으로 하고, 정관의 작성으로 인해 기존의 구성원과는 다른 새로운 권리주체(Rechtsträger)가 발생한다는 것이다. 그러한 권리주체라는 것은 설립자들이 의욕하는 바에 따라 권리능력을 취득할 때까지 설립중인 사단(Vorverein), 설립중인 회사(Vorgesellschaft) 혹은 장기적으로 권리능력없는 사단 등의 모습으로 존재하게 된다. 수정규범설은 바로 이 점, 즉 정관의 법적 성질에 관한 문제와 작성된 정관의 후속효과에 관한 문제를 혼동하고 있다. 다시 말해 정관이 그 구성원들로부터 분리되는 것이 아니라, 정관의 작성으로 인해 발생하는 새로운 권리주체가 구성원들로부터 분리되는 것이다. 이러한 권리주체가 바로 설립중의 법인(설립중인 사단, 설립중인 회사)인 것이다. 요컨대 정관은 사적자치의 원칙이 지배되는 설립행위의 대상일 뿐이지만, 동시에 정관은 법률이 요구하는 설립요건에 관한 사항을 충족시키면서 작성되어야 한다. 예컨대 설립자들이 비영리사단의 설립을 의욕한다면 정관에 민법 제40조에 열기된 사항을 빠뜨려서는 안 되며, 주식회사를 설립하고자 한다면 상법 제289조의 정관작성요건들을 충족시켜야 한다.

---

79) Flume, Juristische Person, S. 318.
80) BGHZ 47, 172, 179: "사단의 설립으로 인해 정관은 그 구성원으로부터 완전히 분리된다. 정관은 독립적이면서도 법적으로 별개의 삶을 취득하게 된다(Mit der Entstehung des Vereins löst sie(여기에서는 Satzung, 즉 정관) sich aber völlig von deren Person. Sie erlangt ein unabhängiges rechtiches Eigenleben)."

(2) 정관의 기재사항

민법은 정관의 작성을 설립자들이 일정한 사항을 기재하고 이를 기명날인함으로써 성립하는 요식행위로 하고 있다. 상법상 회사도 이와 같다. 정관은 반드시 기재되어야 하는 필요적 기재사항과 그렇지 않은 임의적 기재사항으로 구성된다.

(가) 필요적 기재사항

정관에는 민법 제40조 소정의 사항은 반드시 기재되어야만 하고, 그중 하나라도 빠지면 정관으로서의 효력은 생기지 않고 주무관청으로부터 법인설립의 허가를 받을 수 없게 된다. 이를 필요적 기재사항이라고 한다.

(i) 목적: 목적은 영리아닌 사업이어야 한다.

(ii) 명칭: 명칭사용에 특별한 제한은 없고, 「사단법인」이라는 명칭을 쓰지 않아도 무방하다. 이에 반해 상법상 회사의 경우에는 그 종류에 따라 합명회사, 합자회사, 유한책임회사, 주식회사, 유한회사의 명칭을 사용하여야 한다(상법 제19조). 또한 특별법상 법인에 있어서는 「조합」과 같은 명칭을 반드시 사용하여야 하는 경우가 있다(농업협동조합법 제3조, 산림조합법 제3조, 수산업협동조합법 제3조, 신용협동조합법 제3조, 중소기업협동조합법 제3조 등).

(iii) 사무소의 소재지: 사무소가 수개일 때에는 이를 모두 기재하여야 하고 주된 사무소를 정하여야 한다(민법 제36조 참조).

(iv) 자산에 관한 규정: 민법은 어느 정도까지 자산에 관한 규정을 표시하여야 하는지에 대해서 규정하지 않았으나 주무관청 및 일반의 제3자에게 비영리법인의 견실한 재정적 기초를 알리는 데 필요한 정도라고 이해된다.[81] 따라서 자산의 종류·구성·관리·운용방법·각 사원의 출자액·출자의무(회비)에 관한 것이 그 기재사항이 될 것이다.

(v) 이사의 임면에 관한 규정: 이사의 임면방법에 관한 규정을 의미한다. 이사의 수, 자격, 임기, 선임과 해임의 방법 등에 관한 사항이 여기에 해당한다. 상법에서는 주식회사의 이사의 선임방법에 관한 제한이 있지만(상법 제382조 제1항), 민법에서는 그러한 제한이 없다. 따라서 비영리법인의 이사는 반드시 사원총회에서 선임하도록 하지 않아도 되고, 사원이 아닌 자를 이사로 선임할 수 있도록 규정하여도 무방하다.

---

81) 김기선, 한국민법총칙, 139면.

(vi) 사원자격의 득실에 관한 규정: 사원의 자격, 입사, 퇴사, 제명 등에 관한 사항이다. 여하한 사유가 있어도 절대로 퇴사를 인정하지 않는다거나 퇴사의 조건으로 부당한 위약금을 정하는 것과 같은 것은 사회질서에 반하는 규정이므로 무효이다.[82]

(vii) 존립시기나 해산사유를 정하는 때에는 그 시기 또는 사유: 이에 관한 사항은 반드시 정하여야 하는 것은 아니므로, 특히 이를 정하고 있는 때에만 기재하면 된다.

(나) 임의적 기재사항

정관에는 기재되어 있으나, 필요적 기재사항에 해당하지 않는 사항을 말한다. 임의적 기재사항에는 특별한 제한이 없다. 민법의 규정 중에서 정관에서 특별히 규정하고 있지 않으면 효력이 없다든가, 또는 정관에서 특별히 정하고 있는 경우에는 민법의 규정을 적용하지 않는다는 규정 등이 많은데(민법 제41조, 제42조, 제58조, 제59조, 제62조, 제66조, 제68조, 제70조 제2항, 제71조, 제72조, 제73조 제3항, 제75조 제1항, 제78조, 제80조, 제82조 등), 그처럼 정관에서 특별히 정하는 사항들이 임의적 기재사항에 해당한다.

임의적 기재사항이라도 일단 정관에 기재되면 필요적 기재사항과 마찬가지의 효력을 가지게 되므로, 이를 변경하려면 정관변경의 절차에 의해서만 가능하다.

(다) 재단법인의 정관

재단법인의 정관의 필요적 기재사항이나 임의적 기재사항에 관한 설명은 사단법인의 그것과 같다(민법 제40조 참고). 다만 사단법인의 정관과는 달리 사원자격의 득실에 관한 규정(민법 제40조 제6호)과 법인의 존립시기나 해산사유를 정하는 때에는 그 시기 또는 사유(민법 제40조 제7호)는 필요적 기재사항이 아니다. 사원자격의 득실에 관한 규정은 재단법인에는 사원이 없기 때문에 해당되지 않고, 존립시기나 해산사유에 관한 규정은 법인의 영속성을 고려하고 설립자의 의사를 존중하기 위하여 임의적 기재사항으로 둔 것이다. 이사의 대표권에 관한 제한은 사단법인의 경우와 마찬가지로 반드시 정관에 기재하여야 그 효력이 생긴다(민법 제41조). 재단법인의 정관에 있어서 필요적 기재사항 중 어느 하나라도 빠지면 그 정관은 무효이다. 그러나 재단법인의 설립자가 그 명칭, 사무소의 소재지 또는 이사임면의 방법을 정하지 않고 사망한 때에는 이해관계인 또는 검사의 청구에 의하여 법원이 이를 보완하여 정

---

82) 김기선, 한국민법총칙, 140면.

함으로써 유효하게 할 수 있다(민법 제44조). 유언에 의하여 재단법인을 설립하는 경우에는 민법 제43조에서 요구되는 정관사항의 기재가 있어야 할 뿐만 아니라, 유언에 필요한 법률상의 방식(민법 제1060조, 제1065조~1072조)에 따라 정관이 작성되어야 한다(민법 제47조 제2항).

3. 주무관청의 허가

비영리사단이나 재단이 법인격을 취득하기 위해서는 주무관청으로부터 허가를 받아야 한다(민법 제32조). 주무관청의 허가는 설립자에 의해서 설립된 단체에 법인격을 부여하기 위한 국가의 다양한 조력방법 중 하나로써, 현행민법상 비영리사단·재단법인의 설립시 이를 채택하고 있다. 따라서 사단이나 재단이 법인으로서의 실질을 갖추었더라도 주무관청의 허가를 받지 못하면 법인성립이 좌절된다. 이때 주무관청의 허가 여부는 주무관청의 자유재량에 속하며, 따라서 비록 법인성립을 목적으로 하는 단체가 법인설립허가신청을 하였으나 주무관청으로부터 허가를 받지 못하였더라도 행정소송으로 이를 다툴 수 없다.[83] 결국 주무관청으로부터 법인설립불허가처분을 받은 단체는 법인으로 되지 못하고 권리능력없는 사단이나 재단으로 머물 수밖에 없다.

현행민법이 비영리사단법인·재단법인의 설립에 관하여 허가주의를 채택하고 있는 것에 대해서는 많은 비판이 있다. 민법이 취하는 허가주의는 연혁적으로 국민의 자생적이고 협동적인 비자본적 단체를 금압하고 공동체적 재산관리를 부인함으로써 국민의 단결을 파괴하여 왔던 일본의 식민지 입법의 잔재라는 것이다.[84] 또한 헌법은 결사의 자유를 국민의 기본권으로써 보장하고(민법 제21조 제1항) 또한 결사에 대한 허가는 부인하고 있는데(민법 제22조 제2항), 민법이 비영리법인의 설립에 관하여 주무관청의 허가를 요구하는 것은 헌법위반이라는 것이다.[85] 이러한 비판은 정당하다. 타인에 대한 재산상 이해관계가 큰 영리법인에 대해서도 준칙주의를 취하는 마

---

83) 대법원 1996. 9. 10. 선고 95누18437 판결 등.
84) 정환담, "민사법인설립제도에 관한 비교법적 고찰", 「비교사법」 제5권 제1호(통권 제8호), 한국비교사법학회, 1998. 6, 94면; 허가주의의 연혁적 상세한 설명에 대해서는 김진우, "비영리법인의 설립에 있어 허가주의에 관한 연혁적 고찰", 「인권과 정의」 제383호, 대한변호사협회, 2008. 7, 94면 이하 참고.
85) 정환담, 전게논문, 95면; 김교창, "민법총칙 중 법인에 관한 개정의견", 「법조」 제548호, 법조협회, 2002. 5, 154면 이하.

당에 그러한 이해관계가 적은 비영리법인에 대해서 허가주의를 취하는 것은 국가가 비영리단체에 대해서 사시적이고 금압적인 태도로 접근하고 있음을 방증하는 것이다. 이것은 이념단체나 이익단체 등이 법인으로 발전할 수 있는 길을 어렵게 만듦으로써, 다분히 위헌적인 것이다.[86] 이러한 허가주의로 말미암아 비영리단체의 법인성립이 어렵게 될지라도 그 효과는 크지 않다. 왜냐하면 주무관청의 허가를 받지 못한 단체 혹은 처음부터 허가를 받기 원하지 않는 단체는 권리능력없는 사단·재단이라는 미완의 법인격을 가지면서도 정작 단체의 목적을 실현하는 활동에는 별 영향이 없기 때문이다. 오히려 민법상 허가주의로 말미암아 국가가 단체를 통제할 수 있기는커녕, 파악조차 할 수 없는 수많은 권리능력없는 사단·재단만 양산하는 결과를 가져왔다. 이러한 이유에서 민법의 허가주의는 개선을 요하는데, 기왕이면 헌법상 이념과 부합하는 준칙주의가 바람직하지만, 적어도 주무관청의 자의적인 재량을 억제할 수 있는 인가주의로의 개정이 요망된다.

주무관청이란 법인의 목적사업을 주관하는 행정관청을 의미한다. 어떤 단체가 법인설립허가신청을 하고자 할 때 어느 관청에다가 허가신청을 해야 하는가는 법인정관에 기재된 목적에 따라 판단된다. 예컨대 장학사업을 목적으로 한다면 시·도교육청장, 자선·보건·위생사업이 목적인 경우는 보건복지부장관, 종교·예술·문화사업 등의 목적이라면 문화체육관광부장관이 주무관청이 된다. 그런데 법인의 목적이 두 개 이상의 행정관청의 소관사항인 때에는 해당 행정관청으로부터 모두 허가를 받아야 하는지 아니면 그중 하나의 행정관청으로부터 허가를 받으면 충분한 것인지에 대해서는 다툼의 여지가 있다. 예컨대 학술진흥과 문화사업을 목적으로 할 때 교육부장관과 문화관광부장관 중에서 어디가 주무관청인지가 문제된다. 이에 대해서는 해당 행정관청이 모두 주무관청이므로 해당 행정관청의 허가를 모두 받아야 한다는 복수설[87]과 그중 어느 한 관청으로부터 허가로 족하다는 단수설[88]이 있다. 생각건대 주무관청은 법인의 설립허가뿐만 아니라 사후감독도 하게 되는데, 복수의 행정관청으로부터 모두 허가를 받아야지만 법인설립이 인정되고 사후에도 복수의 관련 행정

---

86) 同旨 송오식, 단체법, 54면 이하.
87) 곽윤직(편집대표)−홍일표, 민법주해 I, 555면; 김주수·김상용, 민법총칙, 176면; 박준서(편집대표)−정환담, 주석민법(1), 제3판, 559면; 백태승, 민법총칙, 223면; 서광민, 민법총칙, 190면.
88) 김용한, 민법총칙론, 159면.

관청으로부터 사후감독을 받는다는 것은 지나친 규제라고 할 수밖에 없다. 복수설은 단수설에 의하면 주된 사업과 종된 사업의 두 목적을 가진 법인을 설립하려고 할 때에 종된 사업을 주관하는 관청의 허가만 있으면 된다는 것이 되어 부당하다고 비판하지만, 종된 사업목적을 관장하는 주무관청에 설립허가신청을 한 경우에 그 관청은 주된 사업목적에 해당하는 관청으로 이관하든지 아니면 허가신청을 반려할 것이므로 그러한 비판은 타당하지 않다. 요컨대 복수의 사업목적이 있을 경우에 주된 사업목적을 관장하는 행정관청을 주무관청이라고 보아야 하며, 만약 동등한 값어치의 복수 사업목적일 때에는 어느 한 관청이 설립허가처분을 내린 경우에 그 관청이 사후에도 관리·감독의 책임을 지겠다는 의미도 포함하고 있는 것이므로 그 관청의 설립허가로 법인설립에서 요구되는 허가요건은 충족된 것으로 보아야 한다. 입법론상으로는 행정관청마다 상이하게 적용되는 허가기준이나 허가요건 및 주무관청 관할문제의 혼선 등을 막기 위해서 국무총리실에서 법인설립·감독을 관할하는 기구를 설치하여 여기에서 통일적으로 관장하는 것이 바람직하다는 생각이다.[89]

4. 설립등기

사단이든 재단이든 단체가 법인으로 인정되기 위해서는 주된 사무소의 소재지에서 설립등기를 하여야 하며, 이 설립등기를 함으로써 비로소 법인으로 성립한다(민법 제33조). 그러한 의미에서 법인설립등기는 창설적 효력을 가진 성립요건이다. 구민법은 설립등기를 대항요건으로 하고 있었으나, 현행민법은 성립요건으로 하고 있음으로 해서 법인의 성립시기가 보다 분명해졌다.

IV. 재단법인설립의 특수문제: 출연재산의 귀속시기

1. 재산의 출연

가. 재산출연의 의미

재단법인의 설립을 위해서는 사단법인의 설립과 마찬가지로 (i) 목적의 비영리성,

---

89) 同旨 김교창, 전게논문, 156면.

(ii) 설립행위, (iii) 주무관청의 허가, (iv) 설립등기 등의 요건이 갖추어져야 한다. 그런데 재단법인에 있어서「설립행위」란「정관의 작성」외에도 법인의 목적실현을 위해 필요한「재산의 출연」이 반드시 요구된다는 점에서 사단법인의 설립행위와는 다르다.

출연이라 함은 재산의 증가를 가져오게 하는 행위를 말하는 바, 이것은 증여나 유증의 형식으로 하게 된다. 재단법인의 설립에 있어서 출연은 설립자가 자신의 재산을 내어놓아 재단법인을 위한 목적재산을 설정하는 것을 의미한다. 그것은 단순히 설립자가 재산을 내놓는다는 것보다, 그 출연재산으로 새로운 권리주체를 창출한다는 것에 보다 근본적인 의미가 있으므로 일반적인 증여나 유증과는 차이가 있다.

나. 출연재산

출연재산의 종류에 대해서는 법률상 제한이 없다. 따라서 부동산, 동산의 소유권을 비롯한 각종의 물권뿐만 아니라 지명채권·지시채권·무기명채권 또는 무체재산권과 같은 재산권 등은 모두 출연재산이 될 수 있다.

출연재산은 재단법인의 목적을 실현하는 근간이 되는 것이므로 설립자가 출연한 재산은 실질적으로 재단법인의 것으로 귀속되어야만 한다. 따라서 설립자가 재단법인의 설립허가를 받을 목적으로 기본재산인 부동산의 등기명의를 재단법인에게 신탁하기로 약정한 다음 법인설립허가를 받은 후에 신탁계약을 해지한 사안에서, 판례는 재단법인의 설립에 있어 기본재산은 재단법인의 실체를 이루는 것이므로 재단법인의 설립을 위한 재산의 기증(기부행위)에 있어 재산기증자가 소유명의만을 재단법인에 귀속시키고 실질적 소유권은 기증자에게 보류하는 따위의 부관을 붙여서 기증하는 것은 재단법인 설립의 취지에 어긋나는 것일 뿐 아니라, 만약 그러한 신탁계약이 설립된 재단법인에게 효력이 미친다면 재단법인의 기본재산이 상실되어 재단법인의 존립 자체에 영향을 줄 것이므로 그와 같은 신탁계약은 설립된 재단법인에게 당연히 그 효력이 미치지 않는다고 판시하였다.[90]

다. 출연행위의 법적 성질

재산출연과 정관작성으로 구성되는 재단법인의 설립행위의 법적 성질에 대해서는

---

90) 대법원 1971. 8. 31. 선고 71다1176 판결.

다툼이 있다. 설립자가 1인인 경우에는 상대방없는 단독행위라고 보는 것이 압도적인 다수설이자,[91] 판례의 태도이다.[92] 그러나 수인이 공동하여 재단법인을 설립하는 경우에 대해서는 단독행위의 경합으로 보는 견해[93]와 합동행위라고 보는 견해[94]로 나뉜다. 합동행위로 보는 견해에 의하더라도 재단법인의 설립은 사단법인의 설립행위와는 달리 필요적 합동행위가 아니라 임의적 합동행위라고 한다. 한편 재단법인의 설립행위를 계약으로 보는 소수설에 의하면,[95] 설립자는 장래 설립될 재단법인과 재산출연계약을 맺는 것이라고 한다.

생각건대, 설립자가 재단법인의 설립을 위하여 재산출연을 의욕하더라도 그 당시에는 출연재산을 받을 주체가 아직 없는 상태이다. 따라서 재단법인의 설립을 위한 출연행위는 상대방없는 단독행위이며, 2인 이상이 재단법인설립을 위한 출연행위를 하더라도 이는 각 설립자의 단독행위가 경합하는 것으로 볼 수 있다. 출연행위는 조건에 친하지 않는 행위인데, 설립자의 일방적인 의사표시에 따라 장차 설립될 재단법인의 존립이 불완전한 상태에 놓여서는 안 되기 때문이다.

라. 출연행위의 철회

설립자가 재단법인의 설립을 위해서 재산을 출연한 것을 재단법인의 설립이 완성되기 전에 철회할 수 있는지가 문제된다. 독일민법 제81조 제2항은 설립자가 생전처분에 의해서 재단법인을 설립하는 경우에 관할관청의 재단설립인가가 있기까지는 설립행위를 철회할 수 있으며, 이미 관할관청에 설립인가를 신청한 경우에는 관할관청에 철회의 의사를 표시하여야 한다고 규정하고 있다. 우리 민법은 독일민법과 같은 명문규정은 두고 있지 않지만, 학설은 생전처분의 경우에 독일민법의 경우와 마찬가지로 「주무관청의 설립허가 전에」 설립자 자신이 철회하는 것은 가능하다고 주장하기도 하고,[96] 「설립등기를 필 하기까지」는 언제든지 철회할 수 있다고 설명하

---

91) 곽윤직·김재형, 민법총칙, 179면; 김기선, 한국민법총칙, 141면; 김용한, 민법총칙론, 161면; 김증한·김학동, 민법총칙, 179면; 김현태, 민법총칙론, 176면; 백태승, 민법총칙, 226면; 이영준, 민법총칙, 942면.
92) 대법원 1999. 7. 9. 선고 98다9045 판결.
93) 김증한·김학동, 민법총칙, 190면; 김용한, 민법총칙론, 161면; 김현태, 민법총칙론, 176면; 백태승, 민법총칙, 226면; 이영준, 민법총칙, 942면.
94) 김기선, 한국민법총칙, 141면.
95) 이은영, 민법총칙, 264면.
96) 곽윤직(편집대표) - 홍일표, 민법주해 Ⅰ, 626면; 박준서(편집대표) - 정환담, 주석민법(1), 제

기도 한다.[97] 그러나 그 이유에 대해서는 특별한 언급이 없다. 생각건대, 우선 재단
설립행위(특히 재산출연행위)의 철회는 생전처분으로 재단법인을 설립하는 경우에 문
제된다. 유언에 의하여 재단법인을 설립하는 경우에 유언자는 생존 중(유언의 효력이
발생하기 전)에는 언제든지 유언을 철회할 수 있으며(민법 제1108조), 유언의 효력이
발생한 때에는(유언자가 사망한 때) 설립자의 유언철회문제는 더 이상 발생하지 않으
며, 다만 상속인 또는 유언집행자가 법인설립절차를 이행할 의무를 부담할 뿐이다.
따라서 설립자가 생전처분으로 재단법인을 설립하는 경우에 출연행위를 철회할 수
있는가가 문제되는데, 다음과 같은 이유에서 설립자는 법인설립등기가 완료되기 전
까지 이를 철회할 수 있다고 생각한다. 재산처분의 자유가 인정되는 이상, 설립자는
재단설립의 자유뿐만 아니라, 이를 철회할 수 있는 자유도 함께 누릴 수 있어야 한
다. 다만 재산출연행위의 성질을 단독행위로 보든 계약으로 보든, 출연의 의사표시가
상대방에게 「도달」한 시점에는 이를 철회할 수 없을 것인데, 재단법인의 설립에 있
어서는 재단법인이 성립되기 전(즉 재단설립등기완료 전)까지는 출연의 의사표시가 도
달할 상대방이 정해지지 않은 상태이므로 이를 철회할 수 있다고 할 것이다. 학설에
따라서는 독일민법의 태도와 마찬가지로 주무관청의 설립허가 전까지 철회를 인정하
자는 주장이 있을 수 있지만, 이는 잘못된 주장이다. 독일민법에서는 명문으로 관할
관청의 설립인가시까지 철회할 수 있음을 정하고 있을 뿐만 아니라(제81조 제2항), 관
할관청의 설립인가의 성질도 우리 민법과는 달리 권리형성적(rechtsbegründend) 또는
창설적(konstitutiv)인 성격을 가진다. 즉 독일의 재단법인은 우리 민법과는 달리 설
립등기에 의해서 성립되는 것이 아니라, 주무관청의 설립인가로 인해서 성립하게 된
다. 따라서 독일에서는 재단법인성립이 완료되는 주무관청의 설립인가전까지 출연행
위를 철회할 수 있는 데 반하여, 우리 민법에서는 법인설립등기가 완료되기 전까지
이를 철회할 수 있다고 새겨야 한다.

2. 재산출연의 방법

재산을 출연하여 재단법인을 설립하는 방법은 민법상 두 가지가 있다. 하나는 생

3판, 658면.
97) 김기선, 한국민법총칙, 145면.

전처분으로 하는 방법이고, 다른 하나는 유언으로 하는 방법이다. 민법은 생전처분으로 재단법인을 설립하는 때에는 증여에 관한 규정을 준용하고, 유언으로 재단법인을 설립하는 때에는 유증에 관한 규정을 준용한다. 재단설립을 위해서는 재산출연행위가 필요한데 생전처분으로 하든 유언으로 하든, 모두 출연자의 무상행위로서 한다는 점 그리고 그 성질상 수령을 요하지 않는 출연자의 일방적인 의사표시(단독행위)라는 점에서는 차이가 없다. 다만 생전처분에 의한 재단설립과 유언에 의한 재단설립은 다음과 같은 차이점이 있다. 생전처분으로 재단법인을 설립하는 경우에 설립자는 재산을 출연하고 그 출연된 재산을 기초로 독자적인 권리주체를 생성하는 절차를 밟게 되고 그리하여 성립한 재단법인에게 재산을 이전하게 된다. 그러한 점에서 생전처분에 의한 재단법인설립행위(출연행위)는 설립자가 장차 성립될 재단법인에게 하는 일방적인 재산이전의 의사표시이다. 그러한 출연(증여)의 의사표시는 상대방(즉 장차 성립될 재단법인)에게 도달하기 전에는 철회할 수 있으므로, 재단법인이 성립되기 전까지는 의사표시의 상대방이 확정되지 않았으므로 이를 철회할 수 있지만, 재단법인이 성립되고 난 후에는 설립자는 출연의 의사표시를 철회할 수 없다. 그에 반해 유언으로 재단법인을 설립하는 경우에는 설립자의 사망에 의해 비로소 유언에 따른 재산출연 및 재단설립절차가 진행되고 이에 따라 성립한 재단법인은 설립자의 단독행위(즉 유언)에 의한 수증자의 지위에서 재산을 취득한다는 점에서 차이가 있다.98) 양자 간의 이러한 특성은 특히 재단법인의 설립을 위하여 출연한 재산이 언제 재단법인의 것으로 귀속되는 것인지에 대해서 차이를 보인다.

생전처분에 의한 재단설립의 경우에 증여에 관한 규정이 준용되지만, 계약을 전제로 한 증여에 관한 규정은 단독행위인 재단법인의 설립행위에 그대로 준용될 수는 없다. 재단법인 설립과 관련하여 준용될 수 있는 규정은 출연약정의 서면작성(민법 제555조), 출연자의 재산상태변경과 증여해제(민법 제557조), 해제와 이행완료부분(민법 제558조), 출연자의 담보책임(민법 제559조) 등이다. 그 외 판례는 재단법인 설립을 위하여 서면에 의한 증여(출연)를 한 경우에, 증여의 해제와는 별도로 출연자는 착오에 기한 의사표시를 이유로 출연의 의사표시를 취소할 수 있다고 한다.99)

---

98) 유언자가 재단법인을 설립한다는 유언을 철회할 수도 있으나, 이 경우에는 애초부터 유언의 효력이 없으므로 재단법인의 설립절차에 착수하는 것조차 없게 된다.
99) 대법원 1999. 7. 9. 선고 98다9045 판결.

유언에 의한 재단설립의 경우에 준용되는 유언에 관한 규정으로는 유언의 방식(민법 제1060조, 제1065조~제1072조) 및 유언의 효력에 관한 규정(민법 제1078조~제1085조, 제1087조, 제1090조) 등이다.

3. 출연재산의 귀속시기

가. 민법 제48조의 문제점

위에서 본 바와 같이 민법은 재산을 출연하여 재단법인을 설립하는 방법으로 두 가지를 인정하고 있다. 하나는 생전처분으로 하는 방법이고, 다른 하나는 유언으로 하는 방법이다. 재단법인의 설립을 위하여 출연자가 재산을 출연한다는 것은 자신의 소유로 있던 재산을 내어놓겠다는 약정의 의미와 함께 출연된 재산을 기반으로 새로운 권리주체(즉 재단법인)를 창설하겠다는 의미를 동시에 가진다. 단순히 재산을 타인에게 증여하거나 유증하는 경우와는 달리, 재단법인의 설립을 위한 재산출연의 경우에는 설립자가 재산을 출연할 당시에는 아직 재산을 수령할 상대방(즉 재단법인)이 아직 존재하지 않는 상태이며, 재단법인의 설립이 완성되었을 때 비로소 재산을 양도받을 상대방이 등장하는 것이다. 설립자의 출연재산을 기반으로 성립한 재단법인은 존립을 위해 반드시 그 출연재산을 자신의 것으로 편입하여야 하는데, 이때 설립자의 출연재산이 언제 재단법인의 것으로 귀속되는지가 문제된다. 이에 대해 민법 제48조는 설립자가 생전처분으로 재단법인을 설립하는 때에는 출연재산은 법인이 성립된 때(즉 법인설립등기가 완료된 때)로부터 법인의 재산이 되고(제1항), 설립자가 유언으로 재단법인을 설립하는 때에는 유언의 효력이 발생한 때(즉 설립자가 사망한 때)로부터 법인에게 귀속하는 것으로 보고 있다(제2항). 여기서 법인이 성립하는 시기는 법인설립등기가 완료된 때이고 유언의 효력이 발생하는 시기는 유언자가 사망한 때이므로, 결국 민법 제48조에 의하면 생전처분으로 출연한 재산은 법인설립등기를 한 때로부터 법인에 귀속하고 유언으로 출연한 재산은 유언자가 사망한 때에 소급하여 법인에게 귀속하는 것으로 보게 된다. 그런데 그러한 시기에 재산이 귀속된다는 것은 법률상 당연히 귀속한다는 것인지 아니면 민법 제48조에도 불구하고 우리 민법의 물권변동에 관한 성립요건주의(민법 제186조, 제188조) 및 지시채권·무기명채권양도의 효력발생요건(민법 제508조, 제523조)을 갖추어야만 비로소 귀속하는 것인지에 대해서 논란이 있다. 출연재산의 귀속시기에 관한 민법 제48조는 과거 물권변동에 관하여 의사주의를 취하던 구민법 제42조를 그대로 따른 것인데, 현행민법은 물권변동에 관하여 형식주의로 전환하였기 때문에 민법 제48조에서 정한 출연재산의 귀속시기를 물권변동의 원칙과 관련하여 어떻게 이해할 것인가에 대하여 견해의 대립이 있다.

나. 학설

지명채권을 출연하는 경우[100]와 같이 권리이전을 위하여 별도의 공시방법이나 요식행위가 필요하지 않는 재산권은 민법 제48조가 정한 시기에 재단법인에게 귀속한다는 것에 대해서는 이론(異論)이 없다. 문제는 권리이전을 위하여 공시방법이나 요식행위가 필요한 재산권을 출연한 경우이다.

다수설은 재단설립을 위해 출연한 재산은 재산이전을 위해 별도의 공시방법이나 요식행위가 없어도 민법 제48조에서 정한 시기에 재단에 당연히 귀속된다고 주장한다.[101] 이 학설은 민법 제48조를 재단설립자의 의사를 존중하는 동시에 재단법인의 재산적 기초를 충실히 하기 위한 특별규정으로 이해한다. 따라서 민법 제48조는 민법 제187조의 '기타 법률의 규정'에 해당하므로, 설립자가 예컨대 부동산을 출연하더라도 민법 제186조가 적용되는 것이 아니므로 재단법인은 설립자로부터 부동산이전등기를 하지 않더라도 부동산의 소유권은 민법 제48조에서 정한 시기(법인설립등기를 한 때 또는 설립자가 사망한 때)에 당연히 법인에게 귀속한다는 것이다. 또한 출연재산이 채권인 경우에도 마찬가지로 지시채권의 배서·교부(민법 제508조)나 무기명채권의 교부(민법 제523조)는 필요하지 않으며, 민법 제48조가 정한 시기에 당연히 법인에게 귀속한다는 입장이다.

이에 반해 소수설은 재단법인의 설립을 위한 재산의 출연행위는 법률행위로 인한 물권의 변동에 해당하므로 재단법인은 물권변동의 일반원칙에 따라 설립자로부터

---

100) 지명채권의 양도에 있어서 양도인의 통지나 채무자의 승낙은 채무자 기타 제3자에 대한 대항요건일 뿐이고 채권양도의 성립 또는 효력발생요건이 아니다.
101) 고상룡, 민법총칙, 192면; 곽윤직·김재형, 민법총칙, 177면; 김기선, 한국민법총칙, 144면; 김상용, 민법총칙, 225~226면; 김주수·김상용, 민법총칙, 김용한, 민법총칙론, 165면; 180면; 송덕수, 민법총칙, 644면; 장경학, 민법총칙, 313면.

등기(민법 제186조)나 인도(민법 제188조)를 받아야만 출연재산의 소유권을 취득한다고 주장한다.[102] 이 학설은 민법 제48조는 물권변동에 관하여 의사주의를 취하였던 의용민법 제42조를 잘못 답습한 것이므로, 현행민법하에서는 제186조 이하의 형식주의원칙과 조화되도록 해석하여야 한다고 하면서, 제187조의 '기타 법률의 규정'이란 형성적 효력을 갖는 물권의 변동을 규정하는 법률만을 의미하는데 제48조의 규정은 여기에 해당하지 않는다고 한다.[103] 또한 양도에 증서의 배서나 교부를 요하는 유가증권을 출연한 경우에, 증서의 배서나 교부없이 제48조에 의하여 법인성립시 또는 설립자의 사망시에 바로 법인에게 귀속한다면 거래의 안전이 크게 위협받기 때문에 증서의 교부나 배서가 필요하다고 한다.

이에 대해 다수설은 만약 소수설의 주장처럼 법인이 성립된 후에도 법인이 재산권을 취득하기 위해서 등기나 인도 또는 증서의 배서·교부가 필요하다면, 법인은 성립하였더라도 등기나 인도 또는 증서의 배서·교부가 있기까지는 전혀 재산이 없는 재단법인이 있게 되는데, 이는 재단법인의 본질에 반한다고 비판한다. 이러한 비판에 대해 소수설은 소유권 등 재산권은 이전의 형식이 완료된 때에 귀속하지만, 그러한 형식이 완료되기 전이라도 재단법인은 민법 제48조가 정한 법인의 성립시 또는 설립자의 사망시에 재산이전청구권이라는 일종의 재산권을 취득하므로 전혀 재산이 없는 재단법인이라고 할 수 없다고 반박한다.[104]

다. 판례

대법원은 처음에는 다수설과 같이 재단법인의 설립자가 출연한 부동산은 등기없이도 재단법인의 설립과 동시에 법인에게 귀속한다고 하였다.[105] 그러나 이후 1979년의 전원합의체 판결을 계기로 그 태도를 변경하여, 민법 제48조 제1항의 규정은 출연자와 법인과의 관계를 상대적으로 결정하는 기준에 불과하기 때문에 출연재산이 부동산인 경우에 출연자와 법인 사이에는 법인의 성립 외에 등기를 필요로 하는 것은 아니지만, 제3자에 대한 관계에 있어서 출연행위는 법률행위이므로 출연부동산이

---

102) 김증한·김학동, 민법총칙, 195~197면; 이영준, 민법총칙, 941면; 백태승, 민법총칙, 229~230면; 서광민, 민법총칙, 196면; 이은영, 민법총칙, 267면; 김대정, 민법총칙, 368면.
103) 이영준, 민법총칙, 941면.
104) 김증한·김학동, 민법총칙, 197면; 서광민, 민법총칙, 196면; 이영준, 민법총칙, 940면 등.
105) 대법원 1973. 3. 28. 선고 72다2344, 2345 판결; 대법원 1976. 5. 11. 선고 75다1656 판결.

법인에게 귀속하기 위해서는 등기를 요한다고 판시하였다.[106) 또한 유언으로 재단법인을 설립하는 경우에도 제3자에 대한 관계에서는 출연재산이 부동산인 경우에 그 법인에의 귀속에는 법인의 설립 외에 등기를 필요로 하는 것이므로, 재단법인이 그와 같은 등기를 마치지 아니하였다면 유언자의 상속인의 한 사람으로부터 부동산의 지분을 취득하여 이전등기를 마친 선의의 제3자에 대하여 대항할 수 없다고 한다.[107)

요컨대 판례는 설립자와 재단법인 사이의 대내적 관계와 재단법인과 제3자 사이의 대외적 관계를 분리하여, 대내적으로 출연재산은 민법 제48조가 정한 시기에 등기 등의 형식 없이도 재단법인에게 귀속하지만, 대외적으로는 재단법인이 제3자에게 '대항'하기 위해서 출연재산을 재단법인명의로 등기(인도 기타 배서·교부 등)할 것이 요구된다고 판단하고 있다.

라. 검토

우선 판례를 검토해보면, 판례는 재단법인의 대내적 관계와 대외적 관계를 구분하여 전자에는 등기를 요하지 않고 후자에는 등기를 요한다고 보지만, 이는 우리 민법상 전혀 근거가 없다. 우리 민법은 물권변동의 원인이 법률행위에 의한 것인지(제186조) 아니면 법률행위에 의하지 아니한 것인지(제187조)를 구분할 뿐이지, 대내적 관계와 대외적 관계에 따라 등기의 요부를 결정하지는 않는다. 특히 판례는 대외적으로 제3자에게 '대항'하기 위해서 출연재산을 재단법인명의로 등기하여야 한다고 설시하는데, 이러한 입론은 부동산물권변동에 있어서 대항요건주의를 취하던 구민법에는 몰라도, 성립요건주의를 취하는 현행민법에는 더 이상 유지될 수 없다.

다음으로 학설을 검토하면, 우선 설립자의 출연행위의 법적 성질이 무엇인지를 살펴볼 필요가 있다. 학설은 재단설립을 위한 출연행위를 물권행위로 보는 것인지 아니면 채권행위로 보는 것인지 명확히 설명하지 않고 있다. 그러나 실무적으로 설립자의 출연행위란 기실 설립자가 재단법인설립을 위해 자신의 재산을 출연하겠다는 약정서[108)를 작성하는 것뿐이다. 설립자(또는 설립담당자)는 이 약정서를 다른 소정의 서류와 함께 법인설립허가를 위하여 주무관청에 제출하고, 주무관청은 이 약정서

---

106) 대법원 1979. 12. 11. 선고 78다481, 482 전원합의체 판결.
107) 대법원 1993. 9. 14. 선고 93다8054 판결.
108) 실무적으로 재산출연증서 또는 기부승낙서 등으로 부른다.

에 기재된 출연예정재산이 정관에 기재된 사업목적을 수행할 만큼 충분한지를 판단하여 허가여부를 결정하게 된다. 주무관청마다 법인의 설립허가가 있게 되면 설립자(또는 설립담당자)는 설립등기를 마치고 지체없이 출연재산을 법인소유로 이전하고 이를 증명하는 서류를 주무관청에 제출하도록 하고 있다. 이러한 일련의 과정을 보면 설립자의 재산출연행위라는 것은 장차 설립될 재단법인에 자신의 재산을 이전하겠다는 출연의 약정, 즉 채권행위라고 보는 것이 타당하고, 실제 물권행위는 설립등기를 마친 후 실제 재산을 이전하는 과정에서 나타나게 된다. 이러한 점을 보면 재단법인설립을 위한 재산출연행위는 전형적인 법률행위로 인한 물권변동에 해당하므로 출연재산은 등기나 인도 및 증서의 배서·교부가 있는 시점에 비로소 법인에게 귀속한다고 보는 것이 타당하다. 또한 재산출연행위는 법률행위가 명백하고 민법 제187조는 법률행위 이외의 '기타 법률의 규정'에 의한 물권변동에 적용되는 것이므로, 재산출연행위를 규정한 민법 제48조는 그러한 법률의 규정에 해당한다고 볼 수 없다.109) 이러한 시각에서 민법 제48조를 해석하면 다음과 같다.

먼저 생전처분으로 재단법인을 설립한 경우에 이전에 아무런 형식을 요하지 아니하는 재산권은 법인이 성립한 때로부터 법인에 귀속하지만, 출연재산이 부동산이나 동산일 때에는 등기(민법 제186조) 또는 인도(민법 제188조)가 있어야 하고 출연재산이 지시채권이면 배서·교부(민법 제508조)가 무기명채권이면 교부(민법 제523조)가 있을 때에 법인에게 이전한다. 설립자는 재단법인이 성립되기 전까지는 출연의 의사표시를 철회할 수 있다. 또한 설립자는 재단법인의 성립 후에도 착오를 이유로 출연의 의사표시를 취소할 수 있다.110) 설립자가 재단법인이 성립된 후에 출연약정과는 달리 출연재산을 이전하지 않고 재산을 제3자에게 처분한 경우에는, 마치 이중양도와 같은 상황이 되어 먼저 등기나 양도를 받은 제3자의 권리가 우선한다. 다만 이때 재단법인은 증여의 규정을 준용한 민법 제47조에 기해 설립자에게 증여계약의 이행불능을 원인으로 하는 손해배상청구권을 주장할 수 있다. 만일 설립자가 출연약정을 이행하지 않아 재단법인에게 재산이 없거나 부족하여 목적사업을 달성할 수 없는 때에는 주무관청은 민법 제77조에 따라 재단법인의 설립허가를 취소하고 이에 따라 재단법인은 해산하여야 한다.

---

109) 同旨 서광민, 민법총칙, 196면.
110) 대법원 1999. 7. 9. 선고 98다9045 판결.

유언으로 재단법인을 설립하는 경우에는 유언자의 사망 후에 법인설립절차가 진행될 것이므로 유언의 효력이 발생한 때(즉 유언자가 사망한 때)에는 법인이 존재하지 않아 유언자의 재산을 귀속시킬 수 없는 상황이다. 그럼에도 불구하고 민법 제48조 제2항은 유언으로 재단법인을 설립한 때에는 출연재산은 유언의 효력이 발생한 때로부터 법인에 귀속한 것으로 본다고 정하고 있는데, 이는 설립자의 유언으로 말미암아 장차 설립된 재단법인이 마치 유언자의 사망시에 이미 존재하는 것으로 의제하여 수증능력을 인정한 것으로 보아야 한다.111) 이에 따라 재산출연이 포괄적 유증으로 있게 된 경우에는 장차 설립될 법인은 상속인과 동일한 지위에 서게 되므로(민법 제1078조), 재단법인이 설립되면 법인은 이미 유언자가 사망한 시기에 존재한 것으로 의제하여 등기없이도 재산의 이전이 있었던 것으로 보아야 한다(민법 제187조 참조). 이에 대한 침해시 재단법인은 상속회복청구권 내지 물권적 청구권을 행사할 수 있다. 그에 반해 재산출연이 특정적 유증으로 있게 된 경우에는 재산은 일단 상속인에게 귀속되고 수증자의 지위에 있는 재단법인은 상속인에 대하여 유증의 이행을 청구할 수 있는 권리를 가진다. 따라서 추후 설립된 재단법인은 유언자가 사망한 시기에 이미 존재였던 것으로 보아, 상속인에 대하여 부동산의 이전등기 또는 동산의 인도를 청구할 수 있고(채권적 청구권), 출연재산은 재단법인이 상속인으로부터 등기나 인도를 받은 때에 비로소 법인에게 귀속된다. 다만 과실취득권은 유언의 효력이 발생한 때로부터 이미 재단법인의 것으로 보아야 하고(민법 제1079조 본문),112) 마찬가지로 상속인 등 유증의무자는 재단법인에 대하여 유언자의 사망후 인도시까지 발생한 비용의 상환을 청구할 수 있다(민법 제1080조, 제1081조).

마. 입법론

민법 제48조의 해석을 둘러싼 학설대립의 근본적인 원인은 민법 제48조가 과거 의사주의를 취하던 의용민법 당시의 조문을 그대로 답습하면서 현재의 형식주의에

---

111) 이것은 마치 태아의 지위와 유사하게 태아가 문제된 법률관계가 발생한 시기에 이미 존재한 것으로 보기 위해서는 출생이 전제되어야 하듯이, 장차 설립될 법인에게 수증능력이 인정되려면 장차 적법한 법인성립이 될 것을 전제로 한다.

112) 유언으로 재단법인을 설립하는 경우 필자와 같이 재산출연이 포괄적 유증으로 있게 된 경우와 특정적 유증으로 있게 된 경우로 나누어서 출연재산의 귀속시기를 판단하는 견해로는 고상현, "독일민법 제84조와 우리 민법 제48조 제2항의 비교법적 고찰", 「민사법학」 제46호, 한국민사법학회, 2009, 460면 이하.

입각한 물권변동의 대원칙과 어울리지 않게 되어버린 것에 있다. 그리하여 이를 바로 잡기 위해서는 민법 제48조를 현행민법이 취하고 있는 물권변동의 대원칙인 형식주의 내지 성립요건주의에 일치시키는 조문개정이 필요하다. 다시 말하자면 재단법인의 설립을 위한 출연행위는 분명 법률행위에 해당하는 것이기에 설립자의 출연행위에 의한 출연재산의 재단으로 이전은 그에 상응하는 등기나 인도 등의 공시방법이 이루어진 때에 완성되는 것으로 규율할 필요가 있다. 이러한 입법론에 입각하여 2004년과 2010년에 민법개정안이 제안되었다.[113]

---

113) 이에 관한 상세한 내용은 본서 제7장 「법인관련 민법개정안」 제1절 「민법개정안」 참고.

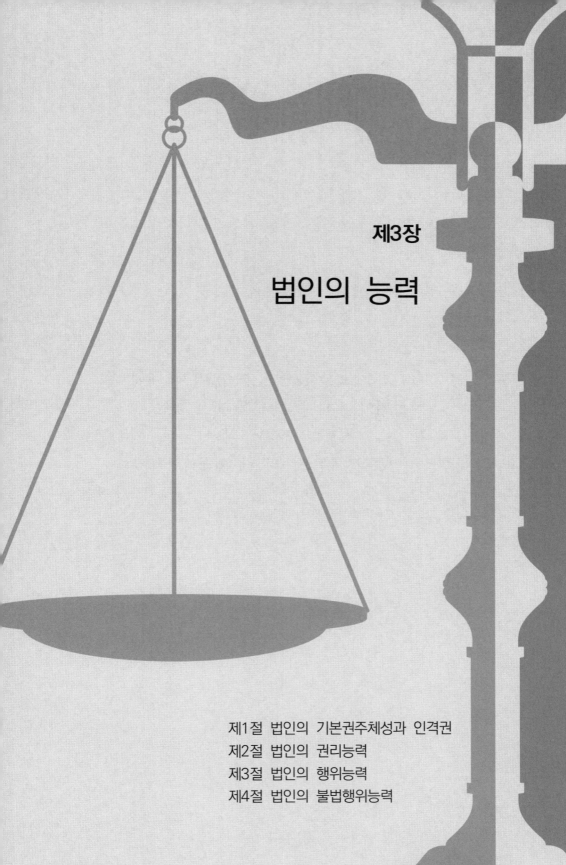

제3장

법인의 능력

"법인의 대표자가 행한 불법행위에 대해
법인이 손해배상책임을 지는 것은
법률의 규정에 의한
병존적 채무인수의 한 모습이다."

크리스티안 폰 바아(Christian von Bar)

제3장
법인의 능력

　법인은 자연인과 함께 법이 인정한 또 하나의 권리주체이지만, 법인이 향유하는 능력의 범위나 특성은 자연인의 그것과 똑같을 수는 없다. 자연인의 능력과 법인의 능력을 개략적으로 비교해보면, 우선 권리능력에 있어서 자연인의 권리능력은 모든 사람에게 평등하고 제한이 없는 데 반하여(민법 제3조), 법인의 권리능력에는 일정한 제한이 있다(민법 제34조). 자연인의 행위능력은 연령이나 법원의 선고 등 일정한 요건에 따라 제한될 수 있는 데 반하여(민법 제5조, 제10조, 제13조), 법인의 경우는 연령이나 판단능력의 문제가 일어나지 않으므로 행위능력의 제한이 문제되지 않는다. 자연인의 경우는 개별적인 판단에 따라 사람마다 의사능력, 책임능력 또는 불법행위능력의 유무가 달라질 수 있지만(민법 제753조, 제754조), 법인의 경우는 사람의 정신적 판단능력을 전제로 하지 않기 때문에 이들 능력은 항상 존재하는 것으로 보게 된다(민법 제35조). 그런데 구체적으로 법인의 능력이 자연인의 능력과 비교할 때 어떠한 범위에서 차이가 있고 어떠한 특성을 지니는지에 대해서 검토해본다. 이에 앞서 법인이 헌법상 기본권의 향유능력을 가지고 있는지 그리고 법인도 자연인과 같은 인격권을 가지고 있는지에 대해서 살펴본다.

제1절 법인의 기본권주체성과 인격권

I. 법인의 기본권주체성

기본권의 주체인 국민은 원래 자연인인 국민을 의미한다. 그러나 오늘날에는 다양한 목적에 의해서 조직된 법인이나 단체의 활동이 증대함에 따라 법인도 기본권의 주체가 될 수 있는지에 대해서 논란이 있다.[1] 독일은 기본법 제19조 3항에서 "기본권이 그 성질상 내국법인에 적용될 수 있는 때에는 그들에게도 적용된다"라고 하여 명문으로 법인의 기본권주체성을 인정하고 있다. 우리 헌법은 그와 같은 규정을 두고 있지 않지만, 해석상 기본권의 성질에 따라 법인에게도 기본권주체성이 인정된다는 것에 대해서는 이견이 없어 보인다. 그렇지만 법인 중에서도 공법상 법인(공법인)과 사법상 법인(사법인)은 기본권의 향유능력에 있어서 차이를 가진다. 헌법재판소는 "헌법상 기본권의 주체가 될 수 있는 법인은 원칙적으로 사법인에 한하는 것이고 공법인은 헌법의 수범자이지 기본권의 주체가 될 수 없다"고 하여 사법인에 한해 기본권주체성을 인정하고 있음을 분명히 하고 있다.[2] 그런데 법인의 기본권은 법인의 사법상 권리와는 그 성질을 달리한다. 원래 기본권이란 인간과 국가 사이의 기본적 관계를 정한 것으로써, 법인에게 기본권이 인정된다고 하더라도 그것은 법인을 구성하는 자연인이 집단적인 조직활동을 통하여 그들의 기본권을 신장시키려는 것을 인정한다는 의미이지, 법인자체가 직접 기본권을 향유할 수 있다는 것은 아니다.[3] 그러므로 법인에게 인정되는 기본권의 종류나 범위는 통일적으로 파악할 수 없고 각각의 법인의 기능이나 목적에 따라 개별적으로 판단할 수밖에 없다. 이를테면 종교법인의 경우에는 종교의 자유가, 방송국이나 신문사의 경우에는 언론·출판의 자유가, 학교법인의 경우에는 학문·예술 및 교육에 관한 기본권이 중요한 의미를 가지게 된다.

공법상 법인은 스스로 기본권을 향유하기보다 국민의 기본권을 보호하고 실현해야 하는 책임과 의무를 가지고 있으므로 기본권주체성을 인정할 수 없음이 원칙이다.[4] 그러나 국립대학법인의 경우에도 학문의 자유가 보장되어야 하고 KBS와 같은

---

1) 사법상 단체의 기본권에 대해 상세히 다룬 글로는 윤진수, "사법상의 단체와 헌법", 「비교사법」 제15권 제4호, 한국비교사법학회, 2008. 12, 28면 이하 참고.
2) 헌재 2000. 6. 1. 99헌마553.
3) SoergelKomm BGB−Hadding, Vor § 21, Rz. 31.
4) 헌재 1994. 12. 29. 93헌마120; 헌재 1995. 9. 28. 92헌마23,86; 헌재 1998. 3. 26. 96헌마345.

공영방송기관에도 언론의 자유가 보장되어야 하듯이, 공법상 법인이 기본권에 의하여 보호되는 국민의 생활영역에 속해 있는 경우에는 예외적으로 기본권주체성을 인정할 수 있다.[5]

권리능력없는 사단이나 재단에 대해서도 기본권주체성이 인정되는지가 문제될 수 있다. 법인에게 기본권주체성이 인정되는 이유가 법인을 구성하는 개인의 기본권을 신장하기 위한 것이라면, 권리능력없는 단체의 구성원들의 기본권 또한 이와 달리 취급받아야 할 이유가 없으므로 권리능력없는 사단이나 재단에 대해서도 기본권주체성이 인정된다고 할 수 있다.[6]

II. 법인의 인격권

1. 서설

사람은 권리주체로서 누구나 그 자신의 고유한 인격적 이익을 향유할 수 있는 권리를 가지고 있으며, 그러한 인격권을 침해하는 경우에는 불법행위가 성립하게 된다. 그런데 법이 인정하는 또 하나의 권리주체인 법인에게도 인격권은 인정된다는 것에 대해서는 이견이 없으나, 법인이 향유할 수 있는 인격권이 자연인의 그것과 일치하는 것은 아니다. 인격권은 일반적 인격권과 개별적 인격권으로 나뉜다. 일반적 인격권(allgemeines Persönlichkeitsrecht)이란 권리주체와 분리할 수 없는 그 인격에 전속하는 자유 · 명예 · 신체 등의 인격적 이익의 총체를 말하며, 이들 인격적 이익의 총체를 자유권 · 명예권 · 신체권 등으로 분류한 그 각각의 인격권을 개별적 인격권(besonderes Persönlichkeitsrecht)이라고 한다.[7] 사람에게는 일반적 인격권이 인정된다. 그에 비해 법인의 인격권이란 성질상 사람에게만 고유한 성질의 것을 제외한 인격권만이 인정된다. 이를테면 법인은 사람과 달리 윤리적 주체가 아니므로 고유한 인격적 존엄성이나 보호가치있는 사적 영역(privacy) 등은 가지지 않는다.[8] 결국 법

---

5) BVerfGE 45, 63, 78; 61, 82 = NJW 1982, 2173; BVerfG WM 1987, 801.
6) 헌재 1991. 6. 3. 90헌마56은 "법인아닌 사단 · 재단이라고 하더라도 대표자의 정함이 있고 독립된 사회적 조직체로서 활동하는 때에는 성질상 법인이 누릴 수 있는 기본권을 침해당하게 되면 그의 이름으로 헌법소원심판을 청구할 수 있다"고 판시하였다.
7) 김상용, 채권각론, 개정판, 법문사, 2003, 684면.
8) Larenz/Wolf, Allgemeiner Teil des Bürgerlichen Rechts, S. 151.

인에게 인정되는 인격권이란 일반적 인격권의 내용 중에서 사람의 육체나 윤리성을 전제로 하지 않는 성명권·신용권·명예권 등의 개별적 인격권이다. 방송통신위원회 가 방송내용을 문제 삼아 주식회사 문화방송에 대해 '시청자에 대한 사과'의 제재조 치를 내린 것에 대해, 헌법재판소는 "법인도 법인의 목적과 사회적 기능에 비추어 볼 때 그 성질에 반하지 않는 범위 내에서 인격권의 한 내용인 사회적 신용이나 명 예 등의 주체가 될 수 있고 법인이 이러한 사회적 신용이나 명예 유지 내지 법인격 의 자유로운 발현을 위하여 의사결정이나 행동을 어떻게 할 것인지를 자율적으로 결 정하는 것도 법인의 인격권의 한 내용을 이룬다"고 전제하면서, 그러한 제재조치가 방송사업자인 법인의 인격권을 침해하는 것이라고 결정하여 법인의 인격권을 인정 한 바 있다.[9] 법인이 향유할 수 있는 개별적 인격권의 내용을 좀 더 살펴본다.

2. 법인에 있어서 문제되는 개별적 인격권

가. 법인의 성명권

외국의 입법례 중에는 민법에 성명권의 보호를 명문으로 인정하는 경우도 있으 나,[10] 우리 민법에는 이에 관한 규정은 없고, 다만 특별법에서 타인성명의 사용금지 와 배제에 관한 규정을 두고 있을 뿐이다.[11] 그러나 개정민법 제1조의2는 인격권의 보호를 명언하고 있는바, 인격권의 한 내용으로써 성명권도 보호된다는 것에 대해서 는 이견이 없다. 이때 성명권의 향유주체는 자연인에 국한되지 않고 법인도 성명권 을 향유할 수 있다. 성명은 본래 사람을 특정하기 위하여 사용되는 표상으로서 개별 화 혹은 차별화를 위한 법적 수단이지만,[12] 법인의 경우에도 다른 법인과의 차별화 의 필요성은 자연인 못지않게 중요하다. 특히 법인은 자연인과 달리 가시적인 존재

---

9) 헌재 2012. 8. 23. 2009헌가27. 이 결정에 대하여 법인은 감성을 가진 자연인이 아니어서 인간의 존엄과 가치의 기본권을 향유하는 주체가 아니므로 인간의 존엄과 가치에서 유래하 는 인격권을 가질 수 없다는 비판으로는 박시준, "법인이 양심의 자유와 인격권의 주체가 될 수 있는지 여부 —헌법재판소 2012. 8. 23. 선고 2009헌가27 결정", 법률신문 2012년 9월 24일 제4065호 [판례평석].
10) 독일민법 제12조, 스위스민법 제29조, 이태리민법 제6조~제9조 등.
11) 상표법 제7조 제1항 제6호, 부정경쟁방지 및 영업비밀보호에 관한 법률 제2조 제1호 나. 참조.
12) 김민중, "법인·단체의 인격권", 「현대민사법학의 과제」(「경영법률」 정조근교수 화갑기념 문집), 동남기획, 2001, 4면.

가 아니므로, 법인의 명칭 또는 상호는 법인의 아이덴티티를 확인하기 위한 중요한 표지이기 때문에 정관의 필수적 기재사항이자 등기사항으로 되어 있다(민법 제40조 제2호, 제49조 제2항 제2호; 상법 제289조 제1항 제2호, 제317조 제2항 제1호 등). 따라서 법인의 명칭이나 상호를 무단으로 사용하는 것은 법인의 성명권을 침해하는 것이 되고, 그러한 경우에는 명칭(상호)사용금지청구나 불법행위에 기한 손해배상청구를 할 수 있다.

나. 법인의 명예권

민법에 명문의 규정은 없지만 인격권의 내용에는 명예권도 당연히 포함된다. 특히 민법 제764조는 명예훼손의 경우의 특칙을 두고 있다. 명예라는 것은 일반적으로 사람의 품성, 덕행, 명예, 신용 등 세상으로부터 받는 객관적인 평가를 말하는 것이지만, 법인에 대해서도 사회적 명예나 신용 등의 사회적 평가가 분명히 존재하므로 법인도 명예권의 향유주체가 될 수 있음은 당연하다. 그런데 법인은 자연인과 달리 정신적인 감각기관을 가지고 있는 것이 아니므로 명예감정이나 정신적 자유 등은 가질 수 없다. 따라서 법인에 있어서의 명예훼손이란 사회적 명성, 신용 또는 평판 등 "사회적 평가"가 침해된 경우를 일컫는다.[13] 판례는 "공자가 죽어야 나라가 산다"는 제목의 서적이 공자·유학자·유교 및 유교문화에 대하여 비판적인 문구를 사용하였다고 할지라도 유교의 진흥과 유교 문화의 발전을 목적으로 하는 단체인 재단법인 성균관의 명예를 훼손한 것으로 볼 수 없다고 판시하였다.[14]

법인의 명예와 법인구성원의 명예는 엄연히 구별되는 것이고 법인의 명예권은 법인 자체의 명성·신용 또는 평판에 대한 사회적 평가이기 때문에 법인의 구성원에 대한 사적인 비방만으로는 법인에 대한 명예훼손이 성립되지는 않는다.[15] 다만 법인의 구성원에 대한 비방으로 말미암아 법인의 업무에 부정적인 영향을 끼쳐서 법인의 명성, 신용 또는 평판 등을 침해하는 결과에 이르게 되었다면 법인에 대한 명예훼손이 성립될 수 있다.[16]

---

13) 대법원 1988. 6. 14. 선고 87다카1450 판결; 대법원 1996. 6. 28. 선고 96다12696 판결.
14) 대법원 2004. 11. 12. 선고 2002다46423 판결.
15) 가령 甲회사의 이사 乙이 평소 이성관계가 문란하다고 하는 비방으로는 甲회사에 대한 명예훼손은 성립되지 않고 乙 개인에 대한 명예훼손이 성립될 뿐이다.
16) 가령 상가건설시행회사 甲의 분양업무를 담당하고 있는 이사 乙은 순전히 사기꾼이라서 그

다. 퍼블리시티권

성명이나 사진 등 개인의 인적 속성이 갖는 경제적 가치를 상업적으로 이용하는 것을 통제할 수 있는 권리인 이른바 퍼블리시티권을 법인이나 단체에게도 인정할 수 있는지에 대해 다툼이 있다. 이에 대한 다툼은 본질적으로 퍼블리시티권을 구성하는 권리의 어떠한 속성을 강조하느냐, 달리 말하자면 퍼블리시티권을 일종의 인격권으로 보느냐 아니면 재산권으로 보느냐에 따라 견해가 갈라진다. 부정설은 퍼블리시티권은 '사람'의 성명, 사진, 초상, 음성, 서명 등 자연인의 인격적 속성을 보호하기 위한 권리이므로 그러한 속성을 갖지 않는 법인이나 단체에 대해서는 상표법이나 부정경쟁방지법에 의한 보호로 충분하므로 퍼블리시티권이라는 별도의 보호를 필요로 하지 않는다고 본다.[17] 이에 반해 긍정설은 퍼블리시권의 인격적 속성보다 재산권적 속성을 강조함에 따라 법인이나 단체도 퍼블리시티권을 향유할 수 있으며, 상표법이나 부정경쟁방지법만으로는 법인의 이름이나 사진 등을 함부로 상업적으로 이용하는 것을 제재하기에는 부족하다고 한다.[18]

생각건대, 퍼블리시티권은 아직 형성중인 권리이기 때문에 그 본질적 속성을 완전히 파악하기는 힘들다. 그렇지만 거래현실에서 법인은 자연인 못지않게 때로는 자연인보다 훨씬 월등하게 권리주체로써 활동한다. 그렇다면 퍼블리시티권을 자연인에게만 국한할 것이 아니라 법인이나 단체에게도 부정해야 할 이유는 충분치 않다고 본다. 예컨대 대한민국 사회에서 '삼성'이라는 명칭이나 브랜드의 문양은 때로는 자연인의 성명이나 초상 못지않게 중요한 보호가치를 가지는 것이 현실이다.

가 말하는 상가수익률을 믿지 말라고 하는 비방은 乙 개인에 대한 비방을 넘어서 甲회사에 대한 업무의 불신을 가져올 수 있으므로 甲회사에 대한 명예훼손이 성립될 수 있다.

17) 이한주, "퍼블리시티권에 관하여", 「사법논집」 제39집, 법원도서관, 2004, 362면.

18) 구재군, "퍼블리시티권에 관한 연구 : 국회에서의 입법논의와 관련하여", 「외법논집」 제30집, 한국외국어대학교 법학연구소, 2008, 226면; 한위수, "퍼블리시티권 - 성명·초상 등의 상업적 이용에 관한 권리 - 의 침해와 민사책임", 「민사재판의 제문제」 제9권, 한국사법행정학회, 1997, 544~545면.

3. 법인의 인격권침해에 대한 구제방법

인격권침해에 대한 구제방법은 사전예방적 조치와 사후구제적 조치로 나눠볼 수 있다. 사전예방적 조치로는 인격권을 침해하는 행위의 정지 또는 방지와 같은 금지청구권의 행사가 있고 사후구제적 조치로는 손해배상과 명예회복이 있다. 이러한 구제방법은 원칙적으로 법인의 인격권침해에 대해서도 그대로 적용된다. 따라서 법인의 명예가 침해되고 있거나 침해될 우려가 있는 경우에는 그 침해의 제거나 예방을 청구할 수 있고,[19] 법인의 목적사업수행에 영향을 미칠 정도로 법인의 명예나 신용이 침해된 경우에는 그 침해자에 대하여 불법행위를 원인으로 손해배상을 청구할 수 있고,[20] 법인에 대한 명예훼손의 경우에는 손해배상에 갈음하거나 혹은 손해배상과 함께 명예회복처분을 청구할 수 있다.[21] 그런데 문제로 되는 것은 법인의 인격권침해에 따른 법인의 재산적 손해에 대한 배상 외에 법인에게도 정신적 고통에 따른 위자료청구권까지 인정할 수 있는가 하는 점이다. 이에 대해서 법인실재설의 입장에서 법인에 대한 명예훼손의 결과 정신적 손해가 발생하였다고 보아 위자료청구권 인정하여야 한다는 견해가 있다.[22] 그러나 법인은 사람과 같은 정신적 감각기능을 가진 존재가 아니므로 법인이 정신적 고통을 겪는다는 것은 생각할 수 없기 때문에[23] 법인의 위자료청구는 부정함이 타당하다. 다만 법인의 인격권침해가 있을 때 재산적 손해 이외에도 환가하기 어려운 무형의 손해가 발생할 수 있는데, 이 무형의 손해에 대한 배상청구를 자연인의 위자료청구에 준하여 인정할 수 있을 것이다.[24] 판례도 법인의 인격권침해에 있어서 침해자에게 법인이 입은 무형의 손해를 배상할 책임이 있음을 확인한 바 있다.[25]

---

19) 대법원 1996. 4. 12. 선고 93다40614,40621 판결; 대법원 1997. 10. 24. 선고 96다17851 판결.
20) 대법원 1965. 11. 30. 선고 65다1707 판결; 대법원 1996. 6. 28. 선고 96다12696 판결.
21) 대법원 1988. 6. 14. 선고 87다카1450 판결.
22) 長谷部茂吉, 法人に慰謝料請求權があるか?, ジュリスト185号 (1959年), 45面.
23) 법인의 대표자가 겪는 정신적 고통을 법인의 고통으로 대치하여 그에 터 잡아 위자료를 청구하는 것을 생각할 수 있을 것이나, "고통"은 법적 의미를 갖는 容態가 아니므로 법인에게 귀속시킬 수 있는 대상이 아니다.
24) 김주수, 채권각론, 제2판, 삼영사, 1997, 659면; 이은영, 채권각론, 제5판, 박영사, 2005, 973면; 김민중, 전게논문, 9면.
25) 대법원 1996. 4. 12. 선고 93다40614,40621 판결.

4. 법인아닌 단체의 인격권

인격권은 권리주체가 반드시 권리능력을 가지고 있어야 함을 전제로 하는 것은 아니다. 따라서 권리능력없는 단체라고 하더라도 구성원의 인격과는 별도로 단체자체의 성명, 명예, 신용 등을 보호할 이익이 있는 경우에는 그들 단체도 인격권의 향유주체가 될 수 있다. 판례도 권리능력없는 사단인 종중[26] 및 교회[27]가 명예권의 향유주체로 될 수 있음을 인정하고 있다. 민법상 조합에 대해서도 인격권이 인정되는 지에 관한 판례는 아직 찾아볼 수 없다. 민법상 조합은 한편으로는 조합원 사이의 계약관계이면서도 다른 한편으로는 조합원 사이의 공동사업을 경영하기 위한 단체로서의 성질을 아울러 가진다. 따라서 조합원 개인의 인격적 이익과 공동사업을 하는 단체로서 조합자체의 명예나 신용 등의 인격적 이익은 구분될 수 있으므로, 조합도 인격권의 향유주체가 될 수 있다고 할 것이다. 그러므로 조합의 신용이나 상호 등을 침해한 자에 대해서 조합은 침해의 중지나 손해배상을 청구할 수 있다. 다만 조합의 인격권이 침해된 경우에 조합이 조합명의로 소를 제기할 수 있는가 하는 문제는 절차법적 내지 정책적 판단의 문제에 불과하다. 단체의 성질이 사단이 아닌 조합에 해당한다고 하더라도 조합자체의 권리보호의 이익이 존재한다면 민사소송법 제52조의 규정에도 불구하고 조합명의의 소제기를 인정할 수 있다고 생각한다.[28]

---

26) 대법원 1990. 2. 27. 선고 89다카12775 판결; 대법원 1997. 10. 24. 선고 96다17851 판결; 대법원 1999. 7. 13. 선고 98다43632 판결 등.
27) 대법원 1999. 4. 27. 선고 98다16203 판결.
28) 同旨 김민중, 전게논문, 22면 이하.

제2절 **법인의 권리능력**

Ⅰ. 서설

민법은 자연인 외에 법인도 권리주체로 인정하고 있기 때문에, 법인에게도 권리능력이 주어진다. 그렇지만 자연인의 권리능력과 법인의 권리능력이 '개념적'으로는 차이가 없지만, '내용상'으로는 차이가 있다. 특히 우리 민법은 제34조에서 "법인은 법률의 규정에 좇아 정관으로 정한 목적의 범위내에서 권리와 의무의 주체가 된다"고 하여 자연인에서는 보지 못한 규정을 두고 있다. 그런데 법인의 권리능력에 관한 민법 제34조는 일본민법을 제외하고는 찾아보기 힘든 입법례이다. 그것은 권리능력(Rechtsfähigkeit)이라는 독일법계의 개념에다가, 정관목적에 의한 권리·의무의 제한이라는 영미법계의 능력외이론(doctrine of ultra vires)이 혼재되어 있다. 그렇다면 민법 제34조를 정확히 분석하기 위해서는 독일의 권리능력의 개념에 관한 논의와 영미법상의 ultra vires 원칙의 내용과 그 법적 효과에 대하여 살펴보는 것이 그 순서일 것이다. 아래에서는 독일에서 권리능력(특히 법인의 권리능력)의 개념을 둘러싸고 벌어지고 있는 논쟁과 그 의미를 알아본 다음, 영미법상의 ultra vires 원칙이 수용됨으로써 우리 법에서 수용된 과정, 그로 인해 제기되는 문제점과 이를 극복하기 위해서 우리의 전체 사법체계와 어울릴 수 있는 해석방법 등을 차례로 살펴본다.29)

Ⅱ. 법인의 권리능력의 상대성에 대한 당부(當否)

근래에 독일에서는 권리능력을 어떻게 파악하여야 할 것인지를 둘러싸고 논란이 있다. 종래의 통설에 의하면 권리능력이란 권리와 의무의 주체가 될 수 있는 자격으로서, 이는 혼일되고 불가분한 것이라고 한다. 이에 반해 권리능력은 상대적으로 이해되어야 하고, 그 내용은 개별적·구체적으로 파악될 수 있다는 이른바 권리능력의 상대성론 내지 부분적 권리능력론이 주장된다.30)

---

29) 법인의 권리능력에 관한 상세한 설명은 송호영, "법인의 권리능력", 「비교사법」 제7권 제1호, 한국비교사법학회, 2000. 6, 91면 이하 참고.

30) 상대적 권리능력론(Lehre von der relativen Rechtsfähigkeit)과 부분적 권리능력론(Lehre von der Teilrechtsfähigkeit)은 엄격한 의미에서는 그 내용이 구분되지만, 양자 간의 기본적인 컨셉트가 같기 때문에 독일학계는 양자를 同類의 학설로 취급한다. 따라서 본서에서

1. 이른바 상대적 내지 부분적 권리능력론

가. 파브리치우스의 견해

상대적 내지 부분적 권리능력론은 1963년에 "권리능력의 상대성"[31]이라는 정교수자격논문을 발표한 파브리치우스(Fabricius)에 의하여 본격적으로 주장되었다. 파브리치우스 교수가 상정하는 권리능력이란 "존재하느냐 않느냐(entweder … oder)"라는 차원의 것이 아니라, 단계화된 귀속능력(gestufte Zurechnungsfähigkeit)이다. 파브리치우스는 현행법이 단체에 관하여 취하는 二分論(Dualismus)[32]을 극복하는 것이 그의 논제의 시발점이라고 한다.[33] 현행법상 이분법적 분류체계로 말미암아 일반적으로 법인은 권리능력을 가지는 데 반하여 다른 단체(예, 민법상 조합, 합명회사,[34] 상속공동체 등)는 그러하지 아니한 것으로 쉽게 결론을 내릴 수도 있다. 그러나 비록 실정법이 권리능력있는 단체와 권리능력없는 단체를 개념적으로 분명히 구분하고 있다 하더라도, 그 사실로부터 권리능력의 상대성론을 부인할 만한 결정적인 논거가 도출되는 것은 아니라고 한다. 왜냐하면 실정법은 권리능력의 개념 및 권리능력의 내용을 어떻게 이해하여야 하는지에 관하여 아무 곳에도 언급한 바가 없기 때문이다. 파브리치우스에 의하면 비록 실정법이 부분적 권리능력(Teilrechtsfähigkeit)이라는 용어를 사용하고 있지는 않지만, 부분적 권리능력이라는 개념을 인정하는 것은 실정법의 태도와도 불일치하는 것은 아니라고 하는데, 그 이유는 "각각의 권리주체가 가지는 권리능력의 내용과 범위는 오로지 각각의 법문으로부터 귀납적으로 도출되는 것"[35]이기 때문이다. 헌법상 평등의 원칙으로부터 자연인과 법인은 완전한 권리능력(Vollrechtsfähigkeit)을 가진다는 명제가 도출될 수는 있다(독일헌법 제3조 제1

도 양 학설을 특별히 구분하지 않고 소개하기로 한다. 실제로 파블로브스키(Pawlowski) 교수는 양 개념을 서로 동의어로 인식하고 사용한다(Pawlowski, Allgemeiner Teil des BGB, Grundlehren des bürgerlichen Rechts, 5. Aufl., Heidelberg 1998, Rz. 109).

31) Fabricius, Relativität der Rechtsfähigkeit, Ein Beitrag zur Theorie und Praxis des privaten Personenrechts, München/Berlin 1963.

32) 예컨대 권리능력 "있는" 사단(독일민법 제21조, 제22조)과 권리능력 "없는" 사단(독일민법 제54조) 등.

33) Fabricius, Relativität der Rechtsfähigkeit, S. 2 ff.

34) 독일법상 합명회사(OHG)와 합자회사(KG)는 우리 상법의 경우와 달리 법인으로 인정되어 있지 않다.

35) Fabricius, Relativität der Rechtsfähigkeit, S. 52.

항, 제19조 제3항 참조).[36] 그러나 그 명제가 법은 완전한 권리능력을 가진 권리주체만을 인정하겠다는 취지로 이해되어야 하는 것은 아니다. 바꾸어 말하면 그 명제가 법은 특정한 법률관계에서만 권리능력을 가지는 ―즉 부분적 권리능력을 가지는― 권리주체를 인정하는 것을 배제하는 것은 아니라는 것이다. 사법의 영역에서는 예컨대 태아(nasciturus)나 권리공동체(Rechtsgemeinschaften) 등이 부분적 권리능력을 가진 권리주체로 인정될 수 있을 것이라고 한다.[37]

일반적으로 권리능력이란 본질상 제한되지 않고 모든 자연인이나 법인에게 동일하게 적용되는 포괄적인 법적 능력으로 개념정의 되는데, 파브리치우스는 이러한 개념정의는 단지 권리능력을 추상적·포괄적으로 파악한 것에 불과한 것이기 때문에, 그러한 추상적인 권리능력개념의 빈 공간(Leerstellen)은 구체적이고 개별적인 권리능력의 개념으로 채워지고 또한 표현되어야 한다고 주장한다.[38] 각각의 권리주체가 가지는 구체적인 권리능력의 내용이나 범위는 권리주체의 특성에 따라 서로 달라질 수밖에 없다. 그렇다면 '권리능력의 내용은 무엇인가'를 설명하기 위하여 그는 권리능력의 개념요소로서 권리주체의 행위가능성(Handeln – Können)을 제시한다. 즉 그는 권리능력이란 "권리주체의 법적인 활동능력(rechtliches Verhaltensvermögen eines Rechtssubjekts)"[39]이라고 정의 내린다. 파브리치우스가 이해하는 권리능력이란 결국 "권리행사능력(Rechtsausübungsfähigkeit)"[40]을 의미하게 된다. 그에 의하면 권리주체가 권리능력을 행사할 수 있는가의 여부는 불가피하게 권리주체가 행위할 수 있는 능력이 있는가 하는 것에 달려있다. 이러한 논리에 의하면 법인의 권리능력은 결국 대리가능한 행위의 범위 내로 제한될 수밖에 없게 된다.

나. 파블로브스키의 견해

파브리치우스에 의해서 체계화된 상대적 권리능력론 파블로브스키(Pawlowski)에 의해 지지를 받지만, 파브리치우스의 그것과는 약간 다른 모습으로 다듬어지게 된

---

36) Art. 3 [법률 앞에서의 평등] (1) 모든 사람은 법률 앞에서 평등하다.
 Art. 19 [기본권의 제한] (3) 기본권이 그 본질상 내국법인에 적용될 수 있는 때에는, 그들에게도 적용된다.
37) Fabricius, Relativität der Rechtsfähigkeit, S. 111 이하.
38) Fabricius, Relativität der Rechtsfähigkeit, S. 50.
39) Fabricius, Relativität der Rechtsfähigkeit, S. 44.
40) Fabricius, Relativität der Rechtsfähigkeit, S. 44.

다. 파블로브스키는 권리능력을 개념상 좁은 의미의 권리능력과 넓은 의미의 권리능력으로 나눈다. 그는 좁은 의미의 권리능력을 권리·의무의 귀속자가 될 수 있는 능력이라고 일컫는다.[41] 그가 말하는 좁은 의미의 권리능력은 통설이 주장하는 권리능력의 개념과 일치한다고 할 수 있다. 이러한 좁은 의미의 권리능력은 자연인이든 법인이든 구분없이 모든 권리주체에게 주어지는 것이라고 한다.[42] 그러나 이것은 권리능력의 개념을 순전히 형식적·추상적으로만 파악하고 구체적인 능력(예, 혼인능력, 유언능력, 영업능력 등)과 관련한 개별적인 법률관계를 도외시할 때에만 성립될 수 있는 개념이다. 이러한 좁은 의미의 권리능력이란 결국 '가지거나 아니면 전혀 못 가지거나(entweder … oder)' 하는 성질의 것이다. 한편 파블로브스키는 넓은 의미의 권리능력을 특정한 법률관계에 한정되는 부분적 권리능력(Teilrechtsfähigkeit)과 동일시한다. 이러한 부분적 권리능력이란 추상적인 권리능력개념이 아니라 권리능력을 구체적이면서 내용적으로 파악한 것이다. 예컨대 부동산등기능력, 사원능력 등 각각의 권리주체들이 어떠한 능력을 가질 수 있고, 혹은 가지지 못하는지를 세부적으로 살핀 것이다. 그의 견해를 좀 더 상론하면 다음과 같다.

파블로브스키에 의하면 좁은 의미의 권리능력은 누가 권리·의무의 귀속주체가 될 수 있는가를 구분 짓는다. 달리 표현하자면 누구를 상대로 소송을 제기하여야 하고, 누가 법률관계에서 발생한 책임을 질 수 있는가 하는 것을 밝혀주는 기능을 한다.[43] 그러나 이러한 좁은 의미의 권리능력은 단지 의무의 측면에서 귀속주체를 바라본 것일 뿐, 실제로 누가 권리를 "행사"할 수 있는지는 규정하지 않는다. 예컨대[44] 조부가 5살짜리 손자에게 유증하고 사망하였다면, 조부의 채권자는 손자에게 소를 제기하여야지 손자의 법정대리인인 그의 父에게 이행청구를 해서는 안 된다. 독신인 사람이 죽으면서 그의 재산을 평소 그가 회원으로 있던 산악회(사단)에 유증하였다면, 그의 채권자는 그 산악회의 회원에게 청구할 것이 아니라 사단인 산악회에 권리행사를 하여야 한다. 여기서 좁은 의미의 권리능력은 의무의 측면에서 누가 책임의 귀속체가 되는가 하는 것을 밝혀주는 기능을 하게 되는데, 사례에서는 전자의 경우는 손자, 후자의 경우는 산악회가 책임주체가 된다. 이러한 의미에서 좁은 의미의 권리능력은 자

---

41) Pawlowski, Allgemeiner Teil des BGB, Rz. 98, Rz. 109.
42) Pawlowski, Allgemeiner Teil des BGB, Rz. 109.
43) Pawlowski, Allgemeiner Teil des BGB, Rz. 100.
44) 여기서는 Pawlowski가 직접 든 예를 소개한다. Allgemeiner Teil des BGB, Rz. 99.

연인이든 법인이든 구분없이 모든 권리주체에 인정되는 것이다. 그러나 좁은 의미의 권리능력이 인정된다고 해서, 권리주체가 권리를 행사할 수 있다는 것을 의미하는 것은 아니다. 왜냐하면 손자나 산악회가 채무를 이행하려면 법정대리인인 父나 이사의 행위를 통해서만 가능하기 때문이다. 이에 반해 넓은 의미의 권리능력은 추상적이거나 불확정한 개념이 아니라, 사법의 영역에서 법률관계를 형성 확장시킬 수 있는 권능(Kompetenz)을 의미한다. 이러한 권능이란 모든 권리주체에게 언제나 완전하게 주어지는 것은 아니다. 파블로브스키는 결국 권리능력의 개념을 행위능력과 결합하여 다음과 같이 설명한다: "어느 권리주체가 완전한 권리능력을 가졌다는 것은 그 권리주체가 자신의 이름으로 스스로 행위할 수 있고 자신의 행위에 대하여 스스로 책임질(haftet) 수 있다는 것을 의미한다. 따라서 법적인 행위능력은 완전한 권리능력의 개념에 포함되는 것이다."[45] 파블로브스키는 권리능력의 개념을 이와 같이 이해함으로써 각각의 상이한 人(Personen)은 전적으로 각양각색의 다양한 법적 능력을 가진다고 한다. 그 예로써 그는 법인은 혼인이나 유언을 할 수 없다는 것을 든다. 이러한 관점에서 권리능력은 "상대적"으로 이해되어야 하고, 권리능력이란 人의 상태(Stand)와 관련하여 파악되어야 한다고 주장한다. 따라서 개별적인 법률관계에서는 권리능력이 있는 (즉 부분적 권리능력이 있는) 귀속주체들이 존재할 수 있는데, 그러한 것들로는 비법인사단, 민법상 조합, 태아 등을 들 수 있다.

2. 통설적 입장에서의 반론

상대적 권리능력론은 많은 문헌에서 강력한 반발에 부딪히고 있다.[46] 그러나 대부분의 반대론자들이 상세한 논거를 적시하지 않고서 권리능력의 상대성론을 배척

---

45) Pawlowski, Allgemeiner Teil des BGB, Rz. 130.
46) Medicus, Allgemeiner Teil des BGB, 8. Aufl., Heidelberg 2002, Rz. 1099 ff.; Hübner, Allgemeiner Teil des BGB, S. 116 f.; SoergelKomm BGB−Hadding, vor § 21 Rz. 22; AlternativKomm−Ott, vor § 21 Rz. 14; Kübler, Gesellschaftsrecht, S. 27; Mummenhoff, Gründungssysteme und Rechtsfähigkeit, Köln u.a. 1979, S. 2 ff.; Flume, Allgemeiner Teil des Bürgerlichen Rechts, I. Band, 1. Teil, Die Personengesellschaft, Berlin u.a. 1977(이하 Flume, Personengesellschaft로 표기함), S. 90; Karten Schmidt, Verbandszweck und Rechtsfähigkeit im Vereinsrecht, Heidelberg 1984, S. 36 ff.; ders., Gesellschaftsrecht, 3. Aufl., Köln u.a. 1997, S. 219 ff.

하는 데 반하여, 플루메 교수와 카스텐 슈미트 교수는 비교적 자세하게 이 이론에
대하여 반론을 펼친다.

가. 플루메의 견해

상대적 내지 부분적 권리능력론에 대한 플루메(Flume)의 비판은 권리능력이라는 개
념은 人(Person)에 대한 개념과 결부된 것이고, 권리능력이란 포괄적인 성격을 지닌다
는 것에 기초를 두고 있다.[47] 그에 의하면 권리능력이라는 개념은 원래 자연인을 상
정하여 정립된 개념인데, 자연인의 권리능력이란 연령이나 성별 등에 따른 상이한 능
력에도 불구하고 근본적으로 제한되는 것이 아니다.[48] 마찬가지 논리로 법인도 자연
인의 권리능력과 같은 성질의 권리능력을 가지는데, 다만 법인의 경우에는 자연인과
달리 자연인에게만 적합한 법률관계에서는 그 권리능력이 제한될 뿐이라고 한다.[49]
그에 반해 조합체(Gesamthand)는 人(Person)이 아니라 인적 집단(Personengruppe)에
불과한데, 법은 그러한 단체에 단지 특정한 목적을 위해서만 법률관계의 주체가 될
수 있음을 승인하고 있을 뿐이라고 한다. 플루메에 의하면 이른바 부분적 권리능력
은 동어반복적인 성질을 내포하고 있는데, 그 이유는 부분적 권리능력이라는 개념이
"조합체의 법적 형태에 따라 그때마다 그 내용이 바뀌는 약식표현"[50]에 불과하기
때문이다.

나. 카스텐 슈미트의 견해

카스텐 슈미트(Karsten Schmidt)는 상대적 권리능력론이 권리능력의 내용을 엄밀
하게 따져보는 시도를 하였다는 점에서 이 이론의 서술가치(Darstellungswert)에 대
해서는 의문의 여지가 없다고 한다.[51] 자연인으로부터 국가에 이르기까지 또는 파산
재단으로부터 재단법인 혹은 주식회사에 이르기까지 다양한 법형상을 통해서 권리

---

47) Flume, Personengesellschaft, S. 90.
48) Flume, Personengesellschaft, S. 90.
49) Flume, Personengesellschaft, S. 90.
50) Flume, Personengesellschaft, S. 91 („eine Abbreviatur mit je nach der Rechtsfigur der
    Gesamdhand wechselndem Inhalt"). 울머(Ulmer) 교수도 플루메 교수의 견해를 좇아 이와
    유사하게 "조합의 부분적 권리능력은 단지 축약된 표현방식일 뿐"이라고 한다(MünchKomm
    BGB-Ulmer, § 705 Rz. 131).
51) Karsten Schmidt, Verbandszweck und Rechtsfähigkeit im Vereinsrecht, 1984, S. 38;
    ders., Gesellschaftsrecht, S. 220.

주체로 의인화 내지 조작된다면, 그 권리귀속의 범위는 각각 다를 수밖에 없다는 것은 명백하다고 한다. 어떤 권리주체가 기본권능력, 수표행위능력, 상속능력, 당사자능력 등을 가지는가를 거론하기 위해서는 부분적 권리능력의 개념이 사용될 수 있을 것이다. 그러나 부분적 권리능력이라는 개념 자체는 권리능력의 엄밀한 분석을 요구하는 선전적인 표현에 불과할 뿐, 정작 그 내용은 정해진 것이 없고 전혀 유동적일 뿐이라고 한다.[52]

한편 카스텐 슈미트는 권리능력의 상대성론이 전개하는 방법론을 비판하면서 그 이론에 관한 논의의 가치(Argumentationswert)에 대해서는 회의적이라고 한다.[53] 즉 권리능력의 상대성론은 권리능력의 개념으로 너무나 많은 개별문제들까지 풀어내려고 함으로써 결국 권리능력의 개념자체를 무용할 정도로 해체하였다고 한다. 카스텐 슈미트에 의하면 이 개별문제들은 각각 그 고유의 영역에서 다루어져야 한다. 즉 어느 권리주체(Rechtsträger)가 기본권능력, 부동산등기능력, 수표행위능력 등을 가지는가 하는 문제는 실제로는 각각 헌법상 문제, 소송법상 문제, 유가증권법상의 문제이지, 권리능력의 개념을 통해서 해결할 문제는 아니라고 한다. 그에 반해 권리능력을 불가분한 것으로 이해하는 통설은 논리전개가 치밀하지는 않지만, 오히려 그러한 방법론상의 절제성이 이론적 강점이라고 한다.[54] 즉, 통설은 권리능력의 개념을 지나치게 세분화하여야 하는 과제의 부담을 덜고 있다고 한다. 어느 권리주체에게 어떠한 개별적 권리능력이 주어지는가를 판단하는 기준은 상대적 권리능력론이 제시해 주는 것이 아니라, 정작 개별적으로 산재하는 규범의 의미와 목적에 의해서 결정될 뿐이다.[55] 따라서 권리능력이라는 개념자체는 상대성론의 주장처럼 상대화되거나

---

52) Karsten Schmidt, Verbandszweck und Rechtsfähigkeit im Vereinsrecht, S. 38.

53) Karsten Schmidt, Gesellschaftsrecht, S. 213.

54) Karsten Schmidt, Verbandszweck und Rechtsfähigkeit im Vereinrecht, S. 39.

55) 예컨대, 독일법은 부동산에 관한 합수적 권리의 등기방법에 관해서(§ 47 GBO) 그리고 권리능력없는 사단의 "소극적" 당사자능력을 인정하는 규정은 가지고 있지만(§ 50 Abs. 2 ZPO), 권리능력없는 사단이 자신의 이름으로 부동산등기를 할 수 있는지 또는 소송상 "적극적" 당사자능력을 주장할 수 있는지에 관해서는 명문의 규정이 없다. 따라서 그러한 실정법상 규정이 없는 독일의 경우에 특히 문제되는데, 상대적 권리능력론은 권리능력의 내용을 하나하나 분석하여 권리능력없는 사단에게도 부동산등기능력이나 소송상 적극적 당사자능력을 인정할 수 있는지에 관한 기준을 제시하여야 한다고 주장한다. 그에 반해 카스텐 슈미트 교수는 그러한 문제는 권리능력의 개념을 분석함으로써 해결되는 것이 아니라 부동산등기법(GBO) 및 민사소송법(ZPO)의 규범체계나 규범의 목적을 탐구함으로써 해결될 수 있다고 한다. 참고로 우리 법은 권리능력없는 사단의 경우에도 부동산등기법 제30조에서 부동

개별화될 필요는 없고, 통설의 정의처럼 "권리와 의무의 귀속주체가 될 수 있는 자격"으로 이해하는 것으로 족하다고 한다. 결론적으로 카스텐 슈미트는 권리능력을 통설과 같이 이해함으로써, 법인의 권리능력도 불가분하고 포괄적인 것이라고 한다.56)

3. 평가

우선 지적할 것은, 부분적 권리능력론 내지 권리능력의 상대성론은 비록 카스텐 슈미트 교수가 지적하는 방법론상의 문제점을 지니고 있는 것은 사실이지만, 권리능력의 범위와 내용에 관한 활발한 논의를 촉발시킨 공헌을 부인할 수는 없을 것이다. 특히 권리능력의 상대성론은 권리능력의 세밀한 분석을 통하여 실정법상 권리능력이 없다고 규정되어 있는 조직(즉 권리능력없는 사단 또는 재단, 민법상 조합 등)에도 개별적인 권리능력이 인정될 수 있다는 이론적 기초를 제공하였다는 점은 높이 평가받아야 할 것이다. 실정법은 "권리능력있는" 조직과 "권리능력없는" 조직이라는 이분론을 취하고 있음에도 불구하고, 여러 문헌에서 조합이나 설립중인 회사의 법률관계를 설명할 때 "부분적 권리능력"이라는 용어를 사용함은 바로 권리능력의 상대성론의 입장을 일정부분 수용한 결과라고 생각된다. 만일 독일민법이 권리능력 "있는" 사단과 권리능력 "없는" 사단으로 이분화하고 있음을 이유로 권리능력에 관하여 "전부 또는 전무"라는 생각을 견지한다면, 독일 민사소송법(ZPO)이 권리능력 "없는" 사단에 소극적 당사자능력을 인정하거나(제50조 제2항), 독일 임금협정법(TVG)이 권리능력없는 사단인 노동조합에 임금교섭능력(Tariffähigkeit)을 인정함(제1조)은 법체계상 모순되는 것처럼 보일 것이다. 그러나 "부분적 권리능력"은 비록 플루메 교수가 "법적 형태에 따라 그때마다 그 내용이 바뀌는 약식표현"57)일 뿐이라고 폄하하였을지라도, 법체계 내에서의 이러한 모순적 구성을 극복하는 데 유용한 개념이라고 생각된다.

산등기능력을, 민사소송법 제48조에서 당사자능력을 인정하지만, 독일에서는 권리능력없는 사단에게도 부동산등기능력 및 적극적 당사자능력을 인정하는 견해와 이를 부정하는 견해가 대립하고 있다(이에 관한 상세한 설명은 송호영, "법인론과 관련한 독일 사법학계의 최근동향", 「비교사법」 제4권 제2호, 한국비교사법학회, 1997. 12, 628면 이하 참조).

56) Karsten Schmidt, Verbandszweck und Rechtsfähigkeit im Vereinrecht, S. 40.
57) Flume, Personengesellschaft, S. 91.

부분적 권리능력의 개념은 또한 우리 법에서도 유용하게 활용될 수 있다. 법인아닌 사단이나 재단, 즉 권리능력 "없는" 사단이나 재단에도 부동산등기능력(부동산등기법 제30조) 및 소송상 당사자능력이 인정되는데(민사소송법 제48조), 권리능력 "없는" 사단이나 재단은 완전한 권리능력은 가지지 않지만 "부분적 권리능력"은 가질 수 있다고 설명가능하다. 또한 실정법상 명문의 규정이 없는 설립중인 회사의 법적 성질 및 법률관계를 설명하는 데에도 부분적 권리능력개념이 활용될 수 있다. 즉 우리 회사법학에서는 설립중인 회사의 법적 성질에 관하여 소수설인 특수단체설[58]과 다수설과 판례가 취하는 권리능력없는 사단설[59]이 대립하는데, 특수단체설은 다수설을 비판하기를 설립중인 회사를 권리능력없는 사단으로 보게 되면 아무런 권리능력을 인정할 수 없게 되는 반면, 설립중인 회사를 특수한 종류의 단체로 보게 되면 거기에 제한된 권리능력을 인정하는 데 아무런 난점이 없다고 주장한다.[60] 그러나 이러한 소수설의 주장은 일견 이론적으로 타당한 듯하나, 필자의 생각으로는 소수설이 권리능력의 개념을 제대로 파악하지 않은 잘못을 범한 것으로 보인다. 일반적으로 권리능력이란 권리와 의무의 주체가 될 수 있는 자격 내지 능력을 일컫는데, 이때의 권리능력이란 분리되거나 제한된 것이 아닌 포괄적이고도 완전한 권리능력(volle Rechtsfähigkeit)을 의미한다. 권리능력있는 사단, 즉 법인인 사단은 등기나 주무관청의 허가 등의 공시행위를 통하여 이러한 완전한 권리능력을 부여받는다. 일반적으로 법인격(Rechtspersönlichkeit)을 권리능력(Rechtsfähigkeit)과 동일시하는데, 이때의 권리능력이란 바로 이 완전한 권리능력을 의미한다. 법인이 아닌 사단(즉 법인격없는 사단)이 권리능력이 없다는 뜻은 이러한 의미에서 포괄적이고도 완전한 권리능력을 가지지 못하였다는 것이지, 권리능력없는 사단이라고 해서 아무런 능력도 가질 수 없다는 의미는 아니다. 즉 권리능력없는 사단은 완전한 권리능력을 가지지 못했을 뿐, 부분적 권리능력 내지 제한된 권리능력은 가질 수 있는 것이다. 더구나 앞서 본 바와 같이 우리나라 부동산등기법 제26조나 민사소송법 제52조는 권리능력없는 사단의 부동산등기능력과 당사자능력을 명문으로 인정하고 있다. 따라서 설립중인 회사를 권리능력없는 사단으로 보더라도 설립중인 회사가 완전한 권리능력을 가

---

58) 정동윤, 회사법, 141면.
59) 대법원 1992. 2. 25. 선고 91누6108 판결. 이철송, 회사법강의, 236면; 최기원, 신회사법론, 145면 등.
60) 정동윤, 회사법, 143~144면.

지는 것은 아니지만, 특정한 법률관계에서 부분적 또는 제한된 권리능력을 가진다고 이해하더라도 하등의 잘못이 없다.

요컨대 법률에서 법인으로 인정하지 않은 조직에 대해서도 부분적 권리능력을 인정함은 특정한 법률관계에 한해서 그 조직의 구성원이 아니라 그 조직자체가 독자적인 권리·의무주체로서 행위나 책임의 최종적인 귀속주체가 됨을 의미한다. 따라서 "부분적" 권리능력의 개념을 인정한다고 해서, 통설이 정의하는 "권리와 의무의 귀속자가 될 수 있는 자격"이라는 권리능력의 개념자체가 부정되는 것은 아니다. 부분적 권리능력은 특정한 법률관계에서의 귀속주체가 될 수 있는 능력을, 일반적 권리능력은 모든 법률관계에서의 귀속주체가 될 수 있는 능력으로 이해하면 될 것이다.

위와 같이 부분적·상대적 권리능력론은 분명한 이론적 효용가치가 있음에도 불구하고, 한편으로 지나치게 논리가 과장된 부분이 있다. 즉 부분적·상대적 권리능력론은 법인의 경우 가족법영역에서는 권리능력을 가질 수 없다는 이유로 권리능력의 내용은 상대화되거나 개별화되어야 한다고 주장하는데,[61] 이는 공허한 주장이라고 하지 않을 수 없다. 스위스민법 제53조는 "법인은 성·연령 또는 친족관계와 같이 사람의 자연적 성질을 필수불가결한 요건으로 하지 아니하는 모든 권리능력과 의무능력을 가진다"고 규정하고 있다. 물론 독일민법이나 우리 민법은 법인의 권리능력에 관한 스위스민법 제53조와 같은 규정을 가지고 있지 않다. 그렇다고 해서 권리능력의 상대성을 강조하기 위해서 '법인은 혼인을 할 수 없다'는 것을 그 예로 드는 것은 카르텐 슈미트 교수가 적절히 지적하듯이 "법학의 진부함(juristische Trivialität)"[62]만을 노정시키는 것이다. 비록 스위스민법 제53조와 같은 규정이 없다 할지라도 법인은 자연인의 특성을 전제로 하는 법률관계가 아닌 한, 자연인과 동일한 범위의 권리능력을 가진다고 할 것이다.[63] 법인의 권리능력이 가족법영역에서 제한될 수 있음은 권리능력의 상대성을 운운하기 이전에 법인본질에 이미 내재한 당연한 명제이다. 따라서 법인의 권리능력이 가족법영역에서 제한되는 것과 같은 특수한 경우를 −물론 당연한 것이지만− 설명하기 위해서 권리능력개념 자체를 수정하거나 왜곡

---

61) 예컨대 Pawlowski는 법인은 혼인능력이나 유언능력이 없다고 한다(Allgemeiner Teil des BGB, Rz. 138).
62) Karsten Schmidt, Verbandszweck und Rechtsfähigkeit im Vereinsrecht, S. 40.
63) Enneccerus/Nipperdey, Allgemeiner Teil des Bürgerlichen Rechts, 1. Halbband, 15. Aufl., Tübingen 1958, § 105 II.

할 필요는 없다.

나아가 상대적 권리능력론은 권리능력을 행위능력과 결부된 권리행사능력이라고 보는데, 이 또한 찬동하기 어렵다. 권리능력과 행위능력은 서로 아주 긴밀한 내부적 연관성을 가지고 있는 것은 사실이지만, 독일민법이나 우리 민법은 근본적으로 양자가 서로 결부된 것이 아니라 각각 독자적이면서 각기 고유한 성질을 지닌 별개의 제도로 규율하고 있다 할 것이다.[64] 또한 독일민법이나 우리 민법은 법인의 권리능력에 관해서도 어느 한 법인이 어떤 권리를 실제로 행사할 수 있고 어떤 의무를 이행할 수 있는지와 같은 사정은 전혀 고려하지 않고 있다. 따라서 법인의 권리능력이란 각각의 법인이 실제로 권리를 행사할 수 있는 "구체적" 능력을 의미하는 것이 아니라, 법인이라는 권리주체가 일반적으로 행사할 수 있는 "추상적"인 능력을 의미한다고 봄이 타당하다. 결국 법인의 권리능력이란 자연인의 경우와 마찬가지로 (물론 자연인과의 본질적인 차이를 제외하고는) 포괄적인 권리와 의무의 주체가 될 수 있는 지위를 의미한다.

위의 내용을 요약하면 다음과 같다. 법에서 권리능력이 없는 것으로 규정된 조직(예, 비법인 사단·재단, 조합 등)이라도 특정한 법률관계에서는 "부분적 권리능력"을 가지는 데 반하여, 법인은 근본적으로 포괄적이면서 혼일적이고 비제한적인 권리능력을 가진다.

III. 정관목적에 의한 권리능력의 제한 가부(可否)

1. 민법 제34조와 ultra vires 원칙

가. 민법 제34조와 권리능력의 제한

민법 제34조는 법인의 권리능력은 일정한 제한이 가해질 수 있음을 상정하고 있다. 그에 따라 일반적으로 법인의 권리능력은 성질이나 법률 및 정관소정의 목적에 의해 제한될 수 있다고 설명한다.

---

64) 同旨 Larenz/Wolf, Allgemeiner Teil des Bürgerlichen Rechts, S. 120.

(1) 성질에 의한 제한

앞에서 본 바와 같이 우리 민법에는 법인의 권리능력에 관한 스위스민법 제53조와 같은 명문의 규정이 없다. 그러나 법인이 자연인의 천연적인 성질을 전제로 하는 권리와 의무를 가질 수 없음은 명문규정의 유무와 관계없이 자명하다. 따라서 생명권·친권·양육권·정조권·육체상의 자유권, 주거권[65] 등은 향유할 수 없는 데 반하여, 자연인의 천연적 성질을 전제로 하지 않는 재산권·명예권·성명권·신용권·정신적 자유권 등은 향유할 수 있다.

법인도 자연인과 마찬가지로 재산상속권을 가질 수 있는가 하는 것이 문제될 수 있는데, 우리 민법은 재산상속인이 될 수 있는 주체로 자연인에 국한하므로(민법 제100조~제1004조), 법인은 재산상속권을 가질 수 없다. 이에 반해 독일민법은 법인에게도 상속능력을 인정하고 있다(독일민법 제2044조 제2항, 제2101조 제2항 등 참조). 따라서 우리 민법상 법인에게 재산상속권이 부인됨은 입법정책상의 고려일 뿐이므로 법인의 성질에 의한 권리능력의 제한이라고 이해하기보다는 후술하는 법률에 의한 권리능력의 제한으로 분류함이 타당하다고 생각된다. 물론 우리 민법에서도 법인은 비록 재산상속권은 없지만, 포괄유증을 받을 수는 있기 때문에(민법 제1078조) 사실상 상속능력을 인정하는 것과 동일한 효과가 있다.

(2) 법률에 의한 제한

법인은 법률의 규정에 의하여 성립되는 권리주체이므로(민법 제31조), 법인의 권리능력도 법률의 규정에 의하여 제한될 수 있다.[66] 현행법상 법인의 권리능력을 일반

---

65) 법인이 주택임대차보호법상 임차인이 될 수 있는가에 대하여 대법원 1997. 7. 11. 선고 96다7236 판결은 주택임대차보호법이 "자연인인 서민들의 주거생활의 안정을 보호하려는 취지에서 제정된 것이지 법인을 그 보호 대상으로 삼고 있다고는 할 수 없는 점, 법인은 애당초 같은 법 제3조 제1항 소정의 대항요건의 하나인 주민등록을 구비할 수 없는 점 등에 비추어 보면, 법인의 직원이 주민등록을 마쳤다 하여 이를 법인의 주민등록으로 볼 수는 없으므로, 법인이 임차 주택을 인도받고 임대차계약서상의 확정일자를 구비하였다 하더라도 우선변제권을 주장할 수는 없다"고 판시하여 이를 부정한다.

66) 일부 회사법 교과서에서는 회사의 능력을 설명하면서 "법령에 의한 제한"이라고 설명하는데(이철송, 회사법강의, 81면; 김건식·노혁준·천경훈, 회사법, 제8판, 박영사, 2024, 57면 등), 이는 "법률에 의한 제한"을 잘못 이해한 것으로 보인다. 왜냐하면 구민법 제43조는 "명령"에 의하여서도 권리능력이 제한될 수 있다고 한 데 반하여 현행민법 제34조는 명백히 "법률의 규정"이라고 못 박고 있기 때문에 현행법상 법인의 권리능력은 "법률"에 의하여

적으로 제한하는 법률은 없고 개별적인 제한규정이 있을 뿐이다. 대표적인 예로 상법 제173조를 들 수 있는데, 상법 제173조는 "회사는 다른 회사의 무한책임사원이 되지 못한다"고 규정하고 있다. 따라서 상법상 회사는 다른 회사의 무한책임사원으로서의 권리를 향유하고 의무를 부담할 수 없다. 그밖에 통설은 '해산한 법인은 청산의 목적범위 내에서만 권리가 있고 의무를 부담한다'는 민법 제81조 및 같은 취지의 상법 제245조와 파산법 제4조를 법률의 규정에 의한 법인의 권리능력의 제한에 관한 一例로 들고 있다. 그러나 이 조항들이 법인의 권리능력을 법률이 제한한 것으로 볼 수 있을지는 의문이다. 왜냐하면 법률이 권리능력을 제한한다고 하더라도 그것은 구체적이고 특정한 권리나 의무에 한해서 이를 인정하지 않겠다는 것을 의미하는 것이지, "청산의 목적" 또는 "파산의 목적"과 같은 추상적이고 포괄적인 기준으로 법인의 권리능력을 일반적으로 제한하겠다는 것을 의미하는 것은 아니라고 보아야 하기 때문이다.[67] 그 외에도 특별법에서 일정한 법률행위를 제한 또는 금지하거나 일정한 행위를 할 때 일정한 절차를 요구하는 경우가 있다. 예컨대 사립학교법 제16조 및 제28조는 학교법인이 재산을 차입하거나 법인재산을 처분하려면 이사회의 결의와 관할청의 허가를 받도록 하고, 상호신용금고법 제7조는 상호신용금고의 출자자나 금고의 임직원에게는 대출을 금지하고, 보험업법 제9조는 보험사업자는 원칙적으로 보험사업 이외의 다른 사업을 영위하지 못하도록 하고 있다. 이러한 경우도 법률에 의해서 법인의 권리능력을 제한하는 예로 보아야 하는지에 대해서 논란이 있다. 이를 긍정하는 견해도 있지만,[68] 이는 권리능력자체가 제한되는 것이 아니라 개별적인 강행규정에 위반하여 이루어진 법인의 법률행위의 효력이 부인되는 사유로 보아야 할 것이다.[69] 이는 마치 자연인이 강행법규를 위반하여 법률행위를 하였다고 하더라도 권리능력자체가 제한되는 것이 아니라, 다만 특정한 법률행위의 효력이 무효로 될 뿐인 것과 같은 이치이다.

서만 제한될 뿐이고 '명령'에 의하여서는 제한되지 못한다고 하여야 하기 때문이다(민법안심의록 (上), 31면 참조).

67) 이호정 교수는 민법 제81조에 의한 청산법인의 권리능력의 제한은 법인의 법률에 의한 제한이라기보다 "목적에 의한 제한"이라고 한다(이호정, "법인의 권리능력", 「고시계」 제27권 제9호, 고시계사, 1982. 9, 14면).

68) 최기원, 신회사법론, 83~85면.

69) 같은 맥락의 글로는 김증한·김학동, 민법총칙, 204면; 이철송, 회사법강의, 82면; 정동윤, 회사법, 48면 등.

(3) 목적에 의한 제한

통설은 민법 제34조의 문언에 따라 법인의 권리능력은 "정관으로 정한 목적의 범위내에서" 인정되기에, 법인의 권리능력은 그 법인의 목적에 의해서 제한된다고 한다. 통설은 "목적의 범위내"를 법인의 목적으로서 정관에 열거된 사항에 한정해서 보지는 않지만, 그 포섭범위에 관하여 시각을 달리한다. 소수설은 적극적으로 법인이 목적을 달성하는 데 필요한 범위 내라고 해석하는 데 반하여,[70] 다수설은 소극적으로 좀 더 넓게 목적에 위반하지 않는 범위 내라고 해석한다.[71] 전설은 거래상대방보다는 법인구성원의 이익을 더 보호하려는 취지인 데 반하여, 후설은 법인과 거래하는 상대방을 더 보호하고자 하는 사상에 기초하고 있다고 할 수 있다.[72] 일견 前說보다는 後說의 포섭범위가 더 넓은 듯하다. 그러나 과연 다수설이든 소수설이든 그들이 제시한 기준으로 어느 한 행위가 법인의 목적범위 내의 행위인지 아니면 목적범위외의 행위인지 여부를 명쾌하게 판단할 수 있을 것인가에 대해서는 매우 의문스럽다.[73] 또한 다수설이 제시하는 기준과 소수설이 제시하는 기준이 과연 어떤 궁극적인 차이가 있는지에 대해서도 의문이 아닐 수 없다. 흔히 판례는 소수설과 같은 입장에서 "목적사업을 수행함에 필요한 행위"가 법인의 목적범위 내의 행위라고 새기는 것으로 이해되고 있으나,[74] 일률적으로 그렇게 말할 수는 없다고 생각한다. 즉 대법원 1987. 12. 8. 선고 86다카1230 판결요지를 보면, 대법원은 "목적범위내의 행위라 함은 정관에 명시된 목적 자체에 국한되는 것이 아니라 그 목적을 수행하는 데 있어 직접 또는 간접으로 필요한 행위는 모두 포함되고 목적수행에 필요한지의 여부도 행위의 객관적 성질에 따라 판단할 것이지 행위자의 주관적, 구체적 의사에 따라 판단할 것이 아니다"라고 설시하는데, 이는 오히려 다수설적인 입장에 가깝지 않나 여겨진다.[75] 필자가 가지는 보다 근본적인 의문은 도대체 "정관목적"에 의해서 법인

---

70) 김증한, 민법총칙, 신고판, 박영사, 1990, 143면; 이태재, 민법총칙, 법문사, 1981, 146면.
71) 곽윤직·김재형, 민법총칙, 182면; 김상용, 민법총칙, 230면; 김용한, 민법총칙론, 173면; 송덕수, 민법총칙, 649면; 장경학, 민법총칙, 319면 등.
72) 김상용, 민법총칙, 230면.
73) 김용한 교수는 다수설과 소수설의 목적의 해석범위에 대하여 "그것은 단순히 표현상의 차이에 불과하다"고 한다(김용한, 민법총칙론, 173면).
74) 대법원 1968. 5. 21. 선고 68다461 판결; 대법원 1974. 11. 26. 선고 74다310 판결. 예컨대 김상용, 민법총칙, 237면.
75) 同旨 고상룡, 민법총칙, 205면. 그러나 곽윤직·김재형 교수는 이 판례의 설시부분을 인용

의 "권리능력"이 제한될 수 있는 것인가 하는 점이다. 통설은 이 같은 근본적인 물음을 제기하지 않고 있다. 법인의 권리능력을 규정한 민법 제34조에 관한 문제의 핵심은 무엇보다도 목적에 의한 권리능력의 제한에 집중된다. 따라서 항을 바꾸어 이 문제에 대해서 상론하고자 한다.

나. ultra vires 원칙의 수용 및 이에 따른 문제점

민법 제34조는 영미법계에서 발전한 이른바 ultra vires 원칙을 수용한 것으로 이해된다.[76] ultra vires 원칙이라 함은 법인의 능력은 정관에 기재된 목적의 범위 내에서만 인정되며(intra vires), 만약 법인이 그러한 목적범위 밖의 행위를 하게 되면 그러한 행위는 능력 외의 행위이므로(ultra vires), 그 행위는 법인의 행위로 인정될 수 없기에 절대무효라고 하는 판례법상 형성된 법원칙이다.[77] 우리 사법은 입법적으로 대륙법계에 속하지만, 민법은 법인의 권리능력에 관한 한 이질적인 영미법상의 ultra vires 원칙을 수용하였다. ultra vires 원칙은 처음에 19세기 중엽에 영국에서 특허주의에 의하여 설립된 회사의 행위능력을 제한함으로써 회사사원과 회사채권자를 보호하려는 의도에서 판례에 의하여 형성된 법원칙이다. ultra vires 원칙은 거래상대방보다 회사보호에 치중함으로써 거래안전을 위협할 소지가 크기 때문에 영국법원은 점차 이 원칙을 폐기하여, 마침내 원산지인 영국에서도 1989년의 the Companies Act를 통해 ultra vires 원칙을 사실상 폐지하였다. 또한 영국의 ultra vires 원칙을 계수한 미국에서도 판례가 점차 ultra vires 원칙을 완화하여 적용하다가, 근자에는 각주의 회사법에 의하여 이 원칙이 제한 내지 폐지되는 경향에 있었는데, 마침내 1984년의 개정모범사업회사법(R.M.B.C.A)은 회사의 "ultra vires 항변"을 배척하기에 이르렀다. 여기서 19세기의 경제상황을 배경으로 등장한 ultra vires 원칙이 21세기의 경제현실에는 어울리지 않기 때문에, 거래안전에 대단히 위협적인 ultra vires 원칙은 폐지되거나 극히 제한적으로 적용되어야 함에도 불구하고, 우리나라에서 여전히 이

하면서 판례가 소수설과 같은 입장에 서 있다고 한다(곽윤직·김재형, 민법총칙, 182면).
76) 고상룡, 민법학특강, 96면 및 민법총칙, 205면; 김상용, 민법총칙, 229면; 김용한, 민법총칙론, 173면; 장경학, 민법총칙, 318면; 정동윤, 회사법, 49면; 황적인, 현대민법론 I, 112면.
77) Gower, L.C.B., Principles of modern company law, 5. edition, London 1992, 166면 이하. ultra vires 원칙에 관한 비교적 상세한 최근의 우리문헌으로는 이중기, "영국법상의 능력외이론과 우리법상의 목적에 따른 능력제한에 대하여", 「법학」 제36권 제1호(통권 제97호), 서울대학교 법학연구소, 1995. 5, 181면 이하 참조.

원칙의 적용여부가 논의되는 이유는 우리 민법의 입법자들이 이 원칙의 적용여부를 판례나 학설에 맡기지 않고 민법 제34조에 정면으로 조문화하였기 때문이다.

　ultra vires 원칙을 담고 있는 민법 제34조가 어떠한 이유에서 우리 민법에서 채택되었는지에 관해서는 민법전에 관한 "초안이유서"가 없기 때문에 알 수 없다. 다만 같은 내용을 담고 있는 일본민법 제43조의 제정과정을 연구한 고상룡 교수의 견해에 의하면,[78] 우리 민법 제34조는 일본민법 제43조의 규정을 거의 그대로 받아들인 것으로 추정된다. 일본민법 제43조는 "법인은 법령의 규정에 좇아 정관 또는 기부행위로 정한 목적의 범위 내에서 권리를 가지고 의무를 부담한다"고 규정하고 있는데, 현행 우리 민법과 비교해보면 "법령"은 "법률"로 "정관 또는 기부행위"는 "정관"으로 고쳐졌을 뿐 그 표현이나 근본적인 내용은 대동소이하다. 그렇다면 우리 민법 제34조의 규율의도는 고상룡 교수의 주장처럼 일본민법 제43조의 입법과정을 통해서 간접적으로 밝혀질 수 있을 것이다.

　일본민법의 제정과정은 명치유신 이후 1870년에서 1878년까지 프랑스민법전을 번역하여 입법한 제1기, 1879년에서 1892년까지 프랑스학자 보아소나드(Boissonade)가 기초한 제2기, 1893년부터 1898년까지 법전조사회(法典調查會)에서 입법한 제3기로 나뉜다.[79] 우리가 주목할 부분은 제3기에 있은 세 입법위원, 즉 우메 겐지로(梅謙次郞)·호즈미 노부시게(穗積陳重)·토미이 마사아키라(富井政章)의 행적이다. 이들 위원들은 법전조사의 명분으로 梅謙次郞[80]은 프랑스와 독일에서, 穗積陳重[81]은 영국과 독일에서 그리고 富井政章[82]은 프랑스에서 유학한 적이 있다. 이들 세 명의 입법위원들이 모델로 삼은 일본민법전의 준거법전은 독일민법 제1초안과 프랑스민법전인데, 이는 그들이 주로 독일과 프랑스에서 공부한 것과 결코 무관하지 않다. 따라서

---

78) 고상룡, 민법학특강, 법문사, 1995, 97면 및 민법총칙, 208면.
79) Zentaro Kitagawa, Rezeption und Fortbildung des europäischen Zivilrechts in Japan, Frankfurt am Main 1970, S. 27 ff.
80) 梅謙次郞(1860~1910)은 프랑스유학시절에 일본 구민법을 기초한 바 있는 파리대학의 Boissonade 교수로부터 지도를 받으면서 공부하였고, 프랑스와 독일유학을 마치고서 1885년에 도쿄대 교수가 되었다.
81) 穗積陳重(1856~1926)은 영국과 독일유학 후 1881년에 도쿄대 교수로 부임하였다. 그는 일본민법제정 제2기에 있은 민법시행논쟁에서 연기론을 주장한 대표적 인물이다.
82) 富井政章(1856~1926)은 프랑스에서 유학한 후 1833년에 도쿄대 교수로 부임하였다. 그는 프랑스에서 공부하였는데도 불구하고 일본민법전의 체계를 독일식으로 할 것을 주장한 것으로 알려져 있다.

일본민법전이나 그 후 일본민법전의 영향을 받은 우리 민법전은 결국 계보상 독일민
법전과 프랑스민법전과 같은 대륙법계에 속할 수밖에 없다. 그러나 법인의 권리능력
에 관해서 만은 유독 이질적인 영미법상의 ultra vires 원칙을 채택하고 있는데, 그
이유는 법인편의 입법을 담당한 穗積陳重이 영국에서 공부한 적이 있다는 "우연한
사정"83)에서 연유한다. 穗積陳重은 일본민법 제43조의 입법취지를 설명하면서 "법
인의 행위에 대하여 그 설립목적의 범위 외에 있는 것은 이른바 월권행위이며(ultra
vires), 이것을 무효로 해야 한다는 것은 논할 여지도 없다"84)고 하여 ultra vires 원
칙을 수용하였음을 분명히 밝히고 있는데, 이를 근거로 현재 일본에서는 일본민법
제43조가 법인의제설의 입장에서 영미법의 ultra vires 원칙에 따라 기초되었다는 사
실에 대해서는 다툼이 없다고 한다.85) 여기서 우리 민법 제34조도 ultra vires 원칙
을 수용한 조문으로 인정할 수는 있지만, 현실적인 법적용에서 ultra vires 원칙을
계속 유지시켜 나아갈 것인가 하는 점은 여전히 문제로 남는다.

　민법 제34조와 관련한 또 다른 문제는 민법 제34조가 상법상 회사에도 적용되는
가 하는 점이다. 이 문제는 상법이 회사에 관한 통칙에서 민법 제34조의 적용여부에
관하여 전혀 언급을 하지 않고 있기 때문에 제기된다. 이 문제는 결국 법인을 규율
한 민법과 상법이 입법과정상 각기 다른 법계를 준거모델로 삼았기 때문에 비롯하는
것이다. 즉 위에서 살펴본 바와 같이 우리 민법 제34조는 입법과정상 일본민법의 입
법자의 "우연한 사정"에 의하여 영미법상의 ultra vires 원칙을 수용하였다고 추정되
지만, 회사법은 그러하지 않았던 것이다. 현행 우리 상법은 구상법의 골격을 유지하
면서 다만 이사회제도나 수권자본제도와 같은 영미법상의 제도를 일부 도입한 것이
특징인데, 구상법은 1899년에 제정된 일본상법전을 의용한 것이다. 일본상법전은 처
음 1890년에 독일인인 헤르만 뢰슬러(Hermann Rösler)에 의하여 기초되었으나(일본
구상법), 프랑스법계였던 민법과 상충되는 부분이 많아 폐지된 이후, 1899년에 현행
일본상법전이 다시 제정되었는데, 이는 1861년에 제정된 일반독일상법전(ADHGB)
과 1897년에 제정된 독일제국상법전(Handelsgesetzbuch für das deutsche Reich)의

---

83) 竹下昭父, 會社法におけるultra viresの原則の廢棄, アメリカ法 創刊(1965), 23面(고상룡,
　민법총칙, 208면에서 재인용).
84) 法典調査會, 民法主査會議事速記錄, 第4卷 主査 4의 127面(고상룡, 민법총칙, 208면에서 재
　인용).
85) 고상룡, 민법총칙, 208면.

초안을 참조하여 만들어진 것으로 알려지고 있다.[86][87] 그렇다면 일본상법전은 당시 ultra vires 원칙을 수용하지 않았던 독일법의 영향을 강하게 받았을 것이고, 이러한 태도는 우리 상법에도 그대로 이어졌을 것으로 추측된다. 바로 이러한 연유로 법인의 권리능력에 관하여 ultra vires 원칙을 규율한 민법 제34조와 이의 적용여부에 관하여 침묵하고 있는 상법전과의 불일치가 발생하게 되었다고 생각된다.

이와 같이 우리의 전체 사법체계와는 다소 이질적인 성질의 ultra vires 원칙이 일본민법 제43조를 경유하여 우리 민법 제34조에도 도입됨으로써, 본조의 해석이나 그 적용에 있어서 적지 않은 문제를 야기하고 있다. 아이러니하게도 ultra vires 원칙의 원류인 영미법계에서는 오늘날 판례의 변경으로 이 원칙을 폐기하는 현상이 확산되고 있는 데 반하여, 정작 우리 민법에서는 이 원칙이 성문규정으로 명문화됨으로써 이를 무시할 수도 없는 상황이다. 거래안전의 관점에서 볼 때에는 입법론상 민법 제34조를 폐지하는 것이 바람직하다. 그러나 민법 제34조 폐지되지 않고 엄연히 존재하는 한, 실정조문의 취지를 존중하면서도 현실적인 법적 상화에 맞추어 합리적으로 이를 해석하여야 할 것이다.

2. 민법 제34조의 해석과 적용에 관한 논의

가. 민법 제34조의 "목적의 범위 내"의 해석

민법 제34조는 단순히 [법인의 권리능력]이라는 표제를 정하고 있음에도 불구하고, 민법학계에서는 민법 제34조가 정관에 의하여 제한하려는 것이 도대체 무엇인가에 관하여 여러 학설이 주장된다.

(1) 학설

(가) 권리능력 및 행위능력제한설

우리나라의 통설은 민법 제34조가 정관목적으로 제한하려는 것은 법인의 "권리능

---

86) 최기원, 상법총칙·상행위법, 경세원, 1989, 45면.
87) 일본의 신상법은 岡野敬次郎, 田部芳 및 일본민법의 기초위원이었던 梅謙次郎 등 3인에 의해서 기초되었는데, 물론 가정이지만 만약 梅謙次郎 대신에 민법에서 ultra vires 원칙의 도입을 주장한 穗積陳重이 일본상법의 기초위원으로 위촉되었다면 상법상 회사에도 ultra vires 원칙이 적용되도록 조문화하지 않았을까 하는 생각을 하여 본다.

력"이라고 이해한다. 또한 법인의 권리능력이 정관목적에 의해 제한되는 만큼 법인의 "행위능력"도 제한된다고 한다.[88] 이 학설에 의하면 법인이 한 법률행위의 효력 여부는 그 법률행위가 정관에 정한 목적의 범위에 포섭될 수 있느냐의 여부에 달려 있다. 만약 그 정관목적의 범위 내라고 판단되면 법인의 행위로 귀속될 수 있어, 그 범위 내에서 법인은 권리능력 및 행위능력을 가지는 셈이다. 그에 반해 법인이 행한 법률행위가 정관의 목적범위 밖의 것이라고 인정되면 그것은 법인의 권리능력과 무관한 행위이므로 법인의 행위로 귀속될 수 없고, 따라서 그 행위의 효과는 무효로 될 수밖에 없다.

(나) 행위능력제한 내지 대표권제한설

이 학설에 의하면 "권리능력의 제한"이란 어떤 종류의 권리를 가질 수 없는가 하는 문제인데, 민법 제34조의 "목적의 범위 내"라는 기준은 법인이 향유할 수 있는 권리의 "종류"를 제한하는 것과 어울리지 않는다고 한다.[89] 또한 법인은 법인의 성질상 또는 법률의 규정에 의하여 가질 수 없는 권리나 의무를 제외하고는 일반적 권리능력을 향유하기 때문에, 민법 제34조가 제한하려는 것은 법인의 권리능력이라기보다 법인의 행위능력을 제한하려는 것으로 이해하여야 한다고 주장한다.[90] 이와 같이 민법 제34조의 제한을 법인의 행위능력에 관한 제한으로 이해한다면, 이는 결국 이사의 대표권을 제한하는 것을 의미하는 것이라고 한다.[91] 앞의 권리능력 및 행위능력제한설과 이 학설의 실제적인 차이를 살펴본다면, 전설(前說)에 의하면 법인이 정관목적을 넘은 행위를 한 경우에 그러한 권리능력은 법인에게 인정되지 않으므로 그것은 법인의 행위로 귀속될 수 없어 그 행위의 효력은 절대무효이고 다만 상대방은 법인에 대하여 계약체결상의 과실책임을 물을 수 있을 뿐이다. 하지만 후설(後說)에 의하면 법인의 권리능력이 제한되지 않기 때문에 그러한 행위도 법인에게 귀속될 수 있어 만약 이사의 행위가 표현대리에 해당하거나 무권대리에 해당하더라도 법인이 이를 추인하게 되면 유효한 법률행위로 인정된다.

88) 곽윤직·김재형, 민법총칙, 186면, 179면; 김주수·김상용, 민법총칙, 186면; 이영준, 민법총칙, 945~946면; 장경학, 민법총칙, 318면 등.
89) 고상룡, 민법총칙, 200면.
90) 김민중, 민법총칙강의, 로앤피플, 2008, 254면 이하; 이호정, "법인의 권리능력", 「고시계」 제27권 제9호, 고시계사, 1982. 9, 16면 이하.
91) 고상룡, 민법총칙, 200면; 김민중, 민법총칙강의, 139면.

(2) 판례의 태도

대법원은 "민법 제34조에 의하면 법인은 법률의 규정에 좇아 정관으로 정한 목적
의 범위 내에서 권리와 의무의 주체가 된다고 규정하고 있으므로 법인의 권리능력이
그 목적에 의하여 제한됨은 자명한 것"[92])이라고 설시하여, 권리능력제한설을 취하
고 있다. 다만 통설과 판례가 민법 제34조가 제한하려는 것이 권리능력 내지 행위능
력이라고 보더라도, "목적의 범위"를 정관에 열거된 사항에 한하는 것이 아니라, 적
극적으로 목적을 달성하는 데 필요한 범위 내 혹은 소극적으로 목적에 위반하지 않
는 범위 내라고 완화해서 해석하고 있음은 앞서 본 바와 같다.

그와 같은 논지에서 판례는 어업협동조합이 내빈 등 접대를 위하여 차를 외상으로
구입한 행위는 조합의 목적사업수행에 필요한 것이라고 하고,[93]) 중소기업협동조합법
에 의하여 설립된 조합은 동법 제31조 제1항 제1호 소정의 생산, 판매, 구매 등의 사
업을 행할 수 있으므로 그에 부수되는 구매자금의 선급이나 이를 위한 약속어음의 발
행도 그 사업능력 범위 내에 속한다고 하고,[94]) 신용협동조합중앙회로부터 신용협동조
합이 이사회의 결의없이 차금한 행위는 무효이지만 자금의 실수요자인 신용협동조합
의 조합원이 조합중앙회에 대하여 그 차용금을 변제하기로 한 약정은 조합중앙회로서
는 대여금채권의 확보를 위해 목적수행에 필요한 것으로서 그 목적범위 내에 속한다
고 보았다.[95]) 또한 건설공제조합이 정리채권을 출자전환방식으로 권리변경하도록 하
는 정리계획안에 따라 행해진 출자전환은 법률이나 정관에 명시된 건설공제조합의 목
적이나 건설산업기본법 제56조에서 정하고 있는 사업 자체는 아니라고 하더라도 그
목적 및 사업을 수행하는 데 있어서 직·간접으로 필요한 것이라고 하고,[96]) 개인택시
운송사업조합이 충전소를 개인택시회사에 매도한 것은 조합의 수익사업으로 시작한 충
전소를 운영하는 과정에서 발생한 부채문제를 정리하기 위한 것으로 조합의 목적수행
에 직접·간접으로 필요한 행위이므로 조합의 목적범위 내의 행위라고 판단하였다.[97])

---

92) 대법원 1974. 11. 26. 선고 74다310 판결.
93) 대법원 1974. 6. 25. 선고 74다7 판결.
94) 대법원 1981. 3. 13. 선고 80다1049, 1050 판결.
95) 대법원 1991. 11. 22. 선고 91다8821 판결.
96) 대법원 2001. 9. 21. 자 2000그98 결정.
97) 대법원 2013. 11. 28. 선고 2010다91831 판결.

(3) 사견: 수권범위설

우선 법인설립주의와 ultra vires 원칙과의 관계인데, 역사적으로 볼 때 영국의 ultra vires 원칙은 법인설립에 관해서 허가주의를 취한 상황으로부터 유래한다.[98) 따라서 민법상 비영리법인의 경우는 상법상 회사의 경우와는 달리 목적의 비영리성으로 말미암아 주무관청으로부터 "허가"를 받아 설립되기 때문에 ultra vires 원칙이 작용할 수 있는 근거가 된다고 생각할 수도 있다. 하지만 우리 민법이 비영리법인에 대해서 허가주의를 채택하고 있다고 해서 법인의 권리능력이 정관소정의 목적범위 내로 제한되어야 하는 것으로 바로 연결되는 것은 아니다. 왜냐하면 예컨대 독일민법 제22조는 자본회사의 형식을 취하지 않고서 영리활동을 하려는 사단의 경우는 국가의 허가(staatliche Verleihung)를 통해 권리능력을 취득하게 되는데, 이러한 영리사단의 권리능력도 정관소정의 목적에 의해서 제한되는 것으로 보는 것은 아니기 때문이다. 따라서 법인설립주의(특히 허가주의)와 법인의 권리능력의 목적에 의한 제한은 논리필연적으로 결합되어야 하는 것은 아니다.

그렇다면 민법 제34조가 정관목적으로 제한하려는 것은 무엇으로 이해하여야 하는가? 우리나라의 다수설은 이를 권리능력의 제한 및 이와 결합한 행위능력의 제한으로 이해한다는 것은 앞서 본 바와 같다. 그러나 학설은 도대체 법인의 권리능력이나 행위능력이 정관목적에 의해서 제한될 수 있는 것인지에 대해서는 명확하게 밝히지 않고 있다. 다만 일부학자는 이 문제를 법인본질론과 연관시켜 설명한다. "권리능력제한설과 행위능력제한설은 법인실재설에 입각한 것으로서, 오늘날의 법인관에 부합된다"고 하면서, "법인은 특정의 목적하에 일정한 사회적 작용을 담당하는 것이므로, 권리능력제한설이 가장 타당하다"고 한다.[99) 그러나 이 문제를 법인본질론으로 해결할 것은 아니다. 만약 이 문제를 법인본질론의 관점에서 보았다면, 법인실재설을 취하면서 권리능력제한설을 주장한다는 것은 모순이고, 오히려 법인의제설적 입장에 설 때에 권리능력제한설이 주장될 수는 있다. 권리능력·행위능력제한설에 의하면 법인은 민법 제34조에 따라 정관으로 정한 목적의 범위 내에서 권리능력을

---

98) Fellmeth, Die Vertretung verselbständigter Rechtsträger in europäischen Ländern, Teil I(Deutschland, Italien und Spanien), Berlin 1997, S. 31.
99) 권용우, "법인의 권리능력", 「월간고시」 제17권 제2호, 법지사, 1990. 2) 190면.

가지고, 그 범위 내에서 모든 행위를 할 수 있는데, 이는 곧 법인의 경우 권리능력의 범위와 행위능력의 범위가 일치함을 의미한다고 한다.[100] 그러나 권리능력·행위능력제한설은 우선 법인의 권리능력과 행위능력의 개념이나 성질을 적극적으로 설명하여야 함에도 불구하고 이에 대한 설명은 생략하고서, 민법 제34조를 근거로 법인의 능력은 목적에 의해서 제한되고, 법인의 권리능력과 행위능력의 범위는 동일하다고 주장한다. 결국 이 학설에 따르면 각각의 법인은 그의 정관목적에 따라 권리능력의 범위를 달리하고, 그 권리능력과 연계된 행위능력의 범위도 달리한다고 이해할 수밖에 없다. 이렇게 되면 모든 법인의 권리능력의 내용이나 범위는 상대적으로 이해될 수밖에 없는 문제점이 있다. 이는 마치 권리능력을 권리행사능력으로 이해하는 독일의 상대적 권리능력론의 주장을 연상시킨다. 원래 각각의 법인은 사적자치의 원칙상 그 발기인(설립자)의 자유로운 결정에 따라 설립될 법인의 목적이 정관에 정하여지게 되고, 그에 따라 발기인과 다른 독립한 주체가 등장하는데(이른바 설립중인 사단·재단·회사), 이 주체에 국가가 허가나 등기절차에 따라 권리능력을 부여해줌으로써 생성되는 것이다. 국가가 그 설립중인 법인에게 권리능력을 부여해줄 때 정관에 기재된 목적을 심사하게 되지만(민법 제32조, 제38조 참조), 이 심사를 거쳐 국가가 권리능력을 부여할 때에는 각각의 법인마다 서로 범위가 다른 상대화된 권리능력이 아니라, 모든 법인에 대하여 동등하게 포괄적이고 혼일한 완전한 권리능력을 부여하게 된다. 이는 마치 자연인이 출생과 더불어 권리능력을 취득할 때에는 누구에게나 똑같은 권리능력을 가지는 것과 같은 이치이다. 따라서 민법 제34조의 표제어에도 불구하고 법인의 권리능력은 정관소정의 목적에 의해서 제한되는 것은 아니라고 보아야 할 것이기에, 권리능력의 제한을 전제로 한 권리능력·행위능력제한설에는 찬동할 수 없다.

그렇다면 법인의 행위능력은 민법 제34조에 따라 정관소정의 목적에 의해서 제한될 수 있는가? 행위능력이란 권리주체가 단독으로 유효한 법률행위를 할 수 있는 능력을 말한다. 이 개념도 권리능력의 개념과 마찬가지로 자연인의 능력을 상정하여 정립된 것인데, 각국의 민법은 객관적이고도 획일적인 기준으로 제한행위능력자제도를 두고 있다. 그러나 법이 자연인 이외의 특정한 단체에 권리능력을 부여하여 법인으로 인정하였다는 것은 논리필연적으로 그 단체가 이미 독자적으로 의사를 형성할

---

100) 곽윤직·김재형, 민법총칙, 186면; 이영준, 민법총칙, 945~946면.

수 있고(의사결정기관의 존재), 행위를 할 수 있음(집행기관의 존재)을 전제로 하는 것이다.[101] 따라서 법인에게는 행위능력의 개념이나 제한행위능력자제도 등은 현실적으로 특별한 의미가 없다. 또한 행위능력이란 객관적 요건에 의해 일률적으로 인정되거나 부인되는 것이지, 각각의 사정에 따라 제한되거나 확장될 수 있는 것이 아니고, 행위능력개념자체가 행사될 수 있는 어떤 범위를 전제로 한 것이 아니다. 따라서 법인의 행위능력이란 정관소정의 목적으로 제한될 수 있는 성질의 것이 아니다. 즉 행위능력이란 있느냐·없느냐 하는 문제이지, 제한될 수 있는 것인가 하는 문제와는 어울리지 않는다. 요컨대 법인의 경우 행위능력은 자연인의 경우와 달리 항상 있는 것이며, 이는 정관에 의해서 제한되는 것은 아니다. 다만 법인의 경우 어떻게 법률행위를 의욕하고 행위하느냐 하는 문제는 여전히 제기된다.

법인의 경우는 자연인과 달리 기관을 통해 행위하게 되는데, 법인과 기관과의 관계는 자연인과 대리인 사이의 관계와 차이점과 공통점이 있다. 법인에게는 생래적으로 대표기관이 필요하고 대표기관의 행위가 바로 법인 자신의 행위로 귀속되는 점에서 대리관계의 구조와는 차이가 있다. 그러나 법인은 현실적으로 다른 사람의 행위를 매개로 하여 법률효과가 자신에게 귀속된다는 점에서는 대리와 유사한 구조를 가지고 있다.[102] 따라서 우리 민법은 법인의 대표에 관하여 대리에 관한 규정을 준용하고 있다(민법 제59조 제2항). 여기서 전자의 특징으로 말미암아 법인의 행위능력은 항상 인정되는 것이지만, 후자의 특징으로 법인의 현실적인 행위는 대리법의 원리에 따르게 된다. 법인의 대표행위에 대해서도 대리법의 적용을 받는다는 것은 다음 네 가지 원칙이 대표행위에 대해서도 그대로 적용됨을 의미한다. ① 대표기관이 법인을 위한 것임을 표시하고서 법률행위를 하였을 경우에 그에 대한 효과는 법인에게 귀속한다(민법 제114조 참조). ② 그와 반대로 대표기관이 법인을 위한 것임을 표시하지 않고 법률행위를 하였을 경우에 그 효과는 법인과는 무관하고 대표기관에게만 귀속한다(민법 제115조 참조). ③ 대표기관이 법인을 위한 행위임을 표시하고서 법률행위

---

101) 물론 완전한 권리능력을 취득한 법인에게만 행위능력이 인정되는 것은 아니고, 정관과 기관의 구성을 갖춘 권리능력없는 사단이나 재단에게도 행위능력은 인정될 수 있다(同旨 Karsten Schmidt, Gesellschaftsrecht, S. 262 참고). Karsten Schmidt 교수는 권리·의무의 주체가 될 수 있는 모든 단체에게는 행위능력도 인정되는데, 이는 법인에게만 주어지는 전유물이 아니라 합수적 단체도 향유할 수 있는 것이라고 한다.
102) 同旨 곽윤직(편집대표) - 최기원, 민법주해(I), 672면.

를 하였지만, 그에게 부여된 대표권의 범위를 초과하여 맺은 법률행위의 효력은 유동적 무효상태로서 법인의 추인이 있거나, 일정한 요건하에서 법인에게 효과가 귀속할 수 있다(민법 제130조의 무권대리; 제125조·제126조·제129조의 표현대리규정 참조). 그밖에 학설과 판례에 의해서 형성된 대표권의 남용에 관한 문제로 ④ 대표기관이 법인을 위한 행위임을 표시하고서 그에게 인정된 대표권의 범위 내에서 법률행위를 하였지만, 실제로는 자신의 개인적인 이익도모의 목적으로 법률행위를 한 경우에는 원칙적으로 법인에게 그 행위의 효과는 귀속되지만, 다만 상대방이 그 사실을 알았거나 알 수 있었을 경우에는 무효로 한다.103)

이 네 가지 원칙 중에서 민법 제34조와 깊은 관련이 있는 것은 세 번째 것이다. 민법 제34조는 법인의 권리능력 내지 행위능력의 특성에 대한 고려와 현실적으로 타당한 문제해결방법이 조화될 수 있도록 해석되어야 할 것이다. 앞서 살핀 바와 같이 법인의 권리능력이나 행위능력은 개념적으로나 성질상 정관목적으로 제한될 수 있는 것이 아니다. 다만 법인은 현실적으로 대표기관을 통하여 외부적으로 행위를 하게 되므로 대리법의 적용을 받게 된다. 대리의 경우 대리인이 본인을 위하여 법률행위를 할 경우에는 본인으로부터의 수권행위가 있어야 하고, 그 수권된 범위 내에서 유효한 법률행위를 할 수 있다. 법인의 경우 대표기관이 법인을 위해서 행위할 수 있는 범위는 정관에 정해진 목적에 따라 결정된다. 만약 대표기관이 법인정관의 목적범위를 넘어서 법률행위를 하였을 경우에는 무권대리나 표현대리가 성립하게 된다. 따라서 법인의 대표기관과 거래한 상대방은 무권대리의 법리에 따라 법인에게 추인여부를 최고할 수 있고(민법 제131조), 법인이 대표기관의 행위를 추인하면 법률효과는 유효하게 법인에게 귀속하게 되고,104) 만약 법인이 이를 거부하면 그 법률행위는 무효로 확정되고 상대방은 대표기관에 책임을 물을 수 있다(민법 제135조). 또한 상대방은 표현

---

103) 대법원 1987. 7. 7. 선고 86다카1004 판결; 대법원 1999. 3. 9. 선고 97다7721 판결 등. 대표권남용의 성립요건과 효과에 관하여 여러 학설이 주장되고 있지만, 본서에서는 이에 대한 논의를 유보하고 판례의 기본태도만 적시한다.

104) 그러나 우리 대법원은 회사의 대표이사가 회사를 대표하여 타인을 연대보증한 경우 이는 회사의 사업목적범위에 속하지 아니하는 행위로서 회사에 대하여는 보증의 효력이 없다고 하면서, 설령 회사의 주주 및 이사들이 보증의 결의를 하였다 하더라도 그 효력이 없다고 판시하였다(대법원 1975. 12. 23. 선고 75다1479 판결). 이러한 논지에서 판례는 정관목적을 벗어나는 대표기관의 행위는 절대무효이고 이를 사후에 추인하여 유효로 만들 수는 없다는 태도를 취한다고 볼 수 있다.

대리의 법리에 따라 일정한 요건이 성립하면 바로 법인에게 대표기관의 행위에 따른 책임을 주장할 수 있다(민법 제125조, 제126조, 제129조). 이에 따라 법인이 책임을 져야 할 경우에는 법인은 대표기관에 대하여 내부적으로 책임을 물을 수 있다. 결론적으로 민법 제34조는 법인의 권리능력이나 행위능력을 제한하는 것이 아니라, 법인의 대표기관의 대표권을 제한하려는 것으로 새겨야 할 것이다.105) 이러한 해석이 실정법 규정과 법제도의 본질 및 법현실적 문제해결을 조화하는 해석이 아닌가 생각한다. 즉 ultra vires 원칙을 수용한 우리 민법의 태도를 존중하면서, 권리능력 및 행위능력제도의 특성을 고려함과 아울러 법인과 거래한 상대방의 보호라는 현실적인 요구를 조화시키기 위한 부득이한 해석이다. 한 가지 첨언한다면 대표기관이 정관목적에 따른 대표권의 범위를 일탈하여 상대방과 법률행위를 하였을 경우에 (협의의) 무권대리도 성립할 수 있고 표현대리도 성립할 수 있지만, 실무적으로는 거래안전의 관점에서 가급적 무권대리보다 표현대리의 성립을 인정하는 방향으로 판결을 내리는 것이 바람직하다고 생각한다. 왜냐하면 법인의 대표기관이 선임되는 것만으로도 일단 대표기관은 유효하게 기본적인 대표권을 부여받은 것이므로, 수권이 전혀 없는 상태에서 타인(법인)명의로 법률행위를 하는 무권대리의 경우와는 달리 취급할 필요가 있기 때문이다. 그리고 권한을 넘은 표현대리로도 볼 수 있고 유권대리로도 볼 수 있는 경우에는 정관목적의 포섭범위를 가급적 넓게 해석하여 유권대리로 판단하여야 할 것이다. 이러한 해석태도가 ultra vires 원칙을 인정한 우리 민법의 규정에도 불구하고 법인과 거래한 상대방을 실질적으로 보호하는 데 도움을 줄 수 있다고 생각한다.

나. 민법 제34조의 영리법인(회사)에의 적용여부

(1) 학설

우리나라 회사법학에서는 앞서 본 입법상의 문제점으로 말미암아 민법 제34조가 회사에도 적용되는가에 관하여 논란이 있다.

---

105) 이은영 교수는 정관목적은 권리능력제한 및 대표권제한을 포함한다는 견해를 주장하면서, 권리능력이 제한되는 되는 예로 "가족법상의 권리의무는 법인의 목적범위 밖으로서 권리능력을 초월한 것"이라고 한다(이은영, 민법총칙, 239면). 그러나 이는 법인이 가족법상의 권리의무를 가지지 않는다는 것은 법인의 성질상 당연한 것이지, 정관목적에 의해서 비로소 제한되는 것은 아니다. 추측건대 李 교수는 "법인제도의 목적"과 "법인의 정관목적"을 혼동하여 이러한 주장을 한 것으로 여겨진다.

(가) 적용긍정설

이 학설에 의하면 회사도 분명히 법인이므로 법인의 권리능력을 규정한 민법 제34조는 당연히 상법상 회사에 대하여도 유추적용되고, 따라서 회사는 정관에 정한 사업목적의 범위 내에서만 권리능력을 가지게 된다.106) 이 학설의 논거를 요약하면 다음과 같다. 첫째, 상법 제1조가 민법규정을 법원으로 인정하고 있는데, 상법이 민법 제34조를 배제하는 규정을 두고 있지 않는 한, 민법 제34조는 상법상 회사에도 유추적용되어야 한다. 둘째, 법인으로서의 회사는 특정한 목적을 달성하기 위하여 조직되어 일정한 사회적 작용을 담당함으로 인해 법인격이 부여된 이상, 회사의 권리능력도 그 목적을 달성하는 데 필요한 범위로 한정되어야 한다. 셋째, 회사의 사원이나 채권자는 출자한 재산 또는 대부한 재산이 정관소정의 목적범위 내에서 사용될 것이라는 기대에 따라 출재하기 때문에, 사원이나 회사채권자의 이익을 보호하기 위해서 회사가 정관의 목적범위를 넘어서는 행위를 한 경우에는 법인의 행위로 보지 않아야 한다. 이때 회사와 거래한 제3자가 손해를 볼 수도 있는데, 이에 대하여 학설은 회사의 목적은 상업등기에 의하여 공시되므로 회사와 거래한 제3자의 이익이 부당하게 침해되는 경우는 거의 없다고 한다.

(나) 적용부정설

이 학설은 상법상 회사의 경우에는 민법 제34조가 적용되지 않기에 회사의 권리능력은 정관소정의 목적에 의하여 제한되지 않는다고 보는 견해이다.107) 이 학설의 주요논거는 다음과 같다. 첫째, 회사에 대하여 민법의 규정을 준용할 때에는 상법전이 이를 명시하고 있는데, 현행 상법전에는 회사에 대하여 민법 제34조를 준용한다는 명문의 규정이 없다. 둘째, 비교법적으로 볼 때 대륙법계에서는 법인의 권리능력을 제한하지 않고, 영미법계에서도 목적에 의한 제한을 거의 철폐하는 추세이다. 셋째, 정관목적에 의한 회사의 권리능력제한을 인정하게 되면 회사의 사원이나 채권자는 보호될 수 있지만, 회사와 거래한 제3자는 회사 측으로부터 '정관목적을 벗어나는 행위이기 때문에 무효'라는 예기치 않은 항변을 받게 되어 거래안전을 크게 해치게 된다. 또한 비록 회사의 목적이 등기되어 있다고 하더라도 회사가 제3자와 행한

106) 이병태, 상법(上), 전정판, 법문사, 1987, 408면; 정희철·정찬형, 상법원론(上), 421~422면. 또한 권용우, "법인의 권리능력", 「월간고시」 제17권 제2호, 1990. 2, 191면.
107) 서돈각, 상법강의(上), 204면; 손주찬, 상법(上), 458면; 이철송, 회사법강의, 86면; 정경영, 회사법학, 박영사, 2022, 80면; 정동윤, 회사법, 51면; 최기원, 신회사법론, 86면.

일정한 거래가 과연 회사정관의 목적에 부합하는 것인지를 제3자가 판단하는 것은 매우 어려운 일이라고 한다.

(2) 판례의 태도

"회사의 권리능력은 회사의 설립 근거가 된 법률과 회사의 정관상의 목적에 의하여 제한"된다고 하여 원칙적으로 회사에 대해서도 민법 제34조가 적용됨을 전제로 하고 있다. 그러면서도 "그 목적범위 내의 행위라 함은 정관에 명시된 목적 자체에 국한되는 것이 아니라 그 목적을 수행하는 데 있어 직접, 간접으로 필요한 행위는 모두 포함되고 목적수행에 필요한지의 여부는 행위자의 주관적, 구체적 의사가 아닌 행위 자체의 객관적 성질에 따라 판단하여야" 한다고 하면서, "그 판단에 있어서는 거래행위를 업으로 하는 영리법인으로서 회사의 속성과 신속성 및 정형성을 요체로 하는 거래의 안전을 충분히 고려하여야 할 것"이라고 하여, 영리법인의 경우 민법 제34의 적용을 가급적 억제하는 듯한 태도를 취하고 있다.[108] 그러한 논지에서 판례는 주식회사의 대표이사가 회사를 대표하여 타인의 극장위탁경영으로 인한 손해배상의무를 연대보증한 것은 회사의 사업목적범위에 속하지 않는다고 본 적도 있으나,[109] 이후에는 회사의 목적범위 외의 행위로 판단한 사례는 찾아볼 수 없다. 단기금융업을 영위하는 회사가 회사의 목적인 어음의 발행, 할인, 매매, 인수, 보증, 어음매매의 중개를 함에 있어서 어음의 배서는 행위의 객관적 성질상 위 목적수행에 직접, 간접으로 필요한 행위라고 하고,[110] 주식회사의 대표이사가 별다른 원인관계가 없음에도 회사명의로 소외 회사의 채무를 인수한 채무부담행위에 대해서 회사목적범위 내라고 하고,[111] 증권회사가 기업어음을 매매하고 이를 지급보증을 하는 행위도 증권회사의 권리능력범위 내에 해당한다고 하여,[112] 영리법인의 정관목적을 매우 폭넓게 새기고 있다.

---

108) 회사가 거래관계 또는 자본관계에 있는 주채무자를 위하여 보증한 경우인데, 이에 대해 대법원은 보증행위가 상법상의 대표권 남용에 해당하여 무효로 될 수 있음은 별론으로 하더라도 그 행위의 객관적 성질에 비추어 특별한 사정이 없는 한 회사의 목적범위 내의 행위라고 봄이 상당하다고 판시하였다(대법원 2005. 5. 27. 선고 2005다480 판결).
109) 대법원 1975. 12. 23. 선고 75다1479 판결.
110) 대법원 1987. 9. 8. 선고 86다카1349 판결.
111) 대법원 1997. 8. 29. 선고 97다18059 판결.
112) 대법원 2005. 5. 13. 선고 2003다57659, 2003다57666 판결.

(3) 사견

우선 입법사적 관점에서 볼 때 상법상 회사에는 민법 제34조가 적용되지 않는다고 하여야 한다. 현행 우리 상법은 구상법의 골격을 유지하면서 다만 이사회제도나 수권자본제도와 같은 영미법상의 제도를 일부 도입한 것이 특징인데, 구상법은 1899년에 제정된 일본상법전을 의용한 것이다. 일본상법전은 처음 1890년에 독일학자 헤르만 뢰슬러(Hermann Rösler)에 의하여 기초되었으나(일본 구상법), 프랑스법계였던 민법과 상충되는 부분이 많아 폐지된 이후, 1899년에 현행 일본상법전이 다시 제정되었는데, 이는 1861년에 제정된 일반독일상법전(ADHGB)과 1897년에 제정된 독일제국상법전(Handelsgesetzbuch für das deutsche Reich)의 초안을 참조하여 만들어진 것으로 알려지고 있다.[113] 그렇다면 일본상법전은 당시 ultra vires 원칙을 수용하지 않았던 독일법의 영향을 강하게 받았을 것이고, 이러한 태도는 우리 상법에도 그대로 이어졌을 것으로 추측된다. 특히 상법 제209조는 우리 상법전이 영미법상의 ultra vires 원칙을 배척하고, 오히려 이 원칙을 인정하지 않는 독일법의 태도를 취하였다는 실정법적인 근거가 아닌가 생각된다. 상법 제209조는 일본상법 제78조와 같은 내용이고, 일본상법 제78조는 다시 합명회사의 대표사원의 권한을 규정한 1897년의 독일제국상법전 제126조에서 그 원형을 찾아볼 수 있다. 더욱이 우리 상법 제209조 제1항은 현행 독일민법 제26조 제2항, 독일주식법 제78조 제1항, 독일유한회사법 제35조 제1항 및 독일협동조합법 제24조 제1항과 그 표현이나 내용이 거의 같다.

거래실제적인 관점에서 보더라도 회사의 권리능력을 정관소정의 목적으로 제한함은 많은 문제점을 내포하고 있다. 회사에도 민법 제34조의 적용을 긍정하는 견해는 회사의 목적이 상업등기에 의하여 공시되므로 회사와 거래한 제3자가 불측의 손해를 입는 경우란 거의 없다고 한다. 그러나 회사와 거래하는 제3자의 입장에서 보면 자연인과 거래할 때와는 달리 회사와 거래할 경우에는 항상 그 거래행위가 회사의 정관목적에 부합하는지에 대한 심사를 하여야 하는 부담을 지게 되는데, 제3자가 이를 심사하는 것은 용이하지 않을 뿐 아니라, 이는 법인과의 거래를 매우 위축시키는 부작용을 안고 있다. 따라서 상법상 회사의 경우에는 민법 제34조의 적용을 부정하는 것이 타당하다.

---

113) 최기원, 상법총칙·상행위법, 45면.

3. 입법론

앞서 본 바와 같이 민법 제34조는 영미법상 ultra vires 원칙을 담고 있음으로 인해, 이에 대한 해석론 및 현실적인 법적용에 있어서 많은 문제를 야기하고 있다. 이에 따라 민법 제34조에 대해 개정론이 주장되고 있다. 이에 관해서는 뒤에서 상설하겠지만, 필자의 의견으로는 민법 제34조의 자구 중에서 ultra vires 원칙의 진원지라고 할 수 있는 "정관으로 정한 목적의 범위 내에서"라는 표현은 삭제함이 옳다. 그이유를 간단히 설명하면 다음과 같다.114)

첫째, 상기의 표현은 거래의 안전에 매우 위협적이다. 왜냐하면 법인과 거래한 상대방은 자신이 법인과 맺은 법률행위의 효력이 유효한 것인지를 판단하기 위해 항상법인의 행위가 정관목적에 부합하는지를 심사하여야 하는 부담을 안게 되기 때문이다. 나아가 법원으로서도 법인의 행위가 "정관으로 정한 목적의 범위 내"인지를 판단하는 것이 쉽지도 않거니와 그에 대한 기준도 일관되지 않아, 법인과 거래한 상대방의 지위를 불안정하게 만든다는 점이다.

둘째, 영리법인에 대해서는 정관목적에 의해 권리능력이 제한되지 않는 것으로 새기면서, 비영리법인에 대해서만 ultra vires 원칙이 적용된다고 해야 할 이유가 없다. ultra vires 원칙의 원류인 영미법에서는 애초부터 영리법인과 비영리법인을 구분하지 않는다.115) 만약 법인이 미치는 사회적 영향 때문에 정관목적에 의한 권리능력을 제한하여야 한다면, 오히려 비영리를 목적으로 하는 법인보다 영리를 목적으로 하는법인에 대해 정관목적에 따라 권리·의무를 제한하는 것이 더욱 필요할 것이다. 그렇지만 법이 영리법인에 대해서는 관대하면서도 비영리법인에 대해서는 엄격한 태도를 취하는 것은 옳지 않다.

셋째, ultra vires 원칙은 권리능력의 개념이나 권리능력의 일반적인 속성과도 어울리지 않는다. 앞서 본 바와 같이 권리능력이란 제한되지 않는 포괄적이고 혼일한성격을 가지는 것인데, 이를 정관목적에 의해 제한하는 것은 권리능력의 개념과 맞지 않다.

---

114) 본서 제7장 「법인관련 민법개정안」 제2절 「민법개정안에 대한 법정책학적 평가」에서 상론한다.
115) 세제상의 이익을 위해 '비영리' 법인이라는 개념은 있지만, 설립요건이나 법적 차이에서 영리법인과 비영리법인이 구분되지는 않는다.

넷째, 법적 거래에 있어서 법인을 자연인과 같이 취급하면서도, 법인에 대해서만 ultra vires 항변을 인정해야 할 이유가 없다. ultra vires 원칙을 표명한 규정을 두는 것은 법인에 대해서만 유리한 특권을 인정하는 것이다.

다섯째, 설령 민법 제34조의 "정관으로 정한 목적의 범위 내"라는 표현을 삭제하더라도 규율상의 공백은 발생하지 않는다. 왜냐하면 민법 제34조의 동 표현이 삭제되더라도, 민법 제59조 제2항은 법인의 대표에 관해서는 대리에 관한 규정을 준용하고 있기 때문에 대리에 의한 법리에 의해 법인의 행위에 관한 효과는 충분히 규율될 수 있기 때문이다.

제3절 법인의 행위능력

I. 의의

행위능력(Handlungsfähigkeit)이란 권리주체가 단독으로 유효한 법률행위를 할 수 있는 능력을 말한다. 이 개념도 권리능력의 개념과 마찬가지로 자연인의 능력을 상정하여 정립된 것이다. 근대민법이 상정하는 인간상은 합리적이고 이성적인 판단을 하며 그에 따라 유효한 법률행위를 할 수 있는 행위능력자를 전제로 하고 있다. 그러나 현실에서는 그러한 능력을 갖추지 못하는 자들이 존재하기 때문에 이들을 보호하기 위하여 각국의 민법은 객관적이고도 획일적인 기준으로 제한행위능력자제도를 두고 있다. 행위능력에 관한 문제는 누가 제한행위능력자이고 제한행위능력자가 한 법률행위의 효력은 어떻게 되는가가 주된 논점이다. 그런데 이러한 문제는 나이나 정신적 판단능력 등을 고려한 자연인에 한정되고 법인에게는 제한행위능력이 문제되지 않는다. 즉 법인에게는 권리능력이 인정되는 한 당연히 행위능력이 인정되며 제한행위능력이라는 상태가 생기지 않는다. 법이 자연인 이외의 특정한 단체에 권리능력을 부여하여 법인으로 인정하였다는 것은 논리필연적으로 그 단체가 이미 독자적으로 의사를 형성할 수 있고(의사결정기관의 존재), 스스로 행위를 할 수 있음(업무집행기관의 존재)을 전제로 하는 것이다.[116] 따라서 법인에게는 행위능력의 개념이나 제한행위능력자제도 등은 현실적으로 특별한 의미가 없다. 또한 행위능력이란 연령이나 법원의 선고 등 객관적인 요소에 의해 일률적으로 인정되거나 부인되는 것이지, 각각의 사정에 따라 제한되거나 확장될 수 있는 것이 아니다. 따라서 법인의 행위능력은 정관소정의 목적으로 제한될 수 있는 성질의 것이 아니다.

한편 법인의 행위능력을 법인본질론과 관련하여 설명하기도 한다. 이를테면 법인의제설에 의하면 법인은 스스로 행위할 수 있는 실체가 없으므로 행위능력이 없는데 반하여, 법인실재설은 법인 스스로 행위할 수 있는 조직을 갖추고 있으므로 행위능력이 있다는 것이다. 그러나 법인본질론을 통한 대립적인 설명은 오늘날 큰 의미

---

116) 물론 완전한 권리능력을 취득한 법인에게만 행위능력이 인정되는 것은 아니고, 정관과 기관의 구성을 갖춘 권리능력없는 사단이나 재단에게도 행위능력은 인정될 수 있다(同旨 Karsten Schmidt, Gesellschaftsrecht, S. 262 참고). Karsten Schmidt 교수는 권리·의무의 주체가 될 수 있는 모든 단체에게는 행위능력도 인정되는데, 이는 법인에게만 주어지는 전유물이 아니라 합수적 단체도 향유할 수 있는 것이라고 한다.

가 없으며, 실무적으로도 별 도움이 되지 않는다. 요컨대 법인의 경우 행위능력은 자연인의 경우와 달리 권리능력이 인정되는 한 항상 있는 것이며, 이는 정관에 의해서 제한되는 것이 아니다. 오히려 중요한 것은 법인의 행위능력을 현실적으로 누가 구사하며, 누구의 행위를 법인의 행위로 귀속할 수 있을 것인가 하는 문제이다.[117)]

II. 법인의 행위

법인의 행위능력이 인정된다는 것은 법인의 행위를 실현하기 위한 기관이 존재하고 그 기관의 행위를 법인의 행위로 본다는 것을 의미한다. 자연인의 경우 스스로 행위를 하거나 대리인을 통하여 행위를 하는 데 반하여, 법인의 경우는 대표기관을 통해 행위하게 된다. 그러한 대표기관은 원칙적으로 이사이다. 그 외에도 이사가 없거나 결원이 있는 경우에 법원에 의하여 선임되는 임시이사(민법 제63조), 법인과 이사의 이익상반행위에 관하여 법원에 의하여 선임되는 특별대리인(민법 제64조), 이사의 직무가 집행정지된 경우에 선임되는 직무대행자(민법 제52조의2, 제60조의2) 및 청산법인에 있어서의 청산인(민법 제82조, 제83조)도 일정한 범위 내에서 대표기관의 지위를 가진다. 이들 대표기관과 법인과의 관계는 일종의 위임 또는 위임과 유사한 무명계약관계라고 할 수 있다.

그런데 본인을 위해 자연인이 하는 대리와 법인을 위해서 대표기관이 하는 대표가 어떤 차이가 있는 것인가? 자연인에게는 법정대리를 제외하고는 대리가 반드시 필요한 것은 아니지만, 법인에게는 구조적으로 대표기관이 반드시 필요하고 그 대표기관의 행위가 법인의 행위와 동일시되므로 법인의 행위능력은 항상 인정된다는 점에서 차이가 있다. 또한 대리는 원칙적으로 법률행위에 관해서만 성립하는 데 반하여 대표는 법률행위 외에도 사실행위나 불법행위에 관해서도 성립한다는 점에서 대리와는 다르다. 그러나 대리와 대표는 모두 본인(법인)을 위해서 다른 누군가의 행위가 필요하고 그 행위의 결과가 본인(법인)에게 귀속된다는 점에서는 공통점이 있다.[118)] 그래서 우리 민법도 법인의 대표에 관해서는 대리에 관한 규정을 준용하고 있다(민법 제59조 제2항). 이것은 대표기관이 법인의 이름으로 한 일체의 행위(법률행위·사실행위·불법행위 등)의 효과는 법인에게 귀속된다는 것을 의미한다.

---

117) 법인의 행위에 대한 상세한 설명은 본서 제5장 「법인의 활동메커니즘」 참고.
118) 同旨 곽윤직(편집대표) — 최기원, 민법주해 I, 672면.

제4절 **법인의 불법행위능력**

Ⅰ. 서설

법은 자연인 외에도 법인을 권리주체로 인정하고 있다. 그런데 자연인의 경우에는 행위가 자연인 스스로에 의해서 이루어지는 것이므로 자연인이 불법행위능력을 가짐에 대해서는 의문의 여지가 없다. 다만 자연인에게는 그러한 불법행위를 함에 있어서 그 결과에 대한 책임을 인식할 수 있는 정신능력이 요구된다. 따라서 자연인에게 있어서 불법행위능력(Deliktsfähigkeit)이란 곧 책임능력(Schuldfähigkeit)을 의미하는 것이기 때문에,[119] 자연인에게 불법행위능력이 있느냐 없느냐 하는 문제는 결국 위법한 행위에 대한 비난가능성을 인식할 수 있는 개개인의 정신능력의 유무에 귀착된다. 그에 반해 법인의 경우에는 대표기관의 행위를 매개로 하여 이루어지므로, 법인 스스로가 불법행위능력을 가지는 것인지가 문제될 수 있다. 이에 대해 우리 민법 제35조는 표제로 [법인의 불법행위능력]이라 하여, 제1항 전단에서는 이사 기타 대표자가 그 직무에 관하여 타인에게 가한 손해에 대해서 법인에게 배상책임을 지도록 하는 한편, 후단에서는 그러한 가해행위를 한 이사 기타 대표자 개인도 손해배상책임을 부담하도록 정하고 있다. 일응 민법 제35조에 의하여 법인의 불법행위능력은 인정된다고 할 수 있겠지만, 기실 본조의 내용은 대표기관의 불법행위에 대한 법인의 책임에 관한 것이다. 법인이 스스로 불법행위를 할 수 있는 능력을 가지는 지에 대해서는 법인본질에 관한 학설에 따라 달라질 수 있음은 차치하고, 법인에게는 조직상 불법행위에 대한 비난가능성을 충분히 인지할 수 있는 대표기관의 행위가 매개되므로 자연인과 달리 책임능력이라는 것이 문제되지 않는다. 이는 마치 자연인에게는 의사능력이 중요한 개념이지만, 법인에게는 무의미한 것과 같은 이치이다. 결국 법인에 있어서 불법행위능력이란 어떠한 요건하에서 그리고 어느 범위까지 법인이 책임을 져야 하는가를 가려주는 문제이다. 그것의 열쇠는 바로 민법 제35조를 어떻게 해석하는가에 놓여있다. 다시 말하자면, 민법 제35조는 [법인의 불법행위능력]이라는 표제에도 불구하고 법인의 불법행위책임의 요건·범위 및 그 효과를 규율하는 조문이다. 그런데 민법 제35조의 해석에 있어서는 법리적으로나 실무적으로 크고 작

---

119) 김상용, 불법행위법, 법문사, 1997, 69면.

은 많은 쟁점들이 내포되어 있으므로, 세심한 접근을 필요로 한다.[120]

II. 민법 제35조의 법적 성격

1. 학설상 의미

민법 제35조의 표제인 [법인의 불법행위능력]에 대해서는 학설상 논란이 있다. 흔히 법인도 불법행위능력을 가지는가 하는 물음에 대하여 법인의 본질을 어떻게 보느냐에 따라 결론이 달라진다고 설명한다.[121] 즉 법인의제설에 의하면 법인의 행위능력과 불법행위능력은 부정되므로, 법인의 행위는 대리인의 행위에 의존할 수밖에 없고 민법 제35조 제1항의 법인의 배상책임은 타인의 행위에 대한 법률정책상의 책임이라고 설명되는 반면, 법인실재설에 의하면 법인의 기관의 일정한 행위는 곧 법인 자체의 행위이므로 법인은 당연히 행위능력과 불법행위능력을 가지며, 따라서 민법 제35조 제1항 전단은 이를 확인한 규정에 불과하다고 설명한다. 현재 우리의 학설은 법인실재설에 입각하여 법인의 불법행위능력을 당연한 것으로 받아들이고 있다. 또한 판례도 "법인은 하나의 실재로서 고유의 의사에 따라 대표기관에 의하여 행동하는 주체이므로 … 기관의 행위는, 즉 법인 자체의 행위"[122]라고 하거나, "피고 법인의 대표자였던 ○○○에 의한 본건 차용행위가 … 불법행위가 된다면 이는 민법 제35조에 의하여 피고법인 자체의 불법행위"[123]라고 하여 법인실재설에 입각하고 있음을 엿볼 수 있다. 그러나 법인의제설과 법인실재설은 원래의 주장자의 의도와는 달리 법인의 작동원리를 설명하기 위해서 후세 학자들에 의해서 다듬어진 논리적인 대립상에 불과할 뿐이므로 이러한 학설로부터 법인의 불법행위능력의 유무를 추론하는 것은 타당하지 않다. 학설의 논리를 좇다 보면 법인의 불법행위능력을 부정하든가 아니면 긍정해야만 하고 그에 따라 극명히 상반되는 결과에 도달할 듯하지만, 실제결과에 있어서 양학설이 어떤 차이를 가져오지는 않는다. 오히려 민법 제35조에

120) 이하 법인의 불법행위능력에 관한 설명은 송호영, "법인의 불법행위책임에 관한 소고 − 민법 제35조의 해석론을 중심으로−", 「법학논총」 제25권 제4호, 한양대 법학연구소, 2008. 12, 209면 이하 참고.
121) 이하 특히 곽윤직·김재형, 민법총칙, 187면 이하 참고.
122) 대법원 1978. 2. 28. 선고 77누155 판결.
123) 대법원 1978. 3. 14. 선고 78다132 판결.

서의 '법인의 불법행위능력'이란 도대체 법인이 불법행위능력을 가지느냐·그렇지 않느냐의 차원이 아니라, 법인을 위해 실제로 행동한 기관인의 손해야기행위를 법인의 것으로 귀속시킬 수 있느냐·아니냐의 문제로 바라보아야 한다. 그렇다면 법인에게 있어서 불법행위능력의 개념은 그다지 큰 의미가 없다. 왜냐하면 법인은 법인 스스로가 불법행위능력을 가지고 있어서 스스로 불법행위를 하고 그에 따라 책임을 부담하는 것이 아니라, 실제로는 기관인이 행한 불법행위가 법인의 것으로 귀속되기 때문에 결과적으로 법인이 불법행위능력이 있는 것으로 추론될 뿐이기 때문이다. 결국 법인에게 있어서 불법행위능력이란 불법행위에 따른 법률효과(즉 손해배상책임)의 귀속주체가 될 수 있는 능력을 의미한다고 할 수 있다.

2. 규범의 성격

법인의 불법행위는 대표기관을 구성하고 있는 자연인의 활동을 매개로 하여 이루어지고, 그러한 기관인이 행한 불법행위의 효력은 자동적으로 모두 법인의 것으로 인정되는 것이 아니라, 일정한 요건과 기준에 따라서 법인에게로 귀속된다. 그러한 법인에게의 책임귀속을 위한 요건과 기준을 정한 것이 바로 민법 제35조의 규정이다. 그러나 민법 제35조는 규범의 성격상 법인에게 불법행위에 따른 책임을 근거지우는(haftungsbegründend) 규범이 아니라, 법인에게 책임을 귀속시키는 (haftungszurechnend) 규범일 뿐이다.[124] 달리 표현하면, 민법 제35조는 독자적인 청구권의 기초(Anspruchsgrundlage)가 되지 못하고 다른 해당규범(bezogene Norm), 즉 불법행위의 성립요건에 관한 해당규범인 민법 제750조의 법률효과(즉 손해배상책임)가 일정한 요건하에서 법인에게로 귀속되도록 지시하여 주는 귀속규범(Zurechnungsnorm)일 뿐이다.[125] 따라서 법인에게 민법 제35조의 손해배상책임을 묻기 위해서는 우선 대표기관에 의해 행해진 행위가 민법 제750조 소정의 성립요건을 충족하여야 한다.

---

124) ErmanBGB−Westermann, § 31. Rz. 1.; Martinek, Repräsentantenhaftung, Berlin 1979, S. 35.

125) Karsten Schmidt, Gesellschaftsrecht, S. 274; SoergelKomm BGB−Hadding, §31 Rz. 1; Brox, AT des BGB, 26. Aufl., Köln u.a. 2002, Rz. 749 (S. 339). 同旨; 이진기, "민법 제35조 제1항의 해석", 「안암법학」 제10호, 안암법학회, 1999, 157면. 한편 곽윤직·김재형, 민법총칙, 189면은 제35조 제1항은 일반불법행위에 관한 제750조의 "특별규정"이라고 한다.

그 다음에 그러한 불법행위는 민법 제35조의 규정에 의해 법인의 것으로 귀속되어 법인이 그에 따른 책임을 지게 되는 것이다.

Ⅲ. 민법 제35조의 적용범위

1. 다른 단체에의 적용문제

법인의 불법행위책임을 규정한 민법 제35조가 민법상 법인에 한하여 적용되는지 아니면 다른 법인에게도 적용되는지가 문제된다. 독일민법학에서는 우리 민법 제35조에 상응하는 독일민법 제31조[126]가 어떤 단체에 적용될 수 있는가를 수평적 적용범위(horisontaler Anwendungsbereich)라고 하여 논의한다. 우선 독일민법 제89조 제1항은 명문으로 국고와 공법상 법인, 즉 공법상 사단, 재단, 영조물에도 독일민법 제31조가 적용됨을 인정하고 있다. 나머지 단체에 대한 적용여부는 판례나 학설에 맡겨져 있는데, 자본회사 내지 사단적 단체(Körperschaft)가 독일민법 제31조의 적용을 받는다는 것에 대하여 학설과 판례는 일치한다. 즉, 주식회사(AG),[127] 주식합자회사(KGaA),[128] 유한회사(GmbH),[129] 등록협동조합(eG)[130] 그리고 법인격없는 사단[131] 나아가 설립중인 회사[132] 등에는 모두 독일민법 제31조가 적용된다. 또한 판례는 인적회사인 합명회사(oHG)와 합자회사(KG)에 대해서도 독일민법 제31조의 적용을 긍정한다.[133] 그러나 민법상 조합(BGB-Gesellschaft)에 대해서도 독일민법 제31조가 적용되는지에 대해서 학설은 대체로 이를 긍정하지만,[134] 판례는 이를 부정한다.[135]

---

126) 독일민법 제31조(기관에 대한 사단의 책임) 사단은 이사회·이사회 구성원 또는 기타 기본규약에 좇아 선임된 대리인이 그 직무의 집행에 관하여 행한 손해배상의무를 발생시키는 행위로 인하여 제3자에게 가한 손해에 대하여 책임을 진다.
127) RGZ 78, 347, 353; RG JW 1930, 2927, 2928.
128) Karsten Schmidt, Gesellschaftsrecht, S. 275.
129) RGZ 91, 72, 75; BGH WM 1987, 286.
130) RGZ 110, 145, 147; BGH WM 1959, 78, 80; BGHZ 98, 148, 150.
131) BGHZ 42, 210, 216, 221; BAGE 59, 48.
132) OLG Stuttgart NJW-RR 1989, 638.
133) 합명회사에 관한 판례: BGH NJW 1952, 537, 538=LM Nr 1 u HGB § 126; NJW 1973, 456. 합자회사에 관한 판례: BGH VersR 1962, 664; WM 1974, 153.
134) MünchKomm BGB-Ulmer, § 705 Rz. 218 이하; v. Caemmerer, Objektive Haftung, Zurechnungsfähigkeit und Organhaftung, in: Festschrift für Flume, Bd I, 1978, S. 359, S 366 f.; SoergelKomm BGB-Hadding, § 31 Rz. 7; Karsten Schmidt,

우리의 법상황을 보면, 법인에 관한 민법 제3장은 모든 종류의 법인과 단체에 적용되는 일반단체법이라고 할 수 있으므로 별도의 특별규정이 존재하지 않는 한, 민법 제35조의 규정은 원칙적으로 모든 종류의 법인과 단체에 적용된다고 보아야 한다. 따라서 민법상 법인을 포함한 사법상 법인은 물론 공법상 법인(사단, 재단, 영조물)과 특별법상 법인136)에 대해서도 민법 제35조가 적용될 수 있다. 다만 상법은 제210조에서 합명회사에 대하여 민법 제35조와 유사한 특별규정을 두고 이를 다른 회사에도 준용하고 있으므로,137) 상법상 회사에 대해서는 민법 제35조가 적용될 여지는 거의 없다.138) 또한 통설은 법인아닌 단체에 대해서도 민법 제35조가 유추적용될 수 있다고 보고 있으며,139) 또한 판례도 비법인사단인 종중,140) 노동조합,141) 주택조합,142) 설립중인 회사143) 등에 민법 제35조를 유추적용하고 있다.

2. 다른 책임규정과의 관계

가. 채무불이행책임

민법 제35조는 표제로 [법인의 불법행위능력]이라고 되어 있지만, 그 내용은 법인의 대표자가 타인에게 가한 손해에 대한 법인의 배상책임에 관한 것이다. 이때 손해배상을 야기하는 대표자의 행위가 불법행위에 의한 것만을 의미하는지 아니면 법률행위의 위반에 의한 것까지 포함하는 것인지에 대해서는 견해가 대립된다. 우리와 유사한 내용의 조문을 가진 독일에서는 대표기관의 불법행위뿐만 아니라 채무불이

Gesellschaftsrecht, S. 1781.

135) BGHZ 45, 311, 312＝NJW 1966, 1807.

136) 「토지구획정리사업법」상 토지구획정리조합: 대법원 2004. 2. 27. 선고 2003다15280 판결; 「도시재개발법」상 재개발조합: 대법원 1999. 7. 27. 선고 99다19384 판결; 「상호신용금고법」상 상호신용금고: 대법원 1990. 3. 23. 선고 89다카555 판결 등.

137) 합자회사: 상법 제269조, 주식회사: 상법 제389조 제3항, 유한회사; 상법 제567조 등.

138) 판례는 상법 제210조와 이를 준용하는 상법 제389조 제3항을 민법 제35조 제1항 본문의 특칙이라고 한다(대법원 2005. 2. 25. 선고 2003다67007 판결).

139) 곽윤직·김재형, 민법총칙, 167면; 김상용, 민법총칙, 278면; 백태승, 민법총칙, 236~237면; 이영준, 민법총칙, 929면; 황적인, 현대민법론 I, 박영사, 1990, 106면 등.

140) 대법원 1994. 4. 12. 선고 92다49300 판결; 대법원 2008. 1. 18. 선고 2005다34711 판결.

141) 대법원 1994. 3. 25. 선고 93다32828, 32835 판결.

142) 대법원 2003. 7. 25. 선고 2002다27088 판결.

143) 대법원 2000. 1. 28. 선고 99다35737 판결.

행의 경우에도 법인의 손해배상책임에 관한 독일민법 제31조가 적용되는 것으로 새기는 것이 통설이지만, 우리나라에서는 민법 제35조가 대표기관의 불법행위에 한해서 적용된다는 견해가 통설이다.[144] 생각건대, 민법 제35조는 대표기관에 의한 불법행위에 국한하는 것이 타당하다. 그 이유는 다음과 같다. 법인이 대표기관을 통하여 법률행위를 할 때에는 대리에 관한 규정이 준용된다(민법 제59조 제2항 참조). 따라서 적법한 대표권을 가진 기관인과 맺은 법률행위의 효과는 기관인이 아니라 본인인 법인에게만 귀속하고, 마찬가지로 그러한 법률행위상의 의무를 위반하여 발생한 손해배상책임도 기관인이 아닌 법인만이 책임의 귀속주체가 되어야 한다. 예컨대 대표자가 적법하게 법인명의로 금전차용계약을 체결하였다면 법인이 채무를 부담하는 것이고, 법인이 이행기까지 차용금을 변제하지 아니하면 법인만이 손해배상책임을 부담할 뿐, 대표자가 법인채무의 이행에 대해 별도의 보증계약을 체결하지 않은 한, 그 계약을 체결한 대표자가 법인과 함께 손해배상책임을 지는 것이 아니다. 또한 민법 제391조는 이행보조자의 귀책사유는 채무자 자신의 것으로 간주함으로써 채무불이행책임의 주체를 채무자로 귀일(歸一)하도록 정하는데, 법인의 경우에도 법률행위에 있어서 기관인의 귀책사유에 따른 책임의 주체는 법인으로 한정되어야 한다.[145] 대법원도 "법인이 대표기관을 통하여 법률행위를 한 때에는 대리에 관한 규정이 준용된다(민법 제59조 제2항). 따라서 적법한 대표권을 가진 자와 맺은 법률행위의 효과는 대표자 개인이 아니라 본인인 법인에 귀속하고, 마찬가지로 그러한 법률행위상의 의무를 위반하여 발생한 채무불이행으로 인한 손해배상책임도 대표기관 개인이 아닌 법인만이 책임의 귀속주체가 되는 것이 원칙"[146]이라고 하여 기본적으로 필자와 같은 입장을 취하고 있다.

요컨대 적법한 대표권을 가진 기관인이 하는 법률행위에 대해서는 대리법의 일반원칙에 따라 그 성립상의 효과뿐만 아니라 위반상의 효과(즉 손해배상)도 전적으로

144) 독일에서 법인의 불법행위에만 독일민법 제31조가 적용되어야 한다는 소수설로는 Flume, Juristische Person, S. 396 ff. 우리나라에서 대표기관이 행한 불법행위뿐만 아니라 채무불이행에 대해서도 제35조가 적용된다는 소수설로는 곽윤직(편집대표)─홍일표, 민법주해 I, 599면; 백태승, 민법총칙, 241면 이하 등.
145) 이와 同旨의 설명으로는 Flume, Juristische Person, S. 396; Medicus, Allgemeiner Teil des BGB, S. 442; Kleindiek Delikthaftung und juristische Person, Tübingen 1997, S. 274 ff.
146) 대법원 2019. 5. 30. 선고 2017다53265 판결.

법인의 것으로 귀속하는 것으로 처리하면 충분하다. 다만 대표자가 실제로는 자신이 부담해야 하는 채무임에도 불구하고 책임을 회피하려는 수단으로 법인의 법인격을 내세워 행위하는 경우에는 이른바 법인격부인의 법리에 의하여 법인 이외에도 대표자에게 책임이 부과되는 경우가 있는데,[147] 이것은 '법인격부인'이라는 표현과는 달리 실제로는 법인의 채무에 대하여 대표자의 병존적 채무인수의 추단적 행위에 기한 일종의 법률행위적 책임으로써, 법정의 병존적 책임을 인정한 법인의 불법행위책임과는 구별하여야 한다.[148] 이와 달리 민법 제35조 제1항 전단에서는 법인의 손해배상책임을 인정함과 동시에 후단에서는 대표자 개인의 손해배상책임도 인정하고 있는데, 이러한 병존적 책임은 불법행위의 경우에만 적용된다고 보아야 한다. 법률행위와 달리 불법행위에 있어서는 책임의 전제가 되는 대표자가 한 불법행위 자체에서 고유한 손해배상책임이 발생하는(민법 제750조) 동시에 그러한 불법행위를 법인의 것으로 귀속시킴으로써 법인에게도 손해배상책임이 병존적으로 발생하게 된다(민법 제35조 제1항). 그런데 학설 중에는 판례가 대표기관의 법률행위에도 민법 제35조를 적용한다고 설명하기도 하지만,[149] 일견 법률행위에 관한 사례들도 자세히 살펴보면 대개 거래행위에 즈음하여 대표기관이 법령이나 내부규정을 위반하거나 대표권을 남용하거나 유월하여 거래를 함으로써 상대방에게 손해를 끼친 것으로써, 이러한 사안들은 거래의 형식을 취하고 있지만 실제 내용상으로는 불법행위에 해당한다. 다만 대표권을 남용하거나 유월한 경우에는 대표권이 전혀 없는 경우와는 다르기 때문에 상대방의 신뢰보호를 위해 표현대리에 관한 법리가 적용될 수 있다.

나. 사용자책임

민법 제35조의 규정 외에 민법은 피용자의 불법행위에 대해 사용자가 배상책임을 지도록 하고 있다(민법 제756조). 따라서 법인이 불법행위책임을 지는 것은 대표기관이 불법행위를 한 경우뿐만 아니라(민법 제35조), 법인의 피용자가 불법행위를 한 경

147) 대법원 2001. 1. 19. 선고 97다21604 판결: 판결요지를 자세히 보면 배후의 대표자 개인에게만 책임을 부과하는 것이 아니라 법인과 대표자의 병존적 책임을 인정하고 있음을 주의하여야 한다.
148) 송호영, "법인격부인론의 요건과 효과", 「저스티스」 제66호, 한국법학원, 2002. 4, 244 이하 참고.
149) 곽윤직(편집대표)─홍일표, 민법주해 I, 599면; 백태승, 민법총칙, 243면.

우(민법 제756조)도 있다. 이때 민법 제35조의 책임과 민법 제756조의 사용자책임과의 관계가 문제될 수 있다. 법인의 불법행위책임과 사용자책임은 타인의 불법행위를 전제로 하고 그 불법행위의 효과가 본인(즉 법인, 사용자)에게 귀속한다는 점에서는 기본적으로 같은 구조를 가지고 있다. 그러나 법인의 불법행위책임은 법인의 대표기관이 하는 불법행위이고, 사용자책임은 대표기관 이외의 피용자가 하는 불법행위에 대한 책임이라는 점에서 차이가 있다.150) 판례도 "법인에 있어서 그 대표자가 직무에 관하여 불법행위를 한 경우에는 민법 제35조 제1항에 의하여, 법인의 피용자가 사무집행에 관하여 불법행위를 한 경우에는 민법 제756조 제1항에 의하여 각기 손해배상책임을 부담한다"고 하여 양 책임을 구별하고 있다.151)

법인의 대표기관이 하는 행위는 법인 스스로의 행위와 동일하게 취급되지만, 피용자의 행위는 사용자 자신의 행위로 동일시되지 않는다. 또한 법인의 불법행위책임에서는 법인에게 면책가능성이 주어지지 않지만, 사용자책임에서는 법인에게 면책가능성이 인정된다(민법 제756조 제1항 단서)는 점에서 차이가 있다. 그래서 독일의 실무에서는 법인의 면책가능성을 봉쇄하여 배상책임을 묻기 위하여 대표기관의 범위를 넓게 해석하는 경향이 있다. 법인의 불법행위책임과 사용자책임은 이론상은 별개이지만, 실제로는 경합하는 경우가 있다. 즉 법인의 이사는 법인조직상으로는 대표기관의 구성원이면서도 법인과의 개별적인 계약관계에서는 피용자이기도 하다. 따라서 법인의 이사가 사무를 집행하면서 타인에게 손해를 가한 때에는 법인은 민법 제35조 혹은 민법 제756조에 의해서 배상책임을 지게 된다. 판례도 법인의 대표기관이 한 불법행위에 대해서는 민법 제35조와 민법 제756조를 특별히 구분하지 않고 적용하는 것으로 보인다.152)

다. 무과실책임 또는 위험책임

민법 제35조에 기한 법인의 책임은 대표기관의 고의·과실을 매개로 하여 성립하는 것이다. 그에 반해 법률이 무과실책임 내지 위험책임을 인정하는 경우에는 대표기관의 행위가 매개되지 않고 곧바로 법인이 책임주체로서 스스로 손해배상을 야기

---

150) 이를테면 판례는 종중의 총무는 종중의 대표자라고 할 수 없다고 하면서 제35조를 적용하지 않고 제756조를 적용하였다(대법원 2001. 1. 19. 선고 99다67598 판결).
151) 대법원 2009. 11. 26. 선고 2009다57033 판결.
152) 대법원 1974. 5. 28. 선고 73다2014 판결; 대법원 1990. 11. 13. 선고 89다카26878 판결 등.

하는 행위를 한 것으로 보아야 하는 경우가 있다.[153] 예컨대 공작물책임에 있어서 법인소유의 공작물의 설치상의 하자로 타인이 손해를 입은 경우에는 대표기관의 행위가 매개되지 않더라도 법인이 손해배상책임을 져야 한다(민법 제758조). 또한 제조물책임에 있어서 법인은 제조업자로서 제조물의 결함으로 인하여 손해를 입은 자에게 손해를 배상하여야 하며(제조물책임법 제3조 제1항), 법인소유의 자동차가 사고를 일으켜 법인이 자동차운행자로 인정되는 경우에는 법인이 피해자에게 손해를 배상하여야 하며(자동차손해배상보장법 제3조), 법인인 사업주는 사업장에서 발생되는 환경오염으로 인한 피해를 배상하여야 한다(환경정책기본법 제31조). 이러한 무과실 또는 위험책임의 경우에 법인이 손해배상책임을 지는 것은 민법 제35조 제1항에 의해서가 아니라, 법인 스스로가 법률이 요구하는 책임의 성립요건을 충족한 것으로 보기 때문이다.[154]

IV. 법인의 불법행위책임의 성립요건

1. 「대표기관」의 행위

가. 대표기관

법인의 행위는 법인의 대표기관의 행위를 통하여 표출되는 것이므로, 민법 제35조에서 기술된 "이사 기타 대표자"라는 것은 법인의 대표기관을 의미한다. 이사 이외의 대표기관으로는 임시이사(민법 제63조), 특별대리인(민법 제64조), 직무대행자(민법 제52조의2, 제60조의2) 및 청산인(민법 제82조, 제83조) 등이 있다.

이사는 특정의 법률행위를 대리할 수 있는 대리인을 선임할 수 있는데(민법 제62조), 이들 이사에 의하여 선임되어 대리권이 주어지는 대리인(지배인·개개의 행위에 대한 임의대리인)이 한 행위에 대해서도 법인에게 민법 제35조 제1항의 불법행위책임이 성립하는 지가 문제된다. 이에 대해서 통설은 이들은 법인의 대표기관이 아니기 때문에, 이들의 행위에 대해서는 민법 제35조 제1항의 법인의 불법행위가 성립하지 않고, 법인은 사용자로서 그들 행위에 대해서 책임을 지게 된다고 한다(민법 제756

153) 이은영, 민법총칙, 286면.
154) Bamberger/Roth BGB-Schwarz, § 31, Rz. 12.

조).155) 이에 반해 이들 행위에 관하여도 민법 제35조 제1항을 유추적용하여 법인의 불법행위책임을 긍정하여야 하며, 법인은 이와 병행하여 사용자책임(민법 제756조) 내지 계약체결상의 과실책임을 진다고 주장하는 소수의 견해가 있다.156) 생각건대 대표권한이 있는 이사가 적법하게 선임한 대리인에게도 대외적으로는 법인을 대표(또는 대리)할 수 있는 권한이 있으므로 이들이 그러한 대리권한을 행사함에 있어서 발생한 불법행위에 대해서는 민법 제35조 제1항이 적용될 수 있다고 본다. 또한 그러한 경우에 사용자책임에 의하게 되면 사용자(즉 법인)의 면책가능성이 있지만(민법 제756조 1항 단서), 민법 제35조 제1항에는 법인에게 면책가능성이 인정되지 않아 피해자보호에 보다 충실하게 된다.157)

여기서 법인의 불법행위가 성립하기 요건으로 '이사'는 대표권이 있는 이사만을 의미하는 것인지 아니면 대표권이 없는 이사도 포함되는지가 문제된다. 이에 대해 '이사 기타 대표자'는 법인의 대표기관을 의미하는 것이고 대표권이 없는 이사는 법인의 기관이기는 하지만 대표기관은 아니기 때문에 그들의 행위로 인하여 법인의 불법행위가 성립하지 않는다는 견해가 있다.158) 판례도 이와 같은 입장을 취하고 있다.159) 그러나 이러한 입장에 대해서는 찬동하기 어렵다. 그 이유는 다음과 같다. 우선 문언을 해석해본다. 문언상으로 '이사 기타 대표자'는 대표권을 가진 이사만을 한정하는 표현이라기보다 (대표권이 있든 없든) 업무집행기관으로서의 '이사' 이외에 이사는 아니지만 '법인을 대표하는 다른 기관인(특별대리인, 직무대행자 등)'을 포함한다는 의미의 표현으로 해석될 수도 있다. 다음으로 민법 제35조 제1항의 지향점에 대한 생각이다. 법인의 불법행위책임을 규정한 본조는 법인이 스스로 불법행위를 하는 것을 전제로 한 것이 아니라 법인을 대표해서 실제로 행위하는 기관인의 불법행위를 법인의 것으로 삼아 책임을 귀속시키는 법리적 산물이며, 그러한 법리에는 피해자의 보호가 중심을 차지하고 있다. 그러한 맥락에서 후술하는 직무관련성 여부도 외형이론에 따라 판단하게 되는 것이다. 그렇다면 민법 제35조 제1항의 이사에 관해서도

---

155) 곽윤직(편집대표)─홍일표, 민법주해 I, 596면; 곽윤직·김재형, 민법총칙, 188면; 김기선, 한국민법총칙, 151면; 백태승, 민법총칙, 239면; 서광민, 민법총칙, 202면; 장경학, 민법총칙, 325면.
156) 이영준, 민법총칙, 948면.
157) 同旨 이은영, 민법총칙, 285면 이하.
158) 이영준, 민법총칙, 948면.
159) 대법원 2005. 12. 23. 선고 2003다30159 판결.

비록 대내적인 업무집행권한만 가진 이사의 불법행위가 외형상 법인을 대표하는 행위로써 비춰질 경우에는 비록 대외적인 대표권이 없다고 하더라도 법인의 불법행위책임이 성립될 수 있다고 본다.[160]

나. 사실상 대표자

이러한 연장선상에서 '이사 기타 대표자'라는 명칭에 관계없이 교회의 목사 또는 전도사 등 법인의 대표기관 또는 그 기관의 구성원의 불법행위라면 법인의 불법행위책임이 성립될 수 있다.[161] 나아가 비법인사단인 주택조합의 대표자로부터 모든 권한을 포괄적으로 위임받아 주택조합을 실질적으로 운영하면서 조합을 사실상 대표하여 사무를 집행한 자가 분양계약을 체결하고 그 분양대금을 수령함으로써 발생한 손해에 대한 배상책임이 문제된 사안에서, 대법원은 민법 제35조 제1항의 '이사 기타 대표자'에 관하여 "여기서의 '법인의 대표자'에는 그 명칭이나 직위 여하, 또는 대표자로 등기되었는지 여부를 불문하고 당해 법인을 실질적으로 운영하면서 법인을 사실상 대표하여 법인의 사무를 집행하는 사람을 포함한다고 해석함이 상당하다"고 하면서 이른바 '사실상 대표자'라는 개념을 신설하여, 조합을 사실상 대표한 자의 불법행위에 대한 조합의 손해배상책임을 인정하였다.[162] 사실상 대표자에 해당하는지에 대한 판단기준으로 판례는 ① 법인과의 관계에서 그 지위와 역할, ② 법인의 사무 집행 절차와 방법, ③ 대내적·대외적 명칭을 비롯하여 법인 내부자와 거래 상대방에게 법인의 대표행위로 인식되는지 여부, ④ 공부상 대표자와의 관계 및 공부상 대표자가 법인의 사무를 집행하는지 여부 등 제반 사정을 종합적으로 고려하여 판단하여야 한다고 판시하였다. 이 판결을 계기로 이후에도 '사실상 대표자'의 개념을 통

---

160) 송호영, "법인의 불법행위책임에 관한 소고 ─ 민법 제35조의 해석론을 중심으로─", 217면. 同旨 김용한, 민법총칙론, 1997, 178면; 이은영, 민법총칙, 2009, 285면 등. 또한 이동진, "법인 기관의 불법행위책임", 「비교사법」 제22권 제4호, 한국비교사법학회, 2015, 1608면도 민법 제35조 제1항과 관련하여서는 대표권있는 기관에만 본조를 적용하는 것이 타당한지 재검토할 필요가 있다고 한다.

161) 대법원 1976. 7. 13. 선고 75누254 판결.

162) 대법원 2011. 4. 28. 선고 2008다15438 판결. 이 판결에 평석으로는 김선일, "민법 제35조 제1항에서 정한 '법인의 대표자'에 당해 법인을 실질적으로 운영하면서 법인을 사실상 대표하여 법인의 사무를 집행하는 사람도 포함되는지 여부", 「대법원판례해설」 제87호, 법원도서관, 2011 상반기, 11~36면; 안성포, "사실상 대표자의 행위에 대한 비법인사단의 책임", 「법학논총」 제29권 제4호, 한양대 법학연구소, 2012, 371~390면 참고.

하여 민법 제35조 제1항의 '이사 기타 대표자'의 범위를 넓게 보는 태도는 계속 유지되고 있다.[163]

이러한 대법원에 태도에 대하여 긍정적으로 평가하는 견해도 있지만,[164] '사실상 대표자'를 통하여 '이사 기타 대표자'의 범위를 확장하는 해석론은 문언의 해석가능한 범위를 벗어난 것이고, 상법상 회사의 불법행위책임 규정이나 민법의 사용자책임 규정의 해석론과의 균형도 맞지 않으며, 공익성이 있는 민법상 법인 보호에 충실하지 못하게 된다는 비판도 있다.[165] 비판론에 수긍할 만한 점도 있지만 그래도 '사실상 대표자'를 인정하는 판례의 태도가 타당하다고 생각한다. 그 이유는 다음과 같다. 자연인은 출생과 더불어 사람의 몸뚱이 자체가 그 존재를 공시하는 데 반해,[166] 법인은 등기라는 공시제도에 의해 비로소 그 존재가 외부적으로 확인된다.[167] 그렇지만 법인의 존재에 관한 공시에도 불구하고 법인 구성원 간의 내부적인 권한관계나 실제적인 영향력의 지배관계에 관해서는 외부에서는 알기 어렵다. 자연인과 거래한 상대방의 지위와 달리 법인과 거래한 상대방의 지위가 공시의 불확실성에 의해 위태롭게 된다면, 자연인과 법인을 동등한 권리주체로 인정하는 민법의 기본체계가 흔들릴 수 있다. 결국 법인에 대한 불확실성은 법인 스스로가 해소해줌으로써 법인과 거래한 상대방에 대하여 자연인과 거래한 상대방과 동등한 지위의 안정성을 확보해주어야 한다. 또한 자연인은 생물학적으로 하나의 단일체인 데 반해, 법인은 여러 기관으로 구성된 일종의 조직체(Organization)이므로 법인의 기관을 적법하게 구성하지 아니하면 그로 인해 발생하는 불이익은 법인이 스스로 감수해야 한다. 즉, 법인은 내재적으로 법률의 규정에 좇아 적정한 기관을 구성하여 조직을 운용하여야 할 조직의무(Organizationspflicht)를 부담한다.[168] 판례가 설시한 '사실상 대표자'론의 기본취

---

163) 대법원 2015. 3. 26. 선고 2013다49732(본소), 2013다49749(반소) 판결; 대법원 2015. 8. 27. 선고 2014다25047 판결; 대법원 2015. 10. 15. 선고 2013다29707 판결; 대법원 2016. 4. 28. 선고 2015다2201(본소), 2015다2218(반소) 판결 등.

164) 안성포, 전게논문, 387면.

165) 강현준, "'사실상 대표자'의 행위로 인한 법인 및 비법인사단의 불법행위책임", 「민사판례연구」 제43권, 민사판례연구회, 2021, 45면.

166) 이것은 Savigny의 설명이다. Friedrich Carl v. Savigny, System des heutigen römischen Rechts, II. Band, Berlin 1840, S. 278.

167) 법인아닌 단체는 그 존재를 공시할 수 없기 때문에 외부로 드러나는 단체의 실제적인 활동을 통해 단체의 존재성을 추지할 수밖에 없다.

168) Detlef Kleindiek, Deliktshaftung und juristische Person, Tübingen 1997, S. 284 f.

지도 법인이 적법한 대표자에게 대표권을 행사하도록 하지 않고 대표권한이 없는 자에게 대표권을 행사하도록 하여 일종의 조직의무를 위반한 데 따른 불이익을 법인에게 지우는 것으로써, 법인이 적법한 대표자가 아니라 사실상 대표자를 통하여 상대방에게 피해를 입힌 경우에 그 귀책의 근거를 찾을 수 있도록 하는 법리라고 생각한다.

'사실상 대표자'론은 처음 비법인사단에 관한 사건에서 문제가 되어 민법상 비영리법인에 적용되는 법리로 인정되었지만, 민법이 사법의 기본법임을 감안하면 민법의 법인에 관한 규정은 비영리법인에 국한되지 않고 특별규정이 없는 한 상법 등 영리법인에 관해서도 적용되므로, '사실상 대표자'에 관한 판례의 법리는 원칙적으로 모든 유형의 법인에 대해 적용될 수 있다고 본다. 다만, 상법은 제395조에서 "사장, 부사장, 전무, 상무 기타 회사를 대표할 권한이 있는 것으로 인정될 만한 명칭을 사용한 이사의 행위에 대하여는 그 이사가 회사를 대표할 권한이 없는 경우에도 회사는 선의의 제3자에 대하여 그 책임을 진다"고 하여 표현대표이사의 행위에 대한 회사의 책임을 명시하고 있으므로, 영리법인인 회사에 대해서는 상법 제395조가 적용되지 않는 범위에서 '사실상 대표자'론이 적용될 수 있다.

다. 사원총회 및 감사

통설은 대표기관이 아닌 의사결정기관인 사원총회나 감독기관인 감사의 행위에 관하여는 법인의 불법행위가 성립하지 않는다고 한다. 이들 기관은 분명 대표기관이 아니기 때문에, 이들 기관의 행위에 대해서도 민법 제35조 제1항이 일반적으로 적용될 수는 없다. 그러나 본조는 법인의 기관인이 한 행위로부터 손해를 입은 자가 법인에게 손해를 청구할 수 있도록 함으로써 피해자를 보호하려는 취지에서 둔 규정이므로, 본조의 책임성립을 반드시 대표기관의 행위로 국한할 필요는 없다.[169] 이를테면 사원총회의 결의의 형식으로 특정인의 명예를 훼손하는 성명을 외부에 공표하였거나, 감사의 부적법한 감독권의 행사로 이사의 권리가 침해된 경우에는 피해자는 법인에게 민법 제35조 제1항에 따른 책임을 물을 수 있을 것이다. 만약 이러한 경우에 법인에 대해 손해배상책임을 물을 수 없다면, 피해자는 사원총회에 가담한 사원들 개인에 대해서 또는 감사 개인에 대해 불법행위에 기한 손해배상을 청구할 수밖에 없다는 문제가 있다. 특히 감사의 경우에는 사용자책임에 따른 책임을 묻는 것도

---

169) 同旨 김용한, 민법총칙론, 178면; 이은영, 민법총칙, 285면.

고려할 수 있을 것이나, 감사에게도 이사와 같은 선량한 관리자의 주의의무가 있다고 본다면(민법 제61조, 제65조 참고), 감사의 직무상 불법행위에 대해서도 법인이 손해배상책임을 부담하는 것이 타당하다.

2. 「직무」에 관한 행위

가. 직무관련성

(1) 이른바 외형이론

대표기관이 "직무에 관하여" 타인에게 손해를 가하여야 한다. 대표기관이 한 행위는 직무와 관련한 행위만이 법인의 행위로 인정되므로, 대표기관이 한 불법행위가 직무와 관련하여 발생한 것에 한해서 법인의 불법행위가 성립될 수 있다. 이때 대표기관의 직무관련성은 형식적·외형적인 직무범위를 의미하는 것으로 보아야 한다. 왜냐하면 대표기관이 한 행위가 직무와 관련된 것인지를 실질적·내용적인 것으로 따지게 되면 대표기관이 타인에게 가한 불법행위는 법인의 정관에서 대표기관에게 인정된 직무에 해당되지 않게 될 것이고, 따라서 법인의 불법행위 자체가 성립하지 않기 때문이다. 또한 대표기관의 불법행위로 인하여 피해를 받은 상대방을 보호하기 위해서 대표기관의 직무관련성을 완화하는 해석을 할 필요가 있다. 이러한 이유에서 통설은 민법 제35조의 "직무에 관하여"를 행위의 외형상 대표기관의 직무수행행위라고 볼 수 있는 행위뿐만 아니라 행위 그 자체로는 본래의 직무행위에 속하지 않으나 직무행위와 적당한 견련성을 가지는 행위도 포함되는 의미로 새긴다.[170] 판례도 민법 제35조의 책임성립과 관련하여 "직무에 관한 것이라는 의미는 행위의 외형상 법인의 대표자의 직무행위라고 인정할 수 있는 것이라면 설사 그것이 대표자 개인의 사리를 도모하기 위한 것이었거나 혹은 법령의 규정에 위배된 것이었다 하더라도 위의 직무에 관한 행위에 해당한다"[171]고 판시하여 통설과 같은 입장을 취하고 있다. 통설과 판례의 이른바 외형이론에 따라 직무관련성을 분설하면 다음과 같다.

첫째, 직무행위 자체, 즉 행위의 외형상 직무행위라고 인정되는 것은 비록 그것이

---

170) 대표적으로 곽윤직·김재형, 민법총칙, 188면 등.
171) 대법원 2004. 2. 27. 선고 2003다15280 판결 등.

부당하게 행하여진 경우에도 직무에 관한 것으로 볼 수 있다. 여기에는 대표기관의 행위가 법령의 규정이나 정관규정에 위반하여 행하여진 경우를 포함한다. 예컨대 회사의 대표이사가 회사소유의 자동차에 대한 집달관의 강제집행을 방해하여 압류불능케 하고 이로 말미암아 채권자에게 손해를 입힌 경우,[172] 학교법인의 대표자가 사립학교법 제16조 및 제28조 소정 이사회의 결의를 거치지 아니하고 감독관청의 허가없이 금원을 차용하고 수표를 발행한 경우,[173] 농지개량조합의 조합장이 어음을 발행함에 있어서 소정 절차를 밟지 아니하여 조합의 채무로 성립되지 아니함에도 금전을 차입하여 채권자에게 손해를 끼친 경우,[174] 토지구획정리조합의 대표자가 구획정리사업 시공회사의 원활한 자금 운용 등을 위하여 시공회사의 채무를 연대보증하였으나 조합원총회 등의 결의를 거치지 아니함으로써 연대보증행위가 무효로 된 경우[175] 등은 모두 직무에 관한 행위로 인정된다.

둘째, 행위 그 자체로는 본래의 직무행위에 속하지 않지만 직무행위와 적당한 견련성을 가지는 행위도 직무에 관한 것에 포함된다. 예컨대 채권을 실행하기 위하여 소송을 제기한 대표이사가 채무자의 반증을 뒤집기 위하여 위증의 고소를 하거나,[176] 노동조합의 간부들이 불법쟁의행위를 기획·지시·지도하는 등으로 주도함으로써 사용자에게 손해를 입힌 경우,[177] 종중의 대표자가 종중 소유의 부동산을 개인 소유라 하여 매도하고 계약금과 중도금을 지급받은 후 잔대금지급 이전에 매수인이 종중 소유임을 알고 항의하자 종중의 결의가 없는데도 종중 대표자로서 그 이전을 약속하고 종중총회 결의서 등을 위조하여 등기이전을 해주고 잔금을 받았는데 그 후 종중이 소송으로 부동산을 되찾아감으로써 매수인에게 손해를 입힌 경우[178]에도 직무관련성을 인정할 수 있다.

172) 대법원 1959. 8. 27. 선고 4291민상395 판결.
173) 대법원 1975. 8. 19. 선고 75다666 판결.
174) 대법원 1974. 6. 25. 선고 74다71 판결.
175) 대법원 2004. 2. 27. 선고 2003다15280 판결.
176) 곽윤직·김재형, 민법총칙, 188면.
177) 대법원 1994. 3. 25. 선고 93다32828, 32835 판결.
178) 대법원 1994. 4. 12. 선고 92다49300 판결.

(2) 외형이론의 한계

대표기관의 한 행위가 직무와 관련한 것인지를 외형적으로 판단하는 이유는 법인의 사정을 잘 알지 못하는 상대방(피해자)의 배상가능성을 넓히기 위함이다. 그렇다면 피해자가 대표기관이 한 행위가 직무에 관한 행위가 아니라는 것을 이미 알고 있다면 그러한 피해자에 대해서까지 배상을 인정할 필요는 없을 것이다. 판례도 이러한 입장에서 "법인의 대표자의 행위가 직무에 관한 행위에 해당하지 아니함을 피해자 자신이 알았거나 또는 중대한 과실로 인하여 알지 못한 경우에는 법인에게 손해배상책임을 물을 수 없다"고 하였다. 다만 중과실에 의한 부지를 악의와 같이 취급하고 있는데, 판례는 "여기서 중대한 과실이라 함은 거래의 상대방이 조금만 주의를 기울였더라면 대표자의 행위가 그 직무권한 내에서 적법하게 행하여진 것이 아니라는 사정을 알 수 있었음에도 만연히 이를 직무권한 내의 행위라고 믿음으로써 일반인에게 요구되는 주의의무에 현저히 위반하는 것으로 거의 고의에 가까운 정도의 주의를 결여하고, 공평의 관점에서 상대방을 구태여 보호할 필요가 없다고 봄이 상당하다고 인정되는 상태"라고 한다.[179]

나. 대표권의 남용

대표기관의 직무에 관한 행위로 볼 수 있는지의 여부가 특히 문제되는 것은 대표기관이 자신에게 주어진 대표권을 남용한 경우이다. 예컨대 법인운영을 위한 차금의 권한있는 법인의 대표이사가 실제로는 자신의 주식투자를 하기 위하여 형식상 법인 명의로 차금행위를 하여 대주에게 손해를 입히는 경우처럼, 법인의 대표기관이 외형적·형식적으로는 '대표권의 범위 내'에서 한 행위이지만, 대표기관이 법인과의 내부적인 의무에 위반하여 오로지 자신의 개인적 또는 제3자의 이익을 꾀할 목적으로 대표행위를 하여 상대방에게 손해를 입힌 경우이다. 학설은 대표권남용의 문제와 후술하는 대표권 유월(踰越)의 문제를 혼용하여 설명하기도 하지만, 엄밀히는 구분되는 개념이다.[180] 대표권의 남용은 외관상으로는 완전한 대표행위로 보이지만, 실질은

---

179) 대법원 2004. 3. 26. 선고 2003다34045 판결.
180) 同旨 고상룡, 민법총칙, 210면 이하. 한편 송덕수 교수는 후술하는 대표권의 유월을 대표권의 남용문제로 보고 있다(송덕수, 민법총칙, 655~656면).

법인을 위한 의사가 없이 대표자 자신 또는 제3자의 이익을 위하여 하는 행위이다. 대리권의 남용이 대리의 성질상 법률행위를 위한 대리에서 권한을 남용하는 것인 데 비해, 대표권의 남용은 대표의 성질상 법률행위뿐만 아니라 불법행위에 있어서도 권한을 남용한 것이라는 점에서 차이가 있다. 따라서 대표권남용의 문제는 ① 대표기관의 권한남용에 의해 이루어진 법률행위의 효력문제로 다루어질 수도 있고, ② 대표기관의 권한남용에 의해 피해를 입은 상대방에 대한 불법행위책임의 문제로 다루어질 수도 있다. 법인의 불법행위책임과 관련된 것은 ②의 경우로써, 거래행위적 불법행위에서 주로 나타난다. 여기에 해당하는 예로는 상호신용금고의 공동대표이사인 甲이 다른 공동대표이사의 자금조달을 목적으로 외관상 대출금을 상호신용금고의 차입금으로 입금처리 하는 것처럼 가장하여 乙로부터 금원을 차용하여, 그 차용금을 다른 공동대표이사에게 인도하여 개인용도로 사용하게 함으로써 乙에게 대출금 상당의 손해를 입힌 경우를 들 수 있다.[181]

대표권의 남용에 의한 경우에도 대표기관의 직무관련성에 관한 외형이론의 법리가 그대로 적용된다. 대표권이 남용되었더라도 그 대표권은 대표기관에 주어진 권한의 범위 내에 있는 것이므로 애당초 직무관련성이 있는 것이다. 다만 그러한 대표권한을 법인을 위해서가 아니라 대표자 자신 또는 제3자의 이익을 위해서 행사했다는 점이 문제되는데, 피해자가 그러한 사실을 안 경우까지 직무관련성을 이유로 법인에게 손해배상책임을 묻는 것은 타당하지 않다. 따라서 대표권이 남용된 경우에도 직무관련성에 관한 외형이론의 한계 법리를 적용하여 비록 대표기관의 행위가 대표권의 범위 내에 있는 행위라고 하더라도 그 대표기관이 법인을 위해서가 아니라 대표자 또는 제3자의 사리(私利)를 위해 대표권을 행사한 것이라는 사실을 알았거나 중대한 과실로 알지 못하였다면 법인에게 불법행위책임을 물을 수 없다고 하여야 한다. 판례도 이와 같은 태도를 취하고 있다. 즉, 대법원은 "비법인사단의 대표자의 행위가 대표자 개인의 사리를 도모하기 위한 것이었거나 혹은 법령의 규정에 위배된 것이었다 하더라도 외관상, 객관적으로 직무에 관한 행위라고 인정할 수 있는 것이라면 민법 제35조 제1항의 직무에 관한 행위에 해당한다"고 전제하면서, "비법인사단의 경우 대표자의 행위가 직무에 관한 행위에 해당하지 아니함을 피해자 자신이 알았거나 또는 중대한 과실로 인하여 알지 못한 경우에는 비법인사단에게 손해배상

181) 대법원 1990. 3. 23. 선고 89다카555 판결.

책임을 물을 수 없다"고 판시하였다.[182]

참고 법률행위에 관한 대표권남용의 효력

　　대표권남용의 문제는 회사법학에서 주로 대표기관의 대표권남용에 의해 이루어진 법률행위의 효력에 관한 문제로 다루어지고 있다.[183] 이에 대해 학설과 판례는 대표권이 남용되어 행해진 법률행위에 대해 원칙적으로 법인에게 그 법률행위의 효과가 귀속되어야 하지만, 예외적으로 그 효과의 귀속을 부정해야 할 경우도 있음을 인정하고 있다. 그런데 그러한 예외를 인정해야 하는 경우의 법적 근거에 대해서는 견해가 갈리는데, 비진의표시에 관한 규정을 유추적용하여 상대방이 악의인 경우에는 무효로 보자는 견해,[184] 악의의 상대방이 법인에게 대표권 남용행위의 효과를 주장하는 것은 신의칙 혹은 권리남용이라는 견해[185] 및 대표권 남용행위를 대표권의 내부적 제한 위반의 경우와 동일하게 파악하여 악의의 상대방에 대해서는 그 남용행위는 효력이 없다는 견해[186] 등으로 나뉜다. 판례는 권리남용설을 취하여 판단한 경우도 있지만,[187] 주로 진의 아닌 의사표시에 관한 민법 제107조 제1항 단서를 유추적용하여 상대방이 대표기관의 사리(私利)를 알았거나 알 수 있었을 때에는 법인에게 효과의 귀속을 부인한다.[188]

　　생각건대 법률행위에서 대표권이 남용된 경우에는 원칙적으로 민법 제129조의 표현에 관한 규정으로 해결함이 타당하다. 그 이유는 법인의 대표자가 법인을 위해서가 아니라 자신 또는 제3자의 사리(私利)를 위하여 행위한 경우에는 법인과 대표자의 이익이 상반되어 내부적으로는 대표자에게 대표권을 인정할 수 없지만(민법 제64조 전단 참고), 외견상으로는 여전히 법인의 대표자가 정당한 대표권을 가지고서 직무행위를 한 것으로 비춰지게 되므로, 구조상 민법 제129조가 예정한 대리권소멸후의 표현대리와 차이가 없다. 따라서 상대방은 대표자의 법률행위가 대표자의 사리를 위한 행위라는 것에 대해 선의·무과실이라면 법인에 대해 그 효과의 귀속을 주장할 수 있다.

---

182) 대법원 2003. 7. 25. 선고 2002다27088 판결. 또한 같은 취지로 대법원 2004. 2. 27. 선고 2003다15280 판결 참고(다만 이 판결은 대표자가 법령의 규정을 위배한 사안임).
183) 이철송, 회사법강의, 752면 이하; 정경영, 회사법학, 611면 이하; 정찬형, 회사법강의, 788면 이하 등.
184) 최기원, 신회사법론, 639면.
185) 이철송, 회사법강의, 754면; 정동윤, 회사법, 416면; 정찬형, 상법강의(상), 1034면.
186) 손지열, "대표권의 남용", 「민사판례연구」 제11권, 민사판례연구회, 1989, 11면.
187) 대법원 1987. 10. 13. 선고 86다카1522 판결; 대법원 2016. 8. 24. 선고 2016다222453 판

다. 대표권의 유월(踰越)

대표권이 유월된 경우, 즉 법인의 대표자가 비록 법인의 목적범위 내이기는 하지만 자신에게 부여된 대표권의 권한을 넘어서서 (즉 대표권의 '범위 외') 대표행위를 한 경우의 효력이 문제된다. 예컨대 차금행위의 권한이 없는 학교법인의 이사가 학교법인을 대표해서 차금행위를 한 경우가 여기에 해당한다. 앞의 대표권의 남용과 비교해보면, 대표권의 남용은 대표기관이 자신에게 부여된 대표권한의 범위 내의 행위지만 법인을 위해서가 아니라 자신 또는 제3자의 사리(私利)를 위해서 행위한 것이 문제되는 것인 데 반하여, 대표권의 유월은 대표기관이 자신에게 부여된 대표권한을 초과하여 행위한 것이 문제되는 것이다. 전자가 대표권의 질적 하자라고 한다면, 후자는 대표권의 양적 하자라고 할 수 있다. 이때 대표자가 대표권을 유월하여 한 행위는 법인을 위해서 한 것일 수도 있고 대표기관 자신 또는 제3자의 사리를 위해서 행위한 것[189]일 수도 있다. 대표권의 유월도 대표권의 남용과 마찬가지로 주로 거래행위적 불법행위에서 문제되기 때문에 계약책임과 불법행위책임이 서로 맞닿아 있다.

대표권이 유월되어 행사됨으로써 상대방이 피해를 입은 경우에 법인에게 어떤 책임이 인정되느냐에 관하여, 학설은[190] 대표권이 유월된 경우에도 민법 제35조를 적용하여 법인의 불법행위책임을 인정하려는 견해,[191] 무권대리로서 민법 제126조의 표현대리의 규정을 적용하려는 견해[192] 및 민법 제35조의 불법행위책임과 민법 제126조 표현대리의 규정을 당사자가 선택해서 적용할 수 있다는 견해[193]로 나뉜다.

결 등.

188) 대법원 1988. 8. 9. 선고 86다카1858 판결; 대법원 1990. 3. 13. 선고 89다카24360 판결; 대법원 1993. 6. 25. 선고 93다13391 판결; 대법원 2004. 3. 26. 선고 2003다34045 판결; 대법원 2005. 7. 28. 선고 2005다3649 판결; 대법원 2016. 12. 15. 선고 2015다214479 판결; 대법원 2021. 4. 15. 선고 2017다253829 판결 등.

189) 이 경우에는 대표권의 남용과 대표권의 유월이 경합된 상태이지만, 법인의 상대방으로서는 문제된 대표자의 행위가 법인을 위한 것이냐·아니냐의 주관적인 요소보다 대표권의 범위를 초월한 것이냐·아니냐의 객관적인 요소로 법적 효과를 판단하는 것이 더욱 용이할 것이므로, 이러한 경우에도 대표권의 유월의 문제로 처리함이 타당하다고 생각된다.

190) 학설은 대표권의 남용과 대표권의 유월을 구분하지 않고 혼용하여 사용함으로써, 아래의 학설은 대표권의 남용에 관한 부분에서 주장되기도 하지만(이영준, 민법총칙, 947면; 백태승, 민법총칙, 240면 등), 엄밀히는 대표권유월의 문제를 해결하기 위한 학설이다.

191) 김상용, 민법총칙, 235면; 이영준, 민법총칙, 948면.

192) 고상룡, 민법총칙, 215면; 장경학, 민법총칙, 327면.

193) 황적인, 현대민법론 I, 119면.

판례는 기본적으로 대표권이 유월된 경우에도 민법 제35조의 불법행위책임이 성립될 수 있다고 판단한 것으로 보인다.[194]

생각건대, 대표권의 유월의 경우에도 대표권의 남용과 마찬가지로 ① 법률행위의 효과를 따질 인지 아니면 ② 법인의 불법행위책임을 따질 것인지를 구분하여야 할 것이다. 법인의 대표에 관하여는 대리에 관한 규정이 준용되므로(민법 제59조 제2항), ①의 경우에는 권한을 넘은 표현대리에 관한 규정(민법 제126조)이 준용될 수 있다. 그에 반해 ②의 경우에는 법인의 불법행위책임에 관한 외형이론의 법리가 적용된다. 대표자가 행사한 대표권이 법인의 목적범위를 벗어난 상태라면 대표권행사에 따른 법률효과는 법인에게 귀속되지 않지만(민법 제35조 제2항 참조), 비록 대표권이 유월되었더라도 법인의 목적범위 내에 해당할 경우에는 직무관련성을 외형적으로 판단하기 때문에 원칙적으로 법인은 민법 제35조 제1항에 따른 불법행위책임을 부담하여야 한다. 그렇지만 여기에도 외형이론의 한계가 적용되어 대표기관과 거래한 피해자가 대표권한이 유월된 것임을 알았거나 중대한 과실로 알지 못하였다면 법인에게 불법행위책임을 물을 수 없다고 하여야 한다.[195]

요컨대 민법 제35조 제1항 법인의 불법행위책임에 관한 규정과 민법 제126조 표현대리에 관한 규정은 그중 어느 하나만이 또는 선택적으로 적용되어야 하는 관계에 있는 것이 아니라, 각각의 성립요건에 따라 그 법률효과(손해배상책임 vs 이행책임)를 달리하는 별개의 제도이다.

3. 「타인」에게 가한 손해

법인의 불법행위에 있어서 피해자는 원칙적으로 법인의 구성원이 아닌 제3자를 의미한다. 그러나 경우에 따라서는 법인의 대표기관이 직무와 관련하여 법인의 구성원인 사원이나 다른 기관인에 대해서 손해를 끼쳤다면 이들 사원이나 기관인도 민법 제35조에서의 「타인」에 해당되어 법인을 상대로 손해배상을 청구할 수 있다. 예컨대 법인의 대표이사가 직무상 알게 된 다른 이사나 사원의 개인정보를 유출한 경우에 이로 인해 피해를 입은 이사나 사원은 법인을 상대로 민법 제35조의 손해배상책

---

194) 대법원 2004. 3. 26. 선고 2003다34045 판결; 대법원 2008. 5. 15. 선고 2007다23807 판결.
195) 대법원 2004. 3. 26. 선고 2003다34045 판결도 이와 같은 취지로 보인다.

임을 물을 수 있다. 또한 판례도 도시재개발법에 의하여 설립된 재개발조합의 조합원이 조합의 이사 기타 조합장 등 대표기관의 직무상의 불법행위로 인하여 직접 손해를 입은 경우에는 도시재개발법 제21조, 민법 제35조에 의하여 재개발조합에 대하여 그 손해배상을 청구할 수 있다고 판시하고 있다.[196]

4. 「손해」의 발생

대표기관의 직무와 관련한 행위로 말미암아 타인에게 「손해」가 발생하였어야 한다. 손해라 함은 일반적으로 법익에 관하여 입은 모든 비자발적 불이익을 의미하는 것이지만, 판례에 의하면 민법 제35의 손해개념에는 이른바 '간접손해'는 포함되지 않는다. 즉, 도시재개발조합의 대표기관의 직무상 불법행위로 조합에게 과다한 채무를 부담하게 함으로써 재개발조합이 손해를 입고 결과적으로 조합원의 경제적 이익이 침해되는 손해와 같은 간접적인 손해는 민법 제35조에서 말하는 손해의 개념에 포함되지 아니하므로, 이에 대하여는 본조에 기한 손해배상을 청구할 수 없다고 한다.[197]

5. 대표기관의 「불법행위」

민법 제35조는 그 자체가 독립한 손해배상청구권의 기초가 되는 규범이 아니다. 따라서 본조의 법인의 불법행위책임은 대표기관의 행위가 민법 제750조 소정의 불법행위의 성립요건을 갖추었을 때 비로소 성립하게 된다. 즉 대표기관이 책임능력을 가지고 있을 것, 고의 또는 과실이 있을 것, 가해행위가 위법한 것일 것, 가해행위로 인하여 피해자에게 손해가 발생하였을 것, 가해행위와 손해 사이에 인과관계가 있을 것 등의 요건이 충족되어야 한다. 다만 학설에 따라서는 법인이 불법행위책임을 면하기 위하여 책임무능력자를 대표기관에 임명하는 경우에는 속수무책으로 될 것임을 이유로 대표기관의 책임능력은 요건이 아니라고 한다.[198] 생각건대, 민법 제35조는 대표기관의 행위를 법인에게 귀속시킴으로써, 법인에게도 자연인과 마찬가지의

196) 대법원 1999. 7. 27. 선고 99다19384 판결.
197) 대법원 1999. 7. 27. 선고 99다19384 판결.
198) 이영준, 민법총칙, 951면; 이은영, 민법총칙, 289면.

불법행위능력을 인정하여 법인의 상대방을 보호하려는 규정임을 상기한다면, 비록 책임무능력상태에서 행하여진 대표기관의 불법행위에 대해서도 민법 제35조 제1항 전단에 따라 법인에게 책임이 귀속되어야 한다. 다만 책임능력이 없는 대표기관에 대해서는 민법 제35조 제1항 후단의 개인책임을 물을 수는 없다고 할 것이다. 또한 만약 법인이 책임을 회피할 목적으로 책임무능력자를 대표기관으로 선임하였다면, 이는 이른바 원인에 있어서 자유로운 행위(actio liebera in causa)가 되어(민법 제754 조 단서) 법인은 대표기관의 책임무능력을 항변할 수 없다고 할 것이다.

　법인의 불법행위책임이 성립하기 위해서는 대표기관의 불법행위가 전제되어야 하는데, 이때 대표기관이 하는 불법행위의 태양에는 제한이 없다. 즉 대표기관의 불법 행위는 강제집행의 방해행위199)나 불법쟁위행위200)와 같은 사실행위일 수도 있고, 사립학교법을 위반한 금원의 차용행위201)나 조합원총회의 결의를 거치지 아니하여 무효로 된 연대보증행위202)와 같은 법률행위일 수도 있으며, 또한 재판 외의 행위뿐 만 아니라, 타인을 허위로 고소하는 등의 재판상 행위에 대해서도 불법행위가 성립 한다.

V. 법인의 불법행위책임의 효과

1. 법인의 불법행위가 성립하는 경우

　대표기관에 의한 불법행위의 성립요건이 충족되면 1차적으로 실제 행위를 한 대 표자에게 손해배상책임이 발생하지만(민법 제750조, 민법 제35조 제1항 단서), 그러한 대표기관의 불법행위가 직무와 관련하여 발생한 것일 때에는 법인에게 손해배상책 임이 귀속된다(민법 제35조 제1항 본문). 원래 대표기관의 불법행위에 의해서 발생한 피해는 대표기관의 손해배상만으로도 만족될 수 있고 또한 대표기관이 행한 불법행 위는 대표기관에게 부여된 "직무"와는 어울리지 않는 활동이지만, 민법은 피해자의 입장에서 볼 때 대표기관보다 법인에게 배상을 요구하는 것이 경제적으로 유리할 수

---

199) 대법원 1959. 8. 27. 선고 4291민상395 판결.
200) 대법원 1994. 3. 25. 선고 93다32828, 32835 판결.
201) 대법원 1987. 4. 28. 선고 86다카2534 판결.
202) 대법원 2004. 2. 27. 선고 2003다15280 판결.

있다는 정책적 고려에 따라 대표기관의 손해배상책임과 아울러 법인에게도 손해배상
책임을 인정함으로써 일종의 법정의 병존적 채무인수를 규정하고 있다.203) 이에 따
라 대표기관이 직무와 관련하여 행한 불법행위에 대해서 피해자는 손해의 충분한 배
상을 받을 때까지 법인이나 대표기관 어느 쪽을 상대로 하든 손해배상을 청구할 수
있다. 이 경우 법인과 대표기관 양자의 손해배상채무는 부진정연대채무관계에 있게
된다.204) 법인의 불법행위에 따른 손해배상책임이 인정되는 경우, 대표자가 제3자에
대하여 민법 제750조에 기한 불법행위책임을 진다고 보기 위한 요건에 대하여, 판례
는 "대표자의 행위가 법인 내부의 행위를 벗어나 제3자에 대한 관계에서 사회상규에
반하는 위법한 행위라고 인정될 수 있는 정도에 이르러야 한다"고 판시하고 있다.205)

　법인과 대표기관 개인은 피해자에 대해서는 모두 손해배상책임을 지지만, 법인과
대표기관 사이에는 위임에 준하는 법률관계가 인정되므로, 만약 대표기관의 이사가
"직무에 관하여" 고의 또는 과실로 타인에게 손해를 가하여 법인이 그 타인에게 배상
을 하였다면, 불법행위를 한 이사는 법인에 대하여 선량한 관리자의 주의의무(민법 제
61조, 제681조)를 위반한 것으로 볼 수 있다. 따라서 타인에게 배상을 한 법인은 그러
한 주의의무를 위반한 대표기관 개인에게 구상권을 행사할 수 있다(민법 제65조).

　한편 법인의 대표자가 그 직무에 관하여 타인에게 손해를 가함으로써 법인에게
손해배상책임이 인정되는 경우에, 그 대표자와 함께 사원도 공동으로 불법행위를 저
질렀거나 이에 가담하였다고 볼 만한 사정이 있으면, 피해자에 대하여 사원도 대표
자와 연대하여 손해배상책임을 진다. 그렇지만 법인의 이사회, 대의원총회 및 사원
총회 등의 의결이 타인의 권리를 침해하는 결과를 가져왔다고 하여, 그러한 의결에
참여한 구성원이 당연히 불법행위책임을 부담해야 하는 것은 아니다.206)

---

203) 同旨 Christian v. Bar, Zur Struktur der Deliktshaftung von juristischen Personen,
　　ihren Organen und ihren Verrichtungsgehilfe, Festschrift für Zentaro Kitagawa,
　　Berlin 1992, S. 282. 이와 유사하게 이은영, 민법총칙, 283면은 "이사의 불법행위와 법인
　　의 관계는 법률의 규정에 의한 채무발생원인으로서 대표행위와는 별도의 법정채무관계로
　　파악하는 것이 적절하다"고 한다(밑줄은 필자가 기입함).
204) 고상룡, 민법총칙, 216면; 김상용, 민법총칙, 236면, 백태승, 민법총칙, 243면; 서광민, 민
　　법총칙, 204면; 이영준, 민법총칙, 952면 등.
205) 대법원 2020. 6. 25. 선고 2020다215469 판결.
206) 대법원 2009. 1. 30. 선고 2006다37465 판결.

2. 법인의 불법행위가 성립하지 않는 경우

대표기관의 행위가 법인의 목적의 범위를 벗어난 것이어서 법인의 불법행위로 인정되지 않는 경우에는 법인은 그러한 행위에 대해서 책임을 지지 않음은 당연한 것이다. 민법 제35조 제2항의 "목적범위외의 행위"라고 하는 것은 민법 제35조 제1항의 대표기관이 "직무에 관하여" 한 것이라고 인정될 수 없는 행위를 말한다. 즉 외형이론에 따르더라도 대표기관의 직무라고 볼 수 없을 정도로 직무관련성을 초월한 경우에는 법인의 불법행위로 귀속시킬 수 없게 된다. 이 경우에는 그러한 행위를 하여 타인에게 손해를 끼친 대표기관 개인이 불법행위의 일반원칙에 따라 책임을 져야 할 것이다. 그러나 법인의 조직이나 신용을 빙자하여 행해지는 불법행위는 타인에게 예상치 못한 큰 손해를 끼치는 경우도 적지 않으므로, 민법은 피해자 보호를 위해서 그 사항의 의결에 찬성하거나 그 의결을 집행한 사원, 이사 및 기타 대표자가 연대하여 배상책임을 지도록 규정하고 있다(민법 제35조 제2항). 이때 "연대하여" 배상책임을 진다는 것은 비록 이들 사이의 행위가 공동불법행위(민법 제760조)의 요건에 미비하더라도 민법 제35조 제2항은 관련자들의 연대책임을 인정함으로써 피해자를 두텁게 보호하겠다는 것을 의미한다.

제4장

법인의
책임제한
부인론

"인간의 본질이 무엇인지
아직까지 규명되지 않은 것과 마찬가지로,
법인의 본질에 대해서도
아직까지 규명된 것은 없다."

롤프 제릭(Rolf Serick)

제4장
법인의 책임제한 부인론

제1절 독일의 실체파악론

Ⅰ. 서설

법은 권리주체로 자연인 이외에 법인을 인정하고 있는바, 오늘날 경제규모의 확대에 따라 거래계에서는 자연인이 맺는 법률관계보다 법인의 그것이 더욱 큰 비중을 차지하고 있다. 특히 주식회사제도는 경제학적 관점에서 볼 때 소유와 경영의 분리를 통하여 대규모의 자본을 취합하여 거대사업의 추진을 가능케 함으로써 오늘날 자본주의사회의 번영을 이끄는 데 크게 기여하였다. 한편 법률적인 관점에서 보면 주식회사를 포함한 법인은 이른바 분리의 원칙(Trennungsprinzip)의 적용을 받는바, 법인과 그 구성원인 사원은 구분되어 각각 독자적인 권리주체로써 인정될 뿐만 아니라, 법인 명의의 재산과 구성원이 소유하는 재산은 엄격히 구분되어 각각의 재산범위 내에서 책임을 부담하게 된다. 이러한 원칙적인 설명에도 불구하고 법인은 자연인과는 달리 법기술적인 개념(rechtstechnischer Begriff)으로 형성된 것이기에,[1] 그의 지위는 배후의 구성원에 의해서 악용될 여지가 많음은 숨길 수 없는 사실이다. 즉 법인의 배후에 존재하는 구성원은 법인의 이름으로 법률관계를 맺고서 그에 따른 실질적인 이익은 구성원이 취하면서도 정작 책임은 분리의 원칙을 내세워 법인에게 물을 것을 주장함으로써, 법인의 채권자의 지위를 위태롭게 하여 법인제도의 유용성에 심각한 회의감

---

1) MünchKomm BGB-Reuter, vor § 21 Rz. 1 ff.

을 불러일으키기도 한다. 또한 법인은 대표기관에 의해서 법인의 행위가 표출되는바, 특히 법인의 사원이 1인 혹은 소수의 가족구성원으로 형성된 1인 회사 내지 가족회사의 경우에는 법인의 행위를 대표하는 자와 법인의 사원이 사실상 동일인이어서, 때로는 법인의 행위와 사원 개인의 행위를 엄격히 구분하는 것이 용이하지 않은 경우가 많다. 이러한 점 때문에 형식상은 법인의 행위이기에 법인재산으로 책임을 져야 하지만, 실질적으로는 사원의 이익을 위한 것으로 보아 사원에게 책임을 묻는 것이 공평한 경우가 발생하게 된다. 이와 같이 일정한 경우에는 분리의 원칙을 제한할 필요가 있다는 실무상의 요구에 따라 개발된 논리가 이른바 법인격부인의 법리 혹은 법인격무시의 법리이다. 그런데 우리 문헌에서 흔히 쓰는 용어로 법인격부인 혹은 법인격무시는 英美에서의 disregard of the corporate entity, piercing the corporate veil 혹은 lifting the veil of corporate entity의 번역으로, "법인의 존재를 무시하거나 법인의 장막을 관통 혹은 걷어 올림"으로써 그 배후실체를 밝혀낸다는 의미로 이해할 수 있다. 독일에서는 이를 Durchgriff라고 표현하는데, Durchgriff는 durchgreifen의 명사형으로 durchgreifen이란 언어적으로는 무엇을 뚫고 들어가서 건져낸다는 의미이다. 독일학자들도 Durchgriff의 의미를 영미에서 사용되는 앞의 표현과 같은 것으로 이해하고 있다.[2] 다만 Durchgriff은 언어적으로 부인 혹은 무시(disregard)의 의미를 담고 있는 것은 아니므로, 우리나라에서는 흔히 실체파악으로 번역되어 불리고 있다. 결국 법인격부인 혹은 법인격무시나 실체파악이나 그 법리의 의미는 같다고 할 수 있지만, 본서에서는 Durchgriff를 일반적인 번역에 맞추어 실체파악으로 부르기로 한다.

법인격부인론의 원산지는 미국이다. 19세기 후반부터 미국의 판례법으로 형성된 법인격부인론은 1930년대에 독일에 수입된 이래로, 독일의 학설과 판례는 실정법규와의 조화를 꾀하는 방식으로 미국식의 법인격부인론을 변용시켜 독자적인 실체파악론(Durchgriffslehre)으로 발전시켰다. 따라서 우리나라와 마찬가지로 실정법체계를 근간으로 하는 독일에서 법인격부인론이 그곳의 법상황에 맞추어 학설과 판례가 어떻게 발전하여 왔으며, 그 법리가 실무적으로 어떻게 운용되는지를 살펴보는 것은 같은 실정법국가에 속하는 우리의 학계와 실무계가 고민하는 비슷한 문제에 대하여 해결의 실마리를 찾는 데 많은 도움이 될 것으로 생각된다.[3]

---

2) Flume, Juristische Person, S. 64; Karsten Schmidt, Gesellschaftsrecht, S. 225.
3) 이하 독일에서의 법인격부인론에 관한 논의에 관해서는 송호영, "독일법상 법인의 실체파악

II. 실체파악법리에 관한 학설

1. 남용설

가. 주관적 남용설

독일에서의 실체파악이론은 1955년에 독일과 미국판례를 분석하여 작성된 롤프 제릭(Rolf Serick) 교수의 정교수자격논문인 "법인의 법적 형식과 실질"에 의해서 처음으로 체계적인 분석이 이루어졌다고 할 수 있다. 제릭 교수의 이론은 법인의 단일형상개념(Einheitsfigur)으로부터 출발한다. 즉 법은 법인을 특정한 목적을 위해서 창설하였는데,[4] 법인에게 있어서 필수불가결한 표지는 단체조직과 사원의 엄격한 구분, 즉 분리의 원칙이다.[5] 입법자는 법인제도를 고안하면서 일종의 가치교량(Wertabwägung)을 개입시켰는데, 즉 법인은 완전한 가치를 가진 권리주체(vollwertiges Rechtssubjekt)로 존중되어야 한다는 것이다. 법인의 존재가치를 중시하는 제릭 교수의 견해에 의하면, 법인의 존재여부 자체를 평가함에 있어서 일반적인 법률목적의 위반만으로는 법인의 법적 형태를 무시할 수는 없고, 법인이라는 법적 형태가 부정한 목적으로 남용되었을 경우에 한해서 예외적으로 무시될 수 있다고 한다.[6] 법인의 형식이 남용된 것으로 일컬을 수 있는 경우로는 법인을 통하여 법률을 회피하거나, 계약상 의무를 위반하였거나 또는 제3자를 사해한 경우 등을 들 수 있다.[7] 하지만 법인의 법인격을 무시하고 법인의 배후에 존재하는 자에게 책임추궁을 하기 위해서는 법인의 법적 형태가 위법한 목적을 위해서 의도적으로 남용되었을 경우에 한해서만 가능하다고 한다.[8] 이러한 점에서 제릭은 법인격부인을 판단함에 있어서 주관적 요소에 중요한 의미를 두었기 때문에, 그의 학설은 주관적 남용설(subjektive Mißbrauchslehre)이라고 한다.

이론에 관한 고찰", 「광운비교법학」 제2호, 광운대학교 비교법연구소, 2001, 99면 이하 및 同, "독일법상 법인실체파악이론의 운용과 우리 법에의 시사점", 「비교사법」 제14권 제3호(상), 한국비교사법학회, 2007. 9, 433면 이하 참고.

4) Serick, Rechtsform und Realität juristischer Personen, Ein rechtsvergleichender Beitrag zur Frage des Durchgriffs auf die Personen oder Gegenstände hinter der juristischen Personen, Berlin 1955, S. 3.(이하 Serick, Rechtsform und Realität 이라고 표기함).

5) Serick, Rechtsform und Realität, S. 1.

6) Serick, Rechtsform und Realität, S. 24.

7) Serick, Rechtsform und Realität, S. 17, S. 203.

8) Serick, Rechtsform und Realität, S. 38, S. 203.

나. 객관적 또는 제도적 남용설

제릭 교수의 "주관적" 남용설은 많은 지지를 받았음에도 불구하고, 제릭 이후의 남용설은 점차 "객관적"인 남용요소에 더 큰 비중을 두게 되었다.[9] 객관적 또는 제도적 남용설(objektive od. institutionelle Mißbrauchslehre)은 주관적 남용설과 마찬가지로 법인이라는 법적 형식에 특수한 제도적 가치를 인정한다. 그러나 이 학설은 주관적 남용설과 달리 사원이 법인제도를 남용할 의사가 있었는지에 대한 심사는 불필요한 것으로 보고, 그 대신 객관적인 목적에 위반하여 법인제도를 사용하였는지에 초점을 맞춘다.[10] 이 학설에 의하면 법인은 전체 법질서 및 경제질서와 관련되어 있기 때문에, 법인의 한계 또한 법질서 및 경제질서의 원리 속에서 찾아내야 한다는 것이다. 따라서 이들 원리와 충돌하게 되면 그것은 곧 법인제도를 남용하는 것이고, 이 경우에는 바로 법인의 법인격이 부인될 수밖에 없게 된다. 달리 표현하자면 법인과 사원과의 지위를 구분하는 것이 객관적 법질서 및 경제질서 원리와 상충되는 경우에는 법인의 법적 독자성은 무시될 수 있다는 것이다.

2. 규범적용설

규범적용설(Normanwendungslehre)은 뮐러 프라이엔펠스(Müller–Freienfels) 교수가 주관적 남용설을 주창한 제릭 교수의 정교수자격논문을 비평하면서 주장된 학설이다. 규범적용설은 우선 모든 법인을 단일한 구조로 상정하는 남용설의 법인관에 대해서 근본적인 의문을 제기한다. 뮐러 프라이엔펠스 교수의 설명에 의하면 초개인적·조직적 단일체인 법인의 기질(Substrat)은 세부적으로는 매우 상이하게 형성되어 있으므로 법인격부인을 정당화할 수 있는 도식적·일반적 해결방안은 있을 수 없다고 비판한다.[11] "법인"이라는 것은 단지 특정한 조직체를 지칭하기 위한 간편하면서

---

9) 특히 Drobnig, Haftungsdurchgriff bei Kapitalgesellschaften, Frankfurt/Berlin 1959, S. 20, 94 ff.; Bauschke, Durchgriff bei juristischen Personen, BB 1975, S. 1322, 1324.
10) Erlinghagen, Haftungsfragen bei einer unterkapitalisierten GmbH, GmbHR, 1962, S. 176; Georg Kuhn, Haften die GmbH–Gesellschafter für Gesellschaftsschulden persönlich, Festschrift für Robert Fischer, Berlin/New York 1979, S. 354 ff.; Ott, Recht und Realität der Unternehmenskorporation, Tübingen 1977, S. 49; Ottmar Kuhn, Strohmanngründung bei Kapitalgesellschaften, Tübingen 1964, S. 199 f.

도 압축적인 표현, 즉 개념구성을 위한 약칭(konstruktive Abbreviatur)에 불과하다는
것이다.[12] 따라서 법인에 관한 통일적인 구상이 존재하지 않기 때문에, 법인격부인
이 가능한지의 여부 또한 회사의 고유한 특성과 그 회사에 참여한 구성원의 이익을
고려하여 각각의 경우에 따라 개별적·구체적으로 판단되어야 한다는 것이다. 뮐러
프라이엔펠스 교수가 말하는 법인격부인이란 결국 법인과 관련한 특정한 사례가 문
제되었을 경우에 문제된 사례를 구체적으로 분석하여 어떤 법규범을 어떻게 적용하
여 문제를 해결하느냐 하는 것이다.

　뮐러 프라이엔펠스에 의해서 주창된 규범적용설은 오늘날 광범위한 지지를 받고
있다.[13] 다만 규범적용설의 내용은 주장하는 자들마다 약간씩의 차이는 있지만, 크
게 보면 법률관계의 귀속 또는 책임추궁을 위해서 법인의 실체파악을 필요로 할 경
우에 우선은 계약 또는 법률규정의 적용을 통하여 문제를 해결할 것을 주장하는 학
설이라고 할 수 있다. 이 학설은 법인의 실체파악을 위해서 남용설의 주장처럼 법인
이라는 제도가 남용되었는가에 초점을 맞추는 것이 아니라, 법인의 사원에 의해서
구체적으로 어떤 법규범이 침해받았는지를 찾아보자는 것에 착안하고 있다. 규범적
용설이 남용설과 결정적으로 다른 점은 남용설은 주관적 또는 객관적으로 법인이 남
용되었다는 일정한 징표가 나타나면 법인의 법인격자체를 무시하는 데 반하여, 규범
적용설은 일단 각각의 사례마다 적용될 수 있는 규범을 찾아보고 여의치 않을 경우
에는 신의성실의 원칙을 통하여 가능한 유사규범의 합리적인 해석을 통하여 문제해
결을 시도하려는 견해로써, 이 경우에 남용설과는 달리 법인의 법인격자체는 무시하
지 않고 법인의 법인격을 그대로 인정한 상태에서 문제를 해결을 한다는 점이다. 바
로 이 점 때문에 일부에서는 규범적용설이 과연 법인의 실체파악을 위한 이론으로

---

11) Müller—Freienfels, Zur Lehre vom sogenannten „Durchgriff" bei juristischen Personen
　　im Privatrecht, AcP 156(1957), S. 522, 531.
12) Müller—Freienfels, AcP 156(1957), S. 522, 529.
13) Coing, Zum Problem des sogenannten Durchgriffs bei juristischen Personen, NJW
　　1977, S. 1793 ff.; SoergelKomm BGB—Hadding, Vor § 21 Rz. 40; Staudinger
　　BGB—Weick, Einl zu §§ 21 ff. Rz. 43; Hachenburg—Mertens, Anh. § 13 GmbHG Rz.
　　36 ff.; Scholz—Emmerich, § 13 GmbHG Rz. 92; Rittner, Die werdende juristische
　　Person, Tübingen 1973, S. 271, 274 f.; Wiedemann, Gesellschaftsrecht, Bd. I,
　　München 1980, S. 218 ff.; Kübler, Gesellschaftsrecht, 4. Aufl., Heidelberg 1994, S.
　　299; Hueck, Gesellschaftsrecht, § 35 IV 2 c). 또한 MünchKomm BGB—Reuter, Vor §
　　21 Rz. 20ff.; Karsten Schmidt, Gesellschaftsrecht, S. 232 ff.도 결론적으로 규범적용설의
　　태도와 같다고 할 수 있다.

분류될 수 있는지에 대해서 의문을 제기하기도 한다.[14] 그러나 규범적용설도 순전히 개별규범의 적용에만 관심을 가지는 것이 아니라, 분리의 원칙과 법인이 사원으로부터 독자적인 존재로 인정되는 한계문제를 도외시하지 않는다는 점에서는 여전히 실체파악이론의 한 학설로 분류된다.[15]

3. 기타 학설

가. 기관책임설

기존의 학설이 법인의 실체파악을 분리의 원칙을 부정하는 것으로 이해한 데 반하여, 얀 빌헬름(Jan Wilhelm) 교수는 오히려 분리의 원칙은 철저히 지켜져야 한다고 주장한다.[16] 그의 학설은 법인의 법적 독자성은 결코 무시되어서는 안 되며 오히려 존중되어야 한다는 생각에서부터 출발한다. 따라서 기존의 실체파악이론은 그 출발선상에서부터 그릇된 학설이라고 비판한다.[17] 분리의 원칙을 철저히 견지하는 입장에서 출발하는 빌헬름 교수는 법인과 사원 간의 내부관계를 강조한다.[18] 그에 의하면 법인을 구성하는 사원에게 있어서 법인은 마치 외부의 제3자와 같은 존재라고 한다. 외부에 영향을 미치는 권한의 행사는 일정한 의무에 속박되는데, 법인의 사원 역시 제3자의 지위에 있는 법인에 대해 지배적인 영향력을 행사하게 되면, 이는 바로 주의의무를 위반한 것이기 때문에 사원이 그 주의의무위반에 따른 책임을 져야 한다는 것이다. 빌헬름 교수는 이러한 논리를 이사의 회사에 대한 주의의무를 규정한 독일유한회사법 제43조 및 독일주식법 제117조, 제311조 및 제317조에서 추론한다. 이러한 조항들은 회사의 기관으로서 회사에 대한 주의의무를 규정한 것이지만, 기관구성원으로서 책임을 지는 자는 이사에 한하지 않고 비록 이사가 아니더라도 실제로 회사업무에 지배적인 영향력을 행사하는 자는 모두 포함된다고 한다.[19] 이러한 의미에서

---

14) Karsten Schmidt, Gesellschaftsrecht, S. 223; Flume, Juristische Person, S. 84.
15) Coing, NJW 1977, S. 1793, 1796 f.
16) Wilhelm, Rechtsform und Haftung bei der juristischen Person, Köln u.a. 1981, S. 12 ff.(이하 Wilhelm, Rechtsform und Haftung이라고 표기함).
17) Wilhelm, Rechtsform und Haftung, S. 5 ff., 291 ff.
18) Wilhelm, Rechtsform und Haftung, S. 13 f.
19) Wilhelm, Rechtsform und Haftung, S. 334 ff., 355 f., 364.

회사에 대한 주의의무를 위반하여 발생한 사원의 책임은 "기관책임(Organhaftung)"[20]이라고 불린다. 결국 빌헬름 교수의 견해에 의하면 기존의 실체파악책임은 기관책임으로 대치되어야 한다는 의미에서, 그의 학설을 기관책임설(Organhaftungslehre)이라고 부를 수 있다.

나. 사원행위책임설

사원행위책임설(Die Lehre von der Verhaltenshaftung des Mitgliedes)을 주장한 플루메 교수에 의하면 기존의 실체파악이론이 실체파악을 함에 있어서 분리의 원칙의 폐기 또는 사원과 법인을 동일시하는 것에 비중을 두었지만, 법률의 규정은 −민법뿐만 아니라 특별법에서도− 그 어느 곳에서도 '분리의 원칙'에 대해서 언급한 적이 없다고 한다.[21] 그의 설명에 따르면 '법인의 권리능력'이라는 개념은 분리의 원칙을 포함하지 않으며, 사단법인에 있어서 사원이 법인의 배후에 있거나 법인과 분리되어 있는 존재로 다룰 것을 내용으로 하지도 않는다.[22] 법인의 사원은 오히려 효과단일체(Wirkungseinheit)로서 법인에 전속되어 관념적 총체(ideale Ganze)를 형성한다.[23] 따라서 법인의 사원이 법인과 분리될 수 없는 것과 마찬가지로 실체파악 또는 장막제거(lifting the veil)를 통하여 사원이 법인과 동일시될 수도 없는 것이다.[24] 이러한 시각에서 플루메 교수는 기존의 실체파악이론이 사원에게 책임추궁을 위하여 법인의 법인격을 부인하는 것은 실제로는 법인이라는 권리주체와는 아무런 관련이 없는 것이며, 법인에 소속하는 사원 자신의 고유한 행위에 대한 책임을 추궁하는 것일 뿐이라고 한다.[25]

4. 학설에 대한 평가

법인격부인론은 그 법리를 체계화하기 위한 다양한 시도가 있었음에도 불구하고

---

20) Wilhelm, Rechtsform und Haftung, S. 337, 349, 355, 359.
21) Flume, Juristische Person, S. 67.
22) Flume, Juristische Person, S. 67~68.
23) Flume, Juristische Person, S. 68.
24) Flume, Juristische Person, S. 68.
25) Flume, Juristische Person, S. 68.

아직도 논란의 여지가 많은 분야로 남아 있다. 현재 독일의 학계에서는 법인격부인에 관한 통일적 설명은 불가능하다고 보고, 실체파악문제를 해결하기 위해서는 사법규정들을 우선적으로 적용해야 한다는 견해가 지배적이다. 다만 실정법규의 흠결로 인하여 다른 방법으로는 만족한 결과를 이끌어 낼 수 없을 경우에 한해서 법인격부인법리를 적용할 수 있다고 한다. 따라서 법인격부인법리는 보충적 수단 내지 최후의 수단(ultima ratio)으로 행사되어야 한다는 것이다.[26] 이러한 해석론은 뮐러 프라이엔펠스 교수가 주창한 규범적용설에서 유래한 것이다. 필자는 뮐러 프라이엔펠스 교수의 규범적용설에 대해서 기존에 영미법적 시각에서 발전한 법인격부인법리를 실정법이 엄연히 존재하는 법체계 내에서 어떻게 수용하여야 할 것인가에 대한 새로운 대안을 제시한 획기적인 학설로 평가하고 싶다. 동 교수의 학설 이후 주장된 많은 학설은 규범적용설을 반박하는 것이라기보다 규범적용설의 핵심인 "규범의 적용"을 어떠한 사례에서 어떻게 적용할 것인가를 다룬 시론들이라고 할 수 있다. 따라서 규범적용설의 입장에서는 법인격부인의 문제는 새로운 형태의 사례가 등장할 때마다 우선 실정법규정의 적용으로 문제해결을 시도해 보아야 하므로 사례의 유형화작업이 대단히 중요하고, 발생가능한 사례의 유형화가 완비되기까지는 계속해서 학설의 내용을 다듬어야 하는 과제를 안고 있다.

한편 법인격부인법리 자체를 처음부터 부정하고 법인의 본질적 구성을 중시하면서 기존의 법인격부인사례를 기관책임(Wilhelm) 또는 사원의 행위책임(Flume)으로 보려는 견해가 있음은 앞서 본 바와 같다. 규범적용설의 단점은 규범의 우선적 적용이라는 방법으로 다양한 법인격부인사례들을 통일적으로 다루어 해결할 수 없다는 것이다. 이에 반해서 기관책임 또는 사원의 행위책임으로 구성하는 학설은 법인의 본질적 징표인 법인격을 무시하지 않으면서도 실체파악사례들을 통일적으로 해결하려고 하였다는 점에서 탁월한 견해임은 분명하다. 그러나 이들 기관책임설이나 사원의 행위책임설이 발생가능한 실체파악사례들을 모두 해결할 수 있는 일반적인 해결책이 될 수 있을지에 대해서는 의문이 아닐 수 없다. 즉 회사의 사원이 회사채무에 대해서 개인적 책임을 부담하여야 하는 이유가 일부사례에서는 사원이 회사의 기관으로서 행위하였기 때문이거나 사원 자신의 행위이기 때문이기도 하겠지만, 법인격부인이 문제되는 모든 사례에도 그것이 이유가 될 수 있다고 하기는 어렵다고 생각된다.

---

26) KölnKomm-Kraft, § 1 AktG Rz. 58.

요컨대 기존에 법인격부인이 문제되는 사례의 해결을 위해서는 실정법규범이나 계약내용의 합리적 해석 또는 사법의 일반이론 등을 적용시켜 보고, 이러한 방법이 여의치 않을 경우에 보충적으로(ultima ratio) 법인격부인법리가 적용될 수 있다. 문제는 과연 어떤 경우에 규범적용으로 해결이 가능하고, 반대로 어떤 경우에 법인격부인법리가 적용될 수밖에 없는지를 가리는 것인데, 이에 대해 일률적으로 설명할 수는 없고 구체적으로 문제된 사례들을 유형별로 분석하여 판단할 수밖에 없다. 따라서 아래 항에서는 학설과 판례에서 법인격부인사례로 다루어지는 구체적 사례들을 유형별로 살펴보기로 한다.

Ⅲ. 실체파악이 문제되는 사례

실체파악(Durchgriff)이란 원래의 규범귀속자(Normadressaten)의 배후에 존재하는 제3자에게 법적 효과가 미치는 것을 말한다. 실체파악은 ① 법적으로 중요한 사항의 귀속을 위한 경우(Zurechnungsdurchgriff: 귀속실체파악)와 ② 배후자에게 책임추궁을 위해서 행사되는 경우(Haftungsdurchgriff: 책임실체파악)로 나누어 볼 수 있다.

1. 법률관계의 귀속을 위한 실체파악

가. 총설

법률관계의 귀속을 위한 실체파악(Zurechnungsdurchgriff)이란 사원의 특정한 사항(특성, 인식, 표시, 행태 등)을 회사의 것으로 귀속시키든지 또는 반대로 회사의 특정한 사항을 사원의 것으로 귀속시키는 논리조작을 말한다.[27] 뒤에서 살펴볼 책임추궁을 위한 실체파악(Haftungsdurchgriff)이 주로 법률효과의 측면(Rechtsfolgenseite)에서 법인의 배후실체를 찾아서 책임을 부과하는 작업이라고 한다면, 법률관계의 귀속을 위한 실체파악은 주로 문제된 규범의 구성요건의 측면(Tatbestandsseite)에서 규범의 귀속주체를 찾는 작업이라고 할 수 있다. 판례와 문헌에서 주로 다루어지는 귀속실체파악의 중요사례를 살펴보면 다음과 같다.

---

27) Thomas Raiser, Recht der Kapitalgesellschaften, 2. Aufl., München 1992, S. 327.(이하 Raiser, Kapitalgesellschaften으로 표기함).

나. 주요사례

(1) 회사지분의 전부매각

기업매각(Unternehmensverkauf)의 경우에 매각대상인 기업에 하자가 있을 경우에는 매도인은 하자담보책임을 지게 된다(§§ 459 ff. BGB). 이에 반해 일부 주식이나 지분의 매도인은 하자담보책임을 부담하지 않는다. 그렇다면 1인 주주가 회사주식의 전부를 매각할 경우에는 기업의 하자에 대하여 담보책임을 부담하지 않는가? 이 경우에는 기업매각의 경우와 마찬가지로 주식매도인이 담보책임을 부담하여야 한다는 것이 판례·통설이지만, 그 근거에 대해서는 견해가 나뉜다. 독일연방재판소는 회사의 실체파악(Durchgriff)을 통하여 매도인의 담보책임을 인정하지만,[28] 통설은 실체파악론을 원용하지 않고도 기업매각에 관한 규정을 합리적으로 유추적용함으로써 같은 결과에 도달할 수 있다고 주장한다.[29]

(2) 경업금지의무

계약상 경업금지의무(Wettbewerbverbot)를 부담하는 사원은 이를 회피하기 위하여 회사를 설립하여 이 회사로 하여금 금지된 경업을 하게 할 수는 없다. 그 이유에 대하여 독일연방재판소는 명목상 회사가 경업을 하는 것이지만 실체파악론을 통하여 회사의 배후에 존재하는 사원이 금지된 경업을 한 것으로 판단하였다.[30] 그러나 학설은 이 경우에도 실체파악론을 적용하지 않고도 경업금지의무의 합리적 해석을 통하여 해결할 수 있다고 한다. 즉 경업금지의무란 사원에게 부과된 성실의무(Treupflicht)의 일종인데, 사원이 회사설립을 통해 금지된 경업을 하였다면, 사원은 자신에게 부과된 의무를 "외부적·형식적"으로는 위반하지 않았다 하더라도 "내부적·실질적"으로는 위반한 것으로 보아야 한다는 것이다.[31]

---

28) BGHZ 20, 4, 13; BGHZ 65, 246, 251.
29) MünchKomm BGB—Reuter, Vor § 21 Rz. 24; Wilhelm, Rechtsform und Haftung, S. 26; Hueck, Gesellschaftsrecht, § 36 II 5 b), Karsten Schmidt, Gesellschaftsrecht, 3. Aufl, Köln u.a. 1997, S. 233; Raiser, Kapitalgesellschaften, S. 14; Scholz—Emmerich, § 13 GmbHG, Rz. 68; Rehbinder, Zehn Jahre Rechtsprechung zum Durchgriff im Gesellschaftsrecht, Festschrift für Robert Fischer, Berlin/New York 1979, S. 579, 591.
30) BGHZ 89, 162.
31) SoergelKomm BGB—Hadding, Vor § 21 Rz. 35 a; Karsten Schmidt, Gesellschaftsrecht,

(3) 선의취득

선의취득은 무권리자인 양도인과 양수인 사이에 거래행위가 있어야 성립된다. 그런데 회사와 1인 사원 사이의 양도도 거래행위로 보아 선의취득을 인정할 수 있는가? 독일의 판례와 통설은 이를 부정한다.[32] 이 경우에도 실체파악론을 원용하지 않더라도 선의취득제도의 본래 취지로부터 결론을 도출시킬 수 있다. 즉 선의취득은 권리외관에 따른 신뢰를 보호하려는 제도인데, 회사와 1인 사원 사이에는 권리관계의 실상에 대한 인식에 차이가 없으므로(즉 선의아님), 선의취득이 인정될 수 없다고 한다.[33]

(4) 중개계약

중개인은 제3자를 위하여 계약을 주선하고서 독일민법 제652조에 따라 중개료청구권을 행사할 수 있다. 다만 중개인은 중개를 함에 있어서 어느 일방에 편향됨이 없이 계약을 주선하여야 한다. 따라서 만약 중개인이 자기가 많은 지분을 가지고 있는 회사를 위해 중개할 경우에는 중개료청구권을 상실한다.[34] 반대로 중개회사가 계약당사자로부터 지배당하고 있는 경우에도 마찬가지이다.[35] 이러한 결론은 회사의 실체파악과 무관하게 중개계약의 합리적 해석 또는 중개료청구권을 규정한 독일민법 제652조의 유추적용으로부터 도출된 것이다.[36]

(5) 건축수급인의 보전저당권

독일민법 제648조는 건축수급인의 채권을 보호하기 위하여 도급인의 대지에 보전저당(Sicherungshypothek)의 설정청구권을 보장하고 있다. 문제는 건축대상인 토지

S. 227.
32) RGZ 117, 257, 264 ff.; 119, 126, 128 f.; 126, 46, 48 f.; 130, 390, 392; 143, 202; BGHZ 78, 318, 325 등. 문헌으로는 Scholz−Emmerich, § 13 GmbHG Rz. 74; Karsten Schmidt, Gesellschaftsrecht, S. 237; Hachenburg−Mertens, Anh. § 13 GmbHG, Rz. 65 ff.; MünchKomm BGB−Reuter, Vor § 21 Rz. 26 f. 등.
33) Hachenburg−Mertens, Anh. § 13 GmbHG, Rz. 65 ff. 참조.
34) BGH NJW 1971, 1839; 1973, 1649; WM 1975, 542, 543; 1976, 1228; 1978, 708, 710.
35) BGH NJW 1974, 1130, 1131; WM 1978, 708; BGH NJW 1985, 2473, 2474; OLG Stuttgart NJW 1973, 1975.
36) MünchKomm BGB−Reuter, Vor § 21 Rz. 30; Karsten Schmidt, Gesellschaftsrecht, S. 235; Scholz−Emmerich, § 13 GmbHG Rz. 67.

가 도급인인 회사의 소유에 속하지 않고, 그 회사의 지배사원 또는 1인 사원의 소유에 속하는 경우에도 건축수급인은 독일민법 제648조에 근거하여 보전저당권의 설정을 청구할 수 있는가 하는 점이다. 이에 대하여 독일의 판례와 통설은 긍정한다. 문제해결의 핵심은 독일민법 제648조가 규정하는 도급인의 개념을 어떻게 이해하여야 하는가 하는 점인데, 독일연방재판소는 실체파악론의 입장에서 회사에 대하여 사실상 영향을 미치는 사원도 도급인으로 보아야 한다고 풀이하는 데 반하여,37) 주된 학설은 실체파악론을 취하지 않고도 도급인 개념자체를 합리적으로 넓게 이해함으로써 족하다고 한다.38)

(6) 의결권행사의 금지

법률은 사원이 결의사항과 관련된 해당 당사자일 경우에는 그 사원의 의결권을 배제하고 있다(§ 34 BGB, § 136 Abs. 1 AktG, § 47 Abs. 4 GmbHG, § 43 Abs. 6 GenG). 해당 사원에 대하여 의결권행사를 금지하는 원칙은 해당 사원의 영향력 아래에 있는 사단에게도 확장되어 적용된다.39) 반대로 회사가 의결권을 배제당한 경우에는 그 회사의 지배사원도 의결권을 행사할 수 없다.40) 이것은 실체파악론을 적용한 결과41)가 아니라, 의결권행사금지의 원칙을 회피하려는 것을 막기 위한 규범의 합리적인 해석이라고 할 수 있다.42)

(7) 도산절차에서의 부인권 행사

독일 도산법(Insolvenzordnung) 제138조 제2항에 의하면 파산자의 급부를 수령한 근친자(nahe Angehörige)가 파산자의 행위로 파산채권자를 해하게 되는 사실을 알지 못하였음을 입증하지 못하면, 파산채권자는 파산자의 행위를 부인할 수 있다. 회사가 파산하였을 경우에는 지배사원 및 그의 친족은 회사의 근친자로 간주되고,43) 반

---

37) BGHZ 102, 95.
38) Karsten Schmidt, Gesellschaftsrecht, S. 229 등.
39) RGZ 146, 385. 391; BGHZ 36, 296, 299; 56, 47, 53; 68, 107; BGH NJW 1973, 1039; BGH JZ 1977, 267.
40) Raiser, Kapitalgesellschaften, S. 331 등 참조.
41) RGZ 146, 385. 391.
42) Scholz-Karsten Schmidt, § 47 GmbHG Rz. 148.
43) BGHZ 58, 20, 24; OLG Hamm ZIP 1986, 1478.

대로 지배사원이 파산한 경우에는 피지배회사는 그 사원의 근친자로 다루어진다.[44)]
이것은 회사의 실체파악법리와 무관하게 부인권규정의 확장해석으로부터 도출된 결
론이다.[45)]

(8) 보험사고

독일 보험계약법 제61조에 의하면, 보험사고가 피보험자의 고의 또는 중대한 과실
로 인하여 생긴 때에는 보험자는 보험금액을 지급할 책임이 없다. 만약 화재보험에
가입된 1인 회사 소유의 가옥이 1인 사원의 중과실로 인하여 소실되었다면, 보험자
는 동법 제61조에 의하여 보험금액의 지급책임을 면한다. 즉 회사는 보험금청구를
할 수 없다. 이러한 결과는 회사의 실체파악과 관계없이, 신의칙에 반한 조건의 성취
는 조건불성취로 간주하는 독일민법 제162조 및 보험사고의 조장을 방지하려는 독일
보험계약법 제61조의 조문취지를 고려한 합목적적 해석을 통해서 얻어진 것이다.

2. 책임추궁을 위한 실체파악

가. 개설

일반적으로 실체파악론은 사원의 개인적 책임을 추궁하기 위한 제도로서 논의된
다. 물적 회사의 경우에는 회사채무에 대해서 회사는 원칙적으로 회사자본만으로 책
임을 진다. 회사의 사원은 회사채무에 대하여 책임을 지지 않는 것이 원칙이지만, 계
약상 의무부담의 근거가 있거나[46)] 불법행위가 성립하거나[47)] 계약체결상의 과실[48)]이

---

44) BGHZ 96, 352, 356 ff.
45) Scholz–Emmerich, § 13 GmbHG Rz. 72.
46) 예컨대, 사원이 회사의 채무에 대해서 보증을 서거나, 회사채무를 인수하는 경우 등이 이에
    해당한다.
47) 사원이 직접 불법행위를 한 경우뿐만 아니라 사원이 회사에 대해서 불법행위를 하도록 교
    사하거나 방조한 경우에도 사원은 회사와 더불어 공동불법행위책임을 진다.
48) 계약체결상의 과실로 이유로 사원이 회사채무에 대하여 책임을 지는 경우는 다음과 같은
    경우에 발생할 수 있다. 즉 사원이 회사를 대표하여 계약협상에 참여하면서 상대방에게 회
    사의 재정상태에 대해서 알려줄 先계약上의 의무가 존재하는데도 불구하고 이를 위반하여
    상대방에게 잘못된 정보를 전해줌으로써 피해를 입힌 경우에, 상대방은 계약체결상의 과실
    을 이유로 사원에게 개인적 책임을 물을 수 있다(BGH NJW 1986, 586, 587; NJW 1988,
    2234, 2235 f.; WM 1988, 1673, 1674; WM 1992, 735).

나 권리외관 및 신뢰보호의 침해[49] 등을 이유로 개인적 책임을 지는 경우도 있다. 이러한 경우는 법인의 실체파악과는 관계가 없다. 이러한 시각에서 독일연방재판소는 적절히도 "회사의 사원이 특별한 법적 근거(보증, 채무인수, 신용위임, 손해담보계약, 계약체결상의 과실 또는 불법행위)를 이유로 책임을 지는 것은 실체파악문제가 아니다"[50]라고 설시한 바 있다. 실체파악을 통한 책임추궁이란 결국 사원에게 다른 특별한 민사법적 의무부담근거가 없음에도 불구하고, 사원에게 회사의 채무를 부담하게 하는 문제인 것이다.[51] 문헌에서는 책임추궁을 위한 실체파악(Haftungsdurchgriff)의 경우로 "재산 또는 영역의 혼용", "외부지배", "저자본화" 등의 유형 등이 주로 설명된다.[52] 그 외 "법인제도의 남용"이라는 유형을 추가하는 경우도 있으나,[53] 사견에 의하면 이는 별도의 사례유형으로 인정될 필요가 있는 유형적 징표가 아니라, 실체파악을 필요케 하는 단서일 뿐이다. 다시 말하자면 법인제도의 남용이란 그 자체가 하나의 유형을 형성하는 것이 아니라, 다른 유형에 포섭되어 있으면서 실체파악의 필요를 알려 주는 기능을 한다고 할 것이다.

나. 사례유형

(1) 재산 또는 영역의 혼용에 따른 책임

재산의 혼용(Vermögensvermischung)이란 사원의 개인재산과 회사의 재산이 분리되지 않고 사용되는 경우를 일컫는다. 회사재산과 사원재산이 분리되지 않는 경우에는 책임분리의 원칙이 보장되어야 할 이유가 없다. 독일연방재판소는 재산혼용이 인정되는 요건에 대해서 다음과 같이 설명하고 있다. 재산의 혼용이란 어떤 재산이 회

---

49) 권리외관을 이유로 사원이 개인적 책임을 지는 사례로는, 상인이 오랫동안 운영하던 자신의 가게를 유한회사로 전환하면서 거래상대방에게 유한회사로의 전환에 따라 이루어지는 책임제한을 알리지 않아 손해를 입힌 경우를 들 수 있다(BGHZ 62, 216, 222f; 64, 11, 16 f.; BGH NJW 1991, 2627 등).
50) BGHZ 31, 258, 271.
51) Scholz‒Emmerich, § 13 GmbHG Rz. 59.
52) 무엇보다도 Scholz‒Emmerich § 13 GmbHG Rz. 75; Boujong, Das Trennungsprinzip des § 13 Abs. 2 GmbHG und seine Grenzen in der neueren Judikatur des Bundesgerichtshofes, in: Festschrift für Walter Odersky zum 65. Geburtstag, Berlin/New York 1996, S. 739, 742 ff. 등 참조.
53) Wiedemann, Gesellschaftsrecht, Bd. I, S. 227; Raiser, Kapitalgesellschaften, S. 23; Lutter, Die zivilrechtliche Haftung in der Unternehmensgruppe, ZGR 1982, S. 244, 252.

사재산인지 아니면 사원의 재산인지를 분간할 수 없는 경우를 말하는 것으로, 회사재산이 회사의 장부에 불분명하게 기재되어 있거나 회계사항이 파악하기 어렵도록 위장되어 있거나 회사와 사원의 재산을 구분하는 것이 은폐된 때에는 재산의 혼융이 있었다고 볼 수 있다고 판단한다.[54]

사원이 개인적으로 회사재산으로부터 차용하였다고 하여 바로 법인격부인법리가 적용되는 것은 아니고, 사원은 독일유한회사법 제30조·제31조에 따라 회사에 대해서 상환의무를 부담할 뿐이다.[55] 그러나 장부상 명기되어야 할 회사재산과 사원재산의 구분이 이루어지지 않고 특히 회사재산의 유용이 통제되지 않는 경우에는 회사의 채권자보호를 위해 유한책임의 특권은 더 이상 보장될 수 없다.[56] 이 경우에 사원의 과책이나 해의가 있었을 것을 요하지 않는다. 이처럼 재산의 혼융이 있다고 인정되면 사원은 회사채권자에게 회사와 더불어 회사채무에 대하여 무한책임을 부담하게 된다(연대채무의 관계). 이러한 책임의 법적 근거는 신의성실의 원칙(독일민법 제242조)으로부터 파생한 "선행행위와 모순되는 행위(venire contra factum proprium)의 금지"이다.[57] 즉 재산분리에 관한 규정을 지키지 않는 사원은 회사채권자에 대하여 재산분리를 원용할 수 없기에 회사채무에 대하여 자신의 재산으로 책임을 져야 한다고 풀이된다.

영역의 혼융(Sphärenvermischung)은 사원이 법인사업의 독립성에 관한 규정을 준수하지 않았을 경우를 의미한다.[58] 예컨대 사원이 그의 개인적인 가게를 운영하면서 다른 회사의 영업주소로 등록하거나, 가게와 회사가 같은 사무실 혹은 같은 전화회선을 사용하거나 양측의 사무원이 동일한 인물인 경우에는, 회사채권자 입장에서는 양쪽 사업이 동일한 것으로 오인할 가능성이 크다. 이러한 경우에 사원 개인의 영업과 회사의 영업이 외부적으로는 명확히 구분되지 않기 때문에, 사원은 회사채권자에 대해서 양자 간의 법적 분리를 주장할 수는 없다. 이 경우에는 실체파악법리가 전면에 적용되는 것이 아니라, 일반적인 권리외관책임의 법리가 적용된다.[59]

---

54) BGHZ 1985, 740.
55) BGH NJW 1985, 740; BGHZ 95, 330, 333 f.
56) BGHZ 95, 330, 334. 이 판례를 따라 BGHZ 125, 366, 368.
57) Lutter, ZGR 1982, S. 244, 251; Coing, NJW 1977, S. 1793, 1795; Erlinghagen, GmbHR 1962, S. 169, 172; Raiser, Kapitalgesellschaften, S. 333.
58) 오늘날에는 재산의 혼융과 영역의 혼융을 구분하는 것이 일반적이라고 할 수 있다. 예컨대 Lutter, ZGR 1982, S. 244, 251 f.; Karsten Schmidt, Gesellschaftsrecht, S. 242 ff.; Scholz – Emmerich, § 13 GmbHG Rz. 81, 88 등 참조.
59) Hachenburg – Mertens, Anh. § 13 GmbHG Rz. 49; Scholz – Emmerich, § 13 GmbHG

(2) 타인지배에 따른 책임

타인지배(Fremdbeherrschung) 또는 타인조종(Fremdsteuerung)으로 인한 실체파악책임의유형은 법인의 활동이 법인 자신의 고유한 이익을 위해서가 아니라 법인 외부의 다른 이익을 위하여 행하여지는 것을 특징으로 한다.[60] 이러한 유형에는 사원이 단순히 회사를 지배하는 것으로는 부족하고, 회사가 특정 사원에게 과도하게 종속되어 회사 내부의 의사결정이 심하게 제한되어 있거나 아예 봉쇄된 경우가 해당된다.[61] 만약 어느 사원 혹은 어느 지배회사가 회사운영에 영향력을 행사하여 다른 회사를 지배하고 있다면, 피지배회사의 법적 독립성을 무시하여야 할 것인가 하는 문제가 제기된다. 여기에 대해 클라우스 뮐러(Klaus Müller) 교수는 이러한 경우에 피지배회사의 채무이행을 위해서 지배기업(사원 혹은 회사)에게 직접적인 책임을 물을 수 있도록 실체파악론을 긍정한다.[62] 이러한 시각에서 그는 주식콘체른법에서는 콘체른母회사에 대하여 독일주식법 제309조(계약콘체른의 경우) 및 제317조(사실상 콘체른의 경우)에 따른 손해배상의무 외에도 실체파악에 의한 책임을 주장할 수도 있다고 한다.[63] 그러나 대다수의 학자는 그러한 실체파악책임은 현행법체계에서는 어울리지 않는 것이라고 비판한다.[64] 즉 회사의 지배에 관한 사례는 전형적으로 콘체른법에서 규율하는 내용이기 때문에 실체파악론을 동원할 이유가 없다는 것이다. 지배기업이 종속관계를 심화시킴으로써(aus einer qualifizierten Abhängigkeit) 발생하는 위험의 증가는 외부책임(Außenhaftung)을 낳는 것이 아니라, 콘체른기업 간의 내부적 관계에서 결손보전의무(Verlustausgleichpflicht)를 발생시킨다고 한다(§ 302 AktG 참조).[65] 심화된 사실상의 콘체른(qualifizierter faktischer Konzern)에서 채권자보호가 문제가 되면, 실체파

Rz. 88 a; Lutter, ZGR 1982, S. 244, 252.

60) MünchKomm BGB−Reuter, Vor § 21 Rz. 39 참조.

61) Möllers, Internationale Zuständigkeit bei der Durchgriffshaftung, Bielefeld 1987, S. 31; 또한 MünchKomm BGB−Reuter, Vor § 21 Rz. 40도 같은 취지로 설명한다.

62) Klaus Müller, Die Haftung der Muttergesellschaft für die Verbindlichkeiten der Tochtergesellschaft im Aktienrecht, ZGR 1977, S. 1, 25.

63) Klaus Müller, ZGR 1977, S. 1, 26~27.

64) Emmerich/Sonnenschein, Konzernrecht, 6. Aufl., München 1997, S. 256; Karsten Schmidt, Gesellschaftsrecht, S. 238; Bork, Zurechnung im Konzern, ZGR 1994, S. 237, 256 ff.; Paschke, Rechtsfragen der Durchgriffsproblematik im mehrstufigen Unternehmensverbund, Die AG 1988, S. 196, 199.

65) Karsten Schmidt, Gesellschaftsrecht, S. 239, Bork, ZGR 1994, S. 237, 259.

악론에 따른 책임을 물을 것이 아니라, 독일주식법 제302조, 제303조의 유추적용을 우선시켜야 한다고 주장한다(이른바 실체파악책임보충성의 원칙: Subsidiarität der Durchgriffshaftung).[66] 이러한 논리는 주식회사의 경우뿐만 아니라 유한회사의 경우에도 그대로 적용된다고 한다. 주목할 점은 최근의 독일판례도 이른바 자동차크레인사건(Autokrane)을 계기로 지배적 학설과 같은 취지의 판결을 내기 시작했다는 점이다.

자동차크레인사건의 사안은 다음과 같다.[67] 피고는 자신 소유의 기업을 7개의 유한회사로 분사하였는데, 각 회사의 지분을 피고 자신이 소유하였다. 이 유한회사들은 총 39대의 자동차크레인을 금융리스를 통하여 취득하였다. 그러나 피고의 회사들이 리스대금을 갚지 못하게 되자, 리스회사는 피고를 상대로 리스대금의 지급을 청구하였다. 이에 대하여 독일연방재판소는 법인격부인법리를 통한 피고의 대금지급의무는 부인하였으나,[68] 채권자인 리스회사는 주식법 제303조, 제322조 제2항 및 제3항의 유추적용을 통하여 피고에게 직접 대금지급청구를 할 수 있다고 판시하였다.[69] 이 판결 이후 독일연방재판소는 심화된 사실상의 유한회사콘체른이 문제된 이른바 지하공사판결(Tiefbau – Urteil)에서도 주식법 제302조를 유추하여 지배기업의 결손전보의무를 인정하였다.[70]

이것은 바로 독일연방재판소가 타인지배의 사례유형에 대해서는 채권자보호의 관점에서 법인격부인법리를 통한 책임추궁의 방법을 통하지 않고서, 직접 실정법의 유추를 통한 콘체른책임을 인정하고 있음을 보여준다. 요컨대 독일의 학설과 판례는 콘체른책임과는 별도로 타인지배를 이유로 하는 실체파악책임유형을 인정하지 않는다고 할 수 있다.[71]

(3) 불충분한 회사자본에 따른 책임

오늘날 실체파악책임과 관련하여 가장 논란이 많은 부분이 바로 회사의 불충분한 자본으로 인하여 사원이 개인책임을 져야 하는가 하는 문제이다. 이 문제는 유한회

66) Bork, ZGR 1994, S. 237, 259.
67) BGHZ 95, 330 ff.
68) BGHZ 95, 330, 339.
69) BGHZ 95, 330, 345 f.
70) BGHZ 107, 7 ff.
71) Vgl. KölnKomm – Kraft, § 1 AktG Rz. 61; Scholz – Emmerich, § 13 GmbHG Rz. 84 a.; Baumbach/Hueck, § 13 GmbHG Rz. 15.

사나 주식회사의 사원이 일정한 경우에는 자신이 출자한 기초자본(Stamm- od. Grundkapital)을 넘어서 회사의 자본불충분을 이유로 개인적 책임까지도 부담하여야 하는가 하는 점이 논의의 관건이다. 이 문제에 대한 검토에 앞서서 우선 저자본화 또는 자본불충분(Unterkapitalisierung)의 개념부터 살펴볼 필요가 있다.

독일제국법원은 저자본화를 "자본의 기초"와 "회사의 업무(Aufgabe)"[72]와의 불균형상태로 그리고 독일연방재판소 또한 이와 유사하게 저자본화를 "책임재산"과 "회사의 목적(Gesellschaftszweck)"[73]과의 불균형상태로 파악하였다. 그러나 이러한 정의에서 "회사의 업무" 또는 "회사의 목적" 등은 자본불충분을 이유로 사원에게 책임을 부과하기 위한 조건으로 삼기에는 지극히 추상적이고 막연한 기준이기 때문에 이에 찬동하는 학설은 없다. 이에 대해 울머(Ulmer) 교수가 제시한 정의는 많은 지지를 받고 있다. 울머 교수에 따르면, 자본조달방법의 관점에서 볼 때 회사의 자기자본(Eigenkapital)이 회사가 지향하는 혹은 현실적인 영업활동의 종류와 규모에 비추어 제3자의 신용에 의하지 않고서 중·장기의 자금수요를 충족시킬 만큼 충분치 않은 경우에, 회사는 자본불충분 상태에 있다고 한다.[74] 이와 같은 자본불충분의 개념은 다시 명목적 자본불충분과 실질적 자본불충분으로 나뉜다.

명목적 자본불충분(nominelle Unterkapitalisierung)은 사원이 회사에 대하여 충분한 자본조달을 하지만, 자기자본이 아니라 특히 사원소비대차(Gesellschafterdarlehen)와 같은 방법을 통한 타인자본(Fremdkapital)으로 회사자본을 조달하는 경우를 말한다. 명목적 자본불충분의 경우에는 책임추궁을 위한 실체파악을 인정할 필요가 없다.[75] 왜냐하면 이 경우에는 회사의 부족한 자본에 대해서 실체파악을 통해 사원의 개인적 책임을 물을 필요없이, 사원이 회사에 제공한 자본을 회사의 자기자본으로 전환시키게 되면, 결과적으로 자본불충분문제는 해소될 수 있기 때문이다.

---

72) RGZ 166, 51, 57.
73) BGHZ 31, 258, 268; 312, 316.
74) Hachenburg-Ulmer, Ahn. § 30 GmbHG Rz. 16; 또한 그의 정의에 찬동하는 견해로는 Karsten Schmidt, Gesellschaftsrecht, S. 240; Wüst, Wege des Gläubigerschutzes bei materieller Unterkapitalisierung einer GmbH, DStR 91, S. 1388, 1389; Weitbrecht, Haftung der Gesellschafter bei materieller Unterkapitalisierung der GmbH, Köln 1989, S. 24 등 참조.
75) BGHZ 81, 311, 317.

그에 반해 실질적 자본불충분(materielle Unterkapitalisierung)의 경우는 책임추궁을 위한 실체파악이 필요한 경우라고 할 수 있다. 실질적 자본불충분은 회사의 자기자본 또는 기초자본(Grundkapital)이 충분하지 않은 경우를 가리킨다. 실질적 자본불충분 상태는 회사에 필요한 재산이나 자본조달수단이 사실상 결여되어 있을 때 감지될 수 있다. 독일의 학설은 실질적 자본불충분의 경우에 사원은 개인적 책임을 져야 하는 지, 만약 책임을 진다면 어떤 요건이 충족된 경우에 그러한 것인지에 대해서 견해가 일치하지 않는다. 일부견해는 실질적 자본불충분의 경우에 현행 실정법상 적정한 자본조달을 요구하는 명문조항이 없기 때문에 법인격부인법리를 통해서 사원에 대해 책임의 제재(Haftungssanktion)를 하는 것은 타당하지 않다고 하면서 사원에 대한 실체파악책임을 부정한다.76) 이에 반해 회사가 자본불충분상태에 있게 되면, 비록 그것이 단순한 자본불충분(einfache Unterkapitalisierung) 상태라고 하더라도 실체파악을 통해서 사원에게 책임을 물을 수 있다고 하는 견해가 있다.77) 현재의 지배적 견해는 책임실체파악을 부정 혹은 긍정하는 양극단의 견해의 절충적 입장이라고 할 수 있다. 즉 명백한 혹은 가중된 자본불충분(eindeutige oder qualifizierte Unterkapitalisierung)의 경우에 한해서 사원에게 실체파악을 통한 책임추궁을 할 수 있다고 한다.78) 이 견해에 따르면 가중된 자본불충분상태는 회사의 자본조달이 사원소비대차를 고려하더라도 회사가 지향하는 혹은 현실적인 영업활동의 종류와 범위에 비추어 볼 때에 명백하고 회사의 내부자도 명확히 인식할 수 있을 정도로 부족하며 현 상황대로 거래가 진행된다면 회사의 사업실패가 고스란히 회사채권자의 부담으로 될 개연성이 높은 경우를 말한다.

---

76) Baumbach/Hueck, § 5 GmbHG Rz. 6; Kahler, Die haftung des Gesellschafters im Falle der Unterkapitalisierung einer GmbH, BB 1985, S. 1429, 1431; Weitbrecht, Haftung der Gesellschafter bei materieller Unterkapitalisierung der GmbH, S. 66 ff. 결과적으로 Flume, Juristische Person, S. 84; Wilhelm, Rechtsform und Haftung, S. 316 등도 같은 취지이다.
77) Wiedemann, Gesellschaftsrecht, Bd. I, S. 226, 556 ff.
78) Hachenburg–Ulmer, Anh. § 30 GmbHG Rz. 50 ff.; Georg Kuhn, Festschrift für Robert Fischer, S. 351, 359 f.; Rehbinder, Festschrift für Robert Fischer, S. 579, 585; Kübler, Gesellschaftsrecht, S. 238 f.; Raiser, Kapitalgesellschaften, S. 32 f.; Lutter/Hommelhoff, § 13 GmbHG Rz. 9; Wüst, DStR 1991, S. 1424, 1427; Karsten Schmidt, Gesllschaftsrecht, S. 241ff. 등.

한편 자본불충분으로 인한 책임에 관한 판례의 입장 또한 일관되어 있지 않다. 여러 문헌에서[79] 자본불충분으로 인한 실체파악책임을 받아들인 예로 꼽는 대표적인 사례는 이른바 "거주자협회판결(Siedlerverein – Entscheidung)"이다. 이 판결의 사실관계를 간단히 살펴보면 다음과 같다. 피고들은 용익임대차(Pachtvertrag)를 통해 원고의 농장을 경작하고자 하였는데, 피고들은 계약체결의 편의를 위해 등록사단법인을 창설하여 그 사단법인과 임대인인 원고 사이에 용익임대차계약이 체결되었고, 피고들은 각자 사단법인으로부터 다시 전대받는 형식을 통해 용익지를 사용하였다. 12년 후 임대인인 원고는 임대료의 증액을 요구하여 확정판결을 받아 집행하려 하자, 사단법인은 증액된 임대료를 사원들에게 부과하지 않았기 때문에 지급불능의 상태로 되었고, 사단법인은 재산이 없어 파산절차의 개시없이 곧바로 해산되었다. 임대인은 독일 민사소송법 제829조 및 제835조에 따라 사단법인의 사원들에게 사단법인의 증액된 전대료채권을 압류하고 전부명령을 신청하였다. 이에 독일연방재판소는 실체파악법리를 원용하여 사원들의 책임(즉 임대인에 대하여 전대료를 지불할 의무)을 인정하였다.[80] 하지만 이 판결을 근거로 독일연방재판소가 자본불충분의 경우에 실체파악법리를 적용하였다고 일반화시킬 수 있을지는 의문이 아닐 수 없다. 왜냐하면 민법상 사단법인에는 자본유지에 관한 규정이 적용되지 않을 뿐 아니라, 문제의 사단법인은 설립당시부터 전혀 자본이 없었던 상태였고 사원들로부터 회비도 징수하지 않음으로써 사단법인 자신이 재산을 가질 전망은 도무지 없었던 것이다. 따라서 이 사례에서는 사단의 채무에 대해서 사단구성원의 책임을 인정한 것이 아니라, 실제로는 사단구성원 자신들의 고유한 채무를 확인한 것이 그 주된 내용이라고 할 수 있다.[81] 그 후 1977년 독일연방재판소 제8민사부는 이른바 "규격주택사건(Typenhaus – Fall)"[82]에서 회사의 설립자본이 매우 부족하여 실질적 자본불충분에 해당하는 사례에 대해서 처

---

79) 대표적으로 Wiedemann, Gesllschaftsrecht, Bd. I, S. 225; Raiser, Kapitalgesellschaften, S. 335; Hachenburg – Ulmer, Anh. § 30 GmbHG Rz. 43 등을 들 수 있다.

80) BGHZ 54, 222: VIII. Zivilsenat des BGH Urt. v. 8. Juli 1970.

81) Flume, Juristische Person, S. 80. 한편 카스텐 슈미트 교수는 판례의 결론에는 찬동하지만, 논리구성에는 다른 해결책을 제시한다. 즉 본 사례에서 사단과 사단의 구성원의 관계를 수탁자와 신탁자 사이의 신탁관계로 보아, 사단구성원들의 임대인에 대한 전대료지급의무는 독일민법 제670조(수임인이 위임사무의 처리를 위하여 제반 사정에 비추어 필요하다고 인정할 수 있는 비용을 지출할 때에는 위임인은 이를 상환할 의무를 진다)를 유추적용하여 인정할 수 있다고 한다(Karsten Schmidt, Gesellschaftsrecht, S. 228).

82) BGHZ 68, 312.

음으로 자본불충분에 따른 책임여부에 관해서만 독자적으로 판단하게 되었다. 그런데 연방재판소는 자본불충분만으로는 실체파악을 통한 책임추궁을 정당화시킬 수는 없다고 판시하였다. 그 논거로서 현행 유한회사법은 일정한 최저자본만을 요구할 뿐이지, 어느 조문으로부터도 회사가 적정한 자기자본을 보유하고 있어야 한다고 해석되지는 않는다고 한다. 이에 대해 얼마 후 회사법문제를 전담하는 제2민사부는 다른 판결에서 제8민사부가 밝힌 논거는 채권자보호를 강화하려는 오늘날의 경향에 비추어 볼 때 지나치게 제한적인 해석이라고 비판하였다.[83] 그 후 1978년 제2민사부는 회사가 명백한 실질적 자본불충분상태에 있는 경우에 사원이 책임을 지는가에 대해서 판단함에 있어서, 원심이 실체파악을 통해 사원의 책임을 긍정한 논리를 채택하지 않는 대신에 독일민법 제826조[84]를 원용해서 부족한 자본출자로 인해 채권자에 손해를 끼친 것에 대한 불법행위책임의 논리로 구성하였다.[85] 이 판결 이후에 회사의 자본불충분으로 인한 사원의 책임인정여부가 문제된 사례들에 대해서는 독일연방재판소가 실체파악론을 원용하지 않고 양속위반의 고의적 가해를 규정한 독일민법 제826조에 근거하여 사원의 책임을 긍정하고 있다.[86]

IV. 사원을 위한 실체파악과 역실체파악

지금까지 살펴본 사례들은 외부의 제3자(대부분의 경우 회사채권자)의 이익을 위해서 법인에 대해서 실체파악이 가능한지, 가능하다면 어떤 요건이 충족되어야 하는지에 관한 문제를 다룬 것이다. 이와 반대로 사원을 위한 실체파악과 역실체파악은 지배사원에 대해서 실체파악이 가능한 것인지에 관한 문제이다.

---

83) BGH NJW 1977, 1683, 1686.
84) 독일민법 제826조(양속위반의 고의적 가해) 선량한 풍속에 위반하여 고의로 손해를 가한 사람은 그 타인에게 손해를 배상할 의무를 진다.
85) BGH vom 30. 11. 1978, NJW 1979, 2104.
86) BGH DB 1988, 1848; BGH GmbHR 1991, 409, 412. 다만, 독일연방재판소(BGH)의 민사부의 판단논리와는 달리 독일연방사회법원(Bundessozialgericht)은 1983년 12월 7일에 있었던 판결에서 회사의 자본불충분의 경우에 실체파악법리를 통하여 사원의 개인적 책임을 긍정한 적이 있다.

1. 사원을 위한 실체파악

사원을 위한 실체파악(gesellschafterfreundlicher Durchgriff)이란 1인 회사의 단독사원이 자신의 이익을 위하여 회사에 대한 실체파악을 주장할 수 있는지의 문제이다. 독일연방재판소는 1970년대에 두 개의 손해배상사건에서 사원을 위한 실체파악법리에 대해서 다룬 적이 있다.

첫 번째 사례는 1973년 11월 13일에 있은 사건으로, 사안은 다음과 같다.[87] 유한회사의 단독사원이 수임한 변호사가 의무를 해태하여 공고기간을 간과하는 바람에 독일민사소송법 제915조에 따라 채무자명부에 기재되어 버렸다. 이 때문에 유한회사의 거래은행은 회사의 여신을 철회하였고, 이에 단독사원은 변호사에게 변호사의무의 위반을 이유로 회사가 입은 손해의 배상을 청구하였다. 독일연방재판소는 다음과 같은 이유로 원고(단독사원)의 손해배상청구를 인용하였다: "유한회사의 단독사원에게 제3자의 과책으로 인하여 손해가 발생하여 그 손해가 그의 '특별재산(Sondervermögen)'인 회사에 생기게 되었다면, 사건의 상황을 고려한 가해자와의 관계상 단독사원 개인에게 손해가 발생한 것으로 볼 수 있을 것이다." 이러한 논지는 사원을 위한 실체파악을 긍정하는 시각에 설 때 가능한 것으로, 이러한 연방재판소의 견해는 많은 문헌에서 비판을 받고 있다.[88]

이어서 독일연방재판소는 1977년 2월 8일에 다음과 같은 사안을 다루게 되었다.[89] 주식회사의 단독사원인 원고는 피고의 과실로 발생한 스키사고로 인하여 중상을 입고, 이로 인해 상당기간 노동능력을 상실하게 되었다. 원고는 스키사고의 발생으로 말미암아 자신이 회사를 대표하여 체결해야 할 공급계약을 성사시키지 못함으로 인해 회사는 이익을 놓치게 된 만큼, 그에 상응하는 배상액을 원고의 이름으로 피고에게 청구한 것이다. 독일연방재판소는 앞의 판례의 인용을 통해 입장을 재확인하였다: "물적회사의 대표로 있는 단독사원이 사고로 인하여 노동능력을 상실하게

---

87) BGHZ 61, 380 ff.
88) Vgl. Karsten Schmidt, Wohin führt das Recht der Einmann-Gesellschaft?, GmbHR, 1974, S. 178 ff.; Kübler, Gesellschaftsrecht, S. 304; Wiedemann, Gesellschaftsrecht, Bd. I, S. 239 ff.; Wilhelm, Rechtsform und Haftung, S. 380 ff.; Flume, Juristische Person, S. 77 ff.; John, Gesellschafterfreundlicher Durchgriff?, JZ 1979, S. 511, 515; Hueck, Gesellschaftsrecht, § 36 II 5 b) ff).
89) BGH, NJW 1977, 1283 ff.

되었고 이로 인해 회사가 영업이익을 놓치게 되었다면, 단독사원은 회사의 손실분을 자신의 고유한 손해로써 사고책임자에게 배상하도록 청구할 수 있다(BGHZ 61, 380 ff. = NJW 1974, 134의 확인)."

이 판결이 가지는 의미는 결론에 있어서 앞의 판결과 같지만, 가해자의 배상책임을 인정하는 이유를 앞의 판례와는 달리 실체파악론에 의거하지 않고 손해배상의 일반적 법리로부터 결론을 이끌어 내려 하였다는 점이다.

회사채무를 배후사원에게 부담시키기 위한 실체파악의 일반적 경우에서도 대부분은 규범적용 또는 일반법리를 통하여 문제를 해결할 수 있듯이, 소위 사원을 위한 실체파악의 경우에 문제되는 손해의 조정은 손해배상법의 일반법리를 통하여 해결이 가능하다는 것이 대다수 학설의 의견이다. 이러한 견해에 따르면 앞의 양 사례에서는 "제3자 손해청산론(Drittschadensliquidation)"과 "제3자 보호효를 가진 계약(Vertrag mit Schutzwirkung für Dritte)" 등의 법리가 해결도구로 고려될 수 있다.[90] 요컨대 이른바 "사원을 위한 실체파악"은 굳이 수용할 필요가 없는 법리이다.

2. 역(逆)실체파악

역(逆)실체파악(umgekehrter Durchgriff)의 문제는 법인이 사원의 개인채무에 대하여 책임을 부담할 필요가 있을 경우에 제기된다. 일부학자들은 역실체파악의 필요성을 긍정한다.[91] 이에 반해 법인에게 사원의 채무를 부담시키기 위한 역실체파악은 인정될 수 없다는 것이 통설이다.[92] 다수설이 드는 근거는 회사의 재산은 전적으로 회사의 채권자를 위해서 유지되어야 한다는 것이다.

독일연방재판소는 1990년 12월 12일에 있은 한 판결에서 이와 관련한 사례를 다

---

90) Vgl. v.a. John, JZ 1979, S. 511 ff.; Scholz—Emmerich, § 13 GmbHG, Rz. 96; Hachenburg—Mertens, Anh. § 13 GmbHG Rz. 27; Raiser, Kapitalgesellschaften, S. 337; Hüffer, NJW 1977, S. 1283, 1285.

91) Serick, Rechtsform dund Realität, S. 32, 79 ff.; Drobnig, Haftungsdurchgriff bei Kapital— gesellschaften, S.68 ff.; Ottmar Kuhn, Strohmanngründung bei Kapitalgesellschaften, S. 189 ff.; Möllers, Internationale Zulässigkeit bei der Durchgriffshaftung, S. 33.

92) Baumbach/Hueck, § 13 GmbHG Rz. 18; Lutter/Hommelhoff, § 13 GmbHG, Rz. 19; Scholz—Emmerich, § 13 GmbHG Rz. 94; Hachenburg—Mertens, Anh. § 13 GmbHG, Rz. 24; Roweder, § 13 GmbHG Rz. 31; Karsten Schmidt, Gesellschaftsrecht, S. 254; Wiedemann, Gesellschaftsrecht, Bd. I, S. 228; KölnKomm—Kraft, § 1 AktG Rz. 62.

론 적이 있다.[93] 그 내용은, 유한회사에 대하여 채무를 부담하는 피고가 그 유한회사의 대표이사로부터 유한회사가 청구한 채무를 면제시켜 준다는 개인적인 약정이 있었음을 이유로 유한회사로부터의 채무이행청구에 대해 지급을 거절한 것이다. 독일연방재판소는 이 사례에서 통설의 주장을 인용하면서 이른바 역실체파악을 인정하지 않음을 분명히 하였다. 즉 역실체파악은 유한회사법의 자본유지에 관한 규정에 부합하지 않을 뿐만 아니라, 유한회사의 재산은 전적으로 회사의 채권자를 위하여 보유되어야 한다는 것이다.

역실체파악을 인정하게 되면 회사채권자의 이익을 현저하게 침해할 우려가 크므로, 그러한 식의 실체파악은 부정함이 타당하다. 법인은 그의 사원이 대표기관으로써 행위를 하다가 타인에게 손해를 끼친 경우에는 배상의무를 부담하지만(독일민법 제31조), 그렇지 않고 사원이 개인적인 영역에서 하는 행위에 대해서까지 법인에게 책임을 물을 수는 없다.

---

93) NJW – RR 1990, 738 = GmbHR 1990, 295 = WM 1990, 632.

제2절 우리나라의 법인격부인론

I. 개설

법인, 특히 회사의 법인격이 남용된 경우에 이를 법적으로 규제하는 방법으로는 크게 예방적 방법과 교정적 방법으로 나누어 볼 수 있다.[94] 전자의 방법으로는 ① 최저자본금을 법정하여 이를 유지시키도록 강제하거나(상법 제329조 제1항), ② 금융감독원과 같은 행정기관이 회사의 자본과 업무상태를 상시 감독하는 것 등이 여기에 해당한다. 후자에는 ① 회사의 존재나 행위가 공익을 해하는 경우에 회사의 해산을 명함으로써 회사의 존재를 전면적으로 박탈하는 방법(상법 제176조)과 ② 회사의 존재자체는 인정하면서 부당한 목적으로 회사제도가 이용된 경우에 문제된 법률관계에 관해서만 회사의 법인격을 부인함으로써 타당한 결론에 도달하려는 방법이 있다. 법인격부인론은 바로 후자의 ②의 방법을 말한다. 사단법인의 경우에는 사단구성원의 법인격과 법인자체의 법인격은 엄격히 분리되고(분리의 원칙), 특히 물적회사의 경우에는 주주는 자신의 출자범위 내에서만 책임을 진다(유한책임의 원칙). 그런데 법인격부인론은 이러한 분리의 원칙 내지 유한책임의 원칙을 제한하는 중대한 예외적 법리인 것이다. 그런데 법인격부인법리는 다른 제도와는 달리 실정법상 명문으로 인정된 것이 아니라, 실무상의 문제해결을 위해서 구성된 이론이라는 그 특징이 있다. 바로 이 점 때문에 법인격부인론에 관한 설명은 학설에 크게 의존할 수밖에 없다. 필자는 '법인격부인론'이라는 용어 자체가 동 법리를 오해하도록 만들거나 실제 법리의 운용과 어울리지 않기에 그 대안으로 법인의 법인격을 부인하는 것이 아니라 법인의 책임제한의 특권을 부인한다는 점에서 법인의 '책임제한 부인론'으로 부르는 것이 타당하다고 생각하지만, 다른 문헌에서 통상 사용되는 강학상 용어임을 감안하여 여기서도 법인격부인론으로 표기하여 설명한다.

우리나라에서 법인격부인론은 1960년대에 처음 소개된 이래,[95] 주로 상법학자들에 의해서 이론도입의 필요성이 주장되었다. 특히 1974년에 서울고등법원에서 있은

---

94) 정동윤, 회사법, 21면.
95) 김표진, "회사법인격부인의 법리", 「법정」 제20권 제12호, 법정사, 1965. 12, 50~52면; 정진세, "회사형태의 남용과 그 대책", 서울대학교 석사학위논문, 1967; 홍신희, "회사제도의 남용과 법인격부인의 이론", 「법학논고」 제5집, 청주대학교 법학회, 1961, 45~52면 등.

이른바 태원주식회사 판결[96]을 계기로 법인격부인론을 다룬 논문이 급속하게 많이 발표되었는데,[97] 특히 1988년 및 1989년의 편의치적과 관련한 판결[98]에 즈음하여 여러 편의 평석논문이 발표되었다가 이를 기점으로 그 후 동 이론에 대한 관심은 오히려 줄어든 느낌이다. 그러나 실무에서는 2001년의 오피스텔분양회사와 관련한 판결[99]과 2004년의 임대차보증금반환과 관련한 안건사 판결[100] 등 최근까지 법인격부인론과 관련한 일련의 대법원판결들이 쏟아져 나오면서 다시금 법인격부인론이 주목을 받고 있다. 특히 우리나라에서는 채무를 부담하던 기존회사가 채무회피의 수단으로 폐업하고 이후 신설회사가 설립되어 종전 사업을 영위함으로써 기존회사의 채권자와 신설회사 사이에 기존회사의 채무상환을 둘러싼 분쟁사례가 자주 등장한다. 여기에도 법인격부인론이 개입되는데, 대법원은 2008년 판결에서부터 법인격부인의 유형에 관하여 '법인격 형해화'와 '법인격 남용'으로 구분하여 판단한다.[101] 즉, '법인격 형해화'는 외형상 법인의 형태를 취하였더라도 법인은 이름뿐이고 실질적으로는 배후에 있는 자의 개인영업에 지나지 않는 경우라 하고, '법인격 남용'은 법인이 형해화 정도에 이를 않았더라도 법인의 배후자에 의해 법인의 법인격이 함부로 이용되는 경우로 구분한다. 이후 판결은 이러한 구분론을 원용해서 판단하지만, 실제로 이러한 유형이 엄격히 구분되는 것은 아니다.[102]

한편 법인격부인론은 회사의 지배가 용이한 1인 회사 내지 폐쇄회사의 경우에 많이 문제가 되어왔는바, 2001년 개정된 상법에서는 1인의 발기인만으로도 회사의 설립을 허용함으로써(제288조, 제543조 제1항 참조), 회사의 설립이 용이하게 됨과 동시에 회사의 남설로 인해 주주의 유한책임제도가 남용될 위험성도 그만큼 커지게 되었다. 따라서 앞으로 법인격부인법리의 기능과 효용성에 대한 관심은 더욱 커질 것으로 예상된다. 따라서 우리의 판례를 면밀히 살펴봄으로써 우리나라의 법적·경제적

96) 서울고법 1974. 5. 8. 선고 72나2582 판결.
97) 이기수 교수는 이러한 현상에 대해서 "… 법인격부인론에 관한 논의는 … 시쳇말로 '약방의 감초격'이 된 느낌"이라고 표현하기도 하였다(이기수, "법인의 본질", 「상법논총」(인산정희철선생정년기념), 박영사, 1985, 80면).
98) 대법원 1988. 11. 22. 선고 87다카1671 판결; 대법원 1989. 9. 12. 선고 89다카678 판결.
99) 대법원 2001. 1. 19. 선고 97다21604 판결.
100) 대법원 2004. 11. 12. 선고 2002다66892 판결.
101) 대법원 2008. 9. 11. 선고 2007다90982 판결.
102) 김건식·노혁준·천경훈, 회사법, 63면; 김재형, "법인격, 그 인정과 부정: 법인격 부인 또는 남용에 관한 판례의 전개를 중심으로", 「민사법학」 제44호, 한국민사법학회, 2009, 48면.

환경에 어울리는 이론의 정립이 필요하다.[103]

II. 학설

1. 법인격부인 긍정설

우리나라에서 법인격부인론은 주로 상법학자들에 의해서 이론의 도입가능여부에 관한 논의가 이루어져왔다. 학설의 주류는 법인격부인론의 도입을 긍정하는 입장이다. 우리나라에서 주장되는 법인격부인론의 내용을 보면 독일의 학설들과는 달리 법인격부인의 논거나 적용방법이 다양하게 주장되지 않고 그 내용이 대동소이하여 특정한 학설의 명칭을 붙여가며 분류하기는 힘들다. 다만 법인격부인론의 활용정도에 관해서는 견해가 갈린다. 즉 법인격부인론의 도입을 긍정하되 종래의 사법이론의 적용으로는 타당한 해결을 찾을 수 없는 경우에 한해서 법인격부인론을 원용해야 한다는 소극적인 견해가 있는가 하면,[104] 이와 반대로 종래의 사법이론과 아울러 법인격부인론을 활용할 수 있다는 적극적인 견해도 있다.[105]

한편 도입긍정설 중에서도 법인격부인의 법리적 또는 실정법적 근거를 무엇으로 이해하여야 하는가에 대해서, 주류는 민법 제2조 제1항의 신의성실의 원칙 위반 또는 동조 제2항의 권리남용금지의 원칙에서 찾는 데 반하여,[106] 회사의 법인성을 규정한 상법 제171조 제1항을 근거로 법인격개념에 내재한 법질서적 목적에서 찾아야

---

103) 이하 우리나라의 학설과 판례에서의 법인격부인론의 전개상황에 관해서는 송호영, "법인격부인론의 요건과 효과", 「저스티스」 제66호, 한국법학원, 2002. 4, 244면 이하; 同, "독일법상 법인실체파악이론의 운용과 우리 법에의 시사점", 「비교사법」 제14권 제3호(상), 한국비교사법학회, 2007. 9, 449면 이하; 同, "기존회사의 채무면탈의 의도로 신설회사가 설립된 것인지의 여부가 문제되는 경우", 「민사판례연구」 제32권, 민사판례연구회, 2010, 93면 이하 참고. 또한 미국의 Veil-Piercing 이론으로 우리 판례를 분석한 시도로는 최동일, "법인격 투시요인의 유형화 및 규범화에 관한 연구 - 미국의 Veil-Piercing 이론을 중심으로 -", 한양대학교 법학전문대학원 박사학위논문, 2024, 152면 이하 참고.

104) 박상조, 신회사법론, 53면; 정동윤, 회사법 28면 이하; 최기원, 신회사법론, 60면 등도 같은 취지이다. 특히 박상조 교수는 구체적으로 "신의성실이나 권리남용금지의 원칙(민법 제2조), 표현대리나 대리에 관한 비현명주의(상법 제48조), 채권자사해행위의 취소권(민법 제406조), 이사의 제3자에 대한 책임(상법 제401조) 등에 관한 규정을 적용하여 해결할 수 있는 경우에는 법인격부인의 법리의 적용은 제한되어야 할 것"이라고 한다(前記, 같은 면).

105) 이균성, "회사법인격부인의 법리", 「고시계」 제28권 제5호, 고시계사, 1983. 5, 50면; 정찬형, "법인격부인이론", 현대민상법의 연구 (위정 이재철박사화갑기념), 1984, 402면.

106) 정동윤, 회사법, 33면; 최기원, 신회사법론, 58면 등.

한다는 주장107)도 있다.

2. 법인격부인 부정설

소수의 견해이기는 하지만, 최후의 수단(ultima ratio)으로서의 법인격부인론의 적용조차 거부하는 학설이 있다. 부정설을 주장하는 근거에 대해서는 부정론자 사이에 약간의 차이가 있다. 먼저 정기남 교수의 주장을 보면,108) 그는 학설·판례가 법인격부인법리의 적용사례로 들고 있는 사건을 ① 계약상의 의무위반·탈법행위, ② 채권자사해행위, ③ 과소자본 내지 저자본화, ④ 사원의 인식·성질·태도를 회사로 귀속시키는 것, ⑤ 회사와 사원의 동일시, ⑥ 지배회사와 종속회사의 동일시 등으로 분류하고서, 각각의 경우에 민·상법상의 관련조문을 인용하여 사례해결을 시도한다. 그러한 작업을 통해 그는 "법인격무시의 법리가 적용된 사례를 보면 해당법규나 계약의 해석의 문제이며 실질적으로 법인격의 유무가 문제되고 있지 아니함을 볼 수 있다"109)고 주장한다. 이러한 설명은 독일의 규범적용설의 기본입장과 유사하다. 한편 고평석 교수는 鄭 교수와 마찬가지로 기존의 법인격부인론이 적용되는 구체적 사례들은 사법상의 개별규정이나 신의칙과 같은 총칙규정의 적용으로 해결이 가능하다고 주장한다.110) 高 교수 견해 중에서 특이한 것은 다른 학자들의 주장과는 달리 법인격의 본질적 특성과 사원의 행위자체를 강조한다는 점이다.111) 즉 법인격은 설립등기에 의하여 형식적·확정적으로 취득하는 것으로, 그 성격상 원칙적으로 사원의 개별행위에 따라 영향을 받지 아니하며, 법인격의 소멸에 있어서도 법에 정한 절차에 따라야 하는 단체법상의 형식적인 개념이라고 한다. 또한 법인격부인사례에서 문제되는 것은 회사의 법인격이 남용된 사실이 아니라, 실제로는 사원의 행위가 제3자에 대한 손해의 직접적인 원인이라고 한다.

---

107) 정찬형, "법인격부인론", 「현대민상법의 연구」(위정 이재철박사화갑기념), 1984, 404면.
108) 정기남, "회사법인격무시의 법리", 「현대법학의 제문제」(무애 서돈각박사화갑기념), 1981, 321면 이하.
109) 정기남, "회사법인격무시의 법리", 「현대법학의 제문제」(무애 서돈각박사화갑기념), 1981, 323면.
110) 고평석, "법인격부인론의 부인", 「상사법의 현대적 과제」(춘강 손주찬박사화갑기념), 1984, 73면 이하, 특히 99면 참조.
111) 고평석, "법인격부인론의 부인", 「상사법의 현대적 과제」(춘강 손주찬박사화갑기념), 82면 이하.

3. 사견

위의 제1절 「독일의 실체파악론」 위에서 살펴본 바와 같이 독일의 실체파악론에 관한 학설은 실체파악을 통한 책임의 "근거"를 보다 구체적으로 설명하는 데 반하여, 우리나라의 법인격부인에 관한 학설은 이론도입의 "가부"에 문제의 초점이 맞춰져 있다고 할 수 있다. 필자는 독일의 뮐러 프라이엔펠스 교수가 주창한 규범적용설은 종래 영미법적 시각에서 발전한 법인격부인법리를 실정법이 엄연히 존재하는 법체계 내에서 어떻게 수용하여야 할 것인가에 대한 새로운 대안을 제시한 획기적인 학설이라고 평가하고 싶다. 규범적용설의 입장에서는 법인격부인의 문제는 새로운 형태의 사례가 등장할 때마다 우선 실정법규정의 적용으로 문제해결을 시도해 보아야 하므로 사례의 유형화작업이 대단히 중요하고, 발생가능한 사례의 유형화가 완비되기까지는 계속해서 학설의 내용을 다듬어야 한다는 과제를 안고 있다. 이러한 점에서 법인격부인론의 도입을 부정하는 우리나라의 소수설(법인격부인 적용부정설)이 비록 완전하지는 않지만, 여러 사례유형을 제시하면서 철저한 실정법규의 적용을 시도한 것은 대단히 의미 있는 작업이라고 생각한다. 더 나아가 법인격부인법리의 적용을 거부하는 이유로 법인에게 인정된 법인격의 총체적 · 계속적 특성을 간과해서는 안 된다는 점 및 회사의 법인격남용이 문제되는 사례는 실제로는 사원의 행위가 남용된 것이기 때문에 사원이 책임을 져야 한다는 점 등을 강조한 고평석 교수의 견해는 깊이 새겨볼 가치가 있다고 생각한다.

필자 또한 기본적으로 법인의 법인격은 대외적인 공시를 통하여 독자성을 인정받은 것으로 함부로 무시되거나 부인되어서는 안 되며, 법인격부인론을 우선해서 적용하기보다 현행법상의 여러 법규를 유추적용하든지 계약내용의 합리적인 해석을 통하여 타당한 결론을 이끌어 내어야 한다고 생각한다. 그럼에도 불구하고 의문스러운 점은 과연 법인격부인론의 도움없이 현행의 실정법규 내지 기존의 사법이론만으로도 모든 사례에서 합리적인 문제해결이 가능할지 하는 점 그리고 실정법규가 존재하더라도 그 내용이 충분하지 않을 경우에는 어떻게 문제를 해결해야 할 것인가 하는 점이다. 예컨대 회사의 남용이 문제되는 전형적인 사례 중 하나가 회사의 사업규모에 비하여 현저히 적은 자본을 출자하여 회사를 운영한 결과 회사채권자에게 손해를 끼쳤을 때에 사원(주주)은 언제나 출자범위 내에서만 책임을 져야 하는가 하는 문제이다[이른바 자본불충분(Unterkapitalisierung)의 문제]. 이에 대해 법인격부인론의 적용을 부인하는 견해는 이 경우에 법인격부인론을 적용하면 회사의 유한책임이란 특성을 정면으로 무시하게 되어 현행 회사법체계를 무의미하게 만들 우려가 있다고 하면서, "개정상법에는 주식회사의 최저자본액을 법정하고 있으므로 앞으로 우리의 법체계 내에서는 별문제가 없을 것"이라고 주장한다.112) 그러나 과거 최저자본제도를 규정한 상법규정113)은 주식회사의 남설을 제한하기 위해서 최저자본액이 필요함을 정한 것이지, 최저자본제도가 회사설립 이후 회사 또는 사원이 부담해야 하는 채무가 언제나 회사자본으로 제한됨을 정한 것은 아니다. 따라서 이러한 경우에는 규범적용의 논리 외에 다른 차원의 법원리의 적용이 필요한 것이 아닌가 하는 생각이 든다.

요컨대 기존에 법인격부인이 문제되는 사례의 해결을 위해서는 실정법규범이나 계약내용의 합목적적 해석 또는 사법의 일반이론 등을 적용시켜 보고, 이러한 방법이 여의치 않을 경우에 보충적으로(ultima ratio) 법인격부인법리가 적용될 수 있으리라 생각한다. 문제는 과연 어떤 경우에 규범적용으로 해결이 가능하고, 반대로 어떤 경우에 법인격부인법리가 적용될 수밖에 없는지를 가리는 것인데, 이에 대해 일률적으로 설명할 수는 없고 구체적으로 문제된 사례들을 유형별로 분석하여 판단할 수밖에 없다. 따라서 앞으로 법인격부인론을 다루는 학계의 과제는 법인격부인법리가 적용될 수 있는 다양한 사례들을 유형화하고, 각각의 해당유형의 판별기준을 마련하는 것이라고 생각한다. 예컨대 어느 회사가 자본불충분의 유형에 해당하여 법인격부인법리가 적용되어 지배주주에게 책임을 물을 수 있다면, 어떠한 경우에 회사의 자본이 불충분상태에 있다고 할 수 있는지에 대한 구체적인 판단기준이 마련되어야 할 것이다. 이러한 작업은 물론 판례의 집적과 함께 발전할 수 있을 것이다.

---

112) 고평석, "법인격부인론의 부인", 「상사법의 현대적 과제」 (춘강 손주찬박사화갑기념), 95면.
113) 과거 상법 제329조 제1항은 주식회사설립을 위한 최저자본제도를 두었으나, 2010. 2. 7. 시행된 개정상법에서 동 조항은 폐지되었다.

III. 문제된 사례

1. 회사의 채무에 대해 지배주주의 책임이 문제된 사례

가. 주식회사 태원 사례[114]

강학상 법인격부인론이 실제 재판에서 법리의 적용여부가 문제된 것은 1974년 서울고등법원의 주식회사 태원 판결에서부터이다. 동 판결은 실질적으로 1인 주주이자 대표이사인 피고가 회사명의(주식회사 태원)로 원고에게 발행한 당좌수표가 부도가 나고 회사가 발행한 약속어음 또한 결제가 되지 않아, 원고가 피고 개인을 상대로 수표대금 및 약속어음금청구소송을 제기한 사건을 다룬 것이다. 원심은 판결문에서 밝힌 바와 같이 "회사의 법인격을 부인하고 그 회사의 원고에 대한 채무는 그 회사라는 법률형태의 배후에 실존하는 기업주인 피고의 채무로 간주"함으로써, 이 판결은 법인격부인법리를 도입하여 회사채무에 대한 주주의 개인책임을 인정한 첫 사례로 꼽힌다. 이 판결에 대하여 대법원은 원심이 강학상 이른바 "법인형해론"을 채용하여 입론한 것인데, 원심이 들고 있는 회사의 형해성을 뒷받침하는 자료를 보면 문제의 회사가 "형해"에 불과하다고 인정한 것은 잘못이라 하여 원심을 파기환송하였다.[115] 대법원의 이러한 설시에 대하여 대법원이 법인격부인의 법리를 채택하지 않은 것으로 보는 견해[116]가 있으나, 대법원이 同 법리의 수용자체를 배격한 것은 아니라 원심이 제시한 징표를 검토한 결과 문제의 회사가 아직은 형해상태에 이른 것은 아니기 때문에 회사의 법인격을 부인할 수는 없다고 판단한 것으로 보아야 한다.[117] 이를 달리 이해한다면, 대법원은 향후 어느 사건의 사실관계에서 회사가 형해에 이를 정도가 되었다고 판단되면 법인격부인의 법리를 적용할 수도 있음을 의미하는 것이다. 즉 대법원은 본 사건의 경우에 요건미비를 이유로 법인격부인의 법리를 적용하지 않았지만, 회사의 형해화요건만 충족된다면 동 법리의 적용이 가능함을 시사하고 있다.

---

114) 서울고법 1974. 5. 8. 선고 72나2582 판결.
115) 대법원 1977. 9. 13. 선고 74다954 판결.
116) 정찬형, "법인격부인론", 「현대민상법의 연구」(위정 이재철박사화갑기념), 1984, 409면.
117) 同旨 박상조, 신회사법론, 52면; 손주찬, 상법(上), 453면; 최기원, 신회사법론, 62~63면.

나. 주식회사 삼진 사례[118]

주식회사 삼진은 오피스텔을 분양하는 시행사로서 원고와 오피스텔 및 상가분양 계약을 체결하였는데, 건물의 분양이 제대로 되지 않아 피고회사가 자금난을 겪음으로써 공사가 지지부진하자, 원고는 피고회사 및 회사의 사실상의 지배주주인 대표이사를 피고로 하여 분양계약의 해제 및 원상회복을 청구하였다. 이 사건에서 대법원은 "회사가 외형상으로는 법인의 형식을 갖추고 있으나 이는 법인의 형태를 빌리고 있는 것에 지나지 아니하고 그 실질에 있어서는 완전히 그 법인격의 배후에 있는 타인의 개인기업에 불과하거나 그것이 배후자에 대한 법률적용을 회피하기 위한 수단으로 함부로 쓰이는 경우에는 비록 외견상으로는 회사의 행위라 할지라도 회사와 그 배후자가 별개의 인격체임을 내세워 회사에게만 그로 인한 법적 효과가 귀속됨을 주장하면서 배후자의 책임을 부정하는 것은 신의성실의 원칙에 위반되는 법인격의 남용으로서 심히 정의와 형평에 반하여 허용될 수 없다 할 것이고, 따라서 회사는 물론 그 배후자인 타인에 대하여도 회사의 행위에 관한 책임을 물을 수 있다고 보아야 할 것이다"라고 하여 학설에서 인정된 법인격부인론을 정식으로 수용하였다. 다만 필자는 대법원이 설시한 "신의성실의 원칙에 위반되는 법인격의 남용"의 의미를 좀 더 명확히 하고자 다음과 같은 논리의 보완을 제안한 바 있다. 즉 대법원이 피고회사의 법인격을 부인하여 그 배후의 대표이사인 피고에게만 책임을 물은 것이 아니라 피고회사와 피고 양자에게 책임을 물었다는 점에 착안하여, 피고가 회사에 대하여 행한 일정한 행위로부터 피고의 병존적 채무인수의 의사를 추단할 수 있고, 따라서 피고가 채무인수로 추단되는 자신의 행위에 대해서 책임을 회피하고자 회사와 사원의 법인격은 분리되어야 한다는 이의(Verwahrung)를 주장하게 되면, 이는 이른바 모순된 이의로서 효력을 인정할 수 없으며(protestatio facto contraria non valet), 그러한 모순된 이의를 저지할 수 있는 근거는 바로 민법 제2조 신의성실의 원칙에서 찾을 수 있다는 것이다.[119]

---

118) 대법원 2001. 1. 19. 선고 97다21604 판결.
119) 송호영, "법인격부인론의 요건과 효과", 「저스티스」 제66호, 한국법학원, 2002. 4, 263면.

다. 건설공사 사례[120]

원고는 피고회사와 공장건설을 내용으로 하는 도급계약을 체결하고 공사를 진행하였으나, 피고회사가 공사대금을 지급하지 아니하자, 피고회사 외에 대표이사를 상대로 공사대금의 지급을 청구하였다. 그 배경을 보면, ① 피고회사는 이사 3인, 감사 1인으로 구성된 자본금 1억 원의 소규모회사인데, 대표이사인 피고 외에 그의 가족이 이사와 감사로 등기되어 있었다. ② 피고회사는 회사 운영을 위한 물적 설비를 갖추기 위하여 원고와 사이에 공사에 관한 도급계약을 체결하게 되었는데, 공장건물이 설립된 토지는 대표이사인 피고의 소유이고, 피고는 공장건축 자금 등을 마련하기 위하여 이 사건 토지를 담보로 금원을 대여받았다. ③ 피고회사의 자본금은 1억 원에 불과하지만, 규모에 비해 과다한 채무가 있었으며, 회사의 실제 자산은 거의 없는 편이었다. ④ 이에 피고는 이 사건 공사현장의 노무비를 지급하겠다는 내용의 지불각서에 서명날인한 적이 있다. 이러한 사정에서 원심은 피고회사는 외형에 불과할 뿐이고 실질적으로 피고회사의 사업은 피고의 개인사업과 마찬가지라고 하여, 피고회사의 실질적 지배자로서 배후에 있는 피고에 대하여도 공사대금을 청구할 수 있다고 판시하였다.[121]

이에 대해 대법원은 "회사가 그 법인격의 배후에 있는 타인의 개인기업에 불과하다고 보려면, 원칙적으로 문제가 되고 있는 법률행위나 사실행위를 한 시점을 기준으로 하여, 회사와 배후자 사이에 재산과 업무가 구분이 어려울 정도로 혼용되었는지 여부, 주주총회나 이사회를 개최하지 않는 등 법률이나 정관에 규정된 의사결정 절차를 밟지 않았는지 여부, 회사 자본의 부실 정도, 영업의 규모 및 직원의 수 등에 비추어 볼 때, 회사가 이름뿐이고 실질적으로는 개인영업에 지나지 않는 상태로 될 정도로 형해화되어야 한다. 또한, 위와 같이 법인격이 형해화될 정도에 이르지 않더라도 회사의 배후에 있는 자가 회사의 법인격을 남용한 경우 회사는 물론 그 배후자인 타인에 대하여도 회사의 행위에 관한 책임을 물을 수 있으나, 이 경우 채무면탈 등의 남용행위를 한 시점을 기준으로 하여, 회사의 배후에 있는 자가 회사를 자기 마음대로 이용할 수 있는 지배적 지위에 있고 그와 같은 지위를 이용하여 법인제도

---

120) 대법원 2010. 2. 25. 선고 2008다82490 판결.
121) 서울고법 2008. 9. 18. 선고 2007나14140 판결.

를 남용하는 행위를 할 것이 요구되며, 위와 같이 배후자가 법인제도를 남용하였는지 여부는 앞서 본 법인격 형해화의 정도 및 거래 상대방의 인식이나 신뢰 등 제반 사정을 종합적으로 고려하여 개별적으로 판단하여야 한다"고 판시하면서, 본 사례에서는 위의 사정들만으로 피고와 피고회사 사이에 재산의 혼용이 이루어졌다고 할 수 없어, 피고가 법적 책임을 회피하기 위한 수단으로 법인제도를 남용하였다고 보기 어렵다고 판단하였다.

2. 기존회사의 채무에 대해 신설회사의 책임이 문제된 사례

가. 주식회사 안건사 사례[122]

소외 주식회사 A(안건사)는 원고들에게 회사소유의 건물 중 일부씩을 임대하였다. A회사가 파산하여 원고들보다 선순위 근저당권자인 은행의 임의경매신청으로 위 건물이 제3자에게 낙찰되었으나, 원고들이 임대보증금을 반환받지 못하자 A회사를 상대로 임대차보증금반환청구소송을 제기하여 법원으로부터 임대차보증금을 반환하라는 취지의 조정에 갈음하는 결정을 받아, 그 결정이 확정되었다. 그런데 소외 A회사가 파산된 지 얼마 되지 않아 피고 주식회사 B(토탈미디어 안건사)가 설립되었는데, 소외 A회사와 피고 B회사는 상호, 상징, 영업목적, 주소, 해외제휴업체 등이 동일하거나 비슷하고 B회사의 임직원이 대부분 A회사의 주요 임직원이었다. 또한 B회사는 A의 건설업면허를 양수받아 A회사와 동일한 회사인 것으로 홍보하며 A와 관련된 건설공사를 수주하였다. 이에 원고들은 B회사가 소외 A회사의 파산 이후에 A회사의 채무면탈의 목적으로 설립된 회사로써, 실질적으로 A회사와 동일한 회사라는 이유로 B회사를 상대로 임대차보증금의 반환을 구하는 소를 제기한 것이다. 이러한 사안에 대해 대법원은 "기존회사가 채무를 면탈할 목적으로 기업의 형태·내용이 실질적으로 동일한 신설회사를 설립하였다면, 신설회사의 설립은 기존회사의 채무면탈이라는 위법한 목적달성을 위하여 회사제도를 남용한 것이므로, 기존회사의 채권자에 대하여 위 두 회사가 별개의 법인격을 갖고 있음을 주장하는 것은 신의성실의 원칙상 허용될 수 없다 할 것이어서 기존회사의 채권자는 위 두 회사 어느 쪽에 대하여서도

---

122) 대법원 2004. 11. 12. 선고 2002다66892 판결.

채무의 이행을 청구할 수 있다"고 전제하면서, "피고회사가 원고들에 대하여 A회사와 별개의 법인격임을 내세워 그 책임을 부정하는 것은 신의성실의 원칙에 반하거나 법인격을 남용하는 것으로서 허용될 수 없다"고 판시하였다. 이 판결에서 대법원은 원고들로 하여금 A회사에 대한 임대차보증금지급청구 외에도 B회사에 대해서도 동일한 내용의 채무이행의 청구가 가능하다는 판단을 하였는데, 이것이 법인격부인론을 적용하여 A회사의 법인격을 "부인"한 결과로써 B회사에게 채무이행의 청구가 가능하도록 한 것인지 의문일 수 있으나, 대법원은 판결이유에서 이와 같은 판단에 "주식회사 제도 및 법인격부인에 관한 법리오해의 위법 등이 있다고 할 수 없다"고 하여, 판지(判指)가 법인격부인론을 적용한 결과임을 분명히 하고 있다.

이 판결을 분석한 글은 아직 드물지만, 대체적인 언급을 보면 대법원이 법인격부인론을 원용한 전형적인 사례로 평가하는 것으로 보인다.[123] 그러나 이 판결에서 "법인격부인론"에 대한 언급은 있지만, 사안이 회사의 법인격을 부인함으로써 문제 해결이 가능한 것인지에 대해서는 의문이 있다. 왜냐하면 회사의 법인격을 부인하는 것은 이른바 분리의 원칙(Trennungsprinzip)을 부정함으로써 회사채무에 대해서 회사의 지배주주에게 책임을 묻겠다는 것인데, 사안에서는 A회사의 배후에 존재하는 지배주주와의 관계에서는 분리의 원칙을 부정할 수는 있겠지만, A회사와 B회사 사이에서는 직접적으로 분리의 원칙을 부정할 수 있는 법률관계가 존재하는 것은 아니기 때문이다. 즉 B회사 자체가 법인으로써 A회사의 지배주주인 경우가 아니라면, A회사의 법인격을 부인한다고 해서 곧 바로 B회사가 A회사의 실체라고 할 수는 없는 것이다. 그렇다면 법인격부인의 법리를 통하여 A회사의 채무를 B회사의 채무로 인정하기 위해서는 이를 매개할 연결고리가 필요한 것인데 그것은 A회사의 지배주주의 책임이다. 즉 A회사의 실체는 그 지배주주인 甲이면서, 동시에 甲은 B회사의 지배주주로서 실체적인 인물이므로, A회사와 B회사는 사실상 같은 회사로 볼 수 있고, 따라서 A회사의 책임에 대해서 B회사가 책임을 질 수 있다는 논리적 단계[124]가 필요하다. 물론 A회사의 지배주주와 B회사의 지배주주가 다르다면 A회사와 B회사 사이에 책임의 동일성은 차단될 것이며, 지배주주가 같다고 해서 A회사와 B회사의 실

123) 이철송, 회사법강의, 65면; 정찬형, 회사법강의, 제4판, 박영사, 2023, 47면; 김종기, "법인격의 남용", 「판례연구」 제17집, 부산판례연구회, 2006. 2, 523~567면. 역법인격부인으로 보는 견해로는 권기범, 현대회사법론, 제4판, 삼지원, 2012, 46면.
124) 이를 다음과 같이 도식화할 수 있다.

체가 자동적으로 같아지는 것은 아니다. 그런데 판례는 A회사의 지배주주에 대한 책임은 언급하지 아니한 채, 곧바로 A회사와 B회사 사이의 연대책임을 인정하고 있다. 이러한 결론은 회사법인격의 "부인"에 의하지 않고, 상법상 상호속용에 따른 양수인의 책임규정(상법 제42조 제1항)에 따라 A회사의 채무에 대해서 B회사의 채무의 병존을 인정한 것으로 볼 때에 더 자연스러운 것이 아닐까?[125]

나. 전기회사 사례[126]

K개발회사로부터 빌딩신축공사 중 전기공사부분을 하도급받은 J전기회사(기존회사)가 원고와 자재공급 및 시스템박스 설치공사를 시공하기로 하는 계약(이하 시공계약)을 체결하였고, 이에 따라 원고가 자재를 공급하고 시스템박스 설치공사를 하였는데, 기존회사가 32억 원의 어음을 부도내고 전기공사를 중도포기하게 되자, 원고는 시공계약에 따른 자재공급대금 및 공사대금을 지급받지 못한 채 시스템박스 설치공사를 중단하게 되었다. 그 후 기존회사의 이사들이 중도포기한 빌딩신축공사를 하도급 받을 목적으로 S전기회사(피고회사)를 설립하였고 K개발회사로부터 동 빌딩의 나머지 전기공사를 하도급받았다. 이에 원고가 이 사건 시공계약에 따라 기존회사에 대하여 가지던 자재공급대금채권 및 공사대금채권을 신설된 피고회사에 청구한 사건이다.

이에 대해 대법원은 기존회사의 대표이사 등은 기존회사의 채무초과로 인한 부도 발생으로 같은 회사 명의로 더 이상 전기공사를 수행할 수 없게 되자 기존 공사를 승계받아 이를 계속 수행하되 채무는 면할 목적으로 기존회사와 실질적으로 동일한 회사로서 외형상 전혀 별개의 새로운 회사를 설립한 것으로 판단하여, 피고회사가

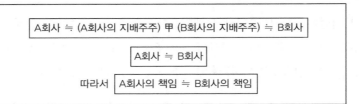

125) 同旨 김정호, "법인격의 역부인", 「경영법률」 제16권 제2호, 한국경영법률학회, 2006. 4, 249면.
126) 대법원 2006. 7. 13. 선고 2004다36130 판결.

원고에 대하여 기존회사와 별개의 법인격임을 내세워 그 책임을 부정하는 것은 신의성실의 원칙에 반하거나 법인격을 남용하는 것으로 허용할 수 없다고 판시하였다.

다. 제약회사 사례[127]

원고는 소외 K제약회사(이하 K회사)에 대해 대여금채권을 가지고 있었는데, K회사가 대여금을 지급하지 않은 상태에서, K회사와 같은 주소지에서 M제약회사(이하 M회사)라는 상호로 설립된 피고회사가 K회사의 부동산과 기계류 등을 법원의 경매절차에서 낙찰받아 종전 K회사가 제조하던 의약품과 동종의 약품을 생산·판매하게 되자 원고가 M회사를 상대로 종전 K회사가 부담하던 대여금채무의 이행을 청구한 사건이다. 피고 M회사의 대표이사는 종전 K회사 대표이사의 아들이고, M회사의 물적·인적 시설은 종전 K회사의 그것과 대동소이하다. 이러한 사정에서 원심법원은 피고회사는 실질적으로 K회사와 동일한 회사로서 K회사의 채무를 면탈할 목적으로 종전 대표이사가 자신의 가족을 내세워 K회사와 별개의 새로운 회사를 설립하는 형식만 갖춘 것이라 판단하면서, 피고회사가 원고에 대하여 K회사와 별개의 법인격임을 내세워 이 사건의 대출금 채무를 부정하는 것은 신의성실의 원칙에 반하거나 법인격을 남용하는 것으로서 허용될 수 없다고 판시하였다.[128]

이에 대해 대법원은 "기존회사가 채무를 면탈하기 위하여 기업의 형태·내용이 실질적으로 동일한 신설회사를 설립하였다면, 신설회사의 설립은 기존회사의 채무면탈이라는 위법한 목적 달성을 위하여 회사제도를 남용한 것에 해당한다. 이러한 경우에 기존회사의 채권자에 대하여 위 두 회사가 별개의 법인격을 갖고 있음을 주장하는 것은 신의성실의 원칙상 허용될 수 없으므로, 기존회사의 채권자는 위 두 회사 어느 쪽에 대하여서도 채무의 이행을 청구할 수 있다고 할 것인바(대법원 2004. 11. 12. 선고 2002다66892 판결 참조), 여기에서 기존회사의 채무를 면탈할 의도로 신설회사를 설립한 것인지 여부는 기존회사의 폐업 당시 경영상태나 자산상황, 신설회사의 설립시점, 기존회사에서 신설회사로 유용된 자산의 유무와 그 정도, 기존회사에서 신설회사로 이전된 자산이 있는 경우, 그 정당한 대가가 지급되었는지 여부 등 제반 사정을 종합적으로 고려하여 판단하여야 한다"라고 설시하면서, 사안의 경우 신설된

---

127) 대법원 2008. 8. 21. 선고 2006다24438 판결.
128) 서울고법 2006. 3. 30. 선고 2005나61821 판결.

M회사가 K회사의 채무면탈의 목적으로 설립된 회사로 보기에 부족하다는 이유로 원고의 청구를 기각하였다.[129]

라. 기타 사례

대법원은 이후 기존회사의 채무를 면탈할 의도로 신설회사를 설립한 것인지가 문제된 사례에서 제약회사 사례에서 설시한 기준을 가지고서[130] 이를 판단한다. 대법원 2010. 1. 14. 선고 2009다77327 판결에서는 신설회사가 기존회사로부터 공장 건물, 기계 및 인력 대부분을 그대로 인수하여 종전과 동일한 영업을 하고 있는 사실 등은 인정하면서도, 기존회사의 주주와 신설회사의 주주가 완전히 다른 점, 기존회사로부터 무상으로 이전받은 자산이 없는 점 등의 사정에 비추어 신설회사가 기존회사와 실질적으로 동일한 회사로서 그 채무를 면탈할 목적으로 설립된 것이라고 볼 수 없다고 하여 신설회사의 책임을 부정하였다.

그에 반해 대법원 2011. 5. 13. 선고 2010다94472 판결에서는 위와 같은 기준으로 기존회사의 채무에 대해 신설회사의 책임을 긍정하였는데, 사안은 다음과 같다. 아파트 신축사업을 추진하던 甲회사와 乙회사가 사업부지인 토지의 공유지분을 소유하고 있던 丙과 그에게서 공유지분을 이전받는 대신 신축 아파트 1세대를 분양해 주기로 하는 내용의 약정을 체결하면서 담보로 당좌수표를 발행해 주었다. 그 약정에 따라 乙회사와 丙은 분양계약을 체결하고, 丙은 甲회사에 공유지분을 이전해주었다. 아파트 공사 진행 중 甲회사와 乙회사가 위 토지와 사업권을 丁회사와 戊회사를 거쳐 己회사에 매도하였다. 이에 丙은 己회사를 상대로 甲회사와 乙회사가 부담하는 분양된 아파트의 소유권이전을 청구하였다. 이에 대해 대법원은 위 회사들은 乙 회사의 대표이사였던 자가 사실상 지배하는 동일한 회사로서 甲회사와 乙회사가 丙에 대한 채무를 면탈할 목적으로 다른 회사의 법인격을 내세운 것으로 볼 여지가 충분하므로, 甲회사 및 乙회사의 채권자인 丙은 甲 회사와 乙회사뿐만 아니라 己회사에 대해서도

---

129) 본 판결에 대한 상세한 평석으로는 송호영, "기존회사의 채무면탈의 의도로 신설회사가 설립된 것인지의 여부가 문제되는 경우", 「민사판례연구」 제32권, 민사판례연구회, 2010, 93면 이하 참고.

130) 즉 ① 기존회사의 폐업 당시 경영상태나 자산상황, ② 신설회사의 설립시점, ③ 기존회사에서 신설회사로 유용된 자산의 유무와 그 정도, ④ 기존회사에서 신설회사로 이전된 자산이 있는 경우, ⑤ 그 정당한 대가가 지급되었는지 여부 등 제반 사정 등.

위 약정 등에 기한 채무의 이행을 청구할 수 있다고 판시하였다.

또한 이후에도 기존회사의 채무에 대해 신설회사가 책임을 져야 하는지가 문제된 사례에서 대법원은 사실관계를 따져 이를 긍정한 경우도 있고[131] 이를 부정한 경우도 있다.[132]

3. 신설회사의 채무에 대해 기존회사의 책임이 문제된 사례

앞서 본 기존회사의 채무에 대해 신설회사가 책임을 져야 하는지가 문제된 사례와는 달리, 신설회사가 부담하게 된 채무에 대해 기존회사가 이행책임을 져야 하는지가 문제된 이른바 신지건설 사례[133]를 살펴본다.

원고와 피고(주식회사 신지건설)는 철근납품계약을 체결하여, 피고는 원고로부터 공급받은 철근을 가공하여 원고에게 납품하도록 합의하였다. 이에 따라 원고는 피고의 음성지점 공장에 철근을 공급하였으나, 위 지점은 곧 폐업하였고, 이후 원고는 위 공장을 넘겨받은 소외회사(주식회사 신지건설산업)에게 철근을 계속 공급하였다. 소외회사는 원고로부터 공급받은 철근의 보관사실을 확인하고 계약내용을 이행하겠다는 취지의 보관증과 이행각서를 원고에게 교부한 후 원고와 철근 가공거래를 하였으나, 소외회사가 보관하던 철근 중에서 무단반출 등의 사유로 부족분이 있음이 확인되었다. 소외회사는 이를 인정하였지만 철근부족분의 배상책임을 이행하지 않자, 원고는 피고를 상대로 위 부족분 배상책임의 이행을 청구하는 소를 제기하였다.

이에 대해 원심법원은 소외회사가 위 철근 무단반출 등으로 인해 원고가 입은 손해를 배상할 책임이 있다고 보고, 소외회사는 피고와 동일한 회사로서 피고의 채무를 면탈할 목적으로 별개의 새로운 회사를 내세우는 형식만을 갖춰 설립된 것으로 봄이 상당하다면서, 피고가 원고에 대하여 소외회사와 별개의 법인격임을 내세워 피고의 책임을 부정하는 것은 신의성실의 원칙에 반하거나 법인격을 남용하는 것으로서 허용될 수 없으므로, 피고는 철근의 반출 등으로 인하여 원고가 입은 손해에 대

---

131) 대법원 2016. 4. 28. 선고 2015다13690 판결; 대법원 2019. 12. 13. 선고 2017다271643 판결; 대법원 2021. 3. 25. 선고 2020다275942 판결 등.
132) 대법원 2022. 9. 29. 선고 2020다259074 판결; 대법원 2023. 1. 12. 선고 2022다266294 판결 등.
133) 대법원 2013. 2. 15. 선고 2011다103984 판결.

하여 소외회사와 동일한 책임이 있다고 판단하였다.[134] 그렇지만 대법원은 원심법원이 피고의 손해배상책임을 인정한 근거로 들고 있는 종래의 법인격부인법리를 확인하면서도 원심이 위 법리를 오인한 잘못이 있다고 하여 파기하였다. 즉, 이 사건은 소외회사 설립 이전에 발생된 채무에 대한 것이 아니며 피고가 아닌 소외회사에 의하여 이루어진 위 철근 무단 반출 행위에 대한 책임을 묻는 사안으로써, 철근 반출행위 무렵 이미 원고는 피고의 영업 폐지와 소외회사의 철근 가공 거래와 철근의 보관을 용인하고 있었으므로 소외회사가 피고의 채무 면탈 목적을 위해 설립되었다고 볼 수 없다고 하면서 피고에 대한 손해배상책임을 부인하였다.

이 사건은 기존회사의 채무에 대해 신설회사의 책임이 문제되는 사례와는 달리, 법인격부인의 법리를 통하여 신설회사(사안에서 소외회사)에서 발생한 채무를 기존회사(사안에서 피고)에 물을 수 있는지가 다투어진 것으로써, 대법원이 법인격부인법리에 따른 책임의 부과를 엄격히 판단하였다는 점에서 의미가 있다.[135]

4. 법인격부인이 문제된 특수한 사례

가. 편의치적과 관련한 사례[136]

1988년에 대법원이 다룬 선박의 편의치적(便宜置籍) 제도를 악용한 사례는 법인격부인법리와 관련하여 학계의 지대한 관심을 끌게 된다.[137] 사안을 단순화하면: 被告人 현대미포조선소는 홍콩에 본사를 둔 B회사로부터 그 소유인 선박의 수리를 의뢰받고 이를 수리하였으나, B회사가 수리대금을 지급하지 않아 그 선박을 가압류하였다. 이에 대해 편의치적을 위하여 리베리아에 주사무소를 두고 설립된 A회사(원고)는 선박소유자는 B회사가 아니고 A회사라고 주장하면서 제3자이의의 소를 제기하였다. 이 사건에서 대법원은 원고인 A와 B는 외형상 별개의 회사로 되어 있으나 A는 단지 편의치적만을 위하여 설립된 회사에 불과하고 실제 선박의 소유자는 B회사인데, A회사가 별개의 법인격을 이유로 선박의 소유를 주장하는 것은 채무면탈이라

---

134) 서울고법 2011. 10. 28. 선고 2010나118493 판결.
135) 이 판결에 대한 짧은 평석으로는 노혁준, "2013년 회사법 중요 판례", 「인권과 정의」 통권 제440호, 대한변호사협회, 2014, 135면 이하 참고.
136) 대법원 1988. 11. 22. 선고 87다카1671 판결 등.
137) 또한 대법원 1989. 9. 12. 선고 89다카678 판결에서도 사안과 판결요지는 거의 같다.

는 불법목적을 달성하려는 것이므로 신의성실의 원칙에 위반하거나 법인격을 남용하는 것으로서 허용될 수 없다고 판시하였다. 이 판결에 대해서 많은 문헌은 대법원이 비로소 법인격부인론을 공식적으로 수용하였음을 밝힌 것에 의의가 있다고 평가한다.138) 그러나 이 사례는 채권자가 실질적인 선박소유자이자 선박수리의뢰자인 B회사로부터 선박수리대금을 확보하기 위하여 선박을 가압류한 것에 대해 편의치적에 기한 선박의 형식적 소유자인 A의 제3자이의의 소제기를 기각한 것으로서, 이는 일견 법인격부인론(즉 책임추궁을 위한 실체파악)에 관한 문제인 것 같지만 회사의 배후자에 대한 책임추궁과는 관계없고 실제로는 편의치적제도가 허용될 수 있는 법적한계 및 외관상·실질상 채무자소유인 재산에 대한 가압류의 허부 또는 형식적 소유자가 제3자이의의 소를 제기하기 위한 요건 등에 관한 법률적 판단 등이 문제의 본질이다.139) 즉 본 사안은 독일식으로 말하자면, 법인을 실질적으로 지배하는 배후의 사원에게 책임을 묻기 위해서 고안된 책임실체파악(Haftungsdurchgriff)과는 관계가 없고 문제된 법률관계의 효과를 실질적인 해당주체에게 귀속시키기 위한 귀속실체파악(Zurechnungsdurchgriff)에 해당하는 사례일 뿐이다.

나. 子회사의 채무에 대해 母회사의 책임이 문제된 사례140)

피고 A회사(주식회사 KT)가 100% 출자하여 필리핀에 소재한 子회사 B(주식회사 TPI)는 필리핀의 통신회사(PT&T)와 마닐라 근교 통신망확장사업에 관한 공사계약(OSP계약)을 체결하였다. 이 사업에서 B회사는 사업관리업무만 직접 수행하고, 통신선로공사 및 자재공급은 원고회사(한통엔지니어링)가 맡기로 하는 내용의 계약이 B회사와 원고회사 사이에 체결되었다. 그러던 중 1997년 동남아 경제위기의 여파로 필리핀 통신회사(PT&T)는 지불유예선언을 하게 되었고, 그에 따라 B회사는 원고회사

138) 손주찬, 상법(上), 454면; 이철송, 회사법강의, 53면; 임홍근, 회사법, 법문사, 2000, 24면; 강위두, "법인격부인의 법리의 적용범위와 적용요건", 「판례월보」 제223호, 판례월보사, 1989. 4, 64면; 이주흥, "법인격부인과 신의칙위반", 「사법행정」 제360호, 한국사법행정학회, 1990. 12, 80면; 정동윤, "법인격부인이론의 적용요건과 근거", 「민사재판의 제문제」 제6권, 민사실무연구회, 1991, 310면; 한창희, "편의치적과 법인격부인", 「판례월보」 제239호, 판례월보사, 1990. 8, 38면.
139) 송호영, "법인격부인론의 요건과 효과", 「저스티스」 제66호, 한국법학원, 2002. 4, 256면 이하.
140) 대법원 2006. 8. 25. 선고 2004다26119 판결(주식회사 KT 사례).

에 대해 계약상의 대금지급을 중단하게 되었다. 이에 원고회사는 B 회사의 미결제대금의 지급을 母회사인 A회사에 청구하게 되었다. 이러한 사안에서 대법원은 "회사가 외형상으로는 법인의 형식을 갖추고 있으나 실제로는 법인의 형태를 빌리고 있는 것에 지나지 아니하고 그 실질에 있어서는 완전히 그 법인격의 배후에 있는 타인의 개인기업에 불과하거나, 그것이 배후자에 대한 법률적용을 회피하기 위한 수단으로 함부로 쓰이는 경우에는, 비록 외견상으로는 회사의 행위라 할지라도 회사와 그 배후자가 별개의 인격체임을 내세워 회사에게만 그로 인한 법적 효과가 귀속됨을 주장하면서 배후자의 책임을 부정하는 것은 신의성실의 원칙에 위반되는 법인격의 남용으로서 심히 정의와 형평에 반하여 허용될 수 없고, 따라서 회사는 물론, 그 배후자인 타인에 대하여도 회사의 행위에 관한 책임을 물을 수 있다"고 하여 법인격부인론의 일반적인 원용을 긍정하면서도 사안에서 "친자회사 사이에 있어서는 상호간에 상당 정도의 인적·자본적 결합관계가 존재하는 것이 당연하므로, 자회사의 임·직원이 모회사의 임·직원 신분을 겸유하고 있었다는 사정이나, 모회사가 자회사의 전 주식을 소유하여 그에 따른 주주권의 행사로서 이사 및 임원 선임권을 지닌 결과 자회사에 대해 강한 지배력을 가진 사정, 그 밖에 자회사의 사업 규모가 확장되었으나 자본금의 규모가 그에 상응하여 증가되지 아니한 사정 등만으로는 모회사가 자회사의 독자적인 법인격을 주장하는 것이 자회사의 채권자에 대한 관계에서 법인격의 남용에 해당한다고 보기에 부족하고, 적어도 자회사가 그 자체의 독자적인 의사 또는 존재를 상실하고 모회사가 자신의 사업의 일부로서 자회사를 운영한다고 할 수 있을 정도로 완전한 지배력을 행사하고 있을 것이 요구되며, 구체적으로는 모회사와 자회사 간의 재산과 업무 및 대외적인 기업거래활동 등이 명확히 구분되어 있지 않고 양자가 서로 혼용되어 있다는 등의 객관적 징표가 있어야 할 것이며, 무엇보다 여기에 더하여 자회사의 법인격이 모회사에 대한 법률 적용을 회피하기 위한 수단으로 함부로 사용되거나 채무면탈이라는 위법한 목적 달성을 위하여 회사제도를 남용하는 등의 주관적 의도 또는 목적이 인정되어야 할 것이다"라고 하여 B회사의 책임을 부인하였다.

이 사례를 다룬 글은 아직까지 보이지 않는다. 그런데 이 사건에서는 다른 판례와는 달리 대법원이 법인격부인론의 원용을 원칙적으로 긍정하면서도 그 요건에 대해 자회사 모회사의 지배력상황이 객관적 징표로써 요구될 뿐만 아니라, 자회사의 법인격을 통하여 회사제도를 남용하려는 주관적 의도 또는 목적이 있어야 함을 명시하고 있다. 그동안 판례는 법인격부인이 문제되는 경우에 줄곧 "회사제도의 남용"이라는 표현을 사용하여 왔는데, 그것이 객관적인 남용만으로 요건이 충족되는지 아니면 주관적 의도도 포함되는지가 명확치 않았으나, 금번 판결에서는 객관적 요건 외에 주관적 의도도 필요함을 밝힘으로써, 마치 독일법상 법인격부인론의 초기학설인 제릭 교수의 주관적 남용설과 같은 입장을 취하고 있는 셈이다. 이러한 태도는 법인격부인을 가급적 제한적으로 인정하려는 의도에서 나온 것으로 선해될 수도 있지만, "주관적 의도"라는 불확실한 판단기준은 법적 안정성의 측면에서 가급적 억제되어야 하는 요건이 아닌가 생각된다. 다만 이 판례가 언급한 "주관적 의도"는 母子회사 간의 법인격부인문제에 국한하여 요구되는 것인지, 아니면 일반적인 법인격부인사례에도 요구되는 것인지는 명확하지 않다.

다. 특수목적회사(SPC) 사례[141]

이른바 특수목적회사(SPC)는 일시적인 목적을 위하여 최소한의 자본출자요건만을 갖추어 인적·물적 자본없이 설립되는 것이 일반적이다. 따라서 거의 미미한 자본으로 출자로 특수목적회사가 설립된 경우에 이것이 지배주주의 책임회피를 위한 수단으로 법인제도가 남용된 것인지가 문제될 수 있다. 이에 대해 우리 대법원은 "특수목적회사가 그 설립목적을 달성하기 위하여 설립지의 법령이 요구하는 범위 내에서 최소한의 출자재산을 가지고 있다거나 특수목적회사를 설립한 회사의 직원이 특수목적회사의 임직원을 겸임하여 특수목적회사를 운영하거나 지배하고 있다는 사정만으로는 특수목적회사의 독자적인 법인격을 인정하는 것이 신의성실의 원칙에 위배되는 법인격의 남용으로서 심히 정의와 형평에 반한다고 할 수 없으며, 법인격 남용을 인정하려면 적어도 특수목적회사의 법인격이 배후자에 대한 법률적용을 회피하기 위한 수단으로 함부로 이용되거나, 채무면탈, 계약상 채무의 회피, 탈법행위 등 위법한 목적달성을 위하여 회사제도를 남용하는 등의 주관적 의도 또는 목적이 인정되는 경우라야 한다"고 판시하였다.

---

141) 대법원 2010. 2. 25. 선고 2007다85980 판결.

라. 재단법인에 대한 법인격부인론의 역적용[142]

재단법인 중남미문화원의 설립자이자 실질적인 운영자인 원장은 납품계약을 맺은 원고에게 약속어음을 지급하였으나, 이 중 8억 3천만 원이 지급 거절되었다. 이에 원고는 원장을 상대로 어음금청구소송을 제기해 승소판결을 받았으나, 원장이 재산을 모두 재단법인 명의로 이전하여 채무를 회피하자 원고가 재단법인을 상대로 소송을 제기하였다. 이에 원심은 원장이 피고재단에 대한 지배적 지위를 이용하여 법인제도를 남용하는 행위를 하였음이 인정된다는 이유로 재단법인이 원장의 원고에 대한 어음금지급채무를 이행할 의무가 있다고 판시하였다.[143] 그러나 대법원은 원장이 이미 설립되어 있던 피고 재단에게 채무를 면탈할 목적으로 자신의 재산을 이전하였다는 것 자체가 재단법인의 법인격을 부정할 만한 남용행위라고 단정할 수 없고 —그것이 사해행위가 되느냐는 별개의 문제로 보았다— 또한 원장과 피고 재단 사이의 업무 및 재산혼용의 정도, 법인격 형해화에 대한 거래상대방인 원고의 인식이나 신뢰 유무 등을 고려하여 볼 때 원장이 자신에 대한 법적 책임을 회피하기 위한 수단으로 법인 제도를 남용하였다고 보기 어렵다는 이유로 원심판결을 파기·환송하였다.

이 판결은 두 가지 의미를 가진다. 첫째, 법인격부인론이 주로 회사와 지배주주와의 관계에서 문제되는 것인 데 반해, 이 사건은 재단법인과 설립자 혹은 운영자와의 관계에서 문제된 것이다. 즉 사단과 달리 소속사원이 없는 재단법인에 대해서도 법인격부인론이 적용될 수 있는지가 문제된 것인데, 원래 법인격부인론은 법인의 배후에 존재하는 '사원'에 대해 책임을 묻는 법리이므로 사원이 없는 재단법인에는 어울리지 않는 법리이다. 다만 재단법인과 설립자 혹은 운영자 사이에도 분리의 원칙은 적용되어야 하므로, 그러한 범위에서는 법인격부인론이 적용될 수 있을 것이다. 둘째, 본 사례는 재단법인의 법인격을 부인해서 설립자에게 책임을 묻는 것이 아니라, 그 반대로 설립자의 채무에 대해 재단법인에게 책임을 구한 것이다. 이것을 전형적인 역법인격부인의 모습인데, 역법인격부인은 법인채권자로 하여금 예측하지 못한 이익의 침해를 가져올 가능성이 크므로 부정함이 타당하다. 그런데 대법원은 동 판결에서 역부인격부인론을 명시적으로 부정하지는 않고, 요건이 충족되는 사안에 따

---

142) 대법원 2010. 1. 28. 선고 2009다73400 판결(중남미문화원 사례).
143) 서울고법 2009. 9. 3. 선고 2008나116609 판결.

라 역법인격부인론이 적용될 수도 있는 여지를 열어놓고 있다.

마. 회사에 대한 법인격부인론의 역적용

(1) 두진칼라팩 사례144)

원고는 A에게 부동산을 매도하여 매매대금에 관한 채권을 가지고 있었다. A는 자신이 소유하는 개인사업체인 두진칼라팩을 개업하여 인쇄지함 제조 등 영업을 하여오다가 폐업신고를 하고, 인쇄업, 고급칼라박스 제조업 등을 목적으로 하는 B회사를 설립하여 대표이사로 취임하였다. 두진칼라팩의 폐업당시 사업장소재지와 B회사의 본점 소재지는 동일하다. A는 B회사와의 사이에 두진칼라팩의 자산 및 부채 등 사업일체를 B회사에게 포괄적으로 양도하는 내용의 포괄양수도계약을 체결하고 이 사건 부동산에 관한 소유권이전등기를 마쳐주었다. B회사는 포괄적으로 두진칼라팩의 장부상 부채를 모두 인수하였으나, 이 사건 채무는 인수하지 않았다.

A는 B회사와의 양도대가로 B회사의 발행주식 50%를 취득하였고 나머지 30%는 A의 형이 그리고 20%는 A의 아버지가 취득하였다. B회사의 이사는 A와 그의 형 및 그의 아버지이며, 대표이사는 A이다. 원고는 B회사를 상대로 매매대금 등의 채무의 이행을 청구하였다. 원고는 A에 대해 채무이행을 청구하였어야 하나, A가 설립한 B회사를 상대로 A가 부담한 채무의 이행을 청구한 것이다.

이에 대해 대법원은 "개인이 회사를 설립하지 않고 영업을 하다가 그와 영업목적이나 물적 설비, 인적 구성원 등이 동일한 회사를 설립하는 경우에 그 회사가 외형상으로는 법인의 형식을 갖추고 있으나 법인의 형태를 빌리고 있는 것에 지나지 않고, 실질적으로는 완전히 그 법인격의 배후에 있는 개인의 개인기업에 불과하거나, 회사가 개인에 대한 법적 책임을 회피하기 위한 수단으로 함부로 이용되고 있는 예외적인 경우까지 회사와 개인이 별개의 인격체임을 이유로 개인의 책임을 부정하는 것은 신의성실의 원칙에 반하므로, 이러한 경우에는 회사의 법인격을 부인하여 그 배후에 있는 개인에게 책임을 물을 수 있다"고 하여 법인격부인론에 관한 원론적인 입장을 전제하면서, "나아가 그 개인과 회사의 주주들이 경제적 이해관계를 같이하는 등 개인이 새로 설립한 회사를 실질적으로 운영하면서 자기 마음대로 이용할 수

144) 대법원 2021. 4. 15. 선고 2019다293449 판결.

있는 지배적 지위에 있다고 인정되는 경우로서, 회사 설립과 관련된 개인의 자산 변동 내역, 특히 개인의 자산이 설립된 회사에 이전되었다면 그에 대하여 정당한 대가가 지급되었는지 여부, 개인의 자산이 회사에 유용되었는지 여부와 그 정도 및 제3자에 대한 회사의 채무 부담 여부와 그 부담 경위 등을 종합적으로 살펴보아 회사와 개인이 별개의 인격체임을 내세워 회사 설립 전 개인의 채무 부담행위에 대한 회사의 책임을 부인하는 것이 심히 정의와 형평에 반한다고 인정되는 때에는 <u>회사에 대하여 회사 설립 전에 개인이 부담한 채무의 이행을 청구하는 것도 가능하다고 보아야 한다</u>"고 하여 이른바 역법인격부인론을 정식으로 수용하였다.[145]

(2) 이진산업 사례[146]

피고회사(주식회사 이진산업)는 2003년경 부동산중개업, 임대업 등을 목적으로 설립된 회사이다. 회사의 주식은 A의 가족이 모두 보유하고 있다. 2006년경 원고는 A에게 금원을 대여하였는데, 대여금을 지급받지 못하자, 2009년경 법원에 지급명령을 신청하여 그 지급명령이 확정되었다. 피고회사는 2009년 말 해산간주되었다가 2011년에 회사계속등기가 되면서 같은 날 A가 피고회사의 대표이사로 취임하였으나, 2017년에 다시 해산간주되면서 A가 피고회사의 대표청산인으로 취임하였다. 원고는 피고회사가 A를 사실상 지배주주로 하는 1인 회사로서, A가 X회사를 실질적으로 설립한 후 이를 본인 소유 재산을 은닉하는 도구로 이용하였음을 이유로 A의 채무에 관하여 피고가 이를 이행할 의무가 있다고 주장하면서 소를 제기하였다. 이에 대해 원심법원은 원고의 청구를 인용하였지만, 대법원은 위 두진칼라팩 사례에서 설시된 법인격부인론의 역적용에 관한 법리를 확인하면서도 사안에서 A가 피고를 단독으로 지배하고 있다고 하더라도 그것만으로 1인 회사를 넘어 피고의 법인격 자체가 무시될 정도로 형해화되었다고 단정할 수 없다는 이유로 원심판결을 파기였다.[147]

---

145) 밑줄은 필자가 강조하기 위해 그은 것이다. 동 판결의 평석으로는 노혁준, "법인격 부인의 역적용: 대법원 2021. 4. 15. 선고 2019다293449 판결을 글감으로", 「민사판례연구」 제45권, 민사판례연구회, 2023, 1면 이하 참고. 노혁준 교수는 동 논문에서 이 판결을 계기로 법원이 법인격 부인의 역적용을 전향적으로 수용함이 타당하다고 주장한다. 또한 김태선, "법인격 부인론의 역적용에 대한 소고 −대법원 2021. 4. 15. 선고 2019다293449 판결을 계기로−", 「법학논집」 제25권 제4호, 이화여자대학교 법학연구소, 2021, 521면 이하 참고.
146) 대법원 2023. 2. 2. 선고 2022다276703 판결.
147) 동 판결의 평석으로는 이윤석, "법인격 부인과 역부인의 요건에 관한 연구 −대법원

5. 정리

법인격부인이 문제되는 전형적인 사례는 회사의 채무에 대해 지배주주의 책임이 문제되는 경우들이다. 그러한 점에서 주식회사 태원 사례는 우리나라에서 최초로 실무에서 법인격부인론의 적용이 시도되었다는 점에서 의미가 있다. 그러한 법인격부인이 정식으로 채택된 것은 주식회사 삼진 사례에서부터이다. 편의치적과 관련한 판결에 대해서 많은 문헌들은 이를 우리 대법원이 법인격부인법리를 정식으로 채택한 최초의 판결이라고 보고 있다. 판시에서 "법인격을 남용하는 것"이라는 표현을 보면 법인격부인법리를 연상시킬 수 있으나, 엄밀하게 보면 이 판결은 회사의 배후자에게 책임을 추궁하는 것이 아니라, 형식적 소유자에게 제3자이의의 소 제기를 불허한 것이므로 이른바 책임추궁을 위한 실체파악이 아니라 법률관계의 정당한 귀속을 위한 실체파악에 해당한다. 그럼에도 불구하고 이 판결은 서로 다른 법인격을 가진 회사를 형식적 소유자인 회사(A)와 실질적 소유자인 회사(B)를 구분하여, 형식적 소유자인 회사의 독자성 주장을 법인격의 남용으로 보아 인정하지 않았다는 점에서 의미는 있다. 대법원은 바로 그러한 착안점을 후속판결에서도 이어가고 있는 것으로 생각된다. 안건사 판결에서도 대법원은 기존회사가 채무를 면탈할 목적으로 실질적으로 동일한 신설회사를 설립한 경우에, 기존회사와 신설회사를 실질과 형식의 관계로 보아 신설회사의 별개 법인격주장을 법인격의 남용으로 보았던 것이다. 그러한 판례의 태도는 '주식회사 KT 판결'과 '전기회사 판결'을 경유하여 '제약회사 판결'까지도 이어지고 있다. 다만 '주식회사 KT 판결'은 모자회사 간의 법률관계에 관한 것으로써, 기존회사와 동일한 성질의 신설회사 간의 법률관계와는 다른 측면이 있다. 모자회사 간의 법률관계에서는 일정한 경우에 모회사를 자회사의 배후자로 보아 자회사가 부담하는 채무에 대해 모회사에게 책임을 물을 수 있는가 하는 점에서 배후자에게 책임추궁을 위한 전형적인 법인격부인사례라고 할 수 있다. 그에 반해 안건사 판결이나 전기회사 판결 및 제약회사 판결에서는 기존회사에 대하여 신설회사가 배후자로서 책임을 지는 것이 아니라, 기존회사와의 실질적 동질성 때문에 책임을 진다는 데 차이가 있다.

2023. 2. 2. 선고 2022다276703 판결의 평석을 겸하여—," 「상사판례연구」 제36권 제4호, 한국상사판례학회, 2023, 115면 이하 참고.

　　법인격부인론의 역적용을 인정할 것인지에 대해 우리 대법원은 비영리법인인 재단법인 중남미문화원 사건에서 이를 긍정한 이후에 영리법인인 주식회사에 대해서는 이를 긍정하기도 하고(두진칼라팩 사례) 부정하기도(이진산업 사례) 하였다. 이에 관해서는 더 많은 판례의 추이를 관찰할 필요가 있을 것이지만, 일반적인 법인격부인론과 역(逆)법인격부인론을 동일한 평면에서 보는 것은 옳지 않다. 법인격의 역적용에 의해 지배주주가 부담하는 채무의 이행을 위해 회사재산에 대해 집행을 가능하도록 하게 되면 회사채권자 등 이해관계자들에게 불측의 피해를 입힐 가능성이 크기 때문에 일반적인 법인격부인론의 적용보다 더욱 신중할 필요가 있다.[148]

Ⅳ. 「법인격부인론」에서 「책임제한 부인론」으로

　　영미의 판례법에서 유래한 법인격부인론을 적용함에 있어서 항상 염두에 두어야 하는 것은 우리 실정법과의 조화라고 생각한다. 그러한 점에서 독일의 실체파악론은 기본적으로 같은 실정법체계에 속하는 우리 법에서도 참고할 만한 접근방법이라고 생각한다. 법인은 법인성립의 준칙에 맞추어 설립등기를 갖춤으로써 법률적으로 사원과 완전히 별개의 독자적인 존재로 그 법인격을 부여받게 되는 것이므로, 그 법인격은 사안에 따라 함부로 부인되거나 무시되어서는 안 된다. 그럼에도 현실적으로 법인의 설립은 개인의 필요에 따라 이루어지는 것이므로 그 악용가능성은 상존하고 있음은 분명하며, 분리의 원칙에도 불구하고 책임회피의 수단으로 법인제도가 악용된 경우에는 책임회피를 부정해야 할 현실적인 필요성이 있다. 그러나 그것은 회사의 "법인격"을 부인하기 보다는 "책임제한의 특권"을 부인하는 것이어야 하며, 책임제한의 특권을 부인함은 곧 배후자의 책임을 인정할 수 있는 실정법상 근거를 제시한다는 의미이다. 그러한 의미에서 독일의 규범적용설은 실정법체계국가인 우리 법에도 가장 적합하게 적용될 수 있는 학설이라고 생각된다. 그럼으로써 막연히 "정의", "형평" 또는 "신의칙" 등의 추상적인 논리에서 책임의 근거를 찾을 것이 아니라, 가급적 관련조문의 적용 또는 유추적용을 통한 법적 안정성이 담보된 상태에서 판결이 이루어져야 할 것이다. 그렇다고 해서 우리 법에서도 독일에서와 같은 수준의 상세한 규범적용을 기대하기는 어렵다. 그것은 같은 실정법체계국가이면서도 독

---

148) 同旨 김건식 · 노혁준 · 천경훈, 회사법, 68면.

일의 규범체계와 우리의 그것이 상응하지 않는 것이 많기 때문이다. 예를 들면 독일 주식법상 콘체른에 관한 많은 규정들은 우리의 회사법에는 존재하지 않으며, 독일의 경우 일반적인 회사형태는 유한회사이므로 그를 규율하는 유한회사법 규정이 상세한 편인 데 반해, 우리의 경우 회사법은 주로 주식회사법규정이 중심이며, 독일의 불법행위법은 그 구성요건이 제한적이고 세부적인 항목으로 구성되어 있는 데 반해서 우리 법은 포괄규정주의로 되어 있다. 따라서 같은 사안을 두고서도 독일법에서는 촘촘한 규정들 중에서 가장 밀접한 관련규정을 택하여 그 규정에 근거해서 문제를 해결할 수 있는 여지가 높은 데 반하여, 법률규정의 규율밀도가 옅은 우리 법에서는 적당한 관련규정을 찾아 (유추)적용하기가 훨씬 어려운 점이 있다. 이러한 점에서는 우리 법에서 법인격부인사례의 해결을 위해서 판시가 어느 정도 추상론으로 흐르더라도 불가피한 점이 있음을 인정하여야 할 것이다. 다만 학설과 판례는 배후자에 대한 책임부과의 근거를 추상론에서 찾는 것을 억제하기 위해서, 가능하면 사례를 유형화하고 그에 합당하게 (유추)적용될 수 있는 법률의 규정이나 현행법상 제도들을 찾는 노력들을 지속적으로 기울여야 할 것으로 생각된다.

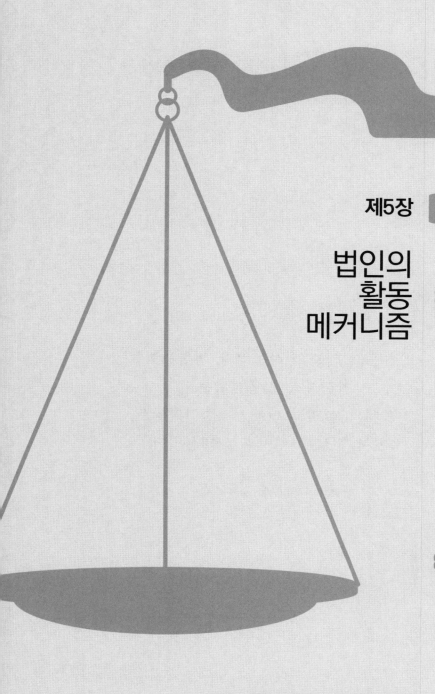

제5장

법인의
활동
메커니즘

"법인은 실제로 의사능력과 행위능력을
가지고서 활동한다는
기르케의 실재적 단체인격설이야말로
오히려 진정한 의미의 의제설이다."

베르너 플루메(Werner Flume)

제1절 법인의 활동과 귀속의 법리

I. 머리말

민법은 자연인이외에 법인을 권리주체로 인정하다. 민법이 법인을 권리주체로 인정하였다는 것은 법인도 자연인과 마찬가지로 법적인 활동에 참여할 수 있고 그에 따른 법률효과도 자연인과 구별없이 법인에게 주어지게 됨을 의미한다. 즉 가족법상 제도(예, 혼인, 유언, 입양 등)와 같은 자연인의 천연적 성질을 전제로 한 것을 제외하고는 민법상의 모든 제도가 법인에게도 그대로 적용된다. 그런데 민법상 인정된 각종의 제도는 권리주체의 의욕·인식·소지·표시·행위 등 다양한 활동요소들을 매개로 하여 구성되어 있는데,[1] 그러한 요소들은 모두 자연인의 활동을 전제로 하는 것들이다. 예컨대 표의자의 진의아님을 "알았거나 알 수 있었을" 경우나(민법 제109조), 물건을 사실상 지배하여 "점유"한다든지(민법 제192조, 제197조 제1항), 고의·과실로 타인에게 손해를 가하는 "행위"(민법 제750조) 등은 모두 자연인의 인식·점유·행위 등을 想定하여 그에 대해 일정한 법률적인 효과를 부여한 것이다. 그렇다면 민법상 자연인이외의 또 다른 권리주체인 법인에 있어서는 민법상 각종의 제도들이 요구하는 다양한 활동요소들이 어떻게 표출되는가? 민법에는 이에 관한 별다른 언급이 없다. 다만 민법 제58조는 "이사는 법인의 사무를 집행한다"고 하고, 민법 제59조 제1항에서

---

1) 이를테면 점유취득시효의 경우에는 소유의 "의사", 타인부동산이라는 사실에 대한 "부지", 일정기간의 "점유", 등기청구권의 "행사" 등의 일련의 요소들로 구성되어 있다.

는 "이사는 법인의 사무에 관하여 각자 법인을 대표한다"고 하며, 민법 제35조 제1항 전단에서는 "법인은 이사 기타 대표자가 그 직무에 관하여 타인에게 가한 손해를 배상할 책임이 있다"고 정하고 있다. 이에 의하면 법인에 있어서는 법인의 적법한 사무뿐만 아니라 손해배상을 야기하는 위법한 행위도 법인을 대표하는 이사를 통하여 이루어지게 된다. 그렇지만 그러한 몇몇 조항으로부터 법인의 활동이 현실화되는 메커니즘, 즉 법인의 활동이 법인을 대표하는 이사를 통하여 어떻게 이루어지고 그러한 이사의 활동요소로 말미암아 왜 법인에게 일정한 법률효과가 주어지게 되는지를 파악하기는 매우 어려우며, 그러한 법인의 활동원리에 관한 설명은 결국 학설에 의존할 수밖에 없다. 그런데 법인의 활동을 설명하는 종래의 학설은 다음과 같은 문제점이 있다.

첫째로 종래의 학설은 법인의 활동을 지나치게 법인본질론과 결부시켜 설명하고 있는데, 이는 방법론상으로나 현실적인 문제해결에 있어서도 적절치 않다는 점이다. 종래의 학설은 법인의 본질에 관하여 법인의제설과 법인실재설을 대립시켜놓고 법인의제설에 의하면 법인의 행위능력·불법행위능력이 부정되는 반면, 법인실재설에 의하면 법인에게도 그러한 능력이 긍정되는 것으로 도식화한다. 그런데 법인의 "본질(Wesen)"논쟁을 법인의 중핵을 이루는 기질(Substrat)이 무엇인지를 밝히는 문제로 본다면, 이것은 제릭(Serick Serick) 교수가 적절히 언급한 바와 같이 인간의 본질이 무엇인지에 관한 문제만큼이나 어려운 문제이며 아직까지 적절하게 규명된 바가 없다고 할 것이다.[2] 이와 달리 법인본질론을 법인은 현실적으로 존재하는 실재체이냐(실재설) 아니면 법률가들의 머릿속에서 가공되어 나온 허구적인 것이냐(의제설)라는 문제로 이해한다면, 오늘날 이러한 논쟁은 별다른 의미가 없다. 왜냐하면 오늘날 예컨대 「사단법인 한국민사법학회」, 「한국연구재단」, 「주식회사 삼성전자」 등의 법인이 실제로 존재하고 자연인보다 더 광범위하고 큰 규모의 경제적·법적 활동을 영위하고 있음에 대해서는 더 이상 의문의 여지가 없기 때문이다. 그러기에 법인본질론으로부터 법인의 활동문제를 풀어내려는 종래 학설의 타당성이나 실효성에 대해서 근본적인 의문을 가지지 않을 수 없다. 더구나 종래의 학설이 법인의 활동을 설명하기 위해서 끌어 쓰는 법인본질론의 원류를 추적하여보면, 법인본질에 관한 학설이

---

2) Rolf Serick, Rechtsform und Realität juristischer Personen, 2. Aufl., Tübingen 1980, S. 156.

원래의 주장자의 의도와는 달리 후세의 학자들에 의해서 법인의제설 혹은 법인실재설이라고 명명되면서 강학상의 필요에 따라 논리적으로 다듬어진 것일 뿐이며, 실제적인 법인의 활동메커니즘을 설명하는 데에는 한계가 있다.

종래의 학설이 가지는 두 번째 문제점은 법인의 활동문제를 법인의 행위능력 또는 불법행위능력의 문제로 국한해서 다루어왔다는 점이다. 자연인과 마찬가지로 법인의 경우에도 법률행위 및 불법행위가 법인활동의 문제에 있어서 중요한 비중을 차지함은 물론이다. 그러나 법인의 경우에는 그 외에도 인식이나 점유와 같은 활동요소들은 자연인의 그것과는 동일하게 볼 수 없는 어려운 문제들을 안고 있다. 종래의 법인본질론은 이러한 활동요소들까지 망라해서 설명하는 데 한계가 있었다. 따라서 종래의 법인본질론의 관념으로부터 벗어나서 새로운 시각에서 법인의 활동문제를 종합적으로 풀어낼 수 있는 설명도구가 필요한데, 본서는 귀속(Zurechnung)의 관점에서 법인의 활동문제를 설명하고자 한다.[3]

II. 「법인본질론」으로부터 「귀속의 문제」로

1. 대리설과 기관설의 대립

가. 종래 학설의 설명

현재 대부분의 문헌은 법인의 본질에 관하여 법인의제설과 법인실재설을 대립시키고, 여기에 사비니(Savigny)와 기르케(Gierke)의 법인이론을 대입하여 설명하고 있다.[4] 이어서 법인의 불법행위능력을 규정한 민법 제35조의 의의에 관해서도 다시금 법인의 본질에 관한 법인의제설과 법인실재설의 대립을 상기시키면서, 논리적으로 법인의제설에 따르면 법인의 불법행위능력은 부정되지만 법인실재설에 의하면 법인

---

3) 이하 법인의 활동을 귀속의 법리로써 풀어가는 설명에 관해서는 송호영, "법인의 활동과 귀속의 문제 −법인본질논쟁의 극복을 위한 하나의 시론−",「민사법학」제31호, 한국민사법학회, 2006. 3, 3면 이하 참고.

4) 고상룡, 민법총칙, 168면 이하; 곽윤직·김재형, 민법총칙, 156면 이하; 김기선, 한국민법총칙, 124면 이하; 김상용, 민법총칙, 207면 이하; 김용한, 민법총칙론, 147면 이하; 김주수·김상용, 민법총칙 155면 이하; 백태승, 민법총칙, 191면 이하; 이영준, 민법총칙, 902면 이하; 이은영, 민법총칙, 230면 이하; 장경학, 민법총칙, 274면 이하; 황적인, 현대민법론 I, 86면 이하 등.

의 불법행위능력은 당연히 긍정되는 것으로 도식화한다. 이러한 상황은 독일의 문헌에서도 크게 다르지 않아, 법인의 본질에 관하여 법인의제설(Fiktionstheorie)과 법인실재설(Realitätstheorie)을 대립시켜 설명한다.[5] 다만 법인의 손해배상책임과 관련한 독일민법 제31조의 설명에 대해서는 법인과 기관인의 관계에 관한 이른바 기관(器官[6])설(Organtheorie)과 대리설(Vertretertheorie)의 입장에 따라 서술되는데, 이러한 학설대립도 밑바닥에는 법인본질에 관한 사비니의 법인의제설과 기르케의 법인실재설의 대립이라는 도식이 깔려 있다. 법인은 자연인에 의제된 존재에 불과한 것이냐, 아니면 권리주체의 실질을 가진 사회적 실재체이냐 하는 이른바 법인의 "본질"논쟁은 오늘날 별로 의미가 없다. 왜냐하면 법인은 이제 우리의 일상현실에서 그 실재성이나 권리주체성에 대해서는 더 이상 의심받을 필요가 없는 성숙한 법적 형상(Rechtsfigur)으로 자리 잡았기 때문이다.[7] 그러나 법인이 실재한다고 하더라도 실제로 법인이 어떻게 법적인 활동을 수행해나갈 수 있는지는 또 다른 차원의 문제이다. 법인은 조직상 집행기관, 의사결정기관, 감독기관 등으로 구성되는데, 법인의 실질적인 활동은 기관의 구성원, 즉 기관인(Organperson)을 통하여 이루어진다. 이때 법인의 활동과 관련하여 법인과 기관인의 관계를 어떻게 볼 것인가에 대해서 독일학계에서는 학설상의 논쟁이 있다. 이른바 대리설과 기관설이 그것이다. 이러한 학설대립은 사비니와 기르케의 법인본질논쟁을 반영한 것으로 이해된다.[8] 종래 독일학계의 통설적 설명에 따라 대리설과 기관설의 내용을 살펴보면 다음과 같다.

대리설(Vertretertheorie)의 주장자로 알려진 사비니에 의하면 법인은 권리능력은 가지지만,[9] 행위능력은 가지지 않는다. 왜냐하면 "행위라는 것은 생각하고 의욕하는 존

5) 예컨대 Heinz Hübner, AT des BGB, 2. Aufl., Berlin u.a. 1996,S. 114 f.; Medicus, Allgemeiner Teil des BGB, S. 430; Larenz/Wolf, Allgemeiner Teil des Bürgerlichen Rechts, S. 148 f. 등.
6) Organ의 번역에 있어서 機關 또는 器官으로의 번역가능성과 그 의미상의 차이에 관해서는 본서 제1장 「법인론 서설」 제2절 「법인이론」 각주 76) 참고. 여기서는 器官으로 번역하는 것이 타당하다.
7) 同旨 Karsten Schmidt, Gesellschaftsrecht, S. 186. 한편 역사적 의미에서가 아니라 법해석론적 관점에서 의제설과 실재설의 대립은 현대에도 의미가 있다고 하면서, 법인의제설에 입각하여 민법전에 규정된 법인을 설명하려는 견해로는 이은영, 민법총칙, 228면 이하 참고.
8) Karsten Schmidt, Gesellschaftsrecht, S. 250.
9) 엄밀하게 말하면 Savigny가 말하는 법인의 권리능력(Rechtsfähigkeit)이란 가족관계에 관한 내용을 제외시킨 재산능력(Vermögensfähigkeit)만을 의미한다(Savigny, System des heutigen Römischen Rechts II, S. 238).

재, 즉 자연인을 전제로 하는데 단지 의제에 불과한 법인에게는 그러하지 않기 때문이다."[10] 그렇다면 법인은 권리능력은 가지면서도 행위능력은 없기 때문에 실제로 권리를 행사할 수 없다는 모순이 생기는데, 사비니는 그러한 상황은 미성년자나 금치산자에게도 마찬가지로 발생한다고 하면서 이러한 권리능력과 행위능력의 불일치(Widerspruch)는 결국 대리제도(Vertretung)를 통하여 해결된다고 설명한다.[11] 사비니는 마찬가지 이유로 법인의 불법행위능력도 부정한다. 불법행위는 고의(dolus)나 과실(culpa)이 전제되는데, 이러한 것들을 법인에게서 기대하기는 어렵기 때문이라고 한다.[12]

이에 반하여 기관설(Organtheorie)을 주장한 기르케에 의하면 법인은 가공된 것이 아니라 실재하는 존재이기 때문에, 법인이 권리능력을 가지는 것은 당연한 것이다.[13] 또한 법인은 Savigny의 설명처럼 대리를 필요로 하는 그런 존재가 아니라, 그 자체가 살아 있는 유기적인 존재로서 무언가를 스스로 의욕할 수도 있고 그 의욕한 것을 행동으로 옮길 수도 있다.[14] 즉 행위능력을 가지고 있다. 법인의 행동은 법인 조직의 일부인 자연인으로 구성된 器官(Organ)의 행위에 의해 밖으로 표출된다. 그 결과 법인은 스스로 불법행위도 행할 수 있다. 따라서 법인의 기관(機關)이 저지른 불법행위의 효과는 자연인인 기관에 미치지 않고 직접 법인에게 미친다.[15]

나. 대리설과 기관설에 대한 재해석

흔히 대리설과 기관설의 대립은 법인본질론에서의 법인의제설과 법인실재설의 연장선상에 있다고 한다. 현재 독일학계의 주된 경향은 기관설에 치우치는 편이다.[16] 그것은 아마도 법인실재설에 터잡은 기관설이 법인의 활동가능성을 간단하게 설명해주는 논리적인 편리함 때문으로 보인다. 즉 기관설의 요지는 법인의 기관인은 자

---

10) Savigny, System des heutigen Römischen Rechts II, S. 282: "Allein Handlungen setzen ein denkendes und wollendes Wesen, einen einzelnen Menschen voraus, was eben die juristische Person als bloße Fictionen nicht sind."
11) Savigny, System des heutigen Römischen Rechts II, S. 282~283.
12) Savigny, System des heutigen Römischen Rechts II, S. 317.
13) Gierke, Deutsches Privatrecht I, S. 472; ders, Genossenschaftstheorie, S. 141 f.
14) Gierke, Deutsches Privatrecht I, S. 472; ders, Das Wesen der menschlichen Verbände, S. 15.
15) Gierke, Genossenschaftstheorie, S. 762 f.
16) 예컨대 SoergelKomm BGB-Hadding, § 31 Rz. 1; MünchKomm BGB-Reuter, § 26 Rz. 11; Palandt-Heinrichs, § 31 Rz. 1; Karsten Schmidt, Gesellschaftsrecht, S. 251; Heinz Hübner, Allgemeiner Teil des BGB, S. 117 등.

연인의 수족이나 장기와 마찬가지로 법인의 구성조직상 기관(器官)의 일부이므로, 기관인의 행위는 곧 법인 스스로의 행위라는 것이다. 이러한 논리에 의하면 기관인이 하는 의욕(Wollen), 인식(Wissen), 작위(Tun) 및 부작위(Lassen) 등 일체의 활동은 모두 법인 스스로가 행한 것이다.

　기관설의 공적은 기관인의 활동요소가 법인에게 유리한 것이든 불리한 것이든 모두 법인의 활동으로 인정되어야 하는 이유를 간명하게 설명해준다는 것과 법인의 기관이 하는 행위의 성질은 대리인, 피용자 및 점유보조자 등 외부의 제3자가 하는 행위와는 다른 특징이 있음을 강조한 점 등을 들 수 있다.[17] '기관인의 활동은 곧 법인 스스로의 활동'으로 이해하는 기관설의 입장은 기르케의 생물학적·유기체적 설명방법에 기초한 것이라고 전해지지만,[18] 정작 기르케는 자연인의 器官과 법인의 機關의 특성을 신중히 구분하여 서술하고 있다. 즉 자연인은 신체상의 器官을 통하여 가시적인 세상에서 활동한다고 전제하면서, 그에 반해 법인의 機關은 단체의 조직권(Verfassungsrecht)을 통하여 인정된 법적 개념(Rechtsbegriff)으로써, 개인법(Individualrecht)에서는 그러한 범례를 발견할 수 없고 단체법(Sozialrecht[19])을 벗어난 법적 개념으로는 대치될 수도 없는, 일종의 특수한 법률적 내용(einen spezifischen juristischen Gehalt)을 가지고 있다고 설명한다.[20] 여기서 법인과 자연인을 비교하는 소위 기르케의 유기체이론은 그가 스스로 밝혔듯이 "단지 설명을 위한 수단일 뿐(ein bloßes Hilfsmittel der Erkenntnis)"[21]이고, 법인의 기관이란 기르케에 의하면 "단일화된 공동체에 있어서 법적으로 지정된 매개자(rechtlich geordneten Vermittler eines einheitlichen Gemeinlebens)"[22]이다. 즉 기르케에게 있어서도 기관이란 단순히 생물학적 개념이 아니라 엄연한 법적 개념이며, 그러한 기관의 활동이 법인의 활동으로 인정되느냐의 여부도 법률적 판단의 문제일 수밖에 없는 것이다.[23]

17) Karsten Schmidt, Gesellschaftsrecht, S. 252.
18) 예컨대 Enneccerus/Nipperdey, Allgemeiner Teil des Bürgerlichen Rechts, 15. Aufl., Tübingen 1959, S. 609; v. Tuhr, Der Allgemeiner Teil des Deutschen Bürgerlichen Rechts, 1. Bd., Berlin 1910 (Nachdruck 1957), S. 461 등.
19) Gierke가 사용하는 Sozialrecht의 의미는 오늘날 흔히 말하는 사회법과는 달리, 사회를 구성하는 각종 조직에 관한 법이란 의미를 가진다. 따라서 여기서는 단체법이라고 표기한다.
20) Gierke, Genossenschaftstheorie, S. 615.
21) Gierke, Wesen der menschlichen Verbände, S. 16.
22) Gierke, Genossenschaftstheorie, S. 624.
23) Gierke, Genossenschaftstheorie, S. 613~614에서는 기관의 의욕과 행위는 조직규약에 부

한편 기관설은 법인의 기관인이 법인의 기관(器官)으로서 하는 행위(Organschaft)와 법인의 대리인이 법인을 위해서 하는 대리행위(Vertretung)를 엄격히 구분하는 것으로 알려져 있다. 즉 기관인의 행위는 법인 스스로의 행위이지만, 대리인의 행위는 법인 외부의 제3자의 행위이기 때문에 양자는 분명히 구분되어야 한다는 것이다. 이러한 설명은 「사비니의 학설은 대리설, 기르케의 학설은 기관설」이라는 대립적인 도식에 기초한 것이지만, 실제로는 양자의 학설에 근본적인 차이가 있는 것은 아니다. 법인에게 의사능력과 행위능력을 인정한 기르케도 법인은 "기관을 통해서만(nur durch Organe) 의욕하고 행동할 수 있다"[24]고 하여 기관의 도움 없이 법인 스스로의 행위는 불가능한 것으로 보았다. 한편 사비니가 법인의 의사능력과 행위능력을 부정한 이유는, 법인은 스스로 의욕하고 행동할 수는 없고 단지 법인을 위한 대리인(Vertreter)을 통해서만 의욕하고 행동할 수 있기 때문이었다. 법인은 기관을 통해서만 행동하는 것으로 볼 것인지 아니면 법인은 자신을 위한 대리인을 통해서 행위를 실현하는 것으로 볼 것인지는 단지 개념적으로는 구별될 수 있을지라도, 실제상의 차이는 별로 없다.[25]

2. 기관인의 활동과 귀속의 문제

가. 기관인의 활동에 대한 이해

법인의 기관을 대리의 일종으로 보든 혹은 인간의 수족과 같은 기관의 일종으로 보든, 법인의 활동은 자연인으로 구성된 기관의 활동을 매개로 하여 이루어진다는 것에 대해서는 이설이 없다.[26] 이때 기관인의 활동을 법인의 것으로 보는 이유는 기

합하는 한 법적인 의미에서(im Rechtssinne) 단체의 의욕과 행위라고 서술하고 있다.

24) Gierke, Genossenschaftstheorie, S. 615. 나아가 Gierke, Deutsches Privatrecht I, S. 472 에서는 "법인은 … 자연인으로 구성된 기관을 통해서만 행위할 수 있다(Freilich vermag sie sich … nur durch Organe zu bethätigen, die aus einzelnen Menschen gebildet sind)"고 기술함으로써, 이를 분명히 하고 있다.

25) Uwe John, Die organisierte Rechtsperson, Berlin 1977, S. 230; Michael Martinek, Repräsentanten-haftung, Berlin 1979, S. 45; Wolfram Müller-Freienfels, „Haftungsverterter" und Stellvertreter, Festschrift für Heinz Hübner zum 70. Geb., Berlin u.a. 1984, S. 637; Detlef Kleindiek, Deliktshaftung und juristische Person, Tübingen 1997, S. 171.

26) 다만 회사법학에서는 자연인 이외에도 법인이 다른 회사의 기관(특히 이사)이 될 수 있느냐에 대해서 논란이 있다. 설령 법인의 이사적격을 인정하더라도 그러한 이사로서의 법인활

관인의 활동 자체가 법인 스스로의 활동이기 때문이 아니라, 기관인의 일정한 활동을 법인의 활동으로 귀속(Zurechnung)시킬 수 있기 때문이다. 이것은 기관인의 모든 활동이 자동적으로 법인 자신의 것으로 인정되는 것이 아니라, 일정한 요건하의 기관인의 활동에 한해서 법인의 활동으로 인정됨을 의미한다. 기관인의 어떤 활동이 법인의 것으로 인정되느냐 하는 것은 사실적인 문제가 아니라, 규범적인 문제이다. 즉 법인의 활동을 매개하는 어떤 자연인의 행위를 법인의 것으로 보아야 하는 이유에 관한 정당성을 찾는 문제이다. 사비니가 법인의 기관인을 일종의 대리인(Vertreter)으로 보았던 이유도 기관인의 행위를 법인 자신의 것으로 귀속시키는(angerechnet)[27] 것에 대해서 정당성을 부여해줄 수 있는 법리적인 설명도구가 필요했기 때문이다. 이에 반해 법인의 기관을 일종의 신체조직과 같은 존재로 보는 기르케에 의하면 기관인의 활동은 곧 법인 자신의 활동을 의미하므로, 구태여 규범적인 평가에 따른 "귀속"을 운운할 필요가 없는 것으로 생각될 수 있다. 그러나 기르케가 비록 기관을 자연인의 신체조직과 마찬가지로 이해하였다고 하더라도 그것은 일종의 사실적(寫實的)인 비유에 불과할 뿐이며,[28] 기르케도 기관의 활동이 법인에게 귀속됨으로써 법인 자신의 활동으로 인정되는 것임을 명확히 하고 있다. 즉 법인의 인식은 법률의 규정이 기관의 知·不知를 법인의 것으로 귀속시킴으로써(zuschreibt) 법적인 의미를 가진다고 하거나,[29] 기관이 권한범위 내에서 행한 작위·부작위는 법인 자신의 작위·부작위로 귀속된다고(zugerechnet) 설명한다.[30]

요컨대 법인의 현실적인 활동은 법인의 기관을 구성하는 자연인(즉 기관인)의 활동을 전제로 하며, 기관인의 활동이 법인 자신의 것으로 인정되는 이유에 대해서 법인의 기관을 대리로 보든 혹은 기관으로 보든, 양자 모두 종국적으로 일정한 기관의 활동을 법인의 것으로 귀속시킴으로써 법인의 활동이 이루어지는 것으로 보는 점에서는 차이가 없다.[31]

동도 실제로는 그 법인의 구성원인 자연인에 의해서 이루어지게 된다.
27) Savigny, System des heutigen Römischen Rechts II, S. 91.
28) Flume, Juristische Person, S. 18은 법인과 자연인의 특성이 엄연히 구별되는데도 불구하고, 법인을 구태여 자연인과 같은 구조로 이해하는 Gierke의 학설이야말로 의제설(Fiktionstheorie)이라고 비판한다.
29) Gierke, Genossenschaftstheorie, S. 627.
30) Gierke, Deutsches Privatrecht I, S. 530.
31) Kleindiek, Deliktshaftung und juristische Person, S. 177. 또한 백태승, 민법총칙, 199면은 법인본질론에 관한 태도는 실제 문제해결에 있어서는 결정적인 차이가 없다고 하면서,

나. 귀속의 문제

(1) 「귀속」의 의의

현행법에서 "귀속"에 대한 정의는 없지만, 법률용어로서는 널리 사용되고 있다. 귀속(Zurechnung)이 무엇을 뜻하는지에 대해서는 상이하게 받아들여질 수 있다. 예전에는 귀속의 의미를 형법이나 손해배상법 등에서 어떤 발생사실이 어떤 권리주체의 "자신의 행위"로 인하여 발생한 것으로 인과성(Kausalität)을 인정할 수 있느냐의 문제로 이해하기도 하였다.[32] 이러한 의미의 귀속을 자기귀속(Eigenzurechnung)이라고 한다.[33] 그러나 오늘날에는 귀속의 의미를 어떤 권리주체의 "자신의 행위"에 국한시킨 좁은 시각에서 탈피하여, 다른 권리주체(乙)에 의해서 형성된 구성요건상의 요소도 어떤 권리주체(甲)의 것으로 돌릴 수 있는 일체의 법적 기술을 통칭하는 의미로 받아들여진다. 이러한 의미의 귀속은 앞의 자기귀속과는 달리, 2인 이상의 권리주체가 전제가 되므로 이를 외부귀속(Fremdzurechnung) 혹은 타인귀속(Drittzurechnung)이라고 한다.[34] 법률효과가 발생하기 위해서는 구성요건이 충족되어야 하는데, 구성요건의 충족은 乙 만으로도 충족될 수 있고 乙과 甲의 공동에 의해서 충족될 수도 있다.[35] 귀속이란 전부 혹은 일부분 다른 권리주체(乙)에 의해서 형성된 구성요건요소를 전체적인 형상에서(im Rahmen einer Gesamtschau) 특정한 권리주체(甲)의 것으로 부가(Addition)시키는 법리라고 말할 수 있다.[36] 이때 귀속의 대상이 되는 구성요

그 이유에 대해서 "법인실재설의 입장에 있더라도 법인이 현실적으로 자연인인 기관을 통하여 활동하는 점을 부인하는 것은 아닐 뿐만 아니라 이와 같은 자연인의 행위의 결과가 법인의 행위로 인정되기 위하여는 법적 평가가 당연히 필요하다는 점을 인정하여 이는 결국 법인의제설에 접근하기 때문"이라고 한다.

32) 이를테면 Karl Larenz, Hegels Zurechnungslehre und der Begriff der objektiven Zurechnung, Leipzig 1927, S. 60. 이러한 의미의 귀속은 이미 Kant가 Metaphysik der Sitten(1797)에서 정립한 개념이다.
33) Jesko Rosenmüller, Zurechnung im Konzern nach bürgerlich－rechtlichen Grundsätzen, insbesondere bei rechtsgeschäftlicher Betätigung eines Konzerngliedes, Göttingen 2001, S. 5.(이하 Rosenmüller, Zurechnung im Konzern으로 표기함).
34) Rosenmüller, Zurechnung im KonzeRz, S. 6.
35) 예컨대 대리인 乙이 본인 甲을 위하여 丙과 매매계약을 체결할 때, 대리인 乙의 대리행위만으로 매매계약의 구성요건을 충족하여 유효한 매매계약이 성립될 수 있고, 甲의 지시에 따라 매매계약을 체결한 대리인 乙이 丙의 물건의 하자를 알지 못하였지만 甲은 그 사실을 안 경우에는 乙의 계약체결행위와 甲의 인식이 결합하여 유효한 매매계약이 성립한다(민법 제116조 제2항 참조).

건요소는 비단 작위·부작위와 같은 외부적 행위뿐만 아니라 의욕이나 인식과 같은 내부적 용태도 포함된다.

원래 법은 자기책임(Selbstverantwortung)의 원칙을 기본으로 하기 때문에, 원칙적으로 자신의 행위와 관련한 구성요건요소에 한해서만 자신에게 그 효과가 귀속된다.[37) 따라서 다른 권리주체에 의한 구성요건요소를 특정한 권리주체의 것으로 돌릴 수 있기 위해서는 그에 관한 법적인 근거가 있어야만 하는데, 그러한 귀속을 가능케 하는 근거규정을 귀속규범(Zurechnungsnorm)이라고 한다.[38) 이를테면 법인의 대표기관이 행한 불법행위에 대해서 법인이 책임을 지도록 한 민법 제35조 제1항, 대리인이 행한 법률행위의 효과가 본인에게 귀속하도록 규정한 민법 제114조 제1항, 점유보조자의 물건의 사실상의 지배에 따른 점유의 효과는 점유주에게 귀속하도록 정한 민법 제195조, 이행보조자의 고의·과실을 채무자의 것으로 보는 민법 제391조 및 피용자의 위법행위에 대해서 사용자의 책임의무를 정한 민법 제756조 등이 이에 해당한다. 이러한 귀속규범들은 그 귀속의 내용이 되는 해당규범(bezogene Norm)과 결합하여 권리주체에게 법률효과를 부여하게 된다. 예컨대 대리인에 의한 매매계약 체결에 있어서 매매계약의 효과(해당규범: 민법 제568조 이하)는 민법 제114조(귀속규범)에 의해서 본인에게 귀속한다. 이러한 의미에서 귀속이란 해당규범의 구성요건을 포섭하여 그 효과가 특정한 권리주체에게 부여될 수 있도록 이끌어 주는 일종의 법리적인 보조기술(Hilfstechnik)이라고 할 수 있다.[39)

(2) 법인활동의 귀속

법인의 활동과 관련하여 보면, 기관인의 활동은 귀속규범에 의해서 법인 스스로가 활동한 것과 같은 법률효과가 주어진다. 예컨대 법인의 대표이사가 행한 불법행위로 말미암아 민법 제35조에 의해서 법인에게 손해배상의무가 발생하는 것이다. 그런데 귀속규범에 의하더라도 기관의 모든 활동이 법인의 것으로 귀속되지는 않고 일정한 기관의 활동만이 법인의 것으로 귀속된다.[40) 귀속규범의 합리적인 적용과 해석을 위

36) Reinhard Bork, Zurechnung im Konzern, ZGR 2/1994, 238: ders., Allgemeiner Teil des BGB, Tübingen 2001, S. 487.
37) Rosenmüller, Zurechnung im Konzern., S. 7.
38) Medicus, Allgemeiner Teil des BGB, S. 348.
39) Bork, Allgemeiner Teil des BGB, 2001, S. 488.

해서는 귀속규범이 기관의 활동을 법인의 것으로 귀속시키는 목적과 근거가 제시되어야 한다. 기관의 활동을 법인에게 귀속시키는 목적(Zurechnungszweck)은 법인과 법률관계를 형성한 상대방이 자연인과 법률관계를 형성한 경우에 비해 불리한 지위에 서지 않도록 하기 위함이다. 이것은 곧 법인의 입장에서도 자연인과 비교할 때 동등한 법적 효과를 받게 됨을 의미한다.[41] 일반적으로 타인귀속을 인정하는 이유는 타인의 활동을 통하여 자신의 이익범위를 넓히는 자에 대해서는 그에 비례하여 타인활동으로 인한 불이익도 감수하도록 하는 것이 공평의 원칙에 부합하기 때문이다. 이를 일명 수익·부담의 원칙(Nutzen−Lasten−Prinzip) 혹은 유리·불리의 공식(Vorteil−Nachteil−Formel)이라고 하는데,[42] 법인의 경우도 법인을 위해 행위하는 기관인의 규모에 비례하여 활동범위가 넓어진 만큼 그에 상응하는 부담도 법인에게 귀속하도록 하는 것이, 상대방 입장에서나 법인 스스로의 입장에서도 귀속의 목적에 부합하는 것이다. 기관의 활동이 법인의 것으로 귀속이 인정되는 근거(Zurechnungsgrund)에 대해서는 기본적으로 민법 제59조 제2항의 "법인의 대표에 관하여는 대리에 관한 규정을 준용한다"는 규정에서 찾아야 한다. 즉 대리에 관한 규정 중에서도, 특히 민법 제114조가 준용되어 법인의 대표(대리인)가 그 권한 내에서 법인(본인)을 위해 한 활동은 법인(본인)에게 그 효과가 귀속하게 된다. 법인의 대표에 관해서 대리규정이 준용된다고 하더라도 법인의 대표가 본래 의미의 대리와 같은 성질을 갖는 것은 아니다. 민법 제59조 제2항은 민법 제114조로부터 대표기관의 활동의 효과가 법인에게 귀속하는 메커니즘을 준용하려는 것일 뿐, 법인의 대표기관의 활동이 법률행위에 한정되는 것으로 정하려는 것이 아니다.[43] 따라서 대표기관이 하는 법률행위뿐만 아니라 대표기관의 인식, 점유 및 불법행위 등도 모두 대리의 귀속원리에 준하여 법인의 것으로 귀속하게 된다는 점에서 본래 의미의 대리와는 차이가 있다.

요컨대 우리 민법은 대리법리의 준용을 통하여 법인의 기관의 활동이 법인에게로 귀속되는 근거를 제시하고 있다. 이것은 기관의 모든 활동이 곧바로 모두 법인의 것

[40] 이를테면 법인의 불법행위책임에 관한 민법 제35조에서는 직무범위에 관한 기관의 행위만이 법인의 것으로 귀속된다.
[41] 이것을 Martinek, Repräsentantenhaftung, S. 32에서는 자연인과 법인 간의 법적 지위의 동화기능(Angleichungsfunktion)이라고 칭한다.
[42] Martinek, Repräsentantenhaftung, S. 22.
[43] 反對 유성균, "법인의 불법행위와 표현대리", 「사법논집」 제7집, 법원행정처, 1976, 21면은 대표에 관한 대리규정의 적용을 대표자의 "법률행위"에 한정시킨다.

으로 귀속되는 사실적인 것이 아니라, 기관이 행한 활동이 대표권을 근거로 행하여
진 것인지의 평가에 따라 귀속여부가 결정된다는 규범적인 의미가 있다. 현실적으로
는 특히 법인의 대표기관이 법인을 위해서가 아니라 자신 혹은 제3자를 위해서 활동
하였을 때에도 언제나 법인에게 그에 따른 법률효과가 귀속되어야 하는가라는 문제
에서 대표권은 중요한 해석의 기준으로 작용하게 된다.

Ⅲ. 개별문제의 검토

1. 법인의 「인식의 귀속」

현행 민법전에는 "~을 알았거나 알 수 있었을 경우", "선의~", "알지 못한~",
"악의~" 또는 "~아니함을 안 때에", "~안 날로부터", "소유의 의사", 해의("해함을
알고" 및 "해함을 알지 못한") 등 어떤 사실에 대한 권리주체의 주관적인 인식여부가
법률효과에 영향을 미치게 되는 규정들이 많이 있다. 이처럼 권리주체의 주관적 인
식 혹은 인식가능성의 여부에 따라 법률효과가 영향을 받게 됨을 정한 규정들을 인
식규범(Wissensnorm)이라고 한다.[44] 그런데 이러한 인식규범들은 대개 자연인, 특히
한 개인의 단순하고 직접적인 행위를 상정한 것이다. 자연인의 인식여부가 법적으로
문제된 경우에는 그의 실제적인 인식여부 또는 인식가능성에 대한 입증만이 문제될
뿐이다. 그에 반해서 법이 인정하는 또 다른 권리주체인 법인의 경우에도 위의 인식
규범은 그대로 적용되겠지만, 자연인의 경우와는 다른 복잡한 문제를 내포하고 있
다. 즉 법인의 경우는 조직상 업무의 관할이 종횡으로 나누어지는데, 법인의 구성원
중에서 누가 그리고 언제 인식한 것을 법인이 인식한 것으로 인정할 수 있는가 하는
점이 문제된다. 이에 대해서는 원칙적으로 법인의 대표자가 인식한 것이 법인이 인
식한 것으로 인정된다 할 것이다. 이러한 원칙론에도 불구하고 법인의 인식에 관해
서는 실제로 단순하게 보아 넘길 수 없는 어려운 문제들이 많이 있다. 이를테면 대
표자 이외의 다른 조직원이 인식한 것은 법인의 인식으로 볼 수 없는 것인지, 대표

---

44) 인식규범(Wissensnorm)의 의미와 유형에 관해서는 Dieter Medicus, Probleme der Wissens−
zurechnung, Versicherungsrecht Sonderheft 1994 (Karlsruher Forum 1994), S. 5 이하;
Marcus Baum, Die Wissenszurechnung, Berlin 1998, S. 33 이하; Petra Buck, Wissen
und juristischen Person, Tübingen 2001, S. 18 이하 참고.

자가 업무 중에 인식한 것이 아니라 사적인 영역에서 인식한 것도 법인이 인식한 것으로 보아야 하는지 혹은 퇴사한 전임(前任) 대표자가 인식한 것도 현재의 법인이 여전히 인식한 것으로 인정되는지 등이 문제된다. 나아가 법인의 조직 내에서 실제로 법률행위를 하는 자와 어느 사실을 인식한 자가 각각 다른 경우에 법인의 인식은 어떻게 보아야 하는지 혹은 법인의 조직상 각각의 부서에서 법률행위와 관계없이 산발적으로 인식한 내용이 결합하여 하나의 새로운 인식내용을 형성할 때에도 법인의 고유한 인식으로 인정될 수 있는지 등도 문제될 수 있다. 인식의 귀속에 관해서는 절(節)을 바꾸어 다음에서 상세히 검토할 것이므로 여기서는 법인에 있어서 인식의 귀속이 가지는 의미에 대해서만 간단히 살펴본다.[45]

비록 자연인과 마찬가지로 법인의 존재성에 대해서는 의심할 여지가 없다고 하더라도 물리적인 측면에서 자연인의 행위와 법인의 행위가 이루어지는 과정을 똑같이 볼 수는 없다. 마찬가지로 인식에 있어서도 자연인의 인식과 법인의 인식을 동일시할 수는 없다. 자연인의 경우는 인식여부가 사실인정의 문제라면, 법인의 경우는 규범적 평가의 문제이다. 규범적인 평가란 "인식을 했다·안했다"의 문제라기보다 어떠한 상황에서 법인의 "인식으로 볼 수 있느냐·없느냐"의 문제라는 뜻이다. 다시 말하자면 자연인의 경우와는 달리 법인에 있어서 인식유무에 관한 문제는 실제로는 인식의 귀속(Wissenszurechnung)의 가능여부에 관한 문제이다. 즉 법인에 있어서 인식의 의미는 과연 법인 스스로가 인식을 하였느냐 그렇지 않느냐의 문제가 아니라, 어떤 자연인의 인식에 터잡아 그것을 법인이 인식한 것으로 귀속시킬 수 있느냐 그렇지 않느냐의 문제이다. 이때 법인을 위해 실제로 인식하는 자연인은 원칙적으로 법인의 대표기관의 구성원(즉 이사 등)을 의미한다. 그 외 법인의 경우는 대리권을 매개로 대표기관의 구성원 이외의 자의 인식까지도 법인의 인식으로 귀속되는 것으로 보게 된다.

---

45) 본장, 제2절 「법인의 인식귀속」 참고.

2. 법인의 「점유의 귀속」

가. 법인에 있어서 점유의 특성

법인은 사람처럼 유체물이 아닌데 어떻게 물건을 점유할 수 있을까? 가령 어느 법인이 X토지 위에 Y건물을 소유하고 있다면, 그 법인은 Y건물을 통해 X토지를 점유하고 있다. 마찬가지로 법인이 수목의 집단에 대해 줄을 둘러치고 법인 명의로 팻말을 꽂았다면 이른바 명인방법을 통해 그 수목을 점유하고 있다. 이러한 경우에는 법인 스스로가 점유하는 것으로 외부에서 쉽게 인식할 수 있기 때문에 다툼의 여지는 별로 없다. 그렇지 않은 경우 법인이 점유하고 있는 것인지 아닌지가 문제될 수 있다.

비록 법인의 점유에 관한 명문의 규정은 없지만, 법인은 기관을 통하여 점유를 할 수 있다는 것에 대해서는 이론(異論)이 없다. 다만 기관의 점유를 어떻게 이해할 것인가에 대해서는 약간의 이견이 있다. 우리나라의 통설은 법인의 기관이 직무를 수행함에 있어서 물건을 사실상 지배하게 될 경우에 이를 곧 법인 자체의 점유로 본다.[46] 이 때 점유관계에 있어서 법인의 기관은 법인의 점유보조자가 아니라는 점에 일치한다.[47] 독일의 통설도 법인의 기관이 자신의 업무범위 내에서 사실상 물건을 지배하는 경우에는 법인이 직접 점유를 하는 것으로 본다.[48] 또한 이때 법인의 기관은 점유보조자도 점유매개자도 아니라고 한다.[49] 결과적으로는 위의 통설의 주장이 타당하지만, 그 근거에 대해서 약간의 보충적인 설명이 필요하다. 일부 학설은 법인의 본질에 관하여 법인실재설을 취한 당연한 결과로 법인자체의 점유를 인정할 수 있다고 설명하지만,[50]

---

46) 곽윤직·김재형, 물권법, 제9판, 박영사, 2024, 191면; 김상용, 물권법, 전정판 증보, 법문사, 2006, 269면; 김용한, 물권법론, 재전정판, 박영사, 1996, 189면; 김증한·김학동, 물권법, 제9판, 박영사, 1997, 195면; 이상태, 물권법, 9정판, 법원사, 2015, 178면; 이영준, 물권법, 전정신판, 박영사, 2009, 331면; 이은영, 물권법, 제4판, 박영사, 2006, 336면 등.

47) 다만 이은영, 물권법, 336면은 "법인과 대표기관의 관계는 마치 점유주와 점유보조자의 관계와 유사하다"고 한다.

48) Baur/Stürner, Sachenrecht, 17. Aufl., München 1999, S. 72; Westermann/Gursky, Sachenrecht, 7. Aufl., Heidelberg 1998, S. 127; MünchKomm BGB–Joost, § 854 Rz. 15 ff.; Staudinger BGB–Bund, § 854 Rz. 58; SoergelKomm BGB–Stadler, § 854 Rz. 14; AnwaltKomm BGB–Hoeren, § 854 Rz. 14.

49) Ernst Wolf, Sachenrecht, 2. Aufl., Köln u.a. 1979, S. 86은 법인의 기관을 점유매개자(Beseitzmittler)라고 주장한 바 있지만, 오늘날에는 이를 추종하는 견해를 더 이상 찾아볼 수 없다.

50) 김상용, 물권법, 269면; 이상태, 물권법, 178면 등.

이러한 주장은 법인의 실재성의 의미를 과장하거나 법인의 법기술적 특성을 경시하고 있다. 어느 권리주체에게 점유를 인정하기 위해서는 물건에 대한 사실상의 지배와 점유설정의사가 필요한데, 법인의 경우에는 실제로 법인에게 고유한 사실상의 지배 혹은 점유설정의사를 생각할 수 없다. 그러나 일정한 자연인의 사실상의 지배와 점유설정의사를 법인의 것으로 귀속시킴으로써 법인의 점유를 현실화시킬 수는 있는 것이다.[51] 이때 법인에게로 귀속가능한 점유란 바로 기관의 점유(Organbesitz)를 의미한다. 요컨대 법인은 기관이 행하는 물건에 대한 사실상의 지배와 점유설정의사를 법인 자신의 것으로 귀속시킴으로써 법인의 점유를 실현하게 된다. 이것은 법인의 존재를 의제(Fiktion)로 보는 것과는 아무런 상관이 없으며, 법인의 점유가 실제로 이루어지는 메커니즘을 설명하는 것뿐이다.

나. 적용범위

(1) 인적 범위

법인의 점유는 법인 스스로의 물건에 대한 지배가 아니라, 기관의 점유를 법인의 것으로 귀속시키는 문제임은 위에서 살펴보았다. 그런데 어떠한 기관의 점유를 법인의 점유로 귀속시킬 수 있는가에 대해서는 견해가 갈린다. 즉 대표기관이 직무를 수행함에 있어서 물건을 사실상 지배함으로써 점유를 취득한 경우에 한하여 법인의 점유로 인정하는 견해,[52] 대표기관에 한정하지 않고 법인의 모든 기관이 법인을 위하여 물건을 사실상 지배하면 법인의 점유로 된다는 견해[53] 및 점유는 법률행위가 아니라 사실행위이므로 대표기관뿐 아니라 그 직원의 사실상 지배에 의해서도 법인의 점유가 인정된다고 하는 견해[54]가 그것이다. 생각건대 첫 번째 견해가 타당하다. 그 이유는 만약 다른 기관이나 직원의 사실상 지배에까지 법인의 점유를 인정하면 자연인의 점유와 비교할 때 법인의 점유가 지나치게 확장되어 양자 간의 균형이 맞지 않

---

51) Flume, Personengesellschaft, S. 79; MünchKomm－Joost, § 854 Rz. 17; Ralph Westerhoff, Organ und (gesetzlicher) Vertreter, München 1993, S. 161 등.

52) 김상용, 물권법, 269면; 김용한, 물권법론, 189면; 송덕수, 물권법, 제6판, 박영사, 2023, 238면; 이상태, 물권법, 178면; 이영준, 물권법, 331면은 원칙적으로 법인의 대표기관이 권한 내에서 점유한 때에만 법인의 점유로 되지만, 법인의 다른 구성원이 대표기관의 지시에 따라 사실상 지배하는 때에는 예외적으로 법인의 점유로 된다고 설명한다.

53) 곽윤직·김재형, 물권법, 191면; 김중한·김학동, 물권법, 195면.

54) 이은영, 물권법, 336면.

게 된다. 법인의 점유가 확장되는 것은 법인에게 반드시 유리한 것만은 아니며, 오히려 법인이 자신의 점유를 상실할 위험도 그만큼 커지게 된다.[55] 따라서 법인의 대표기관 이외의 기관이나 직원의 점유는 법인 스스로의 점유가 아니라, 점유보조자의 사실상의 지배로 보는 것이 타당하다. 대법원도 "주식회사의 대표이사가 업무집행과 관련하여 정당한 권한 없이 그 직원으로 하여금 타인의 부동산을 지배·관리하게 하는 등으로 소유자의 사용·수익권을 침해하고 있는 경우, 그 부동산의 점유자는 회사일 뿐이고 대표이사 개인은 독자적인 점유자는 아니기 때문에 그 부동산에 대한 인도청구 등의 상대방은 될 수 없다"[56]고 하여 기본적으로 대표기관의 점유를 기준으로 법인의 점유여부를 판단하고 있다. 독일에서도 법인의 점유로 귀속되는 기관의 점유(Organbesitz)란 대표기관(Vertretungsorgan)[57] 혹은 집행기관(Geschäftsführungsorgan)[58]이 직무범위 내에서(innerhalb seines Aufgabenbereichs) 하는 점유를 의미한다. 직무범위 내에서 하는 점유란 기관이 법인의 대표로 하는 점유를 말하며, 만약 대표기관의 점유라고 하더라도 이사가 자신을 위한 점유로 삼는 순간(예, 횡령 등) 법인은 점유를 상실하게 된다.[59]

대표기관이 직무범위에서 행한 점유의 법적 효과는 전적으로 법인에게 귀속되므로, 기관은 사실상의 지배에도 불구하고 법적인 의미에서 점유자가 아니다.[60] 그러한 점에서 대표기관의 점유는 점유보조자와 유사한 면이 있음은 사실이다. 그러나 법인의 대표기관은 법인의 점유를 위해서 직접 점유보호청구권을 행사할 수 있는 데 반하여 점유보조자는 이를 행사할 수 없다는 점에서 차이가 있다. 법인의 대표기관이 법인의 점유를 위하여 점유보조자(예, 법인의 직원 등)를 둘 수 있음은 물론이다. 법인의 점유보조자는 대표기관의 지시에 따라 물건을 사실상 지배하게 되며, 그에 따른 점유의 효과는 법인에게 귀속된다.

---

55) 가령 법인에 근무하는 직원의 사실상의 지배를 법인의 점유로 보게 되면, 그 직원이 점유하던 물건을 타인에게 처분하는 순간 법인은 곧바로 점유를 상실하게 되므로 법인으로서는 그만큼 점유를 상실할 위험도 안게 된다.
56) 대법원 2013. 6. 27. 선고 2011다50165 판결.
57) Westermann/Gursky, Sachenrecht, S. 126.
58) MünchKomm BGB−Joost, § 854 Rz. 17.
59) Karsten Schmidt, Gesellschaftsrecht, S. 267.
60) MünchKomm BGB−Joost, § 854 Rz. 19.

만약 법인의 점유가 불법점유로 인정된다면, 이로 인해 대표이사 개인이 손해배상 책임을 부담하는지가 문제될 수 있다. 이에 대해 대법원은 주식회사의 대표이사가 업무집행과 관련하여 정당한 권한 없이 타인의 부동산의 사용·수익권을 침해한 경우 그 부동산의 점유자는 회사일 뿐이고 대표이사 개인은 독자적인 점유자는 아니더라도 대표이사가 고의 또는 과실로 그 부동산에 대한 불법적인 점유상태를 형성·유지한 위법행위로 인한 손해배상책임은 회사와 별도로 부담한다고 보아야 한다고 판단하였다.[61] 즉, 대표이사 개인이 그 부동산에 대한 점유자가 아니라는 것과 업무집행으로 인하여 회사의 불법점유 상태를 야기하는 등으로 직접 불법행위를 한 행위자로서 손해배상책임을 지는 것은 별개라는 것이다.[62]

대표기관을 통한 점유에 있어서 법적으로 점유자는 엄연히 법인이므로, 어느 한 사람이 동시에 여러 법인의 대표로서 점유를 할 수도 있다. 예컨대 甲이 모두 1인 회사인 A회사, B회사 및 C회사의 대표이사 자격으로 세 개의 회사를 위해 하나의 사무실을 임차하여 사용하고 있다면, 사무실에 관하여 A, B, C회사가 공동점유를 하게 되고, 이 경우에도 甲 자신은 점유자가 아니다.[63]

(2) 법인 이외의 단체

이상에서 살펴본 법인에 있어서 점유의 특수한 성질은 법인아닌 단체에도 적용이될 수 있는지가 문제된다. 우선 권리능력없는 사단에 있어서는 직무수행을 위해서 대표기관이 하는 물건의 사실상 지배는 권리능력없는 사단 자체의 점유로 귀속될 수 있다.[64] 특히 통설과 판례는 법인아닌 사단과 재단에 대하여는 그 성질에 반하지 아니하는 한 법인에 관한 규정을 준용할 수 있는 것으로 해석하므로, 법인의 점유에 관한 특성이 권리능력없는 사단의 점유에 관해서도 그대로 적용될 수 있다고 할 것이다. 대법원은 종단에 등록된 일반적인 사찰은 독자적인 권리능력과 당사자능력을 가진 법인격없는 사단이나 재단이라 할 것이므로, 그 사찰의 토지 및 건물을 점유하고 있는 자는 사찰자신이고 그 주지의 지위에 있는 자가 그 토지와 건물을 점유하는

---

61) 대법원 2013. 6. 27. 선고 2011다50165 판결.
62) 동 판결에 대한 평석으로는 공도일, "법인의 불법점유가 인정되는 경우 대표이사 개인의 손해배상책임 인정 여부", 「대법원판례해설」 제95호, 법원도서관, 2013, 239면 이하 참고.
63) Karsten Schmidt, Gesellschaftsrecht, S. 268.
64) AnwaltKomm BGB-Hoeren, § 854 Rz. 14.

것은 아니라고 판시함으로써, 권리능력없는 사단 자체의 점유를 인정한 바 있다.[65]

문제는 법인의 점유의 특성이 민법상 조합에도 적용될 수 있는가 하는 점이다. 즉 조합의 경우에도 조합을 대리하는 조합원의 점유를 통한 조합 자체의 점유를 인정할 것인가 아니면 조합자체의 점유는 부정되고 조합원만의 점유를 인정할 것인가 하는 문제이다. 이것은 현재 독일에서도 논쟁이 심한 문제 중 하나이다. 이는 곧 조합의 권리주체성을 어떻게 이해하는가와 밀접한 관련이 있다. 과거 독일의 판례는 조합의 점유를 부정하였지만,[66] 최근에는 조합을 대표하는 조합원의 점유를 조합자체의 점유로 귀속시킴으로써 이를 긍정하고 있으며,[67] 학설도 대체로 이를 지지하고 있다.[68] 이에 관한 우리의 학설과 판례는 찾아볼 수 없지만, 조합을 단순한 계약상의 객체가 아니라 일정한 권리주체성을 가진 단체로 본다면 조합의 경우에도 법인의 점유에 관한 특성이 적용될 수 있다고 생각한다.

3. 법인의 「책임의 귀속」

가. 법인학설과 법인의 행위능력 및 불법행위능력

종래의 통설적 설명에 의하면, 법인이 행위능력 또는 불법행위능력을 가지는지의 여부는 법인을 어떻게 바라보느냐에 따라 달라지게 된다.[69] 즉 법인의제설에 의하면 법인의 행위능력과 불법행위능력은 부정되므로, 법인의 행위는 대리인의 행위에 의존할 수밖에 없고 민법 제35조 제1항의 법인의 배상책임은 타인의 행위에 대한 법률정책상의 책임이라고 설명되는 반면, 법인실재설에 의하면 법인의 기관의 일정한 행위는 곧 법인 자체의 행위이므로 법인은 당연히 행위능력과 불법행위능력을 가지며 따라서 제35조 제1항 전단은 이를 확인한 규정에 불과하다고 설명한다.[70] 그러

65) 대법원 1996. 1. 26. 선고 94다45562 판결.
66) BGHZ 86, 340, 341 = NJW 1983, 1123, 1124.
67) BGHZ 146, 341 = BGH NJW 2001, 1056 ff.
68) 대표적으로 Ulmer, Die höchstrichterlich »enträtselte« Gesellschaft bürgerlichen Rechts, ZIP 2001, S. 585 ff; Habersack, Die Anerkennung der Rechts— und Parteifähigkeit der GbR und der akzessorischen Gesellschafterhaftung durch den BGH, BB 2001, S. 477 ff. 등
69) 이하 특히 곽윤직·김재형, 민법총칙, 185면 이하 참고.
70) 대법원 1978. 2. 28. 선고 77누155 판결에서는 "법인은 하나의 실재로서 고유의 의사에 따라 대표기관에 의하여 행동하는 주체이므로 … 기관의 행위는 즉 법인 자체의 행위가 되

나 앞서 살펴본 바와 같이, 법인의제설과 법인실재설 및 이를 계승한 대리설과 기관설은 원래의 주장자의 의도와는 달리 후세 학자들에 의해서 다듬어진 논리적인 대립상에 불과할 뿐이므로, 이러한 학설로부터 법인의 행위능력 및 불법행위능력의 유무를 추론하는 것은 타당하지 않다. 학설의 논리를 좇다보면 법인의 행위능력과 불법행위능력을 부정하든가 아니면 긍정해야만 하고 그에 따라 극명히 상반되는 결과에 도달할 듯하지만, 정작 통설도 이들 양자가 "실제상의 결과에 있어서 크게 차이는 없다"[71]라고 하는 이유도 법인본질론이 설명을 위한 기교일 뿐이지 실제적인 문제해결에 도움을 주는 도구는 아니기 때문이다. 오히려 법인이 행위능력이나 불법행위능력을 가지고 있는 것으로 보아야 하는가의 차원에서 접근할 것이 아니라, 법인을 위해서 실제로 행동하는 기관인의 법률행위나 불법행위가 법인의 것으로 귀속할 수 있느냐의 차원에서 문제를 바라보아야 한다. 사견에 의하면 법인에게 있어서 권리능력은 자연인의 경우와 마찬가지로 중요한 개념이지만,[72] 행위능력이나 불법행위능력의 개념은 크게 의미가 없다. 왜냐하면 법인은 행위능력이나 불법행위능력을 가지고 있기 때문에 스스로 법률행위나 불법행위를 할 수 있고 그에 따라 책임을 부담하는 것이 아니라, 실제로는 기관인이 행한 법률행위나 불법행위가 법인의 것으로 귀속되기 때문에 결과적으로 법인이 행위능력이나 불법행위능력이 있는 것으로 추론될 뿐이기 때문이다.[73] 결국 법인에게서 행위능력이나 불법행위능력이란 실제로는 법률행위나 불법행위에 따른 법률효과의 귀속주체가 될 수 있는 능력을 의미한다고 할 수 있다.

나. 법률행위 및 불법행위에 따른 책임의 귀속

법인의 법률행위나 불법행위는 대표기관을 구성하고 있는 자연인의 활동을 매개로 하여 이루어지고, 그러한 기관인이 행한 법률행위나 불법행위의 효력은 자동적으

고", 대법원 1978. 3. 14. 선고 78다132 판결에서는 "피고 법인의 대표자였던 ○○○에 의한 본건 차용행위가 … 불법행위가 된다면 이는 민법 제35조에 의하여 피고법인 자체의 불법행위"라고 하여 법인실재설의 사고를 엿볼 수 있다.
71) 곽윤직·김재형, 민법총칙, 186면.
72) 법인의 권리능력의 특성에 관한 상세한 설명은 송호영, "법인의 권리능력", 「비교사법」 제7권 제1호, 한국비교사법학회, 2000. 6, 91면 이하 참고.
73) 한편 고상룡, 민법총칙, 203면은 통설과 달리 "현실적으로 자연인인 「대표」가 행한 일정한 행위를 법인 「자신」의 행위로 본다는 것 그 자체가 따지고 보면 의제라 할 것"이라면서, 결국 「법인의 행위능력」은 「자연인의 행위능력」에 비유하여 표현한 것에 지나지 않는다고 주장한다.

로 모두 법인의 것으로 인정되는 것이 아니라, 일정한 요건과 기준에 따라서 법인에게로 귀속된다. 민법 제59조 제2항은 법인의 대표에 관하여는 대리에 관한 규정을 준용하기 때문에, 법인의 법률행위는 일반적인 대리와 마찬가지로 법인의 대표가 법인을 위한 것임을 표시하여 행한 법률행위의 효과는 법인에게로 귀속하지만(민법 제114조 제1항), 대표가 법인을 위한 것임을 표시하지 아니한 법률행위의 효과는 법인이 아니라 행위를 한 기관인에게 귀속한다(민법 제115조 전단). 대표의 현명(顯名)에 의해서 적법하게 성립한 법률행위의 효력이 법인에게 귀속한다면, 그러한 법률행위의 위반에 따른 손해배상의 책임도 법인에게 귀속함이 당연하다. 또한 법률행위위반의 경우와 마찬가지로, 법인의 대표가 직무를 집행하는 동안74) 발생한 불법행위에 대해서는 법인에게 손해배상책임이 귀속되어야 한다. 이에 관하여 민법은 특히 민법 제35조 제1항에 법인의 대표자가 행한 손해배상야기행위에 대해서 법인에게 책임을 귀속시킬 수 있는 실정법상 근거를 두고 있다.75)

---

74) 법인의 불법행위에 있어서 직무성은 법인의 법률행위에 있어서의 현명에 상응하는 책임귀속의 요건 내지 기준이라고 할 수 있다. 또한 본서 제3장「법인의 능력」, 제2절「법인의 권리능력」참고.
75) 법인의 불법행위책임에 관해서는 송호영, "법인의 불법행위책임에 관한 소고 －민법 제35조의 해석론을 중심으로－",「법학논총」제25권 제4호, 한양대 법학연구소, 2008. 12, 209면 이하 참고. 또한 본서 제3장「법인의 능력」, 제4절「법인의 불법행위능력」참고.

제2절 **법인의 인식귀속**

I. **논의의 출발점**

현행 민법전에는 어떤 사실에 대한 권리주체의 주관적인 인식여부가 법률효과에 영향을 미치는 규정이 전편을 통해서 산재해 있다. 그에 해당하는 표현들을 열거해 보면 ① "~을 알았거나 알 수 있었을 경우"(민법 제107조 제1항, 제110조 제2항, 제115조, 제125조, 제135조 제2항, 제393조 제2항, 제471조, 제535조 제2항 등76)), ② "선의 ~"(민법 제29조, 제107조 제2항, 제108조 제2항, 제109조 제2항, 제110조 제3항, 제129조, 제197조, 제201조 제1항, 제202조, 제251조, 제426조 제2항, 제445조 제2항, 제449조 제2항, 제452조 제1항, 제465조 제1항, 제492조 제2항, 제572조 제2항 및 제3항, 제573조, 제748조 제1항, 제749조 제2항 등), ③ "알지 못한 ~"(민법 제113조, 제116조 제1항, 제129조, 제504조, 제514조, 제518조, 제571조, 제574조, 제575조 제1항, 제580조 제1항, 제677조, 제712조77)), ④ "악의 ~"(민법 제197조 제2항, 제201조 제2항, 제202조, 제573조, 제747조 제2항, 제748조 제2항, 제749조 제1항 등) 또는 "~아니함을 안 때에"(민법 제571조 제2항), ⑤ "~ 안 날로부터"(민법 제406조 제2항, 제556조 제2항, 제573조, 제575조 제3항, 제766조 제1항 등) 등이 그것이다. ⑥ 기타 민법 제245조의 "소유의 의사", 민법 제406조 제1항의 해의("해함을 알고" 및 "해함을 알지 못한"), 민법 제559조 제1항 "알고 … 고지하지 아니한 때", 민법 제584조 "알고 고지하지 않은" 등이 있다. 이러한 사정은 또한 민법의 특별법이라 할 수 있는 상법의 경우에도 마찬가지이다.78)

---

76) 기타 유사한 표현으로는 "알았거나 과실로 알지 못한 것으로 인하여 영향을 받을 경우에"(제116조 제1항), "과실로 인하여 그 사실을 알지 못한 때"(제129조), "알았거나 중대한 과실로 알지 못한 때"(제514조, 제518조), "알았거나 과실로 인하여 이를 알지 못한 때"(제580조), "알거나 알 수 있는 때에"(제734조 제2항) 등이 있다.

77) 또한 제245조 제2항, 제246조 제2항, 제249조, 제470조에서는 "선의이며 과실없이"라고 표현된다.

78) 상법에서 나타난 표현들을 보면 ① 선의(제8조 제2항, 제11조 제3항, 제37조 제2항, 제39조, 제43조, 제209조 제2항, 제395조, 제408조 제2항, 제648조, 제761조 제2항, 제775조, 제812조의4 제1항, 제814조의2), ② 악의(제14조 제2항, 제69조 제2항, 제121조 제3항, 제127조 제2항, 제146조 제2항, 제154조 제3항, 제166조 제3항, 제176조 제4항, 제191조, 제322조 제2항, 제325조, 제401조 제1항, 제405조 제2항, 제414조 제2항, 제789조의2 제3항, 제800조의2 제3항), ③ 알 수 없는 때(제138조 제3항, 제142조, 제144조), ④ 알지 못한 때(제37조 제2항, 제48조, 제644조, 제651조), ⑤ 알지 못하였다는 사유로(제639조 제1항) 등이 있다.

민법은 권리의 주체로 자연인뿐만 아니라 법인을 인정한다. 나아가 민법의 특별법인 상법은 영리법인인 회사를 특별히 규율하고 있다. 그럼에도 불구하고 민법상 법률효과에 영향을 주는 행위에 관한 대부분의 규정들은 자연인, 특히 원칙적으로 한 개인의 단순하고 직접적인 행위를 상정하여 조문화되어 있다. 다만 예외적인 현상으로서 타인의 행위가 매개된 경우에 생기는 법률관계에 관해서도 규율하는 것이 있다. 이에 해당하는 것을 보면, 개인의 사적자치의 확장 내지 보충을 위해서 대리가 인정되고(민법 제114조 이하),[79) 채무의 이행에 관해서 법정대리인이나 이행보조자의 고의·과실은 바로 채무자의 고의·과실로 보고(민법 제391조), 피용자가 사무집행에 관하여 제3자에게 가한 손해에 대해서는 원칙적으로 사용자가 손해를 배상하도록 하고(민법 제756조), 법인의 이사 기타 대표자가 그 직무에 관하여 타인에게 손해를 가한 경우에 법인이 책임을 지도록 하는 것(민법 제35조) 등이 그것이다. 그러나 이와 같은 타인의 행위를 전제로 한 규정들은 앞에서 열거한 법률효과에 영향을 주는 주관적 인식에 관한 규율들을 포섭하지는 않는다. 즉 대리에 관한 규정이나 이행보조자책임·사용자책임 및 법인의 손해배상책임에 관한 규정들은 타인의 "법률행위"나 "불법행위" 등의 외부적 용태에 관한 법률효과의 귀속에 관한 규정들이지, 법률효과에 영향을 주는 주관적인 "인식"에 관한 판단 및 귀속기준은 아니다.

예를 들면 증여자는 원칙적으로 목적물의 하자나 흠결에 대해서 담보책임을 지지 않지만, 만약 증여자가 그 하자나 흠결을 알고 수증자에게 고지하지 아니한 경우에는 담보책임을 부담하게 된다(민법 제559조 제1항 후단). 이때 증여자가 단순히 한 자연인이라면, 증여자가 하자를 인식하였음을 어떻게 입증할 것인가 하는 것만이 문제될 뿐, 누가 그 하자를 인식하였는가 하는 문제는 제기되지 않는다. 그러나 만약 증여자가 법인이라면 그 하자에 대한 담보책임은 결과적으로 법인 자신이 지게 되겠지만, 담보책임을 부과하기 위한 전제로 과연 법인이 그 목적물의 하자나 흠결을 알고 있었을 것이 증명되어야 할 것이고, 그러기 위해서는 하자에 대한 知·不知는 누구의 인식을 기준으로 하여야 하는가 하는 문제가 선결되어야 한다. 법인의 인식여부는 원칙적으로 법인의 대표기관인 이사의 인식을 기준으로 하여야 할 것이다. 하지만 법인 자신 또는 법인의 이사는 전혀 그 사실을 몰랐지만, 그 이행을 보조하는 자

---

79) 곽윤직 교수는 사적자치의 확장은 특히 임의대리의 경우에, 그리고 사적자치의 확충은 법정대리의 경우에 작용한다고 한다(곽윤직·김재형, 민법총칙, 334~335면).

가 그 하자를 알면서도 상대방에 대하여 묵비하였다면 이때에도 법인은 담보책임을 져야 하는가? 이 문제는 인식의 귀속이 문제되는 것이지 이행상의 과실에 관한 문제가 아니므로 이행보조자 책임규정(민법 제391조)나 사용자 책임규정(민법 제756조)이 적용되는 것은 아니다. 나아가 만약 법인의 전임(前任) 이사는 하자사실을 알고 있었지만 이행당시의 후임 이사는 그 사실을 전혀 몰랐다면, 이 경우에 법인은 하자에 관한 부지(不知)를 항변할 수 있을 것인가? 이 문제는 법률행위 이전 단계의 인식에 관한 문제이므로 법률행위를 전제로 한 대리법규정이 바로 적용될 수는 없다.

또 다른 예로 불법행위로 인한 손해배상청구권은 피해자나 그 법정대리인이 그 손해 및 가해자를 안 날로부터 3년 내에 행사하여야 한다(민법 제766조 제1항). 만약 피해자가 한 자연인이라면, 피해자가 손해 및 가해자를 알았다는 사실은 비교적 쉽게 확정될 수 있다. 그러나 만약 피용인은 그 손해 및 가해자를 분명히 알고 있었지만, 정작 사용인이 그 사실을 몰랐다면 피해자인 사용인의 손해배상청구권의 시효는 진행하는가? 나아가 법인의 이사가 법인의 피해사실과 가해자를 알았지만 이를 다른 이사들에게 알리지 않고 사건발생 후 곧 퇴사하였다면, 이 경우에도 법인은 그 사실에 대해서 부지하므로 시효가 진행되지 않는다고 주장할 수 있는가? 이 문제에서도 사용자나 법인의 인식여부가 문제될 뿐, 사용자책임이나 법인의 불법행위책임에 관한 규정과는 무관하다.

현행민법은 이와 같은 인식의 귀속이 문제되는 경우에 적용될 수 있는 직접적인 규정을 가지고 있지 않다. 그 이유는 민법이 원칙적으로 직접적인 법률관계를 특징으로 하는 자연인의 행위를 상정하여 조문화하였기 때문으로 여겨진다. 그러나 조직상 업무관할이 종횡으로 나누어지는 법인의 경우나 이에 준하는 인적 집단의 경우(권리능력없는 사단이나 조합 등)에는 어느 사실에 대한 인식과 그에 대한 판단 및 반응 등은 다단계로 나누어져서 이루어지는 것이 일반적이다. 이때 누구의 인식을 법인의 인식으로 귀속시킬 것인가 그리고 법인의 인식으로 귀속시킬 때 그 근거는 무엇인가 하는 것은 순전히 현행민법 규정의 합리적 해석을 통해서 해결될 수밖에 없다. 이하에서 이러한 문제점을 좀 더 자세히 알아보고 이를 해결하기 위한 수단으로써, 인식의 귀속법리에 대해서 살펴본다.[80]

---

80) 이하 법인의 인식법리에 관한 상세한 설명은 송호영, "이른바 인식의 귀속(Wissenszurechnung)에 관하여 −법인의 경우를 중심으로−", 「비교사법」 제8권 제1호, 한국비교사법학회,

II. 문제된 독일의 사례

사례1 BGH, 1989년 8월 12일 판결, BGHZ 109, 327

1982년 2월 25일 원고는 피고 시(市)의 시장(市長) B와 도축장건물을 포함한 토지를 350,000 DM에 매수하는 것을 내용으로 하는 계약을 체결하고서 그 건물과 토지를 사용하여 왔다. 그 계약은 공증증서로 작성되었고 그 계약내용에 하자에 대한 담보책임은 배제되었다. 그러던 중 1984년 1월 20일에 원고는 도청(道廳)으로부터 도축장의 천장이 붕괴될 위험이 있으니 도축장 일대의 부지사용을 정지하라는 경고와 함께, 이에 위반하면 1984년 5월 1일까지 강제철거조치를 받게 된다는 통지서를 받았다. 또한 이 통지서에는 이미 1965년 10월 4일자로 도청이 피고 시에게 발송한 처분통지서의 내용이 첨부되어 있었는데, 그 내용을 보면, 도축장의 건축당시에 사용된 자재들이 불량하여 지붕의 내구성이 심히 위험한 상태이므로 문제된 부지에서의 도축장사용을 금지한다는 것이다. 당시의 상황을 살펴보면, 피고 시는 1965년에 도청으로부터 처분내용을 접수하고서 이후 1975년에 지붕을 점검하였지만 새로 보수한 천장부분은 간과하였다. 1981년 5월에는 피고 시의 여러 공무원과 용역인들이 다시 현장을 순시하여 점검하였는데, 점검결과는 때마침 시장이 휴가 중이라 시장의 권한대행인 K에게 제출되었고 K는 이에 관하여 서명하고는 이 件을 종결시켰다. 원고는 계약의 협상과정 및 계약의 체결과정에서 피고 시로부터 도축장에 하자가 있다는 사실이나 시의회의 처분사실에 대해서 전혀 정보제공을 받은 바 없다고 한다. 따라서 도축장의 지붕을 교체하는데 소요함으로써 발생하는 손해는 피고 시가 배상하여야 한다고 주장하였다. 이 사건에 대하여 원심인 지방법원(LG)은 원고의 주장을 인용하였는 데 반하여, 고등법원(OLG)은 이를 기각하였다. 그러나 상고심에서는 피고 시가 하자담보에 있어 독일민법 제463조 제2문81)의 악의적인 침묵을 한 것으로 볼 수 있다고 보아 원고의 주장을 받아들였다.

2001. 6, 39면 이하 참고.

81) 2001년 개정전 독일민법 제463조(불이행으로 인한 손해배상) 매매 당시에 매매목적물이 보증된 성상을 갖추지 못한 때에는 매수인은 해제 또는 대금감액에 갈음하여 불이행으로 인한 손해배상을 청구할 수 있다. 또한 매도인이 결함을 악의적으로(arglistisch) 묵비한(verschwiegen) 때에도 그러하다.

사례2 BGH 1995년 5월 17일 판결, NJW 1995, 2159

피고는 옴니버스를 판매하는 이른바 유한합자회사(GmbH & Co. KG)인데, 피고회사의 무한책임사원인 유한회사의 집행이사(Geschäftsführer) S는 1989년 10월 16일에 원고에게 하자담보책임을 지지 않기로 하고서 옴니버스 1대를 매도하였다. 매도당시의 서면계약서에는 "1989년 2월 6일 첫 출고"라고 기재되어 있었다. 그러나 매매목적물인 옴니버스는 실제로는 1981년에 만들어 진 것이고 1982년에 처음 출고된 것이었다. 이러한 사실은 1989년 6월에 사망한 전직 이사 M과 버스생산회사 사이에 체결된 계약서로부터 이의없이 증명되었다. 이 버스는 1981년에 사우디아라비아의 왕세자를 위해서 특수제작된 것으로 1982년에 사우디로 공수되었는데, 왕세자의 마음에 들지 않아 5년간 방치되어 있다가, 다시 독일로 되돌아 온 물건이었다. 이러한 사실을 사망한 전직 이사는 잘 알고 있었지만, 현재의 이사인 S는 그 내용을 알지 못한 상태에서 원고와 계약을 체결하였고, 원고에게도 이러한 내용은 통지된 바 없다. 나중에 이러한 사실을 알게 된 원고는 피고회사가 문제의 자동차의 연식에 관하여 독일민법 제463조 제2문의 악의적인 침묵을 하였음을 이유로 손해배상청구권을 주장하였다. 이 사건에서 항소법원은 전직 이사 M이 알고 있었던 사실은 비록 그가 사망하였다 하더라도 피고회사에 귀속되어야 한다고 설시하면서, 원고에게 독일민법 제463조 제2문에 의거한 손해배상청구권을 인정하였다. 피고회사는 이에 불복 상고하였는데, 독일연방재판소는 항소법원과 달리 이미 사망한 이사 M의 인지한 사실은 그 성질이 인적회사(Personengesellschaften)에 불과한 피고회사에게는 귀속될 수 없다고 하면서 원고의 손해배상청구권을 부인하였다.

사례3 BGH 1960년 2월 9일 판결, BGHZ 32, 53

원고회사의 직원은 1950년부터 1953년까지 지속적으로 측량기를 훔쳐서 F에게 팔았다. 피고는 전자제품을 취급하는 상인인데, F로부터 장물인 측량기를 사들였고 그것을 그의 고객에게 다시 내다 팔았다. F와 피고사이의 거래는 피고의 직원인 K가 담당하였다. K는 구매와 판매를 감독하는 피고의 사위인 S에게 F의 판매제안을 보고한 적이 있다. S는 당시 F를 개인적으로 알지도 못하였고 그 후로도 한 번도 만난 적이 없지만, F의 판매제안에 대해서 동의함을 표시하였었다. 이를 계기로 F의 장물을 지속적으로 사들이게 되었던 것이다. 이에 원고회사는 피고를 상대로 판매액에 대한 반환청구와 함께 훔친 기계의 원래 가액과 반환된 판매액 사이에서 발생하는 차액만큼의 손해배상을 청구하였다. 지방법원은 원고의 손해배상에 대한 청구를 기각하였고, 항소법원은 원고의 항소를 일부인용을 하였다. 이에 피고는 상고하였지만, 독일연방재판소는 비록 점유주 자신의 고유한 선의가 인정된다고 하더라도 점유보조자의 악의는 점유주에게 귀속된다는 것을 이유로 피고의 상고를 기각하였다.

III. 인식의 귀속

1. 인식의 귀속(Wissenszurechnung)의 의미

앞서 설명한 바와 같이, 현행법에는 권리주체의 주관적인 인식여부에 따라 법률효과가 영향을 받는 조항들이 산재해 있다. 인식의 귀속은 어떤 사실이나 정황을 안다는 것(Wissen 또는 Kennen)이 법률효과의 발생에 영향을 미치는 요소로 작용할 때, 이러한 사정의 知·不知는 누구의 인식을 기준으로, 누구에게 그리고 어떻게 귀속시킬 수 있는가 하는 문제이다. 인식의 귀속이란 독일에서 사용되는 Wissenszurechnung이란 용어를 번역한 것인데, 이는 법전상의 용어는 아니고 독일의 판례와 학설에 의해서 하나의 terminology로 형성된 용어이다. 인식의 귀속에서 말하는 "인식(Wissen)"이 법적으로 의미를 가지는 경우를 몇 유형으로 나누어 보면 다음과 같다.[82]

첫째, 소멸시효나 제척기간의 기산점에 대한 인식이다. 여기에 해당하는 독일민법(BGB)상의 예로 착오나 부정확하게 전달된 의사표시로 인한 취소권의 행사(§ 121 Abs. 1 S. 1),[83] 사기나 강박에 의한 취소권의 행사(§ 124 Abs. 2 S. 1),[84] 고용계약에 있어 중대사유에 기한 즉시해지의 기산점(§ 626 Abs. 2 S. 2),[85] 불법행위로 인한 손

---

82) 아래의 분류는 Medicus, Probleme der Wissenszurechnung, Karlsruher Forum 1994, Versicherungsrecht Sonderheft 1994, S. 5 이하를 참조하였다(이하 Medicus, Problem der Wissenszurechnung으로 인용함).
83) 독일민법 제121조(취소기간) 제1항 제1문: "제119조(착오로 인한 취소), 제120조(부정확한 전달로 인한 취소)에 의한 취소는 취소권자가 취소원인을 안 후에 유책한 지연없이(지체없이) 행하여야 한다."
84) 독일민법 제124조(취소기간) 제2항 제1문: "제1항의 기간은 사기의 경우에는 취소권자가 사기를 발견한 때로부터, 강박의 경우에는 강박상태가 끝나는 때로부터 진행한다."
85) 독일민법 제626조(중대사유에 의한 즉시해지) 제2항의 제1문 및 제2문: "제1항의 해지는 2주 이내에만 행사할 수 있다. 그 기간은 해지권자가 해지의 기초를 이루는 사실을 안 때부터 기산한다."

해배상청구권의 소멸시효의 기산점(§ 852 Abs. 1 a.F.)[86) 등에 관한 인식을 들 수 있다. 우리 민법에서는 하자있는 의사표시(착오 포함)의 경우에 있어서 취소권의 단기소멸(민법 제140조, 제146조), 매도인의 담보책임을 묻기 위한 권리행사의 기산점(민법 제573조, 제575조, 제582조), 불법행위로 인한 손해배상청구권의 소멸시효의 기산점(민법 제766조 제1항) 등의 인식여부가 이에 해당한다.

둘째, 양도인에게 정당한 권리가 없다는 사실을 양수인이 인식한 경우이다. 이에 해당하는 독일민법상의 예로 양수인이 부동산등기부의 내용이 정당하지 않다는 사실을 인식한 경우(§ 892 Abs. 1 S. 1),[87) 동산의 양수인이 취득당시 물건이 양도인에게 속하는 것이 아니라는 것을 안 경우(§ 932 Abs. 1),[88) 매수인이 권리의 하자를 안 경우(§ 439 Abs. 1 a.F.),[89) 매수인이 물건의 하자를 안 경우(§ 442)[90) 등을 들 수 있다. 이에 해당하는 우리 민법상의 예로는 동산의 양도인이 무권리자라는 사실을 양수인이 안 경우(민법 제249조의 반대해석), 지시채권증서를 취득한 소지인이 취득당시에 양도인이 무권리자임을 안 경우(민법 제514조), 매매의 대상인 권리의 일부가 제3자에게 속함을 안 경우(민법 제572조, 제573조) 등을 들 수 있다. 또한 이와 유사한 구조를 가진 경우로 권한없는 영수증소지자에 대하여 변제한 자가 그 권한없음을 안 경우(민법 제471조), 지시채권의 채무자가 소지인이 무권리자임을 안 경우(민법 제518조) 등이 있다.

---

86) 2001년 개정전 독일민법 제852조(시효) ① 불법행위로 인한 손해배상청구권은 피해자가 손해 및 배상의무자를 안 때로부터 3년, 이를 알았는지의 여부에 관계없이 행위를 한 때로부터 30년의 시효로 소멸한다.
87) 독일민법 제892조(부동산등기부의 공신력) 제1항 제1문: "부동산등기부의 내용은 법률행위로 인하여 부동산물권 또는 그 권리상의 권리를 취득한 자의 이익을 위하여 정당한 것으로 본다. 다만 정당성에 대한 이의가 등기되어 있거나 취득자가 그 정당하지 아니함을 안 경우에는 그러하지 아니하다."
88) 독일민법 제932조(무권리자로부터의 선의취득) ① 제929조에 의하여 양도가 행하여진 경우에는 물건이 양도인에게 속하지 아니한 경우에도 소유자가 된다. 다만 양수인이 동조에 의하여 소유권을 취득할 당시에 선의가 아닌 때에는 그러하지 아니하다. 제929조 2문의 경우에는 양수인이 양도인으로부터 점유를 취득한 경우에 한하여 본조를 적용한다.
89) 2001년 개정전 독일민법 독일민법 제439조(하자에 대한 매수인의 악의) ① 매수인이 계약체결당시에 권리의 하자를 안 때에는 매도인은 그 하자에 대한 책임을 지지 않는다.
90) 독일민법 제442조(매수인의 악의) 매수인이 매매계약을 체결할 때에 매매물의 하자를 안 때에는 매도인은 그 하자에 관하여 책임이 없다. 매수인이 중대한 과실로 인하여 제459조 제1항에 정해진 하자를 알지 못한 때에는 매도인은 결함의 부존재를 보증하지 아니한 한, 그 결함을 악의적으로 묵비한 경우에 한하여 책임을 진다.

셋째, 점유자나 수령자 자신이 정당한 권리자가 아님을 아는데도 불구하고 점유나 수령을 하는 경우이다. 이에 해당하는 예로는 독일민법상의 예로는 악의의 부당이득자에 대한 책임가중(§ 819 Abs. 1),[91] 악의의 점유자에 대한 책임(§ 990 Abs. 1)[92] 등이 있다. 우리 민법상 이에 해당하는 예로는 악의의 점유자의 회복자에 대한 과실반환의무(민법 제201조 제2항) 및 책임가중(민법 제202조), 악의의 수익자의 반환범위의 확장(민법 제748조 제2항) 등을 들 수 있다.

넷째, 악의적인 묵비의 경우(arglistisches Verschweigen)이다. 이는 어떤 사실에 대한 인식(Wissen)이 해의(Arglist)의 구성부분으로 작용하는 경우이다. 대개 악의적인 의도를 가진 자는 묵비한 사실을 알고 있다 할 것이다. 이에 해당하는 독일민법상의 예로는 매도인의 악의적인 묵비행위는 손해배상책임을 발생시키고(§ 463 S. 2 a.F.),[93] 또한 매도인이 악의적으로 하자를 묵비하면서 담보책임의 면제 또는 제한의 약정을 한 경우에는 효력이 없게 되는 것(§§ 443, 476, 540, 637 a.F.)[94]을 들 수 있다. 또한 악의적인 묵비에 따른 담보책임의 경우에는 단기소멸시효의 적용은 배제되고(§ 477 Abs. 1 S. 1 a.F.),[95] 원칙으로 돌아가서 30년의 소멸시효기간에 걸리게 된다(§ 195).

---

91) 독일민법 제819조(악의의 경우 및 법률위반이나 양속위반의 경우 책임가중) ① 수령자가 수령시에 법률상의 원인의 흠결을 알았거나 후에 이를 알았을 때에는, 수령자는 수령시 또는 흠결을 안 때로부터 반환청구권이 그 때에 소송계속된 경우에 준하여 반환의무를 진다.

92) 독일민법 제990조(악의점유자의 책임) ① 점유자가 점유취득시에 선의가 아니었던 경우에는 소유자에 대하여 점유취득시로부터 제987조, 제989조에 따라 책임을 진다. 점유자가 점유취득 후에 점유할 권리을 가지지 아니함을 알게 된 경우에는 안 때로부터 이와 동일한 책임을 진다.

93) 2001년 개정전 독일민법 독일민법 제463조(불이행으로 인한 손해배상) 매매당시에 매매목적물이 보증된 성상을 갖추지 못한 때에는 매수인은 해제 또는 대금감액에 갈음하여 불이행으로 인한 손해배상을 청구할 수 있다. 매도인이 결함을 알면서 밝히지 아니한 때에도 또한 같다.

94) 2001년 개정전 독일민법 제443조(담보책임면제의 무효) 제433조 내지 제437조, 제439조 내지 제442조에 정하여진 권리의 하자로 인한 매도인의 담보책임을 면제 또는 제한하는 약정은 매도인이 하자를 악의로 묵비한 경우에는 무효이다."
2001년 개정전 독일민법 제476조(악의로 묵비한 경우 담보책임면제 제외) 물건의 하자로 인한 매도인의 담보책임을 면제 혹은 제한하는 약정은 매도인이 하자를 악의로 묵비한 때에는 무효이다.
2001년 개정전 독일민법 제540조(약정에 의한 담보책임의 면제) 임대물의 하자에 관하여 임대인의 책임을 면제하거나 제한하는 약정은 임대인이 그 하자를 악의로 묵비한 경우에는 무효이다.
2001년 개정전 독일민법 제637조(약정에 의한 담보책임의 면제) 일의 하자에 관하여 책임을 질 수급인의 의무를 면제 또는 제한하는 합의는 수급인이 하자를 묵비하는 경우에는 무효이다.

95) 2001년 개정전 독일민법 제477조(담보책임청구권의 소멸시효) 제1항 제1문: 해제 또는 감액의 청구권 및 보증된 성질의 흠결에 의한 손해배상의 청구권은 매도인이 하자를 악의로 묵비하지 아니하는 한 동산의 경우에는 교부시로부터 6월, 부동산의 경우에는 인도시로부

우리 민법에서는 증여자가 증여목적물의 하자나 흠결을 수증자에게 고지하지 아니
하여 담보책임을 지게 되는 경우(민법 제559조 제1항 단서 참조), 채무자가 경매목적물
의 하자를 알면서 고지하지 않았거나, 채권자가 이를 알고 경매를 청구한 경우(민법
제578조 제3항), 담보책임면제의 특약을 하였더라도 매도인이 하자를 알고 고지하지
아니하여 담보책임의 면제를 부인하는 경우(민법 제584조), 무이자소비대차의 있어서
대주가 하자를 알고 차주에게 고지하지 아니한 경우(민법 제602조 제2항), 수급인이
재료 또는 지시의 부적당함을 알고 도급인에게 고지하지 아니한 경우(민법 제669조)
등이 그 예에 해당한다.

다섯째, 고의를 구성하는 심리상태로서의 인식이다. 여기에 해당하는 예로는 독일
민법 제826조("선량한 풍속에 위반하여 타인에게 고의로 손해를 가한 사람은 그 타인에게
손해를 배상할 의무를 진다.")를 들 수 있는데, 이때 불법행위의 주관적 성립요건으로
행위자의 고의에는 자신의 행위가 선량한 풍속에 위반한다는 인식을 포함한다. 우리
민법에는 이에 해당하는 예가 없다.

2. 법인에 있어서 인식의 귀속

가. 인식의 귀속에 관한 법적 근거

(1) 독일에서의 논의개요

독일에서 인식의 귀속에 관한 문제는 비교적 최근에 논의되기 시작하여 현재에도
판결과 학설을 통해서 형성중인 새로운 테마라고 할 수 있다. 인식의 귀속에 관한
문제점은 1969년에 Richardi 교수가 "인식대리(Wissensvertretung)"라는 논문을 발표
하면서부터 관심을 끌기 시작하였는데,[96] 그 후 1983년에 쉴켄(Schilken)교수가 "사
법에 있어서 인식의 귀속"이라는 정교수자격논문을 발표하면서 체계적인 연구의 기
틀이 마련되었다.[97] 그렇지만 이 당시에도 인식의 귀속에 관한 문제는 학계의 이목

터 1년이 경과함으로써 시효로 소멸한다.
96) Reinhard Richardi, Die Wissenszurechnung, AcP 169(1969), S. 385 ff.
97) Eberhard Schilken, Wissenszurechnung im Zivilrecht, Untersuchung zum Anwendungsbereich
    des § 166 BGB innerhalb und ausserhalb der Stellvertretung, Bielefeld/Gieseking
    1983.

을 크게 끌지는 못하였다. 그러나 그 후 독일의 [사례1]에서 살펴본 1989년의 BGHZ 109, 327 판결을 계기로 인식의 귀속에 관한 문제는 독일사법학계에서 하나의 중요한 관심영역으로 등장하게 되었다. 이윽고 1994년에는 인식의 귀속에 관한 문제가 제36회 칼스루에 포럼(Karlsruher Forum)에서 본격적으로 학회의 논제로 다루어졌다.98) 현재까지도 이 문제는 학계와 실무에서 여전히 다투어지고 있고, 아직까지 이론적 해결이 정립되지 않은 상태이다. 한편 이 문제는 다수의 자연인 사이의 경우나 법인의 경우에 관계없이 모두 제기될 수 있다. 하지만 인식의 귀속은 다수의 자연인 사이에서보다는 자연인과 달리 조직상의 특성이 강조되는 법인의 경우에 더욱 문제시된다. 그러므로 독일에서의 인식의 귀속에 관한 논의도 주로 법인의 경우에 발생하는 문제점을 중심으로 다루어진다.99)

독일의 학계에서는 어느 한 대표기관(Vertretungsorgan)이 인식한 사정은 법인에게로 귀속한다는 것에 대해서는 이설이 없다.100) 이 점은 그 대표기관이 각자대표권을 가졌는가 아니면 공동대표권을 가졌는가에 따라 영향을 받지 않는다. 또한 그 대표기관이 문제된 법률행위에 실제로 관여하였는가의 여부에 따라 결정되는 것도 아닐뿐더러, 그 대표기관이 기관의 구성원자격으로서 인식하였는가 아니면 그의 개인적인 활동으로 알게 되었는가의 여부에 따라 좌우되는 것도 아니라고 한다. 다만 문제는 대표기관이 인식한 사정을 법인에게로 귀속시킬 수 있는 실정법상 근거가 무엇인가에 관하여 다툼이 있다.

원래 독일의 실정법은 법률효과에 영향을 미치는 사정의 인식에 관하여 직접적으로 규율한 조항을 두지 않았었다. 다만 법률행위의 대리에 있어서 독일민법 제166조가 [의사흠결]이라는 표제로 이에 관하여 간접적으로 규율하고 있을 뿐이었다. 동조 제1항을 보면 "의사표시의 법적 효과가 의사의 흠결 또는 일정한 사정을 알았거나 알고 있어야 함에 의하여 영향을 받는 경우에는 본인이 아니라 대리인을 기준으로 이를 판단한다." 한편 동조 제2항은 "법률행위에 의하여 대리권이 수여된 경우(임의

---

98) Möglichkeiten der Wissenszurechnung, Versicherungsrecht (Sonderheft, Karlsruher Forum 1994), Karlsruhe 1994.
99) Karlsruher Forum 1994, Medicus 교수의 발표부분 및 Taupiz 교수의 발표부분 참조.
100) Karsten Schmidt, Gesellschaftsrecht, S. 285; Schilken, Wissenszurechnung im Zivilrecht, S. 127; Silke Scheuch, Wissenszurechnung bei GmbH und GmbH & Co., GmbHR 11/1996, S. 828 f. 등.

대리권)에 대리인이 본인의 특정한 지시에 따라 행위를 한 경우에는 본인은 자신이 스스로 알았던 사정에 대하여 대리인의 부지를 원용할 수 없다. 알았어야 했던 것이 알고 있는 것과 동등시되는 한 본인이 알았어야 할 사정에 관하여도 또한 같다"고 규정한다. 이는 우리 민법 제116조 제1항 및 제2항과 그 궤를 같이 한다. 독일의 지배적 견해는 바로 이 독일민법 제166조를 인식의 귀속에 관한 근거로 삼고 있었다.[101] 이 조문은 실제로는 권리주체의 "인식"에 관한 조문이 아니라, 법률행위라는 법률요건을 구성하는 법률사실로서 "의사표시"에 관한 조문이다. 즉 법률행위를 위한 의사표시를 함에 있어서 그 "의사표시"가 의사의 흠결이나 사정의 인식 등으로 영향을 받을 때 본인과 대리인 중에서 원칙적으로 대리인의 의사흠결과 인지여부로 판단하고(독일민법 제166조 제1항), 예외적으로 본인을 기준으로 한다(독일민법 제166조 제2항)는 것이다. 이는 대리인이 법률행위외적으로 인식한 것에 대해서는 적용이 없음을 의미한다. 그러나 학설은 독일민법 제166조를 의사표시에 관해서만 적용을 제한하지 않고 어떤 사정의 "인식" 전반에 관해서 이를 유추적용을 인정하였다. 그리고 이 조문의 적용을 받는 인적범위는 원래 본인과 "대리인" 사이의 관계를 전제로 한 것이지만, 학설은 제166조 제1항을 대리인이 인식한 경우에 제한하지 않고 법인의 "기관"이 사정을 인식한 경우에도 적용하였다.[102] 그런데 2002년에 독일채권법이 개정되면서, 독일민법 제166조의 조문내용은 그대로 둔 채 그 표제가 [의사흠결]에서 [의사흠결; 인식의 귀속]으로 변경되었는데, 이로써 입법자가 지배견해를 수용한 것으로 평가받는다.[103]

이에 반해 소수의 견해는 다음과 같은 반론을 제기한다.[104] 독일민법 제166조는 대리인의 인식과 본인의 인식의 구별을 전제로 하고 제2항에서는 예외적으로 본인

101) MünchKomm BGB−Schramm, § 166 BGB Rz. 20; SoergelKomm BGB−Leptien, § 166 BGB Rz. 5; Fischer, in: Großkommentar zum HGB, 3 Aufl., § 125 HGB Rz. 25; Baumbach/Hopt, Handelsgesetzbuch, 29. Aufl., § 125 HGB Rz. 2; Hueck, Das Recht der OHG, 4. Aufl., § 19 III; Schilken, Wissenszurechnung im Zivilrecht, S. 116 ff., 118 ff.; Richardi, Zur Wissenszurechnung, AcP 169, S. 385, 388 등.
102) Staudinger BGB−Weick, 13. Aufl., § 26 BGB Rz. 22; SoergelKomm BGB−Hadding, § 26 BGB Rz. 11; SoergelKomm BGB−Leptien, § 166 BGB Rz. 4.
103) 그에 반해 조문의 표제변경만으로 인식의 귀속 문제가 해결된 것은 아니라는 비판으로는 Jan Thiessen, Endet die Flucht die Arglist? −Schuldrechtsreform und Wissenszurechnung, in: Das neue Schuldrecht in der Praxis Akzente−Brennpunkte−Ausblick, Köln u.a. 2003, S. 253 ff.
104) 이하 Karsten Schmidt, Gesellschaftsrecht, S. 285 f. 참조.

의 인식을 기준으로 한다. 하지만 법인의 경우는 본인과 대리인 사이의 관계와 달리 기관이 인식한 것은 곧바로 법인 자신의 고유한 인식으로 인정된다. 따라서 독일민법 제166조 제1항은 기관이 아닌 "대리인"이 인식한 경우에만 적용된다는 것이다. 또한 독일민법 제166조 제1항은 대리인이 본인의 이름으로 구체적인 법률행위를 한 경우에 적용되는 데 반해서, 기관이 인식한 것은 기관이 구체적인 법률행위에 관여하였느냐의 여부에 관계없이 법인에게로 귀속된다는 것이다. 따라서 소수설은 법인에 있어 인식의 귀속에 관해서는 독일민법 제166조를 적용하기보다는 오히려 법인의 손해배상책임을 규정한 독일민법 제31조[105])에서 인식의 귀속에 관한 근거를 찾을 수 있다고 주장한다. 독일연방재판소는 WM 1959, 81, 84 판결에서 인식의 귀속에 관하여 "어느 한 기관구성원의 인식은 곧 법인의 인식이다(Das Wissen eines Organmitglieds ist das Wissen der Rechtsperson)"라고 설시한 바 있는데, 소수설은 독일연방재판소의 판단이 바로 기르케의 법인실재설에서 추론된 기관설(Organtheorie)[106])의 내용을 근거로 한 것이라고 한다. 나아가 이 견해는 인식의 귀속에 관한 근거로서 독일민법 제31조는 법인뿐만 아니라 법인격이 없는 합자회사(KG)나 합명회사(oHG)에게도 유추적용될 수 있다고 한다.[107])

한편 법인과 대표기관의 관계에 대해 기르케식의 기관설을 철저히 비판하고 사비니식의 대리설을 취하는 플루메 교수는 '대표기관의 구성원이 인식한 것은 바로 법인이 인식한 것'이라고 하는 독일연방재판소의 논지는 기만(Mystifikation)에 불과하다고 비판하면서, 인식의 귀속에 관해서는 사단의 경우 의사표시의 수동대리를 규정한 독일민법 제28조 제2항[108])에서 그 실정법상 근거를 찾을 수 있다고 주장한다. 그리고 독일민법 제28조 제2항은 의사표시에 관해서뿐만 아니라 법인을 위해서 행위하는 과정에서 인지한 것에 대해서도 유추적용될 수 있다고 한다.[109]) 하지만 이 학

---

105) 독일민법 제31조(기관의 행위에 대한 법인의 책임) 사단은 이사회, 이사 또는 기타의 조직상 선임된 대리인이 그 직무를 집행함에 있어서 행한 손해배상의무를 발생시키는 행위로 인하여 제3자에게 가한 손해에 대하여 책임을 진다.
106) Organ을 번역함에 있어서 機關과 器官의 차이 및 법인과 기관과의 관계를 설명함에 있어서 기관설(Organtheorie)과 대리설(Vertretertheorie)의 내용에 관해서는 송호영, "법인론과 관련한 독일 사법학계의 최근동향", 「비교사법」 제4권 제2호, 한국비교사법학회, 1997. 12, 597면 이하, 특히 613~614면 참조.
107) Karsten Schmidt, Gesellschaftsrecht, S. 284 f.
108) 독일민법 제28조 제2항: 사단에 대하여 의사표시를 하는 경우에는 이사회의 구성원 1인에 대하여 하는 것으로 족하다.

설도 법인과 기관의 관계를 원칙적으로 대리관계로 이해하고서 인식의 귀속에 관하여 수동대리에 관한 규정을 적용함으로써 근본적으로는 대리법의 틀 안에서 해결하려고 하였다는 점에서 앞서 설명한 독일민법 제166조를 적용하고자 하는 다수설과 기본적인 취지는 크게 다르지 않다고 생각된다.

(2) 평가 및 중간결론

우선 독일민법 제166조에서 인식의 귀속에 관한 근거를 찾으려는 다수설의 문제점부터 살펴보자. 첫째 독일민법 제166조는 2002년 표제가 [의사흠결]에서 [의사흠결; 인식의 귀속]으로 바뀌었지만, 그 내용은 기본적으로 대리에 관한 규정이다. 특히 동 규정은 대리인의 "의사표시"의 법적 효과(die rechtlichen Folgen einer Willenserklärung)에 관해서 규율하는 것이지, 대리인의 사실행위나 불법행위의 법적 효과까지 포함하지는 않는다. 마찬가지로 동 규정은 의사표시라고 할 수 없는 인식의 표시(Wissenserklärung)의 법적 효과를 규율하는 것은 아니다. 둘째, 독일민법 제166조는 "대리인"과 "대리권의 존재"를 전제로 하고 있다. 따라서 단순한 행위의 보조자나 이와 유사한 지위에 있는 사람은 고려되지 않는다. 어느 사실에 대한 인식은 대리인이 아니더라도 충분히 가능한 것인데, 대리인 아닌 자가 인식한 것에 대해서는 본인에게 어떤 영향을 미치는지에 대해서는 전혀 언급이 없다. 셋째, 독일민법 제166조는 법적 효과에 영향을 미치는 의사표시의 발신이나 수령에 직접 관여한 대리인에 대해서만 적용되기 때문에 그러한 의사표시의 발신 및 수령에 관여하지 않은 다른 대리인의 경우에는 그가 알았거나 알았어야 할 사정은 중요하지 않은 것으로 다루어지게 된다. 이상 지적한 바와 같이 독일민법 제166조는 조문의 규정 자체가 내포하고 있는 한계 때문에 법인의 경우와 같이 말단직원으로부터 대표이사에 이르기까지 다단계로 이루어지는 인식의 귀속에 관한 일반적인 근거규정으로 보는 데는 어려움이 없지 않다. 인식의 귀속에 관한 한 구체적인 법률행위에 관여하지 않은 기관인의 인식도 법인의 것으로 볼 수 있는가, 더욱이 사정을 알았던 기관인이 사망하거나 탈퇴하더라도 그의 인식은 지속하는가 하는 것 등이 문제되는데, 독일민법 제166조의 문언은 이런 문제에 대해서는 예정하지 않았다고 보여진다.[110]

---

109) Flume, Juristische Person, S. 398 이하, 특히 S. 402.
110) Medicus, Problem der Wissenszurechnung, Versicherungsrecht Sonderheft 1994, S. 8.

다음으로 법인의 손해배상책임을 규정한 독일민법 제31조에서 인식의 귀속에 관한 근거를 찾는 소수설의 문제점에 대해서 살펴보자. 우선 지적할 수 있는 것은 독일민법 제31조는 기관인이 저지른 "손해배상을 야기하는 행위(zum Schadensersatze verpflichtende Handlung)"가 법인에게로 귀속됨을 규정한 것이라는 점이다. 여기서 기관의 행위에 따라 법인에게 손해배상책임이 부과되는 요건을 볼 때 우선 두 가지가 고려되어야 한다. 첫째는 손해배상을 야기하는 행위이고, 둘째는 그 행위의 주체가 법인의 기관이라는 점이다. 먼저 인식의 귀속과 관련하여 손해배상야기행위에 대하여 살펴보면 [사례2]에서 기관인이 손해배상을 야기하는 행위를 하였다고는 볼 수 없다. 즉 전임 이사는 버스의 첫 출고시기를 알았지만 그것을 판 적은 없기 때문에 손해배상을 야기하는 행위를 한 적이 없다. 왜냐하면 출고시기를 안 것만으로 불법 "행위"나 법률"행위"를 한 것이라고 볼 수는 없기 때문이다. 또한 후임 이사는 출고시기에 하자가 있는 버스를 팔긴 하였지만 그 사정을 알지 못한 상태였기 때문에 그 후임 이사의 매도행위 자체가 손해배상을 발생시키는 행위라고 할 수는 없다. 오히려 매수인에 대하여 손해배상을 야기하는 행위는 전임 이사와 후임이사의 행태(Verhalten)를 결합시킬 때 (즉 전임이사의 출고시기에 관한 인식과 후임이사의 판매행위를 결합시킬 때) 비로소 성립될 수 있는 것이다. 내부적 용태에 불과한 "인식"을 귀속시키는 것과 외부적 용태인 "행위(특히 불법행위)"의 책임을 귀속시키는 것을 동일하게 취급할 수는 없다. 따라서 기관의 손해배상야기행위에 대한 법인의 책임을 규정한 독일민법 제31조를 기관구성원의 인식을 법인에게 귀속시키는 근거규정으로 보는 것은 옳지 않다.[111] 또한 독일의 소수설은 독일민법 제31조를 법인의 손해배상책임에 관한 귀속규범으로서의 성격뿐만 아니라, 포괄적으로 법인과 기관과의 관계에 관하여 기관설(Organtheorie)을 채택한 것으로 이해한다.[112] 따라서 기관설의 시각에서 보면 기관의 구성원이 어떤 상태에 있건 간에 어떻게든 일단 인식한 사정은 모두 법인 자신이 스스로 인식한 것으로 된다. 물론 독일연방재판소의 판결에서도 이를 암

---

111) 이 사례에서 독일의 다수설은 인식귀속의 근거를 독일민법 제166조 제2항에서 찾는다. 독일민법 제166조를 적용할 때와 독일민법 제31조를 적용할 때의 차이에 관해서는 Silke Scheuch, Die Zurechnung des Wissens ausgeschiedener Gesellschafter von Personen-Handelsgesellschaften, Festschrift für Hans Erich Brander zum 70. Geburtstag, Köln 1996, 121면 이하, 특히 124면 참조.

112) 대표적으로 Karsten Schmidt, Gesellschaftsrecht, S. 285.

시한 부분이 있음은 앞서 설명한 바와 같다. 그러나 독일민법 제31조가 입법당시에 법인실재설에 기초한 기관설을 채택한 것인지 아니면 법인의제설에 기초한 대리설 (Vertretertheorie)을 채택한 것인지는 명백하지 않다. 오히려 독일민법의 입법자는 이를 학설과 판례에 일임하였다고 보는 것이 정확하다.113) 또한 독일연방재판소도 기관설적인 입장에서 판단하고 있다고 결론을 내릴 수는 없다. 왜냐하면 독일연방재판소가 판결에서 "기관인의 인식은 곧 법인의 인식"이라고 표현한 것은 결과론적으로 법인에게 인식의 귀속을 인정한다는 것을 밝힌 것이지 연방재판소가 기관설에 따라 판단하였다고는 할 수 없기 때문이다.114) 또한 독일민법 제31조를 인식의 귀속에 관한 근거규정으로 본다면, 법인의 것으로 인정되는 인식의 인적범위가 좁아지게 된다. 즉 동조에 의하면 기관인이 인식한 것만 법인이 인식한 것으로 인정될 수밖에 없다. 하지만 조직의 상층부에 있는 기관의 구성원인 이사나 감사보다도 경우에 따라서는 일선현장의 직원이 문제된 사정을 더욱 구체적이고 분명하게 인식하는 경우도 많음을 상기할 필요가 있다. 이러한 경우에도 독일민법 제31조를 적용해서 법인에게 인식의 귀속을 인정하는 것은 한계가 있다고 생각한다.115)

이상 살펴본 바와 같이 법인의 경우에 인식의 귀속근거를 설명함에 있어 어느 학설로도 충분하지 않다. 인식의 귀속에 관한 문제는 법이 애초에 이에 관한 문제를 예정하지 않음으로 인해 근거조항이 결여된 상태에서, 다른 유사한 조항을 원용하여 그 해결책을 찾을 수밖에 없는 상황에서 제기된 것이다.116) 현재는 독일민법 제166

---

113) 독일민법 제정당시에 제2차 위원회는 법인의 본질에 관하여 "법인의 구성에 관한 판단, 즉 법인은 행위능력이 있는 존재인지 따라서 기관을 통하여 거래에 참여하는지 혹은 법인은 행위능력이 없는 존재인지 그리하여 대리를 필요로 하는 것인지 하는 문제는 학설에 맡기는 것이 좋을 듯싶다"라고 밝히고 있다(Mugdan I, 609 참조).

114) 오히려 연방재판소는 BGHZ 109, 327, 331에서 기관인의 인식의 귀속에 관한 문제는 "논리적·개념적으로 엄격하게 판단되어야 하는 것은 아니고 조율이 가능한 판단"의 문제라고 설시하였는데, 이는 적어도 연방재판소가 기관설의 논리적 틀 속에서 판단하지는 않겠다는 뜻을 시사한 것으로 볼 수 있다. Medicus, Problem der Wissenszurechnung, S. 11. 참조.

115) 물론 독일의 판례와 학설은 법인의 손해배상책임에 있어서 이른바 조직흠결론을 통해서 기관인의 인적범위를 확장시키고는 있지만, 이에 대한 비판도 제기된다. 조직흠결론의 내용·발전경향 및 이에 대한 비판으로는 송호영, "법인론과 관련한 독일 사법학계의 최근동향", 「비교사법」 제4권 제2호, 한국비교사법학회, 1997. 12, 617면 이하 참조.

116) Waltermann은 이를 두고 인식의 귀속에 관해서 "법률의 欠缺"(Gesetzeslücke)이 존재한다고 한다(Waltermann, Zur Wissenszurechnung —am Beispiel der juristischen Personen des privaten und des öffentlichen Rechts, AcP 192(1992) S. 181, 194 이하 참조).

조가 표제를 [의사흠결; 인식의 귀속]으로 바꾸어 달았기 때문에 인식의 귀속에 관한 근거규정에 관한 논란은 일단락된 셈이라고 볼 수 있다. 그럼에도 불구하고 독일민법 제166조가 내용상으로는 변경되지 않았으므로 인식귀속의 실질적인 근거에 대한 논란은 계속될 여지가 있다. 필자의 판단으로는 인식의 귀속의 근거를 찾음에 있어서 법인의 손해배상책임을 규정한 독일민법 제31조보다는 대리행위의 하자를 규정한 독일민법 제166조를 적용하는 편이 좀 더 적절하다고 생각된다. 그 이유는 첫째, 어느 사실에 대한 知·不知의 문제는 손해배상을 야기하는 행위보다 의사표시의 통지 및 수령여부와 더욱 밀접한 관련성을 갖는다. 둘째, 독일의 소수설은 법인과 기관의 관계에 관하여 철저히 기관설에 입각하여 인식의 귀속에 관해서도 독일민법 제31조의 유추적용을 주장하는데, 만약 기관설을 따르지 않고 대리설을 취한다면 인식의 귀속에 관한 근거를 구태여 독일민법 제31조에서 찾아야 할 이유는 없다. 과거에는 법인과 기관의 관계에 관하여 기관설이 대세를 이루었으나, 현재에는 대리관계로 파악하는 대리설이 유력하다.117) 셋째, 구체적인 사례를 해결하는 데 있어서 독일민법 제31조보다 독일민법 제166조에 근거하는 것이 더욱 타당한 결론을 이끌어낼 수 있다. 예컨대 앞서 본 BGHZ 109, 327 사례에서와 같이 행위이전의 전임이사는 사실을 알았지만 행위당시의 후임이사는 부지상태에 있을 때에 독일민법 제31조에 근거한다면 전임이사의 인식을 법인의 것으로 귀속시키는 근거가 약해진다.

요컨대 인식의 귀속에 관한 근거는 독일민법 제166조에서 찾는 것이 상대적으로 무리가 없다고 생각한다. 다만 독일민법 제166조를 적용118)하더라도 미흡한 부분은 다른 법원리로써 보충되어야 한다. 즉 독일민법 제166조는 의사표시에 관여한 대리인을 기준으로 의사의 흠결과 인식여부를 판단하지만, 인식의 귀속에 관해서는 이보다 넓게 해석되어야 할 필요가 있는데, 복수의 대표 중에서 의사표시에 관여하지 아니한 어느 1인이 인식한 사실도 법인에게 귀속되어야 한다(독일민법 제28조 제2항의 유추). 나아가 어느 기관인이나 대리인이 자신의 업무의 관할범위 밖에서 알게된 사실도 법인의 것으로 귀속시킬 수 있는데, 이러한 경우에 귀속의 근거는 법인에게 요구

---

117) Flume, Juristische Person, S. 379. 또한 Gierke의 기관설과 Savigny의 대리설이 서로 대립되는 내용이 아니라는 주장으로는 Detlef Kleindiek, Deliksthaftung und juristische Person, Jus Privatum 22, Tübingen 1997, S. 151 ff. 참조.
118) 독일민법 제166조의 표제에도 불구하고 인식귀속에 관한 문제는 내용상 동 조문을 직접적용하는 것이 아니라 유추적용하는 방식이 될 것이다.

되는 적절한 조직의무(Organisationspflicht)의 위반이나 법인과 거래한 상대방의 신뢰보호(Vertrauensschutz)에서 찾을 수 있을 것이다.

이와 같은 중간결론에도 불구하고 법인에 있어서 인식의 귀속이 문제될 수 있는 경우는 매우 다양하므로, 아래에서는 이를 유형화하여서 각각의 경우에 타당한 인식의 귀속근거를 밝혀보고자 한다. 다만 인식의 귀속근거로 제시되는 독일민법 제166조는 우리 민법 제116조 그리고 독일민법 제31조는 우리 민법 제35조와 규율내용이 거의 일치하므로, 우리 법에서 인식의 귀속근거도 우리 민법 제116조 또는 제35조에서 찾을 수 있을 것이다.[119) 따라서 아래의 인식의 귀속에 관한 유형별 검토는 독일에서의 논의를 바탕으로 우리의 법실정에 맞추어 살펴보기로 한다.

나. 인식주체의 범위와 귀속의 근거[120)

(1) 다수의 이사가 각자 대표권을 가지는 경우

(가) 어느 한 이사가 업무와 관련하여 인식한 경우

어느 한 이사가 업무수행과정에서 문제된 내용을 알게 되었다면, 그의 인식은 바로 법인의 것으로 귀속된다는 것에 대해서는 논란의 여지가 없다. 이 경우는 민법 제116조 제1항의 규율내용과 거의 유사하다. 동 조항은 "본인"과 "대리인"을 전제로 하지만, 이들 관계는 "법인"과 "기관" 사이의 관계와 기본적으로 차이가 없다.[121) 따라서 기관인 이사가 어느 사실을 알았다면, 이사의 인식이 기준이 되어 결국 법인은 그 사실을 알았던 것으로 인정된다. 그리고 민법 제116조 제1항은 일정한 사정을 알았거나 과실로 알지 못한 것으로 인하여 "의사표시의 효력"이 영향을 받는 경우에 적용되지만, 동 조항은 의사표시와 관계없이 인지여부가 법률효과에 영향을 미치는 경우에도 유추적용될 수 있다. 예컨대 등기부취득시효에 있어서 어느 이사가 정당한 절차에 의하지 않고서 법인의 명의로 등기된 사실을 알고 있다면, 그 이사의 인식(즉

---

119) 우리 민법 제116조 제1항을 인식귀속에 관한 기본규범이라고 평가한 글로는 정신동, "인식 귀속의 법률상 기본규범으로서 민법 제116조 제1항에 대한 연구", 「민사법학」 제83호, 한국민사법학회, 2018, 3면 이하 참고.

120) 아래의 유형론은 Barbara Grunewald교수의 논문(Wissenszurechnung bei juristischen Personen, Festschrift für Karl Beusch zum 68. Geburtstag, Berlin/New York 1993, S. 301 이하)에서 힌트를 얻어서 필자가 재구성하였다.

121) Grunewald, Wissenszurechnung bei juristischen Personen, S. 302.

악의)은 법인에게 귀속되어 법인의 취득시효는 인정될 수 없다. 또한 제3자가 회사에 대하여 불법행위를 하였다는 사실과 그로 인해 회사에 손해가 발생했다는 사실을 어느 이사가 알게 되었다면, 그 이사의 인식은 회사의 것으로 귀속되어 회사의 불법행위로 인한 손해배상청구권의 시효는 이사의 인식시점부터 진행하게 된다.

　보다 논란이 될 수 있는 것은 법인을 위해서 행위를 한 이사는 정작 사정을 알지 못하였지만, 다른 이사는 사정을 인식한 경우이다. 즉 각자대표권을 가진 여러 이사들이 존재하는 가운데, 그중 한 이사가 법인을 위해서 행위를 하고 다른 이사는 사정을 인식한 경우이다. 이 경우에도 법인에게로의 인식의 귀속은 긍정된다고 할 것이다. 다만 그에 대한 법적 근거에 대하여 독일에서는 독일민법 제31조를 유추적용하자는 견해와 독일민법 제166조를 유추적용하자는 견해가 대립함은 앞서 본 바와 같다. 다만 후자의 견해는 제166조 제2항의 적용을 주장한다. 이에 상응하는 우리 민법 제116조 제2항에 의하면 본인이 스스로 사정을 알았고 대리인이 본인(즉 법인)의 지시에 따라 행위를 하였을 때에는 본인은 대리인의 부지를 주장할 수 없다. 그러나 제116조 제2항은 법인에게는 맞지 않는 부분이 있다. 왜냐하면 제116조 제2항에 의하면 본인인 법인은 자신의 고유한 인식을 가지고서 대리인에게 지시를 할 수 있어야 하는데, 법인에게는 그러하지 않기 때문이다. 법인에게는 다수의 이사가 존재할 뿐이며, 실무적으로도 각자대표에 있어서는 한 이사가 다른 이사에게 특정한 지시를 내리는 경우는 드물다. 따라서 이러한 경우에는 계약상대방의 신뢰보호라는 관점에서 접근해야 한다는 견해가 주장된다.[122] 즉 법인의 어느 이사와 거래행위를 하는 상대방은 그 이사가 인식한 사정을 다른 이사에게도 전파하였을 것이라는 신뢰를 가지게 된다. 예컨대 선의취득에 있어 법인을 대표하여 거래한 어느 이사가 선의였다고 하더라도, 거래에 참여하지 않은 다른 이사는 악의였는데, 그가 알고 있는 사실을 선의인 다른 이사에게 전파하지 않았다면 법인은 선의취득을 할 수 없다. 여기서 이사들 사이에 어떤 사항이 실제로 논의가 되었다면 그 사항의 인지는 바로 법인에게로 귀속될 수 있으며, 설령 논의가 되지 않았다 하더라도 법인은 계약상대방에 대하여 법인이 내부적으로 이사들 사이에 충분히 의사소통이 가능한 조직체계를 갖추었으리라는 신뢰에 대한 책임을 가진다고 보아 법인의 귀속을 인정할 수 있다고 한다. 결국 이 경우에도 법인에게 인식의 귀속을 인정해야 한다는 결론에 있어서는

---

122) Grunewald, Wissenszurechnung bei juristischen Personen, S. 304 이하.

차이가 없다. 다만 필자는 이 경우의 인식의 귀속근거에 대하여 공동지배인 1인에 대한 의사표시는 영업주에 대하여 그 효력이 있음을 인정한 우리 상법 제12조 제2항 또는 제3자의 회사에 대한 의사표시는 공동대표의 권한 있는 사원 1인에 대하여 이를 함으로써 효력이 있음을 인정한 우리 상법 제208조 제2항을 우선하여 유추하는 것이 낫다고 생각한다. 그 이유는 첫째 일반적인 법원리는 실정법규의 유추에 대하여 보충적으로 원용되는 것이 바람직하고, 둘째 법인과 거래한 상대방은 어느 이사든지 각자대표권을 가진 한 이사가 사실을 알고 있음을 입증하여 법인의 인식을 주장하는 편이 법인의 조직의무위반이나 법인의 조직에 대한 신뢰책임을 주장하는 편보다 더욱 용이하기 때문이다. 요컨대 실정법규의 유추적용으로 인식의 귀속근거를 도출하기 어려운 경우에 한해서 법인의 조직의무위반이나 법인의 조직에 대한 신뢰야기책임이 보충적으로 인식의 귀속근거로 작용할 수 있을 것이다.

(나) 어느 한 이사가 업무와 관련없이 인식한 경우

위에서 본바와 같이 각자 대표권을 가진 여러 이사가 있을 때 법인을 위해서 행위에 직접 참여한 이사는 물론이고 그렇지 않은 이사가 인식한 사정도 법인의 것으로 귀속한다. 그렇다면 이때 어느 이사가 여하한 방법으로든 인식한 사정은 모두 법인의 것으로 귀속하는지가 문제된다. 우리 민법 제116조는 일정한 사정의 인식에 대하여 업무와 관련하여 인식한 것에 한정하는지, 아니면 업무와 관련없이 개인적으로 인식한 것도 본인의 것으로 귀속하는지에 대하여 특별한 언급이 없다. 독일의 통설은 독일민법 제166조가 업무의 관련성을 요건으로 언급하지 않았기 때문에, 이사가 업무와 관련없이 개인적으로 알게 된 사실도 법인의 것으로 귀속을 긍정한다. 우리 민법 제116조는 근본적으로 독일민법 제166조와 같은 내용을 담고 있으므로 독일학설의 논거는 우리 법현실에서도 그대로 원용할 수 있을 것이다. 다만 이러한 경우에 귀속의 근거에 대하여 독일민법 제166조 또는 우리 민법 제116조에 나타난 문언상의 소극적인 표현 이외에, 법인의 신뢰야기에 따른 책임도 보충적으로 그 근거가 될 수 있을 것으로 생각한다. 즉 법인을 대표하는 권한을 가진 이사가 어느 사실을 비록 사적인 기회에 알게 되었다하더라도, 법인의 이사와 거래하는 상대방은 법인의 조직체계상 그 이사가 인식사실을 스스로 업무와 관련한 정보에 편입시키든지 혹은 업무를 담당하는 다른 이사에게 전파하리라는 신뢰를 가질 수 있다. 따라서 궁극적으로는 어느 이사가 사적으로 취득한 인식도 법인의 인식으로 귀속할 수 있다.

(다) 전임(前任) 이사가 인식한 경우

독일의 판례는 "어느 한 기관구성원의 인식은 곧 법인의 인식"이라는 논지로 사직한 법인의 전임 이사가 알았던 사실도 법인에게 귀속시킨다.[123] 이에 관하여 독일의 소수설은 독일민법 제31조를 유추할 것을 주장하나, 이에 따른 문제점은 앞서 살펴본 바와 같다. 이에 반해 독일민법 제166조 제2항을 유추하여 전임이사에 의하여 일단 법인의 인식으로 인정된 것은 후임이사가 비록 몰랐다하더라도 법인은 후임이사의 부지를 원용하지 못한다고 구성함이 타당함도 앞에서 보았다. 문제는 이러한 논리에 의할 때 법인은 일단 한번 인식한 사항에 대해서는 이사의 변동이 있더라도 법인이 존속하는 한 계속 인식한다고 보아야 한다는 점이다. 그 결과 시간상 극히 오래된 사실도 법인에게는 계속해서 귀속될 수밖에 없게 된다는 문제점이 있다. 그러나 이러한 문제점은 인식과 결합한 법률관계에 대해 소멸시효나 실효의 원칙 등에 의하여 조정되어야 할 부분이지, 법인에게 귀속하는 인식자체가 사장(死藏)된다고 이해할 것은 아니다. 또한 법인은 법인에게 부과된 조직의무(Organisationspflicht)라는 관점에서 보더라도 후임이사의 부지로서 인식의 귀속을 부정할 수는 없다. 즉 법인에게 중요한 의미를 가지는 사실이나 정보는 그때마다 서류로써 혹은 디지털방식의 기록 또는 기타의 방법으로 잘 정돈·관리·보존되어 후임자에게 인수인계과정에서 충분히 파악될 수 있어야 한다.[124] 만약 조직관리상 후임자는 비록 전임자가 관여한 일의 사태를 몰랐다 하더라도 그의 부지가 이와 같은 적절한 조치미비로 인한 것이라면 법인은 적절한 조직의무를 이행하였다고 할 수 없고, 따라서 전임자의 인식은 법인에게 귀속된다고 할 것이다. 즉 이것은 바로 우리 민법 제116조 제2항에 나타나 있는 "자기가 … 과실로 인하여 알지 못한 사정"에 해당하는 전형적인 사례 중 하나라고 생각된다. 그러나 전임 이사가 퇴임 후 우연히 법인에게 중요한 사실을 알게 되었을 때에는 그의 인식을 법인에게 귀속시킬 수는 없다. 왜냐하면 인식당시에 전임이사에게는 법인을 대표할 수 있는 권한도 없을 뿐만 아니라, 법인에게 그러한 인식까지도 충분히 접수할 수 있도록 조직해야 할 의무도 요구할 수 없기 때문이다.

---

123) BGH DNotZ 91, 122, 123. 등

124) BGHZ 117, 104, 109는 "기록인식(Aktenwissen)"이라는 표현을 쓴다. 기록인식에 관해서 Medicus는 새로운 terminology로 받아들이면서 인간의 두뇌 밖에서의 데이터의 저장을 의미하는 것으로 특히 컴퓨터를 이용한 인식(Computerwissen)을 포함하는 것으로 새긴다 (Medicus, Problem der Wissenszurechnung, S. 14).

(2) 다수의 이사가 공동대표권을 가지는 경우

독일의 통설은 공동대리에 있어서 공동대리인 중 1인에게라도 의사의 흠결이 있으면 전체 대리행위에 의사의 흠결이 있는 것으로 본다.[125] 그 이유는 공동대리에 있어서 공동의 의사표시는 분리될 수 없는 단일체를 형성하고 있기 때문이라고 한다.[126] 마찬가지 논리로 공동대표에 있어 어느 한 이사가 알게 된 사실은 다른 공동대표 모두가 안다고 보아야 하고, 따라서 공동대표에 있어 어느 한 이사의 인식은 법인의 인식으로 귀속하게 된다.[127] 독일법에서는 이에 관한 실정법상 근거로 독일민법 제28조 제2항을 유추할 수 있다. 동 조항에 의하면 사단을 상대방으로 하는 의사표시는 이사회의 구성원 1인에 대하여 행하여지면 족한데, 이를 인식의 귀속에 유추하여 보면 법인의 다수이사가 공동대표권을 가지는 경우 그중 1인의 이사가 인식한 사실은 법인의 인식으로 인정된다고 할 수 있다.[128] 우리나라의 경우 민법에는 독일민법 제28조 제2항과 같은 조문이 없지만, 학설은 수동의 공동대리의 경우에는 1인이 한 수동대리도 본인에 대하여 효력을 발생하는 것으로 새길 뿐 아니라,[129] 특히 상법 제12조 제2항 및 제208조 제2항은 공동지배인과 공동대표에 관하여 수동대리는 공동대리인 중 1인만으로 할 수 있음을 명시하고 있는데, 이 조문들을 유추하더라도 공동대표 중 1인이 인식한 사실은 법인이 인식한 것으로 귀속시킬 수 있을 것이다.

.

---

125) RGZ 78, 347, 354; BGHZ 5, 210, 214; 62, 166, 173; ErmanBGB−Brox § 167 Rz. 36; MünchKomm BGB−Schramm § 164 Rz. 86; SoergelKomm BGB−Leptien § 166 Rz. 5; Staudinger BGB−Schilken, § 167 Rz. 58. 또한 우리 문헌에서도 곽윤직, 민법총칙, 377면; 곽윤직(편집대표)−손지열, 민법주해 III, 박영사, 1992, 62면 등.
126) Schilken, Wissenszurechnung im Zivilrecht, S. 142.
127) 손지열 판사는 민법 제116조 제2항을 유추적용하여 "어느 사정의 知·不知 또는 부지의 과실 유무 등에 관하여는, 공동대리인 중의 1인이 어느 사정을 알았거나 과실로 알지 못한 경우에는, 본인 측에서 대리인의 부지를 주장하지 못한다"고 설명한다(곽윤직(편집대표)−손지열, 민법주해 III, 62면).
128) Flume, Juristische Person, S. 402 이하; Medicus, Problem der Wissenszurechnung, S. 10.
129) 고상룡, 민법총칙, 508면; 곽윤직(편집대표)−손지열, 민법주해 III, 63면; 곽윤직·김재형, 민법총칙, 349; 김상용, 민법총칙, 551~552면; 김용한, 민법총칙, 350면; 김준호, 민법강의, 297면; 김증한·김학동, 민법총칙, 510면; 백태승, 민법총칙, 462면; 이영준, 민법총칙, 567면; 이은영, 민법총칙, 618면 등.

(3) 다수의 이사가 있지만 1人의 이사에게만 대표권이 주어진 경우

법인의 조직상 다수의 이사가 존재하고 그중 1인에게만 대표권이 주어지는 경우에, 대표권을 가진 이사(대표이사 혹은 이사장)가 인식한 것은 법인의 인식으로 귀속할 수 있음은 의문의 여지가 없다. 문제는 대표권이 없는 다른 이사가 법인에게 중요한 사정을 인식한 경우인데, 이 경우에도 법인의 인식으로 귀속을 인정하여야 할 것이다. 그 이유는 대표권이란 법인을 대표하여 법인의 업무를 집행할 수 있는 권한을 말하는 것인데, 법인에게 중요한 사정의 인식이란 대외적인 업무의 집행과 관련없이도 일어날 수 있는 것이기 때문이다. 따라서 비록 대표권이 없는 이사가 어느 사실을 인식하였더라도 그것은 법인의 인식으로 귀속될 수 있다. 또한 제3자의 입장에서 보아도 대표권없는 어느 이사가 어떤 사실을 인식하였다면 그 이사가 다른 이사 및 대표이사에게도 전파할 것이라는 신뢰를 가지는 것이 일반적이라고 할 수 있다.

(4) 이사 아닌 기타의 대표자가 인식한 경우

법인의 인식으로 귀속을 인정할 수 있는 인식의 주체는 이사에만 국한할 필요가 없다. 비록 법인의 이사는 아니지만 사실상 법인의 이사와 같은 지위에 있거나, 조직상 이사와 같은 위치에서 법인을 대리하는 자가 인식한 사정도 법인의 인식으로 귀속될 수 있다. 우리 민법 제35조는 법인의 불법행위책임에 관한 한 "이사 기타 대표자"라고 하여 이사가 아니더라도 법인을 대표하는 지위에 있는 자(임시이사·특별대리인·청산인 등)를 이사와 동등하게 취급한다. 인식의 귀속근거를 민법 제35조로 보려는 견해에 의한다면 바로 "기타 대표자"라는 문구에서 인식주체의 범위를 확장하려는 근거를 찾을 수도 있을 것이다. 하지만 법인을 위해서 실제로 인식하는 주체는 민법 제35조가 예정하는 범위보다 훨씬 넓다. "기타 대표자"에 해당하는 이들은 비록 이사는 아니더라도 법인을 대표할 수 있는 권한을 가지고 있으므로 그들이 지득한 사실은 법인의 인식으로 귀속할 수 있다. 또한 형식적으로는 대표자가 아니지만 실질적으로는 이사의 판단에 영향력을 행사할 수 있는 자의 인식도 법인의 인식으로 귀속시킬 수 있다. 즉 상법 제401조의2는 이사가 아니면서도 실질적으로 회사업무에 영향력을 행사하는 이른바 "업무집행지시자"의 책임을 규정하고 있는데, 이들이 인식한 사실도 법인의 것으로 귀속될 수 있다.

(5) 이사 기타 대표자가 아닌 대리인이 인식한 경우

이사나 기타 대표자가 아닌 "대리인"이 법인을 위해서 행위를 하였다면, 그의 인식은 민법 제116조 제1항에 의하여 법인에게로 귀속된다. 이것이 본래 제116조가 규율하려는 적용례이다. 보다 어려운 문제는 법인을 위해서 행위하는 대리인은 문제된 사실을 모르지만, 계약상대방과는 접촉한 적이 없는 다른 대리인이 사실을 알고 있는 경우이다. 예컨대 고객과 직접 거래한 은행의 여·수신계 과장은 고객이 차명으로 은행거래를 한다는 사실을 알지 못하였지만, 같은 은행소속의 외환계 과장은 이 사실을 알고 있었다면, 이때에도 은행은 차명거래사실을 알았다고 하여야 하는가?130) 이와 유사한 사례에서 독일연방재판소는 은행에게 인식의 귀속을 긍정하였다.131) 하지만 독일연방재판소는 법인에게 있어서 여하한 대리인이라도 취득한 인식은 항상 법인의 것으로 인정되는 것인가에 대해서는 명확히 설시하지 않고서, 다만 정보의 교환가능성을 강조하였다. 이러한 판단은 결론적으로 타당하다고 보여진다. 문제는 그 근거인데, 이러한 사례에 대해서도 우리 민법 제116조의 목적론적 해석을 통해서 해결할 수 있을 것으로 판단된다. 법인의 경우는 그 규모에 따라 법인을 위해 활동하는 대리인의 수가 천차만별이다. 특히 규모가 큰 법인의 경우 대리인의 수가 상대적으로 많을 것인데, 수많은 대리인이 인식한 사실은 다양할 것이고, 그중 어떤 내용은 추후의 법률효과에 결정적인 영향을 미칠 수 있는 내용들도 있을 것이다. 그렇다고 법인에 속한 모든 대리인이 접수하게 된 사실들 모두가 법인에게 귀속되어야 하는 것인지는 의문이 있다. 문제는 법인이 대리인들 사이의 정보의 교환을 가능하도록 적절한 조직체계를 형성시켰는가가 기준이 될 수 있다고 본다. 내부적으로는 어떤 정보를 가지게 된 대리인은 법인내부의 다른 담당대리인에게 그가 지득한 정보를 전파시킬 의무가 있다. 따라서 대리인 사이에 적절한 의사소통이 이루어지지 않아 담당대리인이 부지의 상태에 있었다 하더라도 법인은 그 부지를 원용할 수 없다. 민법 제116조 제2항도 일정한 사정을 "안 사정"과 "과실로 인하여 알지 못한 사정"을 동일시하는데, 법인의 경우 "과실로 인하여 알지 못한 사정"이란 대리인 사이

---

130) 이 문제는 금융실명법에서 요구하는 금융기관의 실명확인의무와 관련하여 누구를 예금주로 볼 것인가 하는 문제와 관련된 것인데, 본서에서는 이에 관한 설명은 보류한다.
131) NJW 1989, 2879, 2881.

에 정보교환이 정확하게 이루어졌어야 하였던 경우로 대치시켜서 이해할 수 있을 것이다.[132] 만약 물리적으로나 기타의 이유로 대리인들 사이의 정보교환을 기대할 수 없다면 어느 대리인이 인식한 사정은 법인의 것으로 귀속한다고 할 수 없을 것이다. 예컨대 어느 사정을 알고 있는 법인의 대리인이 감금되어 외부와의 접촉이 봉쇄되었거나, 인식직후 사망하여 법인의 다른 대리인이나 기관에게 정보전달을 할 수 없을 때 등의 경우를 생각할 수 있다.

(6) 법인의 대리인 아닌 자가 인식한 경우

법인의 대리인이 아닌 자가 법인에게 중요한 사실을 인식하였을 경우에는 원칙적으로 그의 인식은 법인의 것으로 귀속되지 않는다. 다만 경우에 따라서는 표현대리의 법리가 유추될 수 있을 것이다. 즉 계약상대방의 입장에서 볼 때 대리인 아닌 자가 본인으로부터 정당한 수권이 있었던 것과 같은 외관을 띠고 본인이 외관야기에 일정부분 기여한 사실이 인정된다면 표현대리가 성립하여 그 대리행위의 효과는 본인에게 귀속되는데(민법 제125조, 제126조, 제129조 참조), 이를 유추하여 대리인 아닌 자가 인식한 사실이라도 마치 그가 법인의 정당한 대리인인 것과 같은 외관을 띠고 그 외관형성에 법인이 원인제공을 한 사실이 인정된다면 그의 인식에 대해서 법인이 부지를 주장할 수만은 없을 것이다(즉 법인의 인식으로 귀속될 수 있을 것이다).

한편 법인의 대리인 아닌 자의 인식이 문제될 수 있는 것으로는 사자(使者)가 어느 사실을 인식한 경우를 생각할 수 있다. 대리인은 본인에게 미칠 법률효과를 스스로 결정하고 상대방과의 사이에 자기의 이름으로 법률행위를 하는 자를 말하지만, 사자는 본인이 스스로 결정한 효과의사에 따라 완성한 의사표시를 상대방에게 전달할 뿐인 사람을 말한다.[133] 대리를 능동대리와 수동대리로 구분하듯이, 사자도 능동사자와 수동사자로 구분할 수 있다. 특히 인식의 귀속과 관련하여 문제되는 것은 수동사자의 경우이다. 수동사자라 함은 상대방의 의사표시를 수령하는 사자를 말한다. 대리인과 사자를 어떻게 구별할 것인지에 대해서는 논란이 있지만, 수동사자의 경우는 수동대리인과의 구별이 극히 어려울 뿐만 아니라, 인식의 귀속에 관한 한 "의사

---

132) 同늽 Grunewald, Wissenszurechnung bei juristischen Personen, S. 311.
133) 곽윤직(편집대표)－손지열, 민법주해 III, 13면; 김상용, 민법총칙, 518면; 이영준, 민법총칙, 502면 등.

표시"가 아니라 "인식의 전달"만이 문제될 뿐이므로 수동대리의 경우와 같이 다루어도 무방하다고 생각한다. 따라서 사자에 의해서 알게 된 사실은 본인인 법인에게 전달되었거나 전달되었어야 한다면 법인의 인식으로 귀속된다고 하여야 할 것이다(민법 제116조의 유추).[134] 다만 사자가 인식한 것이 법인의 것으로 귀속되는 인식은 사자가 그에게 인정된 사자권(Botemacht)의 범위 내에서 업무와 관련하여 지득한 것만으로 제한된다고 하여야 할 것이다. 왜냐하면 그렇지 않을 경우 법인의 인식으로 인정되는 범위가 지나치게 넓어지게 되어, 인식의 귀속에 관한 한 사실상 법인에게 무과실책임을 강제하는 결과를 가져올 것이기 때문이다.

법인의 업무를 보조 또는 수행하지만 대리권을 부여받지 못한 이행보조자 또는 피용자가 인식한 사실은 원칙적으로 법인의 것으로 귀속되지 않는다. 다만 이행보조자나 피용자가 표현대리의 요건을 갖추거나, 대리권은 부여받지 못했지만 수동사자권은 부여받았다고 인정되는 경우에 한 해서 그들의 인식이 법인의 것으로 귀속될 수 있을 것이다.

3. 법인 아닌 권리주체에의 적용여부

인식의 귀속에 관한 문제는 자연인의 경우에도 중요한 의미를 가지지만(자연인인 본인과 대리인 사이), 자연인의 경우는 민법 제116조의 적용을 통해서 비교적 간단하게 처리될 수 있다. 문제는 법인의 경우인데, 법인에 있어서 인식의 귀속문제를 해결하기 위한 법적·논리적 근거에 대해서는 위에서 살핀 바와 같다. 여기서 법인이란 사법상 법인뿐만 아니라, 공법상 법인의 경우도 포함하는 것으로, 공법상 법인에 있어서의 인식의 귀속문제도 위의 이론이 그대로 적용된다. 그리고 법인인 이상 상법상 회사를 포함한 사단법인뿐만 아니라, 재단법인에 있어서의 인식의 귀속[135] 또한 마찬가지이다.

---

134) 대법원은 사실행위를 위한 사자라 하더라도 일정한 경우 표현대리의 규정을 준용한 경우도 있지만(대법원 1962. 2. 8. 선고 4294민상192 판결), "사자에 의한 의사표시의 경우 … 그 의사표시는 대리행위가 아니므로 오로지 본인에 대하여만 知·不知·착오등이 문제될 것"이라고 판시하여 사자에 의한 의사표시의 경우에 대리행위의 하자에 관한 규정(민법 제116조 제1항)을 부정한다(대법원 1967. 4. 18. 선고 66다661 판결).

135) 재단법인에 있어서 인식의 귀속에 관해서는 스위스판례가 하나 있는데, 스위스연방재판소는 재단이사회가 인식한 것은 바로 재단이 인식한 것으로 인정하였다(BGE 76 I 16/17).

그리고 법인에 있어서 이사나 대리인이 인식한 것을 법인의 인식으로 귀속을 긍정한다면, 법인격만 부여받지 못했을 뿐이지 조직상 법인과 실질적인 차이가 없는 권리능력없는 사단에게도 앞서 살펴본 인식의 귀속논리가 적용될 수 있을 것이다. 그렇다면 조합의 경우에도 조합원 중 1인이 인식한 것을 조합의 인식으로 귀속시킬 수 있을 것인가가 문제될 수 있는데, 조합의 경우에 문제된 법률관계에 있어 권리주체성이 인정되는 한 조합의 인식귀속을 긍정하여야 할 것이다. 예컨대 조합명의로 동산을 매수함에 있어서 조합원 중 1인이 매수할 물건이 도품임을 알았다면 조합은 악의로 인정되어 선의취득을 주장할 수 없다.

나아가 인식의 귀속에 관한 논리는 회사와 회사 사이의 관계에서도 적용될 수도 있는데, 예컨대 子회사가 인식한 사실은 母회사에도 귀속시킬 수도 있고, 그룹 내 계열사관계에 있는 A회사가 인식한 것을 B회사에게도 귀속시킬 수 있을 것이다. 이 경우에는 회사와 회사 사이에 본인과 대리인 사이의 관계를 인정하기는 힘들지만, 회사와 회사 사이에 적절한 정보교류가 가능하도록 조직을 운영하여야 한다는 점 혹은 계열사끼리 내부적인 정보교류가 있을 것으로 추단할 수 있는 신뢰야기에서 인식의 귀속근거를 찾을 수 있을 것이다.[136]

---

136) 콘체른에 있어서 인식의 귀속을 긍정하는 글로는 Drexl, Wissenszurechnung im Konzern, ZHR 161(1997), S. 490~521 참조.

제3절 **법인의 인식과 관련한 우리나라 판례**

Ⅰ. 서설

법인의 인식여부에 관한 문제는 비교적 최근에 다루어지는 논제이며, 아직까지 이에 대한 체계적인 이론정립이 이루어지지 않은 상태이다. 이 문제의 체계적인 접근을 위해서는 특히 실제로 발생한 다양한 사례의 분석을 통하여 합리적이고 타당한 법리를 구축하는 작업이 필요하다. 그러나 유감스럽게도 우리나라 판결에서 법인의 인식여부가 주된 쟁점으로 다루어진 사안은 매우 드문 편이다. 다만 법인의 대표자가 자신이 대표하는 법인을 상대로 불법행위를 한 경우에 있어서 법인의 인식여부가 문제된 사례들이 간혹 눈에 띄는 정도이다. 특히 이들 사례의 대다수는 금융감독이 비교적 허술하게 취해지고 있는 제2금융권에서 발생한 일종의 금융사고들로, 금융기관의 대표자들의 취약한 도덕적 해이(moral hazard)에서 비롯한 것이다. 이러한 사례들이 근자에 집중해서 등장하게 된 이유는 무엇보다도 IMF 구제금융 위기를 맞으면서, 그동안 감추어졌던 금융기관내부의 불법행위들이 드러나게 되고, 이 때문에 손실을 입은 금융기관 스스로가 손실금을 회수하는 와중에 혹은 파산관재업무를 맡은 예금보험공사가 공적자금을 회수하는 과정에서 불법행위를 한 대표자 또는 그의 신원보증인에게 책임을 묻기 위해서 소송을 제기함으로써 나타나게 된 것이다. 또한 근래에는 사용자책임에 있어서 피용자의 사무집행관련성에 관한 피해자인 법인의 인식여부가 문제되는 사례들이 주목된다. 아래에서는 대법원에서 법인의 인식문제를 직·간접적으로 다룬 사례들을 유형별로 살펴본다.[137]

Ⅱ. 문제된 사례의 유형

법인의 대표자는 자신이 대표하는 법인에 대하여 선량한 관리자의 주의로 그 직무를 행할 의무가 있음에도 불구하고(민법 제61조), 그 대표자가 법인에 대해서 배임

---

137) 이하 송호영, "법인의 대표자가 자신이 대표하는 법인에 대해서 불법행위를 한 경우에 법인의 인식여부 —우리나라 판례를 중심으로—", 「저스티스」통권 제82호, 한국법학원, 2004. 12, 92면 이하 참고. 또한 인식의 귀속에 관한 우리 판례의 기준을 정리한 글로는 송방아, "법인에 대한 인식의 귀속 —적용 가능한 기준들에 대한 검토—"「저스티스」제71권 제6호, 법조협회, 2022, 77면 이하 참고.

행위나 불법행위 등을 통하여 손해를 입힌 경우에, 과연 언제 그리고 누구의 인식을 기준으로 법인이 그 불법행위사실을 인식한 것으로 보아야 하는가라는 문제가 제기된다. 이러한 경우에 법인의 인식은 여러 측면에서 법적으로 중요한 의미를 가지지만, 우리 판결에 나타난 사례들을 살펴보면 다음과 같은 세 가지 유형으로 그 의미를 파악할 수 있다.

첫째는 법인이 매매계약의 일방 당사자일 때, 만약 법인을 대표하여 매매계약을 체결하는 법인의 대표자가 법인에 대해서 배임행위가 됨을 알면서도 법인에게 불리한 계약을 체결하여 법인에게 손해를 끼쳤을 경우에, 법인은 상대방에 대해서 착오를 이유로 대표자가 체결한 매매계약의 의사표시를 취소할 수 있는가, 아니면 배임행위에 가담한 대표자가 법인에 불리한 계약사실을 알았다면 법인은 착오를 일으킨 바가 없다고 보아야 하는가?138) 이에 관한 사례로 「강릉시 사건」을 살펴본다.

둘째는 만약 법인의 대표이사가 자기가 대표하는 법인에 대해서 불법행위를 한 경우에 법인은 그 대표이사를 상대로 불법행위에 의한 손해배상청구권을 행사할 수 있는데(민법 제750조), 그러한 손해배상청구권은 피해자인 법인이 그 손해 및 가해자(여기서는 대표이사)를 안 날로부터 3년간 이를 행사하지 아니하면 시효로 소멸하게 된다(민법 제766조 제1항). 여기서 법인이 "그 손해 및 가해자를 안" 것으로 보는 시점을 언제로 정하느냐가 문제된다.139) 불법행위로 인한 손해배상청구권의 소멸시효를 정한 민법 제766조는 피해자가 법인인 경우에도 적용됨은 당연하다. 그렇지만 이는 일반적으로 법인의 바깥에 존재하는 자가 법인을 상대로 불법행위를 한 경우를 상정한 것인데, 이와 달리 법인의 내부자 특히 법인의 대표자가 법인을 상대로 불법행위를 한 경우에 법인의 인식여부는 누구를 기준으로 할 것인가에 대해서는 논란이 될 수 있다. 즉 피해를 입은 법인은 대표자의 가해행위시에 이미 손해와 가해자를 안 것으로 보아 그때부터 그 대표자를 상대로 한 손해배상청구권은 기산되는 것인지, 아니면 그 대표자 이외의 다른 기관인(Organperson)이 알 때까지는 손해배상청구권의 시효가 진행되지 않는다고 보아야 하는지 문제된다. 이에 관한 문제를 다룬 최초의 사례

---

138) 이 문제는 인식규범을 三分한 Baum에 의하면 「인식이 법률행위와 결부되어 문제되는 경우」의 일종으로 볼 수 있다. Marcus Baum, Die Wissenszurechnung, Berlin 1998, S. 32 ff. 참고.
139) 이 문제는 Baum이 설명한 「인식 그 자체만으로 법률효과의 근거가 되는 경우」의 전형적인 예에 해당한다.

로는 「추부농협사건」을 들 수 있고 「해동신용금고사건」 또한 이와 관련된 사례이다.

셋째는 법인의 대표자가 단독으로 혹은 법인의 직원과 공모하여 자신이 속한 법인에 대하여 불법행위를 한 경우에, 그 대표자 또는 그 법인직원을 신원보증한 신원보증인에게 법인이 신원보증계약상의 책임을 묻기 위해서는 법인은 신원본인이 불법행위를 한 사실을 통지해주어야 하는데(신원보증법 제4조), 그렇다면 이 경우에도 피해자인 법인이 언제 그러한 사실이 발생했음을 인식한 것으로 보고 그에 따라 법인에게 통지의무가 발생했다고 보아야 하는지가 문제된다.[140] 즉 대표자가 법인에 대한 불법행위에 가담한 때 곧바로 법인이 안 것으로 되어 그때 바로 신원보증인에 대한 통지의무가 발생한 것으로 보아야 하는지 아니면 그 대표자 이외의 다른 기관인이 법인의 피해사실을 안 때에 비로소 통지의무가 발생하는 것으로 보아야 하는지의 문제이다. 이 문제는 신원보증법상의 통지의무와 관련된 사례로 등장하기도 하고(「신당1·2·3동 새마을금고사건」 등) 신원보증보험계약상의 보험금청구권의 기산점과 관련된 사례로 나타나기도 한다(「비산신협사건」).

넷째는 피용자의 불법행위를 이유로 피해자가 사용자에게 불법행위책임을 물을 때(민법 제756조), 피해자가 피용자의 행위가 사무집행관련성이 없음을 알았거나 중대한 과실로 알지 못한 경우에는 사용자책임을 물을 수 없다는 것이 확립된 판례의 태도인데, 이때 피해자가 법인인 경우에 피용자의 행위가 사무집행관련성이 없다는 사실에 대한 인식은 어떻게 판단할 것인지가 문제된다.

III. 구체적 사례

1. 법인의 착오와 관련한 사례[141]

> **원고(매도인) → 피고(강릉시:매수인)**

원고(매도인)는 피고(강릉시:매수인)에게 시(市)의 시가감정의뢰에 따른 감정가격에 따라 사건 부동산을 금 2억 7천만 원에 매도하였다. 그러나 이 과정에서 피고 시의

---

140) 이 문제는 Baum이 제시한 「인식이 준법률행위 또는 사실행위와 결부되어 문제되는 경우」에 속한다고 볼 수 있다.

141) 대법원 1985. 4. 23. 선고 84다카890 판결.

시장이 배임행위(즉 고가매입)에 적극 가담하였다. 이에 피고 시는 사건 부동산이 시가 금 1억 3천만 원 상당밖에 안 되는데도 고가로 매입한 것에 대하여 감정을 의뢰받은 감정인들의 허위감정가격을 믿고 이를 근거로 매매계약이 체결되었으므로,[142] 이는 법률행위의 중요부분의 착오에 해당되어 이를 이유로 한 계약의 취소로 항변하였다. 이 사건에 대한 판결요지에서 대법원은 "의사표시의 착오가 법률행위의 내용의 중요부분에 착오가 있는 이른바 요소의 착오이냐의 여부는 그 각 행위에 관하여 주관적, 객관적 표준에 쫓아 구체적 사정에 따라 가려져야 할 것이고 추상적, 일률적으로 이를 가릴 수는 없다고 할 것이나 착오라는 것은 의사표시의 내용과 내심의 의사가 일치하지 않는 것을 표시자가 모르는 것이므로 단순히 내심적 효과의사의 형성과정에 조오가 발생한 이른바 연유의 착오 또는 동기의 착오는 내심적 효과의사와 참뜻 사이에 조오가 있음을 그치고 이 내심적 효과의사와 표시와의 사이에는 그 불일치가 없다고 할 것인즉 민법 제109조가 정하는 의사표시의 착오에 관한 문제는 제기될 수 없다"고 하면서, "원심이 토지매매에 있어서 시가에 관한 착오는 매수인인 피고가 토지를 매수하려는 의사를 결정함에 있어 그 동기의 착오에 불과하다고 하여 피고의 주장을 배척한 조치는 그 판시 이유에 의문의 여지가 있기는 하나 결과에 있어 정당하므로 이 점에 관한 상고논지 또한 그 이유가 없다"면서 피고의 주장을 배척하였다.

2. 법인의 대표자에 대한 법인의 손해배상청구권의 행사가 문제된 사례

가. 추부농협사건[143]

원고(추부농업협동조합) → 피고(前任 조합임원들)

丙은 원고조합 사이에 오랫동안 인삼에 대한 위탁판매거래를 해오면서 원고조합으로부터 금원을 대출받고 그 대출금채무를 담보하기 위하여 위탁판매용 인삼을 담보로 제공하여 왔다. 그런데 1990. 5. 20.경부터 1991. 8. 24.까지 사이에 원고조합

---

142) 아마도 피고 강릉시의 市長이 감정인들과 짜고서 고가로 감정을 하도록 하여 그에 따른 이익을 착복하려고 한 것으로 추측된다.

143) 대법원 1998. 11. 10. 선고 98다34126 판결.

의 직원들(이하 '乙 등'이라 한다)이 丙으로부터 위탁받아 관리하던 대출담보물인 인삼 시가 합계 금 4억 원 상당을 대출금의 상환 없이 丙에게 부당출고하였고, 원고조합의 조합장 甲이 이를 방조함으로써 원고조합에게 손해를 가하였다. 이에 원고조합은 1995. 5. 9. 공동불법행위자인 당시의 乙(조합직원) 등과 甲(조합장)을 상대로 원고조합이 입은 손해의 배상을 구하는 소를 제기하였다. 이에 대해서 피고들은 담보물을 부당출고한 당시에 조합의 대표자인 조합장 甲이 그 사실을 모두 알고 있었던 이상, 원고 조합 역시 이를 알았다고 할 것이어서, 결국 원고 조합의 손해배상채권은 원고 조합이 그 손해 및 가해자를 안 날로부터 3년간 행사하지 아니하였으므로 시효소멸하였다고 주장하였다. 여기서 쟁점은 피고들의 행위가 조합에 대해서 불법행위가 성립한다면, 피해자인 조합의 손해배상청구권은 민법 제766조에 따라서 "그 손해 및 가해자를 안 날로부터 3년간 이를 행사"하여야 하는데, 그렇다면 '조합은 언제부터 그러한 사실을 안 것으로 보아야 하는가'라는 것에 있다.

원심은 甲과 乙 등이 공동불법행위자로서 원고조합이 입은 손해를 전보할 의무가 있으나, 甲이 원고조합의 조합장으로서 乙 등이 위 인삼을 부당출고한다는 점을 그 무렵 알고 있었던 이상, 원고조합으로서도 乙 등이 위 인삼을 부당출고할 당시 그 가해자 및 손해의 발생에 대하여 알았다고 봄이 상당하며, 그로부터 3년의 단기소멸시효기간이 경과한 후에 이 사건 소가 제기되었으므로 원고조합의 이 사건 손해배상청구권이 시효로 소멸하였다고 판단하여 원고조합의 손해배상청구를 기각하였다.[144]

이 사건에서 대법원은 손해배상청구권의 기산점에 대하여 "법인의 경우 불법행위로 인한 손해배상청구권의 단기 소멸시효의 기산점인 '손해 및 가해자를 안 날'이라 함은 통상 대표자가 이를 안 날을 뜻하지만, 법인의 대표자가 가해자에 가담하여 법인에 대하여 공동불법행위가 성립하는 경우에는, 법인과 그 대표자는 이익이 상반하게 되므로 현실로 그로 인한 손해배상청구권을 행사하리라고 기대하기 어려울 뿐만 아니라 일반적으로 그 대표권도 부인된다고 할 것이므로, 단지 그 대표자가 손해 및 가해자를 아는 것만으로는 부족하고, 적어도 법인의 이익을 정당하게 보전할 권한을 가진 다른 임원 또는 사원이나 직원 등이 손해배상청구권을 행사할 수 있을 정도로 이를 안 때에 비로소 위 단기시효가 진행한다고 해석함이 상당하다"고 판시하면서, 원심을 파기환송하였다.

144) 대전고법 1998. 6. 24. 선고 96나6361 판결.

즉 법인의 대표이사가 자신이 대표하는 법인에 대해서 불법행위를 한 경우에는 그 불법행위를 한 대표이사의 인식이 곧바로 법인의 인식으로 귀속되지 않고, 법인의 이익을 정당하게 보전할 권한을 가진 다른 기관인이 그러한 사실을 안 때에 비로소 법인이 인식한 것으로 보아야 한다는 것이다.

나. 해동신용금고사건[145]

> **원고(파산한 금고의 파산관재인 예금보험공사)**
> **→ 피고 甲(경영권을 양도한 前任이사장)**

소외 신안상호신용금고(이하 소외 금고)의 실질적인 1인 주주였던 피고 甲은 신안금고의 대표이사로서 재직 중 동일인 대출한도를 초과하여 대출을 해준 결과 상당한 금액의 대출채권을 회수하지 못하여 금고에 손해를 끼쳤다. 그런데 甲은 乙과의 사이에 금고에 대한 실사작업과 불건전채권에 대한 처리를 위한 합의각서에 기초하여 1996. 12. 20. 주식양도계약의 내용을 확정하여, 이후 乙이 소외 금고를 인수하여 운영하게 되었다. 한편 소외 금고는 乙 등의 방만한 경영으로 경영부실과 함께 불법·부실 대출 규모가 급증하여 예금지급불능상태에 직면하게 되어 1998. 9. 3.부터 상호신용금고법에 따라 신용관리기금이 소외 금고에 대한 경영관리를 실시하면서, 소외 금고의 경영상태에 대한 실사를 하여 1998. 11. 30. 불법·부실대출 내역을 확인하고 이를 재무재표상 대손상각처리하였다. 1999. 1. 15. 소외 주식회사 해동신용금고가 소외 금고의 자산 및 부채와 소외 금고의 임원 등에 대한 손해배상청구권 및 채권 등의 권리를 인수받았는데, 위 해동신용금고는 2001. 8. 28. 파산선고를 받고 예금보험공사가 그 파산관재인으로 선임되었다.

예금보험공사(원고)는 甲(구 신안금고 이사장)으로부터 경영권을 양수한 乙 등의 새로운 경영진이 운영한 해동신용금고의 파산관재인으로, 甲(피고)에게 한도초과대출 및 불건전대출로 인한 손해배상을 청구하였다. 사안의 쟁점은 甲의 불법행위에 의한 손해배상청구권은 누구의 인식을 기준으로 언제부터 진행하는가 하는 점이다.

원고인 예금보험공사는 甲에 대한 손해배상청구권의 기산점이 乙이 경영권을 인수한 시점이 아니라, 신용관리기금이 금고에 대한 경영관리를 실시하여 불법·부실

---

145) 대법원 2002. 6. 14. 선고 2002다11441 판결.

대출 내역을 확인하고 소외인들에 대한 대출을 재무재표상 대손상각처리한 시점(사안에서 1998. 11. 30.)부터 진행된다고 주장하였다. 이에 반해서 피고 甲은 소외 금고의 경영권을 인수한 乙이 주식양도계약의 내용을 확정한 시기(사안에서 1996. 12. 20.)에 불법대출로 인한 손해발생사실 및 가해자를 알았다고 보아야 하므로, 그로 인한 손해배상청구권은 소제기 당시에 이미 3년이 경과하였으므로 시효로 소멸하였다고 항변하였다.

이 문제에 대하여 원심은 피고 甲의 불법행위책임에 대하여 소외 금고가 위 주식양도약정 당시인 1996. 12. 20.에는 동일인 대출한도 초과로 인하여 손해가 발생하였다는 사실 및 그 가해자를 알았다고 할 것이라면서, 원고(예금보험공사)가 그로부터 3년이 경과한 시점에서 주장한 피고 甲에 대한 불법행위로 인한 손해배상청구권은 시효로 소멸하였다고 판단하였다.146) 원고는 이에 불복, 상고하였다.

대법원은 "법인의 경우 불법행위로 인한 손해배상청구권의 단기소멸시효의 기산점인 '손해 및 가해자를 안 날'을 정함에 있어서 법인의 대표자가 법인에 대하여 불법행위를 한 경우에는 법인과 그 대표자는 이익이 상반하게 되므로 현실로 그로 인한 손해배상청구권을 행사하리라고 기대하기 어려울 뿐만 아니라 일반적으로 그 대표권도 부인된다고 할 것이므로 단지 그 대표자가 그 손해 및 가해자를 아는 것만으로는 부족하고, 적어도 법인의 이익을 정당하게 보전할 권한을 가진 다른 임원 또는 사원이나 직원 등이 손해배상청구권을 행사할 수 있을 정도로 이를 안 때에 비로소 위 단기소멸시효가 진행한다고 할 것인 바(대법원 1998. 11. 10. 선고 98다34126 판결), 피고로부터 신안금고의 100% 주식과 경영권을 양수한 방○○147) 및 새로운 경영진도 신안금고의 이익을 정당하게 보전할 권한을 가진 자로서 손해배상청구권을 행사할 수 있는 자의 범위에 포함된다고 할 것이고, 이들이 신안금고의 기존의 부실채권액을 실사를 통하여 확인한 시점에서 신안금고도 손해 및 가해자를 안 것으로 볼 것이다"라고 판시하였다.

---

146) 서울고법 2002. 1. 15. 선고 2001나23876 판결.
147) 사안에서 乙을 칭한다(필자 註).

다. 기타사례

법인의 인식은 원칙적으로 법인의 대표자의 인식을 기준으로 하여야 하지만, 법인의 대표자가 자신이 대표하는 법인을 상대로 불법행위를 하여 법인이 그 대표자를 상대로 손해배상을 청구하는 경우, 피해자인 법인의 손해배상청구권에 대한 소멸시효 기산점인 '손해 및 가해자를 안 날'은 해당 불법행위를 한 대표자가 아니라 법인의 이익을 정당하게 보전할 권한을 가진 다른 임원 또는 사원이나 직원 등이 인식한 시점을 기준으로 해야 한다는 법리가 위 양 판결을 통해 정립되었다. 이후에도 대법원은 이러한 법리를 계속 이어가고 있다.

첫째는 법인에 대한 대표자의 불법행위를 그 법인의 감사가 방조한 경우에 대표자에 대한 법인의 손해배상청구권의 소멸시효 기산점이 문제된 사례이다.

A회사에 대하여 채무를 부담하는 B에 대하여 A회사의 대표이사 甲이 적법한 절차를 거치지 않고 B의 채무를 면제해주어 A회사에 손해가 발생하였는데, 甲의 채무면제당시 A회사의 감사 乙이 함께 있었음에도 甲의 행위에 대하여 유지(留止)할 것을 청구하거나 이사회 또는 주주총회에 보고하는 등 필요한 조치를 전혀 취하지 않은 사안에서 甲에 대한 A회사의 손해배상청구권의 소멸시효기산점이 문제되었다. 이에 대해 원심은 감사 乙이 대표이사 甲의 불법행위를 안 때부터 甲에 대한 손해배상청구권의 소멸시효가 진행된다고 본 데 반해, 대법원은 甲의 채무면제행위와 이에 대한 乙의 고의 또는 과실에 의한 방조행위가 객관적으로 관련 공동되어 있고 이로 인하여 A 회사에 손해가 발생함으로써 공동불법행위가 성립한 이상 乙이 A 회사를 대표하여 甲을 상대로 손해배상청구권을 행사하리라고 기대하기는 어려우므로, A 회사의 이익을 정당하게 보전할 권한을 가진 다른 임원 또는 사원이나 직원 등이 손해배상청구권을 행사할 수 있을 정도로 甲의 불법행위를 안 때를 소멸시효의 기산점으로 잡아 소멸시효의 완성 여부를 판단해야 한다고 하여 원심을 파기하였다.[148)

둘째는 법인에 대한 법인대표자의 불법행위로 인한 법인의 손해배상청구권을 피보전권리로 하는 채권자취소권의 제척기간 기산점이 문제된 사례이다. 피해자인 법인이 채권자로서 법인에 대해 불법행위를 한 대표자를 상대로 손해배상청구권을 가지게 된 상태에서, 채무자인 대표자가 채무초과상태에서 증여를 원인으로 자신이 소

---

148) 대법원 2012. 7. 12. 선고 2012다20475 판결.

유하는 부동산에 관하여 제3자에게 소유권이전등기를 경료해준 경우에 채권자인 법인은 손해배상채권을 피보전권리로 하여 '취소원인을 안 날로부터 1년' 내에 사해행위취소소송을 제기하여야 한다. 이때 '취소원인을 안' 시점을 어떻게 정할 것인지가 문제되는데, 대법원은 앞선 판례와 같은 논리로 "이러한 경우에는 적어도 법인의 이익을 정당하게 보전할 권한을 가진 다른 대표자, 임원 또는 사원이나 직원 등이 손해배상청구권을 행사할 수 있을 정도로 이를 안 때에 비로소 단기소멸시효가 진행하고, 만약 다른 대표자나 임원 등이 법인의 대표자와 공동불법행위를 한 경우에는 그 다른 대표자나 임원 등을 배제하고 단기소멸시효 기산점을 판단하여야 한다. 그리고 이는 법인의 대표자의 불법행위로 인한 법인의 대표자에 대한 손해배상청구권을 피보전권리로 하여 법인이 채권자취소권을 행사하는 경우의 제척기간의 기산점인 '취소원인을 안 날'을 판단할 때에도 마찬가지"라고 판시하였다.[149]

3. 법인의 대표자를 신원보증한 신원보증인에 대한 법인의 통지의무가 문제된 사례[150]

가. 신당1 · 2 · 3동 새마을금고사건[151]

> 원고 X(신당1·2·3동 새마을금고)
> ↓
> 피고 Y(전임이사장 甲과 공모, 부정대출로
> 법인에 불법행위를 한 직원 乙의 신원보증인)

원고 X는 새마을금고이고, 소외 甲은 원고의 이사장으로 근무하면서 원고를 대표하여 왔으며, 소외 乙은 원고의 전무로 근무하면서 甲의 지시를 받아 원고의 업무를 사실상 총괄하여 왔다. 乙은 甲의 지시에 따라 새마을금고의 제반 규정에 위반하여, 1994. 11. 15. ○○은행으로부터 원고 명의로 3억 원을 차용하여 甲에게 대출하는

---

149) 대법원 2015. 1. 15. 선고 2013다50435 판결.
150) 이러한 문제를 대법원에서 다룬 최초의 사건은 대법원 1976. 6. 22. 선고 75다1687 판결이며, 이후 대법원 1977. 6. 7. 선고 76다1853 판결 등이 잇따르는데, 여기서는 최근의 판결들에 관해서만 살펴보기로 한다.
151) 대법원 1999. 8. 24. 선고 99다28340 판결.

등 1995. 12. 2.까지 여러 차례에 걸쳐서 甲에게 총 19억 원을 대출해주고 이를 회수하지 못함으로써, 금고에 손해를 끼쳤다. 한편 피고 Y는 乙과 한 동네에 사는 지인으로, 乙로부터 아무런 대가 없이 원고 X와의 사이에 보증기간을 1991. 9. 27.부터 1996. 9. 27.까지로 하여 乙에 대한 신원보증계약을 체결한 바 있다.

원고는 乙의 신원보증인인 피고 Y에게 신원보증계약에 기한 책임을 주장하였다. 이에 반해서 피고 Y는 항변하기를, 원고법인은 甲(전임 이사장)이 乙(전임 전무)과 불법행위를 공모할 때부터 신원본인(乙)의 불성실한 사적을 알고 있었다고 보아야 하므로, 신원보증법 제4조에 기한 사용자의 사실에 대한 통지의무를 이행하지 않았기 때문에 피고는 면책되어야 한다고 항변하였다.

이에 대해서 대법원은 "법인 직원의 업무상 불성실한 사적이 비록 법인 대표자와 공동으로 이루어진 것이라고 하더라도 법인 대표자가 법인 직원에게 업무상 불성실한 사적이 있어 그로 말미암아 신원보증인의 책임을 야기할 염려가 있음을 알았다면 바로 법인이 그러한 사실을 알 것이다(대법원 1977. 6. 7. 선고 76다1853 판결 참조)"[152]라고 판시하면서, 원고의 대표자인 甲은 이미 그 무렵에 원고의 직원인 乙에게 업무상 불성실한 사적이 있어 그로 말미암아 신원보증인의 책임을 야기할 염려가 있음을 알았다고 볼 수 있고, 그렇다면 "원고의 통지의무는 이미 그 때에 발생한 것이며, 피고가 신원보증한 경위에 비추어 원고가 지체없이 그 사실을 피고에게 통지하였더라면 피고가 신원보증계약을 해지하였을 것으로 보기에 충분하므로, 원고가 통지의무를 이행하지 아니한 이 사건에서 원고의 통지의무 발생 이후에 생긴 피고의 신원보증책임은 면책된다고 보아야 한다"면서 신원보증인의 책임을 부정하였다.

---

152) 대법원이 판결에서 참조한 대법원 1977. 6. 7. 선고 76다1853 판결의 사안은 농협 전무가 조합직원과 공동으로 부정대월 등 불성실한 행위를 하였을 경우 사용자인 조합이 곧 이러한 사실을 알았다고 하여 신원보증인에게 이를 통지할 의무가 있다고 볼 것인지 여부가 문제된 사례이다. 우선 비슷한 사안을 다룬 대법원 1976. 6. 22. 선고 75다1687 판결에서는 조합직원의 부정행위를 조합이 알고 있었느냐 그렇지 않느냐는 직원과 함께 부정행위에 가담한 전무를 기준으로 할 것이 아니라 특별한 사정이 없는 한 조합장이 알고 있었느냐 없었느냐를 기준으로 하여야 한다고 하면서, 조합직원의 신원보증책임을 긍정한 바 있다. 그러나 이후 대법원 1977. 6. 7. 선고 76다1853 판결에서는 전원합의체에서 이를 변경하여 "시군 농업협동조합의 전무가 조합의 일상업무에 관하여 자신 및 조합직원에게 업무상 불성실한 사적이 있어 그로 말미암아 신원보증인의 책임을 야기할 염려가 있음을 알았다면 바로 동 조합이 그러한 사실을 알았다고 할 것이어서 동 조합은 신원보증법 제4조 제1호에 따라서 신원보증인에게 이를 통지할 의무가 있다고 할 것"이라면서 조합전무의 불법행위시에 조합의 불법행위에 대한 인식을 긍정하였다.

나. 비산신협사건[153]

> 원고 X(비산신협의 파산관재인 예금보험공사)
> ↓
> 피고 Y(前 신협이사장 甲의 신원보증인 서울보증보험주식회사 등)

甲은 파산 전 비산신용협동조합의 이사장으로, 乙은 동 조합의 상무로 재직하였다. 그런데 甲은 비산신협의 대출업무를 총괄하던 乙에게 지시, 공모하여 차명 및 도명의 방법으로 소외 丙에게 148회에 걸쳐 약 60억 원의 불법대출을 하게 하였고, 그중 약 35억 원이 상환되지 아니하여 신협에 손해를 끼쳤다. 이후 비산신협은 파산하였다. 한편 피고 Y(서울보증보험주식회사)는 1994. 8. 26. 甲과의 사이에 피보험자를 비산신협, 보험가입금액을 1,000만 원, 보험기간을 1994. 8. 27.부터 1997. 8. 26.까지 피보증인을 甲으로 하는 내용의 신원보증보험계약을 체결한 바 있다.

파산한 비산신협의 파산관재인인 원고 X(예금보험공사)는 甲의 불법대출행위는 신원보증보험계약상의 보험사고에 해당하므로 그를 신원보증한 피고가 보험가입액인 1천만 원을 지급할 의무가 있다고 주장하였다.[154]

여기에서 쟁점은 보험금청구권의 시효가 언제부터 진행되는가 하는 점이다. 원고는, 피보증인인 법인의 대표자가 법인에 대하여 불법행위를 하는 경우에는, 법인과 그 대표자는 이익이 상반되어 현실로 신원보증보험계약상의 보험금청구권을 행사하리라고 기대하기 어려우므로 단지 그 대표자가 보험사고의 발생을 알았다는 것만으로는 소멸시효가 진행된다고 할 수 없고, 적어도 법인의 이익을 정당하게 보전할 권한을 가진 다른 임원 또는 사원이나 직원 등이 보험금청구권을 행사할 수 있을 정도로 이를 안 때에 비로소 소멸시효가 진행한다 할 것이므로 비산신협의 피고회사에 대한 보험금청구권은 피보증인인 甲이 이사장에서 해임된 이후에 비로소 소멸시효가 진행한다고 주장하였다. 이에 대해서 피고 Y(서울보증보험)는 신원보증보험계약의 보통약관 제4조는 "피보험자는 보험사고가 생긴 사실을 안 때에는 지체없이 이를 보험

---

153) 대법원 2002. 10. 25. 선고 2002다13614 판결.
154) 실제 사안에서는 乙의 신원보증인(乙과의 관계는 乙의 부모)에 대해서도 신원보증책임을 묻고 있지만, 이에 대한 설명은 생략한다.

회사에 알려야 하고, 보험금청구권은 2년간 행사하지 아니하면 소멸시효가 완성된 다"라고 규정하고 있는바, 소멸시효는 권리를 행사할 수 있는 때로부터 진행하므로 신원보증보험계약에 있어서 보험금청구권의 소멸시효는 그 권리를 행사할 수 있을 때 인 보험사고가 발생한 때로부터 진행된다고 보아야 한다고 하면서 파산조합의 보험금 청구권은 보험기간만료시부터 2년간의 시효기간의 경과로 소멸하였다고 항변하였다.

이에 대하여 대법원은 "소멸시효는 객관적으로 권리가 발생하고 그 권리를 행사 할 수 있는 때부터 진행한다고 할 것이므로(대법원 1984. 12. 26. 선고 84누572 판결 등 참조), 신원보증보험계약에 있어서 보험금청구권의 소멸시효는 그 권리를 행사할 수 있을 때인 보험사고가 발생한 때로부터 진행한다 할 것이고, 피보증인인 법인의 대 표자가 법인에 대하여 불법행위를 하는 경우에 법인과 그 대표자의 이익이 상반되어 현실로 신원보증보험계약상의 보험금청구권을 행사하리라고 기대하기 어렵다 할지 라도, 그러한 대표자의 불법행위를 감시하여야 하는 감사 제도의 존재이유에 비추어 볼 때, 그 불법행위가 있었을 때에 법인이 보험금청구권을 행사할 수 있는 가능성이 없었다고 할 수는 없는 것이므로, 법인의 이익을 정당하게 보전할 권한을 가진 다른 임원 또는 사원이나 직원 등이 보험금청구권을 행사할 수 있을 정도로 대표자의 불 법행위를 안 때에 비로소 소멸시효가 진행한다고 볼 것은 아니며, 그와 같이 보지 아니한다 하여 그것이 형평에 반한다고 볼 것도 아니다"라고 판시하였다.

다. 기타

원고(파산한 신협의 파산관재인 예금보험공사)

↓

피고(조합에 불법행위를 한 前任 이사장의 신원보증인)

우연히도 2003년 5월 16일 대법원은 거의 똑같은 사실관계를 내용으로 하는 두 개의 신원보증인책임에 관한 사건을 다루면서, 앞선 대법원 1999. 8. 24. 선고 99다 28340 판결의 법리를 재확인하였다.

하나는 광천신협사건(대법원 2003. 5. 16. 선고 2003다5344 판결)으로, 파산한 광천신 협의 前任 이사장이 부외거래[155] 및 부당대출로 조합에 손해를 입힌 것에 대해서 그

---

155) 부외거래(簿外去來)란 신용협동조합중앙회에서 책정한 일반예금이자보다 높은 이자를 지

를 신원보증한 신원보증인에게 광천신협의 파산관재인으로서 예금보험공사가 신원보증계약상의 배상책임을 물은 사건이고, 또 다른 하나는 효목신협사건(대법원 2003. 5. 16. 선고 2003다9094 판결)으로, 이것 역시 파산한 효목신협의 전임 이사장이 한도초과대출 등의 불법대출로 조합에 막대한 미수금액 상당의 손해를 끼친 것에 대해서, 그를 신원보증한 신원보증인에게 효목신협의 파산관재인인 예금보험공사가 신원보증계약상의 배상책임을 물은 사건이다.

이에 대법원은 양 판결에서 공통적으로 "법인 직원의 업무상 불성실한 사적이 비록 법인 대표자와 공동으로 이루어진 것이라고 하더라도 법인 대표자가 법인 직원에게 업무상 불성실한 사적이 있어 그로 말미암아 신원보증인의 책임을 야기할 염려가 있음을 알았다면 바로 법인이 그러한 사실을 안 것이어서 그 때에 법인에게 위 법률 제4조 제1호에 의한 통지의무가 발생한 것으로 보는 법리(대법원 1999. 8. 24. 선고 99다28340 판결 참조)에 비추어 볼 때, 법인 대표자를 피보증인으로 하는 신원보증에 있어서 대표자가 자신의 불법행위를 안 경우에도 법인이 그 사실을 안 것으로 보지 않을 수 없고, 이 경우에 대표자가 아닌 다른 임원이나 직원이 그 불법행위를 안 때에 비로소 법인의 통지의무가 발생하는 것으로 해석할 것은 아니다"라고 판시하였다.

4. 사용자책임에 있어서 피해법인의 인식

민법 제756조 사용자책임의 성립에 있어서, 피용자의 불법행위가 외관상 사무집행의 범위 내에 속하는 것으로 보이는 경우에도 피용자의 행위가 사용자나 사용자에 갈음하여 그 사무를 감독하는 자의 사무집행행위에 해당하지 않음을 피해자 자신이 알았거나 또는 중대한 과실로 알지 못한 경우에는 사용자 또는 사용자에 갈음하여 그 사무를 감독하는 자에 대하여 사용자책임을 물을 수 없다는 것이 판례의 태도이다.156) 이때 피해자가 법인인 경우 가해자 측 피용자의 행위가 사무집행행위에 해당

급하는 조건으로 조합원들로부터 예탁금을 유치하여 이를 조합계좌에 정상적으로 입금처리를 하지 않고 휴면계좌 등에 입금하여 관리하는 등의 부당한 예금거래방법을 의미한다(필자 註).

156) 대법원 2007. 4. 12. 선고 2006다11562 판결; 대법원 2007. 9. 6. 선고 2005다20422 판결; 대법원 2007. 9. 20. 선고 2004다43886 판결; 대법원 2007. 10. 26. 선고 2005다42545 판결; 대법원 2008. 2. 1. 선고 2005다49270 판결; 대법원 2009. 6. 25. 선고 2008다13838 판결.

하지 않음을 법인 자신이 알았거나 또는 중대한 과실로 알지 못한 경우에 해당하는
지에 대한 판단은 어떻게 할 것인가가 문제될 수 있다.

대법원의 판례 중에는, 사용자인 학교법인으로부터 위임을 받은 바 없이 피해자인
은행에 대해 금원차용 및 예금인출을 한 피용자의 행위에 대하여, 그 은행의 지점장
이 위 피용자의 행위가 사용자의 사무집행행위에 해당하지 않음을 알면서도 이에 응
한 경우에도 은행이 그로 인한 손해에 대하여 사용자책임을 주장할 수 있는지가 문
제된 사례가 있다. 이에 대해 판례는 "법인이 피해자인 경우 법인의 업무에 관하여
일체의 재판상 또는 재판 외의 행위를 할 권한이 있는 법률상 대리인이 가해자인 피
용자의 행위가 사용자의 사무집행행위에 해당하지 않음을 안 때에는 피해자인 법인
이 이를 알았다고 보아야 하고, 이러한 법리는 그 법률상 대리인이 본인인 법인에
대한 관계에서 이른바 배임적 대리행위를 하는 경우에도 마찬가지라고 할 것이다"라
고 판시하였다.157) 이러한 판례의 입장은 이후 증권회사 직원이 피해자 회사의 경리
이사와 공모하여 환매조건부채권 예금계좌에 입금한 피해자 회사의 자금으로 임의
로 주식거래를 한 사안에서, 위 증권회사 직원의 행위가 증권회사의 사무집행행위에
속하지 않는다는 것을 위 경리이사가 알고 있었으므로 피해자 회사가 이를 알았다고
보아 피해자 회사는 위 증권회사에 대하여 사용자책임을 물을 수 없다고 한 사례에
서도 다시 확인된다.158)

IV. 판례에 대한 평가

1. 법인의 착오와 관련

우선 법인의 착오와 관련한 강릉시 사건에 관해서 살펴보자. 흔히 이 사례는 착오
로 인한 의사표시의 취소에 있어서 시가(時價)의 착오는 의사표시를 취소할 수 있는
중요부분의 착오가 아님을 확인한 판례로 인용되고 있다.159) 그러나 필자가 생각하

---

157) 대법원 2005. 12. 23. 선고 2003다30159 판결. 이 판결에 대한 평석으로는 이진만, "불법
    행위의 피해자인 법인의 법률상 대리인이 법인에 대한 관계에서 배임적 대리행위를 하는
    경우, 그 법률상 대리인의 인식(악의)을 법인에게 귀속시킬 수 있는지 여부(대법원 2005.
    12. 23. 선고 2003다30159 판결 : 공2006상, 161)", 「대법원판례해설」 통권 제57호, 법원
    도서관, 2006, 331면 이하 참고. 또한 대법원 2009. 6. 25. 선고 2008다13838 판결 참고.
158) 대법원 2007. 9. 20. 선고 2004다43886 판결.

는 이 판결의 실제 쟁점은 시가의 착오가 법률행위내용의 중요부분의 착오에 해당하는지가 아니라, 피고 市가 도대체 착오를 일으킨 것으로 볼 수 있느냐 하는 것이다.160) 민법 제116조에 의하면 대리인을 통한 법률행위시 당사자의 착오유무는 대리인을 표준으로 하여 정해지게 되므로 비록 배임행위에 해당할지라도 피고 시(市)의 전임(前任) 시장(市長)이 매매가격에 대해서 오해한 바가 없다면,161) 전임 시장의 인식은 곧 피고 市가 인식한 것으로 귀속하게 되어 市는 착오를 일으킨 적이 없게 되고, 따라서 착오에 의한 의사표시의 취소자체가 문제되지 않는다. 시가의 착오 云云은 대리인의 착오(여기서는 계약을 체결한 강릉시장의 착오)가 인정된 다음에 거론될 수 있는 것이다. 따라서 필자는 이 사례해결의 초점을 민법 제109조에 따른 중요부분의 착오여부로부터 민법 제116조에 따른 대표자(즉 대리인)의 인식여부에 관한 문제로 돌리고자 한다.

대법원은 판결문에서 법인의 인식에 관해서 언급하지는 않았다. 그렇지만 판결이유를 자세히 살펴보면 그와 같은 뉘앙스가 깔려있음을 엿볼 수 있다. 즉 대법원은 "이 사건 매매계약은 피고시의 시가감정의뢰에 따른 감정가격에 따라 그 매매가격이 정하여졌다는 것이므로 피고시의 내심적 효과의사와 그 표시와의 사이에 아무런 불일치가 있다고 할 수 없을 뿐만 아니라 피고의 주장자체에 의하더라도 이 사건 매매가 피고시의 시장이었던 소외 정○○의 배임행위에 의하여 이루어졌다는 이 사건에 있어서 이 사건 매매계약은 법률행위의 중요부분에 착오가 있다고 할 수 없으므로 원심이 토지매매에 있어서 시가에 관한 착오는 매수인인 피고가 토지를 매수하려는 의사를 결정함에 있어 그 동기의 착오에 불과하다고 하여 피고의 주장을 배척한 조치는 … 결과에 있어서 정당"하다고 판시하였다. 이 판결은 보기에 따라 시가의 착오는 동기의 착오에 불과하고 따라서 중요부분의 착오에 해당하지 않음을 밝힌 사례

---

159) 고상룡, 민법총칙, 431면; 김상용, 민법총칙, 463면; 이영준, 민법총칙, 404면 등. 이 판결에 대한 평석으로는 이치영, "동기의 착오 II", 「민법판례해설 I」, 경세원, 1990, 118면 이하 참조.

160) 이 판결을 법인의 인식문제로 보아야 한다는 문제제기로는 송호영, "이른바 인식의 귀속(Wissenszurechnung)에 관하여 -법인의 경우를 중심으로-", 「비교사법」 제8권 제1호, 한국비교사법학회, 2001. 6, 68면 이하 참고.

161) 역설적이지만 피고시의 시장이 매매가격의 협상과정에서 고가로 지불하기로 하는 배임행위를 하였다면, 오히려 바로 그 때문에 매매대금의 확정에 관해서는 누구보다도 정확하게 인식하고 있었다고 할 것이다. 그렇더라도 시가 시장과의 공모로 고가로 감정가액을 평가한 감정평가사에 대해서 손해배상책임을 주장할 수 있는가 하는 것은 물론 별개의 문제이다.

라고 할 수도 있다. 이와 달리 필자는 이 사례가 법인의 대표기관인 피고 시의 시장
이 감정인에게 감정을 의뢰하고 그에 따라 매매가격의 적부를 판단하였기 때문에 피
고 市는 사건에 관여한 시장이 인식한 것에 대하여 — 비록 그의 행위가 배임행위에
해당한다고 할지라도 — 인식의 귀속을 부인할 수 없고(제116조 제1항), 따라서 피고
市의 법률행위의 착오에 따른 취소주장을 배척하였음이 그 본질적 내용이고, 시가의
착오가 중요부분의 착오에 해당하지 않음은 방론에 불과한 것이라고 생각한다. 다시
말하자면, 대법원이 보는 사건의 본질은 전임 시장이 인식한 것은 곧 피고 시가 인
식한 것으로 귀속되므로 피고 市의 참뜻과 내심적 효과의사 및 그 표시와의 사이에
아무런 불일치가 있다고 할 수 없으므로 市는 착오를 일으킨 것이 아니라는 점에 있
다. 설령 원심이 보는 바와 같이 이 사건을 시가의 착오에 관한 문제로 보아 피고의
착오취소주장을 배척하였더라도 결과적으로는 대법원의 논리와 동일한 효과에 이르
므로 원심판결의 파기사유가 되지는 않는다는 것이다.[162] 대법원도 이러한 원심법원
의 논리가 "결과에 있어서 정당"한 것으로 판단하였다. 물론 대법원은 인식의 귀속
에 관한 언급을 하지는 않았지만, 필자는 이 사례에 인식귀속의 법리를 적용한다면
문제는 더욱 간명하게 처리될 수 있다고 생각한다. 즉 이 사례에서는 市의 착오를
전제로 한 시가의 착오가 동기의 착오에 해당하느냐·아니냐의 문제로 돌입하기 이
전에, 시장의 인식을 市의 인식으로 귀속시킬 수 있느냐가 관건이다. 그런데 법인에
서의 인식주체는 원칙적으로 대표권한을 가진 자인데, 시장은 분명히 공법상 법인인
市의 대표기관이기 때문에 대표기관인 시장의 인식은 비록 시에 대해서 배임행위가
되는 내용이라 할지라도 市의 인식으로 귀속된다. 이에 대한 법률상 근거는 민법 제
116조이다. 대리인(즉 市의 대표자인 시장)이 인식의 기준이 되는 한 市는 부지의 항
변을 할 수 없다. 그렇다면 대표자의 배임행위적인 인식에 대해서 법인은 항상 불이
익을 감수하여야 하는가? 법에 있어서 인식은 항상 인식자에게 불리한 요소로 작용
한다. 법인의 인식은 자연인의 인식과는 다른 점이 있지만, 그렇다고 법인의 인식이
자연인의 그것보다 더 유리하거나 더 불리하게 작용해야 할 이유는 없다. 다만 법인
의 경우는 조직상의 특성상 법인 스스로가 적재적소에 적절한 인물을 배치하여 조직
을 구성할 이른바 조직의무(Organisationspflicht)가 있으며, 배임행위를 한 대표자의

[162] 이러한 필자의 해석에 동조하는 견해로는 기노성, "법인에 있어서의 인식의 귀속", 서울대
학교 석사학위논문, 2003, 82면.

인식에 따른 불이익은 법인 스스로가 조직의무를 해태한 데 따른 불이익으로 감수해야 한다. 그러할 때 법인과 법률관계를 맺고 있는 상대방은 불확실성으로부터 벗어날 수 있게 될 것이다. 대표자의 인식에 따른 법인의 불이익은 법인 스스로가 부담하고, 그에 따라 법인에게 발생한 불이익이나 손해는 법인과 대표자 간의 내부적인 법률관계에 의해서 처리되는 것이 타당하다.

2. 법인의 손해배상청구 및 신원계약상의 청구와 관련

그 다음의 두 유형, 즉 대표이사에 대한 법인의 손해배상청구권의 행사가 문제된 사례와 대표이사를 신원보증한 신원보증인에 대한 법인의 통지의무가 문제된 사례는 모두 법인의 대표자가 자신이 대표하는 법인에 대해서 불법행위를 함으로써 법인에 손해를 끼친 점에서는 같은 모습을 띠고 있다. 다만 양자는 법인이 피해에 대한 보전조치를 취함에 있어서, 전자는 피해자인 법인이 가해자인 대표이사를 상대로 손해배상청구권을 행사하는 경우이고, 후자는 가해자인 대표자를 신원보증한 신원보증인에게 신원보증계약상의 이행을 청구하는 경우라는 점에서 차이가 있다.163) 그런데 양자의 경우 모두 대표이사를 상대로 한 손해배상청구 혹은 신원보증인에 대한 신원보증계약상의 이행청구를 함에 있어서 법인의 인식여부 또는 인식시점이 청구권행사의 가부를 결정하는 중요한 요소로 작용하게 된다. 즉 전자의 경우는 피해자인 법인이 그 손해 및 가해자를 안날로부터 3년 이내에 행사하여야 하는데(민법 제766조 제1항), 여기서 법인이 언제부터 그리고 누구의 인식을 기초로 해서 "알았다"고 할 수 있는가 하는 점이 문제된다. 후자의 경우에도 구 신원보증법 제4조 제1호에서는 사용자는 피용자가 업무상 부적임하거나 불성실한 사적이 있어 이로 말미암아 신원보증인의 책임을 야기할 염려가 있음을 "안 때" 이를 지체없이 신원보증인에게 통지하도록 정하고 있는데,164) 이때 사용자인 법인은 법인에 대해서 불법행위를 한 대표

---

163) 앞의 강릉시 사건의 경우도 시장이 시에 대하여 배임행위라는 일종의 불법행위를 저지른 점에서는 이들 유형과 같은 모습이지만, 강릉시 사건에서는 강릉시와 거래상대방 사이의 계약의 유효성에 관한 문제라는 점에서 이들 유형과는 구분된다. 다만 강릉시가 배임행위를 통하여 시에 손해를 입힌 시장을 상대로 손해배상을 청구하는 경우에는 당연히 이들 유형 중 전자에 해당하게 된다.
164) 사건당시에 적용된 신원보증법은 2002년 1월 14일에 개정되었는데, 문제된 제4조 제1호는 개정 후에도 내용상 별다른 차이가 없다. 통지의무위반의 효력에 관해서는 구 신원보

자(혹은 임원)의 불성실한 사적을 언제 안 것으로 보아야 하는가가 문제된다.

어떤 사실에 대한 법인의 知·不知의 판단은 기본적으로 법인의 대표자의 인식여부에 따라 결정된다. 그런데 양 사례유형에서 대법원이 밝힌 법인의 인식시점을 살펴보면 일견 서로 상충되게 판단한 것으로 보여 진다. 즉 법인에 대해서 불법행위를 한 대표이사에 대한 손해배상청구권의 행사가 문제된 사례에서는, 대법원은 법인의 인식시점을 불법행위를 행한 대표자 자신이 인식한 시점을 기준으로 하지 않고 "적어도 법인의 이익을 정당하게 보전할 권한을 가진 다른 임원 또는 사원이나 직원 등이 손해배상청구권을 행사할 수 있을 정도로 이를 안 때"를 기준으로 봄으로써, 불법행위 당시의 대표자의 인식을 법인의 인식으로 곧 바로 귀속시키지 않고 있다. 이와 달리 대표이사를 신원보증한 신원보증인에 대한 법인의 통지의무가 문제된 사례에서는, 대법원은 "법인 대표자가 법인 직원에게 업무상 불성실한 사적이 있어 그로 말미암아 신원보증인의 책임을 야기할 염려가 있음을 알았다면 바로 법인이 그러한 사실을 알은 것이다"면서 불법행위 당시의 대표자의 인식을 곧 바로 법인의 인식으로 귀속시키고 있다.

이처럼 모순되게 보이는 대법원의 판단은 과연 정당한가, 이러한 상충된 논리는 무엇에 기반을 둔 것인가, 혹시 대법원은 애초부터 어떤 결론을 염두에 두고서 각각에 어울리는 논리전개를 하려 했던 것은 아닌지 등등의 의문이 생긴다. 물론 강릉시 사건에서처럼 대리인의 인식문제가 아니라 동기의 착오로 접근하더라도 "결과에 있어서 정당"한 결론에 도달할 수 있듯이, 이러한 사례유형들도 대표자 또는 법인의

증법이 직접적으로 규정한 바 없다. 이에 관해서 대법원은 사용자에게 구신원보증법 제4조의 통지의무가 있다고 하더라도 사용자가 그 통지를 하지 아니하였다고 하여 막바로 신원보증인의 책임이 면제되는 것은 아니지만, 신원보증인과 피보증인의 관계가 그러한 통지를 받았더라면 신원보증계약을 해지하였을 것이라는 특수한 사정이 있었음에도 불구하고 이를 통지하지 아니하여 신원보증인으로부터 계약해지의 기회를 박탈하였다고 볼 수 있는 경우에는 신원보증인의 책임이 부정되는 것으로 보거나(대법원 1994. 4. 26. 선고 93다5741 판결 등), 사용자가 통지의무를 위반한 경우 보증인의 배상책임을 정할 때 참작사유로 보았다(대법원 1972. 7. 31. 선고 72다1029 판결 등). 참고로 개정된 신원보증법 제4조는 제1항 제1호에서 피용자가 업무상 부적격자이거나 불성실한 행적이 있어 이로 말미암아 신원보증인의 책임을 야기할 염려가 있음을 안 때, 사용자는 이를 지체없이 신원보증인에게 통지하도록 하고, 제2항에서는 사용자가 고의 또는 중과실로 이러한 통지의무를 게을리하여 신원보증인이 해지권(동법 제5조)을 행사하지 못한 경우 신원보증인은 그로 인하여 발생한 손해의 한도에서 의무를 면하도록 정함으로써, 통지의무위반에 따른 효과를 명확히 하였다.

인식문제에 기대지 않고서 소멸시효제도의 본질론 혹은 신원보증제도의 특수성에 근거하여 나름대로 정당한 결론에 이를 수도 있다. 그렇지만 이들 사례들은 법인의 인식여부가 문제의 초점임이 분명하며, 문제의 해결을 위해서 다른 길로 돌아가지 않고 법인의 인식문제로 접근하는 것이 바람직할뿐만 아니라, 간명한 처리방법이라고 생각된다. 대법원도 이 문제에 대해서 다소 빈약하기는 하지만 법인의 인식관점에서 논리를 전개하고 있다.

대법원은 대표이사에 대한 법인의 손해배상청구권의 행사가 문제된 사례와 대표이사를 신원보증한 신원보증인에 대한 법인의 통지의무가 문제된 사례에서 일견 결과적으로 서로 상충된 판단을 한 것처럼 보인다. 즉 전자의 경우에 있어서 법인의 인식 시점은 불법행위를 한 당시의 대표이사의 인식이 기준으로 되지 않고 다른 임원 또는 사원이나 직원 등이 손해배상청구권을 행사할 정도로 안 때에 비로소 법인의 인식이 있은 것으로 되고, 후자의 경우에는 대표자가 불법행위를 한 당시에 바로 법인은 이를 안 것으로 본다는 것이다. 이러한 대법원의 입장에서 엿볼 수 있는 것은, 대법원은 적어도 전자의 경우에 기관설의 입장을 취하지는 않았다는 것이다. 만약 기관설에 입각하여 "대표기관의 인식 = 법인의 인식"으로 도식화하게 되면, 대표자가 자신이 대표하는 법인에 대해서 불법행위를 한 순간 바로 법인의 인식이 있게 되고, 그에 따라 극단적으로 법인을 상대로 불법행위를 한 대표자가 3년간만 불법행위사실을 적발당하지 않고 묵비하고 있으면, 추후에 법인의 다른 임원이 그 사실을 알게 되더라도 더 이상 법인은 그 대표자에게 손해배상을 청구하지 못한다는 불합리한 결과에 이르게 된다. 이에 대해서 대법원은 대표자의 행위가 법인에 대하여 불법행위가 성립하는 경우에는, 법인과 그 대표자의 이익이 상반되기 때문에 대표자의 대표권이 부인되는 것으로 보았다.[165] 그럼으로써 불법행위를 한 대표자의 인식이 법인의 인식으로 귀속되는 것을 차단한 셈이다. 이러한 대법원의 태도는 충분히 수긍이 간다. 앞서본 바와 같이 법인에 있어서 특정주체의 인식이 법인의 것으

---

165) 판례에서 조문에 대한 언급은 없었지만, 여기에는 [특별대리인의 선임]에 관한 민법 제64조의 취지를 유추한 것으로 보인다. 즉 법인의 대표자가 자신이 대표하는 법인에 대해서 불법행위를 한 경우에는 법인이 그 대표자를 상대로 손해배상을 청구해야 하므로 법인과 대표자의 이익이 상반된다고 보아 그 대표자의 대표권이 부인된다는 것이다. 한편 동조 단서에 의하면 이때 그 대표자를 대신하여 특별대리인을 선임하여야 하는데, 대법원이 말하는 "법인의 이익을 정당하게 보전할 권한을 가진 다른 임원 또는 사원이나 직원"이 바로 인식에 있어서 특별대리인에 해당하는 셈이다.

로 귀속되는 통로는 대표권인데, 우리 민법은 대표에 관하여는 대리에 관한 규정을
준용하는 바(민법 제59조 제2항), 법인(즉 본인)의 인식여부가 문제될 때에는 대표자
(즉 대리인)의 인식이 기준이 되지만(민법 제116조 제1항), 대표자가 법인에 대해서 불
법행위를 한 경우에는 대표자의 대표권이 부인됨으로써 대표자의 인식이 법인의 인
식으로 귀속될 수 없게 된다는 논리로 풀이할 수 있다. 이러한 해석론이 기관설의
불합리를 벗어나면서도 실정조문의 취지에도 부합한다고 생각된다. 그렇다면 불법행
위를 한 대표자의 인식은 법인에게는 의미가 없게 되고, 그 대표자가 아닌 법인의
이익을 정당하게 보전할 권한을 가진 다른 임원 또는 사원 등이 손해배상청구권을
행사할 수 있을 정도로 인식한 경우에 비로소 법인이 안 것으로 인정된다는 판례의
태도는 타당하다. 다만 불법행위를 한 대표자의 인식이 배제된다면, 다음으로 누구
의 인식을 법인의 인식으로 귀속시킬 수 있느냐 하는 것이 문제인데, 해동신용금고
사건에서의 쟁점은 바로 이 부분이다. 동 사건에서는 불법행위를 한 당시의 대표이
사(피고 甲)로부터 주식양도계약에 의해서 금고를 인수한 자(乙)의 인식을 법인의 인
식으로 귀속시킴으로써, 그때부터 (즉 乙이 주식양도계약의 내용을 확정한 때) 법인은
甲에 대한 손해배상청구권을 행사할 수 있는 것으로 판단한 것이다. 즉 신용관리기
금이나 예금보험공사의 인식 이전에, 이미 신안금고를 인수하기로 한 乙이 "법인의
이익을 정당하게 보전할 권한을 가진" 기관인으로서의 자격을 갖추었다고 본 것이다.
　앞의 사례에서처럼 법인의 대표자가 법인에 대해서 불법행위를 한 경우에 대표자
와 법인사이의 이익이 상반되어 대표자의 대표권도 부인되고 이로 말미암아 대표자
의 인식도 차단된다면, 이와 함께 법인도 대표자의 불성실한 사적을 알지 못한 것으
로 되어 신원보증인에 대한 통지의무도 다른 임원 등이 알 때까지 유보되는 것은 아
닌가라는 의문이 생긴다. 이에 대하여 대법원은 "법인 대표자가 … 알았다면 바로
법인이 그러한 사실을 알은 것이다"라고 하여 대표자의 불법행위시에 이미 회사의
통지의무가 발생한다고 하거나(신당1·2·3동 새마을금고사건 등), "대표자의 불법행위
를 감시하여야 하는 감사 제도의 존재이유에 비추어 볼 때" 불법행위가 있었을 때로
부터 보증보험계약상의 보험금청구권을 청구할 수 있다고 판시하였는데(비산신협사
건), 이러한 태도는 앞의 경우와는 달리 대법원이 기관설의 입장을 취한 것이 아닌
가하는 생각을 들게 한다. 그러나 대법원의 판결과 같은 논지는 기관설에 의함이 아
니더라도, 대리행위의 하자에 관한 민법 제116조를 합리적으로 해석함으로써도 같

은 결론에 도달할 수 있다고 생각된다. 양 사례유형의 차이점은, 손해배상과 관련한 사례유형에서의 법률관계는 대표자와 법인 사이의 법인내부적인 법률관계(즉 손해배상청구권의 행사)이지만, 신원보증과 관련한 사례유형은 법인과 신원보증인이라는 법인외부적인 법률관계(신원보증계약상의 이행청구권의 행사)가 문제된다는 점이다. 법인과 대표자의 관계는 민법 제59조 제2항에 따라서 본인과 대리인의 관계에 준하는 바, 법인의 대표자가 법인을 상대로 한 불법행위를 한 경우에 대표권부인을 통하여 그 대표자의 인식이 차단되는 법리는 법인과 대표자 사이의 법인내부적인 법률관계에서만 그러하다고 보아야 한다. 이에 반해 법인과 내부조직인 사이가 아니라 외부인 사이의 법률관계가 문제될 경우에는, 잘못된 법인내부의 조직상의 위험을 외부인의 부담으로 전가하는 것은 타당하지 않다. 즉 외부인의 시각에서는 비록 불법행위를 한 대표자라도 —그러한 사실을 알지 못하였거나 알 수 없었다면— 여전히 법인의 대표자로 볼 수밖에 없기 때문에, 대표권을 부인하는 논리를 여기에 적용해서는 안 된다. 이 경우에는 오히려 민법 제116조 제1항이 정면으로 적용되어서, 대표자가 법인에 대해서 불법행위를 한 경우라도 그 대표자의 인식을 표준으로 하여 법인의 인식여부를 판가름할 수밖에 없다고 생각한다.[166] 법인이 인식에 관해서 가지는 이러한 불이익은 내부적으로는 적절한 인물을 적재적소에 배치하지 못한 것에 대한 일종의 조직의무위반에 따른 것이고 외부적으로는 상대방입장에서는 비록 법인에 대해서 불법행위를 한 대표자라도 외견상 대표권을 보유한 것으로 볼 수밖에 없는 외관에 대한 신뢰를 보호해야 한다는 생각에 근거한 것이다. 그러할 경우에 비로소 상대방입장에서는 對 자연인과의 관계나 對 법인과의 관계에서 차이를 가지지 않고 동등하게 법률관계를 형성할 것이다. 대법원이 비산신협사건에서 "대표자의 불법행위를 감시하여야 하는 감사 제도의 존재이유"를 운운하면서 대표자의 불법행위시에 회사의 보험금청구권행사가 가능하다고 본 것도 바로 회사의 적절한 조직의무를 간접적으로 표명한 것으로 이해할 수 있다.

---

166) 이러한 논리는 앞서 살펴본 법인의 착오와 관련한 강릉시 사건(대법원 1985. 4. 23. 선고 84다카890 판결)에서도 마찬가지로 적용될 수 있다.

3. 사용자책임과 관련

민법 제756조는 피용자의 불법행위로 인한 사용자책임이 성립하더라도 사용자에게 면책가능성을 열어두고 있다. 그러나 실제로 사용자에게 면책을 인정한 사례는 보이지 않는다. 나아가 사용자책임의 성립요건에 있어서 사무집행관련성을 이른바 외형이론에 의해서 확장함으로써 피해자의 구제가능성을 넓히고 있다. 그렇지만 피해자가 피용자의 불법행위가 사용자측의 사무집행과 관련이 없음을 알았거나 중대한 과실로 알지 못한 경우에는 사용자책임을 주장할 수 없다는 대법원의 논리는 구체적 정의의 관점에서 타당하다. 피용자의 행위가 사무집행과 관련 없음에 대한 인식은 특히 피해자가 법인인 경우에 더욱 문제가 되는데, 이에 대해 대법원은 은행의 지점장, 경리이사 등을 법인의 인식으로 귀속시킬 수 있는 기관인으로 보고 있다. 사용자책임의 성립에 있어서 상대방의 사무집행 무관련성에 관해 누구의 인식을 법인의 인식으로 귀속시킬 수 있는지에 대한 판단에서도 앞서 살펴본 법인의 인식법리가 그대로 적용될 수 있다고 생각된다.

사용자책임에 있어 사무집행에 관한 외형이론의 한계 법리는 법인의 불법행위책임(민법 제35조 제1항)에 있어 직무집행관련성의 한계에도 그대로 적용되며, 이때 피해자가 법인인 경우 가해법인의 대표자가 외형상 직무에 관하여 한 행위이더라도 피해법인의 기관인이 그 행위가 직무에 관한 행위에 해당하지 아니함을 알았거나 중대한 과실로 인하여 알지 못한 경우에는 피해법인은 가해법인을 상대로 손해배상책임을 물을 수 없다고 할 것이다. 가령 A법인과 B법인의 설립에 관여한 양 법인의 사실상 대표자 甲이 B법인에서 횡령한 금원을 A법인에 귀속시킨 경우, 피해법인 B는 가해법인 A를 상대로 법인의 손해배상책임을 물을 수 있는지가 문제될 수 있는데, 피해법인 B는 사실상 대표자 甲의 인식을 기준으로 하여 그의 횡령행위가 직무관련성이 없음을 알았다고 보아야 하므로 B법인은 A법인에 대해 손해배상을 청구할 수 없다 할 것이다.[167]

---

167) 송호영, "가해법인 및 피해법인에 공통된 사실상 대표자의 불법행위로 인한 법인의 손해배상책임 인정여부 − 대법원 2023. 6. 1. 선고 2020다9268 판결에 대한 평석−",「법학연구」제34권 제2호, 충북대학교 법학연구소, 2023, 289면 이하 참고.

제4절 사단의 소속사원에 대한 징계권

I. 서설

사원으로 구성된 사단법인의 경우에 정관에 사원들의 권리와 의무에 관한 규정을 두는 것이 일반적이다. 특히 법인의 대내외적 목적활동의 원활한 수행을 위해서 정관에다 사원으로 하여금 특정한 행위를 금지하거나 일정한 의무의 준수를 요구하는 규정을 두고, 만약 이를 위반한 경우에 사원에게 일정한 제재를 가하는 경우가 있다. 예컨대 변호사협회가 비위가 있는 회원변호사에 대해서 과태료를 부과하거나, 운동경기협회가 경기규칙을 위반한 팀에 대해서 일정기간 출전을 금하는 조치를 내리거나 혹은 노동조합이 자신이 속한 노조에 대해서 불법행위를 한 노조원을 제명하는 경우 등이 그것이다. 이처럼 법인이 자신의 구성원인 사원에 대하여 일정한 제재를 가할 수 있는 권한을 법인의 징계권이라고 한다. 재단법인의 경우는 사원이 존재하지 않으므로,[168] 법인의 징계권에 관한 문제는 일반적으로 사단의 징계권(Vereinsstrafgewalt)에 한정해서 다루어진다. 여기서 사단이란 권리능력없는 사단도 포함됨은 물론이다.[169] 또한 민법상 조합에서도 다른 조합원에 대한 징계가 일어날 수 있으므로,[170] 여기서 설명하는 사단징계권의 법리는 민법상 조합에도 적용될 수 있다.

흔히 징계권은 사용자가 기업의 경영목적을 위하여 불가결하게 요청되는 기업질서를 확립하기 위하여 근로자의 기업질서위반행위에 대하여 일정한 불이익조치를 부과할 수 있는 권리라는 의미로 사용되지만,[171] 여기에서 다루는 사단징계권은 사용자와 피용자사이의 노동법상 의미에서가 아니라, 구성원들의 결합으로 조직된 단

---

168) 재단법인이 규정을 위반한 직원을 징계하는 경우는 사용자와 피용자 사이의 근로계약상의 징계권의 행사로서, 여기에서 살펴보고자 하는 법인과 그 구성원인 사원 사이의 이해충돌의 문제와는 다르다.

169) 비법인사단이 징계주체로 등장한 경우로는 종중(대법원 2006. 10. 26. 선고 2004다47024 판결 등), 교회(대법원 2006. 2. 10. 선고 2003다63104 판결 등), 사찰(대법원 2005. 6. 24. 선고 2005다10388 판결 등), 재건축조합(대법원 1999. 12. 10. 선고 98다36344 판결 등 다수), 어촌계(대법원 2004. 11. 12. 선고 2003다69942 판결), 자연부락(청주지법 1997. 6. 4. 선고 96가합6155 판결) 등 다수의 사례가 있다.

170) 민법상 조합에서의 징계가 문제된 사례로는 대법원 1997. 7. 25. 선고 96다29816 판결 등이 있다. 그 외 조합의 성격을 가지고 있는 합자회사에서의 징계가 문제된 사례로는 대법원 1976. 6. 22. 선고 75다1503 판결; 대법원 1991. 7. 26. 선고 90다19206 판결 등이 있다.

171) 이를테면 김형배, 노동법, 제4판, 박영사, 2007, 637면.

체가 자율적으로 정한 정관에 따라 소속 사원에게 부과하는 단체법상 의미의 징계권을 말한다.

사단의 경우는 조직의 설립 및 구성과 운영에 있어서 그 자율성에 기반을 둔 이른바 사단자치(Vereinsautonomie)의 원칙이 적용되기 때문에, 사단은 자체적으로 정관에 구성원에 대한 징계사항을 규정하고 이를 근거로 사원에 대한 징계조치를 실행할 수 있다는 것에 대해서는 의문이 없다. 그러나 현실에서는 단체의 소속사원에 대한 징계문제는 단체의 자율성이라는 명분에 몰각되어 정작 징계의 적법성이나 정당성 내지 적정성 등의 문제가 대단히 소홀하게 다루어지고 있다. 몇 가지 예를 들어보면 다음과 같다.

우선 단체마다 대개 사원의 관리를 위해 정관에 사원에 대한 벌칙이나 징계에 관한 규정을 두지만, 그러한 규정이 전혀 없는 경우도 많이 있다.[172] 그러한 경우에 만일 어떤 비위행위를 저지른 사원이 있다면 어떠한 근거로 사원에 대한 징계를 하며 어떠한 징계처분을 내릴 것인지가 문제될 수 있다.[173] 또 다른 예를 보면, 某경기연맹에서 연맹의 운영에 불만을 품은 선수의 아버지가 연맹간부를 폭행한 것을 이유로 그 선수의 아버지를 상대로 1년간 연맹이 개최하는 경기장출입을 금하는 근신처분을 내리거나, 某경기협회가 경기기간 중에 숙소를 무단이탈하여 음주를 한 선수에게 협회의 상벌규정에도 없는 '사회봉사명령'을 내린 사건이 기사화된 적이 있다.[174] 이와 같은 경우에 징계대상의 적격이나 징계의 효력 등이 유효할 수 있는 지가 문제될 수 있다. 또한 근본적으로 단체의 소속사원에 대한 징계문제는 단체의 자율성의 보호범위와 관련하여 대단히 중요한 문제를 안고 있다. 다시 말해, 사단자치에 기초한 징계권의 행사가 사법부의 심사대상이 될 수 있는 지가 문제된다. 이것은 특히 종교단체가 내부규율에 따라 간부나 신도를 상대로 한 징계행위의 당부에 대해 세속적인 사법부에 訴가 제기된 경우에, 헌법상 종교의 자유와 국민의 재판청구권이

---

172) 예컨대, 한국문예학술저작권협회, 대한출판문화협회의 정관에는 상벌에 대한 규정이 아예 없고, 한국기자협회의 정관에는 포상에 관한 규정은 두면서도 벌칙이나 징계에 관한 규정은 두지 않고 있다.

173) 예컨대 한국광고업협회는 징계에 관한 규정을 두면서도 징계방법으로 제명만을 규정하고 있는바, 징계 이외에 다른 징계처분이 인정될 수 있는지가 문제될 수 있다.

174) 이들 사례에 관한 자세한 설명은 송호영, "스포츠단체의 선수징계에 대한 법적 문제", 「스포츠와 법」 제11권 제1호(통권 제14호), 한국스포츠엔터테인먼트법학회, 2008. 2, 36면 이하 참고.

충돌되는 상황에서 사단자치의 한계를 가늠한다는 점에서 중요한 의미를 가진다.

이상의 예에서 보았듯이, 사단의 소속사원에 대한 징계문제는 현실에서 적지 않은 법적 문제점들을 내포하고 있다. 여기에서는 사단의 징계권의 기본적인 법리와 이와 관련한 세분적인 쟁점들을 살펴보자.175)

II. 정관과 징계권

1. 논의의 의미

단체의 조직과 운영에 관한 규칙을 정하고 있는 것이 정관이다. 재단의 경우와 달리,176) 사단에 있어서는 단체를 구성하는 사원들이 조직의 설립·구성·운영에 관한 규칙을 정관에 자율적으로 정할 수 있다. 이러한 사단자치(Vereinsautonomie) 내지 정관자치(Satzungsautonomie)의 원칙에 따라 단체는 정관에 소속사원에 대하여 징계권을 행사할 수 있는 근거규정을 둘 수 있다. 문제는 단체의 정관에 징계권에 관한 규정을 가지고 있으면 여하한 징계조치도 정당화될 수 있는지 하는 점이다. 달리 표현하면 정관에 기초한 사단의 사원에 대한 징계행위에 대해서는 사단내부의 자율적인 사항이기 때문에 국가기관인 법원의 판단대상이 될 수 없는 것인지, 아니면 사단자치에도 불구하고 사단의 징계행위에 대한 적정성여부에 대해서 법원이 판단할 수 있는지에 관해서 문제될 수 있다. 이것은 곧 단체가 그 구성원인 사원에 대하여 행사할 수 있는 내부통제권의 근거와 행사요건 및 그 한계에 관한 문제라고 할 수 있다. 단체의 징계권을 둘러싼 많은 쟁점들을 풀어가기 위해서는 먼저 징계권의 법적 성질을 어떻게 볼 것인가에 하는 부분부터 설명이 되어야 할 것이다. 왜냐하면 단체의 징계권을 어떻게 이해하느냐에 따라서 징계의 요건이나 효과, 나아가 사법심사에 관한 논리적인 귀결이 달라질 수 있기 때문이다. 우선 단체의 징계권은 정관에 근거가 있어야 하며, 그러한 징계권의 내용을 담은 정관의 작성은 일종의 사단자치의 구체화라는 점에 대해서는 이의가 없다. 그런데 그러한 정관작성을 통한 사단자치를

---

175) 이하 사단의 징계권에 관한 상세한 설명으로는, 송호영, "소속사원에 대한 단체의 징계권에 관한 연구", 「재산법연구」 제26권 제2호, 한국재산법학회, 2009. 10, 1면 이하 참고.
176) 재단의 경우에는 정관의 작성에 재산의 출연자 내지 재단의 설립자의 의도가 주로 반영되기 때문에 사단의 정관과는 달리 타율적인 성격이 강하다.

어떻게 이해하느냐에 관해서는 견해가 갈린다. 다시 말하자면 단체의 징계권의 법적 성질은 정관의 법적 성질을 어떻게 이해하느냐와 밀접한 관련이 있다.[177] 이에 관한 우리 학설은 상당히 제한적이기 때문에[178] 독일의 상황에 비추어 알아보기로 한다.

2. 학설

가. 규범설

규범설은 정관의 법적 성질을 규범의 일종으로 보는 견해이다. 이 학설에 의하면 사원의 정관작성을 통하여 단체는 자신의 조직에 대한 독자적이고 자발적인 규율을 할 수 있는 권한을 규범적으로 보장받게 된다. 또한 사원은 단체에의 자발적인 가입을 통하여 단체의 징계권에 스스로 복종(Unterwerfung)한 것이므로, 사단의 징계권의 행사는 원칙적으로 법원의 사법적 심사대상이 되지 않는다고 한다.[179] 이는 마치 행정법상 특별권력관계와 유사하게 사단과 사원의 관계는 민사상의 특별권력관계로 볼 수 있다는 것이다.[180] 규범설에 의하면 단체의 징계권을 준사법적 성격을 지닌 일종의 질서벌로 보게 된다.

이러한 견해의 원류는 법인의 본질에 관하여 실재적 단체인격설을 주장한 기르케(Otto v. Gierke)에게로 소급되는데,[181] 당시에는 단체가 국가로부터 간섭받지 않고 활동할 수 있는 여건이 절실하였기 때문에 사단자치의 이념이 강한 톤으로 주장될 수밖에 없었고 그에 따라 사단의 자체적인 징계권 행사에 대해서도 법원의 개입을 최소화하는 논리의 개발이 필요하였을 것이다. 실제로 독일의 초기 판결도 이러한 입장을 좇아 법원이 사단징계에 대하여 사법적 판단을 하게 되면 사단의 자율성을 침해할 수 있다는 이유로 사법심사에 소극적이었다.[182] 그러나 오늘날 독일에서는

---

177) van Look, Vereinsstrafen als Vertragsstrafen, Berlin 1990, S. 72 ff.
178) 다만 이에 관한 국내문헌으로 박종희, "사단의 구성원에 대한 통제권의 법적 기초와 사법 심사의 범위", 「안암법학」 제7호, 안암법학회, 1998, 347면 이하; 박종희, "노동조합의 통제권의 법적 기초와 사법심사의 범위", 「노동법학」 제9호, 한국노동법학회, 1999. 12, 195면 이하가 비교적 상세하다. 또한 최근의 글로는 윤진수, "사법상의 단체와 헌법", 「비교사법」 제15권 제4호, 한국비교사법학회, 2008. 12, 특히 44면 이하 참고.
179) Meyer-Cording, Die Vereinsstrafe, Tübingen 1957, S. 46 ff.
180) Meyer-Cording, Die Vereinsstrafe, S. 70 ff.
181) 특히 Gierke, Deutsches Privatrecht I, S. 535 등.
182) RG JW 1906, 416 f.

초기와 같은 극단적인 규범설을 주장하는 견해를 찾아볼 수는 없지만, 정관의 법적 성질에 관하여 수정규범설의 입장에서 사단징계권을 단체법상 독자적인 제도로 보는 견해는 오늘날에도 많이 주장된다.[183] 수정규범설이란 정관의 작성행위의 성질과 작성된 정관의 성질을 구분하여, 정관작성행위는 계약이지만 작성이 완료된 정관은 규범으로서의 성질을 가진다는 학설이다. 현재 우리 대법원은 사단법인의 정관의 법적 성질을 자치법規로 봄으로써,[184] 기본적으로 규범설에 입각하고 있다.

나. 계약설

계약설의 대표적 주장자인 플루메 교수는 소속사원이 단체에 가입함으로써 단체의 징계권에 복종(Unterwerfung)한다는 생각은 순전히 의제에 불과한 것이라고 비판한다. 그에 의하면 이른바 단체의 징계권(Vereinsstrafgewalt)은 사단자치를 이유로 단체가 사원에 대해 우월적 지위에 있음을 인정하는 것이 아니라, 정관에 기재될 내용형성의 자유에 관한 문제라는 것이다.[185] 계약설은 사단의 정관을 법규가 아니라 일종의 계약으로 본다. 즉 원시정관은 단체의 설립자들 사이의 다면적인 의사표시에 의해서 성립하는 특수한 계약이고, 정관설정이후의 사단에 가입하여 사원이 되는 것은, 규범설의 주장처럼 단체의 정관규범에 자신을 복종(Unterwerfung)시킴으로써 단체의 징계권행사를 승인하는 것이 아니라, 가입행위를 통하여 징계규정을 포함한 사단과의 모든 규정에 관한 합의가 성립하였음을 의미한다.[186] 정관을 일종의 계약으로 본다면, 정관규정상의 의무를 위반하는 것은 바로 계약위반의 의미를 가질 뿐이며, 사단이 징계권을 행사할 수 있는 것도 계약을 위반한 사원에 대하여 계약위반에 따른 효과를 주장하는 것과 다르지 않다. 따라서 사단의 징계효과는 일종의 계약위반에 대한 제재, 즉 계약벌(Vertragsstraf)에 해당하게 된다.[187]

---

[183] 예컨대 AnwaltKomm BGB－Heidel/Lochner, § 25, Rz. 28; Bamberger/Roth BGB－Schwarz, § 25 Rz. 42; MünchKomm BGB－Reuter, § 25 Rz. 38. 등.
[184] 대법원 2000. 11. 24. 선고 99다12437 판결.
[185] Flume, Juristische Person, S. 328 ff.
[186] SoergelKomm BGB－Hadding, § 25 Rz. 38,
[187] Flume, Juristische Person, S. 334; Larenz/Wolf, Allgemeiner Teil des Bürgerlichen Rechts, S. 203.; van Look, Vereinsstrafen als Vertragsstrafen, S. 58 ff.: SoergelKomm BGB－Hadding, § 25 Rz. 38.; 박종희, "사단의 구성원에 대한 통제권의 법적 기초와 사법심사의 범위", 「안암법학」 제7호, 안암법학회, 1998. 8, 357면 이하.

다. 사견

규범설의 공적은 사단자치의 이념을 부각시켜 단체의 정관을 일종의 규범으로 봄으로써, 이를 통해 단체에 간섭하려는 공권력의 부당한 개입을 막아내는 데 일조를 하였다는 점이다. 그러나 규범설은 과거에 단체에 대해서 적대적인 시각을 가지고 있었던 공권력에 대항하기 위한 것으로는 충분히 의미가 있었지만, 단체의 설립이나 활동이 비교적 자유로운 오늘날에는 더 이상 설득력을 갖지 않는다. 즉 오늘날에는 사단자치를 과거처럼 단체의 활동에 개입하려는 국가의 공권력에 맞서기 위한 논리로서가 아니라, 사단내부의 구성원들 사이에 발생할 수 있는 이해관계를 구성원들이 자율적으로 조정함을 강조하는 의미로 이해하면 족할 것이다.[188] 그렇다면 그러한 자율적인 조정의 산물은 "규범"이라기보다 구성원들 사이의 "계약"으로 보아야 한다.

한편, 규범설에 의하면 일견 사단자치라는 이념도구가 단체에 간섭하려는 공권력을 막아내는 훌륭한 방패의 모습으로 비쳐질지 모르지만, 다른 면에서는 구성원(특히 소수사원)에게 가해지는 단체의 불합리한 제재를 은폐하는 장막으로 작용할 수도 있음을 주의하여야 한다. 또한 만약 단체의 정관을 일종의 규범으로 보게 되면 단체에게 일종의 자의적인 입법권능을 인정하는 셈인데, 그러한 '별종의 규범'에 근거한 사단의 징계행위는 죄형법정주의원칙과도 충돌될 수도 있다. 이러한 점을 고려하면 정관은 구성원들 사이의 자발적인 계약으로 이해하는 것이 타당하다. 물론 당사자사이에 성립된 계약도 규범의 성질을 가지는 것은 당연하다.[189] 여기서 계약설을 취한다고 하더라도 계약의 규범적 성질을 부정한다는 의미가 아니라, 규범설이 주장하는 바와 같이 사단의 자치법규로까지 볼 필요는 없고, 사단과 사원 사이의 합의에 의해 설정된 법적 구속근거로 보면 족하다. 정관을 일종의 계약으로 본다면, 정관에 규정된 징계조항은 정관규정을 위반한 사원들에 대한 일종의 계약벌에 관한 조항으로 볼

---

188) 박종희, 상게논문, 357면은 "단체의 자율(Vereinsautonomie)이란 법규범 제정권한적인 의미에서의 자율(이를 달리 표현하면 공법적인 자율을 지칭)을 지칭하는 것이 아니라, 단체내부사항의 규율측면에서 내용적 형성의 자유, 즉 사법상의 의미에서의 자율로 이해되어야 한다"고 주장한다.
189) '합의가 법을 만든다(Consensus facit legem)'는 로마법상 법언(法諺)을 생각하면 이는 당연한 이치이다. 또한 당사자 사이의 합의 내지 계약은 민사법원에서 1차적인 재판의 준칙이 된다는 점에서 당연히 규범력이 있는 것이다.

수 있다. 단체의 징계를 계약벌로 이해한다면, 후술하는 바와 같이 단체의 징계에 관한 분쟁도 치외법권(治外法權)의 영역에 있는 것이 아니라 사법심사의 대상이 될 수 있는 이론적 근거가 마련되는 셈이다.

3. 소결

단체가 소속 사원에 대하여 징계권을 행사할 수 있는 권한은 정관규정에 기초한다. 따라서 징계권의 법적 성질은 곧 정관의 법적 성질을 어떻게 이해하느냐에 따라 달라질 수 있는데, 정관의 법적 성질은 단체 자체의 권한에 의해 설정된 규범이라기보다 사원상호 간(원시정관의 경우) 또는 단체와 사원 사이에(이미 설립된 단체에 가입하는 경우) 체결된 계약으로 봄이 타당하다. 그것은 물론 통상의 쌍무적인 계약(Synallagma)과는 달리, 단체의 설립과 운영을 목적으로 하는 구성원 사이의 다면적 계약으로 이해하면 족할 것이다.

단체의 정관을 계약으로 본다면, 정관을 위반한 사원에게 가해지는 징계는 일종의 계약위반에 따른 제재(즉 계약벌)로 보아야 한다. 그렇다면 단체가 정관을 위반한 사원에 대하여 내릴 수 있는 징계권의 행사요건이나 그에 따른 효과도 계약벌의 법리에 따라 파악하여야 할 것이다.

Ⅲ. 징계권행사의 요건 · 대상 · 절차

1. 징계권행사의 요건

사원에 대하여 사단의 징계권이 정당하게 행사되기 위해서는 다음과 같은 요건을 갖추어야 한다.

가. 징계권에 관한 합의

사단의 징계를 일종의 계약벌의 일종으로 본다면, 사단의 징계권행사를 위해서는 사단과 사원 사이에 계약상의 합의가 전제되어야 한다. 그러한 합의는 사원이 사단의 설립당시에 원시정관의 작성에 동의하거나 혹은 이후 설립이 완료된 사단의 가입시에는 입회계약을 통하여 이루어진 것으로 볼 수 있다.[190] 만약 징계규정이 원시정관의 성립 이후에 정관변경을 통하여 신설된 경우에는 그러한 징계규정의 설치에 반대하는 사원의 의사는 다수결원칙에 의해서 대체된다.[191]

나. 명확성의 원칙

사원에 대한 모든 징계사항은 부속규정을 포함한 정관에 명확히 기재되어 있어야한다.[192] 정관상의 기재를 통하여 사원으로 하여금 어떠한 행위가 징계의 대상인지그리고 그러한 위반행위의 결과로 어떤 징계조치가 내려질 수 있는지에 대하여 명확히 인지할 수 있도록 하여야 한다.[193] 이것은 형법의 죄형법정주의원칙을 연상시키는 대목이지만, 사단의 징계행위는 형법처럼 엄격한 명확성이 요구되는 것은 아니다. 따라서 정관에 이를테면 "스포츠정신에 어긋나는 행위", "단체에 해를 입히는 행위", "협회의 명예를 실추시키는 행위"와 같은 추상적인 징계요건의 기술도 허용된다. 다만 어떠한 행위가 그러한 추상적인 징계요건에 저촉되는지를 정관의 부속규칙에서 규정하거나 해석을 통해서 구체화하는 것은 무방하지만, 반대로 추상적 징계요건을 확대해서 적용하는 것은 허용되지 아니한다.[194]

변호사법 제91조 제2항 제3호에는 "직무의 내외를 막론하고 변호사로서 품위를손상하는 행위"를 징계사유로 두고 있는바, 이것이 헌법상 명확성의 원칙에 반하는가 여부가 문제된 적이 있다. 이에 대해 대법원은 "변호사에 대한 징계사유의 하나인 품위손상의 '품위'라 함은 기본적 인권을 옹호하고 사회정의를 실현함을 사명으로 하는 법률 전문가로서의 직책을 맡아 수행해 나가기에 손색이 없는 인품을 말하고, 어떠한 행위가 품위손상 행위에 해당하는가는 구체적 상황에 따라 건전한 사회통념에 의해 판단해야 하며, 이러한 기준에 따른 법관의 보충적인 해석에 의해 그내용이 확정될 수 있는 것이므로 품위손상 행위를 징계사유로 규정한 동 조항은 헌법상 명확성의 원칙 등에 위반되지 않는다고 판시하였다.[195]

190) SoergelKomm BGB-Hadding, § 25 Rz. 39.
191) SoergelKomm BGB-Hadding, § 25 Rz. 39.
192) Karsten Schmidt, Gesellschaftsrecht, S. 715.
193) BGHZ 21, 370, 373; BGHZ 47, 172, 175 ff.; BGHZ 55, 381, 385; BGH NJW 1984, 1355.
194) BGHZ 47, 172, 178 = DB 1967, 855 = NJW 1967, 1268.
195) 대법원 2005. 11. 25. 선고 2005두9019 판결.

다. 소급적용의 금지

사원에 대하여 징계처분을 하기 위해서는 단체의 정관에 징계의 대상과 내용이 사원의 해당행위가 있기 이전에 이미 기재되어 있어야 한다.[196] 즉 사원의 특정행위 이후에 징계사항을 신설하거나 강화하여 소급해서 적용하는 것은 인정되지 아니한다. 다만 여기서 소급적용이 금지되는 것은 이미 완료된 사원의 행위에 대해서 이후 정관개정을 통하여 징계하는 이른바 진정 소급효(echte Rückwirkung)의 경우에 한하고, 사원의 행위가 여전히 지속되는 상태에서 정관을 개정하여 징계하는 이른바 부진정 소급효(unechte Rückwirkung)는 소급적용금지의 원칙에 해당되지 아니한다.[197]

라. 사원의 귀책사유

단체가 징계처분을 내리기 위해서는 징계대상행위를 한 사원에게 귀책사유가 있어야 한다.[198] 특히 단체의 징계권을 계약위반에 따른 계약벌로 이해한다면, 사원의 귀책사유에 따른 위반행위에 대해서만 징계의 대상이 되어야 할 것이다.[199] 따라서 사원이 행한 징계대상인 행위가 그의 고의 또는 과실로 인하여 행해진 것에 대해서만 징계를 할 수 있고, 선수의 고의 또는 과실에 의하지 않은 행위에 대해서는 비록 결과적으로 비위행위가 발생하였다고 하더라도 징계를 내릴 수 없다. 이러한 요건은 특히 출전선수의 도핑테스트결과에 따른 징계에서 많이 문제된다. 이를테면 경기협회가 금지약물검사에서 양성반응을 보인 선수를 영구제명하기로 정하였더라도, 만약 경쟁선수를 제거하기 위해서 누군가 몰래 금지약물을 탄 음료수를 선수가 모른 채 마셔서 도핑테스트에서 양성반응이 나왔더라도 당해대회의 출전자격을 정지시킬 수는 있겠지만 도핑결과를 이유로 제명처분을 할 수는 없다.[200]

한편 사원징계를 위한 귀책사유는 원칙적으로 해당사원 자신의 고유한 고의·과

---

196) BGHZ 55, 381, 385.
197) Bamberger/Roth BGB–Schwarz, § 25 Rz. 46.; Reichert, Handbuch Vereins– und Verbandsrecht, Rz. 2694.
198) SoergelKomm BGB–Hadding, § 25 Rz. 50; AnwaltKomm BGB–Heidel/Lochner, § 25, Rz. 40; Bamberger/Roth BGB–Schwarz, § 25 Rz. 47; MünchKomm BGB–Reuter, § 25 Rz. 45.
199) SoergelKomm BGB–Hadding, § 25 Rz. 50.
200) 이에 관한 사례로는 송호영, "스포츠단체의 선수징계에 대한 법적 문제", 「스포츠와 법」 제11권 제1호(통권 제14호), 한국스포츠엔터테인먼트법학회, 2008. 2, 44면 이하 참고.

실을 의미한다. 즉 사원의 지위는 일신전속적인 성질을 가지므로, 일반적인 채무불이행과는 달리 이행보조자의 귀책사유는 정관에서 달리 정한 바가 없으면 사원자신의 것으로 귀속되지 않는다. 이와 달리 단체자체가 상급단체의 소속회원인 경우에는 회원인 단체의 대표기관이 한 유책한 행위는 곧 단체자신의 행위로 귀속된다(민법 제35조 참조).[201)]

마. 징계사항의 적정성

정관에 기재된 징계사항이 법률이나 공서양속에 반하거나 부당한 것이어서는 안된다.[202)] 이를테면 징계권을 행사함에 있어서 동일한 위반행위에 대해서 사원에 따라 징계내용이나 징계수준을 달리하는 것은 사원에 대한 「동등대우의 원칙」에 반하며,[203)] 위반행위에 비해서 과다한 징계조치는 비례성의 원칙에 반하는 것으로 허용될 수 없다.[204)] 대법원은 불미부정한 행위로 종중에 피해를 입힌 고령의 종원들에 대하여 10년 내지 15년간 종중의 의사결정에 참여할 수 있는 모든 권리를 박탈하는 처분은 종원이 가지는 고유하고 기본적인 권리의 본질적인 내용을 침해하는 것으로서 그 효력을 인정할 수 없다고 판시하였다.[205)] 그 이유에 대해서 대법원은 고령의 종원들에게 이처럼 장기간 종원자격을 정지하는 것은 사실상 생전에 종원자격의 회복을 기대하기 어려울 수도 있어 영구히 종원으로서의 자격을 박탈하는 것과 다름이 없다고 설시한다. 또한 하급심 판결 중에는, 노동조합의 조합원이 그 조합장이 조합비를 횡령하였다는 허위의 사실을 유포한 혐의로 제명처분을 받은 것은 노동조합이 징계권을 행사함에 있어 그 한계를 일탈하여 징계권을 남용한 경우에 해당한다고 판시한 사례도 있다.[206)]

---

201) SoergelKomm BGB – Hadding, § 25 Rz. 50.
202) Karsten Schmidt, Gesellschaftsrecht, S. 715.
203) BGHZ 47, 381, 385 f.; BGH WM 1997, 1701, 1703.
204) BGHZ 16, 317, 322; BGHZ 71, 40, 46.
205) 대법원 2006. 10. 26. 선고 2004다47024 판결. 이 판례에 대한 비판으로는 윤진수, "2006년도 주요 민법 관련 판례 회고", 「법학」 제48권 제1호, 서울대학교 법학연구소, 2007. 3, 382면.
206) 제주지법 1998. 9. 17. 선고 97가합3930 판결.

2. 징계권행사의 대상

단체의 징계권은 원칙적으로 단체의 구성원으로서의 지위를 유지하는 사원에게만 행사될 수 있다.[207] 따라서 단체로부터 탈퇴하여 사원지위를 상실한 경우에는 단체는 사원으로 있었던 당시의 행위를 이유로 탈퇴한 사원에 대하여 징계처분을 내릴 수 없다. 또한 사원에 대한 징계절차가 진행하는 동안에 사원이 탈퇴하여 사원지위를 상실한 경우에도 마찬가지이다.[208] 그러나 사원지위를 상실한 전직사원에 대해서도 사원권과 관계없는 징계조치(예, 과태료의 부과, 출입금지조치)는 허용된다.

문제는 단체가 사원자격없는 기관인이나 직원, 단체시설의 이용자 또는 단체가 주관하는 행사의 참가자 등, 사원이 아닌 제3자에 대해서도 단체정관에 따라서 일정한 행위위반을 이유로 징계조치를 할 수 있느냐 하는 것이다. 이러한 문제는 특히 스포츠단체가 참가선수에 대하여 징계조치를 내리는 경우에 많이 발생하는데, 예컨대 대한축구협회가 경기도중 심판을 폭행한 A프로축구팀 소속의 甲선수에 대해서 출장정지의 징계를 내리는 경우를 생각해 볼 수 있다. 프로축구선수 개인은 대한축구협회의 사원이 아니고, 그가 속한 프로축구팀이 대한축구협회의 사원인 것이다.[209] 생각건대 사원 아닌 제3자에 대한 사원의 징계행위는 허용되지 아니함이 원칙이지만, 제3자가 단체의 정관상 징계규정에 합의한 경우에는 그에 대한 징계조치는 가능하다고 생각한다. 특히 운동경기에 있어서는 출전선수의 명단제출과 단체의 출전승인으로 선수와 단체 사이에 징계규정에 관한 합의가 있는 것으로 볼 수 있다.[210] 따라서 출전선수로 명단에 게재된 선수는 축구협회의 징계규정에 합의한 것으로 볼 수 있으므로, 징계대상이 될 수 있다. 그러한 경우가 아니라면, 사원이 아닌 제3자에 대한 징계는 허용될 수 없고, 비록 제3자의 행위로 인하여 단체가 불이익을 입었더라도 민사상 · 형사상 책임만을 주장할 수 있을 뿐이다.[211]

---

207) BGHZ 29, 352, 359 = DB 1959, 428 = NJW 1959, 982.
208) RGZ 122, 266, 268.
209) 사단법인 대한축구협회 정관 제10조 참조.
210) BGHZ 128, 93 = NJW 1995, 583.
211) 그러한 점에서 사단법인인 모 경기연맹이 선수의 아버지가 연맹간부를 폭행하였다는 이유로 선수의 아버지를 상대로 1년간 경기장출입을 금하는 근신처분을 내린 것은 선수의 아버지가 사원이 아니기 때문에 사단의 징계로서는 효력이 없으며, 연맹의 재발방지책 정도의 의미를 가질 뿐이다.

3. 징계권행사의 절차

가. 징계관할기구

단체 내의 어떠한 조직이 사원에 대한 징계판정을 관할하는지에 관해서는 일차적
으로 정관에 규정된 바에 의한다. 예컨대 단체에 따라 명칭은 상이하지만, 정관에
사원에 대한 징계를 관할하는 기관으로 「징계위원회」, 「상벌위원회」, 「강기위원회」
등을 두는 경우에 그러한 기관이 사원에 대한 징계절차를 진행하게 된다. 단체에 따
라서는 이사회가 회원의 징계사항을 관할하기도 한다. 만약 정관에 사원징계를 위한
별도의 기구를 규정한 바 없는 경우에는 단체의 의사결정기관인 사원총회가 징계관
할기관이 된다.[212] 또한 단체의 징계는 반드시 단체의 내부기관만이 관할하여야 하
는 것은 아니다. 즉 단체는 정관에서 사원징계에 관해서 단체 외부의 다른 기관이나
제3자가 관할하도록 정할 수도 있다.[213] 이를테면 상급경기연맹이 소속 경기단체에
대한 징계를 외부기관인 한국스포츠중재위원회와 같은 중재기구에서 판정하도록 정
관에서 정할 수 있다.

나. 징계절차

징계절차는 통상 단체의 징계절차규정에 따라 해당사원에 대한 징계청구 → 징계
회부 → 징계심의 → 징계결정 → 징계집행 → 이의신청 등의 순으로 진행된다. 단
체의 징계권행사는 단체와 해당사원 개인의 법률관계이기도 하지만, 다른 한편으로
는 조직전체에 영향을 미치는 단체법적 성격도 아울러 가지므로 징계사유의 정당성
뿐만 아니라 징계절차상의 정의도 요구된다.

징계를 관할하는 기구는 우선 피징계사원에게 징계위원회의 개최일시와 장소를
통고하여야 하고,[214] 징계절차에서 해당사원에게 자신의 어떠한 행위가 정관에 규정

---

212) SoergelKomm BGB − Hadding, § 25 Rz. 45; AnwaltKomm BGB − Heidel/Lochner, §
    25, Rz. 42.
213) BGHZ 128, 93, 107 f.
214) 이때 피징계사원에게 징계위원회에서 변명과 소명할 자료를 준비할 수 있는 충분한 시간
    적 여유를 주어야 한다. 그렇지 않고 촉박하게 통보하고 행한 징계처분은 실질적으로 변
    명과 소명자료제출의 기회를 박탈한 것이나 다를 바 없게 된다(同旨 이상국, 징계권행사
    의 법률지식, 청림출판, 1999, 177면).

된 징계사유에 해당하는지에 관해서 告知하여야 하며, 그에 따라 해당사원에게는 심의과정에서 징계조치에 대한 자신의 입장을 진술하거나 자신의 행위를 방어할 수 있는 기회가 반드시 주어져야 한다. 징계과정에서 해당사원에게 그러한 기회가 주어지지 아니하고 내려진 징계결정은 효력이 없다.[215] 정관에 피징계사원에게 소명의 기회를 부여하여야 한다는 규정이 없더라도 마찬가지이다.[216] 다만, 피징계사원이 소명할 기회가 실질적으로 주어졌으면, 비록 징계에 관한 내부의 절차규정을 다소 위배하였더라도 소명절차의 위반을 이유로 징계결정이 무효라고 주장할 수는 없다.

한편 징계의 공정성을 담보하기 위해서는 징계관할기구의 위원선임에 있어서도 공정성이 요구된다. 따라서 징계관할기구의 위원 중에 피징계사원의 친족이 위촉되거나 징계사유와 관련있는 자가 해당사건의 징계심사나 의결에 관여하여서는 안 된다.[217]

IV. 징계권행사의 효과

1. 징계의 종류와 내용

이상의 징계요건과 징계절차에 따라 단체는 해당사원에 대하여 징계권을 행사할 수 있다. 징계의 종류나 내용은 단체의 정관에 정한 바에 따르게 되는데, 통상 「견책」, 「경고」, 「과태료」, 일정기간동안 혹은 일정사항에 대한 「자격정지」, 「선거권 및 피선거권의 제한」, 「제명」 등의 징계조치가 취해진다. 민법 제398조 제5항은 손해배상의 예정에 있어서 당사자는 금전 아닌 것으로써 배상에 충당할 것을 예정할 수 있음을 상정하고 있다.[218] 그러므로 징계권의 행사를 계약위반에 따른 제재조치(즉 위약벌)로 이해한다면, 사원의 정관위반에 따른 제재는 반드시 금전에 의한 배상에 국한할 필요는 없고, 정관상 사단과 사원 사이의 위약효과에 관한 약정에 따라 다양한

---

215) BGHZ 29, 352, 355 = NJW 1959, 982; BGH NJW 1980, 443 f; 대법원 1992. 7. 14. 선고 91다14727 판결 등.

216) 그러나 노동법상 징계사건이긴 하지만, 판례는 "단체협약이나 취업규칙에 피징계자에게 소명의 기회를 부여하여야 한다는 규정이 있는 경우 이러한 절차를 거치지 아니한 징계처분은 유효하다고 할 수 없으나, 그러한 규정이 없는 경우까지도 사용자는 반드시 피징계자에게 소명의 기회를 부여하여야 할 의무가 있다고 할 수 없다"고 판시한 적이 있으나 (대법원 1992. 3. 27. 선고 91다29071 판결), 이에 대해서는 찬동하기 어렵다.

217) 대한체육회 스포츠공정위원회 규정 제11조(제척·회피·기피) 참고.

218) 同旨 박종희, "노동조합의 통제권의 법적 기초와 사법심사의 범위", 「노동법학」 제9호, 한국노동법학회, 1999. 12, 208면.

징계종류와 내용이 결정된다.[219] 그러나 징계의 종류로 반인격적인 것(예, 체벌)이나 국가형벌권에 의해서만 가능한 것(예, 구금) 등은 인정될 수 없음은 물론이다.[220] 또한 단체의 본질적 속성에 반하는 징계처분도 허용될 수 없다. 이를테면 판례는 종중이 그 구성원인 종원에 대하여 그 자격을 박탈하는 이른바 할종(割宗)이라는 징계처분은 공동선조의 후손으로서 혈연관계를 바탕으로 하여 자연적으로 구성되는 종족단체인 종중의 본질에 반하는 것이므로 그 효력이 없다고 보았다.[221]

문제는 단체의 정관에 반드시 징계의 종류나 내용에 관하여 명시된 경우에 한해서만 사원에 대하여 징계처분을 내릴 수 있는가 하는 점이다. 형법에서는 죄형법정주의 원칙상 구성요건에 해당하는 범죄에 대하여 명시된 형벌만을 부과할 수 있지만, 사적 제재에 해당하는 단체의 징계에 있어서는 그렇게 엄격할 필요는 없다. 현실적으로 많은 동호인단체나 사교단체들은 사원에 대한 "제재" 규정이 도리어 단체 내의 우호적인 분위기를 해칠 수 있기 때문에 일부러 징계규정을 두지 않는 경우도 많이 있다. 생각건대, 정관에 징계에 관한 규정이 없더라도 현실적으로 단체에 해를 끼친 사원을 제재할 필요가 있는 경우는 충분히 있을 수 있다. 그러한 경우에 형법처럼 정관에 징계에 관한 사항이 미리 규정되지 않았다고 하여 징계할 수 없다고 엄격하게 해석할 것은 아니다. 단체의 징계는 어디까지나 "사적 제재"이고 이른바 위약벌일 뿐이므로, 그것은 계약위반에 관한 일반원리로 접근하여야 한다. 계약에 있어서 계약위반사실에 대한 손해배상의 예정을 하지 않는 경우는 얼마든지 있을 수 있듯이, 단체정관에 징계에 관한 사항이 비록 결여되어 있더라도 단체에 상당한 해를 끼쳤다고 인정되는 행위가 있는 경우에는, 단체는 법의 일반원칙(즉 신의성실의 원칙, 비례성의 원칙, 절차적 정의의 원칙)에 따라 사회통념상 합당한 징계를 할 수 있다고 생각한다. 이 경우에 해당사원에 대한 징계청구가 이사회나 감사 등의 기관에 접수되면, 접수기관은 해당사원에 대한 조사에 그치고 징계여부에 대한 결정은 원칙적으로 사원총회에서 하여야 할 것이다. 이때 징계처분을 위한 사원총회의 정족수는

---

219) 따라서 단체의 성격에 따라, 이를 테면 정당의 경우에 탈당권유, 당원권정지 등의 징계조치를, 골프클럽의 경우에 회원규칙을 위반한 자에 대해서 부킹을 제한하거나, 상급경기단체의 경우 사원인 소속 경기단체에 대하여 하위리그강등, 승점감점, 경기제한 등의 조치를, 공익단체의 경우에 일정기간동안 사회봉사를 하도록 하는 징계조치도 가능하다.

220) van Look, Vereinsstrafen als Vertragsstrafen, S. 127 ff.

221) 대법원 1983. 2. 8. 선고 80다1194 판결.

총사원의 2/3 이상이라고 새겨야 한다(민법 제42조 제1항 참조). 그 이유는 정관에 규정이 없는 징계를 사원총회에서 결의하는 것은 사후적인 정관규정의 변경에 준하는 것으로 볼 수 있기 때문이다. 만약 사원총회에서의 징계처분의 정족수를 일반정족수(사원과반수의 출석과 출석사원의 과반수)로 보게 되면, 정관에도 없었던 징계사유임에도 불구하고 사원총회의 결의를 이유로 다수파가 소수파를 제압하기 위한 도구로 징계가 횡행할 수도 있기 때문에, 정족수를 가중시키는 해석론이 필요하다.

그에 반해 단체라 하더라도 단순한 사교적 모임이 아니라, 업무의 독점적 지위를 법적으로 보장받는 전문자격사단체에 있어서의 징계는 일정한 행정질서를 유지하는 성격이 강하므로,[222] 징계처분의 종류나 징계사유가 엄격하게 지켜져야 할 뿐만 아니라, 그것이 단체의 근거법령에 위배되지 않아야 한다. 판례는 건축사협회가 정관으로 비위회원에 대하여 제명 또는 업무정지의 징계처분을 할 수 있도록 정한 것은 시·도지사에게 건축사무소의 등록취소나 건축사에 대한 업무정지명령의 권한을 부여한 건축사법[223]에 위반되어 무효라고 판시하였다.[224] 사원의 비위행위가 단체에게는 징계사유에 해당하고 동시에 형법상 범죄성립요건에 해당할 경우에, 단체가 해당사원에 대해서 취하는 징계조치와 국가에 의한 형벌부과는 그 적용원리를 달리하는 것이므로(사적인 계약벌 vs 공적인 형벌), 이른바 「이중처벌금지의 원칙」에 해당하지 않는다.[225]

2. 「제명」과 관련한 문제

소속사원에 대한 징계종류 중 하나로 제명이 있다. 제명은 사단으로부터 사원의 지위를 박탈하는 것이다.[226] 제명의 법적 성질에 대해서도 단체의 우월적 지위에서 나오는 제재조치라고 볼 필요는 없고, 계약설의 입장에서 정관상의 규정을 위반한

222) 김두형, "전문자격사의 책임과 역할", 「법조」 제575호, 법조협회, 2004. 8, 190면.
223) 현행 건축사법에는 국토해양부장관이 그러한 권한을 갖는다(동법 제28조 참조).
224) 대법원 1994. 10. 14. 선고 94다21184 판결.
225) BGHZ 21, 370, 374; BGHZ 29, 352, 356. 그러나 변호사법상 업무정지명령제도와 과태료처분제도는 이중처벌조치에 해당할 수 있다는 견해로는 오종근, 변호사징계제도, 2002, 346면 이하 참고.
226) 판례는 골프보급을 주된 목적으로 하는 사단법인(ㅇㅇ칸트리구락부)의 회원권의 수가 2구좌에서 1구좌로 줄어드는 것은 법인의 사원의 지위를 박탈하는 제명으로 보지 않았다(대법원 1992. 4. 14. 선고 91다26850 판결).

해당사원의 중대사유로 인한 단체의 해지(Kündigung)라고 보면 족하다.227)

제명은 징계종류로써는 가장 중대한 처분에 해당하기 때문에,228) 본인의 의사에 반하여 제명된 사원으로써는 제명처분을 내린 단체와는 극심한 이해관계의 대립을 띨 수밖에 없다. 그런 만큼 제명처분은 단체 내에서 위반행위를 한 사원과 더 이상 단체목적을 함께 수행할 수 없을 정도의 충분한 사유가 있을 때 내려지는 최종적이고 불가피한 수단이어야 한다.229) 따라서 제명처분에 대한 행사요건이나 절차는 엄격하게 해석될 필요가 있다. 이에 관한 우리의 판례도 제명에 관해서는 매우 신중한 태도를 취하고 있다.

우선, 판례는 단체의 정관에 제명에 관한 규정을 두었더라고 법률의 취지에 반하는 경우에는 제명의 효력을 부인한다. 즉 주식회사의 정관에 주주의 제명에 관한 규정을 두었더라도 상법은 합명회사나 합자회사와는 달리 주식회사에 대해서는 주주의 제명에 관한 명문규정을 두지 않았으므로 이를 허용할 수 없다고 하고,230) 앞서 본 바와 같이 건축사협회가 정관에 비위회원을 제명할 수 있다고 규정하였더라도 건축사법에서는 건축사사무소의 등록취소나 건축사에 대한 업무정지명령은 시·도지사의 권한으로 규정하고 있으므로 그러한 건축사협회의 제명처분은 근거법규인 건축사법에 위반되어 무효라고 한다.231)

또한 판례는 제명의 결의방법이나 가부에 대해서도 제한적인 태도를 취한다. 즉 합자회사에서 제명대상이 된 사원이 여러 명인 경우에 개별적으로 제명결의를 하지 않고 동시에 일괄하여 한 제명결의는 적법한 제명결의가 아니라고 하고,232) 무한책임사원과 유한책임사원 각 1인만으로 된 합자회사에 있어서 한 사원이 다른 사원을

---

227) Flume, Juristische Person, S. 336.
228) 변호사법에는 「제명」 이외에 「영구제명」의 징계처분을 인정한다(동법 제90조). 양자는 피징계변호사의 변호사 신분을 박탈하는 징계처분이라는 점에서는 같지만, 제명은 징계처분을 받은 변호사의 경우 5년이 경과하면 다시 변호사등록을 하여 변호사 신분을 회복할 수 있지만(동법 제5조), 영구제명은 일정기간이 경과하더라도 다시 변호사등록을 하여 변호사신분을 회복하는 것이 가능하지 않다는 점에서 양자의 차이가 있다.
229) 대법원 1994. 5. 10. 선고 93다21750 판결; 대법원 2004. 11. 12. 선고 2003다69942 판결(同 판결의 평석으로는 조윤신, "단체의 임원에 대한 명예훼손과 단체구성원에 대한 제명처분", 「대법원판례해설」 통권 제51호(2004 하반기), 법원도서관, 2005, 9면 이하 참고).
230) 대법원 2007. 5. 10. 선고 2005다60147 판결.
231) 대법원 1994. 10. 14. 선고 94다21184 판결.
232) 대법원 1976. 6. 22. 선고 75다1503 판결. 이에 반대하는 평석으로는 박상근, "합자회사 사원의 일괄제명", 「상사판례연구」 제1권, 한국상사판례연구회, 1996, 358면 이하 참고.

제명할 수 없다고 보았다.[233)

단체구성원에 대한 제명처분이 법원의 효력심사 대상이 되는지에 대해, 대법원은 그 제명사유의 존부와 결의내용의 당부 등을 가려 제명처분의 효력을 심사할 수 있다고 판시하였다.[234) 만약 정관상 제명사유가 되지 않음에도 불법한 제명결의를 주도한 경우에는 불법행위책임이 성립한다. 판례는 협동조합의 이사장이 조합원에 대한 제명 의안이 정관 소정의 제명 사유에 해당되지 않음을 알았거나 조금만 주의를 기울였더라면 쉽게 알 수 있었음에도 불구하고 조합원에 대한 제명을 안건으로 하는 임시총회를 소집하고 의결권 위임장을 작성하여 의사정족수를 채운 다음 이를 이용하여 제명 의결을 성립시킨 경우에 이사장의 불법행위책임을 인정하였다.[235)

3. 징계에 대한 이의와 구제

사단의 징계처분에 대해서 제소자나 징계처분대상이 된 사원에게 이의가 있을 때에는 이들에게 이의를 제기할 수는 기회가 주어져야 한다. 즉 징계처분결정 후 일정한 기일 내에 징계결정에 대한 재심을 청구할 수 있어야 한다. 징계처분에 대한 재심절차도 원래의 징계절차와 함께 전부가 하나의 징계처분절차를 이루는 것으로 이해하여야 한다. 따라서 원래의 징계과정에서 절차위반의 하자가 있더라도 재심과정에서 보완되었다면 그 절차위반의 하자는 치유되지만, 원래의 징계과정에서 절차위반의 하자가 있었는데도 재심절차를 전혀 이행하지 않거나 재심절차에 중대한 하자가 있어 재심의 효력을 인정할 수 없다면, 그 징계처분은 전체가 무효로 된다.[236)

재심을 관할하는 기구는 단체내부의 기관으로 정할 수도 있지만, 공정성을 위해서 단체외부의 기관으로 하는 것이 바람직하다. 이를테면, 대한축구협회의 징계결정에 이의가 있을 때에는 상급단체인 대한체육회에 이의신청을 할 수 있고(사단법인 대한축구협회 상벌규정 제28조), 대한변호사협회의 징계위원회의 결정에 이의가 있을 경우에

---

233) 대법원 1991. 7. 26. 선고 90다19206 판결. 이에 반해 2인 회사에서도 제명이 가능하다는 글로는 박상근, "사원의 제명", 「사법행정」 제39권 제12호, 한국사법행정학회, 1998. 12, 27면 이하 참고.
234) 대법원 1994. 5. 10. 선고 93다21750 판결.
235) 대법원 1997. 9. 5. 선고 96다30298 판결.
236) 대법원 2002. 12. 26. 선고 2002다57201 판결.

는 법무부 징계위원회에 이의신청을 할 수 있다(변호사법 제96조). 상급 재심기관의 결정에도 이의가 있을 경우에는 종국적으로 법원의 사법적 판단에 의할 수밖에 없다.

　단체의 징계절차는 단체의 자체적인 계약벌의 집행과정일 뿐이므로, 국가의 정식 재판과는 그 성질을 달리한다. 따라서 단체의 징계절차에 비록 징계위원 중 일부로 법관이 참여한다고 하더라도, 이로써 해당사원으로 하여금 헌법과 법률이 정한 법관에 의한 재판을 받을 권리(헌법 제27조 제1항)가 제한되어서는 안 된다. 구 변호사법은 「대한변호사협회변호사징계위원회」의 징계결정에 대하여 「법무부변호사징계위원회」에 이의를 신청할 수 있고, 만약 법무부변호사징계위원회의 결정에 대해서도 불복이 있는 징계혐의자는 그 통지를 받은 날부터 7일 이내에 대법원에 즉시항고를 할 수 있다고 규정하였는데,237) 이것이 법관에 의한 정식재판을 받을 권리를 침해한 것이 아니냐가 문제되었다. 이에 대해 헌법재판소는 「대한변호사협회변호사징계위원회」나 「법무부변호사징계위원회」의 징계에 관한 결정은 비록 그 징계위원 중 일부로 법관이 참여한다고 하더라도 이를 헌법과 법률이 정한 법관에 의한 재판이라고 볼 수 없으므로, 「법무부변호사징계위원회」의 결정이 법률에 위반된 것을 이유로 하는 경우에 한하여 법률심인 대법원에 즉시항고할 수 있도록 한 변호사법 제81조 제4항 내지 제6항은, 법관에 의한 사실확정 및 법률적용의 기회를 박탈한 것으로서 헌법상 국민에게 보장된 "법관에 의한" 재판을 받을 권리를 침해하는 위헌규정이라고 결정하였다.238) 이에 따라 현행 변호사법은 법무부징계위원회의 결정에 불복하는 징계혐의자는 행정소송법으로 정하는 바에 따라 행정법원에 소를 제기할 수 있도록 개정하였다(변호사법 제100조 제4항).

V. 징계권에 대한 사법심사의 문제

1. 징계권에 대한 사법심사의 가부

　사단자치의 원칙에 따라 단체 내에서 자율적으로 이루어지는 사원에 대한 징계에 대하여 법원이 징계권의 적법성에 대해서 사법적 판단을 할 수 있는 지가 문제된다. 이것은 단체의 자율권과 소속사원의 재판청구권(헌법 제27조 제1항)이 긴장관계를 형

237) 2000. 1. 28. 법률 제6207호로 개정되기 전의 「변호사법」 제81조.
238) 헌재 2000. 6. 29. 99헌가9.

성하는 부분이다. 본 논문의 서두에서 설명한 바와 같이, 단체의 징계권행사에 대하여 법원이 어느 범위까지 관여할 수 있는 지의 문제는 사단자치의 의미를 어떻게 이해하느냐와 깊은 관련이 있다. 과거 독일의 제국법원(RG)은 사단자치의 이념을 지나치게 강조하여 단체의 징계권에 대한 사법적 심사에 매우 소극적이었다. 그것은 단체의 징계권이 정관규정을 준수한 것인지에 대한 형식적 심사로 그치는 것이었다.[239] 그러다 보니 정작 단체의 가혹한 징계규정으로부터 사원을 보호하지 못하는 문제점이 발생하자, 점차 판례는 정관규정에 대한 내용통제에 대해서도 심사를 하게 되는데, 즉 정관규정이 공서양속에 반하거나 사회적으로 가혹하거나 불공평한 것인지 등 사원의 권리에 "중대한 침해(grobe Verstöße)"에 해당하는지에 대한 판단을 할 수 있다고 하여, 과거보다 한 걸음 더 나아가게 된다.[240] 이러한 태도는 독일연방재판소(BGH) 시대로 접어들어서도 크게 변하지 않다가,[241] 이후 1984년 독일연방재판소는 단체가 법적으로 일정한 회원을 가입시킬 의무가 있는 사단이냐 아니면 회원가입을 자의적으로 선택할 수 있는 사단이냐를 구별하여, 가입강제의무(Aufnahmepflicht)가 있는 단체에 대해서는 법원이 구성원에 대한 제재조치의 규율과 행사에 대해서 제한 없이 심사를 할 수 있다고 판결함으로써, 단체징계에 대한 사법심사의 외연을 넓혀 놓았다.[242] 현재 독일의 통설은 더 나아가 회원가입의무가 있는 사단과 그렇지 않은 사단을 구별함이 없이, 법원은 단체징계에 관한 모든 법률적 및 사실적 판단을 할 수 있다고 주장한다. 앞서 본 바와 같이, 오늘날에는 사단자치의 이념을 과거처럼 공권력에 대항하는 개념으로 볼 필요가 없고, 사단구성원들 사이의 자발적인 조직구성을 가능케 하는 법원칙 정도로 이해하면 족하다. 그렇다면 단체의 징계행위를 둘러싼 단체와 해당 사원 사이의 분쟁에 대해서는, 마치 사적자치의 원칙에 따라 체결된 계약에 있어서 계약당사자 사이의 법적 분쟁과 마찬가지로, 법원이 충분히 사법적 판단을 할 수 있다고 생각한다. 이때의 사법적 판단이란 단체의 징계조치나 절차가 정관에 따른 것이고 그러한 정관의 징계규정이 법질서에 위반하는 것이 아닌지

---

239) RGZ 49, 150, 154 f.; 80, 189, 191.
240) RGZ 107, 386, 387; 140, 23, 24; 147, 11, 14.
241) BGHZ 21, 370 판결에서 독일연방재판소는 법원의 사법적 판단은 징계결정과 징계절차가 정관에 따른 것인지 및 징계에 관한 정관규정이 법률과 공서양속에 반하지 않고 부당한 것이 아닌지에 대한 심사에 국한한다고 판시하였다.
242) BGHZ 87, 337.

등의 적법성에 관한 판단뿐만 아니라, 해당사원의 행위가 징계사유에 해당하는지와 같은 사실적 판단 및 단체가 조치한 징계내용이나 수위가 적절한 것인지와 같은 재량적 판단을 포함하는 것이다.

드물기는 하지만 우리나라의 판례를 보면, 대법원은 사단의 징계조치에 대하여 법률적 판단뿐만 아니라 사실적 판단도 적극적으로 하고 있음을 알 수 있다. 우선 대법원은 축산협동조합의 총회에서 조합원을 제명한다는 결의를 한 경우에 그 조합원은 조합정관과 농업협동조합법 제36조에 의하여 주무부 장관에게 그 결의의 취소를 구할 수 있다고 하더라도, 그와 별도로 법원에 그 결의무효확인을 소구할 수도 있다고 하여 법문상의 징계구제조치와는 별개로 법원에 의한 사법판단이 가능함을 밝히고 있다.243) 나아가 대법원은 사단법인 부산시개인택시여객운송연합회가 조합의 상조회사업을 비판한 조합원을 제명처분한 사건에서, 피고조합이 조합원의 제명은 조합의 자치영역에 속하는 것으로서 법원의 심사대상이 될 수 없다고 주장한 데 대해, "단체의 구성원인 조합원에 대한 제명처분은 조합원의 의사에 반하여 그 조합원인 지위를 박탈하는 것이므로 조합의 이익을 위하여 불가피한 경우에 최종적인 수단으로서만 인정되어야 할 것이고, 또 조합이 조합원을 제명처분한 경우에 법원은 그 제명사유의 존부와 결의내용의 당부 등을 가려 제명처분의 효력을 심사할 수 있다"고 판시하여,244) 법원은 단체의 징계에 관한 심사범위에 대해 원칙적으로 특별한 제한을 두고 있지 않는 것으로 보인다.

단체의 징계권에 대해서 법원이 사법적 판단을 할 수 있다고 하더라도, 과연 모든 종류의 단체에 대해서 그러할지에 대해서는 의문이 있다. 이를테면 국회도 단체의 일종이므로 그의 구성원인 국회의원에 대해서 징계를 할 수 있는 것은 당연한 것이지만, 헌법 제64조 제4항은 국회가 국회의원의 자격을 심사하여 징계한 것이나 국회의원을 제명처분한 것에 대해서는 법원에 제소할 수 없다고 하여 국회의원에 대한 징계에 대한 사법심사를 제한하고 있다. 이처럼 헌법에 특별한 규정이 있는 경우를 제외하고, 법원은 일체의 법률상의 쟁송을 심판하게 되므로(법원조직법 제2조 제1항), 이론적으로는 징계에 대해 사법적 심사가 제한되는 단체는 없다고 할 수 있다. 그러나 현실적으로는 법원의 심사가 소극적인 영역이 존재한다. 그 대표적인 경우가 종

243) 대법원 1981. 3. 24. 선고 80다2052 판결.
244) 대법원 1994. 5. 10. 선고 93다21750 판결.

교단체에서의 징계에 관한 문제이다. 이에 관해서는 항을 바꾸어 살펴본다.

2. 특히 종교단체의 징계에 대한 사법심사의 문제

가. 이른바 「부분사회론」

종교단체 내에서도 종교단체가 자체적으로 정한 교회헌법이나 장정(章程) 등에서 정한 규율을 위반한 간부나 교인에 대해 징계처분이 이루어지고, 그러한 징계처분에 대해서 피징계자가 종교단체를 상대로 법원에서 징계의 적법성을 다투는 경우가 종종 있다. 이러한 경우에 법원이 종교단체 내에서 이루어지는 자율적인 징계처분에 대해서 사법적 판단을 할 수 있을 것인지, 만약 할 수 있다면 어느 범위에서 할 수 있는 지가 문제된다. 이러한 문제들은 비단 종교단체에서만 나타나는 현상은 아니다. 이를테면 정당이나 노동조합 등에서도 나타날 수 있다. 일본에서는 이른바 '부분사회론'이라고 하여 종교단체, 정당, 지방의회, 학교, 노동조합 및 변호사회와 같은 단체는 다른 단체와는 달리 각기 고유한 부분사회를 형성하고 있어서 그들 사회의 조직이나 운영에 대해서는 고유한 자치권 내지 자율권이 인정되어야 하므로, '부분사회'에서 발생한 분쟁은 사법권이 개입할 수 있는 범위밖에 있는 것으로 보아야 한다는 주장이 유력하다.245) 그러한 이론에 의하면 부분사회를 형성하는 단체의 징계 문제에 대해서는 법원이 사법적 판단을 할 수 없게 된다. 일본의 부분사회론은 그것의 당부를 떠나 우리나라의 학계에도 많은 영향을 준 것으로 보인다.246) 그러나 부분사회론은 다음과 같은 문제점이 있다고 생각한다. 첫째 부분사회론에서 말하는 부분사회라는 것이 도대체 어떠한 것인지 분명하지 않다. 좀 더 구체적으로는, 어떠한 단체적 속성을 가질 때 '부분사회'라고 할 수 있는 것인지 명확하지 않다. 나아가 부분사회에 해당하는 단체와 그렇지 않은 단체와는 무엇을 기준으로 어떻게 구별되는

---

245) 이영진, "사법권과 종교단체의 내부분쟁", 「사법논집」 제33집, 법원도서관, 2001. 12, 235면 이하 참고.
246) 이를테면 민사소송법학에서는 소의 이익과 관련해서 '법률적 쟁송'이 아닌 경우를 설명하면서 부분사회의 개념이 원용되고 있고(이시윤, 신민사소송법, 제3판, 박영사, 2007, 195면), 행정법학에서는 특별권력관계의 개념을 해체할 수 있는 도구로써 부분사회론이 논의된다(천병태, "「법치행정」예외로서의 부분사회론 -이른바 특별권력관계해체론-", 「고시연구」통권 제268호, 고시연구사, 1996. 7, 43면 이하.

것인지에 대한 설명이 부족하다. 둘째, 부분사회론이라는 법리를 통하여 단체의 자율권을 존중하는 것은 수긍할 수 있다고 하더라도, 단체의 구성원이 제기한 소송에 단체의 자율적인 해결을 존중한다는 이유로 법원이 이를 외면한다면, 자칫 법치주의의 사각지대가 발생할 우려가 있다. 이러한 이유에서 '부분사회론'은 일반적으로 수용하기는 어려운 법리라고 생각되며, 다만 각각의 단체에서 문제되는 헌법상 기본권과 사법권의 충돌문제는 개별적·구체적으로 검토하여야 할 것이다.247)

나. 종교단체의 징계

부분사회론의 법리를 수용하기는 어렵다고 하더라도, 종교단체에서의 법률문제는 좀 더 신중한 접근이 필요한 것이 사실이다. 사법심사와 관련하여 종교단체의 징계문제가 다른 단체의 그것보다 더욱 까다로운 이유는, 종교단체의 징계문제에는 일반적인 단체의 자율권외에도 '종교의 자유(헌법 제20조)'라는 보다 고차원적인 헌법이념이 자리 잡고 있기 때문이다. 물론 다른 단체에서도 단체의 고유한 속성들이 있기 마련이겠지만, 다른 단체들의 자율권이란 경제적·사회적·정치적 이념이나 가치를 실현하기 위한 세속적 영역에서 추구될 수 있는 것이지만, 종교단체의 자율권은 세속적 영역을 초월하여 영적인 절대가치를 추구하기 위한 도구로서 작용하는 것이기 때문에 다른 단체의 그것보다 더욱 존중될 필요가 있음을 인정하여야 한다. 바로 이 때문에 종교단체의 징계문제는 법원으로서는 사법권을 행사할 수 있는 한계영역에 해당하는 것이다. 그렇다면 종교단체의 징계에 대해서 법원의 사법적 심사는 제한되어야 하는가? 생각건대, 종교의 자유로써 존중하여야 하는 것은 신앙이나 종교상 교의에 기초한 활동에 대해서 시비를 가리지 않겠다는 것이지, 종교단체가 하는 일체의 종교적 행위에 대해서 사법부가 관여해서는 안 된다는 것을 의미하지 않는다. 따라서 비록 종교단체내의 징계행위라고 하더라도 종교단체가 스스로 정한 교칙(敎則)에서의 징계절차를 명백히 위반하여 이루어진 경우, 징계처분의 내용이나 결과가 개인의 권리를 부당히 침해하거나 사회질서에 비추어 용인할 수 없는 경우 및 종교단체의 징계처분이 다른 소송사건의 전제가 되는 경우 등에는 법원은 종교단체의 징계

---

247) 이를테면 종교단체의 경우에는 '종교의 자유', 대학의 경우에는 '대학의 자치', 노동조합의 경우에는 '근로자의 단결권'과 '결사의 자유'의 측면에서 단체구성원의 '재판청구권'과의 충돌문제를 실질적·구체적으로 파악하여 소의 이익 여부를 판단하여야 할 것이다.

에 대해서도 사법적 판단을 할 수 있다고 할 것이다.[248] 대법원의 입장도 기본적으로 이와 다르지 않다.

판례는 종교단체의 권징재판 등의 징계처분은 종교단체 내부의 규제에 지나지 아니하므로 그러한 징계처분의 효력만을 다투는 것은 원칙적으로 사법심사의 대상이 되지 않는 것으로 보고 있다.[249] 그러나 판례는 교인으로서 비위가 있는 자에게 종교적인 방법으로 징계·제재하는 종교단체 내부의 규제(권징재판)가 아닌 한, 종교단체 내에서 개인이 누리는 지위에 영향을 미치는 단체법상의 행위라 하여 반드시 사법심사의 대상에서 제외할 것은 아니라고 하면서,[250] 징계결의와 같이 종교단체 내부의 규제라고 할지라도 그 징계효력의 유무와 관련하여 구체적인 권리 또는 법률관계를 둘러싼 분쟁이 존재하고 또한 분쟁이 된 청구의 당부를 판단하는 전제로서 징계의 당부를 판단할 필요가 있는 경우(예, 종단으로부터 해임처분된 사찰주지가 주지지위 확인의 소를 제기한 경우)에는 종교교리의 해석에 미치지 아니하는 한 법원이 징계의 당부에 대한 판단을 할 수 있다고 하였다.[251] 그렇지만 비록 법원이 종교단체의 징계에 사법심사를 할 수 있다고 하더라도, 판례는 징계절차에 관해서 "교회 안에서 개인이 누리는 지위에 영향을 미칠 각종 결의나 처분이 당연 무효라고 판단하려면, 그저 일반적인 종교단체 아닌 일반단체의 결의나 처분을 무효로 돌릴 정도의 절차상 하자가 있는 것으로는 부족하고, 그러한 하자가 매우 중대하여 이를 그대로 둘 경우 현저히 정의관념에 반하는 경우라야"[252] 한다거나, "그 종교단체 소정의 징계절차를 전혀 밟지 아니하였다거나 징계사유가 전혀 존재하지 아니한다는 등 이를 무효라고 할 특별한 사정이 없으면 그 징계는 여전히 효력을 지속한다"[253]고 하여, 종교단체

---

248) 同旨 오시영, "민사소송절차와 교회 내부 징계절차 및 행정쟁송절차의 비교 검토", 「민사소송」 제12권 제1호, 한국민사소송법학회, 2008. 5, 499면. 또한 박경재, "사찰의 법률관계에 관한 몇 가지 논점", 「법학연구」 제48권 제1호, 부산대학교 법학연구소, 2007. 8, 811면도 권징재판의 사법심사를 긍정하고 있다.

249) 대법원 1978. 12. 26. 선고 78다1118 판결; 대법원 1981. 9. 22. 선고 81다276 판결; 대법원 1983. 10. 11. 선고 83다233 판결; 대법원 1984. 7. 24. 선고 83다카2065 판결; 대법원 1992. 5. 22. 선고 91다41026 판결.

250) 대법원 2006. 2. 10. 선고 2003다63104 판결; 대법원 2008. 11. 27. 선고 2008다17274 판결.

251) 대법원 1992. 5. 22. 선고 91다41026 판결; 대법원 2005. 6. 24. 선고 2005다10388 판결; 대법원 2008. 11. 27. 선고 2008다17274 판결. 특히 대법원 2005. 6. 24. 선고 2005다10388 판결에 대한 평석으로는 고규정, "종단에 등록된 사찰의 주지의 지위에 관한 소의 적법성", 「판례연구」 제18집, 부산판례연구회, 2007. 2, 577면 이하 참고.

252) 대법원 2006. 2. 10. 선고 2003다63104 판결.

의 징계절차상의 하자를 다투는 것에 대해서는 일반단체에 비해 훨씬 엄격한 판단을 하고 있다.[254] 이러한 판단에는 종교단체의 자율성을 존중한다는 생각에 터잡았을 것이므로 일면 수긍할 수 있겠으나, 최근 대법원은 교회의 신도들이 대립·양분되어 교회의 소속교단변경과 그에 따른 종전교회재산의 귀속여부가 문제된 사례에서는 종교단체로서 교회의 특수성을 고려하지 않고 일반적인 단체법상 원리에 따라 사단법인의 정관변경에 준하여 판단하였는바,[255] 이는 종교단체의 징계에 관한 문제와는 사뭇 다른 태도라고 보여 진다.

253) 대법원 1992. 5. 22. 선고 91다41026 판결.
254) 이러한 판례의 태도에 대해서는 교회와 같은 종교적 단체의 경우에만 사원총회 결의의 무효사유를 제한적으로 보아야 한다고 해석할 이유가 없으며, 이러한 법리는 사법상의 단체 일반에 관하여 적용되어야 한다는 비판론이 설득력이 있다. 윤진수, "2006년도 주요 민법 관련 판례 회고", 「법학」 제48권 제1호, 서울대학교 법학연구소, 2007. 3, 378면 참고.
255) 대법원 2006. 4. 20. 선고 2004다37775 전원합의체 판결. 이 판결에 대한 평석 및 비판에 대해서는 송호영, "교회의 교인들이 종전교단으로부터 집단적으로 탈퇴하여 별도의 교회를 설립한 경우의 법률관계 — 대법원 2006. 4. 20. 선고 2004다37775 전원합의체 판결—", 「민사법학」 제35호, 한국민사법학회, 2007. 3, 191면 이하.

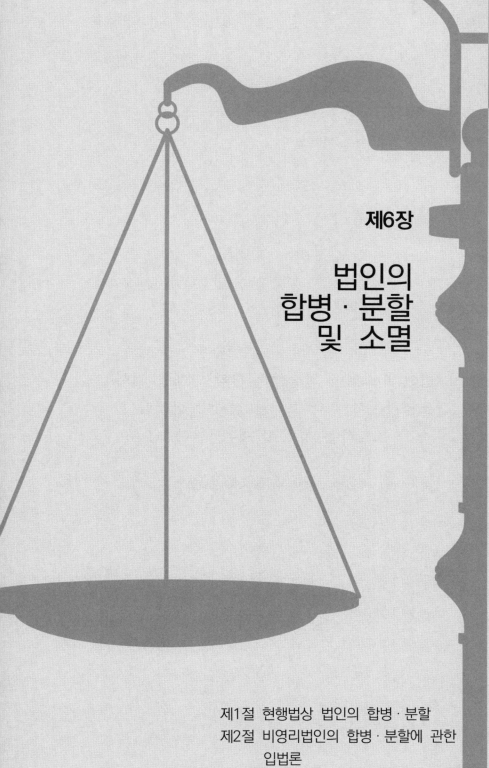

제6장

법인의
합병 · 분할
및 소멸

"법인의 소멸은 일정한 절차와 단계를 거쳐
소멸하는 경우와 그러한 절차나 단계없이
소멸하는 경우로 나누어진다."

후베르트 슈미트(Hubert Schcmidt)

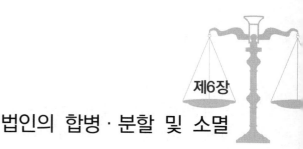

제6장
법인의 합병·분할 및 소멸

제1절 현행법상 법인의 합병·분할

I. 서론

우리나라 현행법의 전체적인 상황을 보면, 법인의 합병·분할을 인정하는 규정은 여러 법률에 산재되어 있다. 합병·분할의 대상이 되는 법인에는 영리법인뿐만 아니라 비영리법인도 해당된다. 그렇지만 모든 영리법인이나 비영리법인이 합병·분할을 할 수 있는 법인은 아니고 합병·분할을 인정하는 근거법률을 가진 법인에 한해 합병·분할이 인정된다. 그 이유는 합병·분할은 단순히 법인의 영업합리화를 위한 조직개편이라는 경영상의 이유를 넘어서 법인의 소멸과 신설이라는 법현상이 압축되어 있는 것이므로 여기에도 법인성립법정주의(민법 제31조)가 적용되기 때문이다.

영리법인에 있어서 합병·분할제도의 중심이 되는 법률은 상법이다. 상법은 영리법인인 회사의 합병·분할제도에 대해서 상세한 규정을 두고 있다. 상법은 회사의 합병에 관해서는 모든 종류의 회사에 대해서 가능하도록 하면서도, 분할에 대해서는 주식회사에 대해서만 인정하고 있다. 영리법인 중에서 특히 금융기관(예, 은행, 보험회사, 증권투자회사 등)에 대해서는 별도의 특별법을 통해서 법인의 합병을 규율하고 있다. 비영리법인에 관해서는 합병·분할을 일반적으로 규율하는 법률은 없고, 각종의 특별법에서 해당법인의 합병·분할을 모두 인정하거나(예, 농업협동조합, 수산업협동조합, 노동조합 등[1]),

---

1) 농업협동조합이나 수산업협동조합과 같은 조직이 영리법인인지 아니면 비영리법인인지에 대해서는 논란이 있을 수 있다. 이에 대해 대법원 1978. 3. 14. 선고 77누246 판결에서는

합병만을 인정하는 규정을 두고 있을 뿐이다.

실정법에 법인의 합병·분할을 인정하는 규정이 있으면 그에 따르면 된다. 그에 반해 그러한 법률에 해당하지 아니하는 법인(특히 민법상 사단법인 또는 재단법인)이 합병·분할을 원할 때에는 현행법상 그러한 법인은 합병이나 분할을 할 수 없다. 그런데 최근 법무부는 비영리법인의 설립근거가 되는 민법에다가 비영리법인의 합병과 분할을 인정하는 다수의 규정을 신설하는 것을 내용으로 하는 민법개정안을 내놓았다. 만약 민법개정안대로 민법에 법인의 합병·분할에 관한 규정이 신설된다면, 상법과 같은 특별법에서 법인의 합병·분할에 관한 상세한 규정을 두고 있는 경우에는 그러한 규정이 우선 적용되겠지만, 그렇지 않는 경우에는 합병·분할에 관하여 민법의 규정을 준용할 것이기 때문에 앞으로 법인의 조직변경에 관하여 큰 변화가 생길 것으로 예상된다.

본 단원에서는 상법을 비롯한 현행법에서 인정하고 있는 법인의 합병과 분할제도에 대해 살펴보고 민법상 비영리법인의 합병·분할에 관한 입법론은 절을 바꾸어 상론하기로 한다.

II. 상법상 회사의 합병과 분할

1. 회사의 합병

가. 총설

(1) 합병관련 규정의 체계

상법은 회사편 제1장 通則에서 두 개의 조문을 두고 있는데, 상법 제174조는 회사의 합병 가능성과 제한을 제175조에서는 신설합병시의 설립위원에 관하여 규정하면서, 세부적으로는 각 회사별로 합병절차에 관한 규정을 두고 있다. 실무상 합병이

수산업협동조합은 그 목적달성을 위하여 수익사업 등을 할 수 있음에 비추어 법인세법 제1조에서 말하는 "비영리 내국법인"에 해당하지 아니한다고 판시한 바 있다. 한편 대법원 2006. 2. 10. 선고 2004다70475 판결에서는 舊 수산업협동조합법(1994. 12. 22. 법률 제4820호로 개정되기 전의 것)에 의하여 설립된 조합이 영위하는 사업은 조합원을 위하여 차별없는 최대의 봉사를 함에 그 목적이 있을 뿐이고, 조합은 영리 또는 투기를 목적으로 하는 업무를 행하지 못하는 것이므로(제6조 제1항, 제2항), 김제수협을 상인으로 볼 수는 없다고 판시한 적도 있다.

라면 주로 주식회사에서 볼 수 있는 현상이나,[2] 상법은 합명회사의 편에 합병의 효력발생시기, 효과, 무효판결의 효력 등의 상세한 규정을 두고 있다(상법 제230조~제240조 참조). 합자회의 합병에 관하여는 합명회사에 관한 규정이 준용된다(상법 제269조). 주식회사의 장에서는 합명회사의 합병에 관한 규정을 상당수 준용하는 외에, 주식회사에 특유한 절차를 규정하고 있다(상법 제522조~제530조). 유한회사에 관한 장에서는 앞의 합명회사와 주식회사의 합병에 관한 규정을 준용하는 외에, 유한회사에 특유한 절차를 두고 있다(상법 제598조~제603조).

(2) 합병의 개념 · 종류 및 성질

(가) 합병의 개념과 종류

합병(merger; Verschmelzung)이란 법정의 절차에 따라 둘 이상의 당사회사의 전부(신설합병) 또는 하나를 제외한 전부(흡수합병)가 해산하여 청산절차없이 소멸하고 그전 재산(권리·의무)이 신설회사 또는 존속회사에 포괄승계되는 동시에 해산회사 사원에게 합병대가로 신설회사 또는 존속회사의 사원권(주식) 또는 금전 등의 재산을 부여하는 회사법상의 행위 내지 제도를 말한다.[3]

이러한 합병개념에 따라 합병에는 신설합병과 흡수합병의 두 가지 종류가 인정된다. 신설합병(consolidation; Verschmelzung durch Neubildung)은 당사회사 전부가 소멸하고, 이들에 의해 신설된 회사가 소멸회사의 권리·의무를 포괄적으로 승계하고 사원을 수용하는 방법이다. 이에 반해 흡수합병(merger; Verschmelzung durch Aufnahme)이란 수개의 합병하는 여러 회사 중 하나의 회사만이 존속하고 나머지 회사는 모두 소멸하며, 존속회사가 소멸회사의 권리·의무를 포괄적으로 승계하고 사원을 수용하는 방법이다.

신설합병이든 흡수합병이든 소멸회사의 권리·의무의 포괄적 승계와 사원의 수용이 이루어진다는 점에서는 같지만, 우리나라에서는 주로 흡수합병이 행해지고 신설합병의 예는 극히 드물다고 한다. 그 이유는 합병 당사회사 사이에 우세한 쪽이 존속을 희망하기 때문이기도 하지만, 신설합병에 의하게 되면 회사를 하나 새로 설립하는 것과 같은 절차적·경제적 부담이 있는 데다가 세제상으로도 불리하기 때문에

---

2) 이철송, 회사법강의, 124면.
3) 권기범, 기업구조조정법, 제4판, 삼영사, 2011, 48면.

흡수합병이 많이 선호된다.[4]

(나) 합병의 성질

합병에 의하여 소멸회사의 권리·의무가 존속회사 또는 신설회사에 포괄적으로 이전되는데, 이러한 현상을 법적으로 어떻게 설명할 수 있는지를 두고 합병의 성질에 관해 다툼이 있다. 이른바 인격합일설과 현물출자설의 대립이 그것이다. 인격합일설은 2개 이상의 회사가 단체법상·조직법상의 특수한 계약에 의하여 1개의 회사로 합일되는 법률사실이며, 그 효과로서 재산의 포괄적 승계와 사원의 수용이 이루어진다는 견해로써, 우리나라의 통설이다.[5] 그에 반해 현물출자설은 합병을 소멸하는 회사가 영업전부를 존속회사 또는 신설회사에 현물출자함으로써 이루어지는 자본의 증가(흡수합병의 경우) 또는 새로운 회사의 설립(신설합병의 경우)으로 설명한다.[6] 생각건대, 현물출자설은 합병의 본질을 소멸하는 회사의 현물출자라는 재산적 관점에 포커스를 맞추어서 바라보고 있는데, 정작 합병에서 가장 중요한 요소는 기존회사의 법인격의 소멸과 이로 인한 새로운 법인격의 생성이라는 단체의 질적 변화에 있다. 현물출자설은 이러한 속성을 간과하고 있다. 따라서 회사의 법인격의 변화를 정확하게 파악하는 인격합일설이 타당하다.

(3) 합병의 제한

회사는 원칙적으로 상법상의 어떠한 종류의 회사와도 합병할 수 있다(상법 제174조 제1항). 즉, 합병할 수 있는 회사의 종류에 제한이 없으며, 목적이 다른 회사 간에도 합병할 수 있다. 그러나 상법은 다음과 같은 몇 가지 제한을 두고 있다.

첫째, 합병을 하는 회사 중 일방 또는 쌍방이 주식회사나 유한회사 또는 유한책임회사인 때에는 합병 후 존속하는 회사 또는 신설되는 회사는 주식회사나 유한회사 또는 유한책임회사이어야 한다(상법 제174조 제2항). 이것은 만약 합명회사나 합자회사가 존속회사 또는 신설회사로 된다면 사원의 책임이 가중되기 때문이다.

둘째, 유한회사와 주식회사가 합병하여 주식회사가 존속 또는 신설회사로 될 때에는 법원의 인가를 받아야 하며(상법 제600조 제1항), 존속회사 또는 신설회사가 유한

---

4) 이철송, 회사법강의, 125면.
5) 이철송, 회사법강의, 127면; 정찬형, 회사법강의, 제4판, 박영사, 2023, 110면 등.
6) 서돈각·정완용, 상법강의(上), 제4전정, 법문사, 1999, 117면.

회사인 경우에는 주식회사의 사채의 상환이 완료되어야 한다(상법 제600조 제2항). 전자는 주식회사의 엄격한 설립절차를 탈법하는 것을 막기 위함이고, 후자의 경우에는 유한회사는 사채의 발행이 인정되지 않기 때문이다.

셋째, 해산 후 청산중에 있는 회사도 존립중의 회사를 존속회사로 하는 경우에는 합병할 수 있다(상법 제174조 제3항). 그러나 법원의 해산명령에 의하여 해산한 회사(상법 제178조)나 설립무효판결 후의 회사는 어떠한 경우에도 합병의 당사자가 될 수 없다.

나. 합병의 절차

(1) 합병계약

합병절차는 합병계약의 체결에서부터 시작한다. 합병계약을 체결하는 권한은 합병당사회사의 대표기관에 있는데, 이 합병계약에서 합병의 조건과 방식, 존속회사 또는 신설회사의 정관의 내용, 합병기일 등이 결정된다. 합병계약은 특별한 방식을 요하지 아니하나, 통상적으로 합병계약서를 작성하여 상호 교환하는 방식으로 이루어진다. 주식회사나 유한회사가 합병함에는 법정사항이 기재된 합병계약서를 작성하여야 한다(상법 제523조, 제524조, 제525조, 제603조). 그리고 소규모합병의 경우에는 합병계약서에 주주총회의 승인을 받지 아니하고 합병을 한다는 뜻을 기재하여야 한다(상법 제527조의3 제2항). 그러므로 합병계약서에 법정기재사항을 결한 때에는 그 계약은 무효로서 주주총회에서 승인하더라도 효력이 생기지 않는다.

합병계약의 법적 성질에 관해서는 (i) 총사원의 동의(인적회사의 경우) 또는 주주총회나 사원총회의 합병결의(물적회사의 경우)를 정지조건으로 하는 본계약 또는 합병의 예약이라고 보는 다수설[7]과 (ii) 합병계약은 단체법상 채권계약이고 총사원의 동의나 주주총회 또는 사원총회의 결의를 정지조건으로 하는 것은 아니라고 보는 소수설[8]이 대립한다. 생각건대, 합병계약은 권리주체의 소멸과 존속내지 신설을 가져오는 것을 내용으로 하는 단체법상 계약이면서도 총사원의 동의 또는 주주총회나 사원총회의 결의가 반드시 있어야만 비로소 효력이 발생하는 정지조건부 계약이라고 할 수 있다.

---

7) 정찬형, 회사법강의, 113면; 최기원, 신회사법론, 1102면 등.
8) 이철송, 회사법강의, 129면.

합병계약서에는 다음의 사항이 기재되어야 한다.

⚖️ 흡수합병의 경우에 법정기재사항(상법 제523조)

① 존속하는 회사가 합병으로 인하여 그 발행할 주식의 총수를 증가하는 때에는 그 증가할 주식의 총수, 종류와 수
② 존속하는 회사의 증가할 자본금과 준비금의 총액
③ 존속하는 회사가 합병당시에 발행하는 신주의 총수, 종류와 수 및 합병으로 인하여 소멸하는 회사의 주주에 대한 신주의 배정에 관한 사항
④ 존속하는 회사가 합병으로 소멸하는 회사의 주주에게 제3호에도 불구하고 그 대가의 전부 또는 일부로서 금전이나 그 밖의 재산을 제공하는 경우에는 그 내용 및 배정에 관한 사항
⑤ 각 회사에서 합병의 승인결의를 할 사원 또는 주주의 총회의 기일
⑥ 합병을 할 날
⑦ 존속하는 회사가 합병으로 인하여 정관을 변경하기로 정한 때에는 그 규정
⑧ 각 회사가 합병으로 이익배당을 할 때에는 그 한도액
⑨ 합병으로 인하여 존속하는 회사에 취임할 이사와 감사 또는 감사위원회의 위원을 정한 때에는 그 성명 및 주민등록번호

⚖️ 신설합병의 경우에 법정기재사항(상법 제524조)

① 설립되는 회사에 대하여 제289조제1항제1호부터 제4호까지에 규정된 사항과 종류주식을 발행할 때에는 그 종류, 수와 본점소재지
② 설립되는 회사가 합병당시에 발행하는 주식의 총수와 종류, 수 및 각회사의 주주에 대한 주식의 배정에 관한 사항
③ 설립되는 회사의 자본금과 준비금의 총액
④ 각 회사의 주주에게 지급할 금액을 정한 때에는 그 규정
⑤ 전조 제5호와 제6호에 게기한 사항
⑥ 합병으로 인하여 설립되는 회사의 이사와 감사 또는 감사위원회의 위원을 정한 때에는 그 성명 및 주민등록번호

---

(2) 합병계약서 등의 공시

주식회사와 유한회사는 합병계약서, 합병대차대조표, 손익계산서 등을 작성하여

합병결의를 위한 주주(사원)총회 2주 전부터 합병 후 6월이 경과할 때까지 이를 공시하여야 한다(상법 제522조의2, 제603조).

(3) 합병결의

당사회사의 대표이사들이 체결한 합병계약은 당사회사의 사원들에 의한 합병결의가 있어야 효력을 발생한다. 합병은 회사의 구조적 변화를 가져와서 사원들의 이해관계에 직접적인 영향을 미치므로, 상법은 1차적으로 합병결의를 통해 사원들을 보호하고 있다. 합병결의의 요건은 회사의 정관변경의 결의요건과 같다. 합명회사나 합자회사에서는 총사원의 동의를 요하고(상법 제230조, 제269조), 주식회사에서는 출석주식수의 3분의 2 이상의 다수 그리고 발행주식 총수의 3분의 1 이상(상법 제522조 제3항), 유한회사에서는 총사원의 반수 이상이며 의결권의 4분의 3 이상이 동의로 한다(상법 제598조). 합병결의는 합병의 필수불가결한 요소이므로, 만약 일방당사회사의 합병결의는 성립하였지만 타당당사회사의 합병결의가 불성립하거나 무효가 된 경우에 합병계약은 효력이 발생하지 않는다.

주식회사에서는 합병으로 인하여 어느 종류의 주주에게 손해를 미치게 되는 경우에는 그 종류의 종류주주총회의 결의를 얻어야 하며(상법 제436조), 반대주주에게는 주식매수청구권이 주어진다(상법 제522조의3).

(4) 채권자보호절차

회사가 합병하게 되면 회사가 소멸하거나 조직변경되어 회사의 재산상태와 경영활동의 내용이 크게 달라짐으로 회사채권자의 이해관계에도 중대한 영향을 미치게 되므로, 상법은 회사채권자를 보호하기 위한 절차들을 상세히 규정하고 있다.

우선 앞서 설명한 바와 같이, 합병당사회사가 물적 회사인 경우에 합병결의를 위한 주주(사원)총회 2주 전부터 합병 후 6월이 경과할 때까지 합병계약서 등을 공시하여야 한다는 것도 채권자보호를 위한 사전적 절차에 해당한다(상법 제522조의2, 제603조 참조).[9]

합병결의가 있은 후의 회사채권자를 위한 이의절차는 합병당사회가 어떤 회사든지 간에 공히 적용되는 절차이다. 즉 회사는 합병결의가 있은 후 2주 내에 회사채권

---

9) 정찬형, 회사법강의, 117면.

자에 대하여 합병에 이의가 있으면 1월 이상의 일정한 기간 내에 이를 제출할 것을 공고하고, 알고 있는 채권자에 대하여는 각별로 통지하여야 한다(상법 제232조 제1항, 제527조의5 제1항, 제603조). 채권자가 위 기간 내에 이의를 제출하지 아니한 때에는 합병을 승인한 것으로 본다(상법 제232조 제3항, 제269조, 제527조의5 제3항, 제603조). 만약 이의를 제출한 채권자가 있는 때에는 회사는 그 채권자에 대하여 변제하거나, 상당한 담보를 제공하거나, 이를 목적으로 상당한 재산을 신탁회사에 신탁하여야 한다(상법 제232조 제3항, 제269조, 제527조의5 제3항, 제603조). 합병당사회사가 이러한 절차를 결한 때에는 합병무효의 소의 원인이 되고 또한 과태료의 제재를 받는다(상법 제635조, 제1항 제14호).

주식회사의 사채권자가 회사에 이의를 제출하는 경우에는 사채권자집회의 결의가 있어야 하며, 이 경우에 법원은 이해관계인의 청구에 의해 이의기간을 연장할 수 있다. 이 기간연장은 사채권자만을 위해 효력이 있다(상법 제530조 제2항, 제439조 제3항).

(5) 기타 절차

신설합병의 경우에는 합병결의와 동일한 방법으로 당사회사에서 설립위원을 선임하여야 하며(상법 제175조 제2항), 그 설립위원이 공동으로 정관의 작성 기타 회사의 설립에 관한 행위를 하여야 한다(상법 제175조 제1항). '공동으로' 하여야 한다는 것은 설립위원 전원의 합의를 요하며 설립위원 전원의 이름으로 하여야 함을 뜻한다.

합병으로 인한 신설회사 또는 존속회사가 물적회사인 때에는 신설회사의 설립위원 또는 존속회사의 이사는 합병절차가 완료된 후 지체없이 창립총회 또는 보고총회를 소집하고 합병에 관한 사항을 보고하여야 한다(상법 제526조, 제527조, 제603조). 다만 주식회사에 있어서는 흡수합병뿐만 아니라 신설합병의 경우에도 이사회의 결의에 의한 공고로써 주주총회의 보고에 갈음할 수 있다(상법 제526조 제3항, 제527조 제4항).

(6) 합병등기

위의 합병절차가 모두 끝난 때에는 합병의 최종절차로써 합병등기를 하여야 한다. 합병절차가 종료됨으로써 존속회사는 회사의 변경등기를, 소멸회사는 해산등기를 그리고 신설회사는 설립등기를 한다. 합병등기는 본점소재지에서는 2주간 내, 지점소재지에서는 3주간 내에 하여야 하는데, 이때 등기기간의 기산일은 인적회사의 경우 명문의 규정이 없어 합병기일(사실상 합병실행을 한 날)로 보아야 하며, 물적회사의 경우 보고총회(흡수합병의 경우) 또는 창립총회(신설합병의 경우)가 종결한 날이다(상법 제233조, 제269조, 제528조 제1항, 제602조).

합병등기는 단순한 대항요건이 아니라, 합병의 효력발생요건이다. 따라서 합병은 합병에 따른 변경등기, 소멸등기 또는 설립등기를 한 때에 비로소 그 효력이 발생한다(상법 제234조, 제269조, 제530조 제2항, 제603조).

다. 합병의 효과

합병으로 인해 1개 이상의 회사의 소멸과 아울러 존속하는 회사의 변경(흡수합병의 경우) 또는 회사의 신설(신설합병의 경우)이 동시에 일어난다(상법 제227조 제4호, 제269조, 제517조 제1호, 제609조 제1항 제1호). 합병으로 인해 소멸회사의 법인격은 해산이나 청산절차를 밟지 않더라도 법률에 의해(ipso iure) 곧바로 소멸하게 된다. 이와 아울러 존속회사 또는 신설회사는 소멸회사의 모든 권리·의무를 포괄적으로 승계한다(상법 제235조, 제269조, 제530조 제2항, 제603조). 승계되는 권리·의무에는 공법상의 권리·의무도 포함된다.[10) 합병에 의한 재산이전은 법률의 규정에 의한 것이므로 소멸회사의 물권이 존속회사나 신설회사에로 이전하더라도 등기나 등록 등 별도의 공시방법을 요하지 아니하며, 채권이나 채무도 별도의 채권양도 및 채무인수 절차가 없더라도 당연히 이전하게 된다.[11)

또한 합병에 의해 소멸회사의 사원은 존속회사나 신설회사의 사원이 되는 것이 원칙이다(상법 제523조 제3항, 제524조 제2호, 제603조 참조). 사원수용의 구체적인 조건은 합병계약에 따라 정해진다.

그 외, 소송당사자인 회사가 합병으로 인해 소멸한 때에는 소송절차가 중단되고 존속회사 또는 신설회사가 이 소송절차를 수계하여야 한다(민사소송법 제234조).

---

10) 대법원 1980. 3. 25. 선고 77누265 판결.
11) 다만 권리가 이전하더라도 이전한 권리로써 제3자에게 대항하기 위해서는 대항요건을 갖추어야 한다. 예컨대 합병재산에 다른 회사가 발행한 기명주식이 있는 경우에 그 발행회사에 대항하기 위해서는 명의개서를 하여야 한다(상법 제337조 제1항 참조).

라. 합병의 무효(합병무효의 소)

(1) 무효의 원인

합병은 복수의 법인이 복잡한 절차를 거쳐 하나로 합일하는 단체법상의 행위이므로 필연적으로 이해관계인이 다수 등장할 수밖에 없다. 따라서 설령 합병에 하자가 있다 하더라도 이해관계인에게 개별적인 무효주장을 허용하게 되면 합병으로 인한 회사의 법률관계에 혼란을 초래한다. 그래서 상법은 법률관계의 안정과 획일적인 확정을 위하여 이해관계인은 합병의 무효를 소에 의해서만 주장할 수 있도록 하였다. 그러한 의미에서 합병무효의 소는 형성의 소이다.

합병무효의 원인으로는 ① 합병에 관한 제한규정을 위반한 경우, ② 합병계약서의 법정요건이 흠결될 경우, ③ 합병결의에 무효나 취소의 원인이 있는 경우, ④ 채권자 보호절차를 이행하지 않은 경우, ⑤ 합병 후 창립총회나 보고총회를 소집하지 않은 경우, ⑥ 종류주주총회가 없는 경우, ⑦ 파산한 회사가 존립중의 회사에 흡수합병된 경우, ⑧ 신설합병에 있어서 설립위운에 의한 정관작성이 없는 경우, ⑨ 합병에 필요한 인·허가를 받지 않은 경우, ⑩ 합병비율이 현저히 불공정한 경우12) 등이다.

(2) 당사자 및 소 절차

합병무효의 소의 제소권자는 인적회사의 경우 각 회사의 사원·청산인·파산관재인 또는 합병을 승인하지 않은 회사채권자에 한하고(상법 제236조 제1항, 제269조), 물적회사의 경우 각 회사의 주주·이사·감사·청산인·파산관재인 또는 합병을 승인하지 않은 회사채권자에 한정된다(상법 제529조 제1항, 제603조). 합병무효의 소의 피고는 존속회사 또는 신설회사이다.

합병무효의 소는 합병등기 후 6월 내에 제기하여야 한다(상법 제236조 제2항, 제269조, 제529조 제2항, 제603조). 상법은 합병무효의 소에 관하여 소의 전속관할, 소제기의 공고, 소의 병합심리, 하자의 보완과 청구의 기각 등에 관하여 설립무효의 소에 관한 규정을 준용하도록 정하고 있다(상법 제240조 → 제186조~제190조, 제269조, 제530조 제2항, 제603조). 합병무효의 소가 제기된 경우에 회사는 원고의 악의를 소명하

---

12) 대법원 2009. 4. 23. 선고 2005다22701, 22718 판결.

고 원고에게 상당한 담보를 제공하도록 명할 것을 법원에 청구할 수 있고, 법원은
회사의 청구에 의하여 원고에게 상당한 담보를 제공할 것을 명할 수 있다(상법 제237
조 → 제176조 제3항·제4항, 제530조 제2항, 제603조).

(3) 합병무효판결의 효과

(가) 판결의 효력

단체법적 특성상 다른 회사법상 소송의 경우와 마찬가지로, 합병무효의 소도 합병
당사회사뿐만 아니라 기타 이해관계인들 사이의 법률관계를 획일적으로 확정해야
하므로, 합병무효판결은 원·피고뿐 아니라 제3자에게도 효력이 미친다(상법 제240조
→ 제190조 본문, 제269조, 제530조 제2항, 제603조). 따라서 무효판결이 확정된 후에는
누구도 새로이 그 효력을 다투지 못한다. 또한 합병무효의 판결의 효력은 소급하지
않고 장래에 향해서만 효력이 미치므로 그 판결 확정 전에 생긴 회사와 주주(사원)
사이 또는 회사와 제3자 사이의 법률관계는 합병무효의 판결에 의해 영향을 받지 않
는다(상법 제240조 → 제190조 본문, 제269조, 제530조 제2항, 제603조). 따라서 합병 이
후 무효판결확정시까지 한 회사의 조직법적 행위13) 외에 회사와 제3자와의 거래행
위 등은 모두 유효하다. 따라서 합병 후 판결확정시까지 존속회사 또는 신설회사의
지위는 이른바 '사실상의 회사'로서 존재한다.14)

(나) 합병무효의 등기

합병무효의 판결이 확정된 때에는 합병회사는 합병 전의 상태로 돌아가게 되므로
그러한 상태를 공시하기 위하여, 본점과 지점의 소재지에서 존속회사는 변경등기를,
신설회사는 해산등기를, 소멸회사는 회복등기를 하여야 한다(상법 제238조, 제269조,
제530조 제2항, 제603조).

(다) 무효판결에 따른 재산관계의 처리

합병무효의 판결이 확정되면 장래에 향하여 합병전의 복수의 회사 상태로 환원된
다. 따라서 흡수합병의 경우에는 소멸한 회사는 부활함과 동시에 존속회사는 합병전
회사로 돌아가고, 신설합병의 경우에는 소멸한 당사회사들이 모두 부활하면서 신설
회사는 소멸하게 된다. 이에 따라 합병으로 인해 승계한 권리·의무 및 합병 후 취득

---

13) 주주총회의 결의, 이사의 책임, 신주발행, 채권발행 등.
14) 이철송, 회사법강의, 136면.

한 재산 및 부담한 채무의 처리에 관한 문제가 남게 된다. 이에 대해 상법은 합병 후 신설회사 또는 존속회사가 부담한 채무는 합병당사회사들이 연대하여 변제할 책임을 부과하고, 반대로 합병 후 취득한 재산에 대하여는 공유로 하고 있다(상법 제239조 제1항, 제269조, 제530조 제2항, 제603조). 각 경우에 있어서 협의에 의해 연대채무에 대한 각자의 부담부분 및 공유재산에 대한 각자의 지분을 정하지 못하는 때에는, 청구에 의하여 법원이 합병당시의 각 당사회사의 재산상태 기타의 사정을 참작하여 이를 정한다(상법 제239조 제3항, 제269조, 제530조 제2항, 제603조).

2. 회사의 분할

가. 회사분할의 의의

일반적으로 분할(division; Spaltung)은 합병에 반대되는 제도이다. 그러한 의미에서 회사의 분할이란 1개의 회사가 2개 이상의 회사로 분할되어 분할 전 회사(피분할회사)의 권리·의무가 분할 후 회사에 포괄승계되고 원칙적으로 분할 전 회사의 사원이 분할 후 회사의 사원이 되는 회사법상의 법률요건을 말한다.[15] 그런데 이와는 별도로 분할된 일부회사가 기존의 다른 회사에 흡수합병되거나 기존의 회사들과 함께 신설합병될 수도 있는데, 상법은 이러한 분할합병까지도 분할의 유형에 포함하고 있다. 그러한 의미에서 회사의 분할이란 하나의 회사의 영업을 둘 이상으로 분리하고 분리된 영업재산을 자본으로 하여 회사를 신설하거나 다른 회사와 합병시키는 조직법적 행위라고 할 수 있다.[16]

합병에서와 마찬가지로 분할에 의해 분할 전 회사의 권리·의무와 사원이 분할 후 회사에 포괄적으로 이전되는 현상을 어떻게 설명할 것인가를 두고 합병의 법적 성질에 관한 학설의 대립이 있다. 여기에는 (i) 인적요소를 중시하여, 회사의 합병을 인격의 합일로 본 것과 같이 회사의 분할을 인격의 분할로 보는 견해[17]와 (ii) 물적요소를 중시하여, 회사의 분할을 현물출자의 한 모습으로 보는 견해[18]로 나뉜다. 이러

---

15) 정찬형, 회사법강의, 126면.
16) 이철송, 회사법강의, 1161면.
17) 정찬형, 회사법강의, 133면.
18) 정동윤, 회사법, 840면.

한 학설대립은 분할을 단체법적 시각에서 보느냐 아니면 재산법적 시각에서 보느냐 하는 시각차에서 비롯한다. 생각건대 분할은 합병의 경우와 마찬가지로 일반적인 회사설립절차에 의하지 않고도 법률의 규정에 의해(ipso iure) 회사의 법인격이 복수로 인정되는 것이 핵심을 이루는 것이고, 그에 따른 재산의 이전은 부수적인 의미를 가지는 특수한 단체법적 현상으로 이해함이 타당하다.

나. 분할의 유형

회사분할이 합병과 관련을 갖는지 여부에 따라, 합병과 관련을 갖지 않는 단순분할과 합병과 결합된 분할합병으로 구분된다.

단순분할은 피분할회사가 영업부문을 수개로 분할하여 분할된 영업 중의 1개 또는 수개를 각각 출자하여 1개 또는 수개의 회사를 신설하는 것을 의미한다(상법 제530조의2 제1항). 여기에는 분할 전 회사(피분할회사)가 소멸되는 완전분할[19]과 분할 전 회사가 존속하는 불완전분할[20]이 있다(상법 제530조의5 제1항, 제2항 참조).

분할합병이란 어느 회사(분할 전 회사)가 분할한 후에 그 분할된 부분이 다른 기존회사나 다른 회사의 분할된 부분과 합병하여 하나의 회사가 되는 형태를 말한다(상법 제530조의2 제2항). 분할합병은 다시 분할되는 부분이 다른 회사에 흡수되는 흡수분할합병(상법 제530조의6 제1항 참조)과 분할된 부분이 다른 기존회사 또는 다른 회사의 분할된 부분과 합쳐져 회사를 신설되는 신설분합합병으로 나뉜다(상법 제530조의6 제2항 참조).

단순분할과 분할합병을 결합한 형태로, 분할한 영업의 일부로는 회사를 신설하고 다른 일부로는 다른 존립중인 회사와 합병시키는 방법도 인정된다(상법 제530조의2 제3항).

또한 분할은 분할 전 회사의 사원(주주)이 분할 후 회사의 사원(주주)이 되는지 여부에 따라, 인적분할과 물적분할로 구분된다. 인적분할은 피분할회사의 분할부분에 해당하는 분할회사의 지분(신주)을 피분할회사의 주주에게 배정하는 형태의 회사분할을 말하는 것으로, 우리 상법뿐만 아니라 대부분의 입법례가 취하는 분할의 원칙적·전통적인 형태이다. 그에 반해 물적분할은 피분할회사의 분할부분에 해당하는

---

19) 이를 소멸분할 또는 전부분할이라고도 한다.
20) 이를 존속분할 또는 부분분할이라고도 한다.

분할회사의 지분(신주)을 피분할회사의 사원(주주)에게 배정하지 않고 피분할회사가 취득함으로써 자회사를 설립하는 형태의 분할을 말한다(상법 제530조의12).

다. 분할절차

(1) 분할계획서 또는 분할합병계약서의 작성

회사의 분할절차는 단순분할의 경우 분할계획서를, 분할합병의 경우 분할합병계약서를 작성함으로써 진행된다(상법 제530조의3 제1항 전단).

(가) 분할계획서의 작성: 단순분할의 경우

단순분할의 경우에도 소멸분할인지 아니면 존속분할인지에 따라 분할계획서에 기재할 사항에 차이가 있다.

⚖️ 소멸분할의 분할계획서(상법 제530조의5 제1항)

① 설립되는 회사의 상호, 목적, 본점의 소재지 및 공고의 방법
② 설립되는 회사가 발행할 주식의 총수 및 1株의 금액
③ 설립되는 회사가 분할 당시에 발행하는 주식의 총수, 종류 및 종류별 주식의 수
④ 분할되는 회사의 주주에 대한 설립되는 회사의 주식의 배정에 관한 사항 및 배정에 따른 주식의 합병 또는 분할을 하는 경우에는 그에 관한 사항
⑤ 분할되는 회사의 주주에게 지급할 금액을 정한 때에는 그 규정
⑥ 설립되는 회사의 자본과 준비금에 관한 사항
⑦ 설립되는 회사에 이전될 재산과 그 가액
⑧ 제530조의9 제2항의 정함이 있는 경우에는 그 내용
⑨ 설립되는 회사의 이사와 감사를 정한 경우에는 그 성명과 주민등록번호
⑩ 설립되는 회사의 정관에 기재할 그 밖의 사항
⑪ 설립방법의 기재

⚖️ 존속분할의 분할계획서(동법 제530조의5 제2항)

① 감소할 자본과 준비금의 액
② 자본감소의 방법
③ 분할로 인하여 이전할 재산과 그 가액

④ 분할 후의 발행주식의 총수

⑤ 회사가 발행할 주식의 총수를 감소하는 경우에는 그 감소할 주식의 총수, 종류 및 종류별 주식의 수

⑥ 정관변경을 가져오게 하는 그 밖의 상황

⚖️ 신설분할합병의 분할합병계약서(상법 제530조의6 제2항)

① 제530조의5 제1항 제1호·제2호·제6호 내지 제10호에 규정된 사항

② 설립되는 회사가 분할합병을 함에 있어서 발행하는 주식의 총수, 종류 및 종류별 주식의 수

③ 각 회사의 주주에 대한 주식의 배정에 관한 사항과 배정에 따른 주식의 병합 또는 분할을 하는 경우에는 그 규정

④ 각 회사가 설립되는 회사에 이전할 재산과 그 가액

⑤ 각 회사의 주주에게 지급할 금액을 정한 때에는 그 규정

⑥ 각 회사에서 제530조의3 제2항의 결의를 할 주주총회의 기일

⑦ 분할합병을 할 날

(나) 분할합병계약서의 작성: 분할합병의 경우

⚖️ 흡수분할합병의 분할합병계획서(상법 제530조의6 제1항)

① 분할합병의 상대방 회사가 분할합병으로 인하여 발행할 주식의 총수를 증가하는 경우에는 증가할 주식의 총수, 종류 및 종류별 주식의 수

② 분할합병의 상대방 회사가 분할합병을 함에 있어서 발행하는 신주의 총수, 종류 및 종류별 주식의 수

③ 분할되는 회사의 주주에 대한 분할합병의 상대방 회사의 주식의 배정에 관한 사항 및 배정에 따른 주식의 병합 또는 분할을 하는 경우에는 그에 관한 사항

④ 분할되는 회사의 주주에 대하여 분할합병의 상대방 회사가 지급할 금액을 정한 때에는 그 규정

⑤ 분할합병의 상대방 회사의 증가할 자본의 총액과 준비금에 관한 사항

⑥ 분할되는 회사가 분할합병의 상대방 회사에 이전할 재산과 그 가액

⑦ 제530조의9제3항의 정함이 있는 경우에는 그 내용

⑧ 각 회사에서 제530조의3제2항의 결의를 할 주주총회의 기일

⑨ 분할합병을 할 날
⑩ 분할합병의 상대방 회사의 이사와 감사를 정한 때에는 그 성명과 주민등록번호
⑪ 분할합병의 상대방 회사의 정관변경을 가져오게 하는 그 밖의 사항

---

(2) 분할관련서류의 공시

분할되는 회사의 이사는 분할계획서의 승인을 위한 주주총회의 회일의 2주 전부터 분할의 등기를 한 날 또는 분할합병을 한 날 이후 6월간 ① 분할계획서 또는 분할합병계약서, ② 분할되는 부분의 대차대조표, ③ 분할합병의 경우 분할합병의 상대방 회사의 대차대조표, ④ 분할되는 회사의 주주에게 발행할 주식의 배정에 관하여 그 이유를 기재한 서면 등의 서류를 본점에 비치하여야 한다(상법 제530조의7 제1항).

분할합병의 상대방 회사의 이사는 분할합병을 승인하는 주주총회의 회일의 2주 전부터 분할합병의 등기를 한 후 6월간 ① 분할합병계약서, ② 분할되는 회사의 분할되는 부분의 대차대조표, ③ 분할되는 회사의 주주에게 발행할 주식의 배정에 관하여 그 이유를 기재한 서면 등의 서류를 본점에 비치하여야 한다(상법 제530조의7 제2항).

주주 및 회사채권자는 영업시간 내에는 언제든지 위의 분할계획서·분할합병계약서 관련 공시서류의 열람을 청구하거나, 회사가 정한 비용을 지급하고 그 등본 또는 초본의 교부를 청구할 수 있다(상법 제530조의7 제3항).

(3) 주주총회의 승인결의

회사가 분할 또는 분할합병을 하는 때에는 작성한 분할계획서 또는 분할합병계약서를 작성하여 주주총회의 특별결의에 의한 승인을 얻어야 한다(상법 제530조의3 제1항, 제2항). 즉 분할회사뿐만 아니라 기존의 승계회사의 주주총회의 승인결의가 있어야만 한다. 다만, 신설되는 승계회사의 승인결의는 필요없다.[21]

분할계획서 또는 분할합병계약서에 대한 주주총회의 승인결의에는 의결권없는 주식의 주주도 의결권을 행사할 수 있다(상법 제530조의3 제3항). 승인결의를 위한 주주총회를 소집하기 위한 소집통지와 공고에는 분할계획 또는 분할합병계약의 요령을 기재하여야 한다(상법 제530조의3 제4항). 회사의 분할 또는 분할합병으로 인하여 분

---

21) 권기범, 기업구조조정법, 409면.

할 또는 분할합병에 관련되는 각 회사의 주주의 부담이 가중되는 경우에는 그 주주 전원의 동의가 있어야 한다(상법 제530조의3 제6항).

분할합병의 경우 간이합병·소규모합병에 관한 규정이 준용되므로 분할합병의 주주총회 승인결의는 이사회결의로 갈음할 수 있다(상법 제530조의11 제2항).

(4) 채권자보호절차

(가) 분할합병의 경우

분할합병을 한 때에는 피분할회사로부터 상대방회사로 영업(재산)이 이전하기 때문에 분할당사회사의 채권자의 이해관계에 중대한 영향을 미친다. 이에 상법은 분할 당사회사의 채권자를 보호하기 위하여 합병에 있어서 채권자보호절차에 관한 규정을 준용하고 있다. 그 내용을 보면 다음과 같다.

회사는 분할계획서 또는 분할합병계약서에 대한 주주총회의 승인결의가 있은 날부터 2주 내에 채권자에 대하여 합병에 이의가 있으면 1월 이상의 기간 내에 이를 제출할 것을 공고하여야 하고, 또한 알고 있는 채권자에 대하여는 따로따로 이를 최고하여야 한다(상법 제530조의11 제2항 → 제527조의5 제1항). 채권자가 위의 기간 내에 이의를 제출하지 아니한 때에는 합병을 승인한 것으로 본다(상법 제530조의11 제2항 → 제527조의5 제3항 → 제232조 제2항). 이의를 제출한 채권자가 있는 때에는 회사는 그 채권자에 대하여 변제 또는 상당한 담보를 제공하거나 이를 목적으로 하여 상당한 재산을 신탁회사에 신탁하여야 한다(상법 제530조의11 제2항 → 제527조의5 제3항 → 제232조 제3항). 사채권자가 이의를 제기하려면 사채권자집회의 결의가 있어야 한다. 이 경우에는 법원은 이해관계인의 청구에 의하여 사채권자를 위하여 이의 제기 기간을 연장할 수 있다(상법 제530조의9 제4항 → 제439조 제3항).

(나) 단순분할의 경우

단순분할의 경우에는 원칙적으로 신설회사들이 분할회사의 채무에 관해 연대책임을 지므로 책임재산이나 책임주체에도 실질적인 변동이 없기 때문에 채권자보호를 위한 절차가 필요하지 않다. 그러나 단순분할을 하더라도 신설회사의 책임이 제한되는 경우(상법 제530조의9 제2항)에는 분할회사의 채권자를 보호하기 위하여, 상법은 이러한 경우에 채권자의 이의제출권을 인정하고 있다(상법 제530조의9 제4항 → 제527조의5).

(5) 기타절차

회사의 단순분할 또는 분할합병에 의하여 회사가 설립되는데, 여기에는 주식회사의 설립에 관한 규정이 준용된다(상법 제530조의4 제1항). 그렇지만 분할에 의하여 설립되는 회사는 분할되는 회사의 출자만으로도 설립할 수 있다. 이 경우 분할되는 회사의 주주에게 그 주주가 가지는 그 회사의 주식의 비율에 따라서 설립되는 회사의 주식이 발행되는 때에는 제299조의 검사인의 조사·보고에 관한 규정을 적용하지 아니 한다(상법 제530조의4 제2항).

회사의 분할 또는 분할합병으로 인한 신설회사 또는 존속회사가 존재하는 경우에는 회사의 이사는 창립총회(신설회사의 경우) 및 보고총회(존속회사의 경우)를 개최하여 분할 또는 분할합병의 전말을 주주들에게 보고하여야 한다. 다만 이사회는 공고로써 주주총회에 대한 보고에 갈음할 수 있다(상법 제530조의11 제1항 → 제526조).

라. 분할등기

회사의 분할 또는 분할합병의 절차가 종료된 때에는 회사분할의 등기를 하여야 한다. 즉 분할로 인해 존속하는 회사에 대하여는 변경등기를, 소멸하는 회사에 대하여는 해산등기를 하고, 단순분할이나 신설분할합병의 경우에 신설회사에 대하여는 설립등기를 하여야 한다. 이러한 분할등기는 분할계획서 또는 분할합병계약서의 승인을 위한 주주총회가 종결한 날 또는 보고에 갈음하는 공고일, 제527조의 창립총회가 종결한 날 또는 보고에 갈음하는 공고일로부터 본점소재지에서는 2주 내, 지점소재지에서는 3주 내에 하여야 한다(상법 제530조의11 제1항 → 제528조 제1항). 이러한 분할등기가 완료됨으로써 회사의 분할은 그 효력이 생긴다(상법 제530조의11 제1항 → 제234조).

분할등기 후에는 분할절차의 하자를 다투기 위해서는 오로지 분할무효의 소에 의해서만 가능하다.

마. 회사분할의 효과

회사의 분할로 인하여 피분할회사는 별도의 청산절차없이 해산등기만으로 소멸하거나(소멸분할), 정관변경과 자본금 감소를 통하여 존속하게 된다(존속분할). 이와 아울러 승계회사사 신설되거나(단순분할·물적분할·신설분할합병), 기존의 승계회사에 주주의 구성이나 정관 등의 변경이 있게 된다(흡수분할합병).

회사의 분할로 인한 신설회사 또는 존속회사는 분할계획서 또는 분할합병계획서에 정한 바에 따라 피분할회사의 권리·의무를 승계한다(상법 제530조의10). 이때의 '승계'란 합병에 있어서의 포괄승계가 아니라, 분할계획서 또는 분할합병계획서에 따른 부분적 포괄승계이다. 그렇지만 그러한 재산의 승계는 법률의 규정에 근거한 것이므로(민법 제187조 참조), 재산의 이전에 별도의 공시방법을 요하지 않는다고 해석된다.[22] 또한 지명채권양도의 대항요건(민법 제450조)이나 채무인수에 대한 채권자의 승낙(민법 제454조 제1항) 등의 규정들은 적용되지 아니한다.

분할 또는 분할합병으로 인하여 설립되는 회사 또는 존속하는 회사는 분할 또는 분할합병전의 회사채무에 관하여 연대하여 변제할 책임이 있다(상법 제530조의9 제1항).[23] 그러나 분할에 의해 회사가 설립하는 경우(단순분할)에는 분할되는 회사의 채무 중에서 출자한 재산에 관한 채무만을 부담할 것을 정할 수 있다. 이 경우 분할되는 회사가 분할 후에 존속하는 때에는 분할로 인하여 설립되는 회사가 부담하지 아니하는 채무만을 부담한다(상법 제530조의9 제2항). 이때에는 채권자의 이의제출권이 인정된다(상법 제530조의9 제4항).

바. 회사분할의 무효(분할무효의 소)

회사분할에 있어서도 다수의 이해관계인이 관여되기 때문에 상법은 법률관계의 획일적 확정을 위하여 회사분할무효의 소를 인정하면서, 합병무효의 소에 관한 규정을 준용하고 있다(상법 제 530조의11 제1항 → 제529조).

분할무효의 소를 제기할 수 있는 자는 회사의 주주·이사·감사·청산인·파산관재인 또는 합병을 승인하지 않은 회사채권자에 한정된다(상법 제530조의11 → 제529조 제1항). 소의 피고는, 피분할회사가 존속하는 경우에는 피분할회사와 신설회사 또는 존속회사이고, 피분할회사가 소멸하는 경우에는 신설회사 또는 존속회사이다. 이처럼 수개의 회사가 존재하는 경우에는 판결의 효력이 획일적으로 미치기 위하여 모

---

22) 同旨 이철송, 회사법강의, 1195면.
23) 이러한 연대책임의 성질에 대하여 판례는 분할당사회사들 사이에 주관적 공동관계가 있다고 보기 어렵다는 이유로 분할당사회사들 사이의 부진정연대채무관계로 보고 있다(대법원 2010. 8. 26. 선고 2009다95769 판결).

든 회사를 공동피고로 하는 필수적 공동소송으로 하여야 한다.[24)]

분할무효의 소는 분할등기가 있은 날로부터 6월 내에 제기하여야 한다(상법 제529 조 제2항). 기타 소의 전속관할(상법 제186조), 소제기의 공고(상법 제187조), 소의 병 합심리(상법 제188조), 하자의 보완과 청구의 기각(상법 제189조), 판결의 효력(상법 제 190조), 패소원고의 책임에 관한 규정(상법 제191조) 등에 관한 설립무효의 소에 관한 규정은 합병무효의 소에 관한 규정을 경유하여 분할무효의 소에도 준용된다(상법 제 530조의11 제1항).

분할무효의 판결이 확정되면 본점과 지점의 소재지에서 존속회사는 변경등기를, 신설회사는 해산등기를, 소멸회사는 회복등기를 하여야 한다(상법 제530조의11 제1항 → 제238조).

분할을 무효로 하는 판결은 대세적 효력이 있어 원·피고 외에 제3자에 대해서도 효력이 있다(상법 제530조의11 제1항 → 제240조 → 제190조 본문). 또한 분할무효판결 의 효력은 장래에 향해서만 효력이 미치므로, 판결확정 전에 생긴 신설회사 또는 존 속회사의 주주 및 제3자 간의 권리·의무에는 영향을 미치지 않는다(상법 제530조의 11 제1항 → 제240조 → 제190조 단서).

분할무효판결이 확정되면 분할회사는 분할 후 존속한 회사 또는 분할로 인하여 설립된 회사의 분할 후 부담한 채무에 대하여 연대하여 변제할 책임이 있다(상법 제 530조의11 제1항 → 제239조 제1항). 분할 후 존속한 회사 또는 분할로 인하여 설립한 회사의 분할 후 취득한 재산은 분할한 회사의 공유로 한다(상법 제530조의11 제1항 → 제239조 제2항). 각 회사의 협의로 그 부담부분 또는 지분을 정하지 못한 때에는 법 원은 그 청구에 의하여 분할 당시의 각 회사의 재산상태 기타의 사정을 참작하여 이 를 정한다(상법 제530조의11 제1항 → 제239조 제3항).

---

24) 이철송, 회사법강의, 1207면; 최기원, 신회사법론, 1213면.

Ⅲ. 상법 외 특별법상 법인의 합병 · 분할

1. 농업협동조합

가. 합병 및 분할의 절차

(1) 합병의 절차

농업협동조합의 합병에 관해서는 농업협동조합법 제75조에 그 근거와 절차를 규정하고 있다. 지역농협이 다른 조합과 합병하는 때에는 합병계약서를 작성하고 각 총회의 의결을 얻어야 한다(제1항). 이때 합병으로 인하여 지역농협을 설립하는 때에는 각 총회에서 설립위원을 선출하여야 하는데(제3항), 이때 설립위원의 정수는 20인 이상으로 하고 합병하고자 하는 각 조합의 조합원 중에서 동수를 선임한다(제4항). 설립위원은 설립위원회를 개최하여 정관을 작성하고 임원을 선임하여 농림수산식품부장관의 인가를 받아야 한다(제2항, 제5항). 합병에 의한 지역농협의 설립에 관하여는 합병설립의 성질에 반하지 아니하는 동법 제2절의 설립에 관한 규정을 준용하고(제7항), 조합의 합병무효에 관하여는 상법 제529조의 규정을 준용한다(제8항). 또한 농업협동조합법 제79조에서는 합병으로 인한 권리의무의 승계에 대하여 규정하고 있는데, 합병 후 존속하거나 설립되는 지역농협은 소멸되는 지역농협의 권리의무를 승계하는 것으로 하고(제1항), 지역농협의 합병 후 등기부 기타 공부에 표시된 소멸된 지역농협의 명의는 존속되거나 설립된 합병지역농협의 명의로 본다(제2항).

(2) 분할의 절차

농업협동조합의 분할에 관해서는 농업협동조합법 제77조에 그 근거와 절차를 규정하고 있다. 지역농협이 분할하는 때에는 분할설립되는 조합이 승계하여야 하는 권리의무의 범위를 총회에서 의결하여야 한다(제1항). 분할에 의한 조합의 설립에 관하여는 분할설립의 성질에 반하지 아니하는 한 동법 제2절의 설립에 관한 규정을 준용한다(제2항).

나. 채권자보호절차

출자감소에 따른 채권자의 보호규정(농업협동조합법 제72조, 제73조)은 지역농협의 합병·분할의 경우에 이를 준용한다(동법 제80조). 따라서 지역농협이 합병·분할을 의결한 때에는 그 의결이 있은 날부터 2주 이내에 대차대조표를 작성하여야 한다(동법 제72조 제1항). 이때 이의가 있는 채권자는 일정한 기일 내에 이를 진술하라는 취지를 정관이 정하는 바에 따라 1월 이상 공고하고, 이미 알고 있는 채권자에 대하여는 따로 이를 최고하여야 한다(동법 제72조 제2항). 이때의 공고 또는 최고는 제1항의 규정에 의한 의결이 있은 날부터 2주일 이내에 하여야 한다(동법 제72조 제3항). 만약 채권자가 동 기간 내에 지역농협의 출자감소에 관한 의결에 대하여 이의를 진술하지 아니한 때에는 이를 승인한 것으로 본다(동법 제73조 제1항). 만약 채권자가 이의를 진술한 때에는 지역농협이 이를 변제하거나 상당한 담보를 제공하지 아니하면 그 의결은 효력을 발생하지 아니한다(동법 제73조 제2항).

다. 합병의 등기절차와 효력

지역농협이 합병한 때에는 합병한 날부터 2주 이내에 그 사무소의 소재지에서 합병후 존속하는 지역농협은 변경등기를, 합병으로 소멸되는 지역농협은 해산등기를, 합병으로 설립되는 지역농협은 설립등기를 각 사무소의 소재지에서 하여야 한다(농업협동조합법 제95조 제1항).

지역농협의 합병은 합병후 존속하거나 설립되는 지역농협이 그 주된 사무소의 소재지에서 제95조의 규정에 의한 등기를 함으로써 그 효력을 가진다(동법 제81조). 이러한 점에서 존속조합의 변경등기나 신설조합의 설립등기는 창설적 효력을 가진다.

2. 산림조합 · 수산업협동조합 등

산림조합이나 수산업협동조합에 대해서도 각각의 법률이 조합의 합병 · 분할에 대한 규정을 두고 있지만, 그 내용은 상기한 농업협동조합의 그것과 대동소이하다.

가. 산림조합

산림조합의 경우에도 조합이 다른 조합과 합병하는 때에는 합병계약서를 작성하고 각 총회의 의결을 얻어야 하고(산림조합법 제61조 제1항), 합병에 관하여 시 · 도지사의 인가를 받아야 한다(동조 제2항). 합병으로 인하여 조합을 설립하는 때에는 각 총회에서 설립위원을 선출하여야 하고(동조 제3항), 설립위원의 정수는 20인 이상으로 하고 합병하고자 하는 각 조합의 조합원 중에서 동수를 선임한다(동조 제4항). 합병 후 존속하거나 합병으로 인하여 설립되는 조합은 소멸되는 조합의 권리·의무를 승계하며(동법 제63조 제1항), 조합의 합병 후 등기부 기타 공부에 표시된 소멸된 조합의 명의는 존속되거나 설립된 합병조합의 명의로 본다(동조 제2항).

분할에 관해서도 조합이 분할하는 때에는 분할설립되는 조합이 승계하여야 하는 권리·의무의 범위를 총회에서 의결하여야 하며(동법 제66조 제1항), 분할에 의한 조합의 설립에 관하여는 분할설립의 성질에 반하지 아니하는 한 조합설립에 관한 규정이 준용된다(동조 제2항). 또한 채권자보호를 위한 공고절차(동법 제65조)나 합병등기 절차(동법 제80조) 등도 농업협동조합의 그것과 같다.

나. 수산업협동조합

수산업협동조합의 경우에도 합병으로 인하여 지구별 수협을 설립하는 때에는 합병하고 하는 각 조합의 조합원 중에서 조합원수의 비율로 20인 이상 30인 이하의 설립위원을 총회에서 선출하여야 한다(수산업협동조합법 제78조 제1항, 제2항). 지구별 수협이 다른 조합과 합병하는 때에는 합병계약서를 작성하고 각 총회의 의결을 얻어야 하고(동법 제77조 제1항), 해양수산부장관의 인가를 받아야 한다(동법 제77조 제2항). 지구별 수협의 합병은 합병 후 존속하거나 설립되는 지구별 수협이 그 주된 사무소의 소재지에서 설립등기를 함으로써 그 효력을 가진다(동법 제83조).

지구별 수협이 분할하는 때에는 분할 후 설립되는 조합이 승계하여야 하는 권리의무의 범위를 총회에서 의결하여야 한다(동법 제80조 제1항). 그리고 합병으로 인한 권리의무의 승계(동법 제81조), 합병등기절차(동법 제97조), 합병·분할의 공고 및 최고 등(동법 제82조)에 관한 규정도 농업협동조합의 그것과 차이가 없다.

다. 새마을금고

또한 새마을금고법상 새마을금고의 경우에도 앞의 농협, 산림조합, 수산업협동조합의 그것과 차이가 별로 없다. 합병을 위해서는 합병계약서의 작성 → 총회의 의결 → 주무관청(행정안전부)의 인가의 순으로 진행된다(새마을금고법 제37조). 합병 후 존속할 금고나 합병으로 설립되는 금고는 합병으로 소멸되는 금고의 권리와 의무를 승계하고(동법 제39조 제1항), 금고를 합병한 후 등기부나 그 밖의 공부에 표시된 소멸된 금고의 명의는 존속되거나 설립된 합병 금고의 명의로 본다(동법 제39조 제2항).

라. 중소기업협동조합

중소기업협동조합의 경우에도 합병에 관해서는 중소기업협동조합법 제74조 내지 제76조에서, 분할에 관해서는 중소기업협동조합법 제77조에서 비교적 상세하게 규정하고 있다.

동법에 의하면 조합이 합병하고자 할 때에는 미리 총회의 의결을 거쳐야 하며(제74조 제1항), 그 합병 사유서, 존속 조합이나 신설 조합의 사업계획서 및 정관 등을 주무관청에 제출하고 협의하여야 한다(제74조 제3항). 합병에 따라 조합을 설립할 때는 각 조합의 총회에서 조합원 중에서 선임한 설립 위원이 공동으로 정관을 작성하고 임원을 선임하며 그 밖에 설립에 필요한 절차를 밟아야 한다(제75조 제1항). 합병의 시기와 효과에 대해서 중소기업협동조합법 제76조는 조합의 합병은 합병한 뒤 존속하는 조합 또는 합병에 따라 성립하는 조합이 그 주사무소의 소재지에서 합병 등기를 함으로써 효력을 발생하고(제1항), 합병한 뒤 존속하는 조합 또는 합병에 따라 성립한 조합은 합병에 따라 소멸한 조합의 권리와 의무를 승계한다(제2항)고 규정한다.

조합이 분할하려면 분할한 뒤에 설립될 조합이 승계하여야 할 권리와 의무의 범위를 총회의 의결로 정하여야 한다(동법 제77조 제1항). 조합의 분할로 인한 채권자의 보호를 위해서 법률은 출자 1좌 금액의 감소에 따른 채권자이의절차에 관한 규정(동법 제68조, 제69조)을 준용하고 있다(동법 제77조 제3항).

마. 신용협동조합

신용협동조합의 경우도 다른 협동조합의 규정과 내용상 큰 차이는 없다. 다만 신용협동조합법은 제55조에서 합병과 분할을 한 조문에서 함께 규정하고 있다. 즉 신용협동조합법은 조합은 총회의 결의로서 합병 또는 분할할 수 있다고 하면서, 합병과 분할에 관해서 조합설립에 관한 제 규정을 준용하고 있다(제55조 제1항). 합병 또는 분할로 인하여 존속 또는 설립되는 조합은 합병 또는 분할로 인하여 소멸되는 조합의 공동유대 및 권리의무를 승계한다(제55조 제3항).

한편 합병·분할의 등기에 관해서는 신용협동조합법 시행령에서 규정하는바, 동

시행령 제5조는 조합이 신용협동조합법 제55조의 규정에 의하여 합병 또는 분할한 때에는 주된 사무소의 소재지에서는 2주일 이내에, 지사무소 등의 소재지에서는 3주일 이내에 합병 또는 분할 후 존속하는 조합의 변경등기, 합병으로 인하여 소멸하는 조합의 해산등기 또는 합병 또는 분할로 인하여 설립되는 조합의 설립등기를 하여야 한다고 규정하고 있다.

바. 소비자생활협동조합

한편 소비자생활협동조합법은 조합의 합병과 분할에 관하여 소비자생활협동조합법 제52조에서 간단하게 규정하고 있다. 즉, 제52조 제1항에서 조합은 총회의 결의로 합병 또는 분할을 할 수 있다고 하고, 제53조 제3항에서는 합병·분할로 설립되는 조합에 관해서는 조합의 설립에 관한 규정을 준용한다. 제52조 제2항에서는 합병 또는 분할로 인하여 존속 또는 설립되는 조합은 합병 또는 분할로 인하여 소멸되는 조합의 권리·의무를 승계한다고 하고 제4항에서는 조합의 합병 또는 분할 후 존속하는 조합은 변경등기를 하여야 하는데, 그 변경등기에 관하여 필요한 사항은 대통령령으로 정한다고 하고 있다.

3. 사회복지법인

사회복지사업법은 제30조에서 사회복지법인의 합병이 가능하도록 근거규정을 두고 있다. 그러나 사회복지법인의 분할에 관한 규정은 두고 있지 않다. 사회복지사업법에 의하면 사회복지법인은 시·도지사의 허가를 받아 사회복지사업법에 따른 다른 사회복지법인과 합병할 수 있다. 다만, 주된 사무소가 서로 다른 특별시·광역시·특별자치시·도·특별자치도에 소재한 법인 간의 합병의 경우에는 보건복지부장관의 허가를 받아야 한다(동법 제30조 제1항). 이에 따라 법인이 합병하는 경우 합병 후 존속하는 법인 또는 합병에 의하여 설립된 법인은 합병에 의하여 소멸된 법인의 지위를 승계한다(동법 제30조 제2항).

동 조항을 구체화한 사회복지사업법 시행령 제11조에 의하면 사회복지사업법 제30조의 규정에 의하여 사회복지법인의 합병허가를 받고자 하는 때에는 법인합병허가신청서에 합병 후 존속하는 사회복지법인 또는 합병에 의하여 설립되는 사회복지

법인의 정관과 보건복지가족부령이 정하는 서류를 첨부하여[25] 시·도지사[26]에게 제출(전자문서에 의한 제출을 포함)하여야 한다(사회복지사업법 시행령 제11조 제1항).

합병에 의하여 사회복지법인을 새로이 설립하고자 하는 경우에는 관계사회복지법인이 각각 5인씩 지명하는 설립위원이 정관의 작성 등 사회복지법인설립에 관한 사무를 공동으로 행하여야 한다(사회복지사업법 시행령 제11조 제2항).

4. 학교법인

사립학교법은 학교법인의 합병에 관하여 제36조부터 제41조까지 비교적 상세한 규정을 두고 있다. 우선 합병절차에 관하여 학교법인이 다른 학교법인과 합병하고자 할 때에는 이사정수의 3분의 2 이상의 동의가 있어야 한다(제36조 제1항). 합병은 교육부장관의 인가를 받아야 하는데(제36조 제2항), 이때 인가를 받고자 할 때에는 그 인가신청서에 합병 후 존속하는 학교법인 또는 합병에 의하여 설립되는 학교법인의 정관과 기타 대통령령이 정하는 서류[27]를 첨부하여야 한다(제36조 제3항). 학교법인은 교육과학기술부장관의 인가를 받은 때에는 그 인가의 통지를 받은 날로부터 15일 이내에 재산목록과 대차대조표를 작성하여야 한다(제37조 제1항). 학교법인은 그

---

25) 이때 제출되는 서류는 다음과 같다(사회복지사업법 시행규칙 제19조).
   1. 합병후 존속하는 법인
     가. 관계법인의 합병결의서·정관·재산목록 및 대차대조표 각 1부
     나. 정관변경안 1부
     다. 사업계획서·예산서 및 재산의 소유를 증명할 수 있는 서류 각 1부
     라. 재산의 평가조서 및 재산의 수익조서 각 1부
   2. 합병에 의하여 새로이 설립되는 법인
     가. 합병취지서·재산목록 및 대차대조표 각 1부
     나. 합병 당해연도 및 다음 연도의 사업계획서 및 예산서 각 1부
     다. 제7조제2항 제2호 내지 제9호의 서류 각 1부
26) 주된 사무소가 서로 다른 특별시·광역시·특별자치시·도·특별자치도에 소재한 법인 간의 합병의 경우에는 보건복지부장관을 말한다.
27) 사립학교법 시행령 제16조에 의하면 학교법인의 합병인가신청서에는 다음의 서류를 첨부하여야 한다. ① 합병이유서, ② 법 제36조 제1항에 따른 동의를 입증하는 각 학교법인의 이사회회의록 사본, ③ 법 제39조에 따라 각 학교법인이 선임한 자임을 입증하는 서류, ④ 합병약정서, ⑤ 합병 후 존속하는 학교법인 또는 합병으로 인하여 설립되는 학교법인의 정관, ⑥ 합병전의 각 학교법인의 재산목록 및 대차대조표, ⑦ 재산의 소유권을 증명하는 서류, ⑧ 합병 후 존속하는 학교법인 또는 합병으로 인하여 설립되는 학교법인에 대한 제4조 제1항 제9호 내지 제14호에 다른 서류 등이다.

기간 내에 그 채권자에 대하여 이의가 있으면 일정한 기간 내에 제의할 것을 공고하고, 또 알고 있는 채권자에게는 각별로 이를 최고하여야 하는데, 그 기간은 2월 이상이어야 한다(제37조 제2항). 만약 채권자가 최고기간 내에 합병에 대하여 이의를 제의하지 아니한 때에는 합병으로 인하여 존속 또는 설립된 학교법인의 채무인수를 승인한 것으로 보지만(제38조 제1항), 만약 채권자가 최고기간 내에 이의를 제의한 때에는 학교법인은 이를 변제하거나 상당한 담보를 제공하여야 한다(제38조 제2항).

합병에 의하여 학교법인을 설립할 경우에는 정관 기타 학교법인의 설립에 관한 사무는 각 학교법인이 선임한 자가 공동으로 행하여야 한다(제39조).

합병의 효과에 대하여, 합병 후 존속하는 학교법인 또는 합병에 의하여 설립된 학교법인은 합병에 의하여 소멸된 학교법인의 권리·의무(당해 학교법인이 그가 경영하는 사업에 관하여 교육부장관의 인가 기타 처분에 기인하여 가지는 권리·의무를 포함한다)를 승계한다(제40조). 합병의 시기에 대해서, 학교법인의 합병은 합병 후 존속하는 학교법인 또는 합병에 의하여 설립되는 학교법인의 주된 사무소의 소재지에서 등기함으로써 그 효력이 생긴다(제41조).

사립학교법에서는 학교법인의 분할에 대해서는 규정이 없으므로 학교법인의 분할은 인정되지 아니한다.

5. 법무법인

변호사법은 법무법인에 대해서 법인의 합병에 관한 근거규정을 두고 있다. 변호사법 제55조는 법무법인은 구성원 전원이 동의하면 다른 법무법인과 합병할 수 있다고 하고(제1항), 이 경우에 법무법인의 설립절차에 관한 제41조부터 제43조까지의 규정을 준용한다(동조 제2항). 따라서 법무법인이 합병하는 경우에는 신설 또는 합병하는 법무법인은 정관을 작성하여 주사무소 소재지의 지방변호사회와 대한변호사협회를 거쳐 법무부장관의 인가를 받아야 한다(변호사법 제41조). 또한 법무부장관은 법무법인의 합병이 있으면 지체 없이 주사무소 소재지의 지방변호사회와 대한변호사협회에 통지하여야 한다(변호사법 제56조).

한편 변호사법은 제58조의2에서 신설된 법무법인(유한)에 대해서는 법인의 합병에 관한 규정을 두고 있지 않지만, 변호사법 제58조의14에서 법무법인(유한)의 해산사유로 제3호에서 "합병하였을 때"를 명시하고 있으므로 법무법인(유한)의 경우에도 법인의 합병이 인정된다고 해석할 수 있다. 또한 변호사법 제58조의15에서는 법무부장관은 법무법인(유한)의 합병이 있으면 지체 없이 주사무소 및 분사무소 소재지의 지방변호사회와 대한변호사협회에 그 사실을 통지하여야 한다. 다만 법무법인(유한)의 합병시의 절차에 대해서 법무법인(유한)의 설립절차에 관한 규정(변호사법 제58조의2~제58조의5)을 준용한다는 규정을 두지 않은 것은 입법적 불비라고 생각된다(변호사법 제58조의16 참조).

변호사법이 법무법인 또는 법무법인(유한)의 합병을 인정하는 것과는 달리, 법무법인의 분할에 관한 사항은 규정하고 있지 않다. 따라서 법무법인 또는 법무법인(유한)의 경우에는 현행법상 법인을 분할할 수 없다고 판단된다.

6. 노동조합

노동조합 및 노동관계조정법에 의하면 노동조합은 그 규약이 정하는 바에 의하여 법인으로 할 수 있다(동법 제6조 제1항). 동법은 노동조합의 합병·분할에 대한 정의나 절차·효과 등에 대해서 구체적인 규정을 두고 있지는 않으나, 노동조합 및 노동관계조정법 제16조 제1항 제7호에서 노동조합의 합병·분할을 총회의 의결사항으로 정하고 있고, 노동조합 및 노동관계조정법 제28조 제1항 제2호에서 노동조합의 합병·분할을 노동조합의 해산사유로 규정함으로써, 간접적으로 노동조합의 합병·분할을 인정하고 있다. 그러나 그 절차나 방법 및 효력 등에 대해서는 전적으로 학설과 판례의 해석론에 의해 해결할 수밖에 없는 실정이다.[28]

7. 기타 영리법인

상법 이외의 영리법인에 관해서는 특별법에서 해당법인의 합병만을 인정하거나 합병과 분할을 함께 규율하고 있다. 합병만이 인정되는 법인으로는 금융회사지주회사(금융지주회사법 제60조), 보험회사(보험업법 제151조~제154조), 신탁업자·투자회

---

28) 노동조합의 합병과 분할에 관한 해석론으로는 박종희, "노동조합의 합병과 분할", 「노동법률」 제77호, 중앙경제, 1997. 10, 80면 이하 참고.

사·투자유한회사·투자합자회사·투자유한책임회사(자본시장과 금융투자업에 관한 법률 제116조, 제204조, 제211조, 제216조, 제217조의6) 등이 있다. 은행의 경우는 합병뿐만 아니라 분할도 인정된다(은행법 제55조). 이들 법인들에 대해서는 특별법이 합병 또는 합병·분할을 인정하는 근거규정을 두고 있지만, 해당법률에서는 합병·분할을 위한 특별한 요건만을 규정할 뿐, 세부적인 합병·분할의 절차에 관한 규정은 두지 않고 있기 때문에 이들 법인들에 대해서도 상법의 합병·분할의 절차나 효과에 관한 규정이 준용된다.

제2절 비영리법인의 합병 · 분할에 관한 입법론

Ⅰ. 입법론의 배경

앞서 본 바와 같이, 현행 상법과 특별법에서는 회사나 특수법인에 대해서 법인의 합병과 분할을 인정하고 있으나, 민법에는 비영리법인에 대한 합병이나 분할에 관한 규정을 두고 있지 않다. 그러나 현실에서는 비영리법인을 포함한 많은 비영리단체들에 있어서도 단체의 합병이나 분할의 필요성이 있으며 실제로 우회적인 방법으로 합병 · 분할이 일어나고 있어서 이를 규율할 실정법규가 요구된다. 엄밀하게 말하면, 현행법상 명문의 규정이 없는 이상 비영리법인에는 합병이나 분할은 가능하지 않고, 그 대신 합병이나 분할의 효과를 낼 수 있는 다른 방법, 즉 법인의 해산 · 청산과정을 거쳐서 새로운 법인을 설립하고 아울러 종전의 법인을 소멸하는 방법만이 인정될 뿐이다. 따라서 비영리법인에 대해서도 합병 · 분할에 관한 규정이 신설된다면 그러한 우회적인 방법을 취하지 않고서 법인의 조직을 보다 간편하게 변경할 수 있을 것이다. 다시 말하자면, 비영리법인에 대해서도 합병 · 분할을 인정하고자 하는 가장 큰 이유는, 합병 · 분할이 인정되지 않을 경우에는 지금처럼 법인의 해산 및 청산절차를 거쳐 새로운 법인을 설립해야 하는데, 특히 해산 · 청산의 과정에서 법인채권자를 비롯한 다수의 이해관계자들의 이익을 충족시키는 일이 쉽지 않은 데 반하여, 만약 합병을 인정하게 되면 그러한 종전법인의 해산 · 청산절차 없이도 존속법인 또는 신설법인에게 재산의 포괄승계가 일어나게 되고 분할의 경우에도 신설법인 또는 존속법인이 분할 전의 법인채무에 관하여 연대책임을 지게 됨으로써, 종전법인의 채권자 등 이해관계자들의 지위를 불안하게 함이 없이 법인의 조직변경이 가능하게 되어 그만큼 사회적 비용을 줄일 수 있다는 현실적인 장점이 있기 때문이다.

비영리법인의 합병 · 분할의 문제는 비단 비영리 "법인"에 국한된 것이 아니라, 비법인사단에 대해서도 많이 문제되어 왔다. 특히 우리 판례에서는 교회의 분열과 관련하여 최근까지 판례의 변경을 거듭하여 옴으로써, 이에 관한 합리적인 규율의 필요성이 커지게 되었다.

이러한 실무적인 필요에 따라, 지난 2004년 법무부의 민법개정안 자료집을 보면 민법개정작업 당시에 대한변호사협회가 비영리법인의 합병과 분할에 관한 규정의 신설을 제안한 바 있다.[29] 대한변호사협회는 "법인에 관한 기본법인 민법에 합병·분할의 의의, 방법, 절차, 효과 등 기본적인 규정을 두는 것이 옳으며, 특히 기존의 합병제도를 모범형으로 승화하기 위하여 합병에 참가하는 모든 법인들의 권리의무를 승계과정에서 분해함이 없이, 모두 존속법인으로 정하여 그들의 권리의무가 모두 그대로 합병 후의 법인에 귀속되는 것으로 규정하는 것"이 바람직하다고 하면서, 합병·분할에 관한 5개 조문의 신설을 제안하였다.[30]

[당시 대한변호사협회가 제안한 조문]

제76조의1(합병·분할·분할합병) 복수의 법인이 합병에 의하여 하나의 법인이 될 수 있고, 하나의 법인이 분할에 의하여 마찬가지로 복수의 법인이 될 수 있으며, 하나의 법인이 분할하여 다른 법인 또는 다른 법인의 일부와 합병에 의하여 마찬가지로 하나의 법인이 될 수 있다.

제76조의2(합병계약서·분할계획서) ① 당사법인들은 합병의 경우 합병계약서, 분할의 경우 분할계획서, 분할합병의 경우 분할계획서와 합병계약서를 작성하여야 한다. 위 계약서, 계획서에는 계속 이용할 상호, 주사무소, 등기 및 합병기일을 반드시 기재하여야 한다.

② 당사법인들은 위 계약서, 계획서에 대하여 최고의사결정기관의 승인을 얻어야 한다.

제76조의3(채권자보호) ① 당사법인들은 채권자들에게 위 승인일로부터 2주내에 1월 이상의 기간을 두고 합병 등의 이의가 있으면 이를 제출할 것을 공고하고, 알고 있는 채권자들에게 최고하여야 한다.

② 이의를 제출하는 채권자가 있으면 당사법인은 그 채무를 변제하거나 상당한 담보를 제공하거나 또는 신탁회사에 이를 목적으로 하는 상당한 재산을 신탁하여야 한다.

제76조의4(합병 등의 등기) 합병 등을 한 경우 합병 등 후의 법인은 계속 이용하기로 한 등기부에는 변경등기를, 그 이외의 등기부에는 합병 등으로 폐쇄한다는 폐쇄등기를, 신설법인은 설립등기를 각 신청하여야 한다.

제76조의5(효과) 합병에 참가한 모든 회사의 권리의무는 해체됨이 없이 합병으로 인한 합병 후의 법인에 그대로 귀속된다. 분할 전 법인의 권리의무는 분할로 분할된 모든 법인에 그대로 귀속된다.

---

29) 법무부, 2004년 법무부 민법 개정안 총칙·물권편 (민법개정총서 3), 2012, 140면 이하.

30) 한편 김교창 변호사도 일련의 글을 발표하면서 비영리법인의 합병·분할규정의 신설이 필요함을 강조하면서 私案을 제시하였는데, 그 내용은 앞의 대한변호사협회가 제안한 것과 동일하다. 아마도 비영리법인의 합병·분할에 관한 규정은 김교창 변호사의 私案이 대한변호사협회의 공식의견으로 채택되어 제출된 것으로 추측된다. 김교창, "민법 중 법인의 章에 관한 개정의견", 「인권과 정의」 제373호, 대한변호사협회, 2007. 9, 166면, 특히 173면 이하 참고.

이에 대하여 2003. 6. 25. 「민법개정특별분과위원회」는 제47차 전체회의에서 법인의 합병·분할에 관한 규정의 신설여부를 두고서 관계기관(대한변호사협회)의 의견을 검토하고, 이에 관한 사항을 토의하게 되었지만, 당시 개정에서는 합병·분할의 문제는 제외하고 이를 장기연구과제로 분류하기로 결론지었다.[31] 그로부터 수년이 지나 2009년 법무부는 「민법개정위원회」를 구성하면서, 법인제도에 관한 개정작업은 제3분과위원회에서 맡도록 하였다. 제3분과는 第1編 第3章 법인 전반에 관하여 개정 또는 검토의 필요성이 있는 사항들을 차례대로 점검하는 가운데, 2004년 「민법개정특별분과위원회」에서 한 작업의 성과들에 대해서도 많은 참고를 하였다. 그러던 중 지금껏 장기적인 과제로 미뤄져왔던 비영리법인의 합병·분할에 관한 문제에 대해 제3분과위원들은 이에 관한 규정의 신설이 필요하다는 폭넓은 공감대를 가지게 되었다.

이에 따라 2009년 법무부는 「민법개정위원회」 중에서 법인제도에 관한 개정작업을 담당한 제3분과위원회에서는 민법상 비영리법인의 합병·분할에 관한 입법필요성을 논의하게 된 것이다. 만약 민법전에 비영리법인의 합병·분할에 관한 규정을 둔다면 입법을 위해 어떠한 사항을 고려하여야 하는지를 살펴본다.[32]

II. 현행민법상 합병 · 분할(열)의 운용

1. 개설

영리법인의 경우에는 경영의 합리화를 위하여 회사의 합병·분할이 빈번하게 일어난다. 이에 반해 비영리법인의 경우에는 특별법에서 합병·분할을 인정하는 경우를 제외하고는, 합병·분할의 필요성이 존재함에도 불구하고 민법전에 그 근거규정이 없기 때문에 합병·분할을 할 수가 없다. 따라서 현행법상 테두리 내에서 합병이나 분할과 같은 효과를 거두려면 법인을 해산·청산하고 새로운 법인을 설립할 수밖

---

31) 법무부, 2004년 법무부 민법 개정안 총칙·물권편 (민법개정총서 3), 141면. 당시 위원회에서는 합병과 분할에 관한 규정에 대해서는 심도있는 논의가 필요하다는 의견(양창수 위원), 장기연구과제로 분류하는 것이 바람직하다는 의견(이영준, 백태승 위원), 고려할 필요성은 있지만 이번 개정작업에 포함시키는 것은 무리이며, 장기연구과제로 분류하는 것이 바람직하다는 의견(서민, 하경효, 양창수 위원) 등이 개진되었다.
32) 이하 합병·분할의 입법론에 관한 상세한 설명으로는 송호영, "비영리법인의 합병·분할에 관한 입법론적 연구", 「민사법학」 제47호, 한국민사법학회, 2009. 12, 579면 이하 참고.

에 없다. 즉 법인이 합병한 것과 같은 효과를 내기 위해서는 A법인은 존속하고 B법인이 해산·청산하여 B법인의 사원이나 자산이 A법인으로 수용되거나(흡수합병), A법인과 B법인이 서로 해산·청산하여 새로운 C법인을 설립하는 방법(신설합병)을 취하게 된다. 그리고 법인이 분할한 것과 같은 효과를 내기 위해서는 A법인이 해산·청산하여 소멸하고 새로운 B법인과 C법인을 설립하거나(소멸분할), A법인이 정관목적을 변경함과 동시에 종전의 일부사업을 목적으로 하는 새로운 법인을 설립하는 방법(존속분할)을 취하게 된다. 이러한 방법들은 모두 합병·분할의 결과를 가져오기는 하지만, 해산·청산을 거치고 경우에 따라서는 새로운 법인을 설립해야 한다는 점에서 상당한 시간과 현실적 어려움이 따른다.

아래에서는 민법상 합병·분할이 인정되지 않는 상황에서 최근에 있었던 대한공인중개사협회와 한국공인중개사협회의 통합이 어떠한 과정을 통하여 이루어졌으며, 어떻게 합병과 같은 효과를 가져왔는지를 그리고 교회의 분열과 관련하여 변화된 대법원의 판결을 살펴봄으로써 현행민법하에서 단체의 합병·분할의 운용현실을 알아본다.

2. 합병의 사례

한국공인중개사협회(이하 '한공협'으로 약칭)와 대한공인중개사협회(이하 '대공협'으로 약칭)는 「공인중개사의 업무 및 부동산 거래신고에 관한 법률」을 법적 근거로 하여 설립된 임의단체로서 민법상 비영리 사단법인에 해당한다. 한공협은 1986년에 설립되었고, 대공협은 1999년에 설립되었다. 협회의 소속회원은 한공협이 약 5만 명, 대공협이 약 3만 명에 가까운 수준이었다. 양 협회의 설립목적이나 사업 등은 사실상 동일하다. 양 협회의 중복된 업무로 인해 회원자격을 가진 중개사들의 가입을 위해 양 협회는 출혈경쟁을 벌여왔고,33) 이에 따라 소모적인 경쟁을 중지하면서 양 협회를 통합하자는 목소리가 고조되었고, 결국 두 단체는 협회의 통합작업에 착수하게 된다.34) 여기에서 협회의 통합을 위해서는 다음과 같은 법률적 쟁점들이 부각되었고

---

33) 공인중개사 자격증을 취득하고 사무소를 개업하기 전에 받는 실무교육시간, 수강료 등이 모두 같고 심지어 교육과목마저 똑같았다. 또한 부동산 중개시 발생하는 공제가입비용도 양 협회가 동일하였다.

34) 공인중개사협회의 통합사례는 필자가 양협회의 통합업무를 주도하였던 김준현 前대한공인중개사협회장 및 김확환 前부동산연구소장과의 인터뷰와 이후 제공해준 관련 자료를 기초

이를 해결하기 위해 다음과 같은 의견이 제시되었다. 첫째, 사단법인인 양협회의 통합방안에 관하여 합병이 가능한지 여부에 대해 현행민법으로는 불가능함을 확인하였다. 둘째, 그렇다면 합병 이외에 다른 조직 통합방안이 있는지 여부에 대하여 현실적으로 합병과 같이 청산절차를 거치지 아니한 채 비영리사단법인인 두 협회의 조직을 통합하는 방법은 현행법상 존재하지 않으므로, 두 협회의 조직 통합이라는 목적을 달성하기 위하여 고려할 수 있는 대체방안은 두 협회 중 하나의 협회에 대하여 민법의 사단법인의 해산절차를 밟아 잔여재산을 존속하는 다른 협회에 이전시키고, 해산하는 협회의 사원은 존속하는 협회의 회원으로 재가입하는 방법을 고려하게 되었다. 셋째, 양대 조직을 통합하는 과정에서 실무적으로 검토하여야할 중요한 사항 및 법률적인 절차를 점검하면 다음과 같다. ① 두 협회 중 해산하는 협회를 선택하여야 하는데, 해산절차의 복잡성을 감안할 때 사원수와 자산규모가 작은 협회를 해산하는 것이 바람직하다. ② 해산할 협회의 사원총회의 해산결의에 대해서는 민법 제78조에 따라 해산할 법인의 총사원의 3/4의 동의가 필요하지만, 해산할 법인의 해당정관에 다른 규정이 있으면 그 정관규정을 적용해야 한다. ③ 해산할 협회의 청산인의 선임 및 청산 사무처리에 관해서는 해산할 협회의 청산인이 선임되면 청산인은 해당협회의 현존업무를 종결하고, 해당협회의 채권을 추심하고, 해당 협회의 채무를 모두 변제하여야 한다. ④ 잔여재산의 처리에 대해서, 해산할 협회가 잔존하는 채무를 모두 변제한 후 잔여재산이 있는 경우 이를 정관이 정하는 바에 따라 처리하되 정관에 이를 정하지 않은 경우 주무관청인 건설교통부장관(현재는 국토해양부)의 허가를 얻어 해산할 협회의 잔여재산을 존속하는 협회에 귀속시킬 수 있지만, 두 협회는 설립목적이 유사하기 때문에 민법 제80조 제2항의 규정이 적용될 수 있다. 이상과 같은 법률적 검토에 따라, 내려진 결론은 양 협회가 모두 청산절차를 거쳐 하나의 협회를 새롭게 만드는 것은 비현실적이며, 양 협회 중 하나의 협회가 청산절차를 거쳐 통합하는 것이 바람직하기 때문에 회원수 및 자산 규모가 작은 대공협이 해산절차를 거쳐 잔여재산을 한공협으로 이전시키고 대공협의 회원은 한공협으로 재가입 시키는 방안을 추진하게 된다. 이에 따라 2004. 2. 양 협회는 현실적으로 가능한 협회의 해산과 청산을 거쳐 협회를 통합하기로 합의하였다. 일단 양 협회는 협회의 통합을 전제로 양 협회의 해산이 가능하도록 정관을 개정하였다. 또한 정관개정을

로 한 것이다.

하면서 어느 협회든지 한쪽의 협회를 수용하더라도 차이가 없도록 양 협회의 정관내
용도 서로 동일하게 개정하였다. 이때 한쪽의 협회가 다른 협회로 수용될 때 수용되
는 협회의 임직원들의 직위나 임기 등을 보장하기 위해서 한시적으로 수용하는 협회
가 종전 협회의 임직원들의 직위·임기를 그대로 승계하기로 하는 조항을 양 협회가
모두 같이 신설하였다. 이러한 개정된 공통의 협회정관을 건설교통부에 개정허가(인
가)를 받았다. 이에 따라 양 협회는 인원수가 적은 대공협이 해산·청산하기로 하고
그 임직원 및 사원을 한공협이 자동으로 승계하기로 합의하였다. 그 결과 대공협은
해산·청산하면서(2007. 11.), 임직원과 사원은 존속하는 한공협으로 모두 이전하여
2008. 2. 현재의 통합된 한공협으로 귀일하게 되었다.

결과적으로 한공협이 대공협을 흡수합병하는 결과를 가져왔지만 이러한 방법론을
엄밀하게는 법인의 합병이라고 할 수 없다. 그렇지만 현행법이 법인의 합병을 인정
하지 않는 상황에서 취할 수 있는 가능한 방법임은 분명하다.

3. 교회의 분열

현행민법에서 비영리법인의 분할에 관한 규정은 없음에도 불구하고 비영리법인에
관한 규정이 준용되는 비법인사단에 대해서는 단체의 "분열"에 관한 판례가 다수 존
재한다. 비영리법인의 합병·분할에 관한 규정신설의 요구는 실무적으로 비법인사단
의 분열에 관한 문제해결의 요구에서 비롯된 측면이 있다. 비법인사단의 분열이 문
제되는 것은 주로 교회의 분열이다. 교회의 분열에 관해서 대법원은 1957. 12. 13.
선고 4289민상182 판결 이래로 일련의 판결을 통하여 나름의 법리를 정립하고 있었
다. 종전의 판례는 교회의 법적 성질을 권리능력없는 사단으로 보면서, 교회에 분쟁
이 생겨 교인들이 나뉘는 현상에 관해 교인들의 집단적인 탈퇴와는 구별되는 교회의
"분열"이라는 개념을 인정하였다. 이에 따라 대법원은 "하나의 교회가 2개의 교회로
분열된 경우 교회의 장정(章程) 기타 일반적으로 승인된 규정에서 교회가 분열될 경
우를 대비하여 미리 재산의 귀속에 관하여 정하여진 바가 없으면 교회의 법률적 성
질이 권리능력없는 사단인 까닭으로 종전교회의 재산은 분열 당시의 교인들의 총유
에 속하고,"[35] "총유재산의 관리와 처분은 그 총회의 결의에 의하여 한다는 것이 당

35) 대법원 1993. 1. 19. 선고 91다1226 전원합의체 판결.

원의 확립된 판례가 취하는 견해"라고 하였다.[36]

그러나 대법원은 2006년 전원합의체 판결을 계기로 근본적으로 다른 태도를 취하고 있다.[37] 즉 교회의 법률적 성질을 권리능력없는 사단으로 보는 것은 종전 판례와 같지만, 교회를 둘러싼 분쟁에 대해서는 민법상 법인에 관한 규정의 유추적용을 통해서 해결한다. 이에 따라 교회 내의 분쟁으로 일부 교인들이 집단적으로 탈퇴를 하더라도 종전 판례의 경우에는 일정한 요건하에서 이를 교회의 '분열'로 보았으나, 변경된 판결에서는 교회의 '분열'이라는 개념을 더 이상 인정하지 않고 개별적이든 집단적이든 교인들의 '탈퇴'로 봄으로써, 교회재산에 대해서는 종전교회에 소속된 잔존 교인들에게만 총유권이 인정될 뿐이다. 아울러 동 판결은 특정 교단에 가입한 지교회가 소속교단을 변경하려고 할 때에는 민법상 사단법인의 정관변경에 준하여(민법 제42조 제1항 참조), 의결권을 가진 교인 2/3 이상의 찬성에 의한 결의를 요한다고 판시하였다. 이후의 교회분쟁에 관한 판결들은 모두 이러한 태도를 따르고 있다.[38] 나아가 판례는 이러한 법리를 洞 · 里와 같은 법인아닌 사단에도 적용하고 있다.[39] 요컨대 현재의 대법원의 취지를 참작하여 단체의 분할의 법리를 입론해보면, 단체 구성원의 결의에 의한 적법한 分裂(분할)은 인정되지만 그러한 결의없는 사실상의 분열은 인정되지 않으며, 단체의 분할이 유효하기 위해서는 정관변경절차에 준하여 구성원의 2/3 이상의 찬성이 요구된다.

Ⅲ. 합병 · 분할 조항신설의 기본착상

민법전에 비영리법인의 합병 · 분할에 관한 조문의 신설이 필요하다면 어떠한 기본적인 착상으로 조문들을 구성할 것인지에 대한 전체적인 스케치가 필요하다. 필자는 다음과 같은 쟁점들을 떠올리며 합병 · 분할에 관한 규정들을 구상해보았다.

---

36) 대법원 1995. 9. 5. 선고 95다21303 판결.
37) 대법원 2006. 4. 20. 선고 2004다37775 전원합의체 판결. 이 판결에 관한 평석으로는 송호영, "교회의 교인들이 종전교단으로부터 집단적으로 탈퇴하여 별도의 교회를 설립한 경우의 법률관계 -대법원 2006. 4. 20. 선고 2004다37775 전원합의체 판결-", 「민사법학」 제35호, 한국민사법학회, 2007. 3, 191면 이하 참고.
38) 대법원 2006. 6. 9. 자 2003마1321 결정; 대법원 2006. 6. 30. 선고 2000다15944 판결; 대법원 2007. 6. 29. 자 2007마224 결정 등.
39) 대법원 2008. 1. 31. 선고 2005다60871 판결.

1. <쟁점 1> 조항의 규정방식과 위치

법인의 합병·분할에 관한 규정을 민법에 둔다고 하더라도 우선 어떠한 방식으로 규정할 것인지가 문제된다. 그 하나는 법인의 합병·분할의 가능성을 인정하는 선에서 개괄적인 규정을 두고 관련된 사항을 최소한도로 조문화하는 방법과 다른 하나는 일본의 「일반법인법」에서의 합병에 관한 규정처럼 그 요건·절차·효과 및 등기나 관할 등의 비송사항에 대해서까지 상세하게 규정하는 방법을 생각할 수 있다. 필자는 다음과 같은 이유로 전자의 방법이 타당하다고 생각한다.

첫째, 민법의 법인편은 원칙적으로 모든 종류와 형태의 법인에 적용되는 일반단체법의 성질을 가지므로, 만약 법인의 합병·분할에 관한 규정을 상세하게 규정하게 되면 자칫 특수한 성질을 가진 법인에는 어울리지 않게 될 수 있다.

둘째, 일본과 우리의 민법을 비교해보면, 일본민법상 법인편은 이제 사실상 유명무실해져버리고 비영리법인은 일반사단법이나 공익법인법 등 특별법에 넘겨주게 된 셈인 데 비하여, 우리 민법은 여전히 일반법으로서의 위상을 유지하고 있고, 많은 특별법에서도 민법의 규정을 준용하고 있으므로 민법에서는 합병·분할에 관한 일반적인 원칙 정도만 규정하고 법인의 사정에 따른 상세한 규정은 특별법에서 규율함이 타당하다.

셋째, 합병·분할이라는 현상도 넓게 보면 법인의 설립과 소멸에 관한 사항이므로 법인편의 설립관련규정 및 소멸관련규정과 서로 조화를 맞추는 것이 필요하므로 합병·분할에 관한 사항만 상세한 규정을 두는 것은 민법 전반의 규율태도와 균형이 맞지 않을 수 있다. 따라서 민법 제3장에서 법인의 합병·분할에 관한 규정을 두되, 가능한 개괄적인 조문으로 이를 규율하고 법인의 설립 및 소멸에 관한 규정을 준용하는 입법방식을 이용한다.

다음으로 합병·분할에 관한 규정을 둔다면 민법 제3장 법인에 관한 章 중에서 어느 節에 위치시키는 것이 타당한 지가 문제될 수 있다.[40) 생각건대 법인의 합병·분할은 한편으로는 법인의 설립에 관한 측면과 다른 한편으로는 법인의 소멸에 관한 측면이 병존한다. 따라서 법인의 설립에 관한 제2절에 둘 수도 있고 아니면 제4절 해산에 관한 절에서 규정할 수도 있을 것이다. 또한 설립과 해산과는 별도로 별개의

---

40) 2004년 대한변호사협회의 신설안에서는 제76조의1부터 제76조의5까지 조문을 매긴 것으로 보아 제3절 기관에 관한 절의 말미에 배치시키고자 하였다.

節을 신설하는 것도 가능할 것이다. 관건은 합병·분할에 관한 규정을 둔다고 할 때 기본적으로 설립과 해산에 관한 종전의 민법규정을 고려하고 때로는 준용하는 입법 기술을 채택할 것이라는 점과 신설될 규정의 수가 적은 편은 아니라는 점이다. 그러한 점을 고려하면 제4절「해산」다음 제5절「벌칙」사이에 이를테면 第4-2節「합병과 분할」이라는 제목의 별개의 절을 신설하여 규율하는 것이 설립에 관한 규정과 해산에 관한 규정을 준용하기에는 더욱 자연스러운 조문배치가 될 것으로 생각된다.

2. <쟁점 2> 합병·분할의 대상과 적격

민법에서 법인의 합병·분할을 인정하더라도 그것은 사단법인에 한해서 인정할 것인가, 아니면 재단법인에도 인정할 것인지가 문제된다.

입법례에 따라서는 독일의 경우 기업재편법(Umwandlungsgesetz)에서 사단(인적회사 포함)에 한해서 합병·분할을 인정하고 있다. 일본의 일반법인법은 사단법인뿐만 아니라 재단법인에도 적용된다. 다만 동법은 법인의 합병만 인정하고 법인의 분할에 관해서는 규정을 두지 않고 있다.

우리 법을 보면, 상법에서는 사단 혹은 조합의 성질을 가진 회사의 합병·분할을 인정하고 있다. 또한 사회복지법인은 사단법인일 수도 있고 재단법인일 수도 있는데, 사회복지사업법 제30조는 사회복지법인의 합병을 인정하고 있다. 또한 사립학교법 제34조 제1항 제3호에서는 사립학교법인의 합병을 인정하고 있는데, 학교법인의 법적 성질은 재단법인이다. 따라서 우리 법도 특별법에서 도처에 사단법인뿐만 아니라 재단법인의 합병을 인정하고 있다. 문제는 재단법인의 분할이다. 아직까지 다른 입법례나 우리 법에서 재단법인의 분할에 관한 명문규정을 둔 경우는 발견되지 않고 있다.

생각건대, 법인의 합병·분할의 대상이 사단에 한하는지, 아니면 재단까지 포함하는지에 대해서는 법리적인 결과에 따른 것이 아니라 입법정책상의 문제이다. 사단의 경우에는 사단자치의 원칙에 따라 구성원의 자율적인 결의에 의해서 사단의 합병·분할을 인정함에는 별무리가 없어 보인다. 문제는 재단법인인데, 재단의 경우에는 재단이 존속하는 한 설립자의 의사가 존중되고 정관에 의해 지속적인 영향력행사가 가능하기 때문에 합병·분할에 어려움이 존재함은 사실이다. 그러나 그렇다고 하여 재단의 합병·분할을 원천적으로 가로막을 필요는 없고, 이를 허용하여 줌으로써 경제적인 어려움에 봉착한 재단에게도 합병·분할을 통하여 새로운 활로를 모색할 수 있는 가능성을 열어줄 필요가 있다고 생각한다. 다만 어떠한 요건과 절차를 요구할 것이냐는 다른 차원의 문제이다. 민법은 재단법인의 정관변경을 원칙적으로 인정하지 않으나, 제45조 제1항에서 "그 변경방법을 정관에 정한 때에" 그리고 제46조에서 "재단법인의 목적을 달성할 수 없는 때에" 주무관청의 허가를 얻어 정관변경이 가능하도록 하고 있다. 이 취지를 존중하여 재단법인의 경우에는 정관에서 합병·분할을 예정하고 있거나 종전법인의 형태로는 재단법인의 목적을 달성하기가 어려운 때에 한하여 재단법인의 합병·분할을 인정할 필요가 있다.

한편 사단법인과 재단법인이 서로 합병되어 새로운 사단법인 혹은 재단법인으로 출현되거나 반대로 사단법인이 새로운 사단법인과 재단법인으로 분할될 수 있는지 (마찬가지로 재단법인이 새로운 재단법인과 사단법인으로 분할하는 경우)에 대해서도 문제될 수 있다. 생각건대, 단체의 법률관계를 단순화하기 위해서 사단법인은 사단법인과의 합병·분할만을 인정하고 재단법인은 재단법인의 합병·분할만을 인정하는 것이 바람직하다고 본다. 그렇지 않으면 사단법인과 재단법인이 혼재하는 형태의 새로운 법인이 출현하게 되어 법인성립법정주의 내지 법인형태법정주의(민법 제31조 참조)에 혼선을 가져올 우려가 있다.

3. <쟁점 3> 합병과 분할의 종류

법인의 합병·분할을 인정하더라도 어떤 종류의 것을 인정할 것인지가 문제된다. 우리 상법에서는 합병에 관해서는 흡수합병과 신설합병을 인정하고 그 외 특수한 형태의 합병으로 간이합병과 소규모합병을 인정한다. 그리고 분할에 관해서는 '단순분할',41) '분할합병'42) 및 두 가지를 병행하는 '신설 및 분할합병'43)이 인정된다. 그 외

---

41) 단순분할은 상법 제530의2 제1항 "회사는 분할에 의하여 1개 또는 수개의 회사를 설립할 수 있다"라는 규정에 근거를 두고 있으며, 이는 다시 분할회사가 소멸하는 경우인 소멸분할과 소멸하지 않는 경우인 존속분할로 나뉜다.

42) 분할합병은 상법 제530조의2 제2항 "회사는 분할에 의하여 1개 또는 수개의 존립중의 회사와 합병할 수 있다"라는 규정에 근거를 두고 있으며, 이는 다시 소멸분할합병과 존속분할합병, 흡수분할합병과 신설분할합병으로 나뉜다.

43) 신설 및 분할합병은 상법 제530조의2 제3항 "회사는 분할에 의하여 1개 또는 수개의 회사를 설립함과 동시에 분할합병할 수 있다"라는 규정에 근거를 두고 있다.

특수한 형태로 '물적분할'을 인정한다.

한편 대한변호사협회의 신설안에는 제76조의1(합병·분할·분할합병)에서 "복수의 법인이 합병에 의하여 하나의 법인이 될 수 있고, 하나의 법인이 분할에 의하여 마찬가지로 복수의 법인이 될 수 있으며, 하나의 법인이 분할하여 다른 법인 또는 다른 법인의 일부와 합병에 의하여 마찬가지로 하나의 법인이 될 수 있다"고 정하면서, 「합병」과 「분할」외에도 「분할합병」을 인정하고 있다.44) 다만 「합병」과 「분할」의 세부적인 종류까지는 언급하지 않고 있다.

생각건대, 민법에서 합병과 분할에 관한 규정을 둔다면, 그것은 법인의 합병·분할의 가능성을 열어주는 선에서 합병·분할의 일반적인 모습에 관해서만 인정하고 상법에서와 같은 다양한 형태의 결합형 또는 특수형을 인정할 필요까지는 없을 것이다. 그 이유는 상법에서 회사는 기본적으로 영리추구의 목적으로 사업의 다각화나 합리화를 위하여 다양한 형태의 합병·분할의 모습을 인정할 필요가 있지만, 비영리법인의 경우에는 비영리 내지 공익사업이 목적이므로 복잡한 형태의 합병·분할의 태양을 인정할 필요가 없기 때문이다. 특히 법인의 합병·분할은 기본적으로 법인의 신설 및 소멸과 관련된 것인데, 영리법인인 회사의 경우에는 주무관청의 인·허가 절차가 없기 때문에 회사가 어떠한 형태로 합병되든지 분할되더라도 주무관청의 인·허가 사항이 아니기 때문에 어느 관청이 주무관청으로 합병·분할을 관장할 것인가가 문제되지 않는다. 그에 반해 비영리법인의 경우에는 법인의 분할·합병이 복잡해질수록 주무관청의 관할문제가 복잡해진다. 그러므로 비영리법인의 경우에는 「합병」과 「분할」을 인정하되, 합병의 기본적인 형태인 '흡수합병'과 '신설합병'을 그리고 분할에 있어서는 '소멸분할'과 '존속분할'만을 인정하면 족할 것으로 생각된다. 이와 같은 이유에서 대한변호사협회가 제안한 합병과 분할의 결합형태인 「분할합병」까지는 인정할 필요가 없다. 만약 법인의 분할합병이 필요한 사정이 발생하면 법인은 일단 분할절차를 밟아서 2개 이상의 법인으로 나뉘고서 다음으로 분할로 존속한 법인과 새로운 법인을 합병하는 절차를 밟으면 ―다소 우회적이지만― 분할합병의 효과에 도달할 수 있으므로 그다지 법인의 조직변경의 가능성이 막혀있는 것은 아니다. 요컨대 신설안에서는 합병·분할의 종류에 대해, 합병의 경우 '흡수합병'과 '신설합병'을 그리고 분할에 있어서는 '소멸분할'과 '존속분할'만을 인정한다.

---

44) 법무부, 2004년 법무부 민법 개정안 총칙·물권편 (민법개정총서 3), 140면.

4. <쟁점 4> 법인의 합병·분할시 주무관청의 인·허가권

법인의 합병·분할시 인·허가권을 누가 가지는가? 특히 주무관청이 서로 다른 단체가 합병이나 분할을 할 때의 인·허가권은 누가 가지는가가 문제된다. 하나의 단체가 설립되어 하나의 법인격을 가진 법인이 생성될 때에는 그 법인의 설립목적에 따라 그러한 목적실현을 관리·감독할 수 있는 기관이 주무관청이 되어 인·허가권을 행사하게 된다. 물론 설립목적이 여럿일 때에는 관련된 모든 주무관청의 인·허가가 필요하다는 견해가 유력하지만,[45] 주된 설립목적을 관장하는 기관이 인·허가권을 가지는 주무관청이 된다고 할 것이다.

그렇다면 법인의 합병·분할에 있어서는 서로 다른 여러 법인이 뭉쳐져서 하나의 법인이 되거나 하나의 법인이 여러 법인으로 나뉠 때, 그러한 법인(들)의 설립목적이 모두 동일한 주무관청이 관장하는 것일 때에는 합병이든 분할이든 동일한 주무관청이 합병·분할에 대해서 인·허가권을 가지게 됨은 당연하다. 그러나 만약 종전에 다른 설립목적으로 각기 다른 주무관청 소속의 법인들이 합병하거나,[46] 반대로 하나의 법인이 각기 다른 목적으로 나뉘어져서 각각 다른 주무관청의 관할에 속하는 경우[47]에 누가 주무관청으로써 인·허가권을 가질 것인가가 문제될 수 있다.

생각건대, 이에 대해서는 합병·분할과 관련해서 어느 주무관청이 인·허가권을 가진다고 법률에서 못 박을 필요는 없다. 오히려 합병·분할은 법인의 설립 및 소멸의 한 형태로 볼 수 있으므로 합병의 경우에는 소멸하는 각 법인은 설립당시의 주무관청에 법인소멸의 인·허가를 받고 신설되는 법인(존속법인 또는 신설법인)에는 민법 제32조의 규정이 적용될 것이다. 또한 분할의 경우에는 분할되는 법인은 설립당시의 주무관청으로부터 분할의 인·허가를 득하고 분할로 신설 혹은 존속하는 법인에는 마찬가지로 민법 제32조의 규정이 적용된다. 따라서 합병·분할에 관한 주무관청의 문제는 법인설립에 있어서 민법의 태도와 마찬가지로 제32조의 해석론에 의해서 주

---

45) 곽윤직(편집대표)-홍일표, 민법주해 I, 555면; 김주수, 민법총칙, 180면; 박준서(편집대표)-정환담, 주석민법(1), 제3판, 587면. 559면; 백태승, 민법총칙, 226면; 서광민, 민법총칙, 190면.

46) 예컨대 교육청관할의 장학을 목적으로 하는 재단법인 A와 문화관광부관할의 전통문화계승을 목적으로 하는 재단법인 B가 합병되어 전통문화를 계승하고 그러한 후계자들에게 장학사업을 목적으로 하는 재단법인 C가 출현하는 경우이다.

47) 앞의 예에서 C재단법인이 A재단법인과 B재단법인으로 나뉘는 경우이다.

무관청의 문제를 처리하면 될 것이라고 생각한다. 이를 바탕으로 여러 상황을 고려
해보면 다음과 같다.

합병의 경우

◎ 흡수합병의 경우

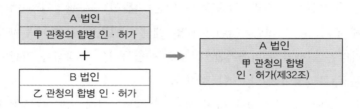

◎ 신설합병의 경우

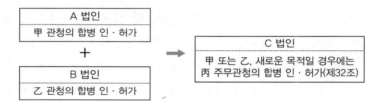

분할의 경우

◎ 소멸분할의 경우

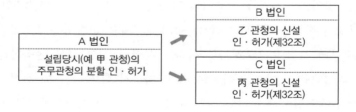

◎ 존속분할의 경우

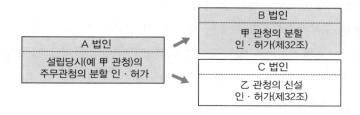

5. <쟁점 5> 법인의 합병과 분할의 절차

법인의 합병·분할을 인정하더라도 그 절차를 어떻게 할 것인지 그리고 어느 범위에서 절차에 관한 조항을 둘 것인지가 문제된다.

법인의 합병·분할에 관하여 일본의 일반법인법은 법인의 합병·분할에 대한 실체법적 조항 외에 절차법적 조항에 대해서도 매우 상세하게 규정하고 있다. 이러한 태도는 실체법을 중심으로 하는 우리 민법에서는 바람직하지 않으며, 절차법적 사항은 비송사건절차법에서 규정함이 타당하다고 생각한다. 따라서 법인의 합병·분할의 절차에 관해서 민법에서는 절차의 핵심적 사항 내지 절차위반이 실체법에 영향을 미칠 수 있는 사항에 대해서만 규율함이 바람직하다. 민법에서 법인의 합병·분할의 핵심적인 절차를 어떻게 구성할 것인지에 대해서는 다음과 같이 방안을 고려할 수 있다.

[제1안]

① 합병계약서/분할계획서의 작성
② 합병·분할(안)에 대한 사원총회의 승인결의(사단법인의 경우)/이사회의 승인결의
   (재단법인의 경우)
③ 주무관청의 합병·분할의 가인가(假認可)
④ 채권자보호를 위한 합병·분할대차대조표 등의 공시·이의절차공고·통지
⑤ 주무관청의 합병·분할의 본인가(本認可)
⑥ 합병·분할에 따른 법인설립·소멸(해산)등기

일반적으로 법인의 설립단계에는 주문관청은 설립직전에만 인·허가권[48]을 행사하게 되는 데 비하여, 제1안에서는 합병·분할에 있어서 주무관청의 가인가 단계와 본인가 단계를 구분하였다. 그 이유는 상기 ③의 단계에서 주무관청의 인가를 득한 후에도 채권자보호를 위한 조치가 제대로 이행되었는지를 심의할 필요가 있기 때문이다. 또한 만약 ④와 ③의 위치를 바꾸어 채권자보호조치를 먼저 취하고 주무관청의 인가를 받도록 하는 방법도 있겠으나, 그렇게 되면 주무관청의 인가도 받지 않은 상태에서 사실상 법인의 합병·분할절차를 진행되어 혹시라도 주무관청의 인가를 받지 못한 경우에 채권자에 대한 보호절차가 무위로 되어버릴 수도 있기 때문이다. 그러므로 법인채권자를 보호하기 위해서 ④를 중심으로 그 전에 주무관청의 가인가를, 그 후에는 본인가를 받도록 하였다.

[제2안]

① 합병계약서/분할계획서의 작성
② 합병·분할(안)에 대한 사원총회의 승인결의(사단법인의 경우)/이사회의 승인결의 (재단법인의 경우)
③ 주무관청의 합병·분할의 인가
④ 채권자보호를 위한 합병·분할대차대조표 등의 공시·이의절차공고·통지
⑤ 합병·분할에 따른 법인설립·소멸(해산)등기
⑥ 합병·분할에 대하여 이의가 있을 때 합병·분할무효의 소

제2안은 제1안과는 달리 가인가·본인가로 분리하지 않고 ③단계에서 주무관청의 합병·분할의 1회적인 인·허가만을 인정하였다. 이러한 태도는 가인가·본인가의 2단계를 거치는 체계가 우리 민법의 법인설립절차와 어울리지 않고 법인의 합병·분할을 인정하는 다른 특별법에서도 그러한 2단계 인·허가절차를 취하지 않는다는 점을 고려한 것이다. 이때 주무관청은 인·허가를 어느 단계에서 할 것인가가 문제될 수 있는데, 사원총회나 이사회의 합병·분할결의가 있은 후 이를 실행할 수 있도록 해주기 위해서 곧이어 주무관청의 인·허가를 받도록 하는 것이 타당해 보인다. 그

---

48) 현행민법에서는 법인설립에 있어서 허가주의를 취하고 있지만, 그동안의 민법개정안에서는 인가주의로의 전환이 제안되었기에 아래에서는 인가주의를 전제로 설명한다.

렇게 되면 법인으로서는 주무관청의 합병·분할의 인가 후 채권자보호절차와 등기절차를 거치게 된다. 이럴 경우 주무관청의 합병·분할의 인가 후에 채권자보호를 위한 조치가 소홀히 될 수도 있기 때문에, 제2안을 취할 경우에는 합병·분할의 무효를 다툴 수 있는 길을 마련해주어야 할 것이다.

생각건대 이러한 2개의 案 중에서 민법의 체계에 다소 생소한 가인가·본인가를 요하는 제1안보다는 제2안이 보다 간명하고 전체적인 흐름체계로 보아 더 나아 보인다.

6. <쟁점 6> 합병계약서 및 분할계획서에 관한 규정의 신설여부

상법에서는 회사의 합병·분할에 있어서 합병계약서나 분할계획서에 기재될 내용이 무엇인지를 명시적으로 정하고 있다(상법 제524조, 제530조의5, 제530조의6 등 참조). 이와 같은 규정을 민법에도 둘 것인가가 문제될 수 있다. 생각건대, 상법에서의 합병계약서나 분할계획서에 기재사항은 주로 회사의 자본이나 변동되는 주식에 관한 내용이 대부분이다. 상법에서는 회사의 합병·분할시 회사의 물적 기반이 되는 주식이나 자본에 관한 사항을 명시적으로 기재하는 것이 반드시 필요하다. 그러나 이러한 내용들은 비영리법인인 민법상 법인에는 해당되지 않는 사항들이다. 그 외 상법은 회사의 경우 상호, 목적, 본점의 소재지, 이사와 감사를 정한 때에는 그 성명과 주민등록번호 등을 기재하도록 하고 있으나, 이러한 사항들도 민법에서 구태여 규정하지 않아도 합병계약서나 분할계획서에 당연히 기재될 것으로 예상되는 사항들이므로 이를 위해 구태여 별개의 조문이나 항으로 이에 관한 세세한 규정을 둘 필요는 없다고 생각된다. 현재 법인의 합병·분할을 인정하는 특별법들은 모두 주무관청의 인가내지 허가를 요구함에도 불구하고 합병계약서나 분할계획서의 기재사항에 관하여 상법과 같은 규정을 두고 있지 않고 있다. 따라서 민법에서 합병계약서나 분할계획서에 기재될 사항에 관해서는 명문의 규정을 두지 않아도 될 것이다.[49]

---

49) 그러나 필자의 당초 구상과는 달리 2010년 민법개정안에서는 제96조의4~제96조의6에서 합병계약서 및 분할계획서의 기재사항에 관한 구체적인 규정을 두었다. 이에 관해서는 후술(제7장 제1절 민법개정안) 참고.

7. <쟁점 7> 법인의 합병 · 분할의 승인결의 절차

상기의 <쟁점 5> 합병과 분할의 절차에서 ②단계 절차, 즉 사단법인의 경우 사원총회의 합병 · 분할(안)의 결의에서 그 정족수를 어떻게 할 것인지 그리고 재단법인의 경우 이사회의 승인결의의 정족수를 어떻게 할 것인지가 문제된다.

생각건대 사단법인에 있어서 조직변경을 위하여 합병 · 분할을 한다는 것은 종전 법인의 목적을 변경하는 것으로 볼 수 있다. 이는 현재 대법원이 교회의 분열과 관련해서 취하는 입장이기도 하다.[50] 따라서 사단법인의 합병 · 분할(안)에 대한 사원총회의 승인결의를 위해서는 민법 제42조의 규정을 준용하는 방식으로 규정하면 될 것이다. 문제는 재단법인의 경우인데, 재단법인은 제45조 제1항과 제46조의 취지에 따라 재단법인 정관이 미리 합병이나 분할이 예정되어 있거나 종전 재단법인의 조직으로는 법인의 목적을 달성할 수 없을 때에 한하여 합병 · 분할을 할 수 있되, 합병 · 분할(안)의 정족수는 명문화시킬 필요없이 현행 제45조 및 제46조의 해석론에 맡겨두는 것이 낫다고 생각된다.[51]

8. <쟁점 8> 법인의 합병 · 분할과 채권자보호

법인의 합병 또는 분할시 종전 법인의 채권자를 보호하기 위해 어떻게 할 것인가? 법인의 합병 · 분할은 종전 법인의 소멸 및 새로운 법인의 설립이라는 현상이 복합 · 연쇄적으로 일어나게 되는데, 이에 따라 종전 법인의 채권자에게는 합병 · 분할에 따른 이해관계가 크므로 이를 보호할 필요가 있다. 합병 · 분할로 인한 법인의 채권자를 보호하기 위한 법문상의 조치는 2가지가 필요하다. 하나는 채권자를 보호하기 위한 절차적 조치이고, 다른 하나는 채권자를 보호하기 위해서 합병 · 분할에 관련된 법인들이 부담해야 하는 책임에 관한 조치이다. 후자는 합병 · 분할의 효과를 어떻게 규정하느냐에 따라 관련 법인들의 책임이 정해질 것이므로 이에 관해서는 아래 쟁점에서 살펴본다. 따라서 합병 · 분할에 따른 법인채권자의 보호는 절차적인 조치를 요구

---

50) 대법원 2006. 4. 20. 선고 2004다37775 전원합의체 판결.
51) 그러나 이와 달리 2010년 민법개정안에서는 제96조의3 제2항에서 사단법인은 사원총회에서 총사원 4분의 3 이상, 재단법인은 총이사의 4분의 3 이상의 동의를 받도록 규정하였다. 이에 관해서는 후술(제7장 제1절 민법개정안) 참고.

하는 조문을 신설함으로써 마련될 수 있을 것인데, 그러한 절차로는 채권자에게 합병·분할에 이의가 있으면 이를 제출하라는 공고와 이미 법인이 알고 있는 채권자에게 최고하는 것이다.

합병·분할도 한편으로 법인소멸의 모습도 가지고 있으므로, 현행민법 제4절 법인의 「해산」에 있어서 채권신고의 공고와 최고의 규정을 준용하더라도 무방할 것으로 생각된다.[52) 따라서 민법 제88조 및 제89조의 조항을 참작하여 합병·분할에 대한 채권자의 이의절차 및 채권자에 대한 최고 규정을 두면 될 것이다. 또한 만약 채권자가 공고기간 중에 이의를 제기하지 않았을 때의 효력과 이의를 제기하였을 때에 대한 효력에 대해서도 규정한다.

9. <쟁점 9> 합병과 분할의 효과

법인이 합병되거나 분할될 때 어떠한 법적 효과를 인정할 것인가가 문제된다. 이 것은 종전법인의 채권자를 위해서 신설법인 혹은 존속법인에 어떠한 책임을 부여할 것인가의 문제이기도 하다.

우선 법인의 합병에 있어서는 법인격이 합일되므로 흡수합병의 경우에는 소멸법인의 권리·의무는 존속법인에 포괄승계가 이루어지는 것으로 하고, 신설합병의 경우에도 소멸법인의 권리·의무는 신설법인에 포괄승계되는 것으로 하여야 한다. 이 것은 합병은 포괄승계의 원인이라는 일반적인 법원리에 따른 것이다.

다음으로 분할에 관해서인데, 소멸분할의 경우에는 분할로 소멸하는 종전법인의 권리·의무는 분할된 법인에 준공유적으로 귀속되는 것으로 하여 권리에 대해서는 각 법인이 연대채권관계로,[53) 채무에 대해서는 각 분할된 법인 사이에 연대채무관계가 성립하는 것으로 함이 타당하다. 또한 존속분할의 경우에도 종전법인은 분할에도 불구하고 계속 존속하는 것이므로 종전법인의 권리·의무는 존속법인에 계속 귀속한

---

52) 다만 상법이나 농업협동조합법은 채권자의 이의절차기간에 대해 '1개월 이상' 공고하여야 한다고 하여, 민법의 '2개월 이상(제88조 제1항)'보다 짧은데, 어느 기간이 합리적인 것인지에 대해서는 입법정책적인 결단이 필요하다. 참고로 일본의 「一般法人法」에서는 "1月보다 짧게 할 수 없다"고 하여 1개월 이상으로 정하고 있다.

53) 권리에 관해서는 누가 권리를 가지는가에 대해 분할계획서에서 이를 정하게 될 것이므로, 실제 문제로 되는 것은 종전법인의 의무에 관해서일 것이다.

다고 해야 할 것이다. 또한 분할로 떨어져나가 신설된 법인도 종전법인의 권리·의무에 대해서 존속법인과 준공유하여 권리에 대해서는 존속법인과 연대채권관계를, 의무에 대해서도 존속법인과 연대채무관계를 형성한다고 할 것이다.

그리고 이러한 효력은 법인설립등기와 마찬가지로 합병·분할의 등기가 완료된 시점에 이루어진다. 또한 이것은 법률의 규정에 의한 물권의 변동이므로 별도의 이전등기나 등록·배서 등의 권리이전을 위한 별도의 공시를 요하지 아니한다.

10. <쟁점 10> 법인의 합병·분할의 등기

법인의 합병·분할의 효과는 등기로 인해서 발생하는 것이다. 그렇다면 이때 등기는 어떠한 방법으로 하게 할 것인지가 문제된다. 등기의 구체적인 절차에 대해서는 비송사건절차법에서 정하도록 하고, 민법에서는 합병·분할의 등기가 합병·분할로 인한 법인의 생성 또는 소멸의 창설적 효력이 있음을 규정하면 될 것이다. 다만, 합병·분할등기의 신속한 이행을 위해 민법 제49조 제1항에 착안하여, 합병·분할을 한 때로부터[54] 3주간 내에 주된 사무소소재지에서 합병·분할의 등기를 하도록 한다.

이때 합병의 경우에는 합병으로 존속하는 법인은 변경등기를, 합병으로 소멸하는 법인은 해산등기를, 합병으로 신설되는 법인은 설립등기를 하여야 한다.

분할의 경우에는 소멸분할로 소멸하는 종전법인은 해산등기를 하고 분할된 각 법인은 설립등기를 해야 한다. 또한 존속분할로 계속 존속하는 법인은 변경등기를, 분할로 신설된 법인은 설립등기를 하여야 한다.

11. <쟁점 11> 합병·분할에 반대하는 사원을 위한 규정의 신설여부

법인의 구성원인 사원이 합병이나 분할에 반대할 경우에 그러한 사원의 이익을 보호하기 위한 규정을 둘 것인지가 문제될 수 있다. 상법에서는 합병·분할에 반대하는

---

54) 민법 제49조 제1항은 법인설립의 허가가 있는 때로부터 3주간 내에 설립등기를 하도록 하고 있는데, 이를 합병·분할에도 그대로 준용하여 법인합병·분할의 인가가 있는 때로부터 3주간 내에 합병·분할의 등기를 하도록 규정할 수는 없다. 왜냐하면 <쟁점 5>에서 제2안을 취하게 되면 주무관청의 합병·분할의 인가 이후에도 채권자보호를 의한 공고절차 등이 남아 있기 때문이다.

주주가 있을 경우에 합병·분할결의에 의하여 반대하는 주주에 대하여 주식매수청구권을 행사할 수 있다(상법 제522조의3). 결국 합병·분할에 반대하는 주주는 주식매수대금의 지급을 받음으로써 합병·분할되는 회사로부터 주주지위를 벗어나게 된다.

그렇다면 민법에서도 법인의 합병·분할에 반대하는 사원에게 일정한 재산상의 이익이나 권리를 보장해주어야 하는지가 문제된다. 생각건대, 회사에서 주주의 사원권은 주주가 주식에 대해서 출자의무를 부담하고 영업이익에 대하여 배당을 받을 수 있는 경제적인 속성을 본질로 하는 데 반하여, 민법상 법인에서의 사원권이란 법인의 비영리활동에 참여하고 시설을 이용할 수 있는 정도의 것이기 때문에 합병·분할에 의하더라도 침해되는 사원의 이익이라는 것이 크지 않을뿐더러 이를 보상을 요구할 만한 권리를 인정할 수 있을 지도 의문이다. 또한 비영리법인의 사원에는 회비납부의무가 있을 수 있지만, 이를 회사의 출자의무와 같게 다룰 수는 없다. 따라서 민법에서는 합병·분할에 대하여 반대하는 사원을 위한 별도의 보호규정을 둘 필요는 없다고 생각한다.

12. <쟁점 12> 합병·분할의 무효를 다투기 위한 규정의 신설여부

합병 또는 분할의 무효를 다툴 수 있기 위한 규정을 둘 것인가? 상법에서는 회사의 합병이나 분할에 대해서 무효를 다툴 수 있는 근거규정을 두고 있다(상법 제529조, 제530조의11). 또한 일본의 일반법인법에서도 합병무효의 소에 관한 상세한 규정을 두고 있다(동법 제264조 이하). 그렇다면 민법에서도 합병·분할에 관한 규정을 신설할 때, 이의 무효를 다툴 수 있는 근거규정도 두는 것이 바람직한지가 문제된다.

상법에서는 회사설립에 많은 이해관계인이 관여되므로 회사설립의 무효·취소제도를 명문화하고 또한 합병·분할에 대해서도 무효를 다투는 규정을 둠이 당연한 것인데, 민법에서는 법인설립에 관하여 별도로 설립의 무효 또는 취소에 관한 규정을 두고 있지 않다. 그러한 마당에 법인의 합병·분할에 관해서만 무효를 다투기 위한 규정을 두는 것은 원칙적으로 민법의 전체적인 입법형식의 틀에 어울리지는 않는다고도 볼 수 있다. 그러나 이 문제의 핵심은 결국 합병·분할로 인한 종전채권자의 보호를 어떻게 할 것인가와 밀접한 관련이 있다. 이에 대해 앞의 <쟁점 5>에서 본 바와 같이, 주무관청의 인·허가절차를 2단계로 하여 엄격한 심사절차를 거치게 하는 대신 합병·무효의 소에 관한 규정을 두지 않는 방안(제1안)과 주무관청의 인허가가 는 1회로 그치는 대신 채권자보호를 위해 사후적으로 합병·무효의 소를 규정하는 방안(제2안)을 생각할 수 있다. 이에 대해 <쟁점 5>에서 제2안을 채택하는 한, 합병·무효의 소를 두는 것이 채권자보호를 위해 필요하다. 실제로 제1안에 의하더라도 가인가를 한 주무관청이 다시 채권자보호를 위한 각종의 공시나 공고 및 통지 등을 제대로 했는지를 일일이 심사하여 본인가를 한다는 것은 현실적으로 어려울 뿐만 아니라, 주무관청의 본인가후에도 채권자보호가 결여되어 합병·분할에 대해 이의를 제기할 수 있는 상황은 얼마든지 발생할 수 있으므로, 주무관청의 인가결정의 부담을 덜어주면서 사후적으로 일정한 요건하에서 이해관계인들이 합병·무효를 다툴 수 있도록 길을 열어주는 편이 더욱 현실적이라고 생각한다.

Ⅳ. 추가적 고려사항

법인의 합병·분할에 관한 규정을 둔다면 이에 관한 직접적인 규정 외에 다른 관련 제도 내지 규정과의 조화도 함께 고려하여야 한다. 그러한 사항들로는 다음과 같은 것들이 문제된다.

첫째, 법인의 합병·분할시 주무관청의 인가·허가의 문제이다. 법인의 합병·분할은 법인의 해산·청산과 설립이 서로 결합되고 압축된 과정이라고 할 수 있다. 법인은 합병·분할의 과정을 통하여 새로운 법인을 창설함으로써 새로운 도약의 계기로 삼을 수도 있지만, 자칫 종전의 설립목적으로부터 이탈하여 법인제도를 악용할 소지도 있고 합병·분할로 인하여 종전법인의 이해관계자들의 이익에 해를 끼칠 우려가 있다. 이러한 합병·분할의 오·남용을 피하기 위해서 사전적으로 주무관청의 심사가 필요하다. 그런데 이러한 주무관청의 심사는 우리 민법이 어떤 법인설립주의를 채택할 것인가와 직접적인 관련이 있다. 따라서 법인의 합병·분할의 심사를 허가주의로 할 것인지, 아니면 인가주의로 할 것인지는 민법 제32조의 법인설립주의의 개정여부에 따라 결정될 것이다. 만약 민법 제32조가 인가주의로 개정된다면, 상기한 주무관청의 인·허가이라는 표현도 '인가'로 모두 통일하여야 한다.

둘째, 법인해산사유에 관한 문제이다. 민법 제77조는 법인의 해산사유를 열거하고 있다. 그런데 만약 민법에 법인의 합병·분할에 관한 규정이 채택된다면, 민법 제77

조가 열거한 법인해산사유에 법인의 합병·분할이 추가되어야 할 것이다. 다만 법인의 합병·분할로 종전 법인은 해산은 하게 되지만, 청산절차는 거치지 않게 된다.

셋째 비법인사단·재단에의 준용여부에 관한 문제이다. 금번 민법개정에서는 이른바 비법인사단·재단에 관한 규정의 신설여부가 주목된다. 만약 비법인사단·재단에 관한 규정이 신설된다면 이에 대해서도 법인의 합병·분할에 관한 규정이 준용될 것인지가 문제될 수 있다. 실제로 비영리법인의 합병·분할규정의 명문화를 촉발한 것도 실무적으로는 비법인사단인 "교회의 분열"이 문제된 것임은 주지의 사실이다. 그러나 이러한 문제는 설령 비법인사단·재단에 관한 규정이 신설된다고 할지라도 학설과 판례에 따라 준용여부가 결정될 것이지 명문으로 법인의 합병·분할에 관한 규정의 준용을 정할 것으로 예상되지는 않는다.

이상의 입법상 쟁점들과 고려사항들을 모두 감안하여 합리적인 입법이 요구된다. 필자의 이러한 구상에 터 잡아 비영리법인의 합병·분할에 대한 나름의 입법안을 제시한 바 있는데,[55] 상당부분은 2010년 민법개정안에 수용되었으나, 일부는 민법개정위원회의 논의과정에서 수정되거나 변경되었다. 비영리법인의 합병·분할에 관한 민법개정안에 관해서는 본서 제7장 제1절에서 자세히 소개한다.

---

55) 송호영, "비영리법인의 합병·분할에 관한 입법론적 연구", 「민사법학」 제47호, 한국민사법학회, 2009. 12, 579면, 특히 608면 이하.

제3절 비영리법인의 설립허가 취소의 문제

Ⅰ. 문제의 제기

민법에 의거하여 설립되는 법인은 비영리를 목적으로 하여 주무관청의 허가를 받아 법인격을 인정받은 것이다. 비영리법인과 영리법인을 구별해야 하는 이유는 법인설립과정에서 적용되는 법률이 다르고 이에 따라 법인의 법적 형태 및 주무관청의 관여 여부 등에서도 차이가 있기 때문이다. 비영리법인은 설립과정에서 '주무관청'의 허가를 받아서 설립되고 이후 법인의 사무는 주무관청이 검사·감독한다(민법 제37조). 이에 반해 영리법인은 준칙주의에 의해 설립되므로 설립과정에서뿐만 아니라 설립이후 법인의 운영에 있어서 주무관청이 개입되지 않는다.[56] 그런데 비영리를 목적으로 하는 설립허가 신청을 한 단체가 과연 법인성립 이후에 비영리사업만을 할 것인지 아니면 영리사업도 할 것인지는 설립허가신청 당시에는 이를 가려내기 어렵다. 비영리법인에 대해서는 세제상 여러 혜택이 주어지는데, 이러한 혜택을 누리기 위해서 주무관청의 허가를 얻어 비영리법인으로 설립을 한 후, 실제 운영은 영리추구를 목적으로 사업을 하는 것은 민법과 상법에서 법인의 형태로 예정하고 있는 법인성립법정주의(민법 제31조)를 위반한 것이 된다. 여기서 만약 비영리법인으로 설립허가를 받아 법인설립등기를 마친 법인이 이후 경제활동을 통해 그 이익을 구성원에게 분배하는 등 영리법인과 같은 행태를 보이는 경우에 주무관청으로서는 어떤 조치를 취하게 될 것인지가 문제된다.

법인설립에 있어 허가주의의 문제점은 차치하고, 법인이 당초의 설립목적과는 달리 목적 이외의 사업을 하거나 설립조건에 위반하거나 기타 공익을 해하는 행위를 하는 경우에는 그러한 법인의 존속을 계속 허용해야 할 이유가 없어진다. 그리하여 민법은 이와 같은 경우에는 법인의 설립을 허가한 주무관청이 그 설립허가를 취소할 수 있다고 하였다(민법 제38조 참조). 주무관청의 설립허가취소는 민법 제37조에서 규정하는 주무관청의 법인사무에 대한 검사·감독권의 구체적인 모습에 해당한다. 그런

---

56) 다만 영리법인의 운영에 있어서 주가조작이나 불공정거래 등의 사안에 대해서는 금융감독원이나 공정거래위원회에서 조사할 수 있겠으나, 이것을 비영리법인에서 의미하는 법인을 관할하는 주무관청과 같은 의미로 보기는 어렵다.

데 민법 제38조에 열거된 법인설립허가 취소사유는 추상적으로 열거되어 있어서 과연 어떠한 경우에 법인설립허가가 취소될 수 있는지를 구체적으로 살펴볼 필요가 있다.

II. 설립허가 취소사유

1. 개설

어떠한 경우에 법인의 설립허가를 취소할 것인가를 정하는 것은 순전히 입법정책적인 문제이다. 이에 대해 민법은 설립허가의 취소사유로 ① 법인의 목적이외의 사업을 하는 것, ② 설립허가의 조건에 위반하는 것, ③ 기타 공익을 해하는 행위를 하는 것으로 정하고 있다. 한편 「공익법인의 설립·운영에 관한 법률」에서는 공익법인의 설립허가 취소사유를 ① 거짓이나 그 밖의 부정한 방법으로 설립허가를 받은 경우, ② 설립허가 조건을 위반한 경우, ③ 목적 달성이 불가능하게 된 경우, ④ 목적사업 외의 사업을 한 경우, ⑤ 이 법 또는 이 법에 따른 명령이나 정관을 위반한 경우, ⑥ 공익을 해치는 행위를 한 경우, ⑦ 정당한 사유 없이 설립허가를 받은 날부터 6개월 이내에 목적사업을 시작하지 아니하거나 1년 이상 사업실적이 없을 때 등으로 정하고 있다(동법 제16조 제1항). 설립허가의 취소는 법인의 운명을 좌우하는 매우 심각한 행정처분이므로 그 취소원인을 법이 정한 사유로 국한되어야 한다. 즉, 민법에 따라 설리된 비영리법인의 경우 민법 제38조가 정한 이외의 사유로 법인의 설립허가를 취소할 수는 없다. 판례도 "비영리 법인의 설립허가의 취소는 민법 제38조의 규정에 해당하는 경우에만 가능"하다고 하여 이를 분명히 하고 있다.[57] 따라서 이를테면 법인의 목적달성이 불능하게 된 경우에는 법인의 해산사유에 해당될 수는 있어도(민법 제77조 참조) 법인의 설립허가를 취소할 수 있는 사유에는 해당되지 않는다.[58]

---

57) 대법원 1977. 8. 23. 선고 76누145 판결.
58) 대법원 1968. 5. 28. 선고 67누55 판결.

2. 취소사유

가. 목적 외의 사업

법인의 목적이란 법인정관에 정하여진 목적을 뜻하므로, 법인이 목적 이외의 사업을 한다는 것은 법인정관에 기재된 목적이외의 사업을 하는 것을 의미한다. 여기서 비영리법인이 '목적 이외의 사업'을 한 때란 앞서 본 바와 같이 법인의 정관에 명시된 목적사업과 그 목적사업을 수행하는 데 직접 또는 간접으로 필요한 사업 이외의 사업을 한 때를 말하고, 이때 목적사업 수행에 필요한지는 행위자의 주관적·구체적 의사가 아닌 사업 자체의 객관적 성질에 따라 판단하여야 한다.[59]

비영리법인이 법인의 정관에 정하여진 목적 이외의 사업을 하는 경우에는, ① 특정한 비영리목적의 법인이 다른 비영리목적의 사업을 하는 경우와 ② 비영리를 목적으로 하는 법인이 영리를 목적으로 하는 사업하는 경우가 있다.

우선 ① 특정한 비영리목적의 법인이 다른 비영리목적의 사업을 하는 경우에 설립허가를 취소할 수 있는가 하는 점이다. 예컨대 자선사업을 목적으로 하는 법인이 학술사업을 하는 경우이다. 문언적으로만 새긴다면 목적 이외의 사업에 해당한다고 하겠지만, 주무관청이 이러한 사유만으로 법인의 설립허가를 취소한다면, 이는 재량권을 일탈·남용한 것으로서 위법하다고 보아야 한다. 주무관청이 이를 이유로 설립허가를 취소할 것인지 여부는 재량에 속하나 그 재량권 행사는 비영리법인의 기본권이나 비례성 원칙에 의하여 제약을 받는바, 주무관청으로서는 법인이 정관목적과 부합하지 않는 다른 비영리사업을 지속한다면 법인사무의 검사·감독권(민법 제37조)의 일환으로 법인의 정관변경을 명하는 등(민법 제42조, 제45조 참조)의 방법으로도 그 잘못을 바로잡을 수 있기 때문이다.

문제는 ② 비영리를 목적으로 하는 법인이 영리를 목적으로 하는 사업하는 경우이다. 민법에 의거하여 설립된 법인은 비영리를 목적으로 하는 법인이므로 만약 영리를 목적으로 하는 사업을 하는 경우에는 이를 허용하는 특별한 규정이 없는 한(예, 신용협동조합법 제53조 제2항), '목적 이외의 사업'을 한 행위로서 설립허가취소사유에 해당한다고 생각된다. 왜냐하면 민법이 제시한 비영리 목적사업의 법인(제32조)과 영

---

59) 대법원 2014. 1. 23. 선고 2011두25012 판결.

리 목적사업의 법인(제39조를 경유하여 회사법)의 법인형태를 위반한 것이기 때문이다 (민법 제31조: 법인성립법정주의의 위배). 다만 주무관청이 이를 이유로 설립허가를 취소할 것인지 여부는 재량에 속하므로, 설립허가가 취소된 비영리법인은 주무관청을 상대로 그 취소처분이 재량권을 일탈·남용하였다고 주장하면서 그 취소처분의 취소 청구소송을 제기할 수는 있을 것이다.

이와 관련하여 비영리를 목적으로 하는 법인이 비영리사업의 목적을 달성하는 데 필요하여 그 본질에 반하지 않을 정도의 수익사업을 하는 것은 법인의 목적을 벗어난 것으로 볼 수 없고, 따라서 그러한 경우에는 법인설립허가가 취소사유에 해당하지 않는다. 예컨대 암예방홍보를 목적으로 하는 사단법인이 학술대회를 개최하면서 참가비를 징수하거나 관련서적을 판매하는 등의 행위는 가능하다. 이를 강학상 "부수목적의 특전"이라고 하는데, 우리 판례는 이를 허용하고 있으며,[60] 이에 대해서는 전술하였다.[61] 문제는 비영리법인이 부수목적의 특전을 넘어서는 (영리사업이 아닌) 수익사업을 한 경우이다. 이러한 사례에 해당하는 판례는 아직까지 보이지 않으나, 우리 판례는 비영리법인의 설립허가 취소에 대해 그 요건을 엄격하게 해석하는 편이어서 이러한 사유로 법인설립 허가취소가 가능하다고 보기는 어려울 것으로 보인다.

나. 설립허가조건의 위반

예컨대 일정한 인적·물적 시설을 갖출 것을 조건으로 하여 자선사업을 목적으로 하는 법인설립이 허가된 경우에 그 조건으로 정한 시설이 갖추어지지 못하였다면 법인설립조건을 위반한 것이 되고, 이때 주무관청은 그 법인의 설립허가를 취소할 수 있다. 다만 그 조건이 법인의 설립허가조건인지 혹은 주무관청의 단순한 희망사항에 불과한 것인지를 실제로 판별하기 곤란한 경우도 있겠지만, 그것이 후자에 해당하는 경우에는 이를 위반하였다고 하여 설립허가를 취소할 수는 없다. 설립허가 조건이 문제된 사례 중에는 사단법인 한국상표협회가 1973년도분 결산예산 보고서 및 사업

---

60) 대법원 1999. 10. 8. 선고 99다27231 판결: "원고 조합과 같은 비영리법인이라도 반드시 적극적으로 공익을 목적으로 하는 비영리사업만을 수행하여야 하는 것이 아니라 그 목적을 달성하는 데 필요한 범위 내에서 주된 목적인 비영리사업에 부수하여 <u>영리사업</u>을 수행할 수 있고, 그로 인한 수익을 비영리사업의 목적에 충당하는 이상 비영리법인으로서의 본질에 반한다고 할 수 없고 …" 동 판결에서 영리사업은 수익사업을 표현한 것으로 추측된다.
61) 제1장 법인론 서설, 제3절 법인의 종류, Ⅳ. 영리법인과 비영리법인, 2. 구별기준 참고.

계획서를 주무관청인 상공부가 지정한 기일보다 2개월가량 지연하여 제출한 사실 및 1974년도분에 대해서는 약 10일 정도 지연된 사실이 설립허가조건을 위배하였음을 이유로 주무관청인 상공부장관이 법인설립허가를 취소한 사안에서, 판례는 법인이 감독관청에 제출할 서류를 기한보다 지연하여 제출한 사실만으로 설립허가조건을 위배하였다 하여 설립허가를 취소하는 행위는 재량권의 범위를 심히 일탈한 위법한 처분이라고 판단하였다.[62]

비영리사업을 목적으로 하여 법인설립허가를 얻어 설립된 법인이 영리사업을 영위하는 경우에 민법 제38조의 '설립허가조건에 위반'됨을 이유로 법인설립허가 취소처분을 내릴 수 있을 것인지가 문제될 수 있다. 실무적으로 비영리법인의 설립을 위해 주무관청에 대해 법인설립허가신청을 한 단체를 상대로 '비영리사업만을 할 것' 또는 '영리사업을 하지 아니할 것'을 조건으로 해서 법인설립허가를 내어 주는 경우는 거의 없다고 생각된다. 그 이유는 그러한 내용은 비영리법인의 설립을 위한 허가조건이라기 보다 당연한 설립요건이기 때문이다. 따라서 비영법인이 영리사업을 영위하는 경우는 민법 제38조의 법인설립허가 취소사유 중에서 주로 "목적 이외의 사업"을 하는 행위에서 가려질 가능성이 크다.

다. 공익을 해하는 행위

민법 제38조가 '공익를 해하는 행위'를 법인설립허가취소사유의 하나로 규정한 이유는 법인설립 당시에는 법인의 목적사업이 공익을 해하는 것이 아니었으나, 그 후 사정변동에 의하여 그것이 공익을 해하는 것으로 되었을 경우에 대처하기 위해서이다.[63] 그런데 무엇이 공익을 해하는 행위인지에 대해서는 명확하지 않다. 이와 유사한 취지의 독일민법 제43조 제1항은 "사단이 법률에 반하는 사원총회의 결의 또는 법률에 반하는 이사회의 행위에 의하여 공공복리를 위태롭게 하는 경우에는 그 권리능력이 박탈될 수 있다"라고 하고 있는데, 우리 법에서도 해석론상 참고할 수 있을 것이다. 우리 판례도 "민법 제38조에서 말하는 비영리법인이 공익을 해하는 행위를 한 때라 함은 법인의 기관이 공익을 침해하는 행위를 하거나 그 사원총회가 그러한 결의를 한 경우를 의미한다"[64]고 설

---

62) 대법원 1977. 8. 23. 선고 76누145 판결.
63) 대법원 1966. 6. 21. 선고 66누21 판결; 대법원 2014. 1. 23. 선고 2011두25012 판결.
64) 대법원 1982. 10. 26. 선고 81누363 판결; 대법원 2014. 1. 23. 선고 2011두25012 판결.

명하고 있다. 다만 공익을 해하는지의 여부는 주무관청의 자의로 판단되어서는 안 되고 법인의 기관이 한 행위 혹은 사원총회의 결의내용이 구체적으로 형법 또는 행정법상 규정에 위반하거나 전체 법질서에 반하는지에 따라 판단되어야 할 것이다.

판례는 민법 제38조에 정한 '공익을 해하는 행위'를 한 때에 해당된다고 하기 위해서는, "당해 법인의 목적사업 또는 존재 자체가 공익을 해한다고 인정되거나 당해 법인의 행위가 직접적이고도 구체적으로 공익을 침해하는 것이어야 하고, 목적사업의 내용, 행위의 태양 및 위법성의 정도, 공익 침해의 정도와 경위 등을 종합해 볼 때 당해 법인의 소멸을 명하는 것이 그 불법적인 공익 침해 상태를 제거하고 정당한 법질서를 회복하기 위한 제재수단으로서 긴요하게 요청되는 경우이어야 한다"고 판시한다.[65] 또한 판례는 "나아가 '법인의 목적사업 또는 존재 자체가 공익을 해한다'고 하려면 해당 법인이 추구하는 목적 내지 법인의 존재로 인하여 법인 또는 구성원이 얻는 이익과 법질서가 추구하고 보호하며 조장해야 할 객관적인 공공의 이익이 서로 충돌하여 양자의 이익을 비교형량 하였을 때 공공의 이익을 우선적으로 보호하여야 한다는 점에 의문의 여지가 없어야 하고, 그 경우에도 법인의 해산을 초래하는 설립허가취소는 헌법 제10조에 내재된 일반적 행동의 자유에 대한 침해 여부와 과잉금지의 원칙 등을 고려하여 엄격하게 판단하여야 한다"[66]고 하여 설립허가취소요건을 매우 엄격하게 해석하고 있다. 이와 같이 판례는 주무관청의 재량권 일탈·남용 여부에서 판단할 사항까지 '공익을 해하는 행위'에 해당하는지 여부를 판단할 때 함께 판단해야 한다고 하고 있다.

III. 설립허가취소의 절차 · 효력 및 구제절차

1. 설립허가 취소절차와 효력

민법 제39조는 설립허가를 해준 주무관청이 설립허가의 취소권한을 갖는다는 것 외에, 그 취소절차에 관하여는 법률상 아무런 언급이 없다. 따라서 주무관청은 민법 제37조에 의거하여 법인에 대한 검사·감독권을 행사한 다음 또는 이를 행사함이 없

---

65) 대법원 2014. 1. 23. 선고 2011두25012 판결; 대법원 2017. 12. 22. 선고 2016두49891 판결; 대법원 2020. 2. 27. 선고 2019두39611 판결.
66) 대법원 2017. 12. 22. 선고 2016두49891 판결.

이 곧바로 설립허가의 취소사유가 존재한다고 인정된다면 언제든지 설립허가를 취소할 수 있다.

주무관청이 설립허가를 취소하더라도 그 효력은 장래에 대하여서만 효력을 발생한다. 설립허가가 취소되면 법인은 법인격취득의 전제조건이었던 허가를 상실하게 되므로 설립허가의 취소와 동시에 법인격을 상실하게 되고 해산 및 청산절차에 들어가게 된다(민법 제77조 제1항 참조).

2. 설립허가취소의 구제절차

법인설립허가 취소사유는 민법에 규정되어 있지만, 설립허가의 취소처분은 그 성질상 행정법규의 규율사항이다. 주무관청에 의한 설립허가의 취소는 공권력의 행사에 해당한다. 따라서 이에 불복(不服)이 있는 법인은 행정심판법에 기하여 심판청구를 할 수 있고 다시 행정소송법에 의하여 행정소송을 제기할 수 있다.

설립허가 취소처분으로 인해 법인은 해산하게 되고(민법 제77조 제1항 참조), 청산법인으로 되어 청산목적의 범위 내에서 존속하게 되지만(민법 제81조 참조), 만약 설립허가의 취소처분이 법원의 판결에 의하여 취소되면 취소처분의 효과는 소급해서 상실되므로 취소처분 이후에 청산목적을 넘어 행해졌던 법인의 행위도 모두 유효로 인정된다.

제4절 **법인의 소멸**

Ⅰ. 서론

우리나라 민법전과 상법전은 법인의 소멸과 관련하여 법인의 "해산"사유를 비교적 일목요연하게 규정하고 있다(민법 제77조 이하; 상법 제227조 이하, 제269조, 제285조 이하, 제287조의38 이하, 제517조 이하, 제609조 이하 참조). 민법 제77조 제1항은 사단법인이든 재단법인이든 모두 적용되는 해산사유를 열기하고 있다. 즉 법인은 ① 존립기간의 만료, ② 법인의 목적의 달성 또는 달성의 불능, ③ 정관에 정한 해산사유의 발생, ④ 파산, ⑤ 설립허가의 취소로 해산한다. 그리고 민법 제77조 제2항에는 사단법인에만 특유한 해산사유로 ① 사원의 부재와 ② 총회의 결의를 규정하고 있다. 또한 우리 상법은 합명·합자·유한책임·주식·유한회사 등 5종의 회사유형을 인정하면서 각각의 회사유형에 따른 회사의 해산사유를 정하고 있다. 5종의 회사에 공통적으로 인정되는 해산사유는 ① 존립기간의 만료 기타 정관으로 정한 사유의 발생, ② 합병, ③ 파산, ④ 법원의 명령 또는 판결에 의한 해산 등이다(상법 제227조 제1호, 제4호, 제5호, 제6호, 제285조, 제517조, 제609조 참조). 그 외에도 회사형태에 따라 특유한 해산사유로, 합명회사의 경우 ① 총사원의 동의가 있거나, ② 사원이 일인으로 된 때에도 회사는 해산되고(상법 제227조 제2호, 제3호), 합자회사의 경우는 그 성질상 무한책임사원 또는 유한책임사원의 전원이 퇴사한 때에도 해산되고(상법 제285조), 유한책임회사의 경우 ① 총사원의 동의가 있거나, ② 사원이 없게 된 경우에 해산되고(상법 제287조의38), 합명회사와 주식회사의 경우는 주주총회의 결의로도 해산되고(상법 제517조 제2호, 제609조 제1항 제2호), 기타 주식회사는 회사의 분할 또는 분할합병으로도 해산된다(상법 제517조의1 제2호).

우리 민·상법전이 법인소멸에 관하여 법인의 "해산"이라는 용어만을 사용하고 있는 데 반하여 독일민법전은 제41조 및 제74조에서 사단의 "해산(Auflösung)"뿐만 아니라, 제42조에서는 "권리능력의 상실(Verlust der Rechtsfähigkeit)"을, 제43조와 제73조에서는 "권리능력의 박탈(Entziehung der Rechtsfähigkeit)"을 규정하고 있다. 또한 독일민법은 제87조에서 재단법인의 목적변경과 관련하여 재단의 "폐지(Aufhebung)"를, 제88조 본문에서는 재단의 "소멸(Erlöschen)"이라는 표현을 하고 있다. 독일민법에서는 법인의 소멸과 관련한 용어들이 이처럼 다양하지만, 독일의 회사법에서는 "해산(Auflösung)"이라는 용어만이 사용된다(독일주식법 제262조, 독일유한회사법 제60 조 이하, 독일협동조합법 제78조 이하). 독일민법은 법인의 소멸과 관련하여 왜 이렇게 도 다양한 용어들을 담고 있는 것일까? 독일민법전의 입법당시에 법인의 소멸과 관련하여 이처럼 다양한 용어들이 사용된 것에 대해서는 특별한 이유가 있었던 것이 아니라 제국의회위원회(Reichstagskommission)가 제41조 이하에서 사단의 해산을 조문화하면서 단지 "편집상의 변화(redaktionelle Änderung)"를 주기 위하여 그렇게 다양한 표현을 한 것뿐이다.[67] 제국의회위원회가 민법상 사단의 소멸에 관련하여 조문 속에 위와 같은 다양한 용어를 사용하였음에도 불구하고, 실제로는 사단의 "권리능력의 상실"을 법인소멸의 원칙적인 모습으로 상정하였던 것 같다.[68] 입법자들이 단순히 편집상의 변화를 주기 위해서 사용한 여러 표현들이 결국 법인소멸의 현상을 복잡하게 이해하게끔 만든 셈이다.

위와 같은 용어의 혼란스러운 사용을 극명하게 보여주는 예로 독일민법 제88조를 들 수 있다. 독일민법 제88조는 재단의 잔여재산의 귀속에 관해 "재단의 '소멸(Erlöschen)'과 동시에 재산은 조직상 정하여진 자에게 귀속한다"고 규정하고 있다. 눈을 돌이켜 사단의 잔여재산의 귀속을 규정한 독일민법 제45조를 보자. 동조 제1항은 "사단의 '해산(Auflösung)' 또는 권리능력의 박탈과 동시에 재산은 정관에 정한 자에게 귀속한다"고 규정하고 있다. 여기서 독일민법 제88조가 말하는 "소멸(Erlöschen)"은 제45조가 말하는 "해산(Auflösung)"과 같은 의미로 사용되었음을 알 수 있다. 그러나 일상적으로 사용되는 언어적인 의미에서는 몰라도, 법적인 의미에서는 "소멸"과 "해산"은 분명히 구별되는 개념이다. 예컨대 재단은 재단의 잔여재산이 최종적으로 국고로 귀속했을 때 비로소 소멸하는 것이지, 재단이 해산단계에 접어들었다고 해서 곧바로 소멸하는 것은 아니다. 즉 재단이 완전히 청산(즉 소멸)될 때까지는 재단은 청산중인 법인으로 존속하게 되는 것이다. 따라서 독일민법 제88조에서 말하는 재단의 소멸은 재단의 해산으로 표현하는 것이 옳았을 것이고, 또한 그렇게 이해하여야 할 것이다.

---

67) Protokolle I, S. 539, 576.
68) Mugdan I, S. 956 참조.

독일민법전에서 법인의 소멸에 관해서 이처럼 혼란스러울 정도로 다양한 표현들이 사용됨으로써 한편으로는 오늘날의 문헌에서도 법인의 소멸에 관한 개념이 통일적으로 정립되지 못하고, 다른 한편으로는 법인소멸의 태양을 설명하는 부분에서도 의견이 분분한 실정이다. 예컨대 사단의 "해산"과 "권리능력의 박탈" 사이에는 법률효과상 어떤 차이점이 있는지에 관하여 논란이 많다. 견해에 따라서는 우리의 민법이나 상법은 법인소멸에 관하여 "해산"이라는 표제 아래 법인소멸사유를 모두 담고 있어서 일견 독일민법의 경우와 달리 적어도 용어상의 통일은 정립된 것으로 볼 수도 있다. 그러나 우리의 법전은 마치 "법인의 해산 = 법인의 소멸"을 연상시키고 있는데, 이는 명백히 구분되어야 하는 개념이다. 또한 우리의 법은 나중에 상론하는 바와 같이 "합병"이나 "분할"과 같이 해산과 직접 관련이 없는 법인소멸사유도 법인의 「해산」사유로 정하고 있다. 따라서 우리법에서도 법인의 "해산"이라는 법전상의 표현에 얽매이지 말고 법인의 "소멸"에 관한 문제를 정확하게 분석할 필요가 있다.[69]

II. 법인소멸의 태양

1. 분류기준

법인소멸의 태양을 설명하기 위해서 우선 제기되는 문제는 어떠한 방법으로 법인소멸의 문제를 관찰하고 설명할 것인가 하는 점이다. 혹자는 이 문제를 다루기 위하여 위에서 개관한 다양한 소멸사유들을 단순히 동일선상에서 열거하고서 차례대로 설명하기도 한다.[70] 그러나 이러한 방법론에 의하게 되면 법인소멸의 문제를 이해하는데 그다지 만족스러운 설명을 이끌어 낼 수 없다고 생각한다. 그 이유는 그러한 방법론에 의하면 다양한 소멸사유들에 내재해 있는 법인소멸에 관한 보편적인 법이념을 찾는 것을 사실상 포기할 수밖에 없기 때문이다. 따라서 필자는 그러한 단순 열거적 설명보다는, 가능한 법인소멸에 관한 보편적이고 통일적인 법이념을 이끌어 낼 수 있는 체계적인 설명방법이 필요하다고 생각한다. 필자가 검토한 독일의 여러

---

69) 이하 법인의 소멸에 관한 비교법적 설명으로는 송호영, "법인의 소멸 −독일에서의 논의를 중심으로−",「광운비교법학」제1권(창간호), 광운대학교 비교법연구소, 2000. 3, 175면 이하 참고.

70) 예컨대, Bayer, Die liquidationslose Fortsetzung rechtsfähiger Idealvereine, Berlin, 1987, S. 30 ff.; Staudinger BGB−Weick, § 41 Rz. 1 ff.

자료 중에서 이 문제에 관하여 가장 설득력 있게 보여지는 것은 후베르트 슈미트 (Hubert Schmidt)가 제시한 분류방법이라고 생각된다. 왜냐하면 그는 여러 법인소멸들을 병렬적이 아니라 체계적으로 분류하여 분석·설명하고 있기 때문이다. 그의 생각의 출발점은 법전상 몇몇 조문들이 법인생성의 반대상을 반영하고 있는데, 그 조문들이 법인소멸의 구성요건과 시점을 암시하고 있다는 것이다.[71] 즉 독일민법 제49조 제2항,[72] 독일주식법 제273조[73] 및 독일유한회사법 제69조 제2항[74] 등이 바로 그것이다. 나아가 그는 법인소멸의 경우로 단계적 소멸(Beendigung im gestreckten Verfahren)과 비단계적 소멸(Beendigung uno actu)로 나누어 설명한다.[75] 전자는 법인이 일정한 절차와 단계를 거치면서 소멸하는 경우를, 후자는 그와 달리 법인의 소멸이 단계적으로 이루어지지 않고 특정한 사유에 의하여 일순간에 소멸하는 경우를 의미한다. 물론 법인소멸의 일반적 모습은 단계적으로 소멸하는 것이다. 그가 법인소멸의 문제를 법인의 생성의 문제와 대칭되는 시각에서 접근했다는 것을 생각해 본다면, 그의 분류방법은 순전히 그의 독창적인 아이디어라고 보기는 힘들다. 왜냐하면 이미 1973년에 리트너(Fritz Rittner) 교수가 법인의 생성에 관하여 단계적 생성 (Entstehung durch Prozeß)과 비단계적 생성(Entstehung uno actu)으로 나누어 설명한 적이 있는데,[76] 후베르트 슈미트의 분류방법은 바로 리트너 교수의 분류방법에 착안하여 법인소멸에 관한 분류에 적용한 것으로 보여지기 때문이다. 어떻든 후베르트 슈미트의 법인소멸의 태양에 관한 분류방법론은 기존의 평면적인 설명과는 달리 법인소멸의 사유를 체계적으로 분류·분석할 수 있다는 점에서 장점을 지니므로, 본서에서도 그의 분류체계에 따라 법인소멸과 관련하여 제기되는 여러 문제점들을 살펴나가고자 한다. 하지만 그의 분류방법론을 채택한다고 해서 개별적인 쟁점사항에 대해서도 그의 견해를 수용하는 것은 물론 아니다.

---

71) Hudert Schmidt, Zur Vollbeendigung juristischer Personen, Bielefeld 1989, S. 1.
72) 독일민법 제49조 제2항: "사단은 청산의 목적에 필요한 한도에서 청산이 완료할 때까지 존속하는 것으로 본다."
73) 독일주식법 제273조, 특히 제1항의 내용은 다음과 같다: "청산이 완료되고 최종계산서가 작성되면 청산인은 상업등기부에 청산종결의 등기를 하여야 한다. 이때 회사는 소멸한다."
74) 독일유한회사법 제69조 제2항: "회사가 해산할 당시의 재판적은 재산의 분배가 완료될 때까지 존속한다."
75) Hubert Schmidt, Zur Vollbeendigung juristischer Personen, S. 13 ff.
76) Fritz Rittner, Die werdende juristische Person, Tübingen 1973, S. 17 ff., 52 ff.

이와 같이 법인소멸의 태양를 단계적 소멸과 비단계적 소멸로 나눈다고 할 때에, 가장 결정적인 구분기준은 실제로는 법인이 소멸하는 데 있어서 "해산"과 그에 이은 "청산"의 과정이 있었느냐, 아니면 그러한 과정없이 법인이 소멸하느냐 하는 점이다. 앞서 살펴본 바와 같이 독일민법이 법인의 소멸사유에 관하여 다양한 용어들을 사용하고 있지만, "해산"은 법인소멸에 관한 가장 중심적이면서도 일반적인 소멸사유라고 할 수 있다. 우리법이 해산과 직접 관련이 없는 법인소멸사유도 해산사유로 규정한 것은 문제가 있지만, 해산을 법인소멸에 관한 원칙적인 모습으로 설정하여 입법하였음은 올바른 규율이라고 할 수 있다.

2. 일반적 경우: 해산과 청산

가. 총설

1861년에 제정된 일반독일상법전(ADHGB)의 입법자들이나 1896년에 제정된 독일민법전(BGB)의 입법자들은 "해산"과 "법인의 소멸"을 같은 개념으로 보았었다.[77] 우리법이 해산과 직접 관련이 없는 법인소멸사유를 법인해산사유로 정하고 있는 것으로 보아 우리법의 입법자들 또한 해산과 법인소멸을 특별히 구별하지 않았던 것으로 추측된다. 그러나 "해산"은 법인의 일생을 종결시키는 (즉 소멸시키는) 여러 사유 중 하나일 뿐이다. 즉 보통의 경우 법인은 해산을 하고 청산을 마무리함으로써 비로소 소멸한다. 이 말은 곧 특별한 경우에는 법인은 해산이나 청산과정을 거치지 않고 소멸하기도 한다는 의미이다. 또한 경우에 따라서는 법인은 비록 해산을 하였지만 청산단계에서 소멸로 가지 않고 다시 원래의 법인상태로 부활할 수도 있다. 따라서 법인의 해산이 바로 법인의 소멸을 의미하는 것은 아니고 양자는 서로 엄격히 구별되어야 하는 개념이다. 그럼에도 불구하고 법인의 해산과 법인의 소멸이 밀접한 관련성을 갖는 이유는 해산은 법인을 소멸로 이끄는 일반적이고 원칙적인 구성요건이기 때문이다.

법인의 소멸을 야기하는 해산사유는 매우 다양하고, 법인은 어떠한 법적 형태를 띠고 있느냐에 따라 각각의 해산사유를 달리한다. 예컨대 사단법인의 해산사유와 재

---

77) Paura, Liquidation und Liquidationspflichten: Pflichten von Organen und Mitgliedern nach Auflösung der Gesellschaft, Diss. Hamburg 1996, S. 4.

단법인의 해산사유가 다르고, 민법상 사단법인의 해산사유와 상법상 회사의 해산사유가 각기 다르다. 그럼에도 불구하고 법인의 해산사유는 법률에서 규정된 것만 인정된다는 이른바 해산사유법정주의(numerus clausus der gesetzlichen Auflösungsgrund)는 법인의 등장형태에 관계없이 모든 법인에 적용되는 일반적인 원칙이다.[78] 이하에서 법인소멸에 관한 독일법에서의 논의에 비추어 우리법에서의 법인소멸이라는 현상을 조명해보고자 한다.

나. 해산사유

(1) 권리능력의 상실과 권리능력의 박탈

우리 민법 제77조의 태도와는 달리 독일민법은 법인의 해산사유를 일목요연하게 규정하지 않았다. 독일민법 제41조 및 제74조는 사단법인의 해산사유로 사원총회의 결의 및 사단의 존속기간으로 정하여진 기간의 경과만을 열거하고 있다. 바로 이 때문에 해산사유와 관련하여 사단의 "권리능력의 상실(독일민법 제42조)"과 "권리능력의 박탈(독일민법 제43조, 제73조)"을 어떻게 이해하여야 하는가 하는 문제가 제기된다. 다수의 견해는 해산의 경우에는 사단의 존재자체가 종지하지만, 권리능력의 상실이나 박탈의 경우에는 법인으로서의 지위만 탈락될 뿐 사단의 단체성은 훼손되는 것이 아니라고 본다.[79] 그에 반해 사단의 해산과 사단의 권리능력의 상실 내지 박탈은 용어상 차이만 있을 뿐이지 그 실질은 구분의 실익이 없다는 소수의 견해도 있다.[80] 이 문제에 관하여 조금 더 자세히 살펴보자.

독일민법 제42조 제1항은 "사단은 파산의 개시에 의하여 권리능력을 상실한다"고 규정하고 있다. 다수설은 문언에 충실하게 파산의 개시는 해산과 같은 의미로 보지 않고, 단지 사단의 권리능력만을 상실케 하는 사유로 이해한다. 그러나 민법상 사단의 파산에 관하여 법문언상의 해석만으로 해산사유와 권리능력상실사유를 구분하는

---

78) Karsten Schmidt, Gesellschaftsrecht, 3. Aufl., S. 308.

79) MünchKomm BGB−Reuter, § 41 Rz. 1; SoergelKomm BGB−Hadding, Vor §§ 41~53 Rz. 1; Reichert, Handbuch des Vereins und Verbandsrechts, Rz. 2053; Larenz/Wolf, Allgemeiner Teil des Bürgerlichen Rechts, S. 228.

80) Flume, Juristische Person, S. 177. 한편 양자의 구별을 긍정하는 Hadding 교수도 "양자를 학술용어상 두 그룹으로 구분한다는 것은 불완전하고 완벽하게 구분가능한 것도 아니다"라고 하면서 어느 정도 소수설의 입장에 동조하고 있다(SoergelKomm BGB−Hadding, Vor §§ 41~53 Rz. 1 참조).

것은 대단히 편협한 시각이다. 앞서 살펴본 바와 같이 독일민법의 입법자들은 법인 소멸사유에 관하여 그다지 신중하게 용어의 사용을 하지 않았었다. 또한 독일민법의 입법자료를 면밀히 검토한 최근의 연구결과에 의하면 독일민법 제42조가 의미하는 "권리능력의 상실"이라는 용어는 편집상의 착오였음이 밝혀졌다.[81] 한편 물적회사의 경우, 즉 주식회사·유한회사·협동조합의 경우에는 회사재산에 대하여 파산절차가 개시되면 회사는 "해산(Auflösung)"한다(독일주식법 제262조 제1항 제3호, 독일유한회사법 제60조 제1항 제4호, 독일협동조합법 제101조 참조). 적절하게도 1999년 1월 1일부터 발효된 파산령시행법(Einführungsgesetz zur Insolvenzordnung) 제33조는 다음과 같이 독일민법 제42조 제1항을 수정하고 있다. 즉 "사단은 파산절차의 개시에 의하여 해산한다." 결론적으로 민법상 사단법인은 파산에 의하여 권리능력이 상실되는 것이 아니라, 다른 물적회사의 경우와 마찬가지로 해산하게 된다. 그리고 해산과 청산절차를 거쳐 비로소 사단법인은 소멸한다.

독일민법은 제43조와 제73조에서 일정한 경우 사단의 권리능력을 박탈하는 제도를 두고 있다. 독일민법 제43조에 의하면 사단법인이 공안을 위태롭게 하거나(독일민법 제43조 제1항), 비영리사단으로 등록되어 있으면서도 경제적 사업의 목적을 추구한 경우(독일민법 제43조 제2항), 허가에 의하여 설립된 사단이 정관에 정한 이외의 목적을 추구하면(독일민법 제43조 제4항) 행정청은 권리능력을 박탈할 수 있다. 또한 독일민법 제73조는 사원의 수가 3인 이하로 감소하는 경우에 구법원(區法院)은 이사회의 신청에 의하여 그리고 3개월 내에 이러한 신청이 없는 때에는 이사회를 청문한 후 직권으로 사단의 권리능력을 박탈하도록 규정하고 있다. 만약 사단법인이 위와 같은 사유로 행정청이나 법원으로부터 권리능력을 박탈당하였다면 그 단체는 그때부터(ex nunc) 권리능력없는 사단으로 전환된다. 한편 독일민법 제45조 제1항은 "사단의 해산 또는 권리능력의 박탈과 동시에 재산은 정관에 정한 자에게 귀속한다"고 규정하는데, 여기서 권리능력을 박탈당한 법인이었던 사단은 청산되어야 하는가 하는 문제가 제기된다. 종래의 학설은 권리능력의 박탈로 권리능력있는 사단은 계속해서 권리능력없는 사단인 상태로 존속하는 것이 아니라, 권리능력없는 사단의 형태의

81) Karsten Schmidt, Gesellschaftsrecht, S. 723; Böttcher, Die Beendigung des rechtsfähigen Vereins, Kritische Darstellung mit Änderungsvorschlägen, Rpfleger, 1988, S. 169, 172. 특히 Böttcher는 독일민법의 입법자가 제42조 1항에서 권리능력의 상실이라고 표현한 것은 일종의 오표시(falsa demonstratio)라고 한다.

"청산법인"으로 존재할 뿐이라고 설명한다.[82] 그러나 이러한 설명은 그다지 설득력 있게 보여지지 않는다. "청산"은 "해산"을 전제로 하는데, "권리능력의 박탈"이 바로 "사단의 해산"을 의미하는 것은 아니다. 왜냐하면 권리능력있는 사단이 비록 권리능력을 박탈당하였다고 하더라도 여전히 사단으로서 존속하기 때문이다. 권리능력을 박탈당한 사단에게는 사원의 자율적인 결정으로 다음 두 가지 선택의 여지가 주어진다. 그 중 하나는 사원들이 해산결의를 통하여 청산하는 방법인데, 제45조 제1항은 바로 이 경우에 적용되는 것이다. 다른 하나는 조직변경의 방법을 통해서 다른 형태(예, 물적회사나 협동조합 등)로 전환하는 것이다. 즉 권리능력을 박탈당하여 목하(目下) 권리능력없는 사단은 우선 "설립중인 회사"로 조직을 변경하여 추후 상업등기부에 회사설립등기를 마치면 다른 법인으로 다시 태어나는 셈이다. 이 경우 이러한 형태의 조직변경이 탈법행위가 아닌가하는 의문을 가질 수 있지만, 권리능력을 박탈당한 단체가 다른 형태로 조직을 전환하여 새로운 법인이 될 수 있느냐의 여부는 사원의 의도에 따라 결정되는 것이 아니라, 법인설립을 위하여 법률에 정해진 준칙에 따라 결정되는 것이므로 탈법행위와는 무관하다.

(2) 모든 사원의 탈락

사단법인은 사원의 존재가 반드시 필요한데, 법인의 사원이 모두 없게 되면 사단법인의 운명은 어떻게 되는지가 문제된다. 독일민법 제73조는 사원이 3인 이하일 경우에 사단법인의 권리능력이 박탈되는 것으로 규정하고 있음에도 불구하고, 비록 사단의 구성원이 3인 이하가 되었을지라도 적어도 1인의 사원이 존재하고 권리능력이 아직 박탈되지 않은 상태라면, 그 사단은 여전히 법인으로서 존속한다는 점에 관해서는 다툼이 없다.[83] 문제는 마지막 남은 1인의 사원마저도 사망이나 탈퇴하여 더 이상 사원이 없게 된 경우에 사단의 운명은 어떻게 되는가 하는 것이다. 판례[84]와 그에 동조하는 다수설[85]에 의하면 사원이 더 이상 존재하지 않을 경우에는 사단은

---

82) 예컨대 Schick/Rüd, Stiftung und Verein als Unternehmensträger, Stuttgart 1989, S. 30; Sauter/Schweyer, Der eingetragene verein, 16. Aufl., München 1997, Rz. 368, 370.
83) Sauter/Schweyer, der eingetragene Verein, Rz. 366; Böttcher, Rpfleger 1988, S. 169; SoergelKomm BGB−Hadding, Vor §§ 41~53 Rz. 13; Staudinger BGB−Habermann, § 73 Rz. 2; Stöber, Handbuch zum vereinsrecht, Rz. 868, 1172.
84) BGHZ 19, 51, 57 = NJW 1956, 138; KG WM 1957, 1108; 1964, 497; BAG NJW 1967, 1437; JZ 1987, 420, 421.

자동적으로 "소멸(Erlöschen)"하는데, 이 경우에는 청산도 일어나지 않는다고 한다. 그 근거로 주로 1955년 11월 17일에 있은 연방재판소의 판결요지가 인용되는데, 그 핵심적인 내용은 다음과 같다. 즉 사원없는 사단은 "개념상 상상할 수 없고 (begrifflich undenkbar)" 따라서 전체사원이 탈락될 경우에는 사단은 그저 "더 이상 존재하지 않는다(nicht mehr vorhanden)"고 한다.[86] 그리고 만약 재산을 청산하여야 할 경우에는 독일민법 제1913조[87])에 따라 관리인(Pfleger)을 선임하여야 한다는 것이다.

그러나 이러한 견해에는 찬동하기 어렵다.[88] 우선 사원이 더 이상 없게 되면 사단은 자동적으로 소멸한다는 내용은 실정법상 어디에도 규정되어 있지 않다. 회사법영역에서는 오히려 사원없는 자본회사(이른바 무인회사: Keinmann-Gesellschaft)는 자동적으로 소멸하는 것이 아니라, 청산회사로서 최종적으로 잔여재산의 청산이 완료될 때까지는 존속하는 것으로 보는 견해가 우세하다.[89] 자본회사의 경우 예컨대 회사가 스스로 자신의 주식지분을 전부 취득하였을 때 그 회사소속의 사원은 더 이상 존재하지 않게 되는데, 이러한 경우는 회사의 "해산사유"일 뿐이다. 그렇다면 전체사원이 탈락된 경우를 놓고 볼 때 자본회사의 경우와 민법상 사단의 운명을 달리 이해하여야 할 이유는 없다고 생각된다. 즉 민법상 사단의 경우도 사원이 더 이상 존재하지 않게 되면 자동적으로 "소멸"하는 것이 아니라 "해산"하여야 한다. 이러한 측면에

85) SoergelKomm BGB-Hadding, Vor §§ 41~53 Rz. 11; Staudinger BGB-Weick, § 41 Rz. 12; Palandt-Heinrichs, § 41 Rz. 2; RGRK-Steffen, § 41 Rz. 3; Sauter/Schweyer, der eingetragene verein, Rz. 360; Stöber, Handbuch zum Vereinsrecht, Rz. 1177; Bayer, Die liquidationslose Fortsetzung rechtsfähiger Idealvereine, S. 34.
86) BGHZ 19, 51, 61. 최근에는 연방노동법원(BAG)도 이러한 입장에서 판결을 내린 적이 있다. BAG, JZ 1987, 420 참조.
87) 독일민법 제1913조(당사자불명의 경우의 관리) 당사자를 알 수 없거나 불확정한 사무에 관하여 보호를 필요로 하는 경우에는 관리인을 선임할 수 있다. 특히 후위상속인이 아직 출생하지 않았거나 누가 후위상속인이 될 지에 관하여 장래의 사건에 따라 정하여 질 경우에는 후위상속의 개시에 이르기까지 감호인을 둘 수 있다.
88) 다수설에 대하여 체계적인 반론을 펼친 첫 시도는 Beitzke, Mitgliedlose Vereine, Festschrift zum 60. Geburt von Walter Wilburg, Graz 1965, S.19, 21 ff.를 들 수 있다. 그에 이어서 Flume, Juristische Person, S. 186; Karsten Schmidt, Erlöschen eines eingetragenen Vereins durch Fortfall aller Mitglieder?, JZ 1987, S. 394, 396 f.; Reuter, 100 Bände BGHZ: Vereins- und Genossenschaftsrecht, ZHR 151(1987), S. 355, 391; Reichert, Handbuch des Vereins- und Verbandsrechts, Rz. 2073 ff.; Hubert Schmidt, Zur Vollbeendigung juristischer Personen, S. 24 ff. 등이 Beitzke 교수의 견해를 수용하고 있다.
89) 예컨대 Lutter/Hommelhoff, § 60 GmbHG Rz. 22; Hachenburg-Ulmer, § 1 GmbHG Rz. 44; Karsten Schmidt, Gesellschaftsrecht, S. 995.

서 우리 민법 제77조 제2항이 사원이 없게 된 때에는 사단은 해산하는 것으로 규정
함은 타당한 입법이라고 생각된다. 독일의 다수설은 재산청산의 필요시 독일민법 제
1913조에 따라 관리인을 선임하여야 한다고 주장하는데 이 부분도 비판의 여지가 있
다. 독일민법 제1913조에 따른 관리인은 일종의 법정대리에 해당한다. 그런데 법정
대리가 성립하려면 대리의 법률효과가 귀속되어질 권리주체(즉 본인)가 있어야 한다.
만약 다수설이 주장하는 것처럼 사원이 없다는 이유로 사단이 자동적으로 소멸해버
린다면 더 이상 관리인이 한 대리행위의 법률효과를 받을 주체가 없어지게 된다.[90]

요컨대 사단법인의 경우 모든 사원이 탈락되었다고 해서 자동적으로 사단이 소멸
하는 것은 아니고, 마지막 사원이 탈락되면 사단의 잔여재산이 국고로 귀속되지 않
는 한 사단은 청산절차를 밟게 된다. 청산절차는 독일민법 제1913조에 따른 관리인
이 수행하는 것이 아니라 기존의 이사 또는 법원에 의하여 선임된 긴급대리인(독일
민법 제29조[91])이 청산업무를 수행한다고 해석하는 것이 타당하다.

(3) 권리능력의 포기

권리능력의 상실이나 권리능력의 박탈은 법률에 규정되어 있는 제도이지만, 그 외
에도 비록 법률의 규정은 없지만 권리능력의 "포기"를 인정할 수 있는가 하는 것에
대한 논의가 있다. 통설은 권리능력있는 사단은 앞으로 권리능력없는 사단으로 존속
하기 위해서 스스로 권리능력을 포기할 수 있다고 한다.[92] 권리능력의 포기를 인정
하는 근거로는 독일민법 제41조 제1문을 들고 있다. 즉, 제41조 제1문은 권리능력
있는 사단은 사원총회의 자율적인 결의로 해산할 수 있음을 규정하고 있으므로 권리
능력있는 사단이 "권리능력만"을 포기하는 것도 당연히 허용되어야 한다는 것이다.
이것은 일종의 "대명제로부터 소명제의 추론(argumentum a maiore ad minus)"이라

---

90) MünchKomm BGB−Reuter, § 41 Rz. 4.
91) 독일민법 제29조(區法院에 의한 긴급선임) 이사회의 필요구성원에 결원이 생긴 경우에는
　 그 사단주소지 관할구역의 사단등기부를 관장하는 區法院이 이해관계인의 신청에 의하여
　 그 결원된 구성원이 보충될 때까지 필요한 구성원을 선임하여야 한다.
92) BayObLGZ 1959, 152, 158; Staudinger BGB−Weick, § 41 Rz. 19; SoergelKomm
　 BGB−Hadding, Vor §§ 41~53 Rz. 8; MünchKomm BGB−Reuter, § 42 Rz. 2;
　 RGRK−Steffen § 42 Rz. 2; Reichert, Handbuch des Vereins− und Verbandsrechts,
　 Rz. 2106 ff.; Sauter/Schweyer, Der eingetragene Verein, Rz. 363; Stöber, Handbuch
　 zum Vereinsrecht, Rz. 764; Böttcher, Rpfleger 1988, S. 169, 171; Kollhosser, Der
　 Verzicht des rechtsfähigen Vereins auf seine Rechtsfähigkeit, ZIP 1984, 1434, 1435.

고 한다. 그렇다면 권리능력있는 사단이 스스로 권리능력을 포기하는 경우에 그 사단은 장차 청산되어야 하는가에 관해서는 견해가 나뉜다. 다수설은 이 경우에 청산이 불가피하다고 하다고 한다.[93] 그러나 이 견해는 권리능력있는 사단이 자발적으로 권리능력을 포기해서 권리능력없는 사단으로 전환되었다고 하더라도 사단의 동일성은 그대로 유지된다는 점을 고려해본다면 찬동하기 어렵다. 이러한 필자의 생각은 사단의 생성과정상 설립중인 법인과 설립 후의 법인 사이에는 동일성이 유지된다는 이른바 동일성설의 입장과도 그 궤를 같이 한다. 따라서 권리능력의 포기의 경우에는 청산도 일어나지 않고 이전의 권리능력있는 사단의 재산이 권리능력없는 사단으로 전이되는 일도 발생하지 않는다.[94]

(4) 법인목적의 달성 또는 불능

독일민법은 제87조에 재단법인의 경우 재단목적의 실현이 불가능한 경우에는 주무관청은 재단에 다른 목적을 정하여 주거나 그 재단을 폐지할 수 있다고 규정한 데 반하여, 사단법인의 목적달성불능의 경우에 관해서는 전혀 언급이 없다. 따라서 사단법인의 경우에 목적을 달성하거나 목적달성이 불능일 경우에 사단은 해산되는가 하는 문제가 제기된다. 통설은 사단법인이 목적을 달성하였거나 목적달성이 불가능하게 되면 사단이 자동적으로 해산되는 것은 아니라고 한다.[95] 이때 법적 안정성을 이유로 해산되어야 할 경우에는 해산결의를 거쳐야만 사단의 해산이 이루어진다고 한다. 그에 반해 플루메 교수는 사단의 목적달성이나 목적불능은 해산사유라고 주장한다. 그 이유는 독일민법 제41조 이하는 법인의 해산사유를 열거적(enumerativ)으로 규정한 것이 아니라고 한다.[96] 물론 정관에서 목적의 달성이나 목적의 불능을 사단의 해산사유로 정할 수 있음은 의문의 여지가 없다.[97] 주식회사의 경우에는 정관에서 정한 목적의 달성이나 목적의 좌절은 회사의 해산사유가 아니라는 데에 학설은

---

93) Staudinger BGB－Weick, § 41 Rz. 19; RGRK－Steffen § 42 Rz. 2; Sauter/Schweyer, Der eingetragene Verein, Rz. 363.

94) 同旨 Kollhosser, ZIP 1984, S. 1434, 1437 ff.; Stöber, Handbuch zum Vereinsrecht, Rz. 766; Reichert, Handbuch des Vereins－ und Verbandsrdchts, Rz. 2108.

95) Staudinger BGB－Weick, § 41 Rz. 7; SoergelKomm BGB－Hadding, Vor §§ 41~53 Rz. 8; Reichert, Handbuch des Vereins－ und Verbandsrechts, Rz. 2077; Sauter/Schweyer, Der eingetragene Verein, Rz. 149.

96) Flume, Juristische Person, S. 180.

97) BGHZ 19, 175, 178 참조.

일치한다.[98] 유한회사의 경우에 목적달성이 불가능하게 되면 유한회사는 법원의 판결에 따라 해산하게 된다(독일유한회사법 제61조). 결국 물적회사의 경우에 회사목적의 달성이나 불능은 회사를 자동적으로 해산하게 하는 사유가 아니다. 이러한 시각에서 볼 때 민법상 사단을 물적회사의 경우와 구별하여 사단목적의 달성이나 불능으로 사단은 자동적으로 해산한다고 보아야 할 특별한 이유는 없는 것이 아닐까? 따라서 사단목적의 달성이나 불능으로 "사단"이 해산되는 것이 아니라, "사단의 목적"만이 사단재산의 관리와 같은 잔여임무로 수축할 뿐이라고 이해함이 타당하다.[99]

다. 해산된 법인의 계속

해산한 법인은 곧바로 법인성을 상실하는 것이 아니라 엄연히 법인으로서 존속한다는 사실에 대해서는 오늘날 이설이 없다. 특히 독일민법 제49조 제2항은 해산한 법인이 실제로 존속함을 법률이 단순히 의제한 것이 아니라, 오히려 법이 명시적으로 해산한 법인의 계속성을 인정한 표현으로 해석된다. 또한 우리 상법 제245조도 "회사는 해산된 후에도 청산의 목적범위내에서 존속하는 것으로 본다"고 함으로써 해산된 법인의 계속성을 명문으로 인정하고 있다.

한편 독일법과 한국법은 해산한 회사가 주주나 사원의 결의로 계속할 수 있음을 명시하고 있다(독일주식법 제274조, 독일유한회사법 제60조 제1항 제4호, 독일상법 제138조, 제141조, 우리 상법 제229조, 제269조, 제519조, 제610조). 한번 해산한 회사가 계속될 수 있기 위해서는 ① 해산사유가 소멸하여야 하고, ② 회사의 계속에 관한 사원의 결의가 있어야 하고, ③ 잔여재산의 분배가 아직 개시되지 않았어야 한다.[100] 결국 해산단계는 회사가 청산단계로 반드시 진입하여야만 하는 강제적 상태가 아니라, 원칙적으로 청산으로 이어지는 유동적 상태라고 할 수 있다. 해산된 회사의 계속은 해산된 회사가 단순히 청산단계에서 존속함을 의미하는 것이 아니라, 해산된 회사가 다시 신설회사와 같은 상태로 전환될 수 있음을 의미한다. 즉 회사의 계속에 관한

---

98) Karsten Schmidt, Gesesllschaftsrecht, S. 931; Kübler, Gesellschaftsrecht, S. 198; Hueck, Gesellschaftsrecht, § 31 I.

99) SoergelKomm BGB–Hadding, Vor §§ 41~53 Rz. 21; Sauter/Schweyer, Der eingetragene Verein, Rz. 149.

100) Karsten Schmidt, Gesellschaftsrecht, S. 315; 그러나 잔여재산의 분배가 있더라도 청산종결의 등기가 있기 전에는 회사의 계속이 가능하다고 보는 견해로는 정동윤, 회사법, 677면.

사원의 결의와 회사계속의 등기가 있으면 청산단계로 진입하지 않고 회사는 장래에 향하여(ex nunc) 해산전의 상태와 같은 지위를 취득하는 것이다. 그러한 의미에서의 해산된 회사의 계속의 근거는 사단자치의 이념에서 찾을 수 있다.[101] 물론 독일법이나 우리법은 사단자치에 관하여 명문으로 규정하지는 않았지만, 사단자치는 사적자치의 원칙에서 파생되는 법원칙이고, 그 원칙은 사단의 설립단계에서뿐만 아니라 청산과정에 있는 사단의 경우에도 적용되기 때문이다.

3. 청산을 요하지 않는 법인소멸

가. 개관

독일법상 다음과 같은 사유가 있으면 법인은 청산절차 없이 바로 소멸하게 된다.
① 독일민법 제46조에 따른 사단재산의 국고에의 귀속
② 조직변경법에 따른 조직변경(합병, 분할, 재산이전)
③ 회사말소법 및 비송사건법에 따른 회사설립등기의 말소
이상의 사유는 다시 법인소멸을 가져오는 계기를 근거로 해서 다시 두 양태로 나누어 볼 수 있다. 그 하나는 권리의 포괄적 승계에 따른 법인소멸의 경우로 재산의 국고에의 귀속, 합병, 분할 등이 이에 해당한다. 다른 하나는 회사말소법 제2조 제1항 및 비송사건법 제141조 a)에 따라 청산할 법인재산이 전혀 없어 청산이 불필요한 경우이다.

청산을 요하지 않는 법인소멸사유에 관하여 우리법과 독일법의 차이점을 간단히 비교해보면 다음과 같다. 첫째, 우리법은 재산의 부재(Vermögenslossigkeit)를 청산을 요하지 않는 법인소멸사유로 보지 않았다. 따라서 재산의 부재로 말미암아 회사등기가 말소되지는 않는다. 둘째, 사단재산이 국고에 귀속될 때 독일민법 제46조는 상속에 관한 규정을 준용하도록 하고 있기 때문에 사단재산은 국고에 포괄승계되고, 따라서 이 경우 사단은 청산절차 없이 바로 소멸하는 것으로 이해되는 데 반하여, 우리 민법에는 이러한 규정이 없기 때문에 법인의 잔여재산이 국고에 귀속하는 경우에도 특정승계에 의한다고 볼 것이다.[102] 종전의 상법은 청산을 요하지 않는 법인소멸사유로 회사의

---

101) Karsten Schmidt, Gesellschaftsrecht, S. 315.
102) 곽윤직(편집대표) - 최기원, 민법주해 I, 748면.

합병만을 규정하였으나, 1998년에 개정된 상법은 그 외에도 회사의 분할을 신설하였다. 그러나 독일의 경우와는 달리 개정상법에서도 재산이전(Vermögensübertragung)은 규정하지 않았다.

나. 청산단계 없이 법인이 소멸되는 사유

(1) 법인의 잔여재산의 국고귀속

독일민법 제45조에 의하면 사단이 해산 또는 권리능력의 박탈로 잔여재산을 처리하여야 할 경우에 잔여재산은 우선 정관에 정한 자(동조 제1항), 사원총회 또는 기타 사단기관의 결의에 의하여 정하여진 자(동조 제2항), 또는 사단이 전적으로 사원이익만을 위하여 존립한 경우에는 그 존립당시에 남은 사원에게 귀속하며, 그래도 귀속권리자가 없을 때에는 사단의 주소지가 있는 국고에 귀속한다(동조 제3항). 사단의 잔여재산이 국고에 귀속될 경우에는 국고가 법정상속인과 같은 지위에 서게 되고, 이에 잔여재산귀속에 관하여는 상속규정이 준용된다(독일민법 제46조). 즉 국고는 마치 법정상속인처럼 법률의 규정에 의하여(ipso iure) 바로 법인의 모든 권리·의무의 포괄승계인이 된다.[103] 이 경우에는 보통의 법인소멸과정과는 달리 청산이 일어나지 않는다. 사단재산에 국고귀속을 규정한 독일민법 제46조는 재단법인의 경우에도 그대로 적용된다(독일민법 제88조).

그렇다면 정관에 미리 잔여재산의 귀속자로 국고임이 정하여져 있거나, 사원총회의 결의로 국고를 잔여재산의 귀속권리자로 지정하였을 경우에도 법인은 청산과정을 거치지 않고 바로 소멸하는가의 여부가 문제될 수 있다. 이 문제를 거론하는 학자는 드물지만, 이 경우에는 국고가 잔여재산을 포괄승계 한다고 이해하기보다는 사단의 청산과정을 통하여 잔여재산이 국고에 귀속한다고 보아야 할 것이다.[104] 왜냐하면 비록 재산귀속의 권리자가 국고라고 하더라도 재산귀속의 권리자를 사단자치에 의하여 사원이 자발적으로 정한 경우에는 국고에 재산을 귀속하는 경우와 일반사인에 귀속하는 경우를 구분할 필요가 없기 때문이다. 더 나아가 카스텐 슈미트 교수는 독일민법 제46조 자체가 법정책적인 관점에서나 헌법정신을 고려해 볼 때 과연

---

103) Staudinger BGB−Weick, § 46 Rz. 1; SoergelKomm BGB−Hadding, § 46 Rz. 2; RGRK−Steffen § 45 Rz. 2; Sauter/Schweyer, Der eingetragene Verein, Rz. 369.
104) Staudinger BGB−Weick, § 46 Rz. 3; RGRK−Steffen § 46 Rz. 1.

타당성을 가지는지에 관한 문제점을 지적하기도 한다.[105] 즉 귀속권리자가 없어 국고에 잔여재산이 귀속되는 경우에는 포괄승계가 이루어지도록 규정하고 있는데, 이 규정에 따르게 되면 법정책적으로 볼 때 귀속권리자가 정하여져 있지 않으면 사원의 결의를 통하여 사단이 부활할 수 있는 여지가 완전히 없어지게 되는 문제점이 있다는 것이다. 또한 이 조항은 결사의 자유를 규정한 독일헌법 제9조와 재산권의 보장을 규정한 독일헌법 제14조에도 위반되는 것이 아닌가 하는 의문을 제시하기도 한다.

이에 반해 우리 민법은 잔여재산이 국고에 귀속할 때 포괄승계한다는 규정이 없기 때문에 국고는 법인의 잔여재산을 특정승계한다고 볼 수밖에 없는데, 따라서 이 경우에 잔여재산은 청산절차를 통해서 국고에 귀속한다고 보아야 한다.[106]

(2) 조직전환

광의의 사단법인은 -독일 조직전환법에서는 "권리주체(Rechtsträger)"라고 표현한다- 조직전환(Umwandlung)을 통해서 청산없이 소멸하거나, 다른 형태의 조직으로 전환된다. 1994년에 새로 개정된 독일 조직전환법(Umwandlungsgesetz)은 4가지 종류의 조직전환을 인정한다. 즉 합병(Verschmelzung), 분할(Spaltung), 재산이전(Vermögensübertragung), 형태변경(Formwechsel)이 그것이다.

우선 합병에 관하여 살펴본다면, 독일조직전환법 제2조 및 우리 상법 제523조·제524조는 2가지 종류의 합병형태, 즉 흡수합병(Verschmelzung durch Aufnahme)과 신설합병(Verschmelzung durch Neubildung)을 인정하고 있다. 흡수합병은 한 회사가 다른 회사의 모든 재산을 인수하고 그에 따라 재산을 이전하는 회사는 소멸하는 관계의 합병을 의미하고, 신설합병은 합병에 참여하는 모든 회사가 새로운 회사를 설립하여 기존회사의 모든 재산이 신설회사로 이전함과 동시에 기존회사는 소멸하는 경우의 합병을 뜻한다. 합병절차는 합병등기로 완결되고, 이에 따라 합병되는 회사(흡수합병의 경우)나 기존의 회사(신설합병의 경우)의 모든 권리·의무는 포괄승계에 의해 합병회사 또는 신설회사에게로 이전된다. 이때 합병되는 회사나 기존의 회사는 청산절차없이 바로 소멸한다.

---

105) Karsten Schmidt, Verbandszweck und Rechtsfähigkeit im Vereinsrecht, S. 295; ders., Gesellschaftsrecht, S. 733.
106) 곽윤직(편집대표)-최기원, 민법주해 I, 748~749면.

다음으로 독일조직전환법 제123조는 회사의 분할에 대하여 완전분할(Aufspaltung), 부분분할(Abspaltung), 종적분할(Ausgliederung)이라는 세 가지 분할형태를 정하고 있다. 완전분할은 한 회사가 그 전재산을 수개로 나누어 다른 회사에 전부 양도하여 그 자신은 청산절차없이 소멸하는 경우이다. 부분분할은 한 회사가 그 일부의 재산만을 다른 회사에 양도하여, 양도회사는 존속하면서 양도회사의 사원이 양수회사의 사원권을 보유하는 경우를 말한다. 종적분할의 경우는 한 회사가 그 재산의 일부를 양도회사의 다른 회사에 양도하면서 양도회사가 양수회사의 지분 또는 사원권을 보유함으로써 양수회사가 양도회사의 자회사가 되는 형태이다. 법인의 소멸과 관련하여 문제가 되는 것은 완전분할의 경우인데, 이 경우에 분할되는 회사의 재산은 양도받는 회사에 자동적으로 전부 이전됨으로써(포괄승계), 분할회사는 청산절차를 거치지 않고 바로 소멸하게 된다.

1998년에 개정된 우리 상법은 회사분할제도를 신설하였는데(상법 제530조의2), 상법의 규정체계상 회사분할의 방법으로 크게 단순분할(상법 제530조의2 제1항), 분할합병(상법 제530조의2 제2항)과 양자를 결합한 신설 및 분할합병(상법 제530조의2 제3항) 등 세 가지로 나누어진다.[107] 단순분할은 분할회사가 소멸하는 소멸분할과 소멸하지 않는 존속분할로 나누어 질 수 있고, 분할합병의 경우에도 분할회사가 소멸하는 소멸분할합병과 분할회사가 소멸하지 않는 존속분할합병으로 구분된다. 소멸분할의 경우나 소멸분할합병으로 인하여 합병되는 회사는 청산의 과정을 거치지 않고 합병등기를 함으로써 소멸하게 된다(상법 제530조의11 제1항, 제234조 참조).

합병과 분할 외에도 독일조직전환법은 재산이전(Vermögensübertragung)이라는 제도를 두고 있다(동법 제174조, 제175조). 재산이전은 합병이나 분할의 경우에도 당연히 발생하게 되는데, 조직전환법이 이를 명정하고 있는 이유는 지방자치단체나 공공법인처럼 합병이나 분할에 참여할 수 없는 권리주체도 재산을 양수할 수 있도록 하기 위한 배려일 뿐 그다지 큰 의미를 가지는 것은 아니다. 예컨대 해산한 회사는 지방자치단체에 재산을 전부 또는 일부를 이전할 수 있다. 이때 회사가 재산을 전부이전하는 경우에는 청산없이 법인이 소멸하는 경우에 해당한다고 볼 수 있다.

그 외에도 독일 조직전환법은 제190조 이하에 형태변경(Formwechsel)이라는 제도를 두어 한 권리주체(법인)가 다양한 형태의 새로운 조직으로 변경될 수 있도록 길을

---

107) 이에 관한 상세한 설명은 이철송, 회사법강의, 1163면 이하 참조.

열어 놓고 있다. 예컨대 인적회사가 물적회사로 조직변경을 할 수도 있고, 권리능력 있는 사단이 민법상 조합으로 전환될 수도 있다.[108] 그러나 형태변경은 이전의 조직 과 이후의 변경된 조직사이의 동일성이 유지되느냐에 관한 문제일 뿐, 법인의 소멸 과는 무관한 제도이다.

(3) 등기말소법 및 비송사건법에 의한 말소

독일등기말소법[109] 제2조 제1항 제1문에 의하면 재산이 전혀 없는 주식회사, 주식 합자회사(KGaA) 및 유한회사는 공인된 상인대표나 세무서의 신청 또는 직권에 의해 서 상업등기부로부터 말소된다. 이러한 경우에 회사는 청산을 거치지 않고서 바로 소 멸하게 된다. 왜냐하면 이러한 회사는 청산하여야 할 적극재산이 없기 때문에 청산자 체가 무의미하게 때문이다. 다만 회사가 말소된 후에 아직 회사의 재산이 존재함이 밝혀진 경우에는 청산절차가 개시되어야 한다(독일등기말소법 제2조 제3항). 회사의 재 산없음을 이유로 회사등기를 말소하는 것을 내용으로 하는 등기말소법 제2조는 1999 년부터 비송사건법 제141조의 a)[110]로 대치되었는데, 동조항의 근본취지나 원리는 등기말소법 제2조와 별반 차이가 없다. 등기말소법 제2조 내지 비송사건법 제141조 a)에 근거하여 회사등기가 말소될 때, 과연 무엇이 회사의 소멸을 가져오는 결정적인 요소인가에 대해서는 문언상 명백하지 않다. 즉 재산이 없는 상태가 바로 회사의 소 멸로 이끄는가, 아니면 상업등기부로부터 말소로 인해 회사가 소멸하는가 혹은 양자 의 결합(즉 재산없음과 말소등기)으로 비로소 회사가 소멸하는가 하는 것이 문제된다. 이 문제는 청산종결의 등기의 효력과 관련된 문제이므로 다음 항에서 상론한다.

---

108) 이에 따라 독일에서는 광범위한 형태변경을 인정한 조직변경법을 근거로 최근 민법상 조 합이나 인적회사도 법인으로 볼 수 있는가 하는 문제가 쟁점으로 떠오른다. 이에 관한 논 의의 상설은 저자의 Dissertation인 Ho-Young Song, Die Verselbständigung der juristischen Person im deutschen und koreanischen Recht, Osnabrück 1999, S. 59 이하 참조.

109) 원래의 법률명칭은 「회사와 협동조합의 해산 및 말소에 관한 법」(Gesetz über die Auflösung und Löschung von Gesellschaften und Genossenschaften vom 9. 10. 1934)인데, 통 상적으로 약칭하여 「말소법」(Löschungsgesetz)이라고 부른다.

110) 신설된 독일비송사건법 제141의a)조 제1항의 내용은 다음과 같다: "재산이 전혀 없는 주 식회사, 주식합자회사 또는 유한회사는 직권으로 또는 세무서의 신청에 의해 말소될 수 있다. 회사는 회사재산에 대하여 청산절차가 진행되고서도 회사가 재산을 보유하고 있다 는 방증이 없으면 직권에 의해서 말소된다. 말소 전에는 제126조에 열거된 기관으로부터 청문을 하여야 한다."

III. 법인의 완전소멸과 잔여사무의 청산

청산절차의 종결은 보통 법인이 완전소멸(Vollbeendigung)하였음을 의미한다. 독일주식법 제273조 제1항은 주식회사가 청산을 종결하였을 경우 이 사실을 상업등기부에 등기하여야 하고, 이에 따라 회사는 소멸한다고 규정하고 있다. 이에 따라 주식회사의 경우 청산종결의 고지 내지 등기의무가 있음은 명백하다. 그에 반해 유한회사나 협동조합의 경우는 그러한 의무가 명시되어 있지 않지만, 학자들은 독일 상법 제6조, 제9조, 제31조 제2항[111] 또는 독일주식법 제273조 제1항[112]을 유추해서 유한회사나 협동조합의 경우에도 청산종결의 등기의무가 있다고 해석한다. 민법상 사단의 경우 독일민법은 청산종결의 등기나 이에 따른 사단의 소멸에 관하여 규정한 바 없지만, 통설은 민법상 사단의 경우에도 청산종결시 사단등기부에 이 사실을 등기하여야 함을 긍정한다.[113] 그러나 학설은 청산종결의 등기가 가지는 의미가 무엇인지에 관하여는 견해의 일치를 보지 못하고 있다. 이 문제는 그 논점을 자세히 살펴보면 앞서 본바와 같이 상업등기부 내지 사단등기부로부터 법인을 말소하는 행위의 효력은 무엇인가 하는 문제와 궤를 같이 하고 있다. 왜냐하면 청산이 종결되면 회사의 재산이 더 이상 없게 되고, 이에 따라 회사는 상업등기부로부터 말소되기 때문이다(독일등기말소법 제2조 제1항). 따서 회사의 "청산종결등기"가 가지는 의미나 법적 효력은 회사의 재산없음을 이유로 한 "회사말소등기"의 그것과 같다고 할 수 있다. 문제는 무엇이 과연 법인을 소멸시키는 핵심적인 구성요건요소인가 하는 것이다. 즉 회사의 무자력상태(Vermögenslossigkeit)가 바로 법인소멸로 이끄는 구성요건요소인가, 혹은 무자력에 따른 청산종결등기 내지 설립등기의 말소인가?

111) BayObLG WM 1982, 1288, 1289; Karsten Schmidt, Gesellschaftsrecht, S. 324.
112) Hubert Schmidt, Zur Vollbeendigung juristischer Personen, S. 20; Hüffer, Das Ende der Rechtspersönlichkeit von Kapitalgesellschaften, in: Gedächtnisschrift für Dietrich Schultz, Köln u.a. 1987, S. 99, 101, 111.
113) Staudinger BGB–Weick, § 74 Rz. 3; SoergelKomm BGB–Hadding, § 74 Rz. 2; MünchKomm BGB–Reuter, § 74, 75 Rz. 5; Palandt–Heinrich, §§ 74~76 Rz. 3; ErmanBGB–Westermann, § 76 Rz. 1; Karsten Schmidt, Gesellschaftsrecht, S. 324; Böttcher, Rpfleger 1988, S. 169, 175; Sauter/Schweyer, Der eingetragene Verein, Rz. 369; 반대견해로는 RGRK–Steffen § 74 Rz. 2.

1970년대 말까지의 판례와 통설은 상업등기부에서 회사설립의 등기를 말소하는 행위는 선언적 효력(deklaratorische Wirkung)을 지닌다고 보았다.114) 이른바 선언적 효력설에 의하면 회사는 상업등기에의 기재 또는 말소와는 관계없이 무자력상태가 되는 순간 바로 소멸하게 되고, 다만 상업등기부로부터 설립등기를 말소하는 것은 거래안전을 위해서 회사가 소멸하였다는 사실을 문서화하는 것일 뿐이라는 설명이다. 이러한 설명은 다음 두 가지 의미를 담고 있다. 첫째, 회사는 비록 청산종결의 등기가 아직 완료되지 않았더라도, 청산이 종결되는 순간 바로 소멸한다. 둘째, 그와 반대로 비록 청산종결의 등기가 완료되었더라도, 실제로는 아직 청산이 종료되지 않았다면 회사는 소멸하지 않고 여전히 법인으로서 존속하게 된다. 위와 같은 선언적 효력설의 설명에 대해서 다음과 같은 비판이 있다. 선언적 효력설은 법인소멸을 이끄는 결정적인 구성요건요소로 "무자력상태(Vermögenslossigkeit)"를 들지만, 회사의 "무자력상태"를 판별하는 것은 쉽지 않을 뿐만 아니라, 무자력상태라는 기준 자체가 예측불능한 상황에 많이 좌우되는 매우 불확실하고도 애매한 기준이다.115) 결국 무자력상태라는 징표만으로 법인의 소멸시기를 획정하는 것은 타당하다고 할 수 없을 것이다.

따라서 근자에는 청산종결의 등기 내지 상업등기부로부터의 말소행위를 법인소멸의 결정적인 구성요건요소로 보는 견해116)가 늘고 있다. 이 견해는 선언적 효력설과 달리 법인은 청산종결의 등기 내지 상업등기부로부터의 말소행위에 의해서 비로소 소멸한다고 이해함으로써 청산종결등기 내지 설립등기의 말소에 설정적 효력(konstitutive Wirkung)을 부여한다. 이 견해에 의하면 회사는 설령 청산이 아직 종결되지 않았더라도 상업등기부로부터 말소되면 당연히 소멸하게 된다. 이 설정적 효력설은 법인소멸시점을 객관화함으로써 선언적 효력설의 단점을 극복하려고 한 점에서 일면 타당성을 지니지만, 청산종결등기 내지 설립등기의 말소에 너무 강한 설정적 효력을 부

---

114) 이에 관한 판례와 학설주장자에 관한 목록으로는 Buchner, Amtlöschung, Nachtragsliquidation und masselose Insolvenz von Kapitalgesellschaften, Köln u.a. 1988, S. 85, Fn. 7 이하에 잘 정리되어 있다.

115) Theil은 "상업등기부로부터 말소된 법인은 실제로 아무 재산도 보유하고 있지 않다고 말할 수 있는 사람은 아무도 없다"라고 하면서 무자력상태를 밝히는 것이 용이하지 않음을 강조하였다(Theil, Anmerkung zu BAG, JZ 1982, S. 372, 374).

116) Hachenburg—Ulmer, Anh. § 60 GmbHG Rz. 30 ff.; KölnKomm—Kraft, § 273 AktG Rz. 34 ff.; Hubert Schmidt, Zur Vollbeendigung juristischer Personen, S. 169 ff.; Hüffer, Gedächtnisschrift für Dieterich Schultz, S. 99, bes. 103 ff.

여하는 것이 도리어 이 학설의 가장 큰 난점이다. 예컨대 설정적 효력설에 의하면 회사가 아직 재산을 보유하고 있음에도 불구하고 설령 설립등기가 부정하게 말소되었다고 하더라도 회사는 소멸할 수밖에 없게 된다. 이 경우에는 회사의 소멸을 부정하는 것이 우리의 법감정에 부합할 것이다.

이러한 문제점을 극복하기 위해서 최근에는 선언적 효력설과 설정적 효력설의 절충적 견해가 등장하였다.[117] 즉 법인이 완전소멸하기 위한 구성요건요소로 '무자력상태'와 '말소등기' 양자의 결합을 요구하는 견해로써, 이를 이중적 구성요건요소설이라고 부르기도 한다. 이 견해에 의하면 회사는 회사재산이 실제로 없을 경우에 비로소 등기말소법 제2조 제1항에 따른 말소등기에 의하여 소멸한다. 즉 무자력상태와 상업등기부상 말소등기의 내용이 일치하여야 비로소 회사는 소멸한다는 것이다. 이두 가지 구성요건요소가 합치할 경우에 회사는 청산없이 바로 소멸하게 되지만, 만약 회사가 아직 재산을 보유하고 있는데도 불구하고 등기말소되었다면, 이는 "부당한(falsch)" 말소로써 이로 인해 법인은 소멸하지 않고 등기말소법 제2조 제3항에 따라 청산절차를 밟은 다음에 비로소 법인은 소멸하게 된다. 이중적 구성요건요소설은 등기말소법 제2조의 문언과 체계를 잘 설명할 뿐만 아니라 거래실정에도 부합한다는 평가를 받으면서 최근의 일부 판례[118]와 학설[119]로부터 지지를 받고 있다. 필자도 법인소멸은 거래안전을 위해 객관적 기준에 근거하여 외부적 공시될 필요가 있다는 점과 그 내용이 이에 부합하여야 한다는 점을 모두 고려할 필요가 있다는 점에서 이중적 구성요건요소설에 찬동한다.

법인소멸을 이와 같이 이해한다고 하더라도 남는 문제는 잔여재산의 분배는 모두 끝났지만 기타의 청산과 관련한 사무가 아직 남아 있을 때 청산업무가 아직 미결된 것으로 보아 회사도 여전히 존속하는 것으로 보아야 하는가 하는 것이다(이른바 후속청산(Nachtragsliquidation)에 관한 문제). 이것은 예컨대 유한회사가 해산 후 청산하여 잔여재산도 없고 상업등기부에서 말소되었음에도 불구하고(어느 학설에 의하더라도 이

---

117) 이 학설은 카스텐 슈미트 교수가 Scholz−Karsten Schmidt, § 74 GmbHG Rz. 14 이하에서 처음 제기한 이래로, 그의 논문, Löschung und Beendigung der GmbH, GmbHR 1988, 211면 이하 그리고 그의 Gesellschaftsrecht, 325면 이하에서 지속된다.

118) BAG, GmbHR 1988, 388 = NJW 1988, 2637; OLG Stuttgart GmbHR 1986, 269 = ZIP 1986, 647; LG Köln GmbHR 1990, 268, 269.

119) Hachenburg−Hohner, § 74 GmbHG Rz. 26; Bork, Die als vermögenslos gelöschte GmbH im Prozeß, JZ 1991, S. 841, 844.

때 회사는 소멸한다), 세무서에 회사소멸사실을 신고하는 등의 비재산적 업무를 마무리하여야 할 경우에, 이와 같은 비재산적 잔여사무까지도 완전히 종결한 경우에 비로소 법인이 소멸하는 것으로 볼 것인가 하는 문제이다. 이에 관하여 독일 판례의 입장은 청산은 재산분배와 관련한 사무에 한정되고, 이른바 후속청산은 회사의 말소등기 후에도 분배하여야 할 잔여재산이 있는 경우에만 인정될 뿐이라고 한다.120) 그에 반해 후베르트 슈미트는 회사는 무자력상태로 인해 등기말소되었을 뿐만 아니라, 비재산적 잔여사무도 완전히 종결하였을 때 비로소 소멸한다고 주장한다.121) 이 문제는 청산사무를 재산분배에 관한 사무로 국한시켜 볼 것이냐, 아니면 그 외 비재산적 잔여사무의 완결까지도 포함해서 볼 것이냐에 따라 결론을 달리한다. 청산과정에서 잔여재산을 모두 분배하여 회사에 더 이상 재산이 존재하지 않더라도 비재산적 잔여사무를 처리하기 위해서 누군가 회사를 위해서 행위할 필요가 있음은 명백하다. 그렇다고 해서 이러한 잔여사무의 필요성 때문에 말소등기에 의하여 소멸된 회사를 존속하는 것으로 보아야 할지에 대해서는 의문이 아닐 수 없다. 왜냐하면 말소등기에 창설적 효력을 인정한다면 회사는 말소등기에 의하여 소멸하는 것으로 봄이 거래안전을 위해서도 타당하고, 재산분배후의 잔여사무의 처리를 위해서 말소등기의 공시효과까지 부인하면서 회사의 존속을 인정할 필요까지는 없기 때문이다. 따라서 이경우에도 회사는 소멸하고 다만 누군가 소멸된 회사의 잔여사무를 위해서 행위할 필요가 있다고 풀이하는 것이 더욱 자연스러운 설명일 것이다. 다만 누가 소멸된 회사의 잔여사무처리를 위해서 행위할 것인가 하는 것이 문제로 남는데, 이에 관하여는 독일유한회사법 제74조 제2항122)을 유추하여 법원이 비재산적 잔여사무의 처리를 위하여 이전의 사원이나 제3자를 선임할 수 있을 것이다. 물론 이 경우에 선임된 구사원 또는 제3자의 업무는 회사소멸후의 잔여사무처리에 국한된다.123) 요컨대 이 경우에도 회사는 무자력상태와 말소등기에 의하여 소멸하게 되고, 재산분배후의 비재산적 잔여업무처리 때까지 회사가 존속하는 것은 아니다.

---

120) RGZ 92, 77, 84; 109, 387, 391; 134, 91, 94; RG, JW 1926, 1432; BGHZ 48, 303, 307; 53, 264, 266; BGH LM Nr. 1 zu § 74 GmbHG; OLG Hamm, NJW－RR 1990, 477.
121) Hubert Schmidt, Zur Vollbeendigung juristischer Personen, S. 103 ff. bes. S. 137.
122) 독일유한회사법 제74조 제2항: "청산종료 후 회사의 장부나 서류는 향후 10년간 보관하도록 사원이나 제3자에게 제출되어야 한다. 사원이나 제3자는 회사정관이나 사원의 결의가 없을 때 법원에 의하여 선임된다."
123) Karsten Schmidt, Löschung und Beendigung der GmbH, GmbHR 1988, S. 209, 212 f.

우리나라의 통설은 청산종결의 등기는 창설적 효력은 없고 제3자에 대한 대항요건에 불과하다고 주장한다. 또한 대법원 1968. 6. 18. 선고 67다2528 판결 사건을 인용하면서 설사 청산종결의 등기가 되었더라도 청산은 종결되지 아니한 것이기에 청산회사는 잔여사무를 처리하기 위한 범위 내에서 법인격을 가지고 소송상 당사자 능력을 가진다고 한다.[124] 즉 우리나라의 통설과 판례는 근본적으로 독일의 선언적 효력설의 입장과 같다. 우리 민법 제54조가 설립등기이외의 등기는 제3자에 대한 대항요건으로 규정하고 있기 때문에 청산종결의 등기에 선언적 효력만을 가지는 것으로 해석하는 것도 일리가 있다. 한편 우리 상법은 회사의 등기에 관하여 민법 제54조와 같은 규정을 두지 않았을 뿐만 아니라, 청산종결등기의 효력에 관하여 침묵하고 있어 청산종결의 등기가 청산종결의 효력발생요건이 아니라고 하여야 할 결정적인 이유는 없다.[125] 여기서 우리는 독일의 경우를 살펴본 바와 같이 청산종결의 등기에 선언적 효력을 인정하는 것은 거래안전을 위협할 여지가 있음을 상기할 필요가 있다. 입법론적으로는 법인의 소멸을 공시하는 청산종결의 등기에도 법인의 설립을 공시하는 설립등기와 마찬가지로 설정적 효력을 인정하는 것이 바람직하다고 생각되지만,[126] 현행법하에서는 청산종결의 등기의 공시성도 강조하면서 대법원 67다2528 판결의 취지도 살려서, 청산종결등기가 완료되고 실제로 법인의 잔여재산이 모두 분배되어 재산이 더 이상 없게 된 때에 법인이 소멸하는 것으로 보는 것이 바람직 할 것이다(이른바 이중적 구성요건요소설).[127]

124) 곽윤직(편집대표) – 최기원, 민법주해 I, 779면; 이철송, 회사법강의, 1133면; 정동윤, 회사법, 685면.
125) 한편 회사합병의 등기는 효력발생요건임을 명시하고 있다(상법 제234조).
126) 同旨 이영환, 민법학의 현대적 과제, 부산대학교출판부, 1997, 104면.
127) 필자의 이와 같은 설명과 유사한 뉘앙스를 풍기는 논설로는 고상룡 교수의 대법원 1980. 4. 8. 선고 79다2036 판결 판례평석, "청산법인의 능력범위와 청산종결등기후의 청산법인의 존속", 법률신문 1382호 (1981.02.02.), 12면이 있다. 고상룡 교수는 판결요지가 "청산종결등기가 경료되었더라도 청산사무가 종료되지 아니한 경우에는 청산법인으로 존속한다"고 하는 표현을 비판하면서, 청산종결등기가 되면 그 청산법인에게는 법형식상으로는 법인격이 없게 되므로 법인격없는 청산재단이라고 표현해야 할 것이라고 한다. 고상룡 교수의 주장을 보면 그는 청산종결등기가 선언적 의미만을 가지는 것은 아니라고 이해하는 것 같다.

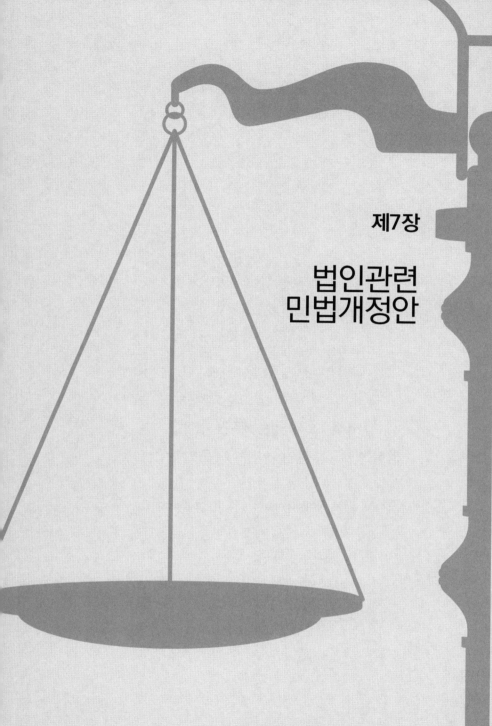

제7장

법인관련
민법개정안

"법인의 성립을 위해
국가의 허가가 필요한 것은
정치적 고려와는 무관하게
전적으로 법적인 이유 때문이다."

프리드리히 칼 폰 사비니(Friedrich Carl von Savigny)

제7장
법인관련 민법개정안

제1절 민법개정안

Ⅰ. 민법개정작업의 경과

2009년 2월 4일 민법전의 개정을 위한 정부의 「민법개정위원회」가 법무부 산하 기구로 설치되어 출범식을 가졌다. 민법개정위원회는 6개의 분과위원회로 구성되어 활동하고 있는데, 그중 제3분과위원회[1])가 민법 중 법인관련규정의 개정안을 작성하는 임무를 맡게 되었다.

분과위원회[2])는 민법개정위원회의 출범식이 있던 당일(2009. 2. 4.)에 개최된 「제1차 회의」로부터 당초 2009년 말까지 예정된 활동기간을 넘어서서, 지난 2010. 6. 1.에 개최된 제25차 회의에 이르기까지 총 25차례의 분과위원회의를 개최하여 나름대로는 심도있는 논의의 결과물을 내놓으려고 노력하였다.

분과위원회의 민법개정작업은 크게 세 단계로 나누어 진행되었는데, 「제1단계 회의」(2009. 2. 4.~6. 5.: 제2~9차 회의)에서는 민법개정안을 작성하기 위한 기초적 작업으로써 2004년에 국회에 제출되었다가 회기만료로 폐기된 정부의 「2004년 민법개정안」 중 법인관련조항을 중심으로 검토를 하였고, 「제2단계 회의」(2009. 7. 1.~8. 26.:

---

1) 제3분과 위원회는 위원장 김대정 교수(중앙대)를 비롯하여 윤철홍 교수(숭실대), 남효순 교수(서울대), 김규완 교수(고려대), 윤용섭 변호사(법무법인 율촌) 및 필자를 포함한 위원들로 구성되고 여기에 위원회의 업무를 실무적으로 지원하기 위하여 민법개정위원회의 사무국에 소속한 법무부 구상엽 검사가 참가하였다.
2) 이하 분과위원회는 제1기 「민법개정위원회」의 「제3분과위원회」를 지칭한다.

제10~14차 회의)에서는 민법개정위원 및 연구용역위원들이 각기 담당한 연구주제를 중심으로 개정시안의 발표와 그에 대한 토론을 주로 하였고, 마지막으로 「제3단계 회의」(2009. 9. 11.~2010. 6. 1.: 제15~25차 회의)에서는 분과위원회의 개정시안을 확정하기 위하여 조문순서대로 개정시안을 축조심의하여 분과위원회안으로 확정하였다.

분과위원회의 案은 당초 민법개정위원회 전체회의3)에 상정되어 조문별로 채택여부가 결정되기로 되어 있었다. 그러나 2010년 제2기 민법개정위원회가 발족되면서 "각 분과위원회에서 마련한 개정안을 종합, 분석하고 분과간 정합성을 높이기 위하여" 민법개정위원회 산하에 「실무위원회」를 설치하기로 하였다(법무부 민법개정위원회 규정 제3조 제5항). 법무부는 제1기(2009년) 민법개정위원회에서 확정된 개정안을 실무위원회에서 다시 검토해 줄 것을 요청하였고, 이에 실무위원회는 그동안 전체회의를 통과한 개정안에 대해서도 다시 검토를 하여 몇 가지 사항에 대해 수정의견을 내어 제2기 민법개정위원회 분과위원장단회의4)에 상정하였다. 이에 대해 분과위원회는 실무위원회의 수정의견을 토의하여 이것의 수용여부에 따른 분과위원회 최종안을 위원장단회의에 상정하게 되고 위원장단회의에서는 다시 실무위원회의 의견과 분과위원회의 의견을 종합적으로 판단하여 「분과위원장단 결론」으로 확정하게 되었다. 제2기 민법개정위원회 제2차 전체회의(2010. 10. 19.)는 「분과위원장단 수정안」을 심의한 후 이를 민법개정위원회의 최종 「법인법개정안」으로 확정하여 이를 법무부에 제출하였다. 법무부는 법제처와의 협의를 거쳐 2010. 12. 3. 이를 입법예고하였으며, 2010. 12. 21. 법인법에 관한 민법개정안에 대해 공청회를 개최하였다. 이 과정에서 법인법에 관한 민법개정위원회의 개정안은 별다른 수정없이 법무부의 민법개정안으로 확정되었으며, 개정안은 2011. 6. 14. 국무회의를 통과하여 이후 정부안으로써 국회에 제출되었다. 그러나 18대 국회는 2012. 5. 29.로 임기가 종료하여 법무부의 민법개정안은 자동 폐기되었다. 그러나 법무부는 제19대 국회에서 다시 종전의 민법개정안을 간추린 정부안으로 정하여 2014. 10. 24. 국회에 제출하였으나, 이 개정안 또한 2016. 5. 29. 국회 임기만료로 자동 폐기되었다. 이후 제20대 국회와 제21대 국회에서는 관련 민법개정안은 제출되지 않았다. 법무부는 2024. 5. 30. 개원하는 제22대 국회 중에 종전의 민법개정안을 정리하여 다시 정부안으로 제

---

3) 이하 이를 「전체회의」라고 칭한다.
4) 이하 이를 「위원장단회의」라고 칭한다.

출할 계획으로 알려져 있다. 이러한 정부안은 2010년 민법개정위원회에서 안출한 개정안과 대동소이할 것으로 예상되므로 여기서는 2010년 민법개정안의 내용을 중심으로 설명하며, 이하 '금번 개정안'은 2010년 민법개정안을 의미한다.5)

II. 주요 개정내용

1. 총설

현행민법상 법인편에 관한 조문은 제31조부터 제97조까지 총 66개 조로 구성되어 있다. 그런데 금번 개정안에 의하면 현행민법상 조문에 대해 총 34개 조가 개정되고,6) 2개 조는 삭제되며7) 16개 조가 신설되는8) 등 총 52개 조에 걸친 큰 변화가 있게 된다. 또한 그 여파는 이와 관련된 친족상속법상의 규정9)과 비송사건절차법10)에도 영향을 미치게 된다. 그러한 점에서 민법상 법인편에 관한 규정은 현행민법규정이 사실상 대부분 정비되는 셈으로써, 그야말로 개혁에 가깝다고 평가할 수 있다. 그러한 조문의 변화에는 단순히 자구의 수정에 그친 것에서부터 완전히 새로운 제도가 신설되는 정도에 이르기까지 다양하다. 그에 관한 주요개정내용을 개관하면 다음과 같다.

---

5) 이하 법인편에 관한 법무부의 2010년 민법개정안에 관해서는 김대정, "법인법개정안 해설", 「법인·시효 제도 개선을 위한 민법개정안 공청회 자료집」, 2010. 12, 5면 이하; 송호영, "민법상 법인편 개정의 주요 쟁점에 관한 고찰", 「법학논고」 제34집, 경북대학교 법학연구소, 2010. 10, 1면 이하 참고.

6) 제31조, 제32조, 제33조, 제34조, 제38조, 제39조, 제40조, 제42조, 제43조, 제46조, 제48조, 제49조, 제50조, 제51조, 제52조, 제53조, 제54조, 제56조, 제59조, 제63조, 제70조, 제71조, 제73조, 제76조, 제77조, 제83조, 제85조, 제86조, 제87조, 제88조, 제91조, 제92조, 제93조, 제94조.

7) 제78조, 제80조.

8) 제39조의2(법인 아닌 사단과 재단), 제92조의2(잔여재산의 귀속), 제96조의2(합병·분할), 제96조의3(합병·분할의 절차), 제96조의4(합병계약서의 기재사항), 제96조의5(분할계획서의 기재사항), 제96조의6(합병계약서 등의 공시), 제96조의7(채권자보호), 제96조의8(합병·분할의 등기), 제96조의9(합병·분할의 효력발생), 제96조의10(합병·분할의 효과), 제96조의11(합병·분할무효의 소), 제96조의12(합병·분할무효의 등기), 제96조의13(합병무효판결확정의 효과), 제96조의14(분할무효판결확정의 효과), 제96조의15(판결의 효력).

9) 민법 제1032조, 제1046조, 제1056조의 내용이 일부 개정된다.

10) 비송사건절차법 제33조의2(임시이사 선임의 등기촉탁), 제36조의2(신고사항의 공고), 제36조의3(신고사항을 공고할 신문의 선정), 제64조의2(합병으로 인한 변경등기 신청에 필요한 서면), 제64조의3(합병으로 인한 설립등기 신청에 필요한 서면), 제64조의4(분할로 인한 등기신청에 필요한 서면), 제64조의5(합병·분할의 무효판결의 확정과 등기촉탁) 등이 신설되고 제63조, 제64조, 제66조가 개정되며, 제65조의2, 제65조의3, 제65조의4는 폐지된다.

첫째, 법인설립에 관한 입법주의를 허가주의에서 인가주의로 바꾸었다(민법 제32조 참조). 이에 따라 허가를 전제로 한 규정들도 모두 인가주의에 맞추어 개정하였다(민법 제38조, 제42조 제2항, 제46조, 제49조, 비송사건절차법 제6조 제2항, 제64조 등).

둘째, 영리법인에 관한 민법 제39조의 규정을 개정하여, 민법상 사단법인과 상사회사와의 관계를 간명하게 규율하였다.

셋째, 종래 학설과 판례에 맡겨져 왔던 법인아닌 사단과 재단에 관해서 명문의 규정을 신설하였다(민법개정안 제39조의2).

넷째, 재단법인설립을 위한 출연재산의 귀속시기에 관하여 종래 학설과 판례에서 논란이 있어 왔던 민법 제48조를 개정하여 물권변동의 원칙과 조화되도록 하였다.

다섯째, 비영리법인의 합병·분할에 관한 규정을 신설하여, 비영리법인에 대해서도 해산과 청산의 과정을 거치지 않고서 새로운 법인으로의 조직변경이 가능하도록 하였다(민법개정안 제96조의2∼제96조의15, 비송사건절차법 제64조의2∼제64조의5, 제66조).

여섯째, 법인등기의 실무를 반영하고 등기절차를 간소화하기 위해서 법인등기에 관한 민법 및 비송사건절차법상의 관련규정을 개정하였다(민법 제49조, 제50조, 제54조, 제88조, 제93조, 제1032조, 제1046조, 제1056조, 비송사건절차법 제36조의2∼제36조의3, 제65조의2∼제65조의4).

일곱째, 법인의 해산과 청산에 관한 규정을 개정하여 해산사유를 일목요연하게 정리하고, 그에 따른 관련규정도 정합성을 갖추도록 하였다(민법 제77조, 제79조, 제83조, 제97조, 제92조의2 등).

2. 법인설립주의의 전환

가. 개정안

민법개정안은 법인설립에 관한 제32조의 허가주의를 인가주의로 전환하면서 3개의 항에서 설립인가요건을 상세히 규정하고 있다.

현행	개정안
第32條(非營利法人의 設立과 許可) 學術, 宗敎, 慈善, 技藝, 社交 기타 營利 아닌 事業을 目的으로 하는 社團 또는 財團은 主務官廳의 許可를 얻어 이를 法人으로 할 수 있다.	**제32조(비영리법인의 설립과 인가)** ① 영리를 목적으로 하지 않는 사단법인을 설립하고자 하는 자는 다음 각 호의 요건을 갖추어 주무관청에 인가를 신청하여야 한다. 1. 5인 이상의 사원이 있을 것 2. 제40조에 따라 작성된 정관이 있을 것 3. 다른 법인과 동일한 명칭이 아닐 것 4. 기타 법인 설립에 관련된 규정을 준수하였을 것 ② 재단법인을 설립하고자 하는 자는 다음 각 호의 요건을 갖추어 주무관청에 인가를 신청하여야 한다. 1. 제43조에 따라 작성된 정관이 있을 것 2. 재단법인의 목적 달성에 필요한 최소한의 재산을 출연할 것 3. 제1항 제3호 및 제4호의 요건을 갖출 것 ③ 주무관청은 법인을 설립하고자 하는 자가 제1항 또는 제2항의 요건을 갖추어 인가를 신청한 때에는 법인의 정관으로 정한 사항이 선량한 풍속 기타 사회질서에 반하지 않으면 인가하여야 한다.

나. 내용과 제안이유

(1) 「허가주의」에서 「인가주의」로의 전환

학계에서는 비영리법인의 설립에 주무관청의 허가를 요하고 있는 현행민법 제32조는 헌법 제11조 제1항이 규정하고 있는 「평등의 원칙」에 반할 뿐만 아니라, 헌법 제21조 제1항에 의하여 보장된 결사의 자유의 본질적 내용을 침해하는 것으로서 헌법 제37조에 반한다는 비판이 이어졌고,11) 이에 따라 현행의 허가주의를 준칙주의

---

11) 강태성, "법인에 관한 민법개정방향", 「법조」 제538호, 법조협회, 2001. 7, 182면 이하; 김교창, "민법총칙 중 법인에 관한 개정의견", 「법조」 제548호, 법조협회, 2002. 5, 152면 이

내지 인가주의로 개정할 필요가 있었다. 인가주의로의 전환은 이미 2004년 민법개정안에서도 제시된 바 있다.12) 다만 독일민법이나 일본의 「일반사단법인법」과 같이 비영리법인의 설립에 있어서 준칙주의를 채택하게 되면 기존의 행정관청의 관여가 완전히 배제되기 때문에 '과격한 개혁'이라는 반대여론에 부딪힐 가능성이 크다는 현실을 고려하여 금번 법인법의 개정에서는 「인가주의」로의 전환에 만족할 수밖에 없다는 데에 민법개정위원들의 의견이 일치되었다.13)

(2) 구체적인 인가요건

2004년 민법개정안에서도 인가주의로의 전환이 있었지만, 당시 허가를 인가로 자구수정하는 외에 세부적인 인가요건을 규정하지는 않았다. 그러나 비영리법인의 설립요건을 허가주의에서 인가주의로 전환하는 경우, 인가에 관한 구체적인 요건을 정하지 않는다면 주무관청이 법인설립의 인가를 판단함에 있어서 추상적이고 자유로운 재량이 개입될 여지가 있게 되므로 새롭게 인가주의로 전환한다는 의미가 퇴색될 수 있다.14) 따라서 주무관청의 재량을 법정의 요건에 맞추어 행사하도록 민법에서

하; 정환담, "민사법인설립제도에 관한 비교법적 고찰", 「비교사법」 제5권 제1호(통권 제8호), 한국비교사법학회, 1998. 6, 95면. 김진우, "비영리법인의 설립에 있어 허가주의에 관한 연혁적 고찰", 「인권과 정의」 제383호, 대한변호사협회, 2008. 7, 112면은 우리나라에서는 법인에 대하여 "성악설적 법인관"으로 표현할 수 있을 만큼 비영리법인에 대한 부정적 이미지가 널리 유포되었고 또 그를 통해 허가주의를 정당시하는 경우가 적지 않았다고 비판하고 있다.

12) 법무부, 2004년 법무부 민법 개정안 총칙·물권편 (민법개정총서 3), 70면 이하 참고. 당시의 민법개정안은 다음과 같다.

현 행	2004년 개정안
第32條(非營利法人의 設立과 **許可**) 學術, 宗教, 慈善, 技藝, 社交 **其他** 營利 아닌 事業을 目的으로 하는 社團 또는 財團은 主務官廳의 **許可**를 얻어 이를 法人으로 할 수 있다.	第32條(非營利法人의 設立과 **認可**) 學術, 宗教, 慈善, 技藝, 社交 **그 밖의** 營利 아닌 事業을 目的으로 하는 社團 또는 財團은 主務官廳의 **認可**를 얻어 이를 法人으로 할 수 있다.

2004년 개정안에 관한 자세한 내용은 윤진수, "법인에 관한 민법개정안의 고찰", 「법학」 제46권 제1호, 서울대학교 법학연구소, 2005, 66면 이하 참고.
13) 따라서 민법 제32조가 허가주의에서 인가주의로 전환됨에 따라 민법에서 허가를 표현한 한 조문은 모두 인가로 바뀌게 된다(민법 제38조, 제42조, 제46조, 제49조, 제53조, 제77조, 제80조 등). 다만 현행민법 제80조는 삭제되고 개정안 제92조의2에서 같은 내용으로 신설된다. 또한 비송사건절차법 제63조와 제64조의 내용도 '인가'로 바뀌게 된다.
14) 김대정, "법인에 관한 민법개정위원회의 개정시안", 「민법개정의 방향」, 한국민사법학회 2010년도 하계학술대회 자료집, 한국민사법학회, 2010, 19면.

구체적인 인가요건을 제시해줄 필요가 있는 것이다. 이에 대해 민법개정위원회의 위원장단회의에서는 비영리법인의 설립인가요건을 사단법인과 재단법인으로 구분하여 각각 다음과 같이 규정하기로 하였다.[15]

첫째, 영리를 목적으로 하지 아니하여야 한다. 개정안 제32조는 비영리법인의 설립요건을 규정하는 것으로서, 영리를 목적으로 하지 아니할 것은 당연한 요건이다.

둘째, 사단법인의 설립을 위해서는 5인 이상의 사원을 요한다. 상법에서는 주식회사의 경우에 1인 회사의 설립도 인정하는 데 반하여, 영리를 목적으로 하지 않는 민법상 사단법인을 설립하기 위해서는 최소한 2人 이상의 사원이 필요하다는 데에는 이설이 없으므로, 필요한 사원의 최소인원을 명문화하기로 하였다. 문제는 사원의 최소인원을 몇 명으로 할 것인가 하는 것인데,[16] 이 문제에 대해서는 개정위원의 다수의견에 따라 "5인 이상"으로 규정하는 것으로 하였다.[17]

셋째, 정관을 작성하여야 한다. 현행민법하에서도 해석론상으로는 개정시안과 마찬가지로 사단법인이든 재단법인이든 정관작성이 반드시 요구된다. 다만 이를 명확히 하기 위하여 사단법인의 경우에는 "제40조에 따라", 재단법인의 경우에는 "제43조에 따라" 작성된 정관이 있어야 함을 요건으로 명기하였다.

넷째, 재단법인의 경우 일정규모 이상의 재산을 보유하여야 한다. 당초 분과위원회의 개정시안에서는 사단법인이든 재단법인이든 법인의 설립을 위하여 일정규모 이상의 재산을 보유할 것을 요하는 것으로 규정하였다. 다만 그 금액을 얼마로 정할 것인가 하는 문제에 대해서 분과위원회는 ① 재단법인의 경우, 보유재산의 이자로 목적사업의 수행이 가능한 최소금액이 얼마인가 하는 점을 고려하여 최소한 1억 원 이상의

---

15) 개정안 제32조에 대한 상세한 설명으로는 김대정, "민법개정시안에서의 법인설립에 관한 입법주의의 전환", 「법학논문집」 제34집 제2호, 중앙대학교 법학연구소, 2010, 5면 이하 참고.

16) 이를테면 사단개념에 충실하게 2人 이상으로 할 것인가, 아니면 독일민법처럼 7人 이상으로 할 것인가를 정하는 문제이다.

17) 분과위원회에서는 2인, 5인, 7인, 10인 등 다양한 의견이 개진되었으나, 결국 5인으로 의견이 모아졌다. 분과위원회가 "5인 이상"으로 정한 데에는 다음과 같은 요소가 고려되었다. 첫째, 사단법인의 설립에 준칙주의를 취하는 독일민법의 경우 7인 이상의 사원을 요하는데(독일민법 제56조), 인가주의를 채택하는 우리 개정안에 의하더라도 사단법인설립이 독일보다 까다로운 상황에서 사원수를 독일보다 낮추는 것이 법인설립의 용이성에 기여할 수 있다고 판단하였다. 둘째, 그렇다면 구태여 왜 5인이어야 하는가에 대해, 우리 민법 제70조 제2항에 의하면 임시총회의 개최를 요구할 수 있는 사원의 정족수로 총사원의 5분의 1을 요구하고 있으므로 이에 맞추어 전체사원 5인 중 1인의 요구로 사원총회를 개최할 수 있는 사단을 상정하여 5인으로 정한 것이다.

재산을 보유할 것을 요건으로 규정하였으며, ② 사단법인의 경우에도 최소한 1,000만 원 이상의 보유재산이 필요한 것으로 명문화하기로 하였다. 물론 법인설립에 필요한 재산의 규모를 민법에 명문으로 규정하는 것이 과연 적절한가 하는 의문이 있을 수 있으나, 재산의 규모를 추상적으로 규정할 경우 주무관청이 재량권을 행사할 수 있게 되어 인가주의로 전환하는 입법목적을 달성하기 어렵게 될 우려가 있다는 점을 고려하여 이를 명기하기로 한 것이다. 그런데 분과위원회의 안에 대하여 민법개정위원회의 실무위원회와 분과위원장단회의에서는 이견이 제시되었다. 그 핵심은 분과위원회의 안처럼 구체적인 자산보유액을 명기할 필요가 없다는 것이다. 그리하여 현재 민법개정위원회 분과위원장단의 결론에 의하면 사단법인에 대해서는 자산보유를 요구하지 않으며, 재단법인에 대해서는 "재단법인의 목적달성에 필요한 최소한의 재산을 출연할 것"이라고 규정하였다. 결과적으로 분과위원회의 안과 비교할 때 요건이 삭제되거나 완화되었는데, 특히 사단법인에 대해서 아무런 재산보유를 요구하지 않는 것이 타당한지에 대해서는 논란의 여지가 있다. 사단법인의 경우 개념적으로는 인적 결합이 조직의 핵심이므로 재산이 요구되지 않는다고 할 수 있으나, 실제로는 재산없는 사단법인의 설립을 인정할 것인가 하는 점은 문제가 될 수 있다.[18]

다섯째, 다른 법인과 동일한 명칭을 사용하지 않아야 한다. 이 요건은 대부분의 행정관청이 비영리법인의 허가요건심사 매뉴얼에서 "다른 법인과 동일한 명칭을 사용하지 않을 것"이라는 요건을 규정하고 있다는 점을 고려한 것이다.

여섯째, 법인설립인가를 받기 위해서는 기타 법인설립에 관련된 규정을 준수하였어야 한다.

---

18) 이에 대해 분과위원회에서 설립인가요건에 관하여 연구용역을 담당한 윤철홍 위원의 의견을 인용하여 둔다: "이 요건(1000만원 이상의 재산을 보유할 것)과 관련하여 사단법인에 재산을 요구하는 것은 법인설립을 제한하는 것이 되어 부당하다는 견해가 제기될 수 있다. 그러나 사단법인이라 하더라도 재산이 없이는 설립할 수 없다. 예컨대 제35조의 불법행위 책임은 결국 재산상의 책임을 의미하고, 민법 제40조 제4호에서 자산에 관한 규정을 정관에 정하도록 규정하고 있으며, 제49조 제6호에서도 자산의 총액을 등기하도록 되어 있다. 1000만원이라는 금액에 대해서는 이론이 있을 수 있으나 최소한의 자산은 있어야만 법인의 남설을 막을 수 있고, 인가주의의 목적도 달성할 수 있기 때문이다." 윤철홍, "비영리법인설립에 관한 입법론적 고찰", 「민사법학」 제47호, 한국민사법학회, 2009. 12, 752면.

(3) 인가처분의 기속(羈束)

법인을 설립하고자 하는 자가 개정시안 제32조 제1항 또는 제2항의 요건을 갖추어 법인설립의 인가를 신청한 때에는, 법인의 정관으로 정한 사항이 선량한 풍속 기타 사회질서에 반하지 않는 한 주무관청은 반드시 인가하여야 한다(위원장단 결론 제32조 제3항). 이는 행정관청의 인가여부의 결정이 엄격한 기속행위임을 명확히 함으로써, 헌법에 보장된 결사의 자유를 보장하기 위함이다.[19]

다. 기타 설립관련규정의 개정

(1) 민법 제38조의 개정

현행	개정안
第38條(法人의 設立許可의 取消) 法人이 目的以外의 事業을 하거나 <u>設立許可의 條件</u>에 <u>違反하거나 其他</u> 公益을 害하는 行爲를 한 때에는 <u>主務官廳은 그 許可를 取消</u>할 수 있다.	**제38조(법인의 설립인가의 철회)** <u>주무관청은</u> 법인이 목적 이외의 사업을 하거나 <u>법령을 위반하여</u> 공익을 <u>해치는</u> 행위를 한 때에는 법인설립의 <u>인가를 철회</u>할 수 있다.

본조는 법인설립에 관한 입법주의에 관하여 민법 제32조가 허가주의에서 인가주의로 전환되는 것에 보조를 맞추어, 법인의 설립「허가」의 취소를 설립「인가」의 철회로 바꾼 것이다.

또한 행정행위의 「취소」는 일단 행하여진 행정행위에 위법 또는 부당한 하자가 있는 경우에 이를 이유로 행정행위의 효력을 소급하여 소멸시키는 것임에 반하여, 「철회」는 적법하게 성립한 행정행위의 효력의 전부 또는 일부를 장래에 향해서 소멸시키는 행정처분을 말한다. 따라서 종래 주무관청이 하는 설립허가의 '취소'는 유효한 설립허가를 거두어들이는 것이므로 '철회'라고 하는 것이 타당하다. 따라서 금번 개정에서는 이를 바로 잡아 설립인가의 '철회'로 규정한 것이다.

19) 김대정, "법인에 관한 민법개정위원회의 개정시안", 「민법개정의 방향」, 한국민사법학회 2010년도 하계학술대회 자료집, 한국민사법학회, 2010, 20면.

그 외 허가주의하에서 주무관청의 자유재량을 전제로 '설립허가조건에 위반'하거나 '기타 공익을 해하는 행위'를 설립허가취소사유로 규정한 것을 폐지하는 대신, 기속재량에 입각하여 '법령을 위반하여 공익을 해치는 행위'로 설립인가 철회사유를 제한하였다.

(2) 민법 제42조의 개정

현행	개정안
第42條(社團法人의 定款의 變更) ① 社團法人의 定款은 總社員 3分의 2以上의 同意가 있는 때에 限하여 이를 變更할 수 있다. 그러나 定數에 關하여 定款에 다른 規定이 있는 때에는 그 規定에 依한다. ② 定款의 變更은 主務官廳의 許可를 얻지 아니하면 그 效力이 없다.	**제42조(사단법인의 정관의 변경)** ① 사단법인의 정관은 총사원 3분의 2 이상의 동의가 있어야 변경할 수 있다. 다만, 정수(定數)에 관하여 정관에 다른 규정이 있는 때에는 그 규정에 따른다. ② 정관의 변경은 주무관청의 인가를 얻어야 효력이 있다.

법인설립에 있어서 허가주의를 인가주의로 변경하는 이상, 정관변경에 관한 주무관청의 '허가'도 '인가'로 바꾸어야 한다. 특히 법인설립에 관해 허가주의를 취하는 현행 민법하에서도 정관변경에 관한 주무관청의 '허가'의 법적 성질에 관해 대법원은 이를 '인가'로 보고 있기 때문에[20] 해당조문의 개정을 통해 이를 바로 잡을 필요가 있다.

(3) 민법 제43조의 개정

현행	개정안
第43條(財團法人의 定款) 財團法人의 設立者는 一定한 財産을 出捐하고 第40條 第1號 乃至 第5號의 事項을 記載한 定款을 作成하여 記名捺印하여야 한다.	**제43조(재단법인의 정관)** 재단법인의 설립자는 제40조 제1호 내지 제5호의 사항을 기재한 정관을 작성하여 서명 또는 기명날인하여야 한다.

---

20) 대법원 1996. 5. 16. 선고 95누4810 전원합의체 판결.

본조는 설립자의 「기명날인」을 「서명」으로 대체할 수 있도록 함과 동시에, 재단법인의 설립인가요건에 관한 제32조 제2항 제2호의 규정과 중복을 피하기 위하여 "일정한 재산을 출연하고"를 삭제한 것이다.

(4) 민법 제46조의 개정

현행	개정안
第46條(財團法人의 目的 其他의 變更) 財團法人의 <u>目的</u>을 達成할 수 없는 때에는 設立者나 理事는 主務官廳의 <u>許可</u>를 얻어 設立의 趣旨를 參酌하여 그 <u>目的 其他</u> 定款의 <u>規定</u>을 變更할 수 있다.	**제46조(재단법인의 목적 등의 변경)** 재단법인의 설립자나 이사는 재단법인의 목적을 달성할 수 없는 때에는 주무관청의 <u>인가</u>를 얻어 설립의 취지를 참작하여 그 <u>목적이나</u> 정관의 <u>다른 규정</u>을 변경할 수 있다.

앞서 본 것과 같은 이유로 현행민법 제46조에 규정된 '허가'를 '인가'로 개정한다. 나머지는 단순한 자구수정에 불과하다.

(5) 비송사건절차법의 관련규정의 개정

현행	개정안
第63條(設立登記의 申請) ① 法人設立의 登記는 法人을 代表할 者가 <u>이를 申請한다.</u> ② 第1項의 登記의 申請書에는 다음 各號의 書類를 첨부하여야 한다. 1. 定款 2. 理事의 資格을 증명하는 書面 3. 主務官廳의 <u>許可書</u> 또는 그 認證이 있는 謄本 4. 財産目錄	**제63조(설립등기의 신청)** ① 법인설립의 등기는 법인을 대표할 자가 <u>신청한다.</u> ② 제1항의 등기의 신청서에는 다음 각호의 서류를 첨부하여야 한다. 1. 정관 2. 이사의 자격을 증명하는 서면 3. 주무관청의 <u>인가서</u> 또는 그 인증이 있는 등본 4. 재산목록
第64條(변경의 登記) ① 法人의 事務所의 新設·移轉 <u>기타</u> 登記事項의 變更登記의 申請書에는 事務所의 新設·移轉 또는 登記事項의 변경을 증명하는 書面을 첨부하	**제64조(변경의 등기)** ① 법인의 사무소의 신설·이전 <u>그 밖의</u> 등기사항의 변경등기의 신청서에는 사무소의 신설·이전 또는 등기사항의 변경을 증명하는 서면을 첨부

되, 主務官廳의 <u>許可</u>를 필요로 하는 것에 관하여는 그 <u>許可書</u> 또는 그 認證이 있는 謄本을 첨부하여야 한다. ② (생략)	하되, 주무관청의 <u>인가</u>를 필요로 하는 것에 관하여는 그 <u>인가서</u> 또는 그 인증이 있는 등본을 첨부하여야 한다. ② (현행과 동일)

민법의 법인설립에 관한 입법주의를 허가주의에서 인가주의로 전환함에 따라, 개정안은 법인의 등기절차에 관한 비송사건절차법 제63조(설립등기의 신청)와 제64조(변경의 등기)의 규정 중 "許可書"를 "인가서"로, "許可"를 "인가"로 개정하였다.

3. 비법인사단 · 재단에 관한 규정의 신설

가. 개정안

현행	개정안
<신 설>	**제39조의2(법인 아닌 사단과 재단)** ① 법인 아닌 사단과 재단에 대하여는 주무관청의 인가 또는 등기를 전제로 한 규정을 제외하고는 본장의 규정을 준용한다. ② 영리를 목적으로 하는 법인 아닌 사단의 재산으로 사단의 채무를 완제할 수 없는 때에는 각 사원은 연대하여 변제할 책임이 있다. ③ 제2항의 재산에 대한 강제집행이 주효하지 못한 때에도 각 사원은 연대하여 변제할 책임이 있다. ④ 제3항의 규정은 사원이 법인 아닌 사단에 변제의 자력이 있으며 집행이 용이한 것을 증명한 때에는 적용하지 아니한다.

나. 내용과 제안이유

(1) 법인규정의 준용

현행민법에는 비법인사단·재단을 직접적으로 규율하는 규정이 없고, 다만 공동소유의 한 형태로 법인아닌 사단의 사원이 집합체로서 물건을 소유할 때에 이를 총유라고 하는 규정(제275조 제1항)을 두고 있을 뿐이다. 따라서 비법인사단·재단이 하는 법률행위·불법행위 또는 사단내부의 행위의 효력에 대해서 어떠한 판단을 할 것인가는 순전히 학설과 판례에 맡겨져 있다. 현행민법은 법인설립에 있어서 허가주의를 취하고 있기 때문에 현실에서는 허가를 받지 못하거나 받기를 꺼려하는 수많은 비법인사단·재단이 존재한다. 때문에 이러한 단체를 규율할 명문의 규정을 두는 것은 바람직하지만, 어떻게 입안할 것인가는 대단히 어려운 문제이다. 분과위원회는 일단 「2004년 민법개정안」과 마찬가지로, 「법인 아닌 사단과 재단」에 관한 일반규정인 제39조의2를 신설하는 것으로 결정하였다. 법인아닌 사단과 재단을 규율함에 있어서 핵심은 법인아닌 사단과 재단에 대해서도 법인에 관한 규정이 준용되는 것이다.

주지하는 바와 같이 2021년 「인적회사법 현대화에 관한 법률(MoPeG)」 제정 전 독일민법 제54조는 [권리능력없는 사단]이라는 표제에서 권리능력없는 사단에 대하여는 조합에 관한 규정을 준용하도록 하였다. 또한 사단의 이름으로 제3자에 대하여 행하여진 법률행위에 대하여는 행위자가 개인적으로 책임을 지고, 다수가 행위한 때에는 그들이 연대채무자로서 책임을 지도록 하였다. 독일민법의 입법자들은 사단에 대해 준칙주의를 통해 쉽게 법인화하도록 하면서, 만약 그러한 법인화의 길을 외면하는 사단에 대해서는 조합법을 적용하여 사원의 책임이 가중되도록 함으로써 간접적으로 법인화를 유도하려고 했던 것이다. 그럼에도 불구하고 독일의 통설과 판례는 독일민법 제54조의 규정에도 불구하고 권리능력없는 사단에 대해서도 조합법이 아니라 사단법이 적용되어야 한다는 입장이다.[21] 그 이유는 권리능력없는 사단과 권리능력있는 사단 (즉 법인인 사단) 사이에는 등기의 유무를 제외하고는 사단을 구성하

21) Bamberg/Roth BGB—Schwarz, § 54 Rz. 11; ErmanBGB—Westermann, § 54 Rz. 1; Münch—Komm BGB—Reuter, § 54 Rz. 2; Palandt/Heinrichs, § 54 Rz. 1; Reichert, Handbuch des Vereins— und Verbandsrecht, Rz. 4713; Karsten Schmidt, Gesellschaftsrecht, 4. Aufl., Köln u.a. 2002, § 25 II 1 a. 또한 판례로는 BGHZ 50, 325, 329; BGH NJW 1979, 2304 등.

는 요소에 있어서 본질적인 차이가 없다고 보기 때문이다.

　그렇다면 우리 민법에서의 상황은 어떠한가? 현행민법은 법인설립에 있어서 허가주의를 취하고 있기 때문에 주무관청의 재량에 의한 허가를 받지 못하는 많은 사단·재단이 양산될 수 있다. 그러한 사정은 개정안에 따라 인가주의로 바뀌더라도 여전히 이어질 것이다. 그렇다면 인가주의를 취하면서 법인설립인가를 받지 아니하였거나 받지 못한 단체에 독일민법에서와 같은 조합규정을 준용하도록 하는 것은 타당하지 않고 법인규정을 준용하도록 하는 것이 타당하다. 그런데 구체적으로 어떠한 내용으로 규율할 것인가를 정하는 것은 쉬운 일이 아니었다. 우선 2004년 민법개정안에서는 제39조의2에서 "법인 아닌 사단과 재단에 대하여는 그 성질에 반하지 아니하는 한 본장의 규정을 준용한다"라고 규정하였다. 이러한 규율은 기본적으로 지금까지 판례의 태도를 반영한 것이다.22) 이에 대해 "그 성질에 반하지 아니하는 한"이라는 기준이 불명확하다는 비판이 있었지만,23) 그 기준에 해당하는지의 여부는 향후 판례의 형성에 따라 정해질 수밖에 없는 것이었다. 금번 민법개정안의 태도도 2004년 민법개정안과 크게 다르지 않다. 개정안 제39조의2 제1항은 종래 학설과 판례의 입장을 명문화하여 법인아닌 사단과 재단에 대하여 법인에 관한 규정을 준용하도록 하였다. 이는 비법인사단·재단에 대해서는 현행 실정법이 민사소송법과 부동산등기법에서 각각 당사자능력(민사소송법 제52조)과 부동산등기능력(부동산등기법 제30조)을 규정하는 것에 그치는 반면, 금번 개정안에 의해 비법인사단·재단이 실체법상으로도 권리능력을 가지고 있음을 명확히 한 데 그 의미가 있다.24) 다만 비법인 사단·재단에 대하여는 "주무관청의 인가 또는 등기를 전제로 한 규정을 제외하고는 본장의 규정을 준용한다"고 하여 2004년 민법개정안에 비해 법인에 관한 규정이 준용되는 기준을 좀 더 명확히 하고자 하였다. 이 경우에도 구체적으로 무엇이 "주무관청의 인가 또는 등기를 전제로 한 규정"인지에 대해서는 향후 학설과 판례의 과제로 남아 있는 셈이다.

---

22) 대법원 1992. 10. 9. 선고 92다23087 판결; 대법원 1996. 9. 6. 선고 94다18522 판결; 대법원 1997. 1. 24. 선고 96다39721,39738 판결; 대법원 2003. 11. 14. 선고 2001다32687 판결 등.
23) 민법개정안연구회, "고상룡 교수의 견해", 민법개정안의견서, 삼지원, 2002, 16면 등.
24) 김대정, "법인에 관한 민법개정위원회의 개정시안", 「현대민사법의 과제」, 한국민사법학회 2010년도 하계학술대회 자료집, 한국민사법학회, 2010, 28면. 물론 이때 비법인사단·재단이 가지는 권리능력은 법인인 사단·재단이 가지는 완전하고 혼일한 권리능력과는 차이가 있다. 법인의 권리능력의 개념과 그 성질에 관해서는 송호영, "법인의 권리능력", 「비교사법」 제7권 제1호, 한국비교사법학회, 2000. 6, 91면 이하 참고.

(2) 영리 비법인사단의 규율

금번 민법개정안에서 비법인사단·재단에 관한 규정에 관한 큰 특징은 제39조의2 제1항보다 제2항에 있다고 할 수 있다. 본 조항은 2004년 민법개정안에서는 구상되지 아니한 것이다. 비법인사단·재단에 대해서는 민법상 법인에 관한 규정을 준용하여야 하는 것이 타당하다는 것에 대해서는 별다른 이견이 없을 것으로 예상한다. 이때 비법인사단이 영리를 목적으로 하는 경우25)에도 비영리를 목적으로 하는 비법인사단과 마찬가지로 민법상 법인에 관한 규정을 준용하도록 하는 것이 타당한지에 대해서는 의문이다. 즉 영리를 목적으로 하는 사단이 상법의 규정에 좇아 회사로 될수 있음에도 불구하고(민법 제39조), 그러한 길을 가지 않고 비법인사단으로 머무는경우에는 비영리를 목적으로 하는 비법인사단과는 다른 법적 규율이 필요하다. 민법상 법인에 관한 규정은 비영리를 목적으로 하는 법인을 전제로 한 것이기 때문에 영리를 목적으로 하는 사단에도 적용할 것은 아니다. 따라서 영리를 목적으로 하는 사단이 법인격을 취득하고자 할 때에는 준칙주의에 따른 상법상 회사로 되어야 하고, 법인격의 취득을 원하지 아니할 때에는 조합에 관한 법리를 적용하는 것이 타당하다. 이에 합명회사 사원의 책임에 관한 상법 제212조 제1항의 규정을 참작하여, 민법개정안에서는 "영리를 목적으로 하는 법인 아닌 사단의 재산으로 사단의 채무를 완제할 수 없는 때에는 각 사원은 연대하여 변제할 책임이 있다"고 규정하였다. 이것은 준칙주의에 따라 쉽게 상법상 회사로 될 수 있음에도 불구하고 이를 회피하면서 영리를 추구하고자 하는 사단의 설립자에 대해 책임제한의 특권을 제한하여 사원의 연대책임을 물음으로써, 사단법인의 형태가 변질되거나 악용되는 것을 막겠다는뜻으로 이해될 수 있다. 그런데 개정안 심의과정에서 실무위원회로부터 제39조의2 제2항에 따라 사원에 대하여 책임을 실효적으로 묻기 위하여 상법 제212조 제2항 및 제3항과 같은 규정의 보완이 있어야 한다는 주장이 제기되었다. 즉 법인등기 등을 통해 재산 보유 현황이 외부에 공시되지 않는 비법인사단의 경우에는 사단의 채권자가 제2항에서 규정된 "완제 불능"을 입증하는 것이 사실상 불가능할 때가 많을것이고, 따라서 제2항만 규정할 경우에는 현실적으로 비법인사단의 사원이 개인 책

---

25) 재단에는 이익을 분배할 사원이 존재하지 않기 때문에 영리비법인재단이라는 개념이 성립 될 수 없다. 따라서 영리비법인 단체는 '사단'에만 문제된다.

임을 질 가능성이 거의 없다는 점을 악용하여 비법인사단의 설립 및 운영을 통해 상법의 적용을 회피할 우려가 있다는 것이다. 그리하여 분과위원장단 결론 제3항에서는 사단의 재산에 대한 강제집행이 주효하지 못한 때에도 각 사원은 연대하여 변제할 책임이 있는 것으로 정함으로써 사단채권자가 보다 쉽게 사원책임을 물을 수 있도록 하였다. 이때 사원은 사단채권자에 대하여 사단에 변제의 자력이 있으며 집행이 용이하다는 것을 증명함으로써 책임을 면할 수 있도록 하였다(제4항).

4. 재단법인설립을 위한 출연재산의 귀속시기

가. 개정안

현행	개정안
第48條 (出捐財産의 歸屬時期) ① 生前處分으로 財團法人을 設立하는 때에는 出捐財産은 法人이 成立된 때로부터 法人의 財産이 된다. ② 遺言으로 財團法人을 設立하는 때에는 出捐財産은 遺言의 效力이 發生한 때로부터 法人에 歸屬한 것으로 본다. ③ <신 설>	제48조(출연재산의 귀속시기) ① 재단법인을 설립하기 위하여 출연한 재산의 권리변동에 등기, 인도 그 밖의 요건이 필요한 경우에는 그 요건을 갖춘 때에 법인의 재산이 된다. ② 설립자의 사망 후에 재단법인이 성립하는 경우에는 출연에 관하여는 그의 사망 전에 재단법인이 성립한 것으로 본다. ③ 제2항의 경우에 출연재산은 제1항의 요건을 갖추면 설립자가 사망한 때부터 법인에 귀속한 것으로 본다. 재단법인이 성립한 후 설립자가 사망한 경우에도 이와 같다.

나. 내용과 제안이유

(1) 물권변동의 성립요건주의 채택

재단법인의 설립을 위해 설립자가 출연한 재산은 언제 재단법인의 것으로 귀속되는지에 관한 문제는 신민법시행 이후부터 지금껏 줄곧 다투어졌던 난제 중 하나였다. 이 문제는 신민법에서 물권변동의 원칙을 대항요건주의에서 형식주의로 바꾸었음에

도 불구하고 민법 제48조가 여전히 대항요건주의에 입각한 구민법 제42조를 그대로
답습하여 내용이 수정되지 않고 지금처럼 남게 된 것에서 유래한다. 그리하여 생전처
분으로 인한 것이든 유언으로 인한 것이든 재단법인설립을 위한 재산출연행위는 분
명히 법률행위이기 때문에 물권변동의 원칙상으로는 민법 제186조·제188조에 따라
설립자로부터 재단법인으로 재산이 이전되기 위해서는 등기·인도 등의 물권변동의
요건을 갖추어야 할 것이지만, 현행민법 제48조는 생전처분으로 인한 출연재산은 법
인이 성립한 때로부터 그리고 유언으로 인한 출연재산은 유언의 효력이 발생한 때로
부터 법인에게 귀속하는 것으로 정하고 있어서 물권변동에 관한 성립요건주의의 원
칙과는 조화되지 않는다. 이에 대해 학설은 갈리어, 제48조를 재단설립자의 의사를
존중하는 동시에 재단법인의 재산적 기초를 충실히 하기 위한 특별규정으로 이해하
면서 제48조를 법률의 규정에 의한 물권변동(민법 제187조)에 해당하는 것으로 보아
물권변동을 위한 별도의 요건없이도 제48조에서 정한 시기에 출연재산은 재단으로
귀속된다고 보는 견해26)와 제48조에 의한 재산출연행위는 법률행위에 해당하므로
법률행위에 의한 물권변동의 원칙에 따라 등기(민법 제186조)나 인도(민법 제188조)를
갖추어야만 설립자로부터 재단법인으로 출연재산이 이전한다는 견해27)로 나뉘었다.
판례는 설립자와 재단법인 사이의 대내적 관계와 재단법인과 제3자 사이의 대외적
관계를 분리하여, 대내적으로 출연재산은 민법 제48조가 정한 시기에 등기 등의 형
식 없이도 재단법인에게 귀속하지만, 대외적으로는 재단법인이 제3자에게 '대항'하기
위해서 출연재산을 재단법인명의로 등기(인도 기타 배서·교부 등)할 것이 요구된다고
판단함으로써,28) 양측 학설로부터 논리가 일관되지 않는다는 비판을 받아 왔다. 이러
한 논란을 종식시키기 위해서는 결국 본조의 개정을 통하여 출연재산의 귀속시기를
명확히 하는 것이다. 결국 민법 제48조를 제186조의 원칙에 맞추느냐 아니면 제187
조에 해당하는 예외로 존치시키느냐는 법논리에 관한 문제인 동시에 입법적 결단의

26) 고상룡, 민법총칙, 192면; 곽윤직·김재형, 민법총칙, 177면; 김기선, 한국민법총칙, 144면;
    김상용, 민법총칙, 232면; 김용한, 민법총칙론, 165면; 김주수, 민법총칙, 210면; 장경학, 민
    법총칙, 313면; 송덕수, 민법총칙,644면.
27) 김대정, 민법총칙, 368면; 김증한·김학동, 민법총칙, 195~197면; 백태승, 민법총칙, 232면;
    서광민, 민법총칙, 196면; 오시영, 민법총칙, 개정판, 학현사, 2011, 222면; 이영준, 민법총
    칙, 941면; 이은영, 민법총칙, 267면; 홍성재, 민법총칙, 대영문화사, 2005, 80면.
28) 대법원 1979. 12. 11. 선고 78다481, 482 전원합의체 판결; 대법원 1993. 9. 14. 선고 93다
    8054 판결.

문제이다. 2004년 민법개정작업에서도 제48조에 관해서는 많은 논의가 있었고 그 당시에 제48조를 물권변동에 관한 성립요건주의에 조화되도록 하는 개정안이 제시되었었다.[29] 금번 민법개정에서도 이와 같은 문제가 똑같이 쟁점이 되었다. 이에 대해 분과위원회는 법인관에 대한 결단을 할 필요가 있었는데, 즉 자연인에 비해 법인을 특별히 보호할 필요가 있느냐에 관하여 법인과 자연인을 동등한 주체로 보아 특별한 보호를 고려하지 않기로 하였다. 이는 민법 제48조를 법인보호를 위한 물권변동의 특별규정으로 두지 않고 물권변동의 원칙에 부합하는 규정으로 개정하여야 함을 의미한다. 그래야만 물권변동에 있어서 자연인과 법인과의 차이가 없어지게 되기 때문이다. 이에 따라 분과위 개정안 및 분과위원장단회의 결론 제48조 제1항은 생전처분에 의한 것이든 유언에 의한 것이든 구분하지 않고 재단법인을 설립하기 위하여 출연한 재산의 권리변동에 등기, 인도 그 밖의 요건이 필요한 경우(예, 증권의 교부 등)에는 그 요건을 갖춘 때에 법인의 재산이 되는 것으로 정하여, 물권변동에 있어서 성립요건주의를 관철하고 있다. 이러한 원칙은 설령 설립자가 사망한 후에 재단법인이 성립한 경우에도 적용되어, 그러한 경우에도 재단법인이 물권변동에 필요한 요건을 갖추어야만 재단법인의 재산으로 귀속된다(분과위원장단회의 결론 제48조 제3항).

(2) 설립자의 사망 후 재단법인이 성립되는 경우

물권변동에 있어서 자연인과 법인을 동등시하여 법인에게도 재산귀속을 위해서는

---

29) 법무부, 2004년 법무부 민법 개정안 총칙·물권편 (민법개정총서 3), 91면 이하 참고. 당시의 민법개정안은 다음과 같다.

현 행	2004년 개정안
第48條(出捐財産의 歸屬時期) ① (생략) ② (생략) ③ <신 설> ④ <신 설>	第48條(出捐財産의 歸屬時期) ① (현행 조문과동일) ② (현행과 같음) ③ 第1項 및 第2項의 경우에 그 權利變動에 登記, 引渡 등이 필요한 出捐財産은 이를 갖추어야 法人의 財産이 된다. ④ 第1項 및 第2項의 경우에 設立者의 死亡後에 財團法人이 성립된 때에는 設立者의 出捐에 관하여는 그의 死亡 前에 財團法人이 成立한 것으로 본다.

당시 개정안에 대한 상세한 설명으로는 윤진수, "법인에 관한 민법개정안의 고찰", 「법학」 제46권 제1호, 서울대학교 법학연구소, 2005, 76면 이하 참고.

등기 · 인도 등의 요건을 요구하고 있지만, 그와 구분하여야 하는 것은 자연인과 달리 재단법인은 이미 존재하는 권리주체가 아니라 설립자의 출연행위로 말미암아 비로소 실체가 형성되기 시작하여 일정한 절차를 거쳐 비로소 법인으로 성립된다는 특성을 가지고 있다는 점이다. 즉 재단법인은 설립자의 설립행위에 의해 곧바로 성립하는 것이 아니라 소정의 절차를 거쳐 성립되는 것이기 때문에 출연행위로부터 법인성립이 마무리되어 실제 법인으로 재산이 귀속되기까지 상당한 시간이 소요된다는 특성을 고려하여 그러한 범위에서 재단법인을 보호할 필요가 있다. 이에 따라 개정안은 법인설립자가 사망한 후에 재단법인이 성립되는 경우에는 출연에 관하여는 그의 사망 전에 재단법인이 성립하는 것으로 간주함으로써, 설립자의 사망으로 출연재산이 과도적으로라도 상속인에게 귀속되는 것을 막기 위하여 재단법인이 출연된 재산의 귀속주체임을 명정하였다(분과위원장단회의 결론 제48조 제2항). 다만 이때에도 추후에 성립된 재단법인은 물권변동의 요건을 구비함으로써 출연재산이 법인에게 귀속되는 것으로 하고, 다만 그러한 요건을 갖춘 경우에 설립자가 사망한 때로 소급하여 귀속되는 것으로 정하였다(분과위원장단회의 결론 제48조 제3항).[30]

5. 비영리법인의 합병 · 분할에 관한 규정의 신설

가. 개정안

현행	개정안
<신 설>	**제4-2절 합병과 분할**
<신 설>	**제96조의2(합병 · 분할)** ① 사단법인은 다른 사단법인과 합병하거나 복수의 사단법인으로 분할할 수 있다.

---

30) 분과위원회의 개정안과 분과위원장단회의 결론을 보면 당초 분과위원회 개정안 제2항과 제3항의 위치가 분과위원장단 결론에서는 변경되어 있다. 또한 분과위원회 개정안 제2항은 현행법 제48조 제2항과의 유사성 때문에 형식적 요건을 갖추지 않아도 설립자 사망 시 출연재산이 바로 법인에게 귀속한다는 오해를 불러일으킨다는 의견이 다수 제기되어 분과위원장단회의 결론에서는 '제1항의 요건을 갖추면'이라는 표현을 삽입하여 개정의도를 명확히 하기로 하였다.

	② 재단법인은 다른 재단법인과 합병하거나 복수의 재단법인으로 분할할 수 있다. 다만, 제45조 제1항 또는 제46조에서 정한 때가 아니면 이를 하지 못한다.
<신 설>	**제96조의3(합병·분할의 절차)** ① 법인이 합병을 하는 때에는 합병계약서를 작성하여야 하고, 분할을 하는 때에는 분할계획서를 작성하여야 한다. ② 사단법인은 사원총회에서 총사원 4분의 3 이상, 재단법인은 이사 정수(定數)의 4분의 3 이상의 동의로써 합병계약서 또는 분할계획서의 승인을 받아야 한다. 다만, 정수(定數)에 관하여 정관에 다른 규정이 있는 때에는 그 규정에 의한다. ③ 법인은 제2항의 승인을 받은 합병계약서 또는 분할계획서를 제출하여 주무관청으로부터 인가를 받아야 한다.
<신 설>	**제96조의4(합병계약서의 기재사항)** ① 합병할 법인의 일방이 합병후 존속하는 경우에는 합병계약서에 다음 각 호의 사항을 기재하여야 한다. 1. 제96조의3 제2항의 합병승인을 위한 회의예정일 2. 합병을 할 날 3. 존속하는 법인이 합병으로 인하여 정관을 변경하기로 정한 때에는 그 규정 4. 존속하는 법인에 취임할 이사의 성명과 주민등록번호 5. 존속하는 법인에 취임할 감사를 두기로 한 때에는 그 성명과 주민등록번호 ② 합병으로 법인을 설립하는 경우에는 합병계약서에 다음 각 호의 사항을 기재하여야 한다. 1. 설립되는 법인의 정관에 기재할 사항

	2. 제96조의3 제2항의 합병승인을 위한 회의예정일 3. 합병을 할 날 4. 설립되는 법인의 이사의 성명 및 주민등록번호 5. 감사를 두기로 한 때에는 그 성명과 주민등록번호
<신　설>	**제96조의5(분할계획서의 기재사항)** ① 분할에 의하여 법인을 설립하는 경우에는 분할계획서에 다음 각 호의 사항을 기재하여야 한다. 1. 설립되는 법인의 정관에 기재할 사항 2. 설립되는 법인에 이전될 재산과 그 가액 3. 설립되는 법인의 이사의 성명과 주민등록번호 4. 설립되는 법인의 감사를 두기로 한 때에는 그 성명과 주민등록번호 ② 분할 후 법인이 존속하는 경우에는 존속하는 법인에 관하여 분할계획서에 다음 각 호의 사항을 기재하여야 한다. 1. 분할로 설립되는 법인에 이전할 재산과 그 가액 2. 정관변경을 가져오게 하는 그 밖의 사항
<신　설>	**제96조의6(합병계약서 등의 공시)** ① 법인은 제96조의3 제2항의 승인을 위한 회의예정일의 2주 전부터 합병·분할의 효력이 발생한 날 이후 6개월이 경과하는 날까지 다음 각 호의 서류를 주된 사무소에 비치하여야 한다. 1. 합병계약서 또는 분할계획서 2. 각 법인의 최종의 재산목록과 대차대조표 ② 사원 또는 법인의 채권자는 업무시간 안에는 언제든지 제1항 각 호의 서류의

	열람을 청구하거나, 법인이 정한 비용을 지급하고 그 등본 또는 초본의 교부를 청구할 수 있다.
<신　설>	**제96조의7(채권자보호)** ① 법인은 주무관청으로부터 합병의 인가를 받은 날부터 2주일 안에 채권자에 대하여 합병에 이의가 있으면 일정한 기간 안에 이의를 제출할 것을 공고하고 알고 있는 채권자에 대하여는 이를 개별적으로 최고하여야 한다. 이 경우 그 기간은 2개월 이상이어야 한다. ② 채권자가 제1항의 기간 안에 이의를 제출하지 아니한 때에는 합병을 승인한 것으로 본다. ③ 이의를 제출한 채권자가 있는 때에는 법인은 그 채권자에 대하여 채무를 변제하거나 상당한 담보를 제공하여야 한다.
<신　설>	**제96조의8(합병·분할의 등기)** ① 합병의 경우에는 제96조의7에 따른 절차가 종료된 날부터 3주일 안에 주된 사무소 및 분사무소 소재지에서 합병의 등기를 하여야 한다. 이 경우 합병으로 존속하는 법인은 변경등기를, 소멸하는 법인은 해산등기를, 신설되는 법인은 설립등기를 하여야 한다. ② 분할의 경우에는 분할인가를 받은 날부터 3주일 안에 주된 사무소 및 분사무소 소재지에서 분할의 등기를 하여야 한다. 이 경우 분할로 인하여 소멸하는 법인은 해산등기를, 분할 후에도 계속 존속하는 법인은 변경등기를, 분할 후에 신설된 법인은 설립등기를 하여야 한다.
<신　설>	**제96조의9(합병·분할의 효력발생)** 법인의 합병은 합병 후 존속하는 법인 또는 합병으로 신설되는 법인이, 법인의 분할은 분할

	후에 존속하는 법인 또는 분할로 신설된 법인이 그 주된 사무소 소재지에서 제96조의8의 등기를 함으로써 그 효력이 생긴다.
<신 설>	**제96조의10(합병·분할의 효과)** ① 합병 후 존속하는 법인 또는 합병으로 인하여 신설된 법인은 합병으로 인하여 소멸된 법인의 권리와 의무를 승계한다. ② 분할로 인하여 신설된 법인 또는 존속하는 법인은 분할하는 법인의 권리와 의무를 분할계획서가 정하는 바에 따라 승계한다. 분할로 신설되는 법인 또는 존속하는 법인은 분할 전의 법인채무를 연대하여 변제할 책임이 있다.
<신 설>	**제96조의11(합병·분할무효의 소)** ① 합병 또는 분할의 무효는 각 법인의 사원·이사·감사·청산인·관리인·파산관재인 또는 합병을 승인하지 아니한 채권자에 한하여 소로써만 이를 주장할 수 있다. ② 제1항의 소는 제96조의8의 등기가 있은 날부터 6개월 안에 제기하여야 한다. ③ 제1항의 소는 법인의 주된 사무소 소재지의 지방법원의 관할에 전속한다.
<신 설>	**제96조의12(합병·분할무효의 등기)** 합병 또는 분할을 무효로 한 판결이 확정된 때에는 주된 사무소 소재지 및 분사무소 소재지에서 합병이나 분할 후 존속한 법인의 변경등기, 합병이나 분할로 소멸된 법인의 회복등기, 합병이나 분할로 신설된 법인의 해산등기를 하여야 한다.
<신 설>	**제96조의13(합병무효판결확정의 효과)** ① 법인의 합병을 무효로 한 판결이 확정된 때에는 합병후 존속법인이나 신설법인이 부담한 채무에 대하여 합병 전의 상태로 복귀한

	법인들이 연대하여 변제할 책임이 있다. ② 합병후 존속법인이나 신설법인이 취득한 재산은 합병 전의 상태로 복귀한 법인들의 공유로 한다. ③ 제1항과 제2항의 경우에 각 법인의 협의로 그 부담부분 또는 지분을 정하지 못한 때에는 법원은 그 청구에 의하여 합병 당시의 각 법인의 재산상태 기타의 사정을 참작하여 이를 정한다.
<신 설>	**제96조의14(분할무효판결확정의 효과)** ① 법인의 분할을 무효로 한 판결이 확정된 때에는 분할후 존속법인이나 신설법인이 부담한 채무에 대하여 분할 전의 상태로 복귀한 법인이 변제할 책임이 있다. ② 분할후 존속법인이나 신설법인이 취득한 재산은 분할 전의 상태로 복귀한 법인에게 귀속한다.
<신 설>	**제96조의15(판결의 효력)** ① 합병 또는 분할무효의 판결은 제3자에 대하여도 그 효력이 있다. ② 제1항의 판결은 그 확정 전에 생긴 법인과 사원 및 제3자 사이의 권리·의무에 영향을 미치지 아니한다.

나. 내용과 제안이유

(1) 합병 · 분할규정 신설의 필요성

비영리법인의 합병과 분할에 관한 규정을 신설하는 것은 금번 민법개정에서 가장 큰 작업성과 중 하나이다. 우선 민법에 비영리법인의 합병·분할에 관한 규정의 신설이 왜 필요하였는지에 대해서 간략히 설명한다.[31] 영리법인인 회사에 대해서는 상

---

31) 이하 송호영, "비영리법인의 합병·분할에 관한 입법론적 연구", 「민사법학」 제47호, 한국

법이 회사의 합병과 분할에 관한 상세한 규정을 두고 있다. 비영리법인에 대해서도 각종 특별법에서 합병·분할을 인정하는 규정들이 산재해있다.[32] 그럼에도 불구하고 정작 일반사법인 민법에서는 법인의 합병·분할에 관한 규정을 두고 있지 않다. 비영리법인에 대해서도 합병·분할을 인정하고자 하는 가장 큰 이유는, 합병·분할이 인정되지 않을 경우에는 지금처럼 법인의 해산 및 청산절차를 거쳐 새로운 법인을 설립해야 하는데, 특히 해산·청산의 과정에서 법인의 채권자를 비롯한 다수의 이해관계자들의 이익을 충족시키는 일이 쉽지 않은 데 반하여, 만약 합병을 인정하게 되면 그러한 종전법인의 해산·청산절차없이도 존속법인 또는 신설법인에게 재산의 포괄승계가 일어나게 되고 분할의 경우에도 신설법인 또는 존속법인이 분할 전의 법인 채무에 관하여 연대책임을 지게 됨으로써, 종전법인의 채권자등 이해관계자들의 지위를 불안하게 함이 없이 법인의 조직변경이 가능하게 되어 그만큼 사회적 비용을 줄일 수 있다는 현실적인 장점이 있기 때문이다. 그리고 한편으로는 최근의 민법개정 작업과 관련하여 민법전의 체계적인 규범정합성을 위해서도 비영리법인의 합병·분할에 관한 규정을 신설해야 할 다른 이유가 생기게 되었다. 즉 제1기 민법개정위원회의 제5분과위원회는 주로 담보제도의 개정안을 담당하는데, 법인의 합병과 분할을 전제로 하는 근저당권에 관한 신설조항들을 제안하였고,[33] 이 규정들이 민법개정위

민사법학회, 2009. 12, 579면 이하 참고.

32) 그중에서 농업협동조합법은 농업협동조합의 합병·분할에 대해서 비교적 상세한 규정을 두고 있다. 합병의 근거와 절차에 대해서는 동법 제75조에, 분할의 근거와 절차에 대해서는 제77조에 규정을 두고, 제80조에는 채권자보호절차를, 제81조에는 합병등기의 효력을, 제95조에는 합병등기의 절차 등에 대해서 규율하고 있다. 그 외 산림조합(산림조합법 제61조, 제63조, 제65조, 제66조, 제80조 등), 중소기업협동조합(중소기업협동조합법 제74조~제77조), 신용협동조합(신용협동조합법 제55조), 소비자생활협동조합(소비자생활협동조합법 제15조), 새마을금고(새마을금고법 제37조, 제39조) 등도 농업협동조합의 경우와 유사한 합병·분할에 관한 규정들을 두고 있다. 또한 「노동조합 및 노동관계조정법」에서는 노동조합의 합병·분할에 대한 정의나 절차·효과 등에 대해서 구체적인 규정을 두고 있지는 않으나, 동법 제16조 제1항 제7호에서 노동조합의 합병·분할을 총회의 의결사항으로 정하고 있고, 동법 제28조 제1항 제2호에서 노동조합의 합병·분할을 노동조합의 해산사유로 규정함으로써, 간접적으로 노동조합의 합병·분할을 인정하고 있다.

33) 신설조항(안)이란 다음과 같다.
제357조의7(합병과 근저당권) ① 원본의 확정 전에 근저당권자인 법인에 합병이 있는 때에는 근저당권은 이미 존재하는 채권 외에 합병 후 존속하는 법인 또는 합병에 의하여 설립되는 법인이 취득하는 채권을 담보한다.
② 원본의 확정 전에 채무자인 법인에 합병이 있는 때에는 근저당권은 이미 존재하는 채무 외에 합병 후 존속하는 법인 또는 합병에 의하여 설립되는 법인이 부담하는 채무를 담보한다.
③ 제1항, 제2항의 경우에 근저당권설정자는 부담할 원본의 확정을 청구할 수 있다. 그러나

원회의 전체위원회회의를 통과하였기 때문에 앞으로 새로운 민법전에서 최소한 근
저당권에 있어서는 법인의 합병 및 분할이 명시될 가능성이 매우 높아진 셈이다. 따
라서 이러한 규정들이 실효성을 가지기 위해서는 모든 법인의 기본법인 민법 第1編
第3章에 법인의 합병·분할에 관한 근거규정을 둘 필요가 있다.[34]

(2) 신설된 내용

합병·분할은 법인의 설립과 해산이 결합된 문제이므로 해산에 관한 제4절 다음
에 제4-2절 [합병과 분할]을 새로 만들어 제96조의2부터 제96조의15까지 총 14개
조문의 규정을 신설하여 비영리법인의 합병과 분할에 관한 조문들을 위치시키기로
하였다.

제96조의2는 합병·분할의 근거와 합병과 분할이 될 수 있는 법인의 종류를 정한
것인데, 사단법인은 사단법인 사이에서만 그리고 재단법인은 재단법인 사이에서만
합병과 분할을 인정하되, 재단법인은 민법 제45조 제1항 또는 제46조에서 정한 때
에만 합병·분할을 인정하기로 하였다.

합병·분할의 절차를 보면, ① 우선 합병계약서 혹은 분할계획서를 작성하여(제96
조의3 제1항), ② 그 합병계약서 혹은 분할계획서에 대해 사단법인은 사원총회에서,
재단법인은 이사회에서 승인을 받아야 하며(제96조의3 제2항), ③ 승인을 받은 합병계

채무자인 근저당권설정자의 합병이 있는 때에는 그러하지 아니하다.
④ 제3항의 청구가 있는 때에는 부담할 원본은 합병시에 확정된 것으로 본다.
⑤ 제3항의 청구는 근저당권설정자가 합병이 있음을 안 날로부터 2주일이 경과한 때에는
이를 할 수 없다. 합병이 있는 날로부터 1개월이 경과한 때에도 같다.
제357조의8(법인의 분할과 근저당권) ① 원본의 확정 전에 근저당권자인 법인을 분할하는
때에는 근저당권은 분할시에 존재하는 채권 외에 분할되는 법인, 설립되는 법인 또는 권리
의무를 승계하는 법인이 분할 후에 취득하는 채권을 담보한다.
② 원본의 확정 전에 채무자인 법인을 분할하는 때에는 근저당권은 분할시에 존재하는 채
무 외에 분할되는 법인, 설립되는 법인 또는 권리의무를 승계하는 법인이 분할 후에 부담하
는 채무를 담보한다.
③ 제357조의7 제3항 내지 제5항의 규정은 제1항, 제2항의 경우에 이를 준용한다.
34) 물론 근저당권자로서 합병·분할의 당사자인 '법인'은 반드시 비영리법인일 필요는 없고 영
리회사나 기타 합병·분할이 명문으로 인정되는 특수법인(예, 농업협동조합)일 수도 있으므
로 제357조의7 및 제357조의8의 신설은 현행민법상으로도 의미는 있지만, 기왕에 근저당
권에서 법인의 합병·분할을 예정한다면 민법상 비영리법인의 합병·분할도 가능하도록 하
는 것이 전체적인 입법구도상으로 잘 어울린다고 생각한다. 왜냐하면 비영리법인인 사단법
인이나 재단법인도 충분히 근저당권자가 될 수 있기 때문에, 이들이 근저당권자인 경우에
도 제357조의7 및 제357조의8가 적용될 수 있도록 길을 열어주는 것이 타당하기 때문이다.

약서 혹은 분할계획서에 대해 주무관청으로부터 인가를 받아야 한다(제96조의3 제3항).
이후 ④ 합병의 경우는 채권자보호를 위한 공고절차(제96조의7)가 종료된 날로부터 3
주일 안에, 분할의 경우는 분할인가를 받은 날로부터 3주일 안에 합병등기 혹은 분할
등기를 하여야 하는데(제96조의8), 이로써 합병·분할의 효력은 발생한다(제96조의9).

합병계약서의 기재사항은 개정안 제96조의4에서 정하고 있는데, 동조 제1항은 「흡
수합병」의 경우에 합병계약서에 기재할 사항을 그리고 동조 제2항은 「신설합병」의 경
우에 기재할 사항을 규정한 것이다. 법인이 분할할 때에는 분할계획서를 작성하여야
하는데, 그것의 기재사항에 대해서는 개정안 제96조의5에서 정하고 있는데, 동조 제1
항은 「소멸분할」의 경우에 분할계획서에 기재할 사항을 그리고 동조 제2항은 「존속분
할」의 경우에 기재할 사항을 규정한 것이다. 여기에서 알 수 있듯이 개정안은 합병의
경우에는 「흡수합병」과 「신설합병」을 그리고 분할의 경우에는 「소멸분할」과 「존속분
할」만을 인정하고, 이들의 결합형은 인정하지 않는다.

합병계약서나 분할계획서는 사단법인은 사원총회에서, 재단법인은 이사회에서 승
인을 받아야 하는데, 정수(定數)에 대하여 정관에 다른 규정이 없는 한, 사단법인은
사원총회에서 총사원 4분의 3 이상 그리고 재단법인은 총이사의 4분의 3 이상의 동
의를 요한다(제96조의3 제2항). 사원총회나 이사회에서 합병·분할의 승인을 받게 되
면, 법인은 주무관청에 합병계약서 또는 분할계획서를 제출하여 합병·분할의 인가
를 받아야 한다(제96조의3 제3항). 법인이 주무관청으로부터 합병의 인가를 받게 되
면, 법인의 채권자를 보호하기 위한 절차를 거쳐야 한다. 즉 법인은 주무관청으로부
터 합병의 인가를 받은 날로부터 2주일 안에 채권자에 대하여 2개월 이상의 기간으
로 합병에 이의가 있으면 이를 제출할 것을 공고할 것과 이미 알고 있는 채권자에게
는 이를 개별적으로 최고하여야 한다(제96조의7 제1항). 채권자가 공고기간 중에 이
의를 제출하지 않았을 때는 합병을 승인한 것으로 간주되고(동조 제2항), 만약 채권
자가 이의를 제출하였을 때에는 법인은 그 채권자에 대하여 채무를 변제하거나 상당
한 담보를 제공하여야 한다(동조 제3항).

합병·분할의 효과는 합병·분할의 등기를 완료함으로써 효력이 발생하는데(제96
조의9), 합병의 경우에는 채권자보호절차가 종료된 날로부터 3주일 안에, 분할의 경
우에는 분할인가를 받은 날로부터 3주일 안에 주된 사무소 및 분사무소 소재지에서
합병 또는 분할의 등기를 하여야 한다(제96조의8). 이때 「합병등기」는 합병으로 존속

하는 법인은 「변경등기」를, 합병으로 소멸하는 법인은 「해산등기」를, 합병으로 신설되는 법인은 「설립등기」를 하여야 하며(제96조의8 제1항), 「분할등기」는 분할로 인해 소멸하는 법인은 「해산등기」를, 분할 후에도 존속하는 법인은 「변경등기」를, 분할 후에 신설된 법인은 「설립등기」를 하여야 한다(제96조의8 제2항).

합병·분할의 효과는 합병의 경우 합병으로 존속하는 법인(흡수합병) 또는 합병으로 신설된 법인(신설합병)은 합병으로 소멸된 법인의 권리·의무를 승계하게 되고(제96조의10 제1항), 분할의 경우 분할로 인하여 신설된 법인(소멸분할) 또는 존속하는 법인(존속분할)은 분할계획서에 정한 바에 따라 분할하는 법인의 권리와 의무를 승계하며 분할 전의 법인채무를 연대하여 변제할 책임을 부담하는 것으로 정하였다(제96조의10 제2항).

합병·분할에 대해서 이의가 있을 경우에는 합병·분할의 등기가 있은 날로부터 6개월 안에 일정한 이해관계인만이 소로써만 다툴 수 있도록 하여, 남소를 방지하고 법인의 존속여부에 관한 불안정성을 신속하게 해소할 수 있도록 하였다(제96조의11). 「합병·분할 무효의 소」에서 합병 또는 분할무효의 판결이 확정된 경우에는 종전의 상태로 법인을 되돌리기 위한 등기를 하여야 하며(제96조의12), 아울러 합병·분할의 무효판결에 따라 신설된 법인 또는 존속하는 법인은 다시 합병·분할 이전상태로 돌아가야 하는데, 이때 합병·분할의 유효를 전제로 신설된 법인 또는 존속법인이 부담하는 채무 및 취득재산은 어떻게 되는지가 문제된다. 이에 대해 개정안은 합병에 경우에 채무에 대해서는 존속법인이나 신설법인이 부담한 채무는 합병 전의 상태로 복귀한 법인들이 연대하여 변제할 책임을 지도록 함으로써, 합병 전의 상태로 돌아가더라도 유효한 합병을 전제로 신설·존속한 법인의 채권자가 보호될 수 있도록 하였으며(제96조의13 제1항), 또한 합병 후 존속법인이나 신설법인이 취득한 재산의 소유권에 대해서는 합병의 무효로 합병 전의 상태로 복귀한 법인들이 공유하는 것으로 하였다(제96조의13 제2항). 이 경우에 합병 전의 상태로 복귀한 법인들 사이에 존속법인이나 신설법인이 부담하는 채무(혹은 취득한 재산)에 대하여 부담부분 또는 지분을 정하지 못한 경우에는 이들 법인은 각자 채무의 부담부분 또는 향유하게 될 지분을 정해줄 것을 법원에 청구할 수 있도록 하였고, 법원은 각 법인의 재산상태나 기타의 사정을 참작하여 부담부분이나 지분을 정할 수 있도록 규정하였다(제96조의13 제3항). 법인의 분할을 무효로 한 판결이 확정된 때에는 분할 후 존속법인이나 신설법인이 부담한 채무에 대하여 분할 전의 상태로 복귀한 법인이 변제책임을 지도록 하고(제96조의14 제1항), 분할 후 존속법인이나 신설법인이 취득한 재산은 분할 전의 상태로 복귀한 법인에게 귀속하는 것으로 규정하였다(제96조의14 제2항).

이러한 합병·분할 무효판결에 의해 이해관계인의 법률관계를 획일적으로 확정할 필요가 크기 때문에 무효판결의 효력은 소송의 당사자뿐만 아니라, 제3자에게도 효력이 있는 것으로 하였다(제96조의15 제1항). 다만 무효판결의 효력은 그 확정전에 생긴 법인과 사원 및 제3자 사이의 권리·의무에는 영향을 미치지 않는 것으로 하였다(제96조의15 제2항),

다. 관련 비송사건절차법 규정의 개정

현행	개정안
<신 설>	**제64조의2(합병으로 인한 변경등기 신청에 필요한 서면)** 합병으로 인한 변경등기의 신청서에는 다음 각 호의 서류를 첨부하여야 한다. 1. 합병계약서 2. 민법 제96조의3 제2항의 승인을 증명하는 서면 3. 민법 제96조의7에 따른 공고 및 최고를 한 사 실과 이의를 진술한 채권자에 대하여 변제 또는 담보를 제공한 사실을 증명하는 서면 4. 주무관청의 인가서 또는 그 인증이 있는 등본
<신 설>	**제64조의3(합병으로 인한 설립등기 신청에 필요한 서면)** 합병으로 인한 설립등기의 신청서에는 다음 각 호의 서류를 첨부하여야 한다. 1. 제63조 제2항 각 호의 서류 2. 합병계약서 3. 민법 제96조의3 제2항의 승인을 증명하는 서면 4. 민법 제96조의7에 따른 공고 및 최고

	를 한 사실과 이의를 진술한 채권자에 대하여 변제 또는 담보를 제공한 사실을 증명하는 서면
<신 설>	**제64조의4(분할로 인한 등기신청에 필요한 서면)** 분할로 인한 변경등기 또는 설립등기의 신청서에는 다음 각 호의 서류를 첨부하여야 한다. 1. 제63조 제2항 각 호의 서류 2. 분할계획서 3. 민법 제96조의3 제2항의 승인을 증명하는 서면 4. 민법 제96조의7에 따른 공고 및 최고를 한 사실과 이의를 진술한 채권자가 있는 때에는 이에 대하여 변제 또는 담보를 제공한 사실을 증명하는 서면
<신 설>	**제64조의5(합병·분할의 무효판결의 확정과 등기촉탁)** 법인의 합병 또는 분할을 무효로 하는 판결이 확정된 경우에는 제98조의 규정을 준용한다.
제66조(「상업등기법」의 준용) ① 「상업등기법」 제3조제2항 및 제3항, 제4조, 제5조제2항 및 제3항, 제6조부터 제16조까지, 제17조제1항·제3항 및 제4항, 제18조, 제19조제1항·제2항·제4항 및 제5항, 제20조, 제21조, 제24조부터 제26조까지, 제27조제1호부터 제12호까지·제14호 및 제17호, 제29조, 제114조부터 제125조까지, 제126조제1항, 제127조부터 제129조까지와 제131조는 법인과 대한민국에 사무소를 둔 외국법인의 등기에 준용한다. ② 「상업등기법」 제17조제2항, 제19조제3항, 제58조부터 제63조까지와 제66조는 법인의 등기에 준용한다.	**제66조(「상업등기법」의 준용)** ① (현행과 같음) ② 「상업등기법」 제17조제2항, 제19조제3항, 제58조부터 제63조까지와 제66조, <u>제69조, 제72조, 제73조, 제96조, 제97조 및 제99조</u>는 법인의 등기에 준용한다. ③ (현행과 같음)

③ 「상업등기법」제111조부터 제113조까지의 규정은 대한민국에 사무소를 둔 외국법인의 등기에 준용한다.

민법전에 법인의 합병·분할에 관한 규정이 신설된다면, 절차적인 측면에서 이를 규정하는 비송사건절차법에서 관련규정의 정비가 필요하다. 이에 따라 비송사건절차법에서 제64조의2부터 제65조의5를 신설하고 제66조는 이에 맞추어 개정하였다.

흡수합병의 경우에 존속하는 법인은 합병으로 인한 변경등기를 하여야 하는데, 제64조의2에서는 그러한 변경등기를 위해 어떠한 서류가 필요한 지를 규정하였다. 신설합병의 경우에는 합병으로 인하여 새로운 법인의 설립등기를 하여야 하는데, 제64조의3에서는 신설법인의 설립에 필요한 서류를 규정하였다. 제64조의4는 법인의 분할로 인한 등기신청에 필요한 서면을 정하고 있다. 제64조의5에서는 합병·분할의 무효판결의 확정과 그에 따른 법원의 등기촉탁에 대해 회사설립의 무효판결에 따른 촉탁등기절차를 규정한 비송사건절차법 제98조를 준용하는 것으로 하였다.

6. 법인의 해산과 청산에 관한 규정의 개정

가. 제4절의 표제 변경

현행	개정안
第4節 解散	제4절 해산과 청산

현행민법 제1편 제3장 제4절의 표제는 "해산"으로 되어 있으나 그 내용은 법인의 「해산」에 관한 규정뿐만 아니라 「청산」에 관한 규정도 포함되어 있으므로, 상법 제3편 제5장 제6절의 예에 따라 "해산과 청산"으로 개정하였다.

나. 민법 제77조와 제78조의 규정을 통합

현행	개정안
第77條(解散事由) ① 法人은 <u>存立期間의 滿了, 法人의 目的의 達成 또는 達成의 不能 其他 定款에 定한 解散事由의 發生, 破産 또는 設立許可의 取消</u>로 解散한다. ② <u>社團法人은 社員이 없게 되거나 總會의 決議로도 解散한다.</u>	제77조(해산사유) ① 법인은 <u>다음 각 호의 사유가 있으면 해산한다.</u> <u>1. 존립기간의 만료, 그 밖의 정관에 정한 해산사유의 발생</u> <u>2. 목적의 달성 또는 달성의 불능</u> <u>3. 파산</u> <u>4. 설립인가의 철회</u> 5. 합병 또는 분할에 의한 소멸 ② 사단법인은 <u>다음 각 호의 사유가 있어도 해산한다.</u> <u>1. 사원의 부존재</u> <u>2. 정관에 달리 정하지 아니한 때에는 총사원 4분의 3 이상의 동의에 의한 해산결의</u>
第78條(社團法人의 解散決議) 社團法人은 總社員 4分의 3 以上의 同意가 없으면 解散을 決議하지 못한다. 그러나 定款에 다른 規定이 있는 때에는 그 規定에 依한다.	<삭　제>

현행민법에서 병렬적으로 나열된 표현에 의해 해산사유인지여부가 불확실한 점을 제거하기 위하여 개정안에서는 해산사유를 각호로 명확히 기술함으로써, 시각적 명료화와 단순화를 꾀하였다.

내용상으로는 (i) 법인설립주의의 변경에 따라 설립허가의 취소대신 설립인가의 철회를 해산사유로 바꾸었고, (ii) 법인의 합병·분할에 관한 규정을 신설함에 따라, 합병 및 분할을 법인해산사유로 규정하였으며, (iii) 사단법인의 해산결의에 관한 제78조를 폐지하는 대신, 그 내용을 제77조 제2항의 사단법인의 해산사유에서 흡수하였다.

다. 민법 제79조 및 제97조 제6호의 개정

현행	개정안
第79條(破産申請) 法人이 債務를 完濟하지 못하게 된 때에는 理事는 遲滯없이 <u>破産申請</u>을 하여야 한다.	**제79조(회생절차개시 및 파산신청)** 법인이 채무를 완제하지 못하게 된 때에는 이사는 지체 없이 <u>회생절차개시신청 또는 파산신청</u>을 하여야 한다.
제97조(罰則) 法人의 理事, 監事 또는 淸算人은 다음 各號의 境遇에는 500만원 이하의 過怠料에 處한다. 1. ~ 5. (생략) 6. 第79條, <u>第93條</u>의 規定에 違反하여 <u>破産宣告의 申請을 懈怠</u>한 때 7. (생략)	**제97조(벌칙)** 법인의 이사, 감사 또는 청산인은 다음 각 호의 경우에는 500만원 이하의 과태료에 처한다. 1. ~ 5. (현행과 동일) 6. 제79조의 규정에 위반하여 <u>파산신청 또는 회생절차개시신청</u>을 해태한 때 <u>6-2. 제93조의 규정에 위반하여 파산신청을 해태한 때</u> 7. (현행과 동일)

「채무자회생 및 파산에 관한 법률」은 제35조 제1항에서, "채무자의 청산인은 다른 법률에 의하여 채무자에 대한 파산을 신청하여야 하는 때에도 회생절차개시의 신청을 할 수 있다"고 규정하고 있는바, 개정안은 법인이 채무를 완제하지 못하게 된 때에 이사가 파산신청이 아닌 회생절차개시신청을 할 수도 있도록 하기 위하여 제79조 및 벌칙에 관한 제97조의 규정을 개정한 것이다.

라. 민법 제80조의 삭제와 제92조의2 신설

현행	개정안
第80條(殘餘財産의 歸屬) ① 解散한 法人의 財産은 定款으로 指定한 者에게 歸屬한다. ② 定款으로 歸屬權利者를 指定하지 아니하거나 이를 指定하는 方法을 定하지 아니한 때에는 理事 또는 淸算人은 主務官	<삭 제>

廳의 許可를 얻어 그 法人의 目的에 類似한 目的을 僞하여 그 財産을 處分할 수 있다. 그러나 社團法人에 있어서는 總會의 決議가 있어야 한다. ③ 前2項의 規定에 依하여 處分되지 아니한 財産은 國庫에 歸屬한다.	
<신 설>	제92조의2(잔여재산의 귀속) ① 청산인은 잔여재산을 정관으로 지정한 자에게 양도하여야 한다. ② 정관으로 잔여재산의 귀속권리자를 지정하지 아니하거나 이를 지정하는 방법을 정하지 아니한 때에는 청산인은 주무관청의 인가를 얻어 그 법인의 목적에 유사한 목적을 위하여 그 재산을 처분할 수 있다. 다만, 사단법인의 경우에는 총회의 결의가 있어야 한다. ③ 제1항 또는 제2항의 규정에 의하여 처분되지 아니한 재산은 국가에 귀속한다.

　개정안은 현행민법 제80조를 삭제하고, 그 내용을 수정하여 신설된 제92조의2에 규정하였다. 개정이유와 내용은 다음과 같다. 첫째, 현행민법은 제80조 제1항에서 "해산한 법인의 재산은 정관으로 지정한 자에게 귀속한다"고 함으로써, 마치 정관으로 지정된 자가 법인의 잔여재산에 대하여 권리변동을 위한 별도의 공시없이도 법률상 당연히 권리를 취득할 수 있는 것처럼 오해의 소지가 있어 이를 바로 잡기 위해 잔여재산의 "귀속" 대신 "양도"로 규정하였다. 둘째, 현행민법 제80조 제2항은 "이사 또는 청산인"이 잔여재산을 처분할 수 있는 것으로 규정하고 있으나, 해산한 법인은 청산법인의 단계로 진입하며 청산법인에서는 파산의 경우를 제외하고 이사가 청산인이 되므로(민법 제82조), 개정안에서는 청산인만이 잔여재산을 처분할 수 있는 것으로 정하였다. 셋째, 법인설립주의의 전환에 따라 주무관청의 '허가'를 '인가'로 바꾸었다. 넷째, 민법 제1058조가 상속재산의 귀속에 관하여 "상속재산은 국가에 귀속한다"라는 표현을 사용하고 있는 점을 고려하여 개정안에서는 "국고"를 "국가"라

는 표현으로 바꾸었다.

마. 민법 제83조의 개정

현행	개정안
第83條(法院에 依한 淸算人의 選任) <u>前條의 規定</u>에 依하여 淸算人이 될 者가 <u>없거나 淸算人의 缺員으로 因하여 損害가 생길 念慮</u>가 있는 때에는 <u>法院</u>은 職權 또는 利害關係人이나 檢事의 請求에 依하여 淸算人을 選任할 수 있다. ② <신 설>	**제83조(법원에 의한 청산인의 선임)** ① <u>제82조</u>에 의하여 청산인이 될 자가 <u>없는 경우</u>에는 법원은 직권 또는 이해관계인이나 검사의 청구에 의하여 청산인을 선임하여야 한다. ② 청산인의 결원으로 인하여 손해가 생길 염려가 있는 때에도 제1항과 같다.

현행민법은 "청산인이 될 자가 없는 경우"와 "청산인의 결원으로 인하여 손해가 생길 염려가 있는 때"를 구별하지 않고 함께 규정하고 있는데, 개정안은 양자를 구별하여 제1항에서는 청산인이 될 자 없는 경우에는 법원이 반드시 청산인을 선임하여야 하는 것으로 규정하고, 제2항에서는 청산인의 결원으로 손해가 발생할 것으로 판단한 법원은 반드시 청산인을 선임하여야 하는 것으로 개정하였다.

7. 등기에 관한 규정의 개정

가. 민법 제49조의 개정

현행	개정안
第49條 (法人의 登記事項) ① <u>法人設立의 許可</u>가 있는 때에는 <u>3週間內</u>에 主된 事務所 所在地에서 設立登記를 하여야 한다. ② <u>前項</u>의 登記事項은 다음과 같다. 1. 目的 2. 名稱 3. <u>事務所</u>	**제49조(법인의 등기사항)** ① <u>법인설립이 인가된</u> 때에는 <u>3주일 안</u>에 주된 사무소 소재지에서 설립등기를 하여야 한다. ② <u>제1항</u>의 등기사항은 다음과 같다. 1. 목적 2. 명칭 3. <u>사무소의 소재지</u>

4. 設立許可의 年月日	4. 설립인가의 연월일
5. 存立時期나 解散理由를 定한 때에는 그 時期 또는 事由	5. 존립시기나 해산사유를 정한 때에는 그 시기 또는 사유
6. 資産의 總額	6. 자산의 총액
7. 出資의 方法을 定한 때에는 그 方法	7. 출자의 방법을 정한 때에는 그 방법
8. 理事의 姓名, 住所	8. 이사의 성명, 주소 및 주민등록번호. 다만, 법인을 대표할 이사를 정한 때에는 그 밖의 이사의 주소를 제외한다.
9. 理事의 代表權을 制限한 때에는 그 制限	9. 이사의 대표권을 제한한 때에는 그 제한
	10. 감사를 둔 때에는 그 성명, 주민등록번호

본조의 개정내용은 다음과 같다. 첫째, 법인설립에 관한 입법주의의 전환에 따라 본조에 규정된 "허가"를 "인가"로 바꾸었다. 둘째, 현행민법상 감사는 법인의 필수기관은 아니지만(제66조), 법인에 감사를 둔 경우에는 이를 공시할 필요가 있어 개정안에서는 이를 등기사항으로 추가하였다. 셋째, 등기사항으로 이사 및 감사의 주민등록번호를 추가하였다. 이는 비송사건절차법 제62조,[35] 「법인의 등기사항에 관한 특례법」제2조[36]에 의하여 법인의 등기사항으로서 등기부에 기재되고 있는 것이 현실을 반영한 것이다. 넷째, 대표권이 없는 이사와 감사의 경우에는 주소를 설립등기사항에서 제외하였다. 이것은 이사와 감사의 주소가 바뀔 때마다 변경등기를 하여야 하는 번거로움을 덜기 위함이다.

나. 민법 제50조의 개정

현행	개정안
第50條 (分事務所設置의 登記) ① 法人이 分事務所를 設置한 때에는 主事務所 所在	**제50조(분사무소설치의 등기)** 법인이 분사무소를 설치한 때에는 주된 사무소 소재지

---

35) 비송사건절차법 제62조(이사·청산인의 등기) 법인의 이사 또는 청산인의 등기에 있어서는 그 주민등록번호도 등기하여야 한다.

36) 법인의 등기사항에 관한 특례법 제2조(임원의 등기) 법인의 임원을 등기할 때에는 주민등록번호를 적어야 한다. 다만, 대표권이 없는 임원을 등기할 때에는 주소를 적지 아니한다.

地에서는 <u>3週間內에 分事務所를 設置한</u>
<u>것을 登記하고 그 分事務所 所在地에서는</u>
<u>同期間內에 前條 第2項의 事項을 登記하</u>
<u>고 다른 分事務所 所在地에서는 同期間內</u>
<u>에 그 分事務所를 設置한 것을 登記하여</u>
<u>야 한다.</u>
② 主事務所 또는 分事務所의 所在地를
管轄하는 登記所의 管轄區域內에 分事務
所를 設置한 때에는 前項의 期間內에 그
事務所를 設置한 것을 登記하면 된다.

에서는 <u>3주일 안에 분사무소를 설치한 것</u>
<u>을 등기하고, 그 분사무소 소재지에서는</u>
<u>같은 기간 안에 제49조 제2항의 사항을</u>
<u>등기하여야 한다.</u>
② <삭 제>

본조에서는 첫째, "주사무소"를 "주된 사무소"로, "3주간내에"를 "3주일 안에로
바꾸는 등 자구수정을 가하였다. 둘째, 현행민법은 본조 제1항에서 법인이 분사무소
를 설치하는 경우에는 주사무소 소재지와 새로 설치되는 그 사무소의 소재지에서 분
사무소 설치에 관한 등기를 하도록 하는 데 그치지 않고, 다른 모든 분사무소 소재
지에서도 새로 설치되는 분사무소 설치의 등기를 하도록 규정하고 있는데, 현재 등
기의 전산화작업이 완료된 상태에서는 이처럼 분사무소설치에 관한 등기를 다른 모
든 분사무소에서도 등기하도록 하는 것은 불필요한 절차일 뿐이므로 이를 삭제하였
다. 셋째, 본조 제2항의 규정은 신설되는 분사무소 소재지와 같은 관할구역 내에 주
사무소나 기존의 다른 분사무소가 있는 경우에는 따로이 등기기록을 편성하지 않는
다는 등기기록편성방식을 정한 것 외에는 별다른 의미가 없을 뿐만 아니라, 이러한
등기실무는 이미 「법인등의 등기사항에 관한 특례규칙」(2007. 12. 31. 대법원규칙 제
2150호)에 따라 그와 같이 운용되고 있기 때문에(동규칙 제4조 제2항),[37] 민법전에서
는 삭제하였다.

---

37) 법인등의 등기사항에 관한 특례규칙 제4조(분사무소 또는 지점의 등기기록) ① 민법법인과
「민법」 및 「상법」 외의 법령에 의하여 설립된 특수법인의 분사무소 등기기록은 별지 제1호
양식의 각 란에 기록한 등기정보로, 「상법」상 회사의 지점 등기기록은 그 종류에 따라 별지
제2호부터 제4호까지 양식의 각 란에 기록한 등기정보로 편성한다.
② 제1항의 분사무소나 지점의 등기기록에는 그 등기소 관할구역 내에 있는 다른 분사무소
또는 지점의 소재지, 명칭, 그 분사무소 또는 지점에 둔 대리인 또는 지배인에 관한 사항도
함께 등기한다. 이 경우 당해 등기소의 관할구역 내에 주사무소 또는 본점이 있는 경우에는
분사무소나 지점의 등기기록을 따로 편성하지 아니하고, 그 분사무소 또는 지점에 둔 대리
인 또는 지배인에 관한 사항을 주사무소나 본점 등기기록에 등기한다.

다. 민법 제54조의 개정

현행	개정안
第54條(設立登記以外의 登記의 效力과 登記事項의 公告) ① 設立登記以外의 <u>本節의</u> 登記事項은 그 登記後가 아니면 第三者에게 對抗하지 못한다. ② 登記한 事項은 法院이 遲滯없이 公告하여야 한다.	**제54조(설립등기 이외의 등기의 효력)** 설립등기 이외의 <u>이 장(章)의</u> 등기사항은 그 등기 후가 아니면 제3자에게 대항하지 못한다. ② <삭 제>

현행민법은 제54조(이하 "본조") 제2항에서 법원의 「등기사항 의 공고의무」를 규정하고 있으나, 등기사항의 공고는 비용이 많이 드는 반면에 별로 실효성이 없으며, 등기가 전산화됨에 따라 불필요한 제도가 되었다는 비판이 있어, 이를 폐지하였다.

라. 「등기사항의 공고」와 관련이 있는 규정의 개정

(1) 민법 중 관련규정

현행	개정안
第88條(債權申告의 公告) ① 淸算人은 就任한 날로부터 <u>2月內에</u> 3回以上의 公告로 債權者에 對하여 一定한 <u>期間內에</u> 그 債權을 申告할 것을 催告하여야 한다. 그 期間은 <u>2月以上</u>이어야 한다. ② <u>前項의</u> 公告에는 債權者가 <u>期間內에</u> 申告하지 아니하면 淸算으로부터 除外될 것을 表示하여야 한다. ③ 第1項의 公告는 法院의 登記事項의 公告와 同一한 方法으로 하여야 한다.	**제88조(채권신고의 공고)** ① 청산인은 취임한 날로부터 <u>2개월 안에 1주일 이상의 간격</u>을 두어 3회 이상의 공고로 채권자에 대하여 일정한 <u>기간 안에</u> 그 채권을 신고할 것을 최고하여야 한다. 그 기간은 <u>2개월 이상</u>이어야 한다. ② <u>제1항의</u> 공고에는 채권자가 <u>기간 안에</u> 신고하지 아니하면 청산으로부터 제외될 것을 표시하여야 한다. ③ <삭 제>
第93條(淸算中의 破産) ① 淸算中 法人의 財産이 그 債務를 完濟하기에 不足한 것이 分明하게 된 때에는 淸算人은 遲滯없	**제93조(청산중의 파산)** ①청산중 법인의 재산이 그 채무를 완제하기에 부족한 것이 분명하게 된 때에는 청산인은 지체없이

이 破産宣告를 申請하고 이를 公告하여야 한다. ② 淸算人은 破産管財人에게 그 事務를 引繼함으로써 그 任務가 終了한다. ③ 第88條 第3項의 規定은 第1項의 公告에 準用한다.	파산신청을 하고 그 사실을 공고하여야 한다. ② 청산인은 파산관재인에게 그 사무를 인계함으로써 그 임무가 종료한다. ③ 제1항의 공고는 제88조 제1항에 의한 채권신고의 공고와 동일한 방법으로 하여야 한다.
第1032條(債權者에 對한 公告, 催告) ① 限定承認者는 限定承認을 한 날로부터 5日內에 一般相續債權者와 遺贈받은 者에 對하여 限定承認의 事實과 一定한 期間內에 그 債權 또는 受贈을 申告할 것을 公告하여야 한다. 그 期間은 2月以上이어야 한다. ② 第88條 第2項, 第3項과 第89條의 規定은 前項의 境遇에 準用한다.	**제1032조(채권자에 대한 공고, 최고)** ① 한정승인자는 한정승인을 한 날부터 5일 안에 일반상속채권자와 유증받은 자에 대하여 한정승인의 사실과 일정한 기간 안에 그 채권 또는 수증을 신고할 것을 공고하여야 한다. 그 기간은 2개월 이상이어야 한다. ② 제88조 제2항, 제89조 및 제93조 제3항의 규정은 제1항의 경우에 준용한다.
第1046條(分離命令과 債權者等에 對한 公告, 催告) ① 法院이 前條의 請求에 依하여 財産의 分離를 命한 때에는 그 請求者는 5日內에 一般相續債權者와 遺贈을 받은 者에 對하여 財産分離의 命令 있은 事實과 一定한 期間內에 그 債權 또는 受贈을 申告할 것을 公告하여야 한다. 그 期間은 2月以上이어야 한다. ② 第88條 第2項, 第3項과 第89條의 規定은 前項의 境遇에 準用한다.	**제1046조(분리명령과 채권자등에 대한 공고, 최고)** ① 법원이 제1045조의 청구에 의하여 재산의 분리를 명한 때에는 그 청구자는 5일 안에 일반상속채권자와 유증을 받은 자에 대하여 재산분리의 명령 있었던 사실과 일정한 기간 안에 그 채권 또는 수증을 신고할 것을 공고하여야 한다. 그 기간은 2개월 이상이어야 한다. ② 제88조 제2항, 제89조 및 제93조 제3항의 규정은 제1항의 경우에 준용한다.
第1056條(相續人이 없는 財産의 淸算) ① 第1053條第1項의 公告있은 날로부터 3月內에 相續人의 存否를 알 수 없는 때에는 管理人은 遲滯없이 一般相續債權者와 遺贈받은 者에 對하여 一定한 期間內에 그 債權 또는 受贈을 申告할 것을 公告하여야 한다. 그 期間은 2月以上이어야 한다.	**제1056조(상속인이 없는 재산의 청산)** ① 제1053조 제1항의 공고 있은 날부터 3개월 안에 상속인의 존부(存否)를 알 수 없는 때에는 관리인은 지체없이 일반상속채권자와 유증받은 자에 대하여 일정한 기간 안에 그 채권 또는 수증을 신고할 것을 공고하여야 한다. 그 기간은 2개월 이상

② 第88條 第2項, <u>第3項</u>, 第89條, 第1033條 乃至 第1039條의 規定은 <u>前項의 境遇</u>에 準用한다.	이어야 한다. ② 제88조 제2항, 제89조, <u>제93조 제3항</u>, 제1033조 내지 제1039조의 규정은 <u>제1항</u>의 경우에 준용한다.

등기한 사항의 공고에 관한 현행민법 제54조 제2항의 규정이 삭제됨에 따라 채권신고의 공고에 관하여 제54조 제2항을 준용하고 있는 현행민법 제88조 제3항을 삭제하였으며, 제88조 제3항을 준용하고 있는 제93조 제3항, 제1032조 제2항, 제1046조 제2항, 제1056조 제2항의 규정들의 법문도 정비하였다.

(2) 비송사건절차법 중 관련규정

현행	개정안
<신 설>	**제36조의2(신고사항의 공고)** 민법 제88조 제1항에 의한 채권신고의 공고는 일간신문에 행하여야 한다.
<신 설>	**제36조의3(신고사항을 공고할 신문의 선정)** ① 지방법원장은 매년 12월에 다음 해에 채권신고의 공고를 게재할 신문을 관할구역 안의 신문 중에서 선정하고, 일간신문에 이를 공고하여야 한다. ② 공고를 게재할 신문이 휴간 또는 폐간된 때에는 다시 다른 신문을 선정하여 제1항과 같은 방법으로 공고하여야 한다.
第65條의2(登記事項의 公告) 登記한 사항의 公告는 新聞에 1回이상 행하여야 한다.	<삭 제>
第65條의3(登記事項을 公告할 新聞의 선정) ① 地方法院長은 매년 12月에 다음해에 있어서 登記事項의 公告를 게재하게 할 新聞을 관할구역안의 新聞중에서 선정하고, 日刊新聞에 이를 公告하여야 한다.	<삭 제>

② 公告를 게재하게 할 新聞이 休刊 또는 廢刊된 때에는 다시 다른 新聞을 선정하여 第1項과 같은 방법으로 公告하여야 한다.	
第65條의4(新聞公告에 갈음하는 게시) 地方法院長은 그 관할구역안에 公告를 위한 적당한 新聞이 없다고 인정할 때에는 新聞상의 公告에 갈음하여 登記所와 그 관할구역안의 市·郡·區의 揭示板에 公告할 수 있다.	< 삭 제 >

등기사항을 공고하도록 한 민법 제54조 제2항이 삭제됨에 따라, 개정안은 비송사건절차법의 등기사항의 공고에 관한 규정을 삭제하고 그 대신에 「채권신고의 공고」에 관한 규정을 신설하였다.

8. 기타 개정사항

가. 영리법인에 관한 민법 제39조의 개정

현행	개정안
第39條(營利法人) ① 營利를 目的으로 하는 社團은 <u>商事會社設立의 條件에 좇아</u> 이를 法人으로 할 수 있다. ② <u>前項의 社團法人에는 모두 商事會社에 關한 規定을 準用한다.</u>	**제39조(영리법인)** 영리를 목적으로 하는 사단은 <u>회사설립에 관한 상법의 규정에 좇아</u> 법인으로 할 수 있다.

본조에 의하면 민법을 설립의 준거법으로 삼는 영리법인(회사)가 존재할 수 있는 것으로 이해될 수 있다. 그러나 상법 제169조는 "본법에서 회사라 함은 상행위 기타 영리를 목적으로 하여 설립한 법인을 이른다"라고 하여[38] 상행위 이외의 영리행위

---

38) 2011. 4. 14. 개정된 상법 제169조는 [회사의 의의]에 대해 상행위나 그 밖의 영리를 목적으로 하여 설립한 "사단"이라는 표현 대신 "법인"으로 바꾸었다.

를 목적으로 하는 사단법인도 상법상의 회사로 인정하고 있을 뿐만 아니라, 상법 제 5조 제2항은 "회사는 상행위를 하지 아니하더라도 상인으로 본다"고 규정하고 있다. 그에 따라 이른바 민사회사와 상사회사의 구별은 상법상으로는 의미가 없기 때문에 민법개정안은 상법의 규정과 중복되는 본조 제2항을 삭제하였다.

나. 「사원권의 양도, 상속금지」에 관한 민법 제56조의 개정

현행	개정안
第56條(社員權의 讓渡, 相續禁止) 社團法人의 社員의 地位는 <u>讓渡 또는</u> 相續할 수 없다.	**제56조(사원권의 양도, 상속금지)** 사단법인의 사원의 지위는 <u>양도하거나</u> 상속할 수 없다. <u>다만, 정관에 달리 정한 때에는 그러하지 아니하다.</u>

현행민법 제56조는 사원권의 양도와 상속이 금지되는 것으로 규정하고 있는바, 본조의 성질에 대해서는 논란이 있을 수 있다. 그러나 본조에 대해서는 이를 강행규정으로 볼 것이 아니라 정관으로 달리 정할 수 있는 임의규정으로 해석하여야 한다는 것이 통설이며, 판례[39]이다. 이에 따라 민법개정안은 이러한 해석론을 좇아 단서를 신설하여 정관에 달리 정한 경우에는 사원권을 양도하거나 상속할 수 있도록 하였다.

다. 이사의 대표권에 관한 민법 제59조의 개정

현행	개정안
第59條(理事의 代表權) ① 理事는 <u>法人의 事務에 關하여 各自 法人을 代表한다. 그러나 定款에 규정한 趣旨에 위반할 수 없고 특히 社團法人은 社員總會의 議決에 따라야 한다.</u> ② 法人의 代表에 關하여는 代理에 關한 規定을 準用한다.	**제59조(이사의 대표권)** ① 이사는 <u>대표권의 범위 안에서</u> 각자 법인을 <u>대표할 권한이 있다.</u> ② (현행과 같음)

---

39) 대법원 1992. 4. 14. 선고 91다26850 판결; 대법원 1997. 9. 26. 선고 95다6205 판결 참조.

현행민법은 본조 제1항 본문의 "법인의 사무"에는「대내적 사무」와「대외적 사무」, 즉 대표행위의 양자가 포함된다. 그런데「대내적 사무」의 집행방법에 대해서는 제58조가 별도로 규정하고 있으므로, 본조에서는 법인의 대외적 사무인 이사의 대표권의 행사방법의 원칙인「각자대표의 원칙」만을 규정하는 것으로 개정하였다. 또한 현행 본조 규정은 마치 정관변경절차 없이 사원총회의 결의만으로「각자대표의 원칙」을 제한할 수 있는 듯한 표현으로 되어 있는데, 이러한 오해를 막고 본조와 민법 제41조 및 제60조와 사이에 규정상의 모순과 충돌로 인한 해석론상의 혼란을 없애기 위해 본조 제1항의 단서 규정을 삭제하였다.

III. 향후 과제

필자가 민법개정위원회의 법인편 개정작업에 참여하면서, 금번 개정안에는 반영되지 못하여 앞으로의 과제라고 생각한 몇 가지 사항은 다음과 같다.

첫째, 상법과의 조화를 좀 더 깊이 있게 고려하여야 한다. 민법은 사법의 일반법이므로, 민법전의 법인에 관한 章은 당연히 다른 특별법상의 법인에 대한 일반법으로 기능하게 된다. 특히 민법전의 법인규정은 상법전의 회사에 관한 編(제3편)의 일반법으로 기능하기 때문에 민법의 법인규정에 관한 개정은 상법에도 영향을 미치게 됨은 당연하다. 물론 분과위원회는 민법규정을 개정함에 있어서 관련 상법규정이나 특별법규정과의 영향이나 조화 내지 전체적인 법체계의 정합성을 염두에 두면서 작업을 하였지만, 상법학자들로부터 좀 더 폭넓게 의견을 청취하지 못한 아쉬움이 있다.

둘째, 민법상 법인에 관한 지배구조에 대한 개정작업이 전혀 이루어지지 못하였다. 회사법학에서는 회사의 지배구조를 어떻게 할 것인가에 대하여 매우 활발한 논의가 있다. 그러나 민법학에서는 이에 관한 논의가 거의 ―사실상 전혀― 없는 편이다. 이에 관해서는 민법상 재단법인에 대해서도 현재처럼 감사를 임의기관으로 머물게 할 것인지 아니면 필수기관으로 할 것인지, 민법상 법인의 대표기관으로 이사 외에 이사회를 인정할 것인지 또는 임시이사의 권한의 범위에 대해 명문의 규정을 둘 것인지 등 의외로 많은 문제들이 잠재해있다. 이러한 문제들은 법인의 대내적 법률관계에 관해서뿐만 아니라, 법인의 영속성과 관련해서 매우 중요한 의미를 가지고 있다. 그럼에도 현재 학계에서의 연구가 일천한 상태이고 개정작업에서 이를 검토할

시간적 여유가 전혀 없었기에 향후의 과제로 남겨둘 수밖에 없었다.

셋째, 사단법인과 재단법인에 관한 조항을 분리하여 규정하는 것에 대해서도 향후의 과제로 고려할 만하다. 사단법인과 재단법인은 자연인과 대비되는 '법인'이라는 점에서 공통적이지만 그 실질에 있어서는 상호 이질적인 속성을 가지고 있다. 하나는 인적 결합체이고 다른 하나는 집적된 재산이 본체이므로, 양자의 성립원리(사단법인은 사단자치의 원리, 재단법인은 재산처분의 자유)나 의사형성방법(사단법인은 사원총회가, 재단법인은 이사회가 중심)에서 차이가 있다. 이러한 차이점에 말미암아 독일을 비롯한 많은 입법례는 양자를 분리하여 규정하고 있지만, 우리 민법은 양자를 묶어서 규율하고 있다. 물론 분리하여 규율하느냐 통합해서 규율하느냐는 입법기술적인 문제여서 어느 편이 더 낫다고 할 수는 없다. 분과위원회는 초기에 이에 관한 논의를 하였지만, 양자의 장단점을 깊이 있게 분석하지는 못하고 현행민법의 틀을 유지하는 하는 것을 전제로 개별조문에 대한 개정작업에 치중하였기 때문에 현재의 체계가 그대로 이어지게 되었고, 그리하여 신설되는 법인의 합병·분할에 관한 節에서도 같은 방법으로 규율할 수밖에 없었다. 향후 이에 관한 연구를 통하여 입법기술적인 장단점을 가려내어 추후의 개정작업에 활용할 필요가 있다.[40]

넷째, 민법과 「공익법인의 설립·운영에 관한 법률」(약칭 공익법인법)과의 통합문제이다. 정확하게 말하자면 공익법인에 관한 규정이 민법에 편입될 수 있는지에 관한 문제이다. 현재 사단법인이든 재단법인이든 많은 법인이 공익목적으로 설립되는데, 그러한 경우에 법인은 민법에 우선하여 공익법인법의 적용을 받게 되므로 순수하게 민법의 적용을 받는 사단법인이나 재단법인은 그만큼 적어지게 된다. 그에 따라 법인에 관한 일반법인 민법이 설립준거법으로 작용하지 못하게 됨으로써 민법의 위상은 더욱 낮아지게 된다. 이러한 법인설립의 현실에 대해 민법이 법인설립의 기본법으로써 제자리를 견고히 하기 위해서는 공익법인법을 민법전 안으로 수용하는 것이 바람직할 것이다. 이에 관한 문제에 대해서도 분과위원회는 논의를 하였으나, 그러한 편입계획은 단기간에 그에 대한 결과를 내놓을 수 없는 더 큰 입법상 작업을 요

---

40) 예컨대 현행민법은 사단법인이든 재단법인이든 법인설립에 있어서 허가주의를 채택하고 있고 개정안에서는 양자모두 인가주의의 적용을 받도록 하고 있는데, 사단법인과 재단법인은 지도원리가 서로 다르므로 향후 민법개정에서는 사단법인에 대해서는 준칙주의 재단법인에 대해서는 인가주의로 분리될 수도 있다. 또한 양자의 지배구조에 대해서도 서로 다른 기관형성이 가능하므로 양자를 달리 규율하는 것도 입법기술상 고려할 만한 방법이다.

하기 때문에 한시적인 위원회의 활동으로는 실현하기 어려움을 인정할 수밖에 없었다. 또한 이 문제는 현재 법무부가 성안중인 「공익신탁의 인가 및 운영에 관한 법률(안)」에서 공익법인법을 포섭하는 방안과 맞물려 좀 더 거시적인 차원에서 총괄적인 연구가 필요한 부분이다.

다섯째, 법인설립에 있어서 인가주의에 관한 문제이다. 아마도 금번 민법개정안 중에서 가장 논란이 많을 수 있는 부분이라고 생각된다. 2004년 민법개정안에서도 인가주의로의 전환이 제시되었지만, 그에 대해 여전히 허가주의를 고수해야 한다는 비판[41]도 있었다. 또한 기왕이면 인가주의를 넘어서서 준칙주의로 가야한다는 주장[42]도 충분한 설득력이 있다. 그러나 인가주의로 가는 것은 민법개정안이 큰 저항없이 국회에서 통과될 수 있도록 하기 위한 현실적인 상황을 고려한 측면이 있다. 금번의 개정작업에서 인가주의로 전환된다 하더라도 사단법인에 대해서는 인가주의가 계속해서 견지될 필요는 없고, 언젠가는 준칙주의로 다시 변경될 필요가 있다고 생각한다. 그 시기는 인가주의가 어느 정도 정착되어, 각 주무관청마다 각각 법인의 관리·감독업무를 수행하는 것보다 이를 전담할 단일한 기관에서 모든 법인업무를 통일적으로 관장하는 편이 바람직하다는 사회적인 분위기가 형성되었을 때로 예상해본다.

이상의 과제는 한시적으로 활동하는 분과위원회가 해결하기에는 벅찬 너무 큰 주제들이기에 보다 많은 시간적 여유를 가지고 충분한 연구가 뒷받침되어야 한다. 그러한 점에서 향후 민법개정작업은 단기간에 어떤 결과물을 내어놓는 식이 아니라, 장기적인 관점에서 상시적으로 개정작업이 이루어지는 방식으로 전환되는 것이 바람직하다고 생각한다.

---

41) 민법개정안연구회, "박경량 교수의 견해", "황적인 교수의 견해", 민법개정안의견서, 삼지원, 2002, 14면.
42) 고상현, "민법상 비영리법인의 설립에서 인가주의와 준칙주의에 관한 시론", 「법학」 제51권 제2호, 서울대학교 법학연구소, 2010, 123면 이하.

제2절 민법개정안에 대한 법정책학적 평가

I. 법정책학적 논의의 필요성

오늘날 법인의 본질을 논의함에 있어서 법인의 실재성에 대해서는 의심할 여지없이 명백하다. 그렇지만 법인은 자연인과는 달리 법기술적인 개념(rechtstechnischer Begriff)으로 형성된 것이기에[43] 법인에 대한 법적 취급을 어떻게 할 것인가는 논리적인 당위의 문제가 아니라, 입법정책상의 문제이다.[44] 따라서 우리의 민법을 개정하면서 법인에 관한 규정을 어떻게 규율할 것인가는 입법정책적인 판단에 따라 결정하면 되는 것이다. 그렇지만 과연 그러한 입법정책적 판단이 합목적적인 것인지 그리고 전체 법체계의 정합성에 어긋나지 않는 것인지에 관한 평가는 별개의 문제이다. 그것은 하나의 조문을 개정하더라도 그 조문 하나의 기능이나 해석론에 얽매이지 않고 전체적으로 다른 규정과의 연관성이나 조화를 염두에 두어야 함을 의미한다. 말하자면 나무도 보면서 숲도 생각하는 입법의 틀을 짜야 한다는 것이다.

과연 금번 민법개정안이 이러한 요구에 어느 정도 부합하였는지는 추후 학계의 평가에 맡겨야 할 것이지만, 그 전에 도대체 금번 민법개정안이 어떠한 법정책적인 착상하에서 구상되었는지를 밝히는 것이 순서일 것이다. 법인편에 관한 민법개정안에 대한 설명은 이미 앞의 절에서 설명하였으므로, 여기에서는 법정책적인 관점에서 법인편에 관한 민법개정안이 어떠한 함의를 담고 있는지를 살펴본다. 이를 통해 법인편에 관한 민법개정안이 입법정책적으로 충분한 합목적성을 가지고 있는지 그리고 민·상법을 아우르는 우리의 사법체계에서 정합성을 확보하고 있는지에 대해 점검해보고자 한다. 분명히 밝혀둘 것은, 비록 필자가 민법개정작업에 참여하였더라도, 민법개정안의 규정이 필자가 원래 희망하였던 개정의도와 모두 일치하는 것은 아니며, 또한 본서에서 기술된 내용이 민법개정위원회의 공식적인 입장을 대변하는 것도 아니라는 점이다. 다만 민법개정작업에 있어서 다소 소홀하였던 법정책학적 논의가

---

43) MünchKomm BGB — Reuter, vor § 21 Rz. 1 ff.

44) 예컨대 같은 대륙법계에 속하면서 우리나라의 상법에 많은 영향을 준 독일상법에서는 합명회사(oHG)나 합자회사(KG)는 법인으로 인정되지 않고 조합의 일종으로 다루어지는 데 반해, 우리 상법에서 합명회사와 합자회사는 법인으로 인정되어 있다. 또한 비영리사단법인의 설립에 있어서도 독일은 준칙주의를 취하고 있는 데 반해, 우리 민법은 허가주의를 채택하고 있다.

추후라도 보다 활발해지기를 바랄 뿐이다.

아래에서는 민법개정안에 대해 법정책학적 관점에서 중요성을 가진다고 생각하는 개정내용을 크게 세 부분으로 묶어서 살펴본다. 첫 번째는 민법상 법인규정이 단체에 관한 기본법으로서의 합목적적인 규율체계를 갖추었는지를 점검해보고, 두 번째는 법인설립과 관련하여 법인 및 비법인사단·재단에 대한 규정이 가지는 법정책적 함의에 대해서 그리고 세 번째는 법인의 지위가 자연인의 그것과 비교하여 볼 때 동등한 취급을 받고 있는지에 대해서 살펴본다.45)

II. 단체에 관한 기본법으로서의 민법

1. 개설

민법은 권리주체로 자연인과 법인을 두고 있다. 자연인에 관한 사법관계의 규율은 사실상 민법의 규정이 유일한 데 반하여, 법인에 관한 규율은 민법 외에도 수많은 특별법들이 관여하고 있다. 이를테면 법인 중에서 영리법인은 상법(특히 회사편)에서 규율하고, 영리법인 중에서도 특히 은행에 대해서는 「은행법」이, 보험회사에 대해서는 「보험업법」 적용된다. 또한 법인 중에서 비영리법인은 기본적으로 민법의 규율대상이지만, 비영리법인 중에서도 공익법인에 대해서는 「공익법인의 설립운영에 관한 법률」이 적용되며, 비영리법인 중에서도 특수한 설립목적을 가진 법인들은 각각 고유한 근거법률들에 의해 설립된다.46) 그러나 이러한 특별법들은 대개 해당법인에만 적용되는 특수한 설립요건이나 운영에 관한 규정 등을 제외하고는 민법의 법인규정을 준용하고 있다. 뿐만 아니라, 비록 법인은 아니지만 사회적 활동을 하는 단체들에 대해서도 민사관계에 있어서는 민법의 법인규정이 준용된다. 이러한 점에서 민법은 법인을 포함한 기타 단체에 일반적으로 적용되는 기본법의 성격을 가진다. 따라서 민법의 법인규정을 단순히 특수법인과 공익법인을 제외한 비영리법인에만 적용

---

45) 이하 법정책학적 관점에서 민법개정안을 다룬 상세한 설명으로는 송호영, "법정책학적 관점에서 본 민법상 법인관련규정 개정안", 「법과 정책연구」 제12집 제2호, 한국법정책학회, 2012. 6, 359면 이하 참고.

46) 예컨대 학교법인에 대해서는 「사립학교법」이, 자동차환경협회에 대해서는 「대기환경보전법」이, 도서관협회에 대해서는 「도서관법」이, 사회복지법인에 대해서는 「사회복지사업법」이 설립근거법률이 된다.

되는 소극적인 규범으로 볼 것이 아니라, 공법인과 사법인을 불문하고 모든 종류의 법인 및 법인아닌 단체에도 적용되는 적극적인 규범으로 이해하여야 한다. 따라서 법인에 관한 민법규정은 이러한 시각에 맞추어 개정이 이루어져야 한다. 그러한 점에서 민법상 법인의 총칙규정은 매우 중요한 의미를 가지고 있는데, 특히 단체의 기본법적 성격을 밝혀준다는 의미에서 법인성립법정주의를 선언하는 민법 제31조 및 영리법인과의 관계를 밝혀주는 민법 제39조는 결코 경시할 수 없는 조문이다. 이들 조문은 표제만 바뀌거나(개정안 제31조), 일부조항이 삭제된 것에 그쳐서(개정안 제39조) 그다지 많은 주목을 끌지 못하였는데, 이들 조문이 품고 있는 법정책적 의미에 대해서 살펴볼 필요가 있다. 또한 단체의 기본법으로서의 민법의 위상을 확보하기 위해서는 법인에 관한 새로운 제도가 신설되면 다른 특별법과의 관계에 비추어볼 때 기본적으로 민법전 안으로 수용하는 것이 바람직하다. 법인의 합병·분할에 관한 규정의 신설도 이러한 시각에서 민법전에 터를 잡게 된 것인데, 이러한 제도의 신설에 따라 제기되는 법정책학적 문제점들을 검토해볼 필요가 있다.

2. 법인성립법정주의

가. 개정안

현행	개정안
第31條(法人成立의 準則) 法人은 法律의 規定에 依함이 아니면 成立하지 못한다.	제31조(법인성립의 원칙) 법인은 법률의 규정에 의하지 아니하면 성립하지 못한다.

민법 제31조는 문언상으로는 표제가 「법인성립의 준칙」에서 「법인성립의 원칙」으로 바뀐 것 외에는 별다른 변화가 없다. 실제로 민법개정위원회 전체회의에서도 이에 관해서는 자구수정 정도의 의미 외에는 전혀 관심을 끌지 못하였다. 다만 현행 민법의표제가 [법인성립의 준칙]으로 되어 있어서 행여 이것이 법인설립주의의 준칙주의로 오인될 수 있는 여지를 피하기 위하여 이를 [법인성립의 원칙]으로 바꾼 정도의 의미로만 알려져 있다.

나. 민법 제31조의 의미

그런데 본조에 대해서는 종래 두 가지 측면에서 비판이 있어왔다. 하나는 본조가 민법 이전부터 존속하여 왔던 단체(법인)들로 하여금 법인설립의 절차를 밟거나 특별법적 근거를 갖지 않으면 법인이 될 수 없도록 함으로써 단체설립을 금압하려는 입법자의 불순한 의도를 담고 있다는 비판이다.47) 다른 하나는 본조의 표제가 [법인성립의 준칙]이라고 하여 마치 현행민법이 법인설립에 관한 입법주의 중 준칙주의를 의미하는 것으로 오해될 소지가 있다는 비판이다.48)

우선 첫 번째 비판을 살펴보면, 본조가 과거 단체에 대한 부정적 태도를 취하던 일제식민지시대의 구민법에서 유래하였다는 점에서 개정되어야 할 문제의 조항이라는 비판은 법제사적으로 충분한 설득력을 가지고 있다. 하지만 국민의 기본권이 민법의 제정당시와는 비교할 수 없을 정도로 급격히 신장된 오늘날에는 동 조문에 대한 의미도 오늘날의 의미에 맞게 재해석될 필요가 있다. 즉 오늘날에는 과거와 달리 오히려 단체나 법인의 남설에 의해 거래안전에도 위협이 될 뿐만 아니라, 법인제도가 왜곡됨으로써 법인제도에 대한 불신의 우려마저 커지는 상황이다.49) 이러한 문제점을 미연에 방지하기 위하여 법은 미리 단체가 법인으로 인정되기 위해서 갖추어야 할 요건을 법률에 명시하고 그러한 법정의 요건을 충족한 단체에 한해서 독자적인 법인격을 부여해줄 필요가 있다. 이를 법인성립법정주의라고 부를 수 있고, 민법 제31조는 바로 법인성립법정주의를 천명하고 있다는 점에서 매우 중요한 의미를 가지고 있다. 현행민법의 표제가 [법인성립의 준칙]으로 되어 있더라도 이것은 흔히 일컬어지는 법인설립주의 중 준칙주의와는 아무런 상관이 없는 것이다. 그러한 점에서 두 번째 비판은 기우(杞憂)에 불과한 것이다.

다. 개정안에 대한 사견

민법 제31조는 표면적으로는 표제의 일부만 바뀌었을 뿐이지만, 실제로 분과위원

---

47) 박준서(편집대표) ― 정환담, 주석민법(1), 제3판, 587면.
48) 2004년 민법개정안 당시 법원행정처의 의견이다[법무부, 2004년 법무부 민법 개정안 총칙·물권편 (민법개정총서 3), 69면].
49) 이를테면 명목뿐인 페이퍼컴퍼니가 시장을 교란하거나, 회사제도를 남용하여 지배주주가 책임을 회피하려는 현상 등이 그러하다.

회의 논의단계에서는 많은 논란이 있었다. 특히 필자는 민법 제31조는 단체법 내지 법인법을 이해하는 데 있어서 핵심적인 조문이라고 생각하면서, 이에 대한 확실한 위상을 정립하는 수준에서 본조에 대한 개정을 제안하였다. 즉 본조를 개정함에 있어서 단순히 표제의 변경은 별다른 의미가 없다고 생각하고, 그 내용에 대해 "단체는 법률의 규정에 의함이 아니면 법인으로 성립하지 못한다"로 개정할 것을 제안하였다. 그 이유는 다음과 같다.

첫째, 단체라는 용어가 상당히 유용한 법적 개념이 될 수 있기 때문이다. 헌법은 결사의 자유를 보장하고 있는데(헌법 제21조 제1항), 이때의 결사체가 모두 법인으로 인정된 조직일 필요는 없기 때문에 법인을 포함한 상위적인 개념으로 민법에서 단체라는 용어를 사용하게 되면, 헌법상 기본권인 결사의 자유를 사법에서 구체적으로 보장하는 모습으로 나타날 수 있다.

둘째, 법인성립의 주체가 누구인가 하는 관점에서도 의미가 있다. 즉 단체의 설립과 법인의 성립은 개념적으로나 절차적으로나 구별가능한 개념인데,[50] 단체는 결사의 자유 내지 사단자치에 의해서 얼마든지 형성될 수 있더라도 그러한 단체가 법인으로 인정될 수 있느냐의 여부는 법률이 요구하는 요건을 충족시켰느냐에 따라 판가름 나게 된다. 현행 조문의 문구를 보더라고 종전조문은 "법인은 … 성립하지 못한다."의 문장구성상 "… 법인으로 성립하지 못한다"가 정확한 표현일 것이고 그렇다면 그의 주어에 해당하는 것은 "단체"가 되는 것이 타당하다.

셋째, 단체라는 개념이 가지는 유용성의 측면이다. 즉 단체라는 개념은 강학상·실무상으로도 대단히 유용한데, 이를테면 민법에서 단체라는 개념을 사용함으로써 사단·재단 이원론 외에 제3종 형태의 조직체의 출현이 가능하게 되며, 단체의 개념을 통하여 '1인 회사'나 '설립중인 회사'의 개념 또는 '권리능력없는 사단·재단' 및 '조합'의 존재성을 실정법상 확인할 수 있는 이점이 있게 된다.[51] 이에 대해 단체라는 표현이 민법에 수용되면 단체의 개념을 두고서 불필요한 논쟁만 가져올 것이라고 우려도 없지 않지만, 단체의 개념을 어떻게 이해할 것인가는 향후 학설과 판례를 통하여 충분히 수렴·정립될 수 있을 것으로 판단된다. 만약 필자의 의도대로 민법 제31

50) 이에 관한 상세한 설명으로는 송호영, "단체의 설립과 권리능력의 취득에 관한 일고", 신세기의 민사법과제(인제임정평교수화갑기념), 법원사, 2001, 28면 이하 참고.
51) 필자의 견해와 유사한 입장의 글로는 배성호, "민법상 단체에 관한 규율", 「인권과 정의」 제388호, 대한변호사협회, 2008. 12, 25면 이하.

조가 개정되었다면, 법인에 관한 민법 제3장은 단순히 법인에 관한 기본법의 지위를 넘어서서 모든 종류의 단체에 관한 기본법으로서, 더 확실한 위상을 세울 수 있었을 것이기에, 표제상의 표현만에 국한된 금번 개정안은 많은 아쉬움을 남긴다.

3. 민법 제39조의 의미와 기능

가. 개정안

현행	개정안
第39條(營利法人) ① 營利를 目的으로 하는 社團은 商事會社設立의 條件에 좇아 이를 法人으로 할 수 있다. ② 前項의 社團法人에는 모두 商事會社에 關한 規定을 準用한다.	제39조(영리법인) 영리를 목적으로 하는 사단은 회사설립에 관한 상법의 규정에 좇아 법인으로 할 수 있다.

현행민법 제39조는 민법상 설립되는 사단법인에는 비영리사단뿐만 아니라 영리를 목적으로 하는 사단도 있을 수 있음을 전제로 하여, 그러한 영리사단은 상사회사설립의 조건에 좇아 법인으로 할 수 있도록 하고(제1항), 그러한 사단법인에는 모두 상사회사에 관한 규정을 준용하는 것으로 정하고 있다(제2항). 본조에 의하면 사단법인은 다시 민법에 좇아 설립된 것이냐 아니면 상법에 좇아 설립된 것이냐에 따라 민사영리사단법인과 상사영리사단법인으로 구분된다. 강학상으로는 민사영리사단법인을 민사회사, 상사영리법인을 상사회사로 구분하면서, 상행위(상법 제46조 이하)를 영업으로 하는 것을 목적으로 하는 사단법인을 상사회사라 하고 상행위 이외의 영리행위(농업·어업 등)를 목적으로 하는 사단법인을 민사회사라로 구별하기도 한다. 그렇지만 상법 제169조는 "본법에서 회사라 함은 상행위 기타 영리를 목적으로 하여 설립한 법인을 이른다"라고 하여[52] 상행위 이외의 영리행위를 목적으로 하는 사단법인도 상법상의 회사로 인정함으로써, 상법에서는 상사회사와 민사회사를 특별히 구분하지 않는다. 또한 상법 제5조 제2항은 "회사는 상행위를 하지 아니하더라도 상인으

---

52) 2011. 4. 14. 개정된 상법 제169조는 [회사의 의의]에 대해 상행위나 그 밖의 영리를 목적으로 하여 설립한 "사단"이라는 표현 대신 "법인"으로 바꾸었다.

로 본다"고 규정하고 있기 때문에 강학상의 민사회사도 상사회사의 일종에 지나지 않기 때문에 민사회사와 상사회사의 구별은 상법상으로는 의미가 없다. 그러한 이유에서 금번 개정안은 상법의 규정과 중복되는 본조 제2항을 삭제하였다.

나. 민법 제39조 제1항: 과연 불필요한 조항인가?

그런데 여기에서 더 나아가 본조 제1항의 규정을 존치할 필요가 있는 것인지가 문제된다. 이에 대해 민법상의 법인에 관한 章은 비영리법인에 관한 것으로 국한되고 영리법인에 관한 것은 상법상 회사편에서 규율하면 될 것이므로, 본조 제1항의 규정 또한 삭제하여도 무방하다는 견해가 있다. 즉 상법상 상행위를 하는 회사와 기타 영리를 목적으로 하는 회사 사이에 하등의 차별이 없으므로 상법상의 회사를 상사회사와 민사회사로 구분하는 것 자체가 무의미하며, 또 상법 제5조 제2항이 회사는 상행위의 영위여부와 관계없이 상인으로 간주한다고 규정하고 있으므로 상행위를 하지 않는 회사를 민사회사라는 명칭으로 특정할 실익도 없기 때문에 결국 민법 제39조 전체는 불필요한 조문이므로 삭제하여야 한다는 것이다.[53] 민사회사와 상사회사의 구별의 실익이 없다는 점은 옳기 때문에 본조 제2항의 폐지는 타당하다. 그렇다면 본조 제1항의 규정도 삭제되어야 하는가? 필자는 현재의 민법개정안의 전체 구성체계로 볼 때 그렇지 않다고 생각한다. 그 이유는 다음과 같다.

우선 민법전의 법인에 관한 章의 역할에 관한 문제이다. 민법은 모든 사법의 일반법이다. 따라서 법인에 관한 민법 제3장은 모든 사법상 법인에 관하여 적용되는 일반법이다. 그러한 점에서 민법 제31조는 법인성립법정주의를 천명하고 있으며, 그다음으로 법인의 종류에 관해 민법 제32조는 비영리법인의 설립에 관하여 규정하고 있으며, 그에 대조되는 영리법인에 관해서는 민법 제39조가 설립의 방향을 알려주고 있다. 물론 영리법인 설립에 관한 상세한 규정은 회사법에서 규율되어 있다. 그렇다면 민법 제39조는 단순히 영리법인에 관한 장식적인 조문에 불과한 것인가? 그렇지는 않다. 본조는 법인을 설립하려는 설립자들로 하여금 법인형태의 선택을 교시해주는 나름의 기능을 하고 있다. 다시 말하자면 어느 설립자들의 모임이 하나의 사단을

---

53) 이철송, "상법상의 입법착오의 시정을 위한 연구(1) ―상법총칙·상행위편을 중심으로―", 「비교사법」 제12권 제4호, 한국비교사법학회, 2005, 7면. 또한 금번 민법개정위원회의 전체 회의에서도 일부위원들에 의해서 민법 제39조를 삭제하자는 의견이 제시되었다.

결성하여 비영리를 목적으로 하는 법인으로 만들고자 한다면 민법 제32조 이하의 규정을 충족시켜야 할 것이고, 만약 영리를 목적으로 할 경우에는 민법 제39조가 제시한 상법의 규정에 좇아 상법상 5가지 종류의 회사 중 하나를 선택하여 법인으로 할 수 있다. 그러한 점에서 민법 제39조 제1항은 일종의 법인설립을 위한 "방향지시 기능"을 하고 있다. 그것은 상법의 규정이 있음으로 인해 불필요한 조문이 아니라, 오히려 본조에 의해 간접적으로 상법의 규정이 보호되는 효과가 있다. 좀 더 상설하 자면, 헌법상 결사의 자유에 의하여 단체의 설립은 자유라고 하지만, 그 단체가 법 인으로 되기 위해서는 어떠한 요건을 갖추어야 하는가에 대해 민법 제31조는 법정 의 소정요건을 충족시키기를 요구하고 있다. 만약 단체가 비영리를 목적으로 한다면 민법 제32조 이하의 법정요건을 충족시켜야 하며, 영리를 목적으로 한다면 민법 제 39조 제1항을 경유하여 상법 제169조 이하에서 예시하는 5가지 회사형태의 하나를 선택하여 거기에서 요구되는 소정의 요건을 충족하도록 함으로써, 상법이 정한 회사 형태를 벗어난 변종의 법인이 등장하는 것을 허용하지 않음을 간접적으로 밝혀주고 있다. 그렇다면 민법 제39조의 개정안에 대해 "영리를 목적으로 하는 사단은 회사설 립에 관한 상법의 규정에 좇아 법인으로 할 수 있다"라는 표현보다 차라리 "… 법인 으로 하여야 한다"라고 하는 것이 옳다는 의견이 제시될 수 있다. 만약 그렇게 표현 하게 되면 영리를 목적으로 하는 모든 사단은 반드시 상법상 회사형태의 법인으로 되어야만 한다. 그러나 어느 사단이 영리를 목적으로 한다고 해서 상법상 회사로 당 연히 인정될 수는 없다. 또한 비영리를 목적으로 표방하였음에도 실제로 영리를 목 적으로 하는 사단의 경우에 당연히 상법상 회사로 인정될 수 있는 것도 아니다. 결 국 영리를 목적으로 하는 사단에 있어서는 두 가지 중 하나의 선택이 요구된다. 하 나는 회사설립에 관한 상법규정을 충족하여 영리법인(회사)으로 되든가, 아니면 상법 규정에 따르지 않거나 상법상 요건을 충족시키지 못하여 민법상 비법인사단의 형태 로 머무는 것이다. 전자의 길을 선택한 사단은 민법 제39조 제1항을 경유하여 상법 제169조 이하의 규정을 충족시키면 영리법인인 회사로 인정되며, 그에 따라 사원은 회사형태에 따라 유한책임 내지 무한책임을 지게 된다. 후자의 길을 택한 사단에 대 해서는 신설되는 민법 제39조의2 제2항이 적용되고, 그에 따라 각 사원은 사단채무 에 대해 연대책임을 부담하게 된다. 어느 길을 택할 것인지는 사단설립자의 자유이 며, 개정안 민법 제39조는 그중 하나의 길, 즉 상법상 회사가 될 수 있는 길을 제시

해주고 있는 것이다.[54]

요컨대 민법 제39조에 대해서는 법인성립법정주의를 천명한 민법 제31조, 비영리사단법인에 관한 민법 제32조 이하, 영리법인인 회사에 관한 상법 제169조 이하 및 영리비법인사단에 대한 책임가중으로 말미암아 회사제도의 회피를 막으려는 민법개정안 제39조의2 규정의 취지 등을 유기적·종합적으로 고려하여 그 의미를 이해하여야만 한다.

4. 비영리법인의 합병과 분할

가. 법정책적 관점에서 제기되는 문제들

2010년 민법개정안의 가장 큰 특징 중 하나는 비영리법인의 합병과 분할에 관한 규정을 신설한 것이다. 개정안의 조문과 내용에 관해서는 앞의 절에서 이미 설명하였다.

민법개정안이 발표되고 난 후, 특히 비영리법인의 합병·분할에 관한 규정에 대하여 다음과 같은 문제점을 제기하는 견해가 있다.[55] 즉 개정안은 법인의 합병과 분할에 관하여 무려 14개 조문과 26개 항으로 구성되어 있는데, 이는 마치 '법인의 병합 및 분할에 관한 법률안'과 같은 신설안이라고 할 수 있다는 것이다. 우선 민법에 이처럼 방대한 조항을 신설하여야 할 절실한 또한 긴박한 사유가 있는지 의문이라고 하면서, 이러한 사유가 있다면 민법이 아닌 특별법에서 다루어야 할 분야라고 한다. 또한 비영리법인의 합병·분할에 대한 입법의 필요성여부는 좀 더 현실적인 실태조사와 연구결과에 기하여 판단하여야 한다고 주장하면서, 법인의 합병분할에 관한 신설조항을 유보하고 당분간은 현재와 같은 우회적인 방법(즉 법인을 소멸시키고 새로운 법인을 신설하는 방법)으로 해결하거나, 분쟁이 야기될 때에는 법원의 판결에 의하여 해결하는 방법으로 대처하면서, 이러한 해결방법들도 한계에 이르면 그 단계에서 법인의 합병·분할문

---

54) 이에 대해 장근영 교수는 "과거에 민사회사 설립을 위한 적극적 기능을 하던 현행민법 제39조는 그 존재의의가 사라졌지만, 민법개정안 제39조는 영리사단의 회사설립 여부가 선택사항임을 알리는 소극적 기능을 새로이 한다고 하겠다"고 평가한다(장근영, "상법의 관점에서 바라본 민법개정안의 법인제도", 「비교사법」 제17권 제3호, 한국비교사법학회, 2010. 9, 63면).

55) 이하 고상룡, "법인·시효제도 개선에 관한 민법개정안 소고", 법률신문 제3913호 (2011. 02.21.), 13면.

제 기타 문제를 포함하여 민법개정이 아닌 "사단법인 및 재단법인에 관한 법률(가칭)"과 같은 특별법을 적극 연구·검토하여도 늦지 않을 것이라고 주장한다. 이러한 주장은 다음 두 가지의 법정책적 문제를 제기하고 있는 것으로 요약된다.

첫째, 과연 현재 우리 사회에서 비영리법인의 합병 또는 분할에 관한 규정이 입법화되어야 할 필요가 있는가 하는 점이다. 둘째, 설령 그러한 필요가 있더라도 과연 그에 관한 규정을 민법전 안에 두는 것이 타당한가 하는 점이다. 이 두 가지의 문제제기는 지극히 자연스러우면서도 민법개정작업에 있어서 피할 수 없는 매우 본질적인 답을 요구하고 있다.

나. 합병·분할 규정의 법정책적 의미

우선 비영리법인의 합병 또는 분할에 관한 규정의 신설이 필요한 것인가 하는 첫 번째 질문에 대해서 설명한다. 그 질문에 대한 답은 민법개정작업을 하는 본질적 이유와도 연관이 있다. 금번 민법개정작업에서 특히 법인편에 대하여 전면적으로 손질을 하는 이유는 구민법 이래로 답습되어 온 법인에 대한 통제적 인식을 벗어나서, 현대사회의 다양한 이해관계를 바탕으로 한 국민들의 단체형성의 자유를 충족시켜줄 수 있도록 해주기 위함이다. 후술하는 바와 같이 법인설립에 있어서 허가주의를 폐지하고 인가주의로 전환하는 이유도 바로 그러한 이유 때문이다. 마찬가지로 비영리법인에 대해서도 합병이나 분할을 가능하도록 하는 것도 법인의 조직변경을 보다 용이하게 함으로써 국민들의 다양한 단체형성의 자유를 신장하는 데 도움이 되기 때문이다. 그렇다면 과연 사회적으로 비영리법인에 대해서도 합병과 분할을 하려는 수요가 있는가 하는 의문이 제기될 수 있다.[56] 필자는 충분히 그러한 수요는 있다고 보고, 오히려 지금까지 그러한 규정이 존재하지 않음으로 인해 비영리법인에는 합병·분할이 불가능하였기에 그러한 수요조차 원천적으로 차단되었다고 여겨진다. 앞으로 이에 관한 규정이 신설되면 유사한 복수조직의 통폐합이 활성화될 수 있을 것이고, 반대로 비영리사업에 있어서도 분할을 통해 다양한 사업의 확장이 가능하게 된다. 비판론자의 주장처럼 합병·분할이 필요할 때에는 현재와 같은 우회적인 방법으로 해

---

[56] 비영리법인의 합병이 문제된 구체적 사례로는 한국공인중개사협회와 대한공인중개사협회의 통합을 들 수 있다. 이 사례에 관한 상세한 설명으로는 김학환, "비영리 사단법인의 통합에 관한 연구 −한국공인중개사협회의 통합에 관한 사례를 중심으로−", 「대한부동산학회지」 제29권 제1호, 대한부동산학회, 2011. 6, 167~199면 참고.

결하거나 법원의 판결에 의해 해결하자는 것은, 문제의 해결이 아니라 문제의 회피일 뿐 결국 아무것도 하지말자는 완곡한 표현에 불과하다고 생각한다.

두 번째 질문, 즉 비영리법인의 합병과 분할에 대한 규율이 필요하다고 하더라도, 그러한 규정을 구태여 민법전 안에 위치시켰어야 하는가에 대해 생각해본다. 비판론자는 만약 그러한 규정이 필요하다면, 일본의 입법태도처럼 특별법을 제정하여 규율하는 것이 타당하다는 의견을 제시한다. 그러나 필자는 그러한 주장에 동의할 수 없다. 비판론자가 모델로 삼고자 하는 일본의 상황을 잠시 보면, 일본은 원래 현재의 우리 민법과 유사하게 제33조부터 제84조까지 법인에 관해 비교적 상세한 규정을 두고 있었다. 그러나 2006년 이른바 법인개혁3법57)이 제정되면서 민법에 규정되어 있던 법인관련규정은 대부분 특별법인 법인개혁3법으로 편입되었다. 법인개혁3법은 종전의 비영리민사법인을 규율하기 위한 특별법임에도 종전의 민법규정에 그치지 않고 회사법에 준할 정도의 방대한 규모로 새로운 조문들을 신설하여 매우 상세하면서도 복잡한 구성을 취하고 있다. 그에 반해 민법전에서는 법인에 관한 대부분의 규정을 법인개혁3법에 넘김으로써 고작 5개의 관련조문만 남게 되었다.58) 그나마 민법전에 남겨져있는 5개의 조문들도 법인법 전체에 있어서 큰 비중을 차지하는 것들도 아니다. 따라서 적어도 '법인'제도에 관한 한 일본 민법은 기본법으로서의 위치를 거의 상실했다고 해도 과언이 아니다. 그 결과 법인제도에 관해 특별법서 상세히 규율하는 것은 전문적인 법률가들에게는 도움이 될 수 있을지 모르겠지만, 일반국민에게는 더욱 접근하기 어려운 결과를 초래할 수 있다. 그러한 관점에서 특별법방식의 규율이 과연 타당한지에 대해서는 의문이 아닐 수 없다. 필자가 법인의 합병과 분할에 관한 규정의 신설을 구상하면서 일본의 법인에 관한 특별법들을 많이 참고한 것은 사실이지만, 그렇다고 일본의 법률처럼 매우 상세할 필요는 없고, 민법에서는 법

---

57) 법인개혁3법이란 「일반사단법인 및 일반재단법인에 관한 법률」, 「공익사단법인 및 공익재단법인의 인정 등에 관한 법률」 및 「일반사단법인 및 일반재단법인에 관한 법률 및 공익사단법인 및 공익재단법인의 인정 등에 관한 법률의 시행에 따른 관계법률의 정비 등에 관한 법률」을 말한다. 이들 법률 제정의 배경과 내용에 관한 개관으로는 권철, "일본의 새로운 비영리법인제도에 관한 소고 －최근 10년간의 동향과 신법의 소개－", 「비교사법」 제14권 제4호, 한국비교사법학회, 2007. 12, 117면 이하; 최성경, "일본의 법인정비법", 한양법학 제26호, 한양법학회, 2009, 213면 이하 참고.
58) 5개의 조문이란 제33조(법인의 성립), 제34조(법인의 능력), 제35조(외국법인), 제36조(법인의 등기), 제37조(외국법인의 등기)에 관한 규정이 그것이다.

인에 관한 기본법으로서의 합병·분할에 관한 보편적인 규정만을 두는 것으로 족하다고 판단하였다. 합병·분할에 관해 14개의 조문이 민법전에 한꺼번에 신설된다는 것은 다소 부담스러운 것은 사실이나, 단체에 관한 기본법으로서의 민법의 위상을 확보하기 위해서는 불가피한 것이라고 생각한다. 참고로 독일의 경우 2002년 채권법이 대대적으로 개정되면서 종래 별도의 법률로 존재하였던 약관규제법(AGBG)이 통째로 민법전에 편입된 것을 보면, 우리의 입법작업에도 시사하는 바가 매우 크다. 즉 입법편의주의적 발상에 의해 만연되었던 특별법을 일반법의 한 章에 편입시킴으로써, 일반법이 단순히 특별법의 보충적인 규범이 아닌 전체 법체계의 원칙적인 규범임을 확인할 수 있게 되는 것이다. 또한 특수한 법현상도 특별하게 취급하지 않고 일반규범 내에 자리지움으로써, 일반법을 계속 사회현실에 부합하도록 개선하는 노력은 우리의 입법정책에도 꼭 필요한 자세라고 생각한다.

Ⅲ. 법인설립에 관한 법정책적 함의(含意)

1. 개설

일반적으로 법인이 성립하는 과정은 설립자에 의해서 단체가 설립되는 단계와 그 이후 단체에게 법인격이 부여되는 단계로 나누어진다. 단체의 설립단계에서는 사단자치(사단의 경우) 내지 재산처분의 자유(재단의 경우)의 원리가 작용한다. 그런데 단체에 대해 어떻게 법인격을 부여하느냐는 국가의 법인정책에 따라 다양한 입법주의로 나타나게 된다. 이에 대해 현행민법은 비영리법인의 성립을 위해 주무관청의 허가를 요구함으로써, 다른 특별법상의 법인들에 비해 법인격취득을 어렵게 하고 있다. 이것은 분명 개선되어야 할 점이다. 한편 설립단계에서 형성된 단체가 반드시 법인격을 부여받는 단계로 진입하는 것은 아니며, 또한 설령 법인격을 부여받기를 원했지만 주무관청으로부터 인가나 허가를 얻지 못하였거나 아직 설립등기를 하지 못하여 법인격을 부여받지 못한 단체도 많이 있다. 이러한 단체들을 강학상 비법인사단·재단이라고 하는데, 현실적으로는 법인의 수보다 비법인사단·재단의 수가 더 많을 수도 있다. 또한 이러한 비법인사단·재단은 분명 우리 사회의 현실에서는 거래주체 내지 책임주체로써 등장하지만, 그동안 이에 관한 명문의 규율은 방기된 채로 있었음은 입법적 태만이라고 하지 않을 수 없다. 한편 재단법인에 있어서도 설립자가 출연한 재산이 언제 재단법인의 것으로 귀속되는지에 관하여 신민법에서 채택한 물권변동의 성립요건주의와 어울리지 않는 규정(민법 제48조)이 존재함으로써, 그동안 학설과 판례는 이에 관한 해석론을 두고서 많은 논란을 빚어왔다. 따라서 이에 관한 입법적 개선도 분명히 필요하다.

이러한 문제점들을 인식하고 민법개정위원회는 법인설립과 관련하여, 비영립법인의 설립에 관한 입법주의를 허가주의에서 인가주의로 전환하였고, 그동안 학설과 판례의 해석론에 의존하였던 비법인사단·재단을 명문으로 규정하였으며, 재단법인의 설립을 위한 출연재산의 귀속시기에 관한 규정을 물권변동의 원칙과 조화될 수 있도록 개정하였다. 이하에서 이를 차례대로 살펴본다.

2. 「인가주의」로의 전환

2010년 민법개정작업에서 가장 큰 변화 중 하나는 법인설립에 관한 입법주의를 허가주의에서 인가주의로 전환한 것이라고 할 수 있다. 그동안 민법상 비영리법인의 설립에 있어서 허가주의의 방식은 많은 비판을 받아왔었기에 2004년에도 인가주의로 전환하려는 민법개정시도가 있었지만, 당시에는 현행민법 제32조의 문언 중에서 "허가"를 "인가"로 바꾸었을 뿐이었다. 그러나 인가주의를 취한다는 것은 단체가 일정한 법정의 요건을 갖추었다면 주무관청으로서는 법인격을 부여해주어야 하는 것이기에, 단순히 "허가"를 "인가"로 단어만 바꾼다고 해서 인가주의로 될 수 있는 것이 아니라, 법률에서 구체적인 인가기준을 마련해주어야 하는 것이다. 따라서 금번 민법개정안에서는 법인의 설립인가를 위해 갖추어야 할 법정의 요건을 구체적으로 제시하였다. 개정안의 조문상 변화와 내용에 관해서는 앞의 절에서 이미 설명하였다.

현행민법에서 비영리법인의 설립에 관하여 허가주의를 취하고 있는 것이 바람직한지에 대하여 오래전부터 논란이 있었다. 허가주의에 대한 비판은 헌법 제11조 제1항이 규정하고 있는 평등의 원칙에 반할 뿐만 아니라, 헌법 제21조 제1항에 의하여 보장된 결사의 자유의 본질적 내용을 침해하는 것으로서 헌법 제37조에 반한다는 것이다.[59] 충분히 일리 있는 비판이라고 생각되며, 이에 따라 현행의 허가주의를 준

---

59) 본장 각주 11)의 인용문헌 참고.

칙주의 내지 인가주의로 개정할 필요가 있었다. 인가주의로의 전환은 이미 2004년 민법개정안에서도 제시된 바 있었지만, 당시에도 인가주의로의 전환을 반대하면서 여전히 허가주의를 고수해야 한다는 비판[60]도 있었다. 어떻든 국민들로 하여금 단체 형성의 자유를 신장시켜 준다는 의미에서 허가주의를 폐지하고, 이보다 완화된 입법 주의로 전환해야 함은 올바른 방향이라고 생각한다. 그렇다면 허가주의를 대신해서 인가주의와 준칙주의 중 어느 것을 채택할 것인가 하는 문제가 남는다. 이에 대해 기왕이면 인가주의를 넘어서서 준칙주의로 가야 한다는 주장[61]도 충분한 설득력이 있다. 특히 입법례를 보더라도 우리 민법에 많은 영향을 준 독일민법은 비영리사단 법인의 설립에 준칙주의를 채택하고 있고, 일본의 「일반사단법인법」에서도 준칙주 의를 취하고 있다. 분과위원회에서도 준칙주의의 채택을 심각하게 고려하였고, 그것 이 단체법의 이념으로는 더 바람직하다는 것을 부인하지 않았다. 그럼에도 불구하고 개정안에서 준칙주의로 나아가지 않고 인가주의에 그친 이유는 다음과 같다.

첫째, 현행민법 제32조는 사단과 재단을 포함한 법인의 설립에 관한 공통적인 규정 인데, 재단법인에 대해서도 준칙주의가 적용될 필요는 없다는 점이다. 사단법인에는 헌법상 이념인 결사의 자유가 적용되기 때문에 준칙주의가 어울릴 수 있지만, 재단법 인에 있어서는 일정한 재산에 대해 법인격을 부여하는 것이기 때문에 허가주의에 머 물더라도 문제되지는 않는다. 그렇다면 입법기술상 사단과 재단을 모두 규율하면서도 헌법의 이념에 반하지 않는 인가주의를 채택하는 것이 적절한 타협점이 될 수 있다.

둘째, 인가주의에 의하더라도 인가기준을 상세히 규정하고 또한 주무관청의 인가 처분을 기속하는 규정을 둔다면 실질적으로 준칙주의와 같은 효과를 기대할 수 있다 는 점이다. 개정안 제32조가 상세한 인가기준을 제시한 이유도 바로 그 때문이며, 이러한 인가기준에 의하에 의하게 되면 주무관청 간의 법인설립인가요건도 통일을 기할 수 있게 된다.[62] 특히 개정안 제32조 제3항에 의하여 법인정관이 공서양속에

60) 민법개정안연구회, "박경량 교수의 견해", "황적인 교수의 견해", 민법개정안의견서, 삼지 원, 2002, 14면.
61) 고상룡, "법인·시효제도 개선에 관한 민법개정안 소고", 법률신문 제3913호 (2011.02.21.), 13면; 고상현, "민법상 비영리법인의 설립에서 인가주의와 준칙주의에 관한 시론", 「법학」 제51권 제2호, 서울대학교 법학연구소, 2010, 123면 이하 참고.
62) 당초 분과위원회에서는 재산의 규모를 추상적으로 규정할 경우 주무관청이 재량권을 행사 할 수 있게 되어 인가주의로 전환하는 입법목적을 달성하기 어렵게 될 우려가 있다는 생각 에서 법인설립을 위해 필요한 재산을 구체적으로 명기하려고 하였다. 당시 분과위원회는

반하지 않는 한 주무관청으로서는 인가를 하여야만 하기 때문에 주무관청의 재량의 여지는 더욱 좁아지게 되는데, 이는 행정관청의 인가여부의 결정이 엄격한 기속행위임을 명확히 하여 헌법에 보장된 결사의 자유에 기여하게 된다.[63]

셋째, 민법개정안이 인가주의를 취한 것은 민법개정안이 이해당사자들로부터 큰 저항없이 국회에서 통과될 수 있도록 하기 위한 현실적인 상황을 고려한 측면이 있다. 만약 비영리법인의 설립에 준칙주의를 채택하게 되면 기존의 행정관청의 관여가 완전히 배제되기 때문에 '과격한 개혁'이라는 반대여론에 부딪힐 가능성이 크다는 현실을 고려하지 않을 수 없었기에 금번 법인법의 개정에서는 「인가주의」로의 전환에 만족할 수밖에 없었다.[64]

비록 금번의 민법개정작업에서 허가주의에서 인가주의로 전환된다하더라도 사단법인에 대해서는 인가주의가 계속해서 견지될 필요는 없고, 언젠가는 준칙주의로 다시 변경될 필요가 있다고 생각한다. 그 시기는 인가주의가 어느 정도 정착되어, 각 주무관청마다 각각 법인의 관리·감독업무를 수행하는 것보다 이를 전담할 단일한 기관에서 모든 법인업무를 통일적으로 관장하는 편이 바람직하다는 사회적인 분위기가 형성되었을 때로 예상해본다.

---

① 재단법인의 경우, 보유재산의 이자로 목적사업의 수행이 가능한 최소금액이 얼마인가 하는 점을 고려하여 최소한 1억원 이상의 재산을 보유할 것을 요건으로 규정하였으며, ② 사단법인의 경우에도 최소한 1,000만원 이상의 보유재산이 필요한 것으로 명문화하기로 하였었다. 그러나 실무위원회와 위원장단회의에서 구체적인 자산보유액을 명기할 필요가 없다는 쪽으로 의견이 모아져서, 현재의 개정안은 사단법인에 대해서는 자산보유를 요구하지 않으며, 재단법인에 대해서는 "재단법인의 목적달성에 필요한 최소한의 재산을 출연할 것"이라고 규정하였다. 결과적으로 분과위원회의 안과 비교할 때 인가요건이 삭제되거나 완화된 면이 있다. 한편 사단법인에 대해서 아무런 재산보유를 요구하지 않는 것이 타당한지에 대해서는 논란의 여지가 있다. 사단법인의 경우 개념적으로는 인적 결합이 조직의 핵심이므로 재산이 요구되지 않는다고 할 수 있으나, 실제로는 재산없는 사단법인의 설립을 인정할 것인가 하는 점은 문제가 될 수 있다. 이에 대해 사단법인에 있어서도 설립인가요건으로 최소한의 재산의 보유가 있어야 한다는 주장이 유력하게 제기되었다. 이에 관한 상세한 설명은 윤철홍, "비영리법인설립에 관한 입법론적 고찰", 「민사법학」 제47호, 한국민사법학회, 2009. 12, 752면 이하 참고.

63) 김대정, "법인에 관한 민법개정위원회의 개정시안", 「민법개정의 방향」, 한국민사법학회 2010년도 하계학술대회 자료집, 한국민사법학회, 2010, 20면.

64) 따라서 민법 제32조가 허가주의에서 인가주의로 전환됨에 따라 민법에서 허가를 표현한 조문은 모두 인가로 바뀌게 된다(민법 제38조, 제42조, 제46조, 제49조, 제53조, 제77조, 제80조 등). 다만 현행민법 제80조는 삭제되고 개정안 제92조의2에서 같은 내용으로 신설된다. 또한 비송사건절차법 제63조와 제64조의 내용도 '인가'로 바뀌게 된다.

3. 비법인사단 · 재단에 관한 규정의 신설

가. 신설규정의 개관

현행	개정안
<신 설>	**제39조의2(법인 아닌 사단과 재단)** ① 법인 아닌 사단과 재단에 대하여는 주무관청의 인가 또는 등기를 전제로 한 규정을 제외하고는 본장의 규정을 준용한다. ② 영리를 목적으로 하는 법인 아닌 사단의 재산으로 사단의 채무를 완제할 수 없는 때에는 각 사원은 연대하여 변제할 책임이 있다. ③ 제2항의 재산에 대한 강제집행이 주효하지 못한 때에도 각 사원은 연대하여 변제할 책임이 있다. ④ 제3항의 규정은 사원이 법인 아닌 사단에 변제의 자력이 있으며 집행이 용이한 것을 증명한 때에는 적용하지 아니한다.

현행민법에는 비법인사단 · 재단을 직접적으로 규율하는 규정이 없고, 다만 법인아닌 사단의 사원이 집합체로서 물건을 소유하는 총유에 관한 규정(제275조 제1항)을 두고 있을 뿐이다. 따라서 비법인사단 · 재단이 하는 법률행위나 불법행위 또는 사단 내부의 행위에 대해 어떠한 법적 효력을 부여할 것인가에 대한 판단은 순전히 학설과 판례에 맡겨져 있다. 이에 대해 비법인사단이나 재단에 대해서도 기본적으로 사단법인이나 재단법인에 관한 규정이 준용될 수 있다는 것이 학설과 판례의 주류적인 입장이며, 민법개정안 제39조의2 제1항은 이를 입법적으로 반영한 것이다. 그러한 시도는 이미 2004년의 민법개정작업에서도 있었지만, 그때와는 달리 제39조의2 제2항 이하의 규정이 신설되었다. 종래 비법인사단 · 재단은 "비영리"를 목적으로 하는 비법인사단을 염두에 두고서 논의되었으나,[65] 실제로는 영리를 목적으로 하면서 법

---

65) 재단법인과 마찬가지로 비법인재단에는 이익을 분배할 사원이 없기 때문에 비법인재단은 당연히 비영리를 목적으로 하는 것으로 전제하고 있다.

인으로 되지 않고 비법인상태로 머무는 사단들도 많이 있을 수 있다. 제39조의2 제2항 이하의 규정은 그러한 영리비법인사단에 대해서는 사원에게 연대책임을 지움으로써 비법인사단의 모습으로 회사법규정을 회피하려는 단체들의 등장을 막으려는 의도에서 입안된 것이다. 당초 분과위원회에서는 제39조의2 제2항만이 구상되었으나, 개정안의 심의과정에서 실무위원회로부터 제39조의2 제2항에 따라 사원에 대하여 책임을 실효적으로 묻기 위해서는 상법 제212조 제2항 및 제3항과 같은 규정의 보완이 있어야 한다는 주장이 제기되었다. 즉 법인등기 등을 통해 재산 보유 현황이 외부에 공시되지 않는 비법인사단의 경우에는 사단의 채권자가 제2항에서 규정된 "완제 불능"을 입증하는 것이 사실상 불가능할 때가 많을 것이고, 따라서 제2항만 규정할 경우에는 현실적으로 비법인사단의 사원이 개인 책임을 질 가능성이 거의 없다는 점을 악용하여 비법인사단의 설립 및 운영을 통해 상법의 적용을 회피할 우려가 있다는 것이다. 그리하여 제3항에서는 사단의 재산에 대한 강제집행이 주효하지 못한 때에도 각 사원은 연대하여 변제할 책임이 있는 것으로 정함으로써 사단채권자가 보다 쉽게 사원책임을 물을 수 있도록 하였다. 이때 사원은 사단채권자에 대하여 사단에 변제의 자력이 있으며 집행이 용이하다는 것을 증명함으로써 책임을 면할 수 있도록 하였다(제4항).

나. 비법인사단·재단에 관한 법정책

(1) 법인규정의 준용

법인아닌 사단과 재단을 규율함에 있어서 핵심은 법인아닌 사단과 재단에 대해서도 법인에 관한 규정이 준용되는 것이다. 그런데 구체적으로 어떠한 내용으로 규율할 것인가를 정하는 것은 쉬운 일이 아니었다. 우선 2004년 민법개정안에서는 제39조의2에서 "법인 아닌 사단과 재단에 대하여는 그 성질에 반하지 아니하는 한 본장의 규정을 준용한다"라고 규정하였다. 이러한 규율은 기본적으로 지금까지 판례의 태도를 반영한 것이다.[66] 이에 대해 "그 성질에 반하지 아니하는 한"이라는 기준이 불명확하다는 비판이 있었지만,[67] 그 기준에 해당하는지의 여부는 향후 판례의 형성에 따

---

66) 대법원 1992. 10. 9. 선고 92다23087 판결; 대법원 1996. 9. 6. 선고 94다18522 판결; 대법원 1997. 1. 24. 선고 96다39721,39738 판결; 대법원 2003. 11. 14. 선고 2001다32687 판결 등.
67) 민법개정안연구회, "고상룡 교수의 견해", 민법개정안의견서, 삼지원, 2002, 16면 등.

라 정해질 수밖에 없는 것이었다. 금번 민법개정안의 태도도 2004년 민법개정안과 크게 다르지 않다. 개정안 제39조의2 제1항은 종래 학설과 판례의 입장을 명문화하여 법인아닌 사단과 재단에 대하여 법인에 관한 규정을 준용하도록 하였다. 이는 비법인사단·재단에 대해서는 현행 실정법이 민사소송법과 부동산등기법에서 각각 당사자능력(민사소송법 제52조)과 부동산등기능력(부동산등기법 제30조)을 규정하는 것에 그치는 반면, 금번 개정안에 의해 비법인사단·재단이 실체법상으로도 권리능력을 가지고 있음을 명확히 한 데 그 의미가 있다.[68] 다만 비법인 사단·재단에 대하여는 "주무관청의 인가 또는 등기를 전제로 한 규정을 제외하고는 본장의 규정을 준용한다"고 하여 2004년 민법개정안에 비해 법인에 관한 규정이 준용되는 기준을 좀 더 명확히 하고자 하였다. 이 경우에도 구체적으로 무엇이 "주무관청의 인가 또는 등기를 전제로 한 규정"인지에 대해서는 향후 학설과 판례의 과제로 남아 있는 셈이다.

(2) 권리능력없는 사단의 책임관계

비법인사단·재단의 문제는 주로 비법인사단, 즉 '권리능력없는 사단'에 주로 모아진다. 그 이유는 비법인재단에 있어서는 출연자에 의해서 설립된 재단은 주무관청의 허가를 받지 않거나 설립등기를 하지 않고 활동하더라도 재단에는 소속사원이 없어 그로 인한 수익의 배분이 가능하지 않으므로 출연자나 재단의 기관인 및 제3자에게 미치는 영향이 크지 않기 때문이다. 그에 반해 비법인사단은 주무관청의 허가나 설립등기만이 없을 뿐, 실제로는 사단의 활동으로 인한 수익에 대해 구성원이나 제3자에게도 많은 영향을 미칠 수 있기 때문에 이에 대한 적절한 규율이 필요하다.

이에 관한 독일민법의 상황을 잠시 살펴본다. 2021년 「인적회사법 현대화에 관한 법률(MoPeG)」 제정 전 독일민법 제54조는 [권리능력없는 사단][69]이라는 표제에서

---

68) 김대정, "법인에 관한 민법개정위원회의 개정시안", 「민법개정의 방향」, 한국민사법학회 2010년도 하계학술대회 자료집, 한국민사법학회, 2010, 28면. 물론 이때 비법인사단·재단이 가지는 권리능력은 법인인 사단·재단이 가지는 완전하고 혼일한 권리능력과는 차이가 있다. 법인의 권리능력의 개념과 그 성질에 관해서는 송호영, "법인의 권리능력", 「비교사법」 제7권 제1호, 한국비교사법학회, 2000. 6, 91면 이하 참고.

69) 독일민법은 권리능력없는 '사단'에 관한 규정은 두면서도 권리능력없는 '재단'에 관한 규정은 없다. 그 이유는 독일민법 제81조 제2문 및 제82조 제1문에 따르면 재단설립자로부터 출연이 예정된 재산과 재단설립자의 재산은 재단감독청의 설립승인이 있기 전까지는 분리되지 않고, 재단감독청의 설립승인의 창설적 효력에 의해 재단법인이 성립하게 되므로 이른바 "설립중인 재단법인(Vorstiftung)"의 개념이 존재할 여지가 없기 때문이다. 이러한 이

권리능력없는 사단에 대하여는 조합에 관한 규정을 준용하도록 하고 있다. 또한 사
단의 이름으로 제3자에 대하여 행하여진 법률행위에 대하여는 행위자가 개인적으로
책임을 지고, 다수가 행위한 때에는 그들이 연대채무자로서 책임을 지도록 하고 있
다.70) 이러한 입법태도는 규정의 체계상 수긍할 수 있는 바가 있다. 즉 독일민법은
사단의 설립에 있어서 준칙주의를 취하고 있기 때문에 법인의 설립이 쉬우며, 일단
법인이 설립되면 법인명의의 행위에 대해서는 법인재산으로 책임이 한정됨이 원칙
이다. 독일민법의 입법자들은 사단에 대해 이러한 이점을 유인책으로 하여 사단이
등기를 함으로써 법인으로 되도록 이끄는 한편, 그러한 간편한 법인성립제도마저 외
면하는 사단에 대해서는 조합법을 적용하여 사원의 책임이 가중되도록 함으로써 법
인성립에 관한 제도운영의 균형을 맞추려 한 것이다. 그러한 점에서 독일민법이 권
리능력없는 사단에 대해서 조합에 관한 규정을 준용하도록 한 것은 일응 법정책적으
로 납득되는 바이며, 이러한 입법태도를 지지하는 학자도 있다.71) 그럼에도 불구하
고 독일학계의 주류적인 입장과 판례는 독일민법 제54조의 규정에도 불구하고 권리
능력없는 사단에 대해서도 조합법이 아니라 사단법이 적용되어야 한다는 것이다.72)
그 이유는 권리능력없는 사단이든 권리능력있는 사단(즉 법인인 사단) 사이에는 등기
의 유무를 제외하고는 사단을 구성하는 요소에 있어서 본질적인 차이가 없다고 보기
때문이다. 그러나 이러한 해석론도 모든 권리능력없는 사단에 대해서 적용되는 것이
아니라, 비영리를 목적으로 하는 권리능력없는 사단에 한해 그러한 것이고, 영리를

유에서 "권리능력없는 재단"의 개념도 거의 거론되지 않는다. 이에 관한 상세한 설명은 송
호영, "법인의 생성에 관한 새로운 이해", 「법학논고」 제16집, 경북대학교 법학연구소,
2000, 204면 이하 참고.

70) § 54 [Nicht rechtsfähige Vereine] Auf Vereine, die nicht rechtsfähig sind, finden die
Vorschriften über die Gesellschaft Anwendung. Aus einem Rechtsgeschäft, das im
Namen eines solchen Vereins einem Dritten gegenüber vorgenommen wird, haftet
der Handelnde persönlich; handeln mehrere, so haften sie als Gesamtschuldner.
제54조(권리능력없는 사단) 권리능력이 없는 사단에 대하여는 조합에 관한 규정이 적용된
다. 사단의 이름으로 제3자에 대하여 행하여진 법률행위에 대하여 행위자는 개인적으로 책
임진다. 다수가 행위한 때에는 이들은 연대채무자로서 책임진다.

71) Flume, Personengesellschaft, S. 87 f.; ders, Der nichtrechtsfähige Verein, ZHR 148
(1984), S. 503 f.

72) Bamberg/Roth BGB−Schwarz, § 54 Rz. 11; ErmanBGB−Westermann, § 54 Rz. 1;
MünchKomm−Reuter, § 54 Rz. 2; Palandt/Heinrichs, § 54 Rz. 1; Reichert, Handbuch
des Vereins− und Verbandsrecht, Rz. 4713; Karsten Schmidt, Gesellschaftsrecht, § 25
II 1 a. 또한 판례로는 BGHZ 50, 325, 329; BGH NJW 1979, 2304 등.

목적으로 하는 권리능력없는 사단에 대해서는 독일민법 제54조의 문언에 따라 조합의 규정이 적용되거나 학설에 따라서는 합명회사의 사원책임에 관한 독일상법 제128조의 적용이 주장된다.73)

다시 우리 민법에서의 상황을 살펴보자. 현행민법은 법인설립에 있어서 허가주의를 취하고 있기 때문에 주무관청의 재량에 의한 허가를 받지 못하는 많은 사단이 양산될 수 있다. 그러한 사정은 개정안에 따라 인가주의로 바뀌더라도 여전히 이어질 것이다. 그렇다면 인가주의를 취하면서 법인설립인가를 받지 아니하였거나 받지 못한 사단에 독일민법에서와 같은 조합규정을 준용하도록 하는 것은 타당하지 않고 법인규정을 준용하도록 하는 것이 타당하다. 다만 그러한 사단은 '비영리'를 목적으로 하는 것이어야 하고, 권리능력없는 사단이더라도 '영리'를 목적으로 하는 경우에는 책임을 달리 규율할 필요가 있다. 즉 영리를 목적으로 하는 사단이 상법의 규정에 좇아 회사로 될 수 있음에도 불구하고(민법 제39조), 그러한 길을 가지 않고 비법인사단으로 머무는 경우에는 비영리를 목적으로 하는 비법인사단과는 다른 법적 규율이 필요하다. 민법상 법인에 관한 규정은 비영리를 목적으로 하는 법인을 전제로 한 것이기 때문에 영리를 목적으로 하는 사단에도 적용할 것은 아니다. 따라서 영리를 목적으로 하는 사단이 법인격을 취득하고자 할 때에는 준칙주의에 따른 상법상 회사로 되어야 하고, 법인격의 취득을 원하지 아니할 때에는 조합에 관한 법리를 적용하는 것이 타당하다.

(3) 영리비법인사단: 새로운 기업형태?

위와 같은 이유에서 법인아닌 사단과 재단에 대하여는 원칙적으로 민법상 법인에 관한 규정을 준용하도록 하면서도(개정안 제39조의2 제1항), 사단이 영리를 목적으로 하는 경우에는 사원에게도 개인책임을 부과하고 있다(개정안 제39조의2 제2항 이하). 그런데 이러한 개인책임의 가중조항은 합명회사의 사원책임에 관한 상법 제212조와 그 내용이 일치한다. 이에 대해서는 법체계적인 관점에서 비판의 여지가 있다. 앞서 본 바와 같이 독일민법에서는 권리능력없는 사단에 대해 조합의 규정을 준용하기 때문에 영리를 목적으로 하는 권리능력없는 사단에 대해서는 조합의 규정이 준용되어야 한다는 학설과 함께 합명회사에 관한 규정이 준용되어야 한다는 학설도 주장된

---

73) Schöpflin, Der nichtrechtsfähige Verein, Köln u.a., 2003, 450 ff.

다. 다시 우리의 법률 상황을 살펴보자. 기본적으로 합명회사의 법적 성질은 조합에 해당하므로 영리를 목적으로 하는 사단에 대해서는 조합의 규정을 준용하든지 합명회사에 관한 규정을 준용하든지 크게 상관이 없다고 생각할 수 있다. 더구나 사원의 책임에 관해서는 합명회사의 규정이 민법상 조합에 관한 규정보다 더 명확하고 구체적으로 규정되어 있는 것도 사실이다. 민법이 가지는 단체의 기본법으로서의 지위를 생각한다면, 일반법인 민법이 특별법인 상법의 규정을 "준용"한다는 것은 법률의 체계상 바람직하지 않다는 생각이다. 오히려 합명회사에 관한 규정만큼 구체적이지는 않더라도 민법상 조합에 관한 규정을 준용한다는 문언만으로도 회사법을 회피하려는 비법인사단의 양산을 막는 정책적 효과는 충분하였다고 본다. 다만 그럼에도 불구하고 상법상 회사규정을 피해 비법인사단으로 머무르려는 '비영리비법인사단'이 상법이 예정하는 5가지 회사 외에 새로운 기업형태로써 활용될 가능성은 있는지를 따져볼 필요가 있는데, 제39조의2 제2항 이하의 규정에 의하게 되면 합명회사를 취하지 않고 '영리비법인사단'의 기업형태를 취하는 것은 오히려 불리하거나 무의미하다.[74] 그러한 점에서 수범자로 하여금 어떤 사단이 영리를 목적으로 한다면 권리능력없는 상태로 머물기보다 차라리 상법의 규정에 좇아 회사로 전환하는 것이 더 유리하다는 인식을 갖게 한다면, 동 개정안의 입법목적은 어느 정도 달성된 것이 아닌가 생각된다.

Ⅳ. 자연인과 법인의 대등한 법적 취급

1. 개설

법인은 자연인과 함께 민법이 인정하는 또 하나의 권리주체이다. 법인에게 권리주체성을 인정하더라고 법인에게 어떠한 법적 지위를 부여하느냐는 다른 차원의 문제이다. 즉 자연인에 비해 법인에게 더욱 우월적 지위를 인정하느냐 아니면 자연인에

---

74) 상법상 합명회사와 동 개정안의 '영리비법인사단'의 기업형태를 취할 경우의 법적 실익에 대한 비교에 관해서는 장근영, "상법의 관점에서 바라본 민법개정안의 법인제도", 「비교사법」 제17권 제3호, 한국비교사법학회, 2010. 9, 68면 이하 참고. 동 논문에서 장근영 교수는 합명회사가 아닌 영리비법인사단을 기업형태로 선택했을 때 비교우위가 있는 부분은 거의 없고, 영리비법인사단의 경우에 타인기관구조를 갖게 된다는 점에서는 오히려 합명회사 형태를 취했을 때보다 구성원들이 감수해야 할 위험이 더 크다고 분석하고 있다.

비해 열후적 지위를 부여하느냐 하는 것은 입법정책적인 문제이다. 만약 법이 수범자로 하여금 법인설립을 권장하고 설립된 법인을 적극적으로 보호하고자 한다면 법인에게 우월적인 지위를 인정할 것이지만, 반대로 법인설립을 억제하거나 법인의 활동을 제한하고자 한다면 법인에게 열후적인 지위를 인정할 것이다. 그러나 법인에게 권리주체의 지위를 부여하는 한, 법인의 지위를 자연인에 비해 우월적인 것으로 인정하거나 반대로 열후적인 것으로 인정할 필요는 없을 것이다. 이것은 특히 법인과 거래한 상대방의 지위를 생각해보면 더욱 자명해진다. 만약 법인의 지위를 자연인에 비해 우월적인 것으로 하게 되면 자연인과 거래한 상대방에 비해 법인과 거래한 상대방의 지위는 그만큼 불안해진다. 반대로 법인의 지위를 자연인에 비해 열후적인 것으로 하게 되면 자연인과 거래한 상대방에 비해 법인과 거래한 상대방의 지위는 그만큼 더 강해지게 된다. 법인의 법적 지위에 따라 상대방의 지위를 불균형하게 만들 필요는 전혀 없다. 따라서 법인의 지위는 자연인의 지위와 똑같게 두는 것이 거래의 안전을 위해서도 바람직하다.

이러한 관점에서 볼 때, 우리 민법에서는 두 가지 점에서 자연인에 비해 법인에게 우월적 지위를 부여한 것이 있다. 하나는 재단법인의 설립을 위한 출연재산의 귀속시기에 관한 것인데(제48조), 문언상으로는 자연인의 경우와는 달리 법인에게는 별도의 공시방법 없이도 재산이 귀속될 수 있도록 하고 있다. 다른 하나는 법인의 권리능력에 관한 민법 제34조인데, 이것은 얼핏 법인의 권리능력이 제한될 수 있다는 점에서 법인에게 열후적 지위를 부여한 것으로 보여지지만, 실제로는 법인에게 책임제한의 항변권을 인정하고 있는 것이어서 이것 역시 법인에게 우월한 지위를 인정하고 있는 셈이다. 민법개정을 하면서 이러한 불균형을 바로 잡을 필요가 있는 것이다.

2. 재단법인의 설립을 위한 출연재산의 귀속시기

현행	개정안
第48條(出捐財産의 歸屬時期) ① 生前處分으로 財團法人을 設立하는 때에는 出捐財産은 法人이 成立된 때로부터 法人의 財	**제48조(출연재산의 귀속시기)** ① 재단법인을 설립하기 위하여 출연한 재산의 권리변동에 등기, 인도 그 밖의 요건이 필요

産이 된다.
② 遺言으로 財團法人을 設立하는 때에는 出捐財産은 遺言의 效力이 發生한 때로부터 法人에 歸屬한 것으로 본다.
③ <신　설>

한 경우에는 그 요건을 갖춘 때에 법인의 재산이 된다.
② 설립자의 사망 후에 재단법인이 성립하는 경우에는 출연에 관하여는 그의 사망 전에 재단법인이 성립한 것으로 본다.
③ 제2항의 경우에 출연재산은 제1항의 요건을 갖추면 설립자가 사망한 때부터 법인에 귀속한 것으로 본다. 재단법인이 성립한 후 설립자가 사망한 경우에도 이와 같다.

　재단법인의 설립을 위해 설립자가 출연한 재산이 언제 재단법인의 것으로 귀속되는지에 관한 문제는 신민법시행 이후부터 현재까지 물권변동론과 결부되어 아주 복잡하한 난제로 남아 있다. 또한 판례와 학설은 그 어느 하나 충분한 공감을 받지 못한 채, 줄곧 각자의 논리만을 형성해왔다. 이를 해소하는 방법은 결국 법문의 개정을 통한 입법적 해결이다. 이를 위해 이미 2004년 민법개정안에서도 현행민법이 물권변동에 대해 취하는 성립요건주의에 부합하는 개정안을 내놓았었고, 2010년 민법개정안도 그와 같은 취지에서 조문의 변화를 가한 것이다. 민법개정안에서의 조문과 내용에 관해서는 앞의 절에서 이미 설명하였으므로, 여기에서는 민법개정안 제48조가 갖는 법정책적 의미에 대해서만 살펴본다.

　사단법인과 재단법인을 비교해보면, 양자는 '법인'이라는 권리주체로서의 공통점을 가지지만, 양자 사이에는 구성요소에서 차이점이 있다. 사단법인은 사원을 핵심으로 하고, 사원에게는 자율적으로 단체를 운용할 수 있는 권한이 주어진다. 이를 사단자치라 하고, 이것은 헌법상 결사의 자유(헌법 제21조 제2항)에 의해 보장된다. 이에 반해 재단법인은 설립자가 출연한 재산이 핵심적 요소이고, 재단법인의 운용은 설립자의 출연목적이 반영된 정관에 의해서 이루어진다. 이러한 차이로 입법례에 따라서는 사단법인과 재단법인을 서로 구별해서 별개의 章에서 규율하기도 한다.[75] 분명한 것은 사단과 재단 양자 중에 재단은 그 구성요소에서 인적 기질(基質)에 근거한

---

75) 대표적으로 독일민법이 그러하다. 독일민법은 제2편에서 법인(Juristische Person)을 규정하면서 제1장에서는 사단(Vereine)을 그리고 제2장에서는 재단(Stiftungen)을 규정함으로써 이 둘을 구분하고 있다.

조직체가 아니므로, 재단을 어떻게 규율할 것인가는 사단에 비해 훨씬 법정책적인 판단에 따라 결정될 수 있는 것이다. 재단법인의 설립을 위해 출연된 재산이 언제 재단으로 귀속하는 것으로 할 것인가의 규율도 논리필연적인 문제라기보다 법정책적인 판단에 결정될 수 있는 문제이다. 그동안의 학설상의 다툼, 즉 성립요건주의를 취하는 현행민법의 물권변동의 원칙에 따라 판단하여야 한다는 견해나 재단법인의 보호를 위한 특별한 배려규정으로 보아 물권변동의 예외로 보아야 한다는 견해 모두 논리적 일관성은 충분히 가지고 있다. 그렇지만 그간의 판례는 그러한 논리적 일관성을 확보하지 못했기 때문에 양자의 학설로부터 모두 비판을 받을 수밖에 없었다. 이를 해소하기 위한 방안으로 민법 제48조를 개정한다면, 논리의 문제보다 법정책적 판단에 따라 개정할 수밖에 없다. 이때 어떤 판단기준으로 개정의 방향을 정할 것인가가 중요한 것인데, 이에 대해 개정위원회는 두 가지 측면을 고려하였다.

하나는 법인관에 대한 결단의 문제인데, 자연인에 비해 법인을 특별히 보호할 필요가 있느냐에 관하여 법인과 자연인을 동등한 주체로 보아 특별한 보호를 고려하지 않기로 하였다. 이는 민법 제48조를 재단법인의 보호를 위한 물권변동의 특별규정으로 남겨 두지 않고 물권변동의 원칙에 부합하는 규정으로 개정하여야 함을 의미한다. 그래야만 물권변동에 있어서 자연인과 법인과의 차이가 없어지게 되기 때문이다.

다른 하나는 재단법인을 보호해야 할 현실적인 필요성에 관한 고려의 문제이다. 즉 이미 존재하는 권리주체에게로 증여나 유증을 하는 것과는 달리, 재단법인의 설립을 위한 재산출연의 경우에는 설립자의 재산을 단순히 타인에게 넘기는 것에 그치는 것이 아니라 출연재산에 터잡아 그 출연재산을 이전받을 수 있는 새로운 권리주체를 만들어가는 과정이다. 따라서 재산출연과 재단법인의 성립은 과정상 상당한 시간적 간격이 있을 수밖에 없다. 유언으로 재단법인을 설립하는 경우는 당연히 설립자가 사망하고 나서 재단법인이 성립할 것이고, 또한 생전처분으로 재단법인을 설립하는 경우에도 재단법인이 성립하기 전에 출연자가 사망하는 경우도 나타날 수 있다. 이러한 경우에 언제 재단법인이 성립된 것으로 볼 것인가를 판단하는 것도 역시 입법적 결단이 필요하다. 이러한 경우에도 원칙적으로 재단법인의 설립등기가 완료한 때에 재단법인이 성립된다(민법 제33조). 그러나 이를 그대로 유지하게 되면, 설립자의 사망과 재단법인의 성립시의 간극으로 인해 재단법인으로 귀속되어야 할 재산이 상속인이나 제3자에게로 유출될 우려가 있다. 이와 같이 사망한 설립자의 의도와는 달리 재산없는 재단법인이 등장하는 것을 막기 위해 재단법인의 성립시기를 설립자의 사망시점으로 맞추어 재단법인을 보호할 필요가 있다. 개정안 제48조 제2항은 그러한 의도에서 안출된 것이다.

3. 법인의 권리능력

가. ultra vires 규정의 존치

현 행	분과위원회 개정시안	민법개정위원회 전체회의 최종결론
第34條(法人의 權利能力) 法人은 <u>法律의 規定에 좇아 定款으로 定한 目的의 範圍內에서 權利와 義務의 主體</u>가 된다.	제34조(법인의 권리능력) 법인은 <u>그 자연적 성질 또는 법률의 규정에 반하지 아니하는 한 모든 권리와 의무의 주체가 된다.</u> (제1안) 제34조(법인의 권리능력) 법인은 <u>자연적 성질 또는 법률의 규정과 정관으로 정한 목적에 반하지 않는 한 모든 권리와 의무의 주체가 될 수 있다.</u> (제2안)	현행대로 민법 제34조를 존치

현행민법 제34조는 민법학계와 상법학계를 통틀어 가장 논란이 많은 부분 중 하나이다. 그것은 특히 민법 제34조가 [법인의 권리능력]이라는 표제하에 법인은 "… 정관으로 정한 목적의 범위내에서 권리와 의무의 주체가 된다"고 정하고 있는데, 문언대로라면 법인의 권리능력은 정관목적의 범위 내에서만 인정됨을 의미한다. 이러한 표현은 영미법상 ultra vires의 법리가 그대로 반영된 것이다.[76] 이에 대해 민법

---

76) 민법 제34조에 영미법상의 ultra vires 법리가 들어오게 된 입법적인 과정에 대해서는 고상룡, 민법학특강, 95면 이하 참고.

학계에서는 민법 제34조에 터 잡아 법인의 권리능력은 ① 성질에 의해서도 제한될 수 있고, ② 법률에 의해서도 제한될 수 있으며, ③ 특히 정관으로 정한 목적에 의해서도 제한된다고 설명함이 일반적이다.[77] 법인이 한 어떤 행위가 정관의 목적범위 내이냐 아니냐를 결정하는 기준에 대해 적극적으로 법인이 목적을 달성하는 데 필요한 범위 내라고 좁게 해석하는 견해[78]와 소극적으로 목적에 위반하지 않는 범위 내라고 좀 더 넓게 해석하는 견해로 갈린다.[79] 前說은 거래상대방보다는 법인구성원의 이익을 더 보호하려는 취지인 데 반하여, 後說은 법인과 거래하는 상대방을 더 보호하고자 하는 사상에 기초하고 있다.[80] 일견 전설보다는 후설의 포섭범위가 더 넓은 듯하지만, 과연 전설이든 후설이든 그 학설들이 제시한 기준으로 어느 한 행위가 법인의 목적범위 내의 행위인지 아니면 목적범위 외의 행위인지 여부를 명쾌하게 판단할 수 있을 것인가에 대해서는 매우 의문스러우며,[81] 실무적으로도 양 학설이 제시하는 기준이 어떤 궁극적인 차이를 가져오는 것도 아니다. 이에 관한 대법원의 태도도 명확하지 않은데, 흔히 학설은 대법원 1974. 11. 26. 선고 74다310 판결을 인용하면서 판례가 "목적사업을 수행함에 필요한 행위"로 한정적으로 새김으로서 前說과 같은 태도로 이해하고 있으나,[82] 정작 대법원은 같은 판결에서 "그 목적의 범위 내라 함은 이를 광의로 해석하여 정관에 열거된 목적과 그 외에 법인의 목적을 달성함에 필요한 범위를 지칭하는 것으로 해석함이 타당"하다고 표현하고 있는데, 이는 오히려 後說의 입장에 가깝다. 이것은 "정관으로 정한 목적의 범위 내"라는 것이 매우 불확실하고 유동적인 기준임을 반증한다. 그것은 곧 법인과 거래한 상대방에 대한 법적 효과에도 영향을 주어 자연인과의 거래와는 달리 법인과의 거래에서는 항시 정관목적범위라는 유동적이고 불확실한 개념에 의해 법적 효과가 법인에게 귀속되기도 하고 부인되기도 하는 등 거래안전을 위협하게 된다는 문제점이 늘 지적되어 왔다. 그러한 문제점 때문에 판례는 실무적으로 가급적 법인의 목적범위를 융통성 있

---

77) 대표적으로 곽윤직 · 김재형, 민법총칙, 181면.
78) 김증한, 민법총칙, 143면.
79) 곽윤직 · 김재형, 민법총칙, 182면; 김상용, 민법총칙, 237면; 김용한, 민법총칙론, 173면 등.
80) 김상용, 민법총칙, 237면.
81) 김용한 교수는 다수설과 소수설의 목적의 해석범위에 대하여 "그것은 단순히 표현상의 차이에 불과하다"고 한다(김용한, 민법총칙론, 173면).
82) 대법원 1968. 5. 21. 선고 68다461 판결; 대법원 1974. 11. 26. 선고 74다310 판결. 예컨대 김상용, 민법총칙, 237면.

게 넓혀왔지만, 사안에 따라서는 법인의 목적범위 외의 행위로 본 경우도 없지 않다.[83] 따라서 실무적으로 민법 제34조의 ultra vires 법리에 의해 거래안전은 안심할 수 없는 상황이었다. 그러한 문제점을 피하기 위하여 상법학계에서는 민법 제34조가 적어도 영리법인인 상사회사에는 적용되지 않는다는 주장이 통설이다.[84] 그렇지만 상법이 민법의 특별법이라고 하더라도 상법에서 민법 제34조의 적용을 배제할 만한 근거규정은 없기 때문에 상법학계의 주장은 단지 학설상 그러하다는 것이지 법리적으로 민법 제34조가 배제될 수 있는 명확한 근거는 없다. 따라서 이러한 문제점을 해결하기 위한 근본적인 방법으로는 민법 제34조에서 ultra vires 법리에 관한 표현을 삭제하는 것이다. 이에 대해 분과위원회는 많은 논의를 하였는 바, 분과위원회 내에서도 그에 대한 의견의 일치를 보지 못하였다. 의견은 크게 양분되어, 하나는 ultra vires 법리에 해당하는 정관목적범위 규정을 삭제하자는 것이고(개정안 제1안), 다른 반대의견은 영리법인과는 달리 민법은 비영리법인을 다루는 것이므로 현행민법의 태도와 마찬가지로 정관목적범위 규정을 존치하여야 한다는 것이다(개정안 제2안). 이러한 의견대립으로 말미암아 분과위원회는 단일안을 내는 대신 2개의 안을 작성하여 이를 전체회의에 회부하기로 하였다. 전체회의[85]에서도 이에 대해서는 민법개정위원회 전체위원들 사이의 의견은 엇갈리어, 분과위원회가 제시한 2개의 안을 두고 투표를 한 결과 총 28인의 위원 중에서 정관목적 규정을 삭제하자는 제1안에 14인이, 현행과 같이 정관목적 규정을 존치하자는 제2안에 13인이 찬성하였다. 결국 제1안에 대해 과반수가 성립하지 않음으로써 정관목적 규정은 계속 유지하기로 하고, 다만 제2안은 현행민법과 실질적으로 차이가 없기 때문에 제2안의 자구로 수정하지 않고 현행민법 제34조를 그대로 존치하기로 결정하였다.

나. 사견

결론부터 말하자면, 필자의 개인적인 의견으로는 민법 제34조에서 "정관으로 정한 목적의 범위 내에서"라는 표현은 삭제함이 옳다고 생각한다. 그 이유는 다음과 같다.

---

83) 대법원 1972. 7. 11. 선고 72다801 판결; 대법원 1975. 12. 23. 선고 75다1479 판결.
84) 이철송, 회사법강의, 86면; 정동윤, 회사법, 51면; 최기원, 신회사법론, 88면.
85) 2010. 1. 12. 개최 「민법개정위원회」 제3차 전체회의.

첫째 거래안전의 관점에서 동 규정은 문제가 많다. 앞서 본 바와 같이 "정관으로 정한 목적의 범위 내에서" 권리·의무의 주체가 된다는 것은 영미법상 ultra vires 원칙을 인정한 것이다. 동 원칙에 의하면 법인과 거래한 상대방은 자신이 법인과 맺은 법률행위의 효력이 유효한 것인지를 판단하기 위해 항상 법인의 정관목적에 부합하는 지를 심사하여야 하는 부담을 안게 된다. 설령 그러한 심사를 하였더라도 그 부합여부가 늘 유동적이어서 종국적으로는 법원이 그에 대한 판단을 할 수밖에 없으므로 거래의 안전에 심각한 위협을 가져올 뿐만 아니라, 경제적인 관점에서도 법인과의 법률행위에 많은 거래비용을 유발하게 된다. 더 큰 문제는 법원에서조차도 "정관으로 정한 목적의 범위 내"인지의 여부가 일관되지 않아, 일반국민들에게 합리적으로 예측가능한 기준을 제시해주지 못하고 있다는 점이다. 따라서 거래안전의 관점에서 ultra vires 원칙은 더 이상 존재할 의미가 없는 법리이다. 이러한 문제점으로 말미암아 ultra vires 원칙의 원산지인 영국에서도 1989년의 the Companies Act를 통해 ultra vires 원칙을 사실상 폐지하였으며, 미국에서도 1984년의 개정모범사업회사법 (R.M.B.C.A)에서 회사의 "ultra vires 抗辯"을 배척하고 있음을 상기할 필요가 있다.[86]

둘째, 영리법인과 비영리법인을 구별하는 관점에서 동 규정을 존치시켜야 하는지에 관해서이다. 동 규정의 존치를 주장하는 자들은 상법상 회사와 같은 영리법인에 있어서는 ultra vires 원칙이 폐지되는 것이 맞겠지만, 민법상 비영리법인에 있어서는 "정관으로 정한 목적의 범위 내에서" 권리·의무의 주체가 된다고 하는 것이 옳다고 하면서, 영미법계에서 ultra vires 원칙이 폐지되는 것도 회사에 대해서만 국한되는 문제라고 주장한다. 그러나 ultra vires 원칙이 비영리법인에는 그대로 유지되어야 한다는 주장에는 동의하기 어렵다. 우리 민법과 상법이 비영리법인과 영리법인을 구분하는 것은 설립단계에서 준수하여야 하는 법정의 요건에 따른 것이지 법인의 본질적인 속성 자체에 근본적인 차이가 있는 것이 아니므로, 양자를 구별해서 ultra vires 원칙의 적용여부를 가린다는 것은 합리적인 근거가 될 수 없다. 혹자는 비영리를 목적으로 하는 법인이 영리목적을 추구했을 때에는 민법 제38조에 의해 주무관청으로부터 설립허가를 취소당할 수 있는 바,[87] 이는 비영리법인의 경우는 그 정관

---

86) ultra vires 원칙에 관한 문제점과 이에 관한 자세한 내용은 송호영, "법인의 권리능력", 「비교사법」 제7권 제1호, 한국비교사법학회, 2000. 6, 104면 이하 및 본서 제3장 「법인의 능력」 제2절 「법인의 권리능력」 참고.

87) 금번 개정안이 법인설립의 허가주의에서 인가주의로 전환하였기 때문에 그에 따라 제38조

목적의 범위 내에서만 권리능력을 가진다는 실정법적 근거라고 주장한다. 그러나 민법 제38조는 법인을 관리·감독하는 주무관청으로 하여금 법인설립 이후에도 일정한 경우에 법인의 관리·감독에 개입할 수 있는 근거에 관한 규정이지, 법인이 향유하는 권리능력에 관한 규정과는 전혀 무관하다. 즉 민법 제38조는 비록 민법에 규정되어 있지만 실제로는 행정관청을 직접적인 수범자로 하는[88] 행정법규인 데 반해, 민법 제34조는 민법 제3조와 마찬가지로 권리주체의 능력을 내용으로 하는 민사실체법규이다. 민법 제38조가 법인이 "목적 이외의 사업"을 한 경우에 설립허가를 취소할 수 있다고 정하고 있는데, 이것이 곧 비영리를 목적으로 하는 법인이 영리행위를 하였더라도 법인설립허가가 취소됨으로써 그 영리행위가 곧바로 사법상 무효로 됨을 의미하지 않는다. 즉 행정법상 처분의 효력과 사법상 효력의 귀속여부와는 전혀 별개의 문제이다. 또한 영미법계에서 ultra vires 원칙이 폐지되는 것도 회사에 대해서만 국한되는 문제라고 주장도 수긍하기 어렵다. 영미법계에서는 우리나라와 달리 민법상 법인과 상법상 법인(회사)과의 구별이 없고, 다만 법인이 비영리를 추구할 때에 세제상의 혜택이 주어지므로 그러한 차원에서 굳이 개념상 비영리법인(Nonprofit Corporation)이 존재할 뿐, 우리 법에서와 같은 영리·비영리법인의 구별이 확연하지도 않거니와 그에 따라 ultra vires 원칙의 적용이 갈린다고 할 수 없다.

셋째, ultra vires 원칙은 권리능력의 개념이나 권리능력의 일반적인 속성과도 어울리지 않는다. 민법 제34조는 독일의 권리능력개념과 영미의 ultra vires 원칙이 합성된 규정이라고 한다.[89] 즉 표제는 [법인의 권리능력]이라고 하여 독일의 권리능력개념을 취하면서도 조문의 내용은 정작 독일법이 알지 못하는 영미법의 ultra vires 원칙을 규정하고 있는 것이다. 여기에서 본질적인 문제에 봉착하게 되는데, 그것은 과연 권리능력이란 어떠한 속성을 가진 것인가, 다시 말하자면 권리능력은 포괄적·혼일적 속성을 가진 것인지 아니면 제한적·상대적 속성을 가진 것인지 하는 문제이다. 만약 후자로 파악한다면 권리능력의 개념에 ultra vires 원칙이 개입될 여지가 있겠지만, 전자로 파악한다면 권리능력의 개념과 ultra vires 원칙은 서로 어울리지

도 법인설립의 <u>인가</u> 취소(철회)로 개정하기로 하였다.

[88] 물론 민법 제38조는 법인으로 하여금 법인설립허가(인가)를 취소(철회) 당하지 않기 위해서는 목적 이외의 사업을 하지 말도록 경고한다는 점에서는 법인도 간접적인 수범자이기도 하다.

[89] 고상룡, 민법총칙, 205면; 김상용, 민법총칙, 236면 등.

않는다. 자연인의 권리능력은 당연히 그러하거니와 법인의 권리능력도 단체가 법인으로 성립하는 순간 포괄적 · 혼일적 · 비제한적인 권리능력을 가진다고 보아야 한다. 물론 법인의 권리능력은 법인이라는 개념자체가 시원적(始原的)인 존재가 아니기 때문에 자연인의 그것과는 구별되는 속성이 있지만, 일단 단체가 법인으로 인정되면 법인사이에서는 정관상의 목적에 따라 권리능력이 상대화되거나 개별화되지 않고 모두 동등한 권리능력을 가지게 된다. 그것은 마치 자연인이 출생과 더불어 모두 동등한 포괄적 · 혼일적 권리능력을 취득하는 것과 같은 이치이다.

넷째, 법인관에 관한 문제이다. 앞서 밝힌 바와 같이 권리주체의 한 형태인 법인을 자연인과 대등한 존재로 보느냐 아니면 자연인에 비해 보다 후견적인 보호가 필요한 주체로 보느냐에 관하여 전자의 시각을 견지한다면 ultra vires 원칙도 폐기하는 것이 타당하다는 생각이다. 왜냐하면 ultra vires 원칙은 거래상대방을 위한 제도가 아니라 ultra vires 항변을 통하여 법인에게 불리한 법률효과의 귀속을 피해갈 수 있음으로써 전적으로 법인을 위한 제도인데, 이로 인해 거래의 상대방이 자연인이냐 법인이냐에 따라 그 결과가 달라지게 되기 때문에 자연인과 법인을 대등한 존재로 본다는 입장과 배치된다. 다시 말해 자연인과 달리 법인에게 ultra vires 원칙을 원용할 수 있는 특권을 인정해야 할 합리적인 이유가 없다.

다섯째, ultra vires 원칙의 존치나 폐지에 따른 법률효과에 관한 문제이다. 현행민법상으로는 만약 비영리법인이 목적범위를 벗어난 영리행위를 하게 되면 그 법률효과는 법인의 권리능력을 벗어난 것으로 인정되어 법인에 대해서 효력이 없다. 만약 ultra vires 원칙에 관한 표현이 사라지게 되면 그때는 법인이 한 행위는 목적범위와 관계없이 언제나 법인에게 효력이 귀속되는가? 정관목적범위 규정의 존치를 주장하는 자들은 동 규정을 폐지하게 될 때 발생하게 될 법률효과의 문제를 우려한다. 동 규정을 폐지하게 되면 법인은 정관목적과 관계없이 언제나 법률효과에 따른 책임을 져야 하므로 법인에게 대단히 불리해질 수 있다는 것이다. 그러나 필자의 사견에 의하면 법인이 행한 법률행위의 효력은 모두 법인에게 귀속되어야 함이 당연한 원칙이지만, 그러한 결론이 존치론자들이 우려하는 만큼 부당하지도 않으며 심각하지도 않다. 비영리법인이라고 하더라도 포괄적 · 혼일적 권리능력을 인정받는다면 영리목적의 법률행위도 할 수 있는 것이며,90) 그에 따른 법률효과도 당연히 법인에게 귀속되

---

90) 이것은 비영리법인이 영리목적의 법률행위를 하는 것이 유효하다는 의미이지, 행정법상으

어야 한다. 다만 법인의 행위의 효과는 대리에 관한 법리에 의해 일정한 제한이 가해질 수 있다. 민법 제59조 제2항은 법인의 대표에 관해서는 대리에 관한 규정을 준용하고 있다. 한편 민법 제40조 및 제43조는 정관의 목적을 필요적 기재사항으로 정하고 있다. 이들 규정을 바탕으로, 민법 제34조로부터 ultra vires 원칙에 관한 표현을 삭제했을 때의 법률효과는 다음과 같이 규율될 수 있다. 대리의 경우 대리인이 본인을 위하여 법률행위를 할 경우에는 본인으로부터의 수권행위가 있어야 하고, 그 수권된 범위 내에서 유효한 법률행위를 할 수 있다. 법인의 경우 대표기관이 법인을 위해서 행위할 수 있는 범위는 정관에 정해진 목적에 따라 결정된다. 만약 대표기관이 법인정관의 목적범위를 넘어서 법률행위를 하였을 경우에는 무권대리나 표현대리가 성립하게 된다. 따라서 법인의 대표기관과 거래한 상대방은 무권대리의 법리에 따라 법인에게 추인여부를 최고할 수 있고(민법 제131조), 법인이 대표기관의 행위를 추인하면 법률효과는 유효하게 법인에게 귀속하게 되고,[91] 만약 법인이 이를 거부하면 그 법률행위는 무효로 확정되고 상대방은 대표기관에 책임을 물을 수 있다(민법 제135조). 또한 상대방은 표현대리의 법리에 따라 일정한 요건이 성립하면 바로 법인에게 대표기관의 행위에 따른 책임을 주장할 수 있다(민법 제125조, 제126조, 제129조). 이에 따라 법인이 책임을 져야 할 경우에는 법인은 대표기관에 대하여 내부적으로 책임을 물을 수 있다. 요컨대 민법 제34조에서 ultra vires 원칙에 관한 표현이 사라지더라도 실제로는 법인에게 크게 불리하게 되지 않을뿐더러, '행위에 따른 법률효과의 귀속'이라는 당연한 원칙이 확립될 수 있으며 대리의 법리에 의해 자연인과 법인과의 사이에 차별없는 공통의 법적용이 가능해지게 된다.

로도 그러한 영리행위를 계속 영위할 수 있는 정당성을 가진다는 의미가 아니므로 민법 제38조에 의해 설립허가(인가)의 취소(철회)사유가 될 수 있다.

91) 그러나 우리 대법원은 회사의 대표이사가 회사를 대표하여 타인을 연대보증한 경우 이는 회사의 사업목적범위에 속하지 아니하는 행위로서 회사에 대하여는 보증의 효력이 없다고 하면서, 설령 회사의 주주 및 이사들이 보증의 결의를 하였다 하더라도 그 효력이 없다고 판시하였다(대법원 1975. 12. 23. 선고 75다1479 판결). 이러한 논지에서 판례는 정관목적을 벗어나는 대표기관의 행위는 절대무효이고 이를 사후에 추인하여 유효로 만들 수는 없다는 태도를 취한다고 볼 수 있다.

V. 맺음말

위에서 살펴본 바를 정리하여 본다.

우선 [법인성립의 준칙]에 관한 민법 제31조는 [법인성립의 원칙]으로 표제가 개정되었는데, 동 조문의 내용상의 변경은 이루어지지 않았다는 점에서 많은 아쉬움을 남긴다. 특히 민법 제31조는 법인성립법정주의를 천명함으로써 법인아닌 단체와 법인의 관계를 구분짓는 결정적인 기준을 제시하고 있다. 그러나 민법개정안은 「단체」라는 개념을 민법전 내로 수용하는 것을 포기하였다. 그것은 민법의 법인규정이 "법인"의 기본법으로서의 위상을 넘어서 "단체"의 기본법으로서의 위상을 확보하는 데 소극적이었음을 의미한다. 혹자는 단체라는 표현이 민법에서 사용되지 않았더라도 단체에 관한 분쟁은 결국 민법의 규정이 준용될 수밖에 없는 것 아니냐고 반론을 제기할 수 있을 것이다. 그것은 소의 이익이 있는 이상 민사소송은 재판을 거부할 수 없기 때문에 단체에 관한 분쟁에 대해 민법을 법원(法源)으로 해서 재판할 수밖에 없기 때문이지, 단체라는 개념이 민법 제31조 이하에 당연히 내포되어 있기 때문은 아니다. 오히려 단체라는 개념은 법정책적 관점에서 많은 유용성이 있음은 앞서 살펴본 바와 같다.

한편 민법 영리법인에 관한 민법 제39조에 관하여, 영리법인은 결국 상법의 회사편에서 규율될 것이므로 동 조를 폐지하여야 한다는 의견이 많다. 그러나 만약 제39조를 민법에서 폐지하는 순간, 민법은 그야말로 "비영리법인"의 일반법으로 그 적용범위가 줄어들게 된다. 물론 민사영리법인 또는 민사회사의 설립은 가능하지 않을뿐더러 실무적으로도 별 의미가 없지만, 민법이 단체의 기본법 내지 좁게는 법인의 기본법으로서의 역할을 위해서는 단체가 비영리법인으로 되는 길과 영리법인으로 되는 길을 모두 제시해주어야만 한다. 그러한 점에서 현행민법 제39조 제1항은 여전히 중요한 의미를 가지고 있다. 또한 비영리법인의 합병과 분할에 관해 신설된 조문들도 비록 다소 많은 분량이기는 하지만, 민법전에서 규율하는 것이 단체의 기본법으로서의 민법의 위상을 위해서도 바람직하다.

비록 민법 제31조가 단체라는 개념을 받아들이지는 않았지만, 그동안 학설과 판례에 의해서만 규율되어 왔던 비법인사단과 재단을 민법전에서 독자적인 조문으로 다루게 된 것은 진전된 입법태도라고 생각한다. 혹자는 이에 대해 개정안 제39조의2

에 규정된 문언으로는 비법인사단과 재단을 규율하는 데 충분치 못하다는 비판을 가할 수 있을 것이나,[92] 그러한 불완전한 규정으로밖에 규율할 수 없는 것이 비법인사단·재단이 가지는 가장 큰 특징이라고 할 수 있다. 또한 개정안이 비법인사단·재단에 대해 "주무관청의 인가 또는 등기를 전제로 한 규정을 제외하고는" 민법의 법인 규정을 준용하도록 한 것은 그간의 학설과 판례의 태도를 반영한 것이며, 과연 어떠한 것이 '주무관청의 인가 또는 등기를 전제로 한 규정'인지의 여부는 향후 판례의 집적을 통하여 구체화될 것이다. 비법인사단·재단에 대한 또 다른 비판론으로는 민법개정안처럼 비법인사단·재단이 명문화되면 이에 따라 실체법상 권리능력이 인정되는 것이고 그렇게 되면 법인설립에 있어서 인가주의를 취하는 입법태도와도 모순 관계에 서게 되는 것 아니냐는 지적이 있을 수 있다.[93] 그러나 비법인사단·재단에 대해서는 이미 개별 법률에서 '개별적' 권리능력을 인정하고 있으며, 민법에 비법인사단·재단이 명문화하더라도 법인과 같은 '포괄적' 권리능력을 인정하는 것은 아니므로 그러한 지적은 옳지 않다. 다만 거래안전의 관점과 결사자유의 신장이라는 측면에서는 단체가 가급적 비법인사단에 머물지 않고 법인으로 될 수 있도록 길을 열어주는 것이 입법정책적으로도 바람직하다. 그러기 위해서는 단체로 하여금 법인설립은 용이하게 하는 대신 법인으로 가지 않는 단체에는 일정한 불이익을 줌으로써 법인화를 유도하는 것도 생각해볼 수 있다. 독일민법이 비영리사단법인의 설립에 준칙주의를 취하면서 비법인사단에 대해서는 조합의 규정을 준용하는 것도 바로 이런 이유 때문이다(독일민법 제21조, 제54조 참조). 그렇지만 독일의 학설과 판례는 비법인사단에 대해서도 조합의 규정보다는 민법상 사단법인에 관한 규정을 준용하는 해석론을 펴고 있다. 이것은 비법인사단에 대한 규율이 당초 입법자가 생각한 것과는 달리 현실적으로는 다른 방향으로 발전하였으며, 이에 관한 입법이 매우 어려움을 의미한다. 다시 우리 민법의 규정을 살펴보면, 현행민법은 허가주의를 취함으로써, 단체의 법인화를 어렵게 하여 그만큼 많은 비법인단체의 양산을 가져왔다고 할 수 있다. 그러면서 비법인단체에 대해 민법에서 아무런 규정을 두지 않은 것은 입법적 모

---

92) 이를테면 고상룡, "법인·시효제도 개선에 관한 민법개정안 소고", 법률신문 제3913호 (2011.02.21), 13면 등.
93) 그러한 주장으로는 권철, "민법의 관점에서 바라본 민법 개정안의 법인제도 -비영리단체·법인 제도의 바람직한 상에 대한 각서-", 「비교사법」 제17권 제4호, 한국비교사법학회, 2010. 12, 53면 이하.

순이라고 생각된다. 그에 반해 개정안이 허가주의에서 인가주의로 전환한 것은 단체의 법인화에는 많은 기여를 할 것으로 기대한다. 그럼에도 불구하고 비법인단체의 등장은 불가피한 것인데, 그러한 단체에 대해 일정한 범위 내에서 민법상 법인규정을 준용하도록 하는 입법적 배려는 필요하다고 생각한다. 그렇지만 비법인사단에 머무르면서 영리활동을 취하려는 단체는 회사법규정을 왜곡시킬 우려가 있으므로 그러한 단체에 대해서는 책임제한의 특권을 인정할 필요가 없다. 민법 개정안 제39조의2 제2항 이하는 그러한 고려에서 입안된 것이다.

여기에서 이왕 법인설립을 용이하게 한다는 취지라면 법인설립에 관한 민법 제32조를 허가주의에서 인가주의가 아닌 준칙주의로 전환함이 더 타당하지 않은가 하는 의견 또한 개진될 수 있다. 물론 이론적으로는 준칙주의로의 전환이 결사의 자유라는 측면에서도 더 타당하다는 점은 부인할 수 없다. 그러나 허가주의를 준칙주의로 전환하게 되면 그동안 민법의 시행 후 반세기가 넘게 행사해오던 주무관청의 권한을 일순간에 앗아가는 것이어서 그로 인해 민법개정안의 통과조차 어려워질 수 있는 상황을 초래할 수 있음을 의식하지 않을 수 없다. 또한 사단법인과 재단법인을 공통적으로 규율하고 있는 민법 제32조를 준칙주의로 전환하게 되면 재단법인의 설립도 준칙주의에 의하게 되는데, 재산의 집적(Vermögensmasse)에는「결사의 자유」가 문제되지 아니하므로 재단법인의 설립에도 준칙주의를 취해야 할 합리적인 이유는 없다. 재단에 어떠한 방식으로 법인격을 부여할 것인가는 순전히 입법정책의 문제이며, 인가주의에 의하더라도 설립자의 재단설립의 자유가 제한된다고 할 수 없다. 나아가 재단법인에 대해 어떠한 법적 지위를 부여할 것인가도 입법정책의 문제이며, 이에 대해 민법개정안은 기본적으로 법인격을 취득한 재단법인을 자연인보다 더 우대하거나 열위에 두지 않고 동등한 지위를 부여하는 태도를 취하고 있다. 그동안 논란이 많았던 재단법인의 설립을 위해 출연된 재산의 귀속시기에 대해서도 재단법인에 대해서도 자연인과의 법률관계와 동등하게 등기나 인도 등 물권변동을 위해 필요한 공시방법을 동일하게 요구하고 있다. 그럼으로써 권리주체론에서뿐만 아니라 물권법에서의 물권변동의 원칙과도 조화를 이룰 수 있게 된다.

이와 아울러 그동안 법인으로 하여금 책임제한의 항변을 가능하도록 한 민법 제34조를 폐지함으로써, 자연인의 지위와 법인의 지위를 균등하게 하는 조치가 필요하였음에도 불구하고, 거래안전에 위협적인 ultra vires 원칙을 담고 있는 민법 제34조

를 존치시킨 것은 여전히 법인의 지위를 자연인에 비해 우선시하는 사고의 한 단면
을 보여주고 있다는 점에서 개선이 요망된다.

참고문헌

1. 단행본

국내문헌

강위두, 회사법, 형설출판사, 1996.

고상룡, 민법총칙, 제3판, 법문사, 2003.

고상룡, 민법학특강, 법문사, 1995.

곽윤직(편집대표), 민법주해 I, III, 박영사, 1992.

곽윤직·김재형, 물권법, 제9판, 박영사, 2024.

곽윤직·김재형, 민법총칙, 제9판, 박영사, 2017.

권기범, 기업구조조정법, 제4판, 삼영사, 2011.

권기범, 현대회사법론, 제4판, 삼지원, 2012.

김건식·노혁준·천경훈, 회사법, 제8판, 박영사, 2024.

김기선, 한국민법총칙, 제3개정증보판, 법문사, 1985.

김대정, 민법총칙, 도서출판 fides, 2012.

김민중, 민법총칙강의, 로앤피플, 2008.

김상용, 물권법, 전정판 증보, 법문사, 2006.

김상용, 민법총칙, 화산미디어, 2009.

김상용, 불법행위법, 법문사, 1997.

김상용, 채권각론, 개정판, 법문사, 2003.

김용한, 물권법론, 재전정판, 박영사, 1996.

김용한, 민법총칙론, 재전정판, 박영사, 1997.

김주수, 채권각론, 제2판, 삼영사, 1997.

김주수, 민법총칙, 제5판, 삼영사, 2002.

김주수·김상용, 민법총칙, 제6판, 삼영사, 2011.

김준호, 민법강의, 제24판, 법문사, 2018.

김증한, 민법총칙, 신고판, 박영사, 1983.

김증한·김학동, 물권법, 제9판, 박영사, 1997.

김증한·김학동, 민법총칙, 제10판, 박영사, 2013.

김현태, 민법총칙론, 교문사, 1985.

김형배, 노동법, 제4판, 박영사 2007.

김형배·김규완·김명숙, 민법학강의, 제11판, 신조사, 2012.

민법개정안연구회, 민법개정안의견서, 삼지원, 2002.

박상조, 신회사법론, 제3증보판, 형설출판사, 2000.

백태승, 민법총칙, 제5판, 집현재, 2011.

법무부, 2004년 법무부 민법 개정안 총칙·물권편 (민법개정총서 3), 2012.

서광민, 민법총칙, 신론사, 2007.

서돈각, 상법강의(上), 제3전정, 법문사, 1985.

서돈각·정완용, 상법강의(上), 제4전정, 법문사, 1999.

석광현, 2001년 개정 국제사법 해설, 제2판, 지산, 2003.

손주찬, 상법(上), 제13정 증보판, 박영사, 2002.

송덕수, 물권법, 제6판, 박영사, 2023.

송덕수, 민법총칙, 제7판, 박영사, 2024.

송오식, 단체법, 전남대학교출판부, 2015.

양창수(편집대표), 민법주해 Ⅱ, 박영사, 2022.

오시영, 민법총칙, 개정판, 학현사, 2011.

이기수·최병규, 회사법, 제9판, 박영사, 2011.

이병태, 상법(上), 전정판, 법원사, 1987.

이상국, 징계권행사의 법률지식, 청림출판, 1999.

이상태, 물권법, 9정판, 법원사, 2015.

이시윤, 신민사소송법, 제3판, 박영사, 2007.

이영준, 물권법, 전정신판, 박영사, 2009.

이영준, 민법총칙, 개정증보판, 박영사, 2007.

이영환, 민법학의 현대적 과제, 부산대학교출판부, 1997.

이은영, 채권각론, 제5판, 박영사, 2005.

이은영, 물권법, 제4판, 박영사, 2006.

이은영, 민법총칙, 제5판, 박영사, 2009.

이철송, 회사법강의, 제32판, 박영사, 2024.

이태재, 민법총칙, 법문사, 1981.

임홍근, 회사법, 법문사, 2000.

장경학, 민법총칙, 법문사, 1995.

정경영, 회사법학, 박영사, 2022.

정동윤, 회사법, 제7판, 법문사, 2001.

정찬형, 상법강의(상), 제26판, 박영사, 2023.

정찬형, 회사법강의, 제4판, 박영사, 2022.

박준서(편집대표), 주석민법(1), 제3판, 한국사법행정학회, 2002.

정희철 · 정찬형, 상법원론(上), 박영사, 1997.

지원림, 민법강의, 제19판, 홍문사, 2022.

최기원, 상법총칙 · 상행위법, 경세원, 1989.

최기원, 신회사법론, 제14대정판, 박영사, 2012.

홍성재, 민법총칙, 대영문화사, 2005.

황적인, 현대민법론 I, 박영사, 1990.

외국문헌

我妻 榮, 新訂 民法總則(民法講義 I), 岩波書店, 1965.

八木 弘, 주식會社財團論, 有斐閣, 1963.

Alternativkommentar, Kommentar zum Bürgerlichen Gesetzbuch, Band 1: Allgemeiner Teil, 4. Aufl. Neuwied 1979.

Anwaltkommentar, BGB Band 1: Allgemeiner Teil mit EGBGB, Bonn 2005.

Bamberger/Roth, Kommentar zum Bürgerlichen Gesetzbuch, Band 1, München 2003.

Baum, Marcus, Die Wissenszurechnung, Berlin 1998.

Baumbach, Adolf/Hopt, Klaus J., Handelsgesetzbuch, 29. Aufl., München 1995.

Baumbach, Adolf/Hueck, Alfred, Kurzkommentar zum GmbH—Gesetz, begründet von Adolf Baumbach, fortgeführt von Alfred Hueck, bearbeitet von Götz HUECK, Joachim Schulze—Osterloh, Wolfgang Zöllner, 16. Aufl., München 1996.

Baur, Fritz/Stürner, Rolf, Sachenrecht, 17. Aufl., München 1999.

Bayer, Michael, Die liquidationslose Fortsetzung rechtsfähiger Idealvereine, Zur formwechselnden Umwandlung rechtsfähiger Idealvereine auf der Grundlage eigener Rechtssubjektivität des nichtrechtsfähigen Vereins, Berlin 1987.

Berndt, Hans, Stiftungen und Unternehmen, 5. Aufl., Herne/Berlin 1995.

Beseler, Georg, Volksrecht und Juristenrecht, Leipzig 1843.

Bork, Reinhard, Allgemeiner Teil des BGB, Tübingen 2001.

Bork, Reinhard, Zurechnung im Konzern, ZGR 1994, S. 237 ff.

Brehm, Wolfgang, Allgemeiner Teil des BGB, 2. Aufl., Stuttgart u.a. 1994.

Brodmann, Erich, Aktienrecht, Berlin/Leipzig 1928.

Brox, Hans, Allgemeiner Teil des BGB, 26. neu bearbeitete Aufl., Köln u.a., 2002.

Buchner, Gerhard, Amtslöschung, Nachtragsliquidation und masselose Insolvenz von Kapitalgesellschaften, Köln u.a. 1988.

Buck, Petra, Wissen und juristischen Person, Tübingen 2001.

Canaris, Claus—Wilhelm, Die Vertrauenshaftung im deutschen Privatrecht,

München 1971.

Coing, Helmut, Europäisches Privatrecht 1800 bis 1914, Band II 19. Jahrhundert, München 1989.

Drobnig, Ulrich, Haftungsdurchgriff bei Kapitalgesellschaften, Frankfurt/Berlin 1959.

Ebersbach, Harry, Handbuch des deutschen Stiftungsrechts, Göttingen 1972.

Emmerich, Volker/Sonnenschein, Jürgen, Konzernrecht, 6. Aufl., München 1997.

Enneccerus/Nipperdey, Allgemeiner Teil des Bürgerlichen Rechts, 1. Halbband, 15. Aufl., Tübingen 1958.

Erman, Walter, Handkommentar zum Bürgerlichen Gesetzbuch, begründet von Walter Erman, hrsg. von Harm Peter Westerman, 9. Aufl., Münster 1993.

Fabricius, Fritz, Relativität der Rechtsfähigkeit, Ein Beitrag zur Theorie und Praxis des privaten Personenrechts, München/Berlin 1963.

Fellmeth, Stefan P., Die Vertretung verselbständigter Rechtsträger in europäischen Ländern, Teil I(Deutschland, Italien und Spanien), Berlin 1997.

Ferrara, Francesco, Teoria delle persone giuridiche, Napoli 1916.

Flume, Werner, Allgemeiner Teil des Bürgerlichen Rechts, I. Band, 1. Teil, Die Personengesellschaft, Berlin u.a. 1977.

Flume, Werner, Allgemeiner Teil des Bürgerlichen Rechts, I. Band, 2. Teil, Die juristische Person, Berlin u.a. 1983.

Gierke, Otto von, Die Genossenschaftstheorie und die Deutsche Rechtsprechung, Berlin 1887.

Gierke, Otto von, Das deutsche Genossenschaftsrecht, Bd. I: Rechtsgeschichte der deutschen Genossenschaft, Berlin 1868.

Gierke, Otto von, Das Wesen der menschlichen Verbände, Berlin 1902.

Gierke, Otto von, Deutsches Privatrecht, 1. Band: Allgemeiner Teil und

Personenrecht, Leipzig 1895.

Gower, L.C.B., Principles of modern company law, 5. edition, London 1992.

Grunewald, Barbara, Wissenszurechnung bei juristischen Personen, Festschrift für Karl Beusch zum 68. Geburtstag, Berlin/New York 1993, S. 301 ff.

Hachenburg, Gesetz betreffend die Gesellschaften mit beschränkter Haftung, Großkommentar, hrsg. von Peter Ulmer, 8. Aufl., Berlin/New York 1992.

Hueck, Götz, Gesellschaftsrecht, 19. Aufl., München 1991.

Hueck, Alfred, Das Recht der offenen Handelsgesellschaft, 4. Aufl. Berlin 1971.

Hübner, Heinz, Allgemeiner Teil des BGB, 2. Aufl., Berlin u.a. 1996.

John, Uwe, Die organisierte Rechtsperson, Berlin 1977.

Kitakawa, Zentaro, Rezeption und Fortbildung des europäischen Zivilrechts in Japan, Frankfurt am Main 1970.

Kleindiek, Detlef, Deliktshaftung und juristische Person, Tübingen 1997.

Kölner Kommentar, Kölner Kommentar zum Aktiengesetz, Band 1. §§ 1-75 AktG, 2. Aufl., Köln u.a. 1988.

Kronke, Herbert, Stiftungstypus und Unternehmensträgerstiftung, Tübingen 1988.

Kuhn, Ottmar, Strohmanngründung bei Kapitalgesellschaften, Tübingen 1964.

Kübler, Friedrich, Gesellschaftsrecht, 4. Aufl., Heidelberg 1994.

Larenz, Karl/Wolf, Manfred, Allgemeiner Teil des Bürgerlichen Rechts, 9. Aufl., München 2004.

Larenz, Karl, Hegels Zurechnungslehre und der Begriff der objektiven Zurechnung, Leipzig 1927.

Look, Frank van, Vereinsstrafen als Vertragsstrafen, Berlin 1990.

Lutter, Marcus/Hommelhoff, Peter, GmbH—Gesetz Kommentar, 14. Aufl., Köln 1995.

Martinek, Michael, Repräsentantenhaftung, Berlin 1979.

Medicus, Dieter, Allgemeiner Teil des BGB, 8. Aufl., Heidelberg 2002.

Meyer－Cording, Ulrich, Die Vereinsstrafe, Tübingen 1957.

Michoud, Léon, La théorie de la personnalité morale et son application au droit français I－II. Paris 1906－1909.

Möllers, Christoph, Internationale Zuständigkeit bei der Durchgriffshaftung, Bielefeld 1987.

Mugdan, Benno, Die gesamten Materialien zum Bürgerlichen Gesetzbuch für das Deutsche Reich, Band I: Einführungsgesetz und Allgemeiner Teil, Berlin 1899, Neudruck Aalen 1979.

Mummenhoff, Winfried, Gründungssysteme und Rechtsfähigkeit, －Die staatliche Mitwirkung bei der Verselbständigung des bürgerlichen Vereins－, Köln u.a. 1979.

Münchener Kommentar, Münchener Kommentar zum Bürgerlichen Gesetzbuch, hrsg. von Kurt Rebmann/Franz Jürgen Säcker, München 1993 ff.

Ott, Claus, Recht und Realität der Unternehmenskorporation, Tübingen 1977.

Palandt, Bürgerliches Gesetzbuch, 64. Aufl., München 2005.

Paura, Jörg, Liquidation und Liquidationspflichten: Pflichten von Organen und Mitgliedern nach Auflösung der Gesellschaft, Diss. Hamburg 1996.

Pawlowski, Hans－Martin, Allgemeiner Teil des BGB, Grundlehren des bürgerlichen Rechts, 5. Aufl., Heidelberg 1998.

Raiser, Thomas, Das Unternehmen als Organisation, Berlin 1969.

Raiser, Thomas, Recht der Kapitalgesellschaften, 2. Aufl., München 1992.

Rehbinder, Eckard, Konzernaußenrecht und allgemeines Privatrecht, Eine rechtsvergleichende Untersuchung nach deutschem und amerikanischem Recht, Bad Homburg v.d.H./Berlin/Zürich 1969.

Reichert, Bernhard, Handbuch Vereins－ und Verbandsrecht, 10. Aufl., München/Neuwied, 2005.

Rittner, Fritz, Die werdende juristische Person, Untersuchungen zum

Gesellschafts— und Unternehmensrecht, Tübingen 1973.

Rosenmüller, Jesko, Zurechnung im Konzern nach bürgerlich—rechtlichen Grundsätzen, insbesondere bei rechtsgeschäftlicher Betätigung eines Konzerngliedes, Göttingen 2001.

Saleilles, Raymond, De la personnalité juridique: histoire et théories: vingt—cinq leçons d'introduction à un cours de droit civil comparé sur les personnes juridiques, Paris 1910.

Sauter, Eugen/Schweyer, Gerhard, Der eingetragene verein, 16. Aufl., München 1997.

Savigny, Friedrich Carl von, System des heutigen römischen Rechts, II. Band, Berlin 1840.

Schick, Stefan/Rüd, Eberhard, Stiftung und Verein als Unternehmensträger, Stuttgart 1989.

Schilken, Eberhard, Wissenszurechnung im Zivilrecht, Untersuchung zum Anwendungsbereich des § 166 BGB innerhalb und ausserhalb der Stellvertretung, Bielefeld/Gieseking 1983.

Schmidt, Hudert, Zur Vollbeendigung juristischer Personen, Bielefeld 1989.

Schmidt, Karten, Verbandszweck und Rechtsfähigkeit im Vereinsrecht, Heidelberg 1984.

Schmidt, Karsten, Einhundert Jahre Verbandstheorie im Privatrecht, —Aktuelle Betrachtungen zur Wirkungsgeschichte von Otto v. Gierkes Genossenschaftstheorie—, Göttingen 1987.

Schmidt, Karsten, Gesellschaftsrecht, 4. Aufl., Köln u.a. 2002.

Scholz, Franz, Kommentar zum GmbH—Gesetz, 8. Aufl., Köln 1993 u. 1995.

Schöpflin, Martin, Der nichtrechtsfähige Verein, Köln u.a., 2003.

Seifart, Werner/Campenhausen, Axel Freiherr von, Handbuch des Stiftungsrechts, 2. Aufl., München 1999.

Serick, Rolf, Rechtsform und Realität juristischer Personen, Berlin 1955 (2.

unveränderte Aufl. 1980).

Siebert, Wolfgang, Die „faktische" Gesellschaft, in: Festschrift für Hedemann, Jena 1938, S. 266 ff.

Soergel, Kommentar zum Bürgerlichen Gesetzbuch, Band 1, 13. Aufl., Stuttgart u.a., 2000.

Song, Ho−Young, Die Verselbständigung der juristischen Person im deutschen und koreanischen Recht, Osnabrück 1999.

Staub, Hermann(Hrsg.), Großkommentar zum HGB, Berlin u.a. 1968.

Staudinger, Kommentar zum Bürgerlichen GesetzbuchBuch 1. Allgemeiner Teil: §§ 21-103, 13. Bearbeitung, Berlin 1995.

Stöber, Kurt,Handbuch zum Vereinsrecht, 7. Aufl., Köln, 1997.

Thiessen, Jan, Endet die Flucht die Arglist? −Schuldrechtsreform und Wissenszurechnung, in: Das neue Schuldrecht in der Praxis Akzente−Brennpunkte−Ausblick, Köln u.a. 2003, S. 253 ff.

Tuhr, Andreas von, Der Allgemeiner Teil des Deutschen Bürgerlichen Rechts, 1. Bd., Berlin 1910 (Nachdruck 1957).

Weitrecht, Cornelius, Haftung der Gesellschafter bei materieller Unterkapitalisierung der GmbH, Köln 1989.

Westerhoff, Ralph, Organ und (gesetzlicher) Vertreter, München 1993.

Westermann, Ham Peter/Gursky, Karl−Heinz, Sachenrecht, 7. Aufl., Heidelberg 1998.

Wiedemann, Herbert, Gesellschaftsrecht, Bd. I, München 1980.

Wilhelm, Jan, Rechtsform und Haftung bei der juristischen Person, Köln u.a. 1981.

Wolf, Ernst, Sachenrecht, 2. Aufl., Köln u.a. 1979.

2. 논문

국내문헌

강위두, "법인격부인의 법리의 적용범위와 적용요건", 「판례월보」 제223호, 판례
　　월보사, 1989. 4, 58~65면.

강태성, "법인에 관한 민법개정방향", 「법조」 제538호, 법조협회, 2001. 7, 180~
　　198면.

강현준, "'사실상 대표자'의 행위로 인한 법인 및 비법인사단의 불법행위책임", 「민
　　사판례연구」 제43권, 민사판례연구회, 2021, 1~52면.

고규정, "종단에 등록된 사찰의 주지의 지위에 관한 소의 적법성 : 판례로 본 법원
　　이 종교단체 내부의 징계처분의 당부를 판단할 수 있는 경우 －연구대상판결 :
　　대법원 2005. 6. 24. 선고 2005다10388 판결－, 「판례연구」 제18집, 부산판례
　　연구회, 2007. 2, 577면~624면.

고상룡, "법인·시효제도 개선에 관한 민법개정안 소고", 법률신문 제3913호
　　(2011.02.21.), 13면.

고상룡, "청산법인의 능력범위와 청산종결등기후의 청산법인의 존속", 법률신문
　　1382호 (1981.02.02.), 12면.

고상현, "독일민법 제84조와 우리 민법 제48조 제2항의 비교법적 고찰", 「민사법
　　학」 제46호, 한국민사법학회, 2009, 445~475면.

고상현, "민법상 비영리법인의 설립에서 인가주의와 준칙주의에 관한 시론", 「법
　　학」 제51권 제2호, 서울대학교 법학연구소, 2010, 103~129면.

고평석, "법인격부인론의 부인", 「상사법의 현대적 과제」, 춘강 손주찬박사화갑기
　　념논문집 편찬위원회, 1984, 73~99면.

공도일, "법인의 불법점유가 인정되는 경우 대표이사 개인의 손해배상책임 인정
　　여부", 「대법원판례해설」 제95호, 법원도서관, 2013, 239~250면.

구재군, "퍼블리시티권에 관한 연구 : 국회에서의 입법논의와 관련하여", 「외법논
　　집」 제30집, 한국외국어대학교 법학연구소, 2008, 209~234면.

권　철, "민법의 관점에서 바라본 민법 개정안의 법인제도 －비영리단체·법인 제

도의 바람직한 상에 대한 각서-", 「비교사법」 제17권 제4호, 한국비교사법학회, 2010. 12, 37~75면.

권 철, "일본민법학의 법인본질론 계수사 一斑", 「성균관법학」 제20권 제1호, 성균관대학교 비교법연구소, 2008. 4, 181~198면.

권 철, "일본의 새로운 비영리법인제도에 관한 소고 -최근 10년간의 동향과 신법의 소개-", 「비교사법」 제14권 제4호, 한국비교사법학회, 2007. 12, 117~172면.

권용우, "법인의 권리능력", 「월간고시」 제17권 제2호, 법지사, 1990. 2, 190면 이하.

기노성, "법인에 있어서의 인식의 귀속", 서울대학교 대학원 석사학위논문.

김교창, "민법총칙 중 법인에 관한 개정의견", 「법조」 제548호, 법조협회, 2002. 5, 142~172면.

김교창, "준사단법인인 교회의 분할", 「저스티스」 제98호, 한국법학원, 2007. 6, 248~271면.

김교창, "민법 중 법인의 章에 관한 개정의견", 「인권과 정의」 제373호, 대한변호사협회, 2007. 9, 166~174면.

김대정, "법인에 관한 민법개정위원회의 개정시안", 「민법개정의 방향」, 한국민사법학회 2010년도 하계학술대회 자료집, 9~77면.

김대정, "민법개정시안에서의 법인설립에 관한 입법주의의 전환", 「법학논문집」 제34집 제2호, 중앙대학교 법학연구소, 2010, 5~38면.

김대정, "법인법개정안 해설", 「법인·시효 제도 개선을 위한 민법개정안 공청회 자료집」, 법무부, 2010. 12, 5~95면.

김두형, "전문자격사의 책임과 역할", 「법조」 제575호, 법조협회, 2004. 8, 177~204면.

김민중, "법인·단체의 인격권", 「현대민사법학의 과제」, (관원 정조근교수 화갑기념논문집), 동남기획, 2001, 1~23면.

김선일, "민법 제35조 제1항에서 정한 '법인의 대표자'에 당해 법인을 실질적으로 운영하면서 법인을 사실상 대표하여 법인의 사무를 집행하는 사람도 포함되는지 여부", 「대법원판례해설」 제87호, 법원도서관, 2011, 11~36면.

김재형, "법인격, 그 인정과 부정: 법인격 부인 또는 남용에 관한 판례의 전게를 중심으로", 「민사법학」 제44호, 한국민사법학회, 2009, 31~65면.

김정호, "법인격의 역부인", 「경영법률」 제16권 제2호, 한국경영법률학회, 2006. 4, 235~257면.

김종기, "법인격의 남용", 「판례연구」 제17집, 부산판례연구회, 2006. 2, 523~567면.

김진우, "영리법인과 비영리법인의 구별에 관한 법비교적 고찰", 「비교사법」 제10권 제3호, 한국비교사법학회, 2003. 9, 99~130면.

김진우, "비영리법인의 설립에 있어 허가주의에 관한 연혁적 고찰", 「인권과 정의」 제383호, 대한변호사협회, 2008. 7, 94~113면.

김진우, "영리법인과 비영리법인의 구별 －사회적 기업에 대하여 특수한 법인격을 부여할 것인지를 포함하여 －", 「재산법연구」 제36권 제3호, 한국재산법학회, 2019. 11, 1~29면.

김태선, "법인격 부인론의 역적용에 대한 소고 －대법원 2021. 4. 15. 선고 2019다293449－ 판결을 계기로－", 「법학논집」 제25권 제4호, 이화여자대학교 법학연구소, 2021, 521~550면.

김표진, "회사법인격부인의 법리", 「법정」 제20권 제12호, 법정사, 1965. 12, 50~52면.

김학환, "비영리 사단법인의 통합에 관한 연구 －한국공인중개사협회의 통합에 관한 사례를 중심으로－", 「대한부동산학회지」 제29권 제1호, 대한부동산학회, 2011. 6, 167~199면.

김해룡, "도시정비사업법제의 개선을 위한 쟁점 －대법원의 최근 판례에 대한 비판적 시론－", 「부동산법학」 제17집, 한국부동산법학회, 2010. 12, 89~111면.

남기윤, "사법상 법인개념의 새로운 구성 －새로운 법인이론의 제안－", 「저스티스」 통권 제70호, 한국법학원, 2002. 12, 166~206면.

노혁준, "2013년 회사법 중요 판례", 「인권과 정의」 통권 제440호, 대한변호사협회, 2014, 134~148면.

노혁준, "법인격 부인의 역적용: 대법원 2021. 4. 15. 선고 2019다293449 판결을 글감으로", 「민사판례연구」 제45권, 민사판례연구회, 2023, 1~47면.

박경재, "사찰의 법률관계에 관한 몇 가지 논점", 「법학연구」 제48권 제1호, 부산대학교 법학연구소, 2007. 8, 785~817면.

박상근, "사원의 제명", 「사법행정」 제39권 제12호, 한국사법행정학회, 1998. 12,

17～30면.

박상근, "합자회사 사원의 일괄제명", 「상사판례연구」 제1권, 한국상사판례연구회, 1996, 358～367면.

박시준, "법인이 양심의 자유와 인격권의 주체가 될 수 있는지 여부 - 헌법재판소 2012. 8. 23. 선고 2009헌가 27 결정", 법률신문 2012년 9월 24일 제4065호 [판례평석].

박종희, "노동조합의 통제권의 법적 기초와 사법심사의 범위", 「노동법학」 제9호, 한국노동법학회, 1999. 12, 195～214면.

박종희, "노동조합의 합병과 분할", 「노동법률」 제77호, 중앙경제, 1997. 10, 80～89면.

박종희, "사단의 구성원에 대한 통제권의 법적 기초와 사법심사의 범위", 「안암법학」 제7호, 안암법학회, 1998, 8, 347～370면.

박태현, "자연물의 법인격: '생태법인' 연구", 「환경법과 정책」 제31권 제3호, 강원대학교 비교법학연구소, 2023, 35～66면.

배성호, "민법상 단체에 관한 규율", 「인권과 정의」 제388호, 대한변호사협회, 2008.12, 25～41면.

석광현, "쿠팡은 한국회사인가: 쿠팡의 뉴욕 증시 상장을 계기로 본 국제회사법", 국제사법과 국제소송[정년기념], 서울대학교 법학연구소 08, 박영사, 2022, 316면.

손지열, "대표권의 남용", 「민사판례연구」 제11권, 민사판례연구회, 1989, 1～16면.

송방아, "법인에 대한 인식의 귀속 - 적용 가능한 기준들에 대한 검토-" 「법조」 제71권 제6호, 법조협회, 2022, 77～121면.

송호영, "법인론과 관련한 독일 사법학계의 최근동향", 「비교사법」 제4권 제2호, 한국비교사법학회, 1997. 12, 597～651면.

송호영, "법인의 생성에 관한 새로운 이해", 「법학논고」 제16집, 경북대학교 법학연구소, 2000, 189～214면.

송호영, "법인의 소멸 -독일에서의 논의를 중심으로-", 「광운비교법학」 제1권 (창간호), 광운대학교 비교법연구소, 2000. 3, 175～202면.

송호영, "법인의 권리능력", 「비교사법」 제7권 제1호, 한국비교사법학회, 2000. 6, 91～122면.

송호영, "고전적 법인논쟁이 현대의 단체법론에 주는 의미와 영향 -Savigny와

Giekrke의 이론을 중심으로-",「현대민사법학의 과제」(관원 정조근교수 화갑
　기념논문집), 동남기획, 2001, 25〜44면.

송호영, "단체의 설립과 권리능력의 취득에 관한 일고",「신세기의 민사법과제」
　(인제 임정평교수화갑기념), 법원사, 2001, 28〜48면.

송호영, "독일법상 법인의 실체파악이론에 관한 고찰",「광운비교법학」제2호, 광
　운대학교 비교법연구소, 2001, 99〜122면.

송호영, "이른바 인식의 귀속(Wissenszurechnung)에 관하여 - 법인의 경우를 중
　심으로-",「비교사법」제8권 제1호, 한국비교사법학회, 2001. 6, 39〜74면.

송호영, "법인격부인론의 요건과 효과",「저스티스」제66호, 한국법학원, 2002. 4,
　244〜266면.

송호영, "법인의 대표자가 자신이 대표하는 법인에 대해서 불법행위를 한 경우에
　법인의 인식여부 - 우리나라 판례를 중심으로-",「저스티스」통권 제82호, 한
　국법학원, 2004. 12, 92〜114면.

송호영, "법인의 활동과 귀속의 문제 - 법인본질논쟁의 극복을 위한 하나의 시론-",
　「민사법학」제31호, 한국민사법학회, 2006. 3, 3〜46면.

송호영, "교회의 교인들이 종전교단으로부터 집단적으로 탈퇴하여 별도의 교회를
　설립한 경우의 법률관계 - 대법원 2006. 4. 20. 선고 2004다37775 전원합의체
　판결-",「민사법학」제35호, 한국민사법학회, 2007. 3, 191〜231면.

송호영, "독일법상 법인실체파악이론의 운용과 우리 법에의 시사점",「비교사법」
　제14권 제3호(상), 한국비교사법학회, 2007. 9, 433〜470면.

송호영, "스포츠단체의 선수징계에 대한 법적 문제",「스포츠와 법」제11권 제1
　호, 한국스포츠엔터테인먼트법학회, 2008. 2, 33〜52면.

송호영, "법인의 불법행위책임에 관한 소고 - 민법 제35조의 해석론을 중심으로-",
　「법학논총」제25권 제4호, 한양대 법학연구소, 2008. 12, 209〜228면.

송호영, "소속사원에 대한 단체의 징계권에 관한 연구",「재산법연구」제26권 제2
　호, 한국재산법학회, 2009. 10, 1〜32면.

송호영, "비영리법인의 합병·분할에 관한 입법론적 연구",「민사법학」제47호,
　한국민사법학회, 2009. 12, 579〜630면.

송호영, "기존회사의 채무면탈의 의도로 신설회사가 설립된 것인지의 여부가 문제

되는 경우”, 「민사판례연구」 제32권, 민사판례연구회, 2010, 93〜126면.

송호영, “민법상 법인편 개정의 주요 쟁점에 관한 고찰”, 「법학논고」 제34집, 경북대학교 법학연구소, 2010. 10, 1〜44면.

송호영, “법정책학적 관점에서 본 민법상 법인관련규정 개정안”, 「법과 정책연구」 제12집 제2호, 한국법정책학회, 2012. 6, 1〜41면.

송호영, “인공지능 로봇은 법인격을 가질 수 있는가?”, 「저스티스」 통권 제184호, 한국법학원, 2021, 83〜113면.

송호영, “동물은 법인격을 가질 수 있는가?”, 「법학논총」 제39집 제1호, 한양대학교 법학연구소, 2022, 187〜220면.

송호영, “가해법인 및 피해법인에 공통된 사실상 대표자의 불법행위로 인한 법인의 손해배상책임 인정여부 ─대법원 2023. 6. 1. 선고 2020다9268 판결에 대한 평석─” 「법학연구」 제34권 제2호, 충북대학교 법학연구소, 2023, 289〜321면.

신현탁, “인공지능(AI)의 법인격 ─ 전자인격(Electronic Person) 개념에 관한 소고 ─”, 「인권과 정의」 제478호, 대한변호사협회, 2018, 45〜64면.

안성포, “사실상 대표자의 행위에 대한 비법인사단의 책임”, 「법학논총」 제29권 제4호, 한양대 법학연구소, 2012, 371〜390면.

오시영, “민사소송절차와 교회 내부 징계절차 및 행정쟁송절차의 비교 검토”, 「민사소송」 제12권 제1호, 한국민사소송법학회, 2008. 5, 464〜502면.

유성균, “법인의 불법행위와 표현대리”, 「사법논집」 제7집, 법원행정처, 1976. 12, 5〜28면.

윤진수, “법인에 관한 민법개정안의 고찰”, 「법학」 제46권 제1호, 서울대학교 법학연구소, 2005. 3, 65〜99면.

윤진수, “2006년도 주요 민법 관련 판례 회고”, 「법학」 제48권 제1호, 서울대학교 법학연구소, 2007. 3, 371〜449면.

윤진수, “사법상의 단체와 헌법”, 「비교사법」 제15권 제4호, 한국비교사법학회, 2008. 12, 1〜70면.

윤철홍, “공익법인의 설립·운영에 관한 법률의 주요내용과 문제점”, 「동서연구」 제8권, 연세대학교 동서문제연구원, 1996. 12, 25〜42면.

윤철홍, “비영리법인설립에 관한 입법론적 고찰”, 「민사법학」 제47호, 한국민사법학회, 2009. 12, 719~756면.

이균성, "회사법인격부인의 법리", 「고시계」 제28권 제5호, 고시계사, 1983. 5, 41 ~50면.

이기수, "법인의 본질 -Savigny이론의 올바른 해석을 위하여-", 「상법논총」(인 산 정희철선생정년기념), 박영사, 1985, 79~90면.

이동진, "법인 기관의 불법행위책임", 「비교사법」 제22권 제4호, 한국비교사법학 회, 2015, 1,567~1,614면.

이영진, "사법권과 종교단체의 내부분쟁 -'부분사회론'의 소개와 종교단체내분에 의 사법심사에 관한 각국 판례의 비교-", 「사법논집」 제33집, 법원도서관, 2001. 12, 227~302면.

이윤석, "법인격 부인과 역부인의 요건에 관한 연구 -대법원 2023. 2. 2. 선고 2022다276703 판결의 평석을 겸하여-, 「상사판례연구」 제36권 제4호, 한국상 사판례학회, 2023, 115~153면.

이주흥, "법인격부인과 신의칙위반", 「사법행정」 제360호, 한국사법행정학회, 1990. 12, 79~83면.

이준성, "공익신탁에 관한 연구", 「동국대학교 논문집」 제7권, 동국대학교, 1988, 99~127면.

이중기, "영국법상의 능력외이론과 우리법상의 목적에 따른 능력제한에 대하여", 「법학」 제36권 제1호, 서울대학교 법학연구소, 1995. 5, 181~207면.

이진기, "민법 제35조 제1항의 해석", 「안암법학」 제10호, 안암법학회, 1999. 10, 135~164면.

이진만, "불법행위의 피해자인 법인의 법률상 대리인이 법인에 대한 관계에서 배 임적 대리행위를 하는 경우, 그 법률상 대리인의 인식(악의)을 법인에게 귀속시 킬 수 있는지 여부(대법원 2005. 12. 23. 선고 2003다30159 판결 : 공2006상, 161)", 「대법원판례해설」 통권 제57호, 법원도서관, 2006, 331~349면.

이철송, "상법상의 입법착오의 시정을 위한 연구(1) - 상법총칙·상행위편을 중 심으로 -", 「비교사법」 제12권 제4호, 한국비교사법학회, 2005. 12, 1~25면.

이치영, "동기의 착오 II", 「민법판례해설 I」, 경세원, 1990, 118면~121면.

이한주, "퍼블리시티권에 관하여", 「사법논집」 제39집, 법원도서관, 2004, 333~

420면.

이호정, "법인의 권리능력", 「고시계」 제27권 제9호, 고시계사, 1982. 9, 12~18면.

장근영, "상법의 관점에서 바라본 민법개정안의 법인제도", 「비교사법」 제17권 제 3호, 한국비교사법학회, 2010. 9, 51~94면.

정기남, "회사법인격무시의 법리", 「현대법학의 제문제」 (무애 서돈각박사화갑기 념), 법문사, 1981, 321~337면.

정동윤, "법인격부인이론의 적용요건과 근거", 「민사재판의 제문제」 제6권, 민사 실무연구회, 1991, 297~310면.

정동윤, "설립중의 회사 -그 수수께끼의 해결을 위하여-", 「법학논집」 제22권, 고려대학교 법학연구원, 1984, 31~62면.

정신동, "인식 귀속의 법률상 기본규범으로서 민법 제116조 제1항에 대한 연구", 「민사법학」 제83호, 한국민사법학회, 2018, 3~35면.

정진세, "회사형태의 남용과 그 대책", 서울대학교 석사학위논문, 1967.

정찬형, "법인격부인론", 「현대민상법의 연구」 (위정 이재철박사화갑기념), 법문 사, 1984, 367~414면.

정환담, "민사법인설립제도에 관한 비교법적 고찰", 「비교사법」 제5권 제1호, 한 국비교사법학회, 1998. 6, 91~124면.

조윤신, "단체의 임원에 대한 명예훼손과 단체구성원에 대한 제명처분", 「대법원 판례해설」 통권 제51호(2004 하반기), 법원도서관, 2005. 6, 9~48면.

천병태, "「법치행정」 예외로서의 부분사회론 -이른바 특별권력관계해체론-", 「고 시연구」 통권 제268호, 고시연구사, 1996. 7, 43~58면.

최동일, "법인격 투시요인의 유형화 및 규범화에 관한 연구 - 미국의 Veil-Piercing 이론을 중심으로 -, 한양대학교 법학전문대학원 박사학위논문, 2024.

최병조, "Rudolph von Jhering의 법인이론", 「법학」 제28권 제3·4호, 서울대학 교 법학연구소, 1987. 12, 219~240면.

최병조, "사법상 단체에 관한 일반론 -단체법론의 역사적 발전과정을 중심으로-", 「민사판례연구」 제19권, 민사판례연구회, 1997, 523~548면.

최성경, "일본의 법인정비법", 「한양법학」 제26호, 한양법학회, 2009. 5, 213~236면.

최준선, "설립중의 회사의 성립전 취득재산의 귀속과 이전", 「저스티스」 제31권 제2호, 한국법학원, 1998. 6, 183~196면.

한위수, "퍼블리시티권－성명·초상 등의 상업적 이용에 관한 권리－의 침해와 민사책임", 「민사재판의 제문제」 제9권, 한국사법행정학회, 1997, 525~575면.

한창희, "편의치적과 법인격부인", 「판례월보」 제239호, 판례월보사, 1990. 8, 32~42면.

홍신희, "회사제도의 남용과 법인격부인의 이론", 「법학논고」 제5집, 청주대학교 법학회, 1961, 45~52면.

외국문헌

長谷部茂吉, 法人に慰謝料請求權があるか?, ジュリスト185号 (1959年), 45面以下.

Bar, Christian von, Zur Struktur der Deliktshaftung von juristischen Personen, ihren Organen und ihren Verrichtungsgehilfe, Festschrift für Zentaro Kitagawa, Berlin 1992, S. 279 ff.

Bauschke, Hans－Joachim, Durchgriff bei juristischen Personen, BB 1975, S. 1322 ff.

Beitzke, Günter, Mitgliedlose Vereine, in: Festschrift zum 60. Geburtstag von Walter Wilburg, Graz 1965, S. 19 ff.

Bork, Reinhard, Zurechnung im Konzern, ZGR 2/1994, S. 237 ff.

Boujong, Karlheinz, Das Trennungsprinzip des § 13 Abs. 2 GmbHG und seine Grenzen in der neueren Judikatur des Bundesgerichtshofes, in: Festschrift für Walter Odersky zum 65. Geburtstag am 17. Juli 1996, Berlin/New York 1996, S. 739 ff.

Böttcher, Roland, Die Beendigung des rechtsfähigen Vereins, Kritische Darstellung mit Änderungsvorschlägen, Rpfleger, 1988, S. 169 ff.

Caemmerer, Ernst von, Objektive Haftung, Zurechnungsfähigkeit und Organhaftung, in: Festschrift für Flume, Bd I, 1978, S. 359 ff,

Coing, Helmut, Zum Problem des sogenannten Durchgriffs bei juristischen Personen, NJW 1977, S. 1793 ff.

Dilcher, Gerhard, Rechtsfragen der sog. Vorgesellschaft, JuS 1966, S. 89 ff.

Drexl, Josef, Wissenszurechnung im Konzern, ZHR 161(1997), S. 490 ff.

Erlinghagen, Peter, Haftungsfragen bei einer unterkapitalisierten GmbH, GmbHR, 1962, S 169 ff.

Franz Wieacker, Zur Theorie der Juristischen Person des Privatrechts, Festschrift für Ernst Rudolf Huber, Göttingen 1973, S. 358 f.

Flume, Werner, Die werdende juristische Person, in: Festschrift für Ernst Gessler zum 65. Geburtstag, München 1971, S. 3 ff.

Flume, Werner, Zur Enträtselung der Vorgesellschaft, NJW 1981, S. 1753 ff.

Flume, Werner, Der nichtrechtsfähige Verein, ZHR 148 (1984), S. 503 ff.

Habersack, Mathias, Die Anerkennung der Rechts−und Parteifähigkeit der GbR und der akzessorischen Gesellschafterhaftung durch den BGH, BB 2001, S. 477 ff.

Hüffer Uwe, Das Ende der Rechtspersönlichkeit von Kapitalgesellschaften, in: Gedächtnisschrift für Dietrich Schultz, Köln u.a. 1987, S. 99 ff.

Hüffer,Uwe, Anmerkung zum BGH 61, 380, NJW 1977, S. 1283 ff.

John, Uwe, Gesellschafterfreundlicher Durchgriff?, Schadensersatzprobleme bei Schädigung eines für die Gesellschaft tätigen Einmanngesellschafters, JZ 1979, S. 511 ff.

Kollhosser, Helmut, Der Verzicht des rechtsfähigen Vereins auf seine Rechtsfähigkeit, ZIP 1984, 1434 ff.

Kuhn, Georg, Haften die GmbH−Gesellschafter für Gesellschaftsschulden persönlich, in: Festschrift für Robert Fischer, Berlin/New York 1979, S. 351 ff.

Lutter, Markus, Die zivilrechtliche Haftung in der Unternehmensgruppe, ZGR 1982, S. 244 ff.

Medicus, Dieter, Probleme der Wissenszurechnung, Versicherungsrecht

Sonderheft 1994 (Karlsruher Forum 1994), S. 5 ff.

Möllers, Christoph, Internationale Zuständigkeit bei der Durchgriffshaftung, Bielefeld 1987.

Möschel, Wernhard, Das Außenverhältnis der fehlerhaften Gesellschaft, in: Festschrift für Hefermehl, München 1976, S. 187 f.

Müller, Klaus, Die Haftung der Muttergesellschaft für die Verbindlichkeiten der Tochtergesellschaft im Aktienrecht, ZGR 1977, S. 1 ff.

Müller—Freienfels, Wolfram, Zur Lehre vom sogenannten »Durchgriff« bei juristischen Personen im Privatrecht, AcP 156 (1957), S. 522 ff.

Wolfram Müller—Freienfels, „Haftungsverterter" und Stellvertreter, Festschrift für Heinz Hübner zum 70. Geb., Berlin u.a. 1984, S. 637 ff.

Pachke, Marian, Rechtsfragen der Durchgriffsproblematik im mehrstufigen Unternehmensverbund, AG 1988, S. 196 ff.

Rehbinder, Eckard, Zehn Jahre Rechtsprechung zum Durchgriff im Gesellschaftsrecht, in: Festschrift für Robert Fischer, Berlin/New York 1979, S. 579 ff.

Reuter, Dieter, Zur Abgrenzung von Vereins— und Gesellschaftsrecht —Besprechung der Entscheidung des BGH vom 2. 4. 1979—, ZGR 1981, S. 364 ff.

Reuter, Dieter, 100 Bände BGHZ: Vereins— und Genossenschaftsrecht, ZHR 151 (1987), S. 355 ff.

Richardi, Reinhard, Die Wissenszurechnung, AcP 169(1969), S. 385 ff.

Scheuch, Silke, Wissenszurechnung bei GmbH und GmbH & Co., GmbHR 11/1996, S. 828 ff.

Scheuch, Silke, Die Zurechnung des Wissens ausgeschiedener Gesellschafter von Personen—Handelsgesellschaften, Festschrift für Hans Erich Brander zum 70. Geburtstag, Köln 1996, S. 121 ff.

Scheyhing, Robert/Wilhelm, Matthias, Betrachtungen zur Theorie der realen Verbandspersönlichkeit von Otto von Gierke, Festschrift für Horst Locher zum 65. Geburtstag, Düsseldorf 1990, S. 497. ff.

Schmidt, Karsten, Wohin führt das Recht der Einmann−Gesellschaft?, GmbHR, 1974, S. 178 ff.

Schmidt, Karsten, Theorie und Praxis der Vorgesellschaft nach gegenwärtigem Stand, Rechtsfortbildung am Ziel oder noch auf dem Wege?, GmbHR 1987, S. 77 ff.

Schmidt, Karsten, Erlöschen eines eingetragenen Vereins durch Fortfall aller Mitglieder?, JZ 1987, S. 394 ff.

Schmidt, Karsten, Löschung und Beendigung der GmbH, − Grundfragen der Vermögenslosigkeit, Vollbeendigung und Nachtragsliquidation, GmbHR 1988, S. 209 ff.

Schwinge, Erich, Die Stiftung im Errichtungsstadium, BB 1978, S. 527 ff

Theil, Clemens, Anmerkung zu BAG, Urteil vom 09.07.1981, 2 AZR 329/79, JZ 1982, S. 372 ff.

Ulmer, Peter, Die höchstrichterlich »enträtselte« Gesellschaft bürgerlichen Rechts, ZIP 2001, S. 585 ff.

Waltermann, Raimund, Zur Wissenszurechnung −am Beispiel der juristischen Personen des privaten und des öffentlichen Rechts, AcP 192(1992) S. 181 ff.

Wüst, Günter, Wege des Gläubigerschutzes bei materieller Unterkapitalisierung einer GmbH, DStR 91, S. 1388‒1393 und S. 1424‒1428.

사항색인

판례색인

대법원

고등법원 / 지방법원

헌법재판소

송호영(宋鎬煐)

[학력 및 경력]

- 경북대학교 법과대학 사법학과 졸업(법학사)

- 경북대학교 대학원 법학과 졸업(법학석사)

- 독일 오스나브뤽(Osnabrück)대학교 법학과 졸업(법학박사: Dr. iur.)

- 광운대학교 법과대학 국제법무학과 조교수, 부교수, 한양대학교 법학과 부교수 역임

- 법무부 민법개정위원회 제1기 및 제2기 개정위원 역임

- 법무부 공익신탁법제정특별위원회 제정위원 역임

- 법무부 공익법인법개정 TF 위원장 역임

- 한국재산법학회 회장 역임

- 한국문화예술법학회 회장 역임

- 현) 한양대학교 법학전문대학원 교수

[주요저서]

- 공동체와 법, 박영사, 2023 (공저)

- 주석민법 [총칙(1)] 제5판 한국사법행정학회, 2019 (공저)

- 공익법인연구, 경인문화사, 2015 (공저)

- 독일법, 신론사, 2013 (공저)

- 로스쿨 물권법, 박영사, 2011 (공저)

- 주석민법 [총칙(1)] 제4판 한국사법행정학회, 2010 (공저)

- Die Verselbständigung der juristischen Person im deutschen und koreanischen Recht, Verlag Rasch, 1999

신정판
법인론

초판발행   2013년 11월 25일
신정판발행   2024년 8월 15일

지은이   송호영
펴낸이   안종만 · 안상준

편 집   사윤지
기획/마케팅   최동인
표지디자인   Benstory
제 작   고철민 · 김원표

펴낸곳   (주) **박영사**
            서울특별시 금천구 가산디지털2로 53, 210호(가산동, 한라시그마밸리)
            등록   1959. 3. 11. 제300-1959-1호(倫)

전 화   02)733-6771
f a x   02)736-4818
e-mail   pys@pybook.co.kr
homepage   www.pybook.co.kr
ISBN   979-11-303-4746-2   93360

copyright©송호영, 2024, Printed in Korea

정 가   37,000원